SAMMLUNG TUSCULUM

Wissenschaftliche Beratung:

Gerhard Fink, Niklas Holzberg, Rainer Nickel,
Bernhard Zimmermann

SENECA

SCHRIFTEN ZUR ETHIK
DIE KLEINEN DIALOGE

Lateinisch-deutsch

Herausgegeben und übersetzt
von Gerhard Fink

ARTEMIS & WINKLER

DER STUDIENSTIFTUNG
DES DEUTSCHEN VOLKES

Bibliographische Information der Deutschen Nationalbibliothek

Die Deutsche Nationalbibliothek verzeichnet diese Publikation
in der Deutschen Nationalbibliographie;
detaillierte bibliographische Daten sind im Internet über
http://dnb.d-nb.de abrufbar.

© 2008 Patmos Verlag GmbH & Co. KG
Artemis & Winkler Verlag, Düsseldorf
Alle Rechte vorbehalten.
Printed in Germany
ISBN 978-3-538-03509-6
www.patmos.de

INHALT

TEXT UND ÜBERSETZUNG

De providentia · Die Vorsehung   6
De constantia sapientis · Die Unerschütterlichkeit des
Weisen 46
De ira · Der Zorn 96
Ad Marciam de consolatione · Trostschrift für Marcia . . 310
De vita beata · Das glückliche Leben 388
De otio · Die Zurückgezogenheit 458
De tranquillitate animi · Die Ruhe der Seele 478
De brevitate vitae · Die Kürze des Lebens 552
Ad Polybium de consolatione · Trostschrift für Polybius . 612
Ad Helviam matrem de consolatione · Trostschrift für
Mutter Helvia 662

ANHANG

Stimmen zu Seneca 727
Zur Textgestaltung 738
Erläuterungen 740
Einführung 755
Namen- und Sachregister 795
Literaturhinweise 837

DE PROVIDENTIA

1   Quaesisti a me, Lucili, quid ita, si providentia mundus regeretur, multa bonis viris mala acciderent. Hoc commodius in contextu operis redderetur, cum praeesse universis providentiam probaremus et interesse nobis deum; sed, quoniam a toto particulam revelli placet et unam contradictionem manente lite integra solvere, faciam rem non difficilem: causam deorum agam.

Supervacuum est in praesentia ostendere non sine aliquo custode tantum opus stare nec hunc siderum coetum discursumque fortuiti impetus esse et, quae casus incitat, saepe turbari et cito arietare.

Hanc inoffensam velocitatem procedere aeternae legis imperio, tantum rerum terra marique gestantem, tantum clarissimorum luminum et ex disposito relucentium; non esse materiae errantis hunc ordinem nec, quae temere coierunt, tanta arte pendere, ut terrarum gravissimum pondus sedeat immotum et circa se properantis caeli fugam spectet, ut infusa vallibus maria molliant terras nec ullum incrementum fluminum sentiant, ut ex minimis seminibus nascantur ingentia.

DIE VORSEHUNG

1 Du wolltest von mir wissen, Lucilius, aus welchem Grund, wenn eine Vorsehung die Welt regiert, so vielfach guten Menschen Böses widerfährt. Diese Frage ließe sich angemessener im Zusammenhang eines Buchs behandeln, worin ich die Lenkung des Alls durch die Vorsehung ebenso beweisen könnte wie das Interesse Gottes an uns. Doch da es dein Wille ist, vom Ganzen einen Teilbereich abzutrennen und einen Widerspruch zu klären, den strittigen Fall aber sonst auf sich beruhen zu lassen, so will ich etwas Leichtes tun: Ich werde die Sache der Götter vertreten.

Es erübrigt sich im Augenblick der Nachweis, daß nicht ohne irgendeinen Beschützer eine so herrliche Schöpfung Bestand haben kann, daß, wenn Sterne sich zusammenfinden oder auseinanderstreben, dies nicht die Folge eines unberechenbaren Impulses ist und daß das, was der blinde Zufall treibt, oft trudelt und rasch gegen Hindernisse stößt.

Dieser ungestörte rasche Weltumlauf aber erfolgt nach dem Gebot eines ewigen Gesetzes; so vieles auf dem Land und auf dem Meer bewegt er mit, so viele strahlend helle und nach Plan aufleuchtende Gestirne! Durcheinanderwirbelnde Elemente bewirken keine solche Ordnung, und was sich zufällig verklumpt hat, kann nicht so wunderbar im Raume schweben, derart, daß die schwere Erdmasse unbewegt verharrt und rings um sich die rasche Himmelsdrehung sieht, daß das Meer sich in Schluchten ergießt und wieder die Erde durchdringt, so daß sich der Zustrom der Flüsse nicht bemerkbar macht, und daß aus kleinsten Samenkörnern Ungeheures entsteht.

Ne illa quidem, quae videntur confusa et incerta, pluvias dico nubesque et elisorum fulminum iactus et incendia ruptis montium verticibus effusa, tremores labantis soli aliaque, quae tumultuosa pars rerum circa terras movet, sine ratione, quamvis subita sint, accidunt, sed suas et illa causas habent, non minus quam, quae alienis locis conspecta miraculo sunt, ut in mediis fluctibus calentes aquae et nova insularum in vasto exsilientium mari spatia. Iam vero, si quis observaverit nudari litora pelago in se recedente eademque intra exiguum tempus operiri, credet caeca quadam volutatione modo contrahi undas et introrsum agi, modo erumpere et magno cursu repetere sedem suam, cum interim illae portionibus crescunt et ad horam ac diem subeunt, ampliores minoresque prout illas lunare sidus elicuit, ad cuius arbitrium Oceanus exundat.

Suo ista tempori reserventur, eo quidem magis, quod tu non dubitas de providentia, sed quereris. In gratiam te reducam cum diis adversus optimos optimis. Neque enim rerum natura patitur, ut umquam bona bonis noceant. Inter bonos viros ac deos amicitia est conciliante virtute: amicitiam dico? Immo etiam necessitudo et similitudo, quoniam quidem bonus tempore tantum a deo differt, discipulus eius aemulatorque et vera progenies, quam parens ille magnificus, virtutum non lenis exactor, sicut severi patres durius educat.

Itaque, cum videris bonos viros acceptosque diis laborare, sudare, per arduum escendere, malos

DIE VORSEHUNG

Nicht einmal das, was regellos und unberechenbar wirkt – ich spreche von Regenfällen und Wolken und den daraus zuckenden Blitzen, von Feuersglut, die geborstenen Gipfeln der Berge entströmt, vom Erzittern des schwankenden Erdbodens und von anderem, was der von Unruhe erfüllte Teil des Alls rings um die Erde sich regen läßt –, nicht einmal das geschieht, obschon es unvermutet kommt, ohne Grund, sondern hat seine ganz bestimmten Ursachen, genau wie das, was man in fernen Landen beobachten und bewundern kann, etwa mitten im Meer warme Quellen und große Inseln, die sich plötzlich aus der Weite der See erheben. Wenn jemand ferner zusieht, wie der Küstensaum zum Vorschein kommt, wenn das Meer sich in sich selbst zurückzieht, und er in ebenso kurzer Zeit wieder überflutet wird, mag er glauben, in einem unerforschlichen Kreislauf sammle sich bald das Wasser auf engerem Raum und werde seewärts getrieben, bald stürme es heran und nehme mit kräftiger Strömung seinen alten Platz wieder ein. Dabei steigt die Flut in bestimmtem Verhältnis und weicht auf Tag und Stunde genau wieder zurück, stärker und schwächer, je nachdem sie der Mond herbeizwang, dessen Macht das Weltmeer anschwellen läßt.

Dies alles kann für einen geeigneten Zeitpunkt zurückgestellt werden, und das um so eher, als du an der Vorsehung nicht zweifelst, sondern dich nur über sie beklagst. Ich werde dich mit den Göttern wieder aussöhnen, die für die Besten die besten sind. Die Natur läßt es ja nicht zu, daß jemals Gutes den Guten schade. Zwischen guten Menschen und den Göttern herrscht Freundschaft, da ihre Vorzüge sie verbinden. Freundschaft sage ich? Nein, vielmehr Verwandtschaft und Ähnlichkeit, da sich ja der Gute nur durch seine Zeitlichkeit von Gott unterscheidet, als sein Schüler, sein Jünger, sein wahrer Abkömmling, den jener großmächtige Vater, ein unnachsichtiger Erzieher zur Tugend, wie alle strengen Väter ziemlich hart hernimmt.

Wenn du daher siehst, daß gute Menschen, die den Göttern lieb sind, sich plagen, Schweiß vergießen und steile Hö-

autem lascivire et voluptatibus fluere, cogita filiorum nos modestia delectari, vernularum licentia, illos disciplina tristiori contineri, horum ali audaciam. Idem tibi de deo liqueat: bonum virum in deliciis non habet; experitur, indurat, sibi illum parat.

2   Quare multa bonis viris adversa eveniunt? Nihil accidere bono viro mali potest: non miscentur contraria. Quemadmodum tot amnes, tantum superne deiectorum imbrium, tanta medicatorum vis fontium non mutant saporem maris, ne remittunt quidem, ita adversarum impetus rerum viri fortis non vertit animum: manet in statu et, quicquid evenit, in suum colorem trahit; est enim omnibus externis potentior. Nec hoc dico: non sentit illa, sed vincit et, alioqui quietus placidusque, contra incurrentia attollitur. Omnia adversa exercitationes putat.

Quis autem, vir modo et erectus ad honesta, non est laboris appetens iusti et ad officia cum periculo promptus? Cui non industrio otium poena est? Athletas videmus, quibus virium cura est, cum fortissimis quibusque confligere et exigere ab iis, per quos certamini praeparantur, ut totis contra ipsos viribus utantur: caedi se vexarique patiuntur et, si non inveniunt singulos pares, pluribus simul obiciuntur.

Marcet sine adversario virtus; tunc apparet, quanta sit quantumque polleat, cum, quid possit, patientia ostendit. Scias licet idem viris bonis esse faciendum, ut dura ac difficilia non reformident

hen erklimmen, schlechte dagegen über die Stränge schlagen und in Saus und Braus leben, dann bedenke, daß uns an unseren Söhnen Bescheidenheit erfreut, an Sklavenkindern aber ein vorlautes Mundwerk, und daß wir jene in strengerer Zucht halten, diese aber bei ihrer Frechheit noch ermuntern. Dasselbe sollte dir bei Gott einleuchten: Einen guten Menschen verhätschelt er nicht; er stellt ihn auf die Probe, härtet ihn ab, formt ihn für sich.

2 „Wieso stößt vielfach guten Menschen Widriges zu?" Keinesfalls kann einem guten Menschen Böses widerfahren. Unvereinbar bleiben Gegensätze. Wie so viele Ströme, so viele Wolkenbrüche, die vom Himmel stürzen, so viele starke Heilquellen den Geschmack des Seewassers nicht verändern, ja nicht einmal abschwächen, so läßt der Druck von Widerwärtigkeiten das Herz eines tapferen Mannes nicht schwach werden. Aufrecht bleibt er stehen, und allem, was geschieht, prägt er seinen Stempel auf. Er ist nämlich mächtiger als alles, was von außen kommt. Ich meine damit nicht, daß er es nicht spürt: Er überwindet es und stemmt sich, sonst ruhig und sanftmütig, gegen das, was auf ihn einstürmt. Alles Widrige hält er für eine Chance, sich zu üben.

Wer aber, wenn er nur ein Mann ist und nach Ehre strebt, verlangt nicht nach angemessener Betätigung und ist nicht entschlossen, seine Pflicht auch in Gefahr zu tun? Für welchen einsatzbereiten Menschen ist Untätigkeit keine Strafe? Wir sehen, daß Athleten, denen es auf Körperstärke ankommt, gerade gegen die Tapfersten antreten, und von denen, die sie für den Kampf trainieren, verlangen, sie sollten all ihre Kräfte gegen sie gebrauchen. Daß man sie schlägt und schindet, dulden sie, und wenn sie keinen einzelnen Gegner mehr finden, der ihnen gleichkommt, dann gehen sie auf mehrere zugleich los.

Tapferkeit ohne Widerpart erlahmt. Dann erst zeigt sie, wie groß sie ist und was sie vermag, wenn im Durchhalten sich ihre Stärke offenbart. Du solltest dir bewußt sein, daß gute Männer dasselbe tun müssen, so daß sie Hartes und Schweres nicht scheuen und nicht über ihr Schicksal klagen,

nec de fato querantur, quicquid accidit boni consulant, in bonum vertant.

Non quid, sed quemadmodum feras interest. Non vides quanto aliter patres, aliter matres indulgeant? Illi excitari iubent liberos ad studia obeunda mature, feriatis quoque diebus non patiuntur esse otiosos et sudorem illis et interdum lacrimas excutiunt; at matres fovere in sinu, continere in umbra volunt, numquam contristari, numquam flere, numquam laborare. Patrium deus habet adversus bonos viros animum et illos fortiter amat et: „Operibus", inquit, „doloribus, damnis exagitentur, ut verum colligant robur."

Languent per inertiam saginata nec labore tantum, sed motu et ipso sui onere deficiunt. Non fert ullum ictum illaesa felicitas; at cui assidua fuit cum incommodis suis rixa, callum per iniurias duxit, nec ulli malo cedit, sed, etiam si cecidit, de genu pugnat.

Miraris tu, si deus ille bonorum amantissimus, qui illos quam optimos esse atque excellentissimos vult, fortunam illis, cum qua exerceantur, assignat? Ego vero non miror, si aliquando impetum capit spectandi magnos viros colluctantes cum aliqua calamitate.

Nobis interdum voluptati est, si adulescens constantis animi irruentem feram venabulo excepit, si leonis incursum interritus pertulit, tantoque hoc spectaculum est gratius, quanto id honestior fecit.

Non sunt ista, quae possint deorum in se vultum convertere, puerilia et humanae oblectamenta levitatis.

Ecce spectaculum dignum, ad quod respiciat intentus operi suo deus, ecce par deo dignum: vir fortis cum fortuna mala compositus, utique si et

daß sie alles, was geschieht, als gut annehmen und zum Guten wenden.

Nicht was, sondern wie man erträgt, ist wichtig. Siehst du nicht, wie ganz anders Väter mit ihren Kindern umgehen als Mütter? Jene lassen sie früh wecken, damit sie sich ihren Studien widmen, und dulden selbst an Feiertagen keinen Müßiggang. Sie zwingen ihnen Schweiß und manchmal Tränen ab. Die Mütter aber drücken sie ans Herz und wollen, daß sie im Schatten bleiben, niemals betrübt sind, niemals weinen, niemals sich plagen. Ein Vaterherz hat Gott für gute Menschen, er liebt sie kraftvoll und spricht: „Mit Mühen, Schmerzen und Verlusten sollen sie sich herumschlagen, daß sie wahre Kraft sammeln."

Schlapp bleibt, was sich beim Nichtstun mästet: Nicht Anstrengung allein, sondern schon Bewegung und das eigene Gewicht führen zur Erschöpfung. Keinen Schicksalsschlag erträgt ein nie getrübtes Glück, doch wer ständig mit den eigenen Schwierigkeiten zu kämpfen hatte, der bekam Schwielen gegen die Schläge; er weicht vor keinem Übel, und wenn er stürzt, kämpft er kniend weiter.

Du wunderst dich, wenn jener Gott, der die Guten so sehr liebt, der sie möglichst tüchtig und vorzüglich haben möchte, ihnen ein Schicksal zuweist, an dem sie sich üben sollen? Ich meinerseits wundere mich nicht, wenn ihn gelegentlich Verlangen überkommt, große Männer gegen irgendein Unheil ankämpfen zu sehen.

Uns bereitet es manchmal Vergnügen, wenn ein Mann von unerschütterlichem Mut ein wildes Tier, das ihn anfiel, mit dem Spieß abfing, wenn er dem Angriff eines Löwen standhielt, und solch ein Schauspiel ist desto angenehmer, je edler der war, der es bot.

Dergleichen kann allerdings nicht den Blick der Götter auf sich ziehen: es ist kindisch und unterhält nur oberflächliche Menschen.

Doch schau, dies Schauspiel ist es wert, daß ein mit seiner Schöpfung beschäftigter Gott darauf sieht, schau, ein Kämpferpaar, das eines Gottes wert ist: ein tapferer Mann, gegen

provocavit. Non video, inquam, quid habeat in terris Iuppiter pulchrius, si convertere animum velit, quam ut spectet Catonem iam partibus non semel fractis stantem nihilo minus inter ruinas publicas rectum: „Licet", inquit, „omnia in unius dicionem concesserint, custodiantur legionibus terrae, classibus maria, Caesarianus portas miles obsideat, Cato, qua exeat, habet; una manu latam libertati viam faciet. Ferrum istud, etiam civili bello purum et innoxium, bonas tandem ac nobiles edet operas: libertatem, quam patriae non potuit, Catoni dabit. Aggredere, anime, diu meditatum opus, eripe te rebus humanis!

Iam Petreius et Iuba concucurrerunt iacentque alter alterius manu caesi: fortis et egregia fati conventio, sed quae non deceat magnitudinem nostram. Tam turpe est Catoni mortem ab ullo petere quam vitam."

Liquet mihi cum magno spectasse gaudio deos, dum ille vir, acerrimus sui vindex, alienae saluti consulit et instruit discedentium fugam, dum studia etiam nocte ultima tractat, dum gladium sacro pectori infigit, dum viscera spargit et illam sanctissimam animam indignamque, quae ferro contaminaretur, manu educit.

Inde crediderim fuisse parum certum et efficax vulnus: non fuit diis immortalibus satis spectare Catonem semel; retenta ac revocata virtus est, ut in difficiliore parte se ostenderet: non enim tam magno animo mors initur quam repetitur. Quidni libenter spectarent alumnum suum tam claro ac memorabili exitu evadentem? Mors illos consecrat, quorum exitum et, qui timent, laudant.

ein schlimmes Schicksal gestellt, zumal, wenn er es auch noch herausgefordert hat! Ich weiß nicht, muß ich gestehen, was Jupiter auf Erden Herrlicheres fände, falls er uns seine Aufmerksamkeit schenken sollte, als den Anblick Catos, der, wiewohl sein Anhang schon mehr als einmal geschlagen war, nichtsdestoweniger in den Trümmern des Staates aufrecht stand. „Mag alles", sprach er, „in eines Mannes Hand gefallen sein, mögen Legionen die Länder, Flotten die Meere überwachen und Caesars Soldaten die Tore besetzt halten: Cato weiß einen Ausweg; mit *einer* Hand wird er der Freiheit eine breite Gasse schlagen. Dieses Eisen, auch im Bürgerkrieg ganz unbefleckt, wird endlich gute, ehrenvolle Arbeit leisten. Die Freiheit, die es dem Vaterlande nicht verschaffen konnte, gibt es dem Cato. Wohlan, mein Geist, geh an das lang bedachte Werk, mach dich los vom Irdischen!

Schon sind Petreius und Juba im Zweikampf aufeinander losgegangen und liegen da, der eine von des andern Hand erschlagen. Fürwahr eine heldenhafte, großartige Kampfgemeinschaft, die aber meiner Größe nicht geziemt. Gleich schimpflich wäre es für Cato, den Tod von irgendeinem zu erbitten wie das Leben."

Ich habe keinen Zweifel, daß mit großer Freude die Götter auf ihn schauten, als jener Mann, über sich selbst der unerbittlichste Richter, auf Rettung anderer bedacht war und für einen geordneten Abzug der Flüchtenden sorgte, als er selbst in seiner letzten Nacht noch philosophierte, als er das Schwert in seine hehre Brust stieß, als er sein Blut vergoß und seine hochheilige Seele, die nie der schnöde Stahl berühren durfte, mit eigener Hand in die Freiheit führte.

Darum, so meine ich, war seine Wunde nicht tief genug, nicht tödlich: es war den unsterblichen Göttern zu wenig, Cato einmal sterben zu sehen; so bewahrten sie den Helden, riefen ihn zurück, damit er sich bei einer schwierigeren Aufgabe bewähre: Mehr Mut verlangt es als beim ersten Mal, erneut den Tod zu suchen! Und warum hätten sie nicht gern zuschauen sollen, als ihr lieber Sohn ein so ruhmreiches und denkwürdiges Ende nahm? Der Tod adelt jene, deren Sterben auch die preisen, die sich davor fürchten.

3   Sed iam procedente oratione ostendam, quam non sint, quae videntur, mala. Nunc illud dico ista, quae tu vocas aspera, quae adversa et abominanda, primum pro ipsis esse, quibus accidunt, deinde pro universis, quorum maior diis cura quam singulorum est, post hoc volentibus accidere ac dignos malo esse, si nolint. His adiciam fato ista subiecta eadem lege bonis evenire, qua sunt boni. Persuadebo deinde tibi, ne umquam boni viri miserearis: potest enim miser dici, non potest esse.

Difficillimum ex omnibus, quae proposui, videtur, quod primum dixi, pro ipsis esse, quibus eveniunt, ista, quae horremus ac tremimus. „Pro ipsis est", inquis, „in exsilium proici, in egestatem deduci, liberos, coniugem ecferre, ignominia affici, debilitari?"

Si miraris haec pro aliquo esse, miraberis quosdam ferro et igne curari, nec minus fame ac siti. Sed, si cogitaveris tecum remedii causa quibusdam et radi ossa et legi et extrahi venas et quaedam amputari membra, quae sine totius pernicie corporis haerere non poterant, hoc quoque patieris probari tibi quaedam incommoda pro iis esse, quibus accidunt, tam mehercules quam quaedam, quae laudantur atque appetuntur, contra eos esse, quos delectaverunt, simillima cruditatibus ebrietatibusque et ceteris, quae necant per voluptatem.

3 Doch damit komme ich schon zum nächsten Punkt meiner Ausführungen und kann erweisen, wie wenig schlecht das ist, was so erscheint. Ich stelle nun fest, daß all das, was du beschwerlich, widerwärtig und verabscheuenswert nennst, erstens im Interesse derer ist, denen es zustößt, zweitens im Interesse aller Menschen, um die sich ja die Götter noch mehr sorgen als um einzelne, ferner, daß es mit Zustimmung der Betroffenen geschieht und daß diese Unglück verdient hätten, sollte es anders ein. Dazu will ich noch ergänzend bemerken, daß all dies durch das Schicksal vorbestimmt ist und nach dem gleichen Gesetz den Guten widerfährt, nach dem sie gut sind. Ich werde dich sodann dazu überreden, nie einen guten Menschen zu bedauern; er kann nämlich nur bedauernswert genannt werden; sein kann er es nicht.

Am schwierigsten von allem, was ich vorausgeschickt habe, scheint mir der erste Punkt zu sein, daß nämlich im Interesse der Betroffenen ist, wovor wir erschauern und zittern. „Es ist in ihrem Interesse", fragst du, „daß sie in die Verbannung getrieben, ins Elend gestoßen werden, ihre Kinder, ihre Gattin begraben, beschimpft werden und geschädigt?"

Wenn du dich wunderst, daß das in jemands Interesse sein kann, wunderst du dich wohl auch, daß man manche mit Stahl und Feuer kuriert, desgleichen durch Hungern und Dürsten. Doch wenn du dir überlegst, daß bei manchen Leuten, um sie zu heilen, sogar Knochen vom Fleisch gelöst und herausgenommen, daß Adern freigelegt und bestimmte Gliedmaßen gar amputiert werden, da sie ohne größte Gefahr für den ganzen Körper nicht an ihm bleiben konnten, so wirst du auch das als erwiesen gelten lassen, daß manche Unannehmlichkeiten im Interesse derer sind, denen sie zustoßen, und zwar ebenso, bei Gott, wie bestimmte Dinge, die man rühmt und erstrebt, schädlich sind für diejenigen, die sie erfreuten, ganz genau so wie ein übervoller Magen und Räusche und all das übrige, das unter Sinneslust zum Tod führt.

Inter multa magnifica Demetrii nostri et haec vox est, a qua recens sum (sonat adhuc et vibrat in auribus meis): „Nihil", inquit, „mihi videtur infelicius eo, cui nihil umquam evenit adversi." Non licuit enim illi se experiri. Ut ex voto illi fluxerint omnia, ut ante votum, male tamen de illo dii iudicaverunt: indignus visus est, a quo vinceretur aliquando fortuna, quae ignavissimum quemque refugit, quasi dicat: „Quid ego istum mihi adversarium assumam? Statim arma submittet. Non opus est in illum tota potentia mea; levi comminatione pelletur: non potest sustinere vultum meum. Alius circumspiciatur, cum quo conferre possimus manum. Pudet congredi cum homine vinci parato."

Ignominiam iudicat gladiator cum inferiore componi et scit eum sine gloria vinci, qui sine periculo vincitur. Idem facit fortuna: fortissimos sibi pares quaerit. Quosdam fastidio transit; contumacissimum quemque et rectissimum aggreditur, adversus quem vim suam intendat: ignem experitur in Mucio, paupertatem in Fabricio, exsilium in Rutilio, tormenta in Regulo, venenum in Socrate, mortem in Catone. Magnum exemplum nisi mala fortuna non invenit.

Infelix est Mucius, quod dextra ignes hostium premit et ipse a se exigit erroris sui poenas? Quod regem, quem armata manu non potuit, exusta fugat? Quid ergo? Felicior esset, si in sinu amicae foveret manum?

Infelix est Fabricius, quod rus suum, quantum a re publica vacavit, fodit? Quod bellum tam cum

DIE VORSEHUNG

Unter vielen großartigen Worten unseres Freundes Demetrius ist auch der folgende Ausspruch, den ich eben erst gehört habe – noch klingt er hell in meinen Ohren nach: „Nichts", sprach er, „scheint mir unglücklicher als einer, dem nie irgend etwas Widriges zugestoßen ist." Ein solcher Mensch hatte nämlich nicht die Möglichkeit, sich zu prüfen. Gesetzt, alles gelang ihm, wie er's wünschte, gesetzt sogar, bevor er's wünschte, so haben doch die Götter ein schlimmes Urteil über ihn gefällt: Unwert schien er ihnen, einmal das Schicksal zu überwinden, das gerade den größten Feiglingen aus dem Weg geht, als wollte es sagen: „Wozu soll ich mir den Kerl da zum Gegner nehmen? Auf der Stelle wird er die Waffen strecken! Gegen ihn braucht es nicht meine ganze Macht; eine leise Drohung wird ihn in die Flucht schlagen; er kann meinen finsteren Blick nicht ertragen. Sehen wir uns nach einem anderen um, mit dem ich handgemein werden kann! Eine Schande wär's, mit einem Menschen zu kämpfen, der zur Niederlage bereit ist."

Für schmachvoll hält es ein Gladiator, gegen einen Unterlegenen aufgestellt zu werden, und weiß, daß er über den ruhmlos siegt, den er gefahrlos besiegt. Ebenso hält es das Schicksal: Es sucht sich die Tapfersten als gleichwertige Gegner. An bestimmten Leuten geht es geringschätzig vorbei. Aber gerade die Willensstärksten und Unbeugsamsten greift es an, um gegen sie all seine Mittel einzusetzen: Feuer versucht es an Mucius Scaevola, Armut an Fabricius, Verbannung an Rutilius, Folterqualen an Regulus, Gift an Sokrates, den Tod an Cato. Die große, vorbildliche Tat ermöglicht nur das Mißgeschick.

Unglücklich ist Scaevola, weil er die Hand beim Feind ins Feuer hielt und sich selbst für seinen Irrtum strafte? Weil er den König, den er mit bewaffneter Hand nicht zum Abzug zwingen konnte, durch die verbrannte dazu zwingt? Wie denn? Wäre er glücklicher, wenn er die Hand am Busen seiner Liebsten wärmen könnte?

Unglücklich ist Fabricius, weil er sein Grundstück, soweit es ihm die Politik erlaubte, selbst umgrub? Weil er Krieg

Pyrrho quam cum divitiis gerit? Quod ad focum cenat illas ipsas radices et herbas, quas in repurgando agro triumphalis senex vulsit? Quid ergo? Felicior esset, si in ventrem suum longinqui litoris pisces et peregrina aucupia congereret, si conchyliis Superi atque Inferi maris pigritiam stomachi nausiantis erigeret, si ingenti pomorum strue cingeret primae formae feras, captas multa caede venantium?

Infelix est Rutilius, quod, qui illum damnaverunt, causam dicent omnibus saeculis? Quod aequiore animo passus est se patriae eripi quam sibi exsilium? Quod Sullae dictatori solus aliquid negavit et revocatus tantum non retro cessit et longius fugit?

„Viderint", inquit, „isti, quos Romae deprehendit felicitas tua! Videant largum in foro sanguinem et supra Servilianum lacum (id enim proscriptionis Sullanae spoliarium est) senatorum capita et passim vagantes per urbem percussorum greges et multa milia civium Romanorum uno loco post fidem, immo per ipsam fidem trucidata. Videant ista, qui exsulare non possunt."

Quid ergo? Felix est L. Sulla, quod illi descendenti ad forum gladio summovetur, quod capita sibi consularium virorum patitur ostendi et pretium caedis per quaestorem ac tabulas publicas numerat? Et haec omnia facit ille, ille, qui legem Corneliam tulit.

Veniamus ad Regulum: quid illi fortuna nocuit, quod illum documentum fidei, documentum patientiae fecit? Figunt cutem clavi et, quocumque fatigatum corpus reclinavit, vulneri incumbit; in

ebenso gegen Pyrrhus wie gegen den Reichtum führte? Weil er am Herd gerade jene Wurzeln und Kräuter ißt, die er beim Jäten seines Ackers – als alter Mann und Triumphator – aufgesammelt hat? Wie denn? Wäre er glücklicher, wenn er in seinen Bauch Fische von entlegenen Küsten und ausländisches Geflügel stopfte, wenn er mit Austern aus der Adria und dem Westmeer den Widerwillen seines kranken Magens überwinden müßte, wenn er im übergroßen Früchtekranz Wildbret von erster Qualität auftragen ließe, Beute, für die viel Blut der Jäger floß?

Unglücklich ist Rutilius, weil die, die ihn verdammten, allen Jahrhunderten Rechenschaft schuldig sind? Weil er gelassener sich der Heimat als sich die Fremde nehmen ließ? Weil er als einziger dem Diktator Sulla etwas abzuschlagen wagte und, zurückgerufen, keinen Schritt rückwärts tat und sich rasch weiter entfernte?

„Die sollen sich vorsehen", sprach er, „über die in Rom dein ‚Glück' kommt! Sie werden weithin auf dem Forum Blut fließen sehen und über dem Bassin des Servilius – das diente bei den Sullanischen Ächtungen als Leichengrube – die Köpfe der Senatoren, dazu überall in der Stadt ausschwärmende Mörderbanden und viele tausend römische Bürger, die an einem einzigen Platz nach einem Schutzversprechen oder vielmehr mit Hilfe dieses ausdrücklichen Versprechens hingemetzelt wurden. Das alles sollen die mit ansehen, die Verbannung nicht ertragen können."

Wie denn? Ist Sulla glücklich, weil ihm beim Gang aufs Forum mit dem Schwert die Leute vom Leib gehalten werden, weil er es über sich bringt, sich die Köpfe von Männern zeigen zu lassen, die einmal Konsuln waren, und weil er das Blutgeld durch den Quaestor und die Staatskasse auszahlt? Und das alles tut der Mann, der das Cornelische Gesetz gegen Meuchelmord einbrachte!

Kommen wir zu Regulus: Was hat ihm das Schicksal dadurch geschadet, daß es ihn zu einem leuchtenden Beispiel von Treue, zu einem Beispiel von Leidensbereitschaft machte? In seine Haut bohren sich Nägel; wohin er seinen er-

perpetuam vigiliam suspensa sunt lumina: quanto plus tormenti, tanto plus erit gloriae. Vis scire, quam non paeniteat hoc pretio aestimasse virtutem? Refice illum et mitte in senatum: eandem sententiam dicet.

Feliciorem ergo tu Maecenatem putas, cui amoribus anxio et morosae uxoris cotidiana repudia deflenti, somnus per symphoniarum cantum ex longinquo lene resonantium quaeritur? Mero se licet sopiat et aquarum fragoribus avocet et mille voluptatibus mentem anxiam fallat: tam vigilabit in pluma quam ille in cruce. Sed illi solacium est pro honesto dura tolerare et ad causam a patientia respicit; hunc, voluptatibus marcidum et felicitate nimia laborantem, magis iis, quae patitur, vexat causa patiendi.

Non usque eo in possessionem generis humani vitia venerunt, ut dubium sit, an electione fati data plures nasci Reguli quam Maecenates velint; aut, si quis fuerit, qui audeat dicere Maecenatem se quam Regulum nasci maluisse, idem iste, taceat licet, nasci se Terentiam maluit.

Male tractatum Socratem iudicas, quod illam potionem publice mixtam non aliter quam medicamentum immortalitatis obduxit et de morte disputavit usque ad ipsam? Male cum illo actum est, quod gelatus est sanguis ac paulatim frigore inducto venarum vigor constitit? Quanto magis huic invidendum est quam illis, quibus gemma ministratur, quibus exoletus omnia pati doctus, ex-

schöpften Leib sinken läßt, fügt er sich Wunden zu; um ihn ständig wachzuhalten, wurden seine Augenlider auseinandergespannt. Je größer die Qual, desto größer wird der Ruhm sein! Willst du wissen, wie wenig es ihn reut, seine Tapferkeit so hoch veranschlagt zu haben? Mach' ihn wieder heil und schicke ihn in den Senat: Er wird denselben Antrag stellen.

So hältst du denn Maecenas für glücklicher, der, wenn ihn Liebeskummer plagte und er die tägliche Zurückweisung durch seine widerspenstige Frau beklagte, Schlaf zu finden suchte beim zarten Spiel eines fernen Orchesters? Mag er sich mit ungemischtem Wein betäuben und durch das Rauschen von Wasserspielen ablenken und durch tausend Unterhaltungen sich über seine Herzenspein hinwegzutäuschen suchen: Ebenso schlaflos wird er in den Daunen liegen wie jener auf der Folterbank. Doch der hat den Trost, daß er um einer ehrenhaften Sache willen Unbill erträgt, und er sieht auf den guten Grund aus seinem Dulden. Den andern aber, der im Genuß erschlafft ist und unter seinem übergroßen Wohlstand leidet, quält noch mehr als sein Leiden der Anlaß seines Leidens.

Nicht in dem Maß haben Besitz von der Menschheit die Laster ergriffen, daß es fraglich wäre, ob – wenn man sich sein Schicksal wählen könnte – mehr Menschen als ein Regulus oder als ein Maecenas auf die Welt kommen möchten. Und sollte es doch einen geben, der zu sagen wagte, er wäre lieber als Maecenas statt als Regulus geboren worden, dann wäre es ihm vielleicht noch lieber gewesen – selbst wenn er's verschweigt – des Maecenas Frau Terentia zu werden.

Übel hat man dem Sokrates mitgespielt, so meinst du, weil er jenes von Staats wegen gemischte Giftgebräu nicht anders trank als ein Mittel zur Unsterblichkeit und über den Tod sprach, bis dieser kam. Übel erging es ihm, weil sein Blut gefror, die Kälte mählich höher stieg und sein kräftiger Pulsschlag stockte? Wieviel mehr muß man ihn beneiden als die Leute, denen ein edelsteinbesetzter Becher kredenzt wird, denen ein Lustknabe, der gelernt hat, alles mit sich gesche-

sectae virilitatis aut dubiae, suspensam auro nivem diluit! Hi, quicquid biberunt, vomitu remetientur, tristes et bilem suam regustantes; at ille venenum laetus et libens hauriet. Quod ad Catonem pertinet, satis dictum est, summamque illi felicitatem contigisse consensus hominum fatebitur, quem sibi rerum natura delegit, cum quo metuenda collideret:

„Inimicitiae potentium graves sunt? Opponatur simul Pompeio, Caesari, Crasso. Grave est a deterioribus honore anteiri? Vatinio postferatur. Grave est civilibus bellis interesse? Toto terrarum orbe pro causa bona tam infeliciter quam pertinaciter militet. Grave est manus sibi afferre? Faciat. Quid per haec consequar? Ut omnes sciant non esse haec mala, quibus ego dignum Catonem putavi."

4 Prosperae res et in plebem ac vilia ingenia deveniunt; at calamitates terroresque mortalium sub iugum mittere proprium magni viri est. Semper vero esse felicem et sine morsu animi transire vitam ignorare est rerum naturae alteram partem.

Magnus vir es? Sed unde scio, si tibi fortuna non dat facultatem exhibendae virtutis? Descendisti ad Olympia, sed nemo praeter te: coronam habes; victoriam non habes. Non gratulor tamquam viro forti, sed tamquam consulatum praeturamve adepto: honore auctus es.

Idem dicere et bono viro possum, si illi nullam occasionem difficilior casus dedit, in qua vim animi sui ostenderet: „Miserum te iudico, quod numquam fuisti miser. Transisti sine adversario vitam; nemo sciet, quid potueris, ne tu quidem ipse." Opus est enim ad notitiam sui experimento:

hen zu lassen, entweder wirklich oder wahrscheinlich kein
Mann mehr, auf goldener Schale aufgehäuften Schnee
schmilzt? Alles, was diese Leute trinken, messen sie nach,
wenn sie's erbrechen, verkatert und mit dem Geschmack der
eigenen Galle im Mund. Doch jener wird den Giftbecher
froh und willig leeren. Was Cato angeht, ist genug gesagt,
und daß ihm höchstes Glück zuteil wurde, wird die Menschheit übereinstimmend zugeben: Ihn hatte ja die Natur dafür
bestimmt, daß auf ihn treffe, was Furcht erweckt.

„Feindschaft der Mächtigen ist hart? Er soll sich zugleich
gegen Pompeius, Caesar, Crassus stellen! Hart ist es, wenn
minderwertige Menschen mehr Anerkennung finden? Man
stelle ihn dem Vatinius hintan! Hart ist es, bei einem Bürgerkrieg dabeizusein? Auf der ganzen Wellt soll er für die gute
Sache so erfolglos wie unbeugsam kämpfen! Hart ist es,
Hand an sich zu legen? Er tue es! Und was erreiche ich
durch all dies? Daß alle wissen: Schlimm kann das nicht sein,
dessen ich einen Cato würdigte."

4 Glück kommt auch zum Pöbel hinab und zu minderwertigen Geistern. Aber das Unglück und die Schrecknisse
der Menschen unters Joch zu schicken, das eignet einem
großen Mann. Stets glücklich zu sein und ohne Seelenwunde
durchs Leben zu gehen, das bedeutet Unkenntnis der anderen Seite unserer Welt.

Du bist ein großer Mann? Doch woher soll ich das wissen,
wenn dir das Schicksal nicht die Chance bietet, dich als
Mann zu zeigen? In den Wettkampf von Olympia bist zu
gezogen – doch keiner außer dir. Du hast den Siegerkranz,
den Sieg hast du nicht. Ich gratuliere dir nicht wie einem
tapferen Mann, sondern wie einem, der Konsul oder Praetor
geworden ist: Man verhalf dir zu mehr Ehre.

Ähnlich könnte ich auch mit einem tüchtigen Mann sprechen, wenn ihm kein ungünstigeres Ereignis Gelegenheit
gab, dabei seine Seelenstärke zu zeigen: „Bedauernswert
muß ich dich nennen, weil du nie bedauernswert gewesen
bist. Du gingst ohne Gegner durchs Leben; so wird niemand
wissen, wozu du fähig warst, nicht einmal du selbst." Man

quid quisque posset, nisi tentando non didicit. Itaque quidam ipsi ultro se cessantibus malis obtulerunt et virtuti iturae in obscurum occasionem, per quam enitesceret, quaesierunt.

Gaudent, inquam, magni viri aliquando rebus adversis, non aliter quam fortes milites bello. Triumphum ego murmillonem sub Tib. Caesare de raritate munerum audivi querentem: „Quam bella", inquit, „aetas perit!" Avida est periculi virtus et, quo tendat, non, quid passura sit, cogitat, quoniam etiam, quod passura est, gloriae pars est. Militares viri gloriantur vulneribus, laeti fluentem e lorica suum sanguinem ostentant; idem licet fecerint, qui integri revertuntur ex acie, magis spectatur, qui saucius redit. Ipsis, inquam, deus consulit, quos esse quam honestissimos cupit, quotiens illis materiam praebet aliquid animose fortiterque faciendi, ad quam rem opus est aliqua rerum difficultate: gubernatorem in tempestate, in acie militem intellegas.

Unde possum scire, quantum adversus paupertatem tibi animi sit, si divitiis diffluis? Unde possum scire, quantum adversus ignominiam et infamiam odiumque populare constantiae habeas, si inter plausus senescis, si te inexpugnabilis et inclinatione quadam mentium pronus favor sequitur? Unde scio, quam aequo animo laturus sis orbitatem, si, quoscumque sustulisti, vides? Audivi te, cum alios consolareris; tunc conspexissem, si te ipse consolatus esses, si te ipse dolere vetuisses. Nolite, obsecro vos, expavescere ista, quae dii immortales velut stimulos admovent animis: calamitas virtutis occasio est.

braucht, um sich zu kennen, die Probe. Was einer kann, erfährt er nur bei einer Prüfung. Daher haben manche sich aus eigenem Antrieb dem Unglück, das sich Zeit ließ, ausgesetzt und für ihre Fähigkeiten, die sonst im Schatten geblieben wären, eine Gelegenheit gesucht, hell zu erstrahlen.

Froh sind, so meine ich, große Männer manchmal über Unglück, genauso wie tapfere Soldaten über einen Krieg. Den Gladiator Triumphus hörte ich unter Kaiser Tiberius über die seltene Abhaltung öffentlicher Spiele klagen: „Wie schöne Zeit vergeht da ungenutzt!" Nach Gefahr verlangt es einen rechten Mann, und wonach er trachtet, nicht was er dulden wird, hat er im Sinn, da ja auch die künftigen Leiden ein Teil seines Ruhms sind. Mannhafte Krieger rühmen sich ihrer Wunden, froh zeigen sie, wie Blut aus ihrem Riemenpanzer quillt. Mögen es ihnen andere gleichgetan haben, die unversehrt aus der Schlacht zurückkommen: Mehr Beachtung findet, wer verwundet wiederkehrt. Gerade denen, meine ich, steht Gott bei, die er so hoch geehrt wie möglich sehen will, sooft er ihnen die Gelegenheit zu einer beherzten und tapferen Tat gibt, wozu ja ein gewisses Maß an Schwierigkeit gehört. Den Steuermann wird man im Sturm, im Kampf den Krieger erkennen.

Woher kann ich wissen, wieviel Seelenstärke du angesichts der Armut aufbringst, wenn du im Geld schwimmst? Woher kann ich wissen, wieviel Unerschütterlichkeit du angesichts von Beschimpfung und Rufmord und öffentlicher Anfeindung besitzt, wenn du bis ins Alter Beifall findest, wenn dir beständig aus dem Herzen kommende Sympathie zuteil wird? Woher weiß ich, wie gelassen du den Verlust deiner Kinder tragen wirst, wenn du alle, die du als die deinen von der Erde aufnahmst, am Leben siehst? Ich habe dir zugehört, als du andere getröstet hast. Doch dann erst hätte ich in dein Herz geblickt, wenn du dich selbst getröstet, wenn du dir selbst den Schmerz versagt hättest. Nein, ich beschwöre euch, erbebt nicht davor, wenn die unsterblichen Götter euer Herz sozusagen die Peitsche fühlen lassen: Unglück ist die Chance, sich als Mann zu zeigen.

Illos merito quis dixerit miseros, qui nimia felicitate torpescunt, quos velut in mari lento tranquillitas iners detinet. Quicquid illis inciderit, novum veniet: magis urgent saeva inexpertos; grave est teneris cervicibus iugum; ad suspicionem vulneris tiro pallescit, audacter veteranus cruorem suum spectat, qui scit se saepe vicisse post sanguinem.

Hos itaque deus, quos probat, quos amat, indurat, recognoscit, exercet; eos autem, quibus indulgere videtur, quibus parcere, molles venturis malis servat.

Erratis enim, si quem iudicatis exceptum: veniet ad illum diu felicem sua portio; quisquis videtur dimissus esse, dilatus est.

Quare deus optimum quemque aut mala valetudine aut luctu aut aliis incommodis afficit? Quia in castris quoque periculosa fortissimis imperantur: dux lectissimos mittit, qui nocturnis hostes aggrediantur insidiis aut explorent iter aut praesidium loco deiciant. Nemo eorum, qui exeunt, dicit: „Male de me imperator meruit", sed: „Bene iudicavit."

Item dicant, quicumque iubentur pati timidis ignavisque flebilia: „Digni visi sumus deo, in quibus experiretur, quantum humana natura posset pati."

Fugite delicias, fugite enervatam felicitatem, qua animi permadescunt, nisi aliquid intervenit, quod humanae sortis admoneat, velut perpetua ebrietate sopiti. Quem specularia semper ab afflatu vindicaverunt, cuius pedes inter fomenta subinde mutata tepuerunt, cuius cenationes subditus et parietibus circumfusus calor temperavit, hunc levis aura non sine periculo stringet.

Jene darf man wahrhaft elend nennen, die in allzugroßem Glück hindämmern, die wie auf ruhiger See Windstille träge macht. Alles, was ihnen zustößt, kommt unverhofft; ärger setzt grimmiger Schmerz denen zu, die ihn nie kennenlernten. Schwer ist für einen weichen Nacken das Joch; schon die Ahnung, er sei verwundet, läßt einen Rekruten erblassen; furchtlos sieht der Veteran die roten Flecken: er weiß, daß er oft siegte, nachdem er Blut vergoß.

Die also, die Gott anerkennt und die er liebt, die stählt, prüft und schleift er. Die aber, die er scheinbar mild behandelt, die er schont, spart er verzärtelt auf für kommendes Unheil.

Ihr täuscht euch nämlich, wenn ihr meint, jemand bleibe davon ausgenommen. Es fällt auch jenem lang von Glück Verwöhnten sein Anteil zu; jeder, der davon freigestellt scheint, wurde nur zurückgestellt.

Weshalb schlägt Gott gerade die besten mit Krankheit und Leid und anderen Plagen? Weil auch im Krieg gefährliche Aufgaben den Tapfersten anvertraut werden. Der Heerführer schickt sorgsam ausgewählte Leute, die den Feind nachts aus dem Hinterhalt angreifen oder den Weg erkunden oder eine Besatzung aus ihrer Stellung werfen sollen. Keiner von denen, die ausrücken, sagt: „Übel hat der General mir mitgespielt!", sondern: „Gut hat er entschieden."

Dasselbe sollen alle sagen, die man dulden läßt, worüber Ängstliche und Feige jammern. „Wir schienen vor Gott würdig, um an uns zu erproben, wieviel die menschliche Natur zu ertragen vermag."

Flieht das Vergnügen, flieht ein Glück, das euch matt und benommen macht, sofern nichts dazwischenkommt, das an euer Menschenlos erinnern könnte, benommen wie Leute, die im Dauerrausch verdämmern! Wen Glasfenster stets vor Zugluft geschützt haben, wessen Füße in oft ausgetauschten heißen Packungen warmgehalten wurden, wessen Eßzimmer unter dem Boden und in der Wand aufsteigende Heißluft heizte, den wird sogar ein leiser Lufthauch nicht ohne Gefahr streifen.

Cum omnia, quae excesserunt modum, noceant, periculosissima felicitatis intemperantia est: movet cerebrum, in vanas mentem imagines evocat, multum inter falsum ac verum mediae caliginis fundit. Quidni satius sit perpetuam infelicitatem advocata virtute sustinere quam infinitis atque immodicis bonis rumpi? Lenior ieiunio mors est; cruditate dissiliunt. Hanc itaque rationem dii sequuntur in bonis viris, quam in discipulis suis praeceptores, qui plus laboris ab iis exigunt, in quibus certior spes est.

Numquid tu invisos esse Lacedaemoniis liberos suos credis, quorum experiuntur indolem publice verberibus admotis?

Ipsi illos patres adhortantur, ut ictus flagellorum fortiter perferant, et laceros ac semianimes rogant, perseverent vulnera praebere vulneribus.

Quid mirum, si dure generosos spiritus deus tentat? Numquam virtutis molle documentum est. Verberat nos et lacerat fortuna? Patiamur: non est saevitia; certamen est, quod quo saepius adierimus, fortiores erimus. Solidissima corporis pars est, quam frequens usus agitavit. Praebendi fortunae sumus, ut contra illam ab ipsa duremur: paulatim nos sibi pares faciet, contemptum periculorum assiduitas periclitandi dabit. Sic sunt nauticis corpora ferendo mari dura, agricolis manus tritae. Ad excutienda tela militares lacerti valent, agilia sunt membra cursoribus: id in quoque solidissimum est, quod exercuit. Ad contemnendam patientiam malorum animus patientia pervenit.

Quae quid in nobis efficere possit, scies, si aspexeris, quantum nationibus nudis et inopia fortioribus labor praestet. Omnes considera gentes, in

DIE VORSEHUNG

Wenngleich alles, was das rechte Maß überschreitet, Schaden bringt, ist doch am gefährlichsten die Maßlosigkeit im Glück: Sie verwirrt den Verstand, sie verlockt das Herz zu eitlen Phantasien, sie verbreitet dichtes Dunkel, das Falsches und Wahres nicht mehr trennen läßt. Wieso sollte es nicht besser sein, dauerndes Unglück, wenn man die Tugend um Beistand bittet, zu ertragen, als inmitten von maß- und grenzenlosem Besitz sich zu zerschleißen? Sanft kommt der Hungertod; ein voller Bauch kann platzen. Demnach lassen sich die Götter bei guten Menschen von derselben Überlegung leiten wie bei Schülern Lehrer, die mehr Einsatz von den hoffnungsvolleren verlangen.

Glaubst du etwa, es haßten die Spartaner ihre Kinder, deren Charakterstärke sie bei einer öffentlichen Auspeitschung prüfen?

Die Väter selbst reden ihnen zu, die Geißelhiebe tapfer zu ertragen, und die Zerfleischten, halb Entseelten bitten sie, ihrem wunden Leib weiter Wunden schlagen zu lassen.

Ist's ein Wunder, wenn mit Härte Gott die edlen Geister prüft? Nie läßt sich Stärke durch eine gelinde Probe erweisen. Zerschlägt und peinigt uns das Schicksal? Wir wollen es ertragen: Nicht blindes Wüten ist's, es ist ein Wettstreit, und je häufiger wir uns darauf einlassen, um so tapferer werden wir. Am festesten ist unser Körper dort, wo ihn beständige Übung stählte. Preisgeben müssen wir uns dem Schicksal, um dagegen eben dadurch hart zu werden. Allmählich wird es uns zu Gegnern machen, die ihm gewachsen sind, und Gefahren zu verachten wird uns dauernde Gefährdung lehren. So sind Seeleute körperlich abgehärtet, weil sie dem Meer trotzen, haben Bauern schwielige Hände; um Speere schleudern zu können, sind Soldatenarme stark, behende sind die Gliedmaßen von Läufern. Das ist bei einem jedem am ausdauerndsten, was er übte. Das Ziel, auch schwere Leiden gering zu achten, erreicht der Geist durch Leiden.

Was das bei uns bewirken kann, weißt du, wenn du darauf schaust, wieviel in Einfachheit lebenden und durch Entbehrung nur noch widerstandsfähigeren Völkern ihre Mühsal

quibus Romana pax desinit, Germanos dico et, quicquid circa Histrum vagarum gentium occursat: perpetua illos hiems, triste caelum premit, maligne solum sterile sustentat; imbrem culmo aut fronde defendunt, super durata glacie stagna persultant, in alimentum feras captant.

Miseri tibi videntur? Nihil miserum est, quod in naturam consuetudo perduxit; paulatim enim voluptati sunt, quae necessitate coeperunt. Nulla illis domicilia nullaeque sedes sunt, nisi quas lassitudo in diem posuit, vilis et hic quaerendus manu victus, horrenda iniquitas caeli, intecta corpora: hoc, quod tibi calamitas videtur, tot gentium vita est. Quid miraris bonos viros, ut confirmentur, concuti? Non est arbor solida nec fortis, nisi in quam frequens ventus incursat: ipsa enim vexatione constringitur et radices certius figit; fragiles sunt, quae in aprica valle creverunt. Pro ipsis ergo bonis viris est, ut esse interriti possint, multum inter formidolosa versari et aequo animo ferre, quae non sunt mala nisi male sustinenti.

5   Adice nunc, quod pro omnibus est optimum quemque, ut ita dicam, militare et edere operas. Hoc est propositum deo, quod sapienti viro, ostendere haec, quae vulgus appetit, quae reformidat, nec bona esse nec mala. Apparebit autem bona esse, si illa non nisi bonis viris tribuerit, et mala esse, si tantum malis irrogaverit. Detestabilis erit caecitas, si nemo oculos perdiderit, nisi cui eruendi sunt: itaque careant luce Appius et Metellus. Non sunt divitiae bonum: itaque habeat illas et Elius leno, ut homines pecuniam, cum in templis consecraverint, videant et in fornice.

bringt. Sieh dich bei allen Stämmen um, die Roms Frieden nicht erreicht, ich spreche von den Germanen und all den Hirtenvölkern, auf die man an der unteren Donau trifft. Ewiger Winter, rauhes Klima setzt ihnen zu, nur karg ernährt sie unfruchtbarer Boden. Den Regen halten sie mit Stroh- und Blätterdächern ab. Über tiefvereiste Seen eilen sie hin, zur Nahrung erjagen sie wilde Tiere.

Bemitleidenswert scheinen sie dir? Nichts ist bemitleidenswert, was Gewöhnung zum Wesensmerkmal machte. Im Lauf der Zeit bereitet ihnen Freude, was sie erst aus Not unternahmen. Keine Häuser, keine Heimstatt haben sie außer der, die sie erschöpft für einen Tag sich richteten; dürftig und nur mühsam zu bekommen ist ihre Nahrung, schauderhaft das schlechte Wetter, ungeschützt ihr Leib. Was dir ein Unglück scheint, das ist die Lebensweise vieler Völker. Was wunderst du dich, daß das Schicksal einen guten Menschen, um ihn zu kräftigen, hart hernimmt? Kein Baum steht fest und unerschütterlich, wenn in ihn nicht oft der Sturm fährt. Gerade durch die Erschütterung wird er stark und schlägt die Wurzeln fester in den Boden. Windbruchgefährdet sind die, die im sonnigen Tal hochwuchsen. Gerade guten Menschen verhilft es zu einem Leben ohne Furcht, wenn sie sich oft in furchtbarer Lage befinden und gelassen tragen, was nur für den schlecht ist, der es schlecht verkraftet.

5 Denke nun auch daran, daß es für alle wichtig ist, wenn besonders Tüchtige sozusagen Soldaten werden und ihren Dienst tun. Dasselbe Ziel verfolgt Gott wie ein Philosoph: nachzuweisen, daß das, was die Masse wünscht und was sie fürchtet, weder gut noch schlecht ist. Offensichtlich aber wäre nur dann etwas gut, wenn er es allein den guten Menschen gäbe, und nur dann schlecht, wenn er es lediglich den Schlechten auferlegte. Schrecklich wird Blindheit, wenn nur der um seine Augen kommt, dem man sie ausstechen muß; mögen also ein Appius und Metellus auf das Augenlicht verzichten. Reichtum ist kein Gut. Daher behalte ihn der Bordellbesitzer Elius, auf daß die Leute Geld, nachdem sie es in Tempeln geweiht haben, auch im Hurenhaus erblicken.

Nullo modo magis potest deus concupita traducere quam si illa ad turpissimos defert, ab optimis abigit.

„At iniquum est virum bonum debilitari aut configi aut alligari, malos integris corporibus solutos ac delicatos incedere." Quid porro? Non est iniquum fortes viros arma sumere et in castris pernoctare et pro vallo obligatis stare vulneribus, interim in urbe securos esse percisos et professos inpudicitiam? Quid porro? Non est iniquum nobilissimas virgines ad sacra facienda noctibus excitari, altissimo somno inquinatas frui? Labor optimos citat. Senatus per totum diem saepe consulitur, cum illo tempore vilissimus quisque aut in Campo otium suum oblectet aut in popina lateat aut tempus in aliquo circulo terat. Idem in hac magna re publica fit: boni viri laborant, impendunt, impenduntur, et volentes quidem. Non trahuntur a fortuna, sequuntur illam et aequant gradus. Si scissent, antecessissent.

Hanc quoque animosam Demetrii fortissimi viri vocem audisse me memini: „Hoc unum", inquit, „de vobis, di immortales, queri possum, quod non ante mihi notam voluntatem vestram fecistis: prior enim ad ista venissem, ad quae nunc vocatus adsum.Vultis liberos sumere? Vobis illos sustuli. Vultis aliquam partem corporis? Sumite. Non magnam rem promitto: cito totum relinquam. Vultis spiritum? Quidni nullam moram faciam, quominus recipiatis, quod dedistis? A volente feretis, quicquid petieritis. Quid ergo est? Maluissem offerre quam tradere. Quid opus fuit auferre? Acci-

DIE VORSEHUNG 35

Auf keine Art kann Gott Begehrtes schonungsloser entlarven, als wenn er es den Schändlichsten übereignet und von den Besten fernhält.

„Doch unbillig ist es, wenn ein guter Mensch geschädigt oder gepeinigt oder in Ketten gelegt wird, während Schlechte mit heilen Gliedern, frei und herausgeputzt daherkommen!" – Was denn? Ist es dann nicht unbillig, daß tapfere Männer zu den Waffen greifen, im Lager die Nacht verbringen und draußen vor dem Wall stehen, mit verbundenen Wunden, während in der Stadt Schwule und ausgemachte Kinderschänder sicher sind? Und weiter: Ist es nicht unbillig, daß die edelsten Jungfrauen zum Opferfest in der Nacht geweckt werden, während lasterhafte im tiefsten Schlaf liegen? Eine große Aufgabe verlangt nach den Besten. Der Senat berät oft den ganzen Tag über, während gleichzeitig die verächtlichsten Gestalten entweder auf dem Marsfeld ihre Freizeit angenehm verbringen oder in einer finsteren Kneipe hocken oder die Zeit in irgendeiner Clique totschlagen. Genauso geht es in diesem großen Staatsgebilde, in der Welt, zu: Tüchtige Männer strengen sich an, setzen sich ein und lassen sich einsetzen – und das aus freien Stücken! Sie werden nicht vom Schicksal mitgerissen, sie folgen ihm und halten gleichen Schritt. Hätten sie es gekannt, sie wären ihm vorausgeeilt.

Auch dieses stolzen Ausspruchs des tapferen Demetrius entsinne ich mich noch: „Nur deshalb", sprach er, „kann ich mich über euch, ihr unsterblichen Götter, beklagen, daß ihr mir nicht schon eher euren Willen bekannt gemacht habt. Ich wäre dann nämlich früher zu dem Ziel gelangt, an dem ich nun, herbeigerufen, stehe. Ihr wollt meine Kinder nehmen? Euch habe ich sie großgezogen. Ihr wollt einen Teil meines Leibes? Nehmt ihn! Nichts Großes verspreche ich: Bald lasse ich ihn euch ganz. Ihr wollt meine Seele? Warum sollte ich irgendwelche Umstände machen, damit ihr nicht zurückbekommt, was ihr mir gabt? Bereitwillig werdet ihr von mir alles erhalten, was ihr verlangt. Was ich damit sagen will? Ich hätte euch lieber alles dargeboten als überlassen.

pere potuistis. Sed ne nunc quidem auferetis, quia nihil eripitur nisi retinenti."

Nihil cogor, nihil patior invitus, nec servio deo, sed assentior, eo quidem magis, quod scio omnia certa et in aeternum dicta lege decurrere. Fata nos ducunt et, quantum cuique temporis restat, prima nascentium hora disposuit. Causa pendet ex causa; privata ac publica longus ordo rerum trahit.

Ideo fortiter omne patiendum est, quia non, ut putamus, incidunt cuncta, sed veniunt. Olim constitutum est, quid gaudeas, quid fleas, et, quamvis magna videatur varietate singulorum vita distingui, summa in unum venit: accipimus peritura perituri.

Quid itaque indignamur? Quid querimur? Ad hoc parti sumus. Utatur, ut vult, suis natura corporibus; nos, laeti ad omnia et fortes, cogitemus nihil perire de nostro.

Quid est boni viri? Praebere se fato. Grande solacium est cum universo rapi: quicquid est, quod nos sic vivere, sic mori iussit, eadem necessitate et deos alligat.

Irrevocabilis humana pariter ac divina cursus vehit. Ille ipse omnium conditor et rector scripsit quidem fata, sed sequitur; semper paret, semel iussit.

„Quare tamen deus tam iniquus in distributione fati fuit, ut bonis viris paupertatem et vulnera et acerba funera ascriberet?" Non potest artifex mu-

War's nötig, es mir zu entreißen? Ihr hättet es empfangen können. Doch nicht einmal jetzt werdet ihr es mir entreißen, weil man nichts entreißen kann, wenn keiner festhält."

Zu nichts werde ich gezwungen, nichts erdulde ich widerstrebend, ich schicke mich nicht in Gottes Willen, sondern stimme ihm bei, und zwar um so mehr, als ich weiß, daß alles nach einem unabänderlichen, für alle Ewigkeit erlassenen Gesetz seinen Gang geht. Das Schicksal führt uns, und wieviel Zeit für einen jeden bleibt, das hat die Stunde der Geburt schon vorbestimmt. Ein Grund ergibt sich aus dem anderen. Das Los des einzelnen und ganzer Staaten bestimmt die lange Kette der Ereignisse.

Daher gilt es, alles tapfer zu ertragen, weil es uns ja nicht, wie wir glauben, zufällt, sondern zugeteilt wird. Seit Ewigkeit steht fest, weshalb du froh, weshalb du traurig sein sollst, und obschon sich die Lebensläufe der einzelnen Menschen anscheinend ganz erheblich unterscheiden, läuft es im Ergebnis doch auf dasselbe hinaus: Selbst vergänglich, erhalten wir Vergängliches.

Wieso empören wir uns also? Wieso klagen wir? Dazu sind wir geboren. Mag die Natur nach Belieben mit dem Leib verfahren, der ihr gehört. Wir wollen, zu allem froh bereit und unerschrocken, daran denken, daß nichts von dem vergeht, was uns gehört.

Was gehört sich für einen guten Menschen? Sich dem Schicksal zu stellen. Es ist ein großer Trost, daß wir mit dem Ganzen dahingerissen werden. Was immer es ist, was uns so leben und so sterben hieß, es bindet in gleicher Unentrinnbarkeit auch die Götter.

Unabänderlich bestimmt der Weltenlauf, was auf Erden und im Himmel geschieht. Jener Schöpfer und Lenker des Alls selbst hat das Buch des Schicksals zwar geschrieben, aber er hält sich auch daran. Stets gehorcht er, einmal gebot er.

„Doch warum war Gott so ungerecht, als er das Schicksal zuteilte, daß er für gute Menschen Armut und Wunden und bitteren Tod vorsah?" – Der Schöpfer kann die Materie nicht

tare materiam. Hoc pactum est: quaedam separari a quibusdam non possunt, cohaerent, individua sunt. Languida ingenia et in somnum itura aut in vigiliam somno simillimam inertibus nectuntur elementis; ut efficiatur vir cum cura dicendus, fortiore texto opus est. Non erit illi planum iter: sursum oportet ac deorsum eat, fluctuetur ac navigium in turbido regat; contra fortunam illi tenendus est cursus. Multa accident dura, aspera, sed quae molliat et complanet ipse.

Ignis aurum probat, miseria fortes viros. Vide, quam alte escendere debeat virtus: scies illi non per secura vadendum.

> „Ardua prima via est et quam vix mane recentes
> Enituntur equi. Medio est altissima caelo,
> Unde mare et terras ipsi mihi saepe videre
> Sit timor et pavida trepidet formidine pectus.
> Ultima prona via est et eget moderamine certo;
> Tunc etiam, quae me subiectis excipit undis,
> Ne ferar in praeceps, Tethys solet ima vereri."

Haec cum audisset, ille generosus adulescens: „Placet", inquit, „via. Escendo: est tanti per ista ire casuro." Non desinit acrem animum metu territare:

> „Utque viam teneas nulloque errore traharis,
> Per tamen adversi gradieris cornua Tauri
> Haemoniosque arcus violentique ora Leonis."

Post haec ait: „Iunge datos currus! His, quibus deterreri me putas, incitor. Libet illic stare, ubi ipse Sol trepidat."

ändern. Das ist festgelegt: Bestimmte Dinge lassen sich von anderen nicht trennen, sie hängen zusammen, sind unteilbar.

Schwerfällige Geister, die gleich in Schlaf versinken oder in ein dem Schlaf ganz ähnliches Wachsein, sind an träge Elemente gebunden. Damit ein Mann geschaffen wird, über den man mit Anteilnahme sprechen kann, braucht es ein stärkeres Gerüst. Er hat keine bequeme Reise vor sich; hoch muß er hinauf und in die Tiefe, durch die Meere treiben und sein Schiff bei rauher See lenken. Dem Schicksal muß er entgegensteuern. Viel Hartes, Widriges wird ihm zustoßen, doch nur, daß er es bewältigt und niederzwingt – aus eigener Kraft!

Feuer prüft Gold, Unbill mutige Männer. Sieh, wie hoch ein Held sich erheben muß! Nun wird dir klar, daß er nicht auf sicherer Bahn gehen darf:

„Steil ist am Anfang die Bahn, kaum daß sie am Morgen die Rosse, die doch noch frisch sind, erklimmen. Schwindelnd hoch ist sie in der Mitte des Himmels. Mich selbst überfällt oft Grauen, wenn ich von da auf Meer und Erde hinabblicke, und vor banger Furcht bebt mir das Herz. Jäh neigt sich am Ende der Weg; da bedarf es eines sicheren Lenkers. Sogar Tethys, die Göttin der Tiefe, die unten in den Wellen mich aufnimmt, sorgt sich beständig, ich könnte stürzen."

Als das jener hochgemute Jüngling hörte, sprach er: „Mir gefällt der Weg; ich fahre ihn hinauf; es wird die Mühe lohnen, dort hindurchzueilen, auch wenn ich stürzen sollte."

Doch unablässig sucht der Vater durch ängstliche Vorhaltung seinen Heldenmut zu erschüttern:

„Denn wenn du auch auf rechter Bahn bleibst und auf keinen Irrweg gerätst, kommst du doch durch die Hörner des Stiers, der sich dir in den Weg stellt, durch den Bogen des Schützen aus Thessalien, des Zentauren Chiron, und durch den Rachen des wilden Löwen."

Darauf entgegnet jener: „Gib den Wagen her und laß anspannen! Womit du mich zu schrecken meinst, das spornt mich an! Ich stehe gern dort, wo selbst der Sonnengott erschauert."

Humilis et inertis est tuta sectari: per alta virtus it.

6 "Quare tamen bonis viris patitur aliquid mali deus fieri?" Ille vero non patitur: omnia mala ab illis removit, scelera et flagitia et cogitationes improbas et avida consilia et libidinem caecam et alieno imminentem avaritiam. Ipsos tuetur ac vindicat; numquid hoc quoque aliquis a deo exigit, ut bonorum virorum etiam sarcinas servet? Remittunt ipsi hanc deo curam: externa contemnunt.

Democritus divitias proiecit onus illas bonae mentis existimans. Quid ergo miraris, si id deus bono viro accidere patitur, quod vir bonus aliquando vult sibi accidere? Filios amittunt viri boni: quidni, cum aliquando et occidant? In exsilium mittuntur: quidni, cum aliquando ipsi patriam non repetituri relinquant? Occiduntur: quidni, cum aliquando ipsi sibi manus afferant? Quare quaedam dura patiuntur? Ut alios pati doceant: nati sunt in exemplar.

Puta itaque deum dicere: "Quid habetis, quod de me queri possitis, vos, quibus recta placuerunt? Aliis bona falsa circumdedi et animos inanes velut longo fallacique somnio lusi: auro illos et argento et ebore adornavi, intus boni nihil est. Isti, quos pro felicibus aspicis, si non, qua occurrunt, sed, qua latent, videris, miseri sunt, sordidi, turpes, ad similitudinem parietum suorum extrinsecus culti.

Non est ista solida et sincera felicitas: crusta est, et quidem tenuis. Itaque, dum illis licet stare et ad arbitrium suum ostendi, nitent et imponunt; cum aliquid incidit, quod disturbet ac detegat, tunc ap-

Kleinmütige und Schwächlinge suchen den sicheren Weg; über Gipfel geht der Held.

6 „Warum läßt es Gott doch zu, daß bei guten Menschen etwas Böses vorkommt?" – Gerade das läßt er nicht zu; alles Böse hat er von ihnen ferngehalten, Verbrechen und Schandtaten, schmutzige Gedanken und lüsterne Absichten und blinde Begierde und Habsucht, die nach fremdem Gut trachtet. Sie selbst behütet und beschützt er; verlangt jemand etwa auch noch das von Gott, daß er bei guten Menschen auch auf ihr Gepäck achtgibt? Sie entledigen Gott von solcher Sorge: Äußerliches achten sie gering.

Demokrit gab seinen Reichtum hin, da er meinte, einem guten Charakter sei er nur eine Last. Was also wunderst du dich, daß Gott das einem guten Menschen zustoßen läßt, was ein guter Mensch irgendwann sich selber wünscht? Ihre Söhne verlieren solche Menschen. Warum nicht, wenn sie sie manchmal sogar töten? In die Verbannung schickt man sie. Warum nicht, wenn sie manchmal die Heimat selbst, ohne das Verlagen nach Wiederkehr, verlassen? Man tötet sie. Warum nicht, wenn sie manchmal selbst Hand an sich legen? Warum ertragen sie manches Schwere? Um andere es tragen zu lehren. Sie sind zum Vorbild geboren.

Stell dir also vor, Gott spräche so: „Welchen Anlaß habt ihr, daß ihr euch über mich beklagen könntet, ihr, die ihr das Rechte liebt? Andere habe ich mit falschen Gütern überschüttet und ihre Torheit gleichsam in einem langen, trügerischen Traum genarrt. Mit Gold und Silber und Elfenbein habe ich sie geschmückt; *in* ihnen ist nichts Gutes. Wenn du bei diesen Menschen, die du als glücklich ansiehst, nicht auf die Fassade, sondern auf die Seite, die sie verborgen halten, schaust, so sind sie erbärmlich, schmutzig, schändlich, genau wie ihre Wände, nur außen verputzt.

Nicht fest, nicht verläßlich ist ihr Glück; es ist nur eine Kruste, und eine dünne dazu. Solange sie sich daher hochaufgerichtet und nach Lust und Laune zeigen können, sehen sie stattlich aus und imponieren. Wenn etwas eintritt, das ihren Prunk vernichtet und sie entblößt, dann wird offenbar,

paret, quantum latae ac verae foeditatis alienus splendor absconderit.

Vobis dedi bona certa, mansura, quanto magis versaverit aliquis et undique inspexerit meliora maioraque: permisi vobis metuenda contemnere, cupiditates fastidire. Non fulgetis extrinsecus; bona vestra introrsus obversa sunt: sic mundus exteriora contempsit, spectaculo sui laetus. Intus omne posui bonum; non egere felicitate felicitas vestra est.

„At multa incidunt tristia, horrenda, dura toleratu." Quia non poteram vos istis subducere, animos vestros adversus omnia armavi. Ferte fortiter. Hoc est, quo deum antecedatis: ille extra patientiam malorum est, vos supra patientiam.

Contemnite paupertatem: nemo tam pauper vivit quam natus est.

Contemnite dolorem: aut solvetur aut solvet. Contemnite mortem: quae vos aut finit aut transfert. Contemnite fortunam: nullum illi telum, quo feriret animum, dedi.

Ante omnia cavi, ne quis vos teneret invitos: patet exitus. Si pugnare non vultis, licet fugere. Ideo ex omnibus rebus, quas esse vobis necessarias volui, nihil feci facilius quam mori. Prono animam loco posui: trahitur. Attendite modo et videbitis, quam brevis ad libertatem et quam expedita ducat via. Non tam longas in exitu vobis quam intrantibus moras posui; alioqui magnum in vos regnum fortuna tenuisset, si homo tam tarde moreretur quam nascitur. Omne tempus, omnis vos locus doceat, quam facile sit renuntiare naturae et munus illi suum impingere.

wie große, unleugbare Niederträchtigkeit geborgter Glanz verdeckte.

Euch habe ich Güter geschenkt, auf die Verlaß ist, die euch bleiben und die, je mehr sie einer dreht und wendet und von allen Seiten mustert, nur noch besser und größer werden. Ich habe euch gewährt, Furchtbares zu verachten und Genußsucht zu verabscheuen. Ihr strahlt nicht äußerlich; eure Vorzüge wenden sich nach innen. So achtet auch das Weltall nicht auf Äußeres; es ist der eigenen Betrachtung froh. Ins Herz habe ich euch alles Gut gelegt. Glück nicht zu brauchen, das ist euer Glück."

„Dennoch widerfährt ihnen viel Betrübliches, Entsetzliches, schwer zu Ertragendes." – „Weil ich euch dem nicht entziehen konnte, habe ich euren Sinn gegen alles gewappnet. Tragt es tapfer! Das ist es, worin ihr Gott übertreffen könnt. Er ist dem Leid enthoben, ihr über Leid erhaben.

Verachtet die Armut; niemand lebt so völlig mittellos, wie er geboren wurde.

Verachtet den Schmerz: er wird entweder enden oder läßt euch enden. Verachtet den Tod; er setzt euch entweder das Ziel oder bringt euch weiter. Verachtet das Schicksal: Keinen Stachel habe ich ihm gegeben, womit es euren Geist verletzen könnte.

Vor allem habe ich darauf geachtet, daß niemand euch gegen euren Willen halte. Ein Ausweg steht euch frei. Wenn ihr nicht kämpfen wollt, dürft ihr entfliehen. Daher habe ich von allem, dem ihr nach meinem Willen nicht ausweichen könnt, nichts leichter gemacht als das Sterben. An einen Steilhang habe ich eure Seele gesetzt; es zieht sie hinab. Gebt nur acht, und ihr werdet sehen, wie kurz der Weg ist, der zur Freiheit führt, und wie bequem. Keine so lange Wartezeit habe ich euch für euren Abgang verordnet wie für euren Eintritt in die Welt. Andernfalls hätte das Schicksal große Macht über euch, wenn der Mensch so langsam sterben müßte wie er sich entwickelt. Jeder Zeitpunkt, jeder Ort soll euch belehren, wie leicht es ist, der Natur den Dienst aufzusagen und ihr ihre Gabe zurückzugeben.

Inter ipsa altaria et sollemnes sacrificantium ritus, dum optatur vita, mortem condiscite: corpora opima taurorum exiguo concidunt vulnere et magnarum virium animalia humanae manus ictus impellit. Tenui ferro commissura cervicis abrumpitur et, cum articulus ille, qui caput collumque committit, incisus est, tanta illa moles corruit. Non in alto latet spiritus nec utique ferro eruendus est; non sunt vulnere penitus impresso scrutanda praecordia: in proximo mors est. Non certum ad hos ictus destinavi locum: quacumque vis, pervium est. Ipsum illud, quod vocatur mori, quo anima discedit a corpore, brevius est, quam ut sentiri tanta velocitas possit. Sive fauces nodus elisit, sive spiramentum aqua praeclusit, sive in caput lapsos subiacentis soli duritia comminuit, sive haustus ignis cursum animae remeantis interscidit, quicquid est, properat. Ecquid erubescitis? Quod tam cito fit, timetis diu!"

Sogar an den Altären und beim feierlichen Opferritual, während man um ein langes Leben betet, solltet ihr euch auf den Tod vorbereiten: massige, feiste Bullen brechen auf einen kleinen Schnitt hin zusammen und äußerst kräftige Tiere streckt ein Hieb von Menschenhand nieder. Mit einer dünnen Klinge trennt man den Nackenmuskel durch, und wenn diese Verbindungsstelle, an der Kopf und Hals sich treffen, zerschnitten ist, stürzt solch ein Koloß zu Boden. Nicht tief im Innern ist die Seele verborgen, sie muß durchaus nicht mit dem Schwert herausgeholt werden. Man braucht sich auch keine tiefe Wunde zu schlagen und die Eingeweide zu durchwühlen: Ganz leicht findet man den Tod. Ich habe für diesen Stich keine bestimmte Stelle vorgesehen. Überall, wo du willst, ist ein Zugang. Und eben das, was man das Sterben nennt, wobei die Seele aus dem Leib scheidet, währt zu kurze Zeit, als daß man einen so raschen Vorgang fühlen könnte. Ob den Hals ein Gürtel zuschnürte, ob den Atemweg Wasser verschloß, ob Leuten, die auf den Kopf fielen, beim Aufschlag auf den harten Boden die Schädeldecke brach, ob verschluckte Glut der wiederkehrenden Atemluft den Weg abschnitt – es mag sein, was es will: rasch ist's vorbei. Na, werdet ihr nicht rot? Was so schnell vonstatten geht, fürchtet ihr lange!"

DE CONSTANTIA SAPIENTIS

1 Tantum inter Stoicos, Serene, et ceteros sapientiam professos interesse, quantum inter feminas et mares, non immerito dixerim, cum utraque turba ad vitae societatem tantundem conferat, sed altera pars ad obsequendum, altera imperio nata sit. Ceteri sapientes molliter agunt et blande, ut fere domestici et familiares medici aegris corporibus non, qua optimum et celerrimum est, medentur, sed qua licet; Stoici virilem ingressi viam non, ut amoena ineuntibus videatur, curae habent, sed ut quam primum nos eripiat et in illum editum verticem educat, qui adeo extra omnem teli iactum surrexit, ut supra fortunam emineat.

„At ardua, per quae vocamur et confragosa sunt." Quid enim? Plano aditur excelsum? Sed ne tam abrupta quidem sunt, quam quidam putant. Prima tantum pars saxa rupesque habet et invii speciem, sicut pleraque ex longinquo speculantibus abscisa et conexa videri solent, cum aciem longinquitas fallat, deinde propius adeuntibus eadem illa, quae in unum congesserat error oculorum, paulatim adaperiuntur, tum illis, quae praecipitia ex intervallo apparebant, redit lene fastigium.

DIE UNERSCHÜTTERLICHKEIT
DES WEISEN

1 Daß ein gleich großer Unterschied zwischen den Stoikern, mein Serenus, und den sonstigen Philosophen besteht wie zwischen Frauen und Männern, sage ich wohl zu Recht, da beide Geschlechter zum Leben in der Gemeinschaft gleich viel beisteuern, aber die eine Hälfte zum Gehorsam, die andere zum Herrschen geboren ist. Die übrigen Philosophen geben sich sanft und gewinnend, wie ja in der Regel auch Ärzte, die man als Sklaven im Haus hat, die Kranken nicht so behandeln, wie es am besten wäre und am schnellsten wirkte, sondern so, wie sie dürfen. Die Stoiker aber begeben sich auf einen Weg für rechte Männer und legen nicht darauf Wert, daß er denen, die ihn gehen, reizvoll erscheint, sondern daß er uns möglichst schnell in die Freiheit und auf jenen hohen Gipfel führt, der so weit über die Reichweite jedes Geschosses emporragt, daß er sogar über das Schicksal erhaben ist.

„Doch steil ist der Pfad, auf den wir berufen wurden, und unwegsam." Na und? Gelangt man denn auf ebener Bahn nach oben? Außerdem ist er nicht einmal so rauh wie manche glauben: Nur auf dem ersten Teil der Strecke gibt es Felsen und steile Wände, anscheinend undurchsteigbar – ein Gebirge kommt dem, der es von weitem sieht, ja meistens schroff und abweisend vor, da sich das Auge durch die Entfernung täuschen läßt. Nähert man sich aber, dann rückt das, was der Betrachter irrtumlich für eins gehalten hatte, allmählich auseinander, dann wird, was aus der Distanz ein Steilabsturz war, zum sanften Gefälle.

2 Nuper, cum incidisset mentio M. Catonis, indigne ferebas, sicut es iniquitatis impatiens, quod Catonem aetas sua parum intellexisset, quod supra Pompeios et Caesares surgentem infra Vatinios posuisset, et tibi indignum videbatur, quod illi dissuasuro legem toga in foro esset erepta quodque, a Rostris usque ad Arcum Fabianum per seditiosae factionis manus traditus, voces improbas et sputa et omnes alias insanae multitudinis contumelias pertulisset.

Tum ego respondi habere te, quod rei publicae nomine movereris, quam hinc P. Clodius, hinc Vatinius ac pessimus quisque venundabat et caeca cupiditate correpti non intellegebant se, dum vendunt, et venire; pro ipso quidem Catone securum te esse iussi: nullum enim sapientem nec iniuriam accipere nec contumeliam posse, Catonem autem certius exemplar sapientis viri nobis deos immortales dedisse quam Ulixem et Herculem prioribus saeculis. Hos enim Stoici nostri sapientes pronuntiaverunt, invictos laboribus et contemptores voluptatis et victores omnium terrorum. Cato non cum feris manus contulit, quas consectari venatoris agrestisque est, nec monstra igne ac ferro persecutus est nec in ea tempora incidit, quibus credi posset caelum umeris unius inniti, excussa iam antiqua credulitate et saeculo ad summam perducto sollertiam. Cum ambitu congressus, multiformi malo, et cum potentiae immensa cupiditate, quam totus orbis in tres divisus satiare non poterat, adversus vitia civitatis degenerantis et pessum sua mole sidentis stetit solus et cadentem rem publicam, quantum modo una retrahi manu poterat,

2 Vor kurzem, als das Gespräch auf Marcus Cato kam, warst du entrüstet – du kannst nun einmal Unrecht nicht ertragen –, daß Cato von seinen Zeitgenossen nicht richtig beurteilt worden sei, daß sie ihn, der sich über Leute wie Caesar und Pompeius hoch erhob, noch unter Kerle wie Vatinius gestellt hätten. Es schien dir auch entwürdigend, daß man ihn, als er sich gegen ein Gesetz aussprechen wollte, auf dem Forum die Toga vom Leib riß und daß er sich, von der Rednertribüne bis zum Fabiusbogen durch eine aufrührerische Rotte hin und her gestoßen, Beschimpfungen, Anspeien und alle anderen Mißhandlungen vom rasenden Pöbel bieten lassen mußte.

Damals erwiderte ich, du hättest Grund, dich namens des Staates zu empören, den auf der einen Seite Publius Clodius, auf der anderen Vatinius und die allerübelsten Subjekte an den Meistbietenden verscherbeln wollten, ohne in ihrer blinden Gier zu merken, daß sie bei diesem Ausverkauf sich selbst verkauften. Doch wegen Cato selbst empfahl ich dir, ganz unbesorgt zu sein: Kein Weiser könne nämlich ein Unrecht erleiden oder eine Beleidigung, und in Cato hätten uns die Unsterblichen ein glaubwürdigeres Muster eines weisen Mannes gegeben als in Odysseus und Herkules den früheren Jahrhunderten. Die nämlich haben unsere stoischen Philosophen als Weise anerkannt, da sie, von Leiden unbezwungen, die Lust verachteten und über alle Schrecken siegten. Cato rang nicht mit wilden Tieren, die zu verfolgen einem Jäger oder Bauern ansteht; er ging auch nicht auf Monster mit Schwert und Feuer los, er wurde nicht in eine Zeit hineingeboren, in der man glauben konnte, der Himmel ruhe auf den Schultern eines einzigen. Ausgetrieben war der naive alte Glaube, und das Jahrhundert hatte den Gipfel der Wissenschaftlichkeit erreicht. *Er* kämpfte gegen Korruption, ein vielgestaltiges Übel, und gegen maßloses Machtstreben, das auch die Teilung der Welt unter Drei nicht stillen konnte; gegen die Laster eines entartenden Volks, das gerade wegen seiner Größe immer tiefer sank, stellte sich er allein, und den zusammenbrechenden Staat hielt er fest, soweit er sich von

tenuit, donec abstractus comitem se diu sustentatae ruinae dedit simulque exstincta sunt, quae nefas erat dividi: neque enim Cato post libertatem vixit, nec libertas post Catonem.

Huic tu putas iniuriam fieri potuisse a populo, quod aut praeturam illi detraxit aut togam, quod sacrum illud caput purgamentis oris aspersit? Tutus est sapiens nec ulla affici aut iniuria aut contumelia potest.

3   Videor mihi intueri animum tuum incensum et effervescentem. Paras acclamare: „Haec sunt, quae auctoritatem praeceptis vestris detrahant: magna promittitis et, quae ne optari quidem, nedum credi possint; deinde ingentia locuti, cum pauperem negastis esse sapientem, non negatis solere illi et servum et tectum et cibum deesse; cum sapientem negastis insanire, non negatis et alienari et parum sana verba emittere et, quicquid vis morbi cogit, audere; cum sapientem negastis servum esse, idem non itis infitias et veniturum et imperata facturum et domino suo servilia praestaturum ministeria. Ita sublato alte supercilio in eadem, quae ceteri, descenditis mutatis rerum nominibus.

Tale itaque aliquid et in hoc esse suspicor, quod prima specie pulchrum atque magnificum est, nec iniuriam nec contumeliam accepturum esse sapientem. Multum autem interest, utrum sapientem extra indignationem an extra iniuriam ponas. Nam, si dicis illum aequo animo laturum, nullum habet privilegium: contigit illi res vulgaris et, quae discitur ipsa iniuriarum assiduitate, patientia. Si negas accepturum iniuriam, id est neminem illi

einer Hand noch halten ließ, bis er, dahingerissen, sich mit ihm in den Abgrund stürzte, vor dem er ihn so lange bewahrt hatte. Da erlosch zugleich, was zu trennen sündhaft gewesen wäre: Denn Cato hat die Freiheit nicht überlebt, und nicht die Freiheit Cato.

Diesem Mann, glaubst du, habe Unrecht widerfahren können durch das Volk, weil es ihm die Prätur entzog oder die Toga herunterriß, weil es dessen heiliges Haupt mit seinem garstigen Speichel besudelte? Wohlbehütet ist der Weise, und keinesfalls kann man ihm Unrecht tun oder eine Beleidigung zufügen.

3 Ich kann mir wohl vorstellen, daß du nun wütend bist und aufbraust. Du möchtest laut protestieren: „Das ist's, was eure Lehren entwertet: Großes versprecht ihr, Dinge, die man sich nicht einmal wünschen und erst recht nicht glauben mag. Habt ihr dann Gewaltiges kundgetan, indem ihr etwa sagtet, der Weise sei nie arm, könnt ihr nicht leugnen, daß ihm in der Regel ein Sklave und ein Obdach und Lebensmittel schon fehlen. Wenn ihr erklärt habt, der Weise handle nicht unvernünftig, bestreitet ihr nicht, daß er in Wahnsinn verfallen und verrückte Reden halten könne und alles, wozu ihn die schwere Krankheit zwinge, ohne Scheu tue. Wenn ihr dargetan habt, der Weise sei kein Sklave, stellt ihr nicht in Abrede, daß er wohl auch verkauft werden, Befohlenes tun und seinem Herrn ganz wie ein Sklave dienen kann. So laßt ihr euch, wenn auch mit gerunzelter Denkerstirn, auf dasselbe ein wie alle anderen; ihr habt nur die Begriffe ausgetauscht.

So etwa liegen die Dinge vermutlich auch bei dieser These, die fürs erste schön und großartig klingt: Weder Unrecht noch Mißhandlung kann der Weise erleiden. Es ist aber ein erheblicher Unterschied, ob man den Weisen über Entrüstung oder über Unrecht erhaben hinstellt. Wenn du nämlich sagst, er werde es gelassen tragen, nimmt er keine Sonderstellung ein. Ihm wurde etwas ganz Gewöhnliches zuteil, was sich gerade, wenn man häufig Unrecht leidet, lernen läßt. Behauptest du aber, ihm werde kein Unrecht widerfah-

tentaturum facere, omnibus relictis negotiis Stoicus fio."

Ego vero sapientem non imaginario honore verborum exornare constitui, sed eo loco ponere, quo nulla permittatur iniuria. Quid ergo? Nemo erit, qui lacessat, qui tentet? Nihil in rerum natura tam sacrum est, quod sacrilegum non inveniat. Sed non ideo divina minus in sublimi sunt, si exsistunt, qui magnitudinem multum ultra se positam non tacturi appetant. Invulnerabile est non, quod non feritur, sed quod non laeditur: ex hac tibi nota sapientem exhibebo.

Numquid dubium est, quin certius robur sit, quod non vincitur, quam quod non lacessitur, cum dubiae sint vires inexpertae, at merito certissima firmitas habeatur, quae omnes incursus respuit? Sic tu sapientem melioris scito esse naturae, si nulla illi iniuria nocet quam si nulla fit. Et illum fortem virum dicam, quem bella non subigunt nec admota vis hostilis exterret, non cui pingue otium est inter desides populos.

Hoc igitur dico, sapientem nulli esse iniuriae obnoxium. Itaque non refert, quam multa in illum coiciantur tela, cum sit nulli penetrabilis. Quomodo quorundam lapidum inexpugnabilis ferro duritia est nec secari adamas aut caedi vel deteri potest, sed incurrentia ultro retundit, quemadmodum quaedam non possunt igne consumi, sed flamma circumfusa rigorem suum habitumque conservant, quemadmodum proiecti quidam in altum scopuli mare frangunt nec ipsi ulla saevitiae vestigia tot verberati saeculis ostentant, ita sapientis animus solidus est et id roboris collegit, ut tam tutus sit ab iniuria quam illa, quae rettuli.

ren, das heißt, niemand werde es ihm anzutun versuchen, dann lasse ich alles liegen und stehen und werde Stoiker."

Ich freilich hatte nicht die Absicht, dem Weisen eingebildete Wertschätzung anzudichten; ich wollte ihm einen Platz zuweisen, wo kein Unrecht zulässig ist. Was will ich damit sagen? Daß es niemand gibt, der ihn behelligt, der ihn angreift? Nichts auf der Welt ist so heilig, daß es nicht einen Tempelschänder anzöge. Doch Göttliches steht darum nicht weniger hoch, wenn sich einer findet, der nach etwas Erhabenem, von ihm weit Entrücktem greift, ohne es doch je zu berühren. Unverwundbar ist nicht das, was nicht getroffen, sondern was nicht verletzt wird. An diesem Zeichen lasse ich dich den Weisen erkennen.

Besteht etwa ein Zweifel, daß mehr Verlaß ist auf eine Elitetruppe, die nicht besiegt, als auf eine, die nicht angegriffen wird, da die unerprobte Streitmacht unzuverlässig ist, verdientermaßen aber als ganz stark und standfest gilt, was jedem Ansturm trotzt? So, das mußt du wissen, ist der Weise besser dran, wenn ihm kein Unrecht schadet als wenn ihm keines geschieht. Gleichermaßen will ich nur den einen Helden nennen, den Kämpfe nicht unterkriegen, den die aufmarschierte feindliche Übermacht nicht schreckt, nicht aber den, der ruhigen Frieden inmitten träger Völker hat.

Das also ist meine These: Der Weise ist keinem Unrecht preisgegeben. Dabei spielt es keine Rolle, wieviele Speere man gegen ihn schleudert, da keiner in sein Inneres dringen kann. Wie bestimmte Steine so hart sind, daß ihnen Eisen nichts anzuhaben vermag, wie der Diamant sich weder schneiden noch zerschlagen läßt noch abnützt, sondern seinerseits alles Werkzeug abstumpft, wie manche Stoffe vom Feuer nicht verschlungen werden, sondern inmitten der Flammen ihre Härte und ihr Aussehen behalten, wie manche weit ins Meer vorstoßende Klippen die Brandung brechen und selbst keine Spur von ihrem Wüten zeigen, obschon diese so viele hundert Jahre an sie schlägt, so ist der Geist des Weisen unerschütterlich und hat solche Kraft gesammelt, daß er vor Gewaltanwendung so sicher ist wie das, wovon ich sprach.

4 „Quid ergo? Non erit aliquis, qui sapienti facere tentet iniuriam?" Tentabit, sed non perventuram ad eum: maiore enim intervallo a contactu inferiorum abductus est, quam ut ulla vis noxia usque ad illum vires suas perferat. Etiam cum potentes et imperio editi et consensu servientium validi nocere intendent, tam citra sapientiam omnes eorum impetus deficient quam, quae nervo tormentisve in altum exprimuntur, cum extra visum exsilierint, citra caelum tamen flectuntur.

Quid? Tu putas tum, cum stolidus ille rex multitudine telorum diem obscuraret, ullam sagittam in solem incidisse aut demissis in profundum catenis Neptunum potuisse contingi? Ut caelestia humanas manus effugiunt et ab iis, qui templa diruunt ac simulacra conflant, nihil divinitati nocetur, ita, quicquid fit in sapientem proterve, petulanter, superbe, frustra tentatur.

„At satius erat neminem esse, qui facere vellet." Rem difficilem optas humano generi, innocentiam; et non fieri eorum interest, qui facturi sunt, non eius, qui pati, ne si fiat quidem, potest. Immo nescio an magis vires sapientia ostendat tranquillitate inter lacessentia, sicut maximum argumentum est imperatoris armis virisque pollentis tuta securitas in hostium terra.

5 Dividamus, si tibi videtur, Serene, iniuriam a contumelia. Prior illa natura gravior est, haec levior et tantum delicatis gravis, qua non laeduntur homines, sed offenduntur. Tanta est tamen animorum dissolutio et vanitas, ut quidam nihil acerbius putent. Sic invenies servum, qui flagellis

4 „Was soll's? Wird es nicht jemanden geben, der dem Weisen Unrecht zu tun versucht?" Er wird's versuchen, doch es wird jenen nicht erreichen. Zu groß ist die Entfernung, die ihn der Berührung durch Niedrigeres entrückt, als daß irgendeine böse Kraft bis zu ihm vorzudringen vermöchte. Auch wenn Herrscher auf der Höhe ihrer Macht, durch die Ergebenheit ihrer Gefolgschaft stark, der Weisheit Abbruch zu tun versuchen, werden so tief unter dieser all ihre Angriffe scheitern, wie das, was eine Bogensehne oder ein Geschütz nach oben schickt, auch wenn es unseren Blicken entschwindet, doch tief unterhalb des Himmels umkehren muß.

Na, glaubst du, als jener törichte König Xerxes mit einem Pfeilhagel das Tageslicht verdunkeln wollte, habe irgendein Geschoß die Sonne getroffen, oder die im Meer versenkten Ketten hätten Neptun erreichen können? Wie sich Himmlisches von Menschenhänden nicht fassen läßt und wie die Frevler, die Tempel zerstören und Götterbilder einschmelzen, dem Göttlichen nicht schaden, so ist auch alles, was gegen einen Weisen unverschämt, mutwillig, hochfahrend unternommen wird, umsonst versucht.

„Doch wäre es besser, wenn es niemanden gäbe, der das tun wollte." Du verlangst etwas, das Menschen schwer fällt: Nichts Böses tun! Daß es nicht geschieht, daran müßte denen gelegen sein, die es tun wollen, nicht dem, der davon betroffen werden kann – auch nicht, falls es geschieht. Ich darf ja wohl annehmen, daß der Weise in höherem Maße seine Kraft durch Gelassenheit inmitten von Anfeindungen zeigt, wie es auch der sicherste Beweis dafür ist, daß ein General eine starke, wohlbewaffnete Truppe hat, wenn er sich völlig sicher fühlen kann im Feindesland.

5 Grenzen wir, wenn es dir recht ist, Serenus, das Unrecht von der Beleidigung ab. Jenes ist von Natur aus schwerer zu tragen, letztere leichter und nur für Feinfühlige beschwerlich; sie schädigt die Menschen nicht, sondern krankt sie. Allerdings gibt es so ungefestigte und selbstgefällige Gemüter, daß manche Leute nichts für bitterer halten. So

quam colaphis caedi malit et qui mortem ac verbera tolerabiliora credat quam contumeliosa verba. Ad tantas ineptias perventum est, ut non dolore tantum, sed doloris opinione vexemur, more puerorum, quibus metum incutit umbra et personarum deformitas et depravata facies, lacrimas vero evocant nomina parum grata auribus et digitorum motus et alia, quae impetu quodam erroris improvidi refugiunt.

Iniuria propositum hoc habet aliquem malo afficere.

Malo autem sapientia non relinquit locum: unum enim illi malum est turpitudo, quae intrare eo, ubi iam virtus honestumque est, non potest. Ergo, si iniuria sine malo nulla est, malum nisi turpe nullum est, turpe autem ad honestis occupatum pervenire non potest, iniuria ad sapientem non pervenit. Nam, si iniuria alicuius mali patientia est, sapiens autem nullius mali est patiens, nulla ad sapientem iniuria pertinet.

Omnis iniuria deminutio eius est, in quem incurrit, nec potest quisquam iniuriam accipere sine aliquo detrimento vel dignitatis vel corporis vel rerum extra nos positarum. Sapiens autem nihil perdere potest: omnia in se reposuit, nihil fortunae credidit, bona sua in solido habet, contentus virtute, quae fortuitis non indiget ideoque nec augeri nec minui potest; nam et in summum perducta incrementi non habent locum, et nihil eripit fortuna, nisi quod dedit; virtutem autem non dat, ideo nec detrahit: libera est, inviolabilis, immota, inconcussa, sic contra casus indurata, ut ne inclinari quidem, nedum vinci possit; adversus apparatus terribilium rectos oculos tenet; nihil ex vultu

kannst du etwa einen Sklaven finden, der Geißelhiebe Ohrfeigen vorzieht und den Tod unter Schlägen für erträglicher hält als kränkende Worte. Und so weit ist es mit unserer Narrheit schon gekommen, daß uns nicht nur Schmerz, sondern auch der Glaube, etwas schmerze, quälen kann, gleich Kindern, die ein Schatten in Angst versetzt, abscheuliche Masken, eine Grimasse. Tränen gar entlocken ihnen Spitznamen, die man ungern hört, Finger, die auf sie zeigen, und anderes, was sie unter dem Einfluß falscher Vorstellungen in ihrer Torheit fürchten.

Das Unrecht verfolgt das Ziel, jemandem Böses anzutun. Dem Bösen aber läßt die Weisheit keinen Raum. Das einzig Böse für sie ist die Schändlichkeit, die da nicht eindringen kann, wo schon die Tugend und das sittlich Gute sind. Folglich, wenn es kein Unrecht ohne das Böse gibt, wenn Böses immer zugleich schimpflich ist, wenn aber Schimpfliches den, der sich dem sittlichen Guten ergab, nicht berühren kann, berührt Unrecht den Weisen nicht. Denn wenn Unrecht das Erleiden von etwas Bösem ist, der Weise aber nichts Böses leiden kann, berührt kein Unrecht den Weisen.

Jegliches Unrecht stellt eine Schädigung dessen dar, den es trifft, und niemandem kann Unrecht widerfahren ohne irgendeinen Schaden an seiner Ehre, an seinem Leib oder an dem äußerlichen Besitz, der uns gegeben ist. Der Weise kann jedoch nichts verlieren: Er hat alles in sich selbst geborgen, nichts dem Schicksal überlassen und seine Güter auf Dauer angelegt, zufrieden mit der Tugend, die die Gaben des Glücks nicht nötig hat und daher weder gemehrt noch gemindert werden kann, denn was Vollkommenheit erreicht hat, erlaubt kein weiteres Wachstum, und das Schicksal kann nur nehmen, was es schenkte. Doch sittliche Vollkommenheit schenkt es nicht, also nimmt es sie nicht weg. Wer sie besitzt, ist frei, unverletzlich, ungestört und unerschüttert, so gegen alle Unglücksfälle gefeit, daß er nicht einmal zum Wanken gebracht, geschweige denn bezwungen werden kann. Wird Fürchterliches vorbereitet, blickt er fest darauf und verzieht keine Miene, ob man ihm Schweres oder Glück

mutat, sive illi dura sive secunda ostentantur. Itaque nihil perdet, quod perire sensurus sit; unius enim in possessione virtutis est, ex qua depelli numquam potest. Ceteris precario utitur: quis autem iactura movetur alieni? Quod si iniuria nihil laedere potest ex iis, quae propria sapientis sunt, quia virtute salva sua salva sunt, iniuria sapienti non potest fieri.

Megaram Demetrius ceperat, cui cognomen Poliorcetes fuit. Ab hoc Stilpon philosophus interrogatus, num aliquid perdidisset: „Nihil", inquit; „omnia mea mecum sunt." Atqui et patrimonium eius in praedam cesserat et filias rapuerat hostis et patria in alienam dicionem pervenerat et ipsum rex circumfusus victoris exercitus armis ex superiore loco rogitabat. At ille victoriam illi excussit et se urbe capta non invictum tantum, sed indemnem esse testatus est. Habebat enim vera secum bona, in quae non est manus iniectio. At quae dissipata et direpta ferebantur, non iudicabat sua, sed adventicia et nutum fortunae sequentia.

Ideo ut non propria dilexerat. Omnium enim extrinsecus affluentium lubrica et incerta possessio est.

6 Cogita nunc, an huic fur aut calumniator aut vicinus impotens aut dives aliquis regnum orbae senectutis exercens facere iniuriam possit, cui bellum et hostis et ille egregiam artem quassandarum urbium professus eripere nihil potuit. Inter micantes ubique gladios et militarem in rapina tumultum, inter flammas et sanguinem stragemque

DIE UNERSCHÜTTERLICHKEIT DES WEISEN 59

in Aussicht stellt. Daher wird der Weise nichts verlieren, dessen Verlust er schmerzlich empfinden würde. Sein einziger Besitz ist die Vollkommenheit, und daraus kann er nie verdrängt werden. Alles andere betrachtet er nur als geliehen. Wer aber erregt sich über den Verlust fremden Guts? Wenn nun aber das Unrecht nichts beeinträchtigen kann von dem, was Eigentum des Weisen ist, da ihm ja, wenn die Vollkommenheit bleibt, auch sein Besitz bleibt, kann Unrecht einem Weisen nicht geschehen.

Megara hatte jener Demetrius erobert, der mit Beinamen „Städtestürmer" hieß. Von ihm wurde der Philosoph Stilpon gefragt, ob ihm auch nur das Geringste abhanden gekommen sei. „Nichts", entgegnete der; „all das Meine ist bei mir." Und doch war sein Besitz geplündert, waren seine Töchter vom Feind geraubt, war seine Heimatstadt unter fremde Herrschaft gekommen, und ihn selbst fragte ein König, der, umdrängt von den Kriegern seines siegreichen Heers, auf hohem Thron saß. Doch jener schlug ihm den Sieg aus der Hand und bewies ihm, daß er trotz der Eroberung seiner Stadt nicht nur unbesiegt, sondern unbeeinträchtigt geblieben sei. Er trug nämlich diese wahren Güter bei sich, auf die niemand seine Hand legen kann. Doch was man ihm bei der Plünderung entrissen hatte und nun fortschleppte, das sah er nicht als seine Habe an, sondern als etwas, das ihm zugefallen war und den Launen des Schicksal gehorchte.

Daher hatte er es nicht wie etwas Bleibendes geliebt. Denn alles, was von außen zu uns kommt, ist ein gefährdeter, unsicherer Besitz.

6 Bedenke nun, ob ein Dieb oder ein Verleumder oder ein begehrlicher Nachbar oder irgendein Reicher, der, weil er alt und kinderlos ist, andere tyrannisiert, einem Menschen Abbruch tun kann, dem der Krieg und der Feind und der Mann, der sich seiner hervorragenden Fähigkeiten im Belagerungswesen rühmte, nichts wegnehmen konnte. Angesichts überall blitzender Schwerter und des Getümmels plündernder Soldaten, angesichts von Flammen und Blut und der Verheerung einer überrumpelten Stadt, während

impulsae civitatis, inter fragorem templorum super deos suos cadentium uni homini pax fuit.

Non est itaque, quod audax iudices promissum, cuius tibi, si parum fidei habeo, sponsorem dabo. Vix enim credis tantum firmitatis in hominem aut tantam animi magnitudinem cadere. Sed, si prodit in medium, qui dicat: „Non est, quod dubites, an attollere se homo natus supra humana possit, an dolores, damna, ulcerationes, vulnera, magnos motus rerum circa se frementium securus aspiciat et dura placide ferat et secunda moderate nec illis cedens nec his fretus unus idemque inter diversa sit nec quicquam suum nisi se putet esse. En adsum hoc vobis probaturus sub isto tot civitatum eversore munimenta incussu arietis labefieri et turrium altitudinem cuniculis ac latentibus fossis repente desidere et aequaturum editissimas arces aggerem crescere, at nulla machinamenta posse reperiri, quae bene fundatum animum agitent.

Erepsi modo e ruinis domus et incendiis undique relucentibus flammas per sanguinem fugi; filias meas quis casus habeat, an peior publico, nescio; solus et senior et hostilia circa me omnia videns, tamen integrum incolumemque esse censum meum profiteor: teneo, habeo, quicquid mei habui. Non est, quod me victum victoremque te credas: vicit fortuna tua fortunam meam. Caduca illa et dominum mutantia ubi sint, nescio; quod ad res meas pertinet, mecum sunt, mecum erunt.

Perdiderunt isti divites patrimonia, libidinosi amores suos et magno pudoris impendio dilecta

krachend die Tempel über ihren Göttern zusammenstürzten, fand *ein* Mensch Frieden!

Du hast daher keinen Grund zu der Annahme, ich hätte leichtfertig meine These aufgestellt, für die ich dir, wenn ich zu wenig Glauben finde, einen Bürgen bieten kann. Du kannst es ja kaum glauben, daß so viel Festigkeit einem Menschen zuteil werden kann oder solche Seelengröße. Doch da tritt einer auf, der das sagt: „Du brauchst keine Zweifel daran zu haben, ob sich einer, der als Mensch geboren wurde, über Menschliches erheben kann, ob er Schmerzen, Verlusten, schwärenden Wunden und dem gewaltigem Aufruhr der Elemente, der um ihn tobt, gelassen entgegensieht, Schweres willig trägt und im Glück sich bescheidet, weder dem einen unterliegt noch dem andern traut und immer derselbe bleibt, auch in grundverschiedenen Lebenslagen, und nichts für sein hält als sich selbst. Hier stehe ich, um euch zu beweisen, daß auf Geheiß dieses Vernichters vieler Städte zwar Mauern von den Stößen des Rammbocks erschüttert werden, ragende Türme infolge von Minen und heimlich gegrabenen Gängen plötzlich zusammensinken und bis zur Höhe der höchsten Burgen ein Damm wächst, daß man aber kein Sturmgerät erfinden kann, das einen recht befestigten Geist zu erschüttern vermöchte.

Eben bin ich herausgekrochen aus den Trümmern meines Hauses und, während überall Brände loderten, vor den Flammen durch ein Meer von Blut geflüchtet. Was für ein Geschick meine Töchter ereilt hat, und ob es schlimmer war als das der meisten, das weiß ich nicht. Allein, schon alt und, wie ich sehe, von Feinden rings umgeben, versichere ich trotzdem, daß mein Vermögen ganz unversehrt ist. Ich halte es fest, ich habe alles, was ich hatte. Du brauchst nicht zu glauben, besiegt sei ich und du der Sieger: gesiegt hat dein Schicksal über meines. Jene vergänglichen Dinge, die den Besitzer zu wechseln pflegen, sind Gott-weiß-wo. Was meine Habe betrifft: Die ist bei mir, die bleibt bei mir.

Verloren haben jene beklagenswerten Reichen ihr Vatererbe, die Lebemänner ihre Geliebten und die zum größten

scorta, ambitiosi curiam et forum et loca exercendis in publico vitiis destinata; feneratores perdiderunt tabellas, quibus avaritia falso laeta divitias imaginatur: ego quidem omnia integra illibataque habeo. Proinde istos interroga, qui flent, qui lamentantur, strictis gladiis nuda pro pecunia corpora opponunt, qui hostem onerato sinu fugiunt."

Ergo ita habe, Serene, perfectum illum virum, humanis divinisque virtutibus plenum, nihil perdere. Bona eius solidis et inexsuperabilibus munimentis praecincta sunt. Non Babylonios illis muros contuleris, quos Alexander intravit; non Carthaginis aut Numantiae moenia una manu capta; non Capitolium arcemve: habent ista hostile vestigium. Illa, quae sapientem tuentur, et a flamma et ab incursu tuta sunt, nullum introitum praebent excelsa, inexpugnabilia, diis aequa.

7 Non est, quod dicas, ita ut soles, hunc sapientem nostrum nusquam inveniri. Non fingimus istud humani ingenii vanum decus nec ingentem imaginem falsae rei concipimus, sed qualem conformamus, exhibuimus, exhibebimus, raro forsitan magnisque aetatum intervallis unum (neque enim magna et excedentia solitum ac vulgarem modum crebro gignuntur); ceterum hic ipse M. Cato, a cuius mentione haec disputatio processit, vereor ne supra nostrum exemplar sit.

Denique validius debet esse, quod laedit, eo, quod laeditur. Non est autem fortior nequitia virtute: non potest ergo laedi sapiens. Iniuria in bonos nisi a malis non tentatur: bonis inter se pax est. Quod si laedi nisi infirmior non potest, malus

Schaden für ihren guten Ruf verehrten Freudenmädchen, die Ämterjäger das Rathaus und den Markt und jene Plätze, an denen sie vor aller Augen ihrer Schwäche frönen konnten. Die Wucherer verloren ihre Schuldbücher, über denen die Habgier in grundloser Freude von Reichtum träumt. Ich habe alles, unversehrt und ungeschmälert. Frag doch diese da, die flennen, die lamentieren, die gezückten Schwertern ungeschützt – nur für ihr Geld – sich selbst entgegenwerfen, die vor dem Feind mit vollen Taschen fliehen!"

Das halte also fest, Serenus, daß jener vollkommene Mann, an menschlichen und göttlichen Tugenden reich, nichts verlieren kann. Seine Güter sind von starken, unbezwinglichen Bollwerken umgeben. Nicht jene babylonischen Mauern darfst du damit vergleichen, die Alexander stürmte, nicht Karthagos oder Numantias Wälle, die *ein* Mann mit bewaffneter Hand bezwang, auch nicht das Kapitol und unsere Burg – sie zeigen noch die Spuren der Eroberer. Die aber, die den Weisen schützen, sind gegen Feuer und Überfall geschützt, gewähren keinen Zugang, sind erhaben, unerstürmbar, reichen bis zu den Göttern.

7 Du solltest nun nicht, wie gewöhnlich, sagen, dieser unser Weiser sei nirgends anzutreffen. Wir denken ihn uns nicht aus, um prahlerisch den Menschengeist zu rühmen, und entwerfen kein Riesenbild von einer Truggestalt, nein, wie wir ihn darstellen, so konnten wir ihn zeigen, werden wir ihn zeigen können, selten vielleicht und im gewaltigen Abstand von Jahrhunderten nur einen, denn Großes, das den Normalmaßstab der Masse hinter sich läßt, tritt nicht häufig auf. Im übrigen bin ich mir nicht sicher, ob eben dieser Marcus Cato, den wir zu Anfang dieser Diskussion erwähnten, nicht unser Ideal noch übertrifft.

Schließlich muß das kraftvoller sein, was schadet, als das, was Schaden nimmt. Nun ist jedoch die Schlechtigkeit nicht stärker als die Tugend. So ist's unmöglich, daß der Weise Schaden nimmt. Gewalt gegen die Guten wird nur von Schlechten versucht. Die Guten halten untereinander Frieden. Wenn aber nur der Schwächere Schaden nehmen kann

autem bono infirmior est, nec iniuria bonis nisi a
dispari verenda est, iniuria in sapientem virum
non cadit. Illud enim iam non es admonendus neminem bonum esse nisi sapientem.

„Si iniuste", inquis, „Socrates damnatus est,
iniuriam accepit." Hoc loco intellegere nos oportet posse evenire, ut faciat aliquis iniuriam mihi et
ego non accipiam: tamquam si quis rem, quam e
villa mea subripuit, in domo mea ponat, ille furtum fecerit, ego nihil perdiderim. Potest aliquis
nocens fieri, quamvis non nocuerit. Si quis cum
uxore sua tamquam cum aliena concumbat, adul-
ter erit, quamvis illa adultera non sit. Aliquis mihi
venenum dedit, sed vim suam remixtum cibo perdidit: venenum ille dando scelere se obligavit,
etiam si non nocuit. Non minus latro est, cuius
telum opposita veste elusum est. Omnia scelera
etiam ante effectum operis, quantum culpae satis
est, perfecta sunt.

Quaedam eius condicionis sunt et hac vice co-
pulantur, ut alterum sine altero esse possit, alterum sine altero non possit. Quod dico, conabor
facere manifestum. Possum pedes movere, ut non
curram; currere non possum, ut pedes non move-
am. Possum, quamvis in aqua sim, non natare; si
nato, non possum in aqua non esse.

Ex hac sorte et hoc est, de quo agitur: si iniuriam accepi, necesse est factam esse; si est facta,
non est necesse accepisse me. Multa enim incidere
possunt, quae summoveant iniuriam: ut intenta-
tam manum deicere aliquis casus potest et emissa

und wenn der Schlechte im Vergleich zum Guten schwächer ist und wenn die Guten Unrecht nur von einem, der ihnen nicht gleicht, zu gewärtigen haben, kann Unrecht einem weisen Mann nicht widerfahren. Daran brauche ich dich ja nicht mehr zu erinnern, daß niemand sonst gut ist als der Weise.

„Wenn nun zu Unrecht", meinst du, „ein Sokrates verurteilt wurde, so ist ihm Unrecht geschehen." Bei diesem Fall müssen wir die Möglichkeit in Rechnung stellen, daß mir jemand Unrecht tut und ich es doch nicht leide. Ebenso hat, wenn mir jemand etwas aus meinem Landgut stiehlt und in mein Stadthaus legt, der einen Diebstahl begangen, ich aber nichts verloren. Jemand kann zum Verbrecher werden, obwohl er nichts verbrach: Wenn jemand mit seiner Frau wie mit einer fremden schläft, ist er wohl ein Ehebrecher, wiewohl sie keine Ehebrecherin ist. Einer gab mir Gift, doch es verlor, dem Essen beigemischt, seine Wirksamkeit. Dadurch, daß er das Gift gab, hat sich jener eines Verbrechens schuldig gemacht, obwohl er mir nicht schadete. Nicht weniger ist der ein Meuchelmörder, dessen Messerstich vom Mantel abgefangen wurde und fehlging. Alle Verbrechen gelten bereits vor ihrer Verwirklichung – soweit hinreichendes Verschulden vorliegt – als ausgeführt.

Manches ist nun von der Art und wechselweise so verbunden, daß das erste ohne das folgende möglich ist, das folgende aber nicht ohne das erste. Was ich damit meine, will ich veranschaulichen: Ich kann die Füße so bewegen, daß ich nicht laufe. Laufen kann ich nicht so, daß ich dabei die Füße nicht bewege. Es ist möglich, daß ich, obwohl ich im Wasser bin, nicht schwimme. Wenn ich schwimme, ist es unmöglich, daß ich nicht im Wasser bin.

Von der Art ist auch das, worum es gerade geht: Wenn ich Unrecht erfahren habe, muß es geschehen sein; wenn es geschehen ist, muß ich es nicht zwangsläufig erlitten haben. Vieles kann nämlich vorkommen, was Unrecht womöglich fernhält. So wie einen drohenden Hieb die erhobene Hand abwehren und irgendein Zufall geschleuderte Speere ablen-

tela declinare, ita iniurias qualescumque potest aliqua res repellere et in medio intercipere, ut et factae sint nec acceptae.

8 Praeterea iustitia nihil iniustum pati potest, quia non coeunt contraria; iniuria autem non potest fieri nisi iniuste: ergo sapienti iniuria non potest fieri.

Nec est, quod mireris, si nemo illi potest iniuriam facere: ne prodesse quidem quisquam potest. Et sapienti nihil deest, quod accipere possit loco muneris, et malus nihil potest dignum tribuere sapiente: habere enim prius debet quam dare; nihil autem habet, quod ad se transferri sapiens gavisurus sit. Non potest ergo quisquam aut nocere sapienti aut prodesse, quoniam divina nec iuvari desiderant nec laedi possunt, sapiens autem vicinus proximusque diis consistit, excepta mortalitate similis deo. Ad illa nitens pergensque excelsa, ordinata, intrepida, aequali et concordi cursu fluentia, secura, benigna, bono publico nata, et sibi et aliis salutaria, nihil humile concupiscet, nihil flebit.

Qui rationi innixus per humanos casus divino incedit animo, non habet, ubi accipiat iniuriam: ab homine me tantum dicere putas? Ne a fortuna quidem, quae, quotiens cum virtute congressa est, numquam par recessit. Si maximum illud, ultra quod nihil habent iratae leges ac saevissimi domini, quod minentur, in quo imperium suum fortuna consumit, aequo placidoque animo accipimus et scimus mortem malum non esse, ob hoc ne iniuriam quidem, multo facilius alia tolerabimus, damna et dolores, ignominias, locorum commu-

ken kann, so vermag Unrecht jeglicher Art irgendein Vorgang zu vereiteln und mitten auf dem Wege abzufangen, so daß es zwar geschah, doch nicht erlitten wurde.

8 Außerdem kann die Gerechtigkeit nichts Unrechtes leiden, weil Gegensätze unvereinbar sind. Unrecht kann aber nur ungerecht geschehen. Also kann dem Weisen Unrecht nicht widerfahren.

Du brauchst dich übrigens nicht zu wundern, daß ihm niemand Unrecht zufügen kann. Nicht einmal nützen kann ihm irgendjemand. Einerseits fehlt dem Weisen nichts, was er wie ein Geschenk empfangen könnte, und der Schlechte kann nichts geben, was eines Weisen würdig wäre. Erst müßte er es nämlich haben, ehe er es geben kann. Er hat jedoch nichts, worüber sich der Weise freuen könnte, wenn es ihm übereignet würde. Somit kann niemand dem Weisen schaden oder nützen, weil Göttliches nach keiner Unterstützung verlangt noch Schaden nehmen kann, der Weise aber in allernächster Nähe der Götter steht und, abgesehen von seiner Sterblichkeit, Gott ähnlich ist. Zu jenen Höhen strebt er immerfort, zu unerschütterlich Geordnetem, das gleichmäßig und harmonisch seinen Gang geht, zur Sicherheit und Güte, zu allem, was dem Gemeinwohl dient und was ihm selbst und anderen Segen bringt; so wird er nichts Irdisches begehren, nichts beklagen.

Wer sich auf seine Vernunft verläßt und durch die Wechselfälle seines Menschenlebens mit gotterfülltem Herzen geht, hat nichts, wo er ein Unrecht leiden könnte. Durch einen Menschen nur, meinst du? Ich behaupte: Nicht einmal durch das Schicksal, das sich immer, wenn es sich mit einem vollkommenen Mann messen wollte, geschlagen geben mußte. Wenn wir jenes Äußerste, jenseits von dem grimmige Gesetze und brutalste Tyrannen nichts Drohendes mehr haben, worin die Macht des Schicksals sich erschöpft, mit Gleichmut und Ruhe hinnehmen und uns bewußt sind, daß der Tod kein Übel – und demzufolge auch kein Unrecht – ist, werden wir viel leichter das andere ertragen, Einbußen, Schmerzen, Schmähungen, Verbannung, Verlust der Kinder

tationes, orbitates, discidia, quae sapientem, etiam si universa circumveniant, non mergunt, nedum ut ad singulorum impulsus maereat. Et, si fortunae iniurias moderate fert, quanto magis hominum potentium, quos scit fortunae manus esse!

9 Omnia itaque sic patitur ut hiemis rigorem et intemperantiam caeli, ut fervores morbosque et cetera forte accidentia, nec de quoquam tam bene iudicat, ut illum quicquam putet consilio fecisse, quod in uno sapiente est. Aliorum omnium non consilia, sed fraudes et insidiae et motus animorum inconditi sunt, quos casibus adnumerat. Omne autem fortuitum circa nos saevit: et iniuria.

Illud quoque cogita iniuriarum latissime patere materiam illis, per quae periculum nobis quaesitum est, ut accusatore submisso aut criminatione falsa aut irritatis in nos potentiorum odiis, quaeque alia inter togatos latrocinia sunt. Est et illa iniuria frequens, si lucrum alicui excussum est aut praemium diu captatum, si magno labore affectata hereditas aversa est et quaestuosae domus gratia erepta. Haec effugit sapiens, qui nescit nec in spem nec in metum vivere.

Adice nunc, quod iniuriam nemo immota mente accipit, sed ad sensum eius perturbatur, caret autem perturbatione vir ereptus erroribus, moderator sui, altae quietis et placidae. Nam, si tangit illum iniuria, et movet et impellit; caret autem ira sapiens, quam excitat iniuriae species, nec aliter careret ira, nisi et iniuria, quam scit sibi non posse

und Trennung von Angehörigen, was den Weisen, auch wenn es alles auf einmal über ihn herfallen sollte, nicht unterkriegen kann; erst recht nicht traurig ist er, wenn einzelnes ihn trifft. Und wenn er die Nackenschläge des Schicksals gelassen trägt, um wieviel leichter trägt er dann die mächtiger Menschen, die, wie er weiß, Handlanger des Schicksals sind!

9 Somit nimmt er alles hin wie Winterkälte und schlechtes Wetter, wie Hitzewallungen und Krankheit und was sonst zufällig eintritt, und von niemandem hat er eine so hohe Meinung, daß er ihm zutraut, er habe etwas absichtlich getan – was ja nur dem Weisen möglich ist. Bei allen anderen ist keine Absicht erkennbar, nur Arglist und Hinterhältigkeiten und grundlose Gefühlsausbrüche, die er als zufällig betrachtet. Alles Zufällige berührt uns mit seinem Wüten nur äußerlich – auch das Unrecht.

Bedenke auch noch folgendes, daß sich für Unrecht die vielfältigsten Anlässe da ergeben, wo man uns in Gefahr zu bringen sucht, indem man etwa einen Kläger anstiftet oder uns fälschlich beschuldigt oder gegen uns Mächtigere erbittert, dazu, was sonst noch unter friedlichen Bürgern an Gaunereien vorkommt. Auch das ist eine häufige Art von Unrecht, wenn jemandem ein Gewinn vorenthalten wurde oder eine Ehrung, auf die er lange scharf war, wenn einem die Erbschaft, um die er sich hingebungsvoll bemühte, abgejagt und die Gunst einer wohlhabenden Familie entzogen wurde. Davon hält sich der Weise fern, der sich nicht dazu verstehen kann, auf etwas, das er hofft oder fürchtet, hin zu leben.

Nimm noch hinzu, daß niemand Unrecht ohne Gemütsbewegung erleidet, sondern, wenn er es spürt, sich erregt. Frei von Erregung aber ist der Mann, der von falschen Vorstellungen frei ist, der sich selbst bestimmt in tiefem Seelenfrieden. Denn wenn ihm Unrecht nahegeht, erschüttert und bedrängt es ihn. Der Weise aber kennt keinen Zorn, den der Anschein eines Unrechts auslöst, und er wäre unter keinen anderen Umständen dem Zorn entrückt, wäre er nicht auch dem Unrecht entzogen, von dem er weiß, daß es ihm nicht

fieri. Inde tam erectus laetusque est, inde continuo gaudio elatus. Adeo autem ad offensiones rerum hominumque non contrahitur, ut ipsa illi iniuria usui sit, per quam experimentum sui capit et virtutem tentat.

Faveamus, obsecro vos, huic proposito aequisque et animis et auribus adsimus, dum sapiens iniuriae excipitur! Nec quicquam ideo petulantiae vestrae aut rapacissimis cupiditatibus aut caecae temeritati superbiaeque detrahitur: salvis vitiis vestris haec sapienti libertas quaeritur. Non, ut vobis facere non liceat iniuriam, agimus, sed ut ille omnes iniurias inultas dimittat patientiaque se ac magnitudine animi defendat. Sic in certaminibus sacris plerique vicerunt caedentium manus obstinata patientia fatigando: ex hoc puta genere sapientem eorum, qui exercitatione longa ac fideli robur perpetiendi lassandique omnem inimicam vim consecuti sunt.

10 Quoniam priorem partem percucurrimus, ad alteram transeamus, qua quibusdam propriis, plerisque vero communibus contumeliam refutabimus. Est minor iniuria, quam queri magis quam exsequi possumus, quam leges quoque nulla dignam vindicta putaverunt. Hunc affectum movet humilitas animi contrahentis se ob dictum factumve inhonorificum:

„Ille me hodie non admisit, cum alios admitteret", et: „Sermonem meum aut superbe aversatus est aut palam risit", et: „Non in medio me lecto, sed in imo collocavit", et alia huius notae, quae quid vocem nisi querellas nausiantis animi? In

widerfahren kann. Deshalb ist er so stolz und vergnügt, daher trägt ihn beständige Freude. Und so wenig bedrückt ihn Unbill der Verhältnisse und Menschen, daß selbst das Unrecht ihm Nutzen bringt, durch das er Einblick in sich selbst erhält und seine Standfestigkeit erprobt.

Laßt uns, ich beschwöre euch, diese Einstellung gutheißen und mit geneigtem Sinn und Ohr dabeisein, während der Weise dem Unrecht entzogen wird. Es wird ja nichts von eurer Verwegenheit oder euren unstillbaren Begierden oder eurer blinden Unbesonnenheit und Überheblichkeit weggenommen. Ohne Folgen für eure Fehler gewinnt der Weise diese Freiheit. Es geht uns auch nicht darum, daß ihr kein Unrecht mehr tun dürft, sondern daß jener alle Ungerechtigkeiten unvergolten läßt und sich durch Geduld und Seelengröße schützt. So haben bei Wettkämpfen zu Ehren der Götter schon sehr viele dadurch den Sieg errungen, daß sie die Arme derer, die sie schlugen, durch beharrliche Geduld ermüdeten. Von der Art denke dir den Weisen, als einen von denen, die durch umfangreiche, unablässige Übung die Kraft gewannen, jede feindliche Gewalt zu ertragen und zu erschöpfen.

10 Da wir nun den ersten Teil rasch hinter uns gebracht haben, wollen wir uns dem zweiten zuwenden, worin wir mit einigen speziellen, meist aber allgemeinen Überlegungen die Möglichkeit einer Beleidigung des Weisen zurückweisen werden. Diese ist ein unbedeutenderes Unrecht, dessentwegen wir uns eher beklagen als an die Gerichte wenden können und das auch nach Meinung des Gesetzgebers keine Strafe verdient. Das entsprechende Gefühl regt sich bei kleinen Geistern, wenn sie sich wegen eines Worts oder einer Tat in ihrer Ehre geschmälert sehen.

„Der hat mich heute nicht vorgelassen, während er andere vorließ", und: „Meine Ausführungen hat er entweder hochmütig überhört oder vor allen Leuten darüber gelacht", und: „Er hat mich nicht auf dem mittleren Speisesofa, sondern auf dem untersten plaziert", dazu noch mehr dergleichen, was ich nur als Nörgeln notorischer Übelnehmer bezeichnen kann. Darauf kommen in der Regel nur Empfindliche und

quae fere delicati et felices incidunt; non vacat enim haec notare, cui peiora instant.

Nimio otio ingenia natura infirma et muliebria et inopia verae iniuriae lascivientia his commoventur, quorum pars maior constat vitio interpretantis. Itaque nec prudentiae quicquam in se esse nec fiduciae ostendit, qui contumelia afficitur. Non dubie enim contemptum se iudicat, et hic morsus non sine quadam humilitate animi evenit supprimentis se ac descendentis. Sapiens autem a nullo contemnitur: magnitudinem suam novit nullique tantum de se licere renuntiat sibi et omnes has, quas non miserias animorum, sed molestias dixerim, non vincit, sed ne sentit quidem.

Alia sunt, quae sapientem feriunt, etiam si non pervertunt, ut dolor corporis et debilitas aut amicorum liberorumque amissio et patriae bello flagrantis calamitas: haec non nego sentire sapientem, nec enim lapidis illi duritiam ferrive asserimus. Nulla virtus est, quae non sentias, perpeti. Quid ergo est? Quosdam ictus recipit, sed receptos evincit et sanat et comprimit; haec vero minora ne sentit quidem nec adversus ea solita illa virtute utitur dura tolerandi, sed aut non adnotat aut digna risu putat.

11 Praeterea, cum magnam partem contumeliarum superbi insolentesque faciant et male felicitatem ferentes, habet, quo istum affectum inflatum respuat, pulcherrimam virtutem omnium, animi magnitudinem. Illa, quicquid eiusmodi est, transcurrit, ut vanas species somniorum visusque nocturnos nihil habentes solidi atque veri. Simul illud cogitat omnes inferiores esse, quam ut illis audacia sit tanto excelsiora despicere.

vom Glück Verwöhnte, denn keine Zeit, um darauf achtzugeben, hat einer, dem Schlimmeres ins Haus steht.

Ein allzu ruhiges Leben läßt von Natur schwächliche, unmännliche Gemüter, die das Ausbleiben echten Unrechts übermütig macht, sich über das erregen, was zum größeren Teil auf Fehldeutung beruht. Daher zeigt der einen Mangel an Klugheit und Selbstvertrauen, dem eine Beleidigung nahegeht. Denn ohne Zweifel fühlt er sich herabgesetzt, und Ärger darüber kommt nur bei einem kleinmütigen Menschen auf, der sich selbst in den Schatten stellt und erniedrigt. Der Weise jedoch kann von niemand herabgesetzt werden; er kennt seine Größe und hält sich vor Augen, daß keinem auch nur so viel gegen ihn verstattet sei, und all das, was ich nicht leidvoll für die Seele, sondern nur lästig nennen möchte, muß er nicht überwinden – er spürt es nicht einmal.

Anderes gibt es, was den Weisen trifft, auch wenn es ihn nicht umwirft, zum Beispiel körperlicher Schmerz und Siechtum oder Verlust von Freunden und von Kindern und seiner Heimat Unglück, die im Krieg verbrennt. Das, ich gebe es zu, verspürt der Weise schmerzlich; wir verlangen von ihm ja nicht die Härte von Stein und Eisen. Es ist jedoch keine große Leistung, das, was man nicht verspürt, zu ertragen. Was meine ich also? Manche Wunde muß er sich schlagen lassen, doch er wird damit fertig, pflegt sie, preßt sie zu. Diese geringfügigeren Dinge dagegen verspürt er nicht einmal und zeigt ihnen gegenüber nicht seine gewohnte Kraft, Schweres zu ertragen, sondern nimmt sie entweder gar nicht wahr oder würdigt sie nur eines Lächelns.

11 Da außerdem ein Großteil der Beleidigungen auf das Konto von Arroganten und Unverschämten geht, dazu von solchen, die Glück nicht recht verkraften, besitzt er, um eine solche Äußerung von Überheblichkeit zurückzuweisen, die herrlichste aller Tugenden, die Seelengröße. Sie übersieht alles Derartige wie eitle Traumgesichte und nächtlichen Spuk, woran nichts Greifbares und Wahres ist. Zugleich ist sie sich dessen bewußt, daß alle zu tief stehen, als daß sie sich erfrechen könnten, auf so viel Höheres herabzuschauen.

Contumelia a contemptu dicta est, quia nemo, nisi quem contempsit, tali iniuria notat; nemo autem maiorem melioremque contemnit, etiam si facit aliquid, quod contemnentes solent. Nam et pueri os parentium feriunt, et crines matris turbavit laceravitque infans et sputo aspersit aut nudavit in conspectu suorum tegenda et verbis obscenioribus non pepercit, et nihil horum contumeliam dicimus. Quare? Quia, qui facit, contemnere non potest.

Eadem causa est, cur nos mancipiorum nostrorum urbanitas in dominos contumeliosa delectet, quorum audacia ita demum sibi in convivas ius facit, si coepit a domino, et, ut quisque contemptissimus et in ludibrium est, ita solutissimae linguae est. Pueros quidam in hoc mercantur procaces et illorum impudentiam acuunt ac sub magistro habent, qui probra meditate effundant, nec has contumelias vocamus, sed argutias. Quanta autem dementia est iisdem modo delectari, modo offendi, et rem ab amico dictam maledictum vocare, a servulo ioculare convicium!

12 Quem animum nos adversus pueros habemus, hunc sapiens adversus omnes, quibus etiam post iuventam canosque puerilitas est. An quicquam isti profecerunt, quibus animi mala sunt auctique in maius errores, qui a pueris magnitudine tantum formaque corporum differunt, ceterum non minus vagi incertique, voluptatum sine dilectu appetentes, trepidi et non ingenio, sed formidine quieti? Non ideo quicquam inter illos puerosque interesse quis dixerit, quod illis talorum nucumve et aeris minuti avaritia est, his auri argentique et ur-

Contumelia, Beleidigung, ist von *contemptus*, Verachtung, abgeleitet, weil jeder nur dem, den er verachtet, solchen Schimpf antut. Niemand aber verachtet einen Höhergestellten und Besseren, auch wenn er etwas von der Art tut wie gewöhnlich die Verächter. Denn auch Kinder schlagen den Eltern ins Gesicht, und die Frisur der Mutter hat ihr Kleiner völlig durcheinandergebracht und sie angesabbert oder gar vor den Augen der Familie entblößt, was man verbergen sollte, und mit recht unanständigen Worten um sich geworfen – doch nichts davon nennen wir Beleidigung. Weshalb? Weil derjenige, der so etwas tut, nicht zu verachten vermag.

Aus demselben Grund erheitern uns bei unseren Sklaven schlechte Witze auf Kosten ihrer Herren. In ihrer Frechheit nehmen sie sich schließlich Gästen gegenüber dasselbe Recht heraus, wenn sie beim Chef damit anfangen durften, und je mehr einer selber verächtlich ist und sich zum Spott macht, desto loser ist seine Zunge. Manche Leute kaufen sich zu diesem Zweck vorlaute Sklaven, ermuntern ihre Unverschämtheit und geben sie zu einem Lehrer, damit sie ihr Gift überlegt verspritzen, und das nennen wir dann nicht Beleidigung, sondern Esprit. Was ist es aber für eine Narrheit, wegen desselben bald belustigt, bald gekränkt zu sein, und, sagt's ein Freund, gleich von Beleidigung, sagt's ein erbärmlicher Sklave, von witzigem Geplapper zu reden?

12 Die Einstellung, die wir gegenüber Kindern haben, hat der Weise gegenüber allen, die, auch wenn die Jugendjahre vorüber und sie ergraut sind, kindisch bleiben. Oder haben die sich irgendwie weiterentwickelt, die geistige Mängel haben, deren Wahnvorstellungen noch deutlich zugenommen haben, die sich von Kindern nur durch Größe und Statur unterscheiden, ansonsten aber genauso flatterhaft und unbeständig sind, nach Vergnügen wahllos verlangen, aufgeregt sind und nicht aus Klugheit, sondern nur aus Angst sich ruhig verhalten. Nicht deshalb könnte jemand von einem Unterschied zwischen ihnen und den Kindern reden, weil diese auf Würfel, Nüsse, kleine Kupfermünzen versessen sind, jene aber auf Gold und Silber und ganze Städte, und

bium, quod illi inter ipsos magistratus gerunt et
praetextam fascesque ac tribunal imitantur, hi eadem in Campo Foroque et in Curia serio ludunt,
illi in litoribus harenae congestu simulacra domu-
um excitant, hi, ut magnum aliquid agentes in la-
pidibus ac parietibus et tectis moliendis occupati,
tutelae corporum inventa in periculum verterunt.
Ergo par pueris longiusque progressis, sed in alia
maioraque error est.

Non immerito itaque horum contumelias sapiens ut iocos accipit et aliquando illos tamquam
pueros malo poenaque admonet, non quia accepit
iniuriam, sed quia fecerunt et ut desinant facere.
Sic enim et pecora verbere domantur, nec irascimur illis, cum sessorem recusaverunt, sed compe-
scimus, ut dolor contumaciam vincat.

Ergo et illud solutum scies, quod nobis opponitur: Quare, si non accepit iniuriam sapiens nec
contumeliam, punit eos, qui fecerunt? Non enim
se ulciscitur, sed illos emendat.

13 Quid est autem, quare hanc animi firmitatem
non credas in virum sapientem cadere, cum tibi in
aliis idem notare, sed non ex eadem causa liceat?
Quis enim phrenetico medicus irascitur? Quis fe-
bricitantis et a frigida prohibiti maledicta in malam partem accipit? Hunc affectum adversus omnes habet sapiens, quem adversus aegros suos medicus, quorum nec obscena, si remedio egent,
contrectare nec reliquias et effusa intueri dedignatur nec per furorem saevientium excipere convicia.

weil diese miteinander „Regierung" spielen sowie Beamtentoga, Rutenbündel und den Richterstuhl nachmachen, diese aber dasselbe auf dem Marsfeld, auf dem Forum und im Rathaus mit allem Ernst aufführen; auch nicht, weil diese an den Stränden den Sand zusammenscharren und sich scheinbar Häuser bauen, jene aber, als trieben sie etwas Bedeutendes, sich damit befassen, Steine, Wände, Dächer hochzuziehen, und, was man zum Schutz des Lebens einst erfand, ihm nun gefährlich werden lassen. Demnach ist bei Kindern und Betagteren der Wahnsinn gleich, doch strebt er bei den Alten nach anderem und Größerem.

Ganz zu Recht läßt sich daher der Weise deren Beleidigungen wie Späße gefallen und weist sie bisweilen wie Kinder durch schmerzende Schläge zurecht, nicht, weil er Unrecht erlitten hat, sondern, weil sie es taten und damit sie es nicht mehr tun. So macht man auch Haustiere durch Hiebe gefügig, und wir sind nicht zornig auf sie, wenn sie keinen Reiter tragen wollen, sondern ziehen die Zügel fester an, damit der Schmerz ihren Widerstand bricht.

Somit ist, wie du merkst, auch das Problem gelöst, mit dem man uns konfrontiert: Wenn ein Weiser unter keinem Unrecht leidet und auch unter keiner Beleidigung, weswegen straft er dann die, die sie ihm zufügten? Natürlich rächt er sich nicht, sondern bessert jene.

13 Warum solltest du aber nicht glauben, daß solche Seelenstärke einem weisen Mann zuteil werden könne, wenn du doch bei anderen dasselbe bemerken kannst, wenn auch aus anderem Grunde? Welcher Arzt gerät in Wut wegen eines Verrückten? Wer verübelt einem Fiebernden, den man von kaltem Wasser fernhält, seine Flüche? Die gleiche Haltung nimmt der Weise gegenüber allen ein, wie sie gegenüber seinen Patienten ein Arzt zeigt: Weder die Untersuchung ihres Hintern, wenn der ein Mittel nötig hat, noch die Betrachtung ihrer festen und flüssigen Hinterlassenschaft findet er entwürdigend, auch nicht, wenn er von rasenden Verrückten beleidigt wird.

Scit sapiens omnes hos, qui togati purpuratique
incedunt, valentes coloratos esse, quos non aliter
videt quam aegros intemperantes. Itaque ne suc-
censet quidem, si quid in morbo petulantius ausi
sunt adversus medentem, et, quo animo honores
eorum nihilo aestimat, eodem parum honorifice
facta. Quemadmodum non placebit sibi, si illum
mendicus coluerit, nec contumeliam iudicabit, si
illi homo plebis ultimae salutanti mutuam salutationem non reddiderit, sic ne se suspiciet quidem,
si illum multi divites suspexerint (scit enim illos
nihil a mendicis differre, immo miseriores esse: illi
enim exiguo, hi multo egent).

Et rursus non tangetur, si illum rex Medorum
Attalusve Asiae salutantem silentio ac vultu arro-
ganti transierit. Scit statum eius non magis habere
quicquam invidendum quam eius, cui in magna
familia cura obtigit aegros insanosque compescere. Num moleste feram, si mihi non reddiderit
nomen aliquis ex his, qui ad Castoris negotiantur
nequam mancipia ementes vendentesque, quorum
tabernae pessimorum servorum turba refertae
sunt? Non, ut puto. Quid enim is boni habet, sub
quo nemo nisi malus est? Ergo, ut huius humanitatem inhumanitatemque neglegit, ita et regis:
„Habes sub te Parthos et Medos et Bactrianos, sed
quos metu contines, sed propter quos remittere
arcum tibi non contigit, sed hos deterrimos, sed
venales, sed novum aucupantes dominium." Nullius ergo movebitur contumelia: omnes enim inter
se differant, sapiens quidem pares illos ob aequa-
lem stultitiam omnes putat.

Der Weise weiß, daß alle, die in der purpurverbrämten Toga daherkommen, nur auf gesund geschminkt sind, und sieht in ihnen nur unbeherrschte Kranke. Daher ist er ihnen auch nicht böse, wenn sie sich bei ihrem Zustand zu etwas Unbedachtem gegenüber dem hinreißen lassen, der sie behandelt, und wie ihm ihre Ehrungen nichts gelten, so übersieht er ihre ehrenrührigen Taten. Wie er sich nichts darauf einbildet, wenn ihn ein Bettler seiner Verehrung versichert, und er es nicht als Kränkung empfindet, wenn ihn ein Mensch aus der Hefe des Volks auf seinen Gruß nicht wiedergrüßt, so wird er sich nicht einmal dann geschmeichelt fühlen, wenn ihm viele Reiche schmeicheln. Er weiß nämlich, daß die sich keineswegs von Bettlern unterscheiden, ja noch bedauernswerter sind; denen fehlt nämlich wenig, jenen viel.

Andererseits wird es ihn nicht treffen, wenn an ihm der Mederkönig oder Attalos von Pergamon, während er grüßt, stumm und mit stolzer Miene vorbeigeht. Er weiß, daß dessen Lage ebensowenig beneidenswert ist wie die eines Menschen, dem in einem großen Haus die Aufgabe zufiel, die Kranken und Verrückten zu überwachen. Werde ich mich ärgern, wenn mich einer von denen nicht wiedergrüßt, die am Kastortempel Handel treiben, nichtsnutzige Burschen kaufen und verkaufen, und deren Baracken vollgestopft sind mit einem ganzen Haufen übelster Sklaven? Ich glaube, nein! Was ist denn an dem Gutes, der nur Schlechte unter sich hat? Wie also der Weise auf eines solchen Menschen Höflichkeit oder Unhöflichkeit nicht achtet, so hält er es auch beim König: „Du hast unter dir Parther und Meder und Baktrianer, alles Leute, die du mit Furcht zusammenhältst, alles Leute, derentwegen es dir nicht vergönnt war, den Bogen zu entspannen, alles üble Kerle, alle käuflich, alle auf einen Wechsel in der Herrschaft aus!" Niemands Geringschätzung wird ihn also erregen, denn mögen sie sich auch alle voneinander unterscheiden, dem Weisen gelten sie alle gleich wegen gleicher Torheit.

Nam, si semel se demiserit eo, ut aut iniuria moveatur aut contumelia, non poterit umquam esse securus; securitas autem proprium bonum sapientis est. Nec committet, ut iudicando contumeliam sibi factam honorem habeat ei, qui fecit.

Necesse est enim, a quo quisque contemni moleste ferat, suspici gaudeat.

14 Tanta quosdam dementia tenet, ut sibi contumeliam fieri putent posse a muliere. Quid refert, quam habeant, quot lecticarios habentem, quam oneratas aures, quam laxam sellam? Aeque imprudens animal est et, nisi scientia accessit ac multa eruditio, ferum, cupiditatum incontinens. Quidam se a cinerario impulsos moleste ferunt et contumeliam vocant ostiarii difficultatem, nomenclatoris superbiam, cubicularii supercilium. O quantus inter ista risus tollendus est, quanta voluptate implendus animus ex alienorum errorum tumultu contemplanti quietem suam!

„Quid ergo? Sapiens non accedet ad fores, quas durus ianitor obsidet?" Ille vero, si res necessaria vocabit, experietur et illum, quisquis erit, tamquam canem acrem obiecto cibo leniet nec indignabitur aliquid impendere, ut limen transeat, cogitans et in pontibus quibusdam pro transitu dari. Itaque illi quoque, quisquis erit, qui hoc salutationum publicum exerceat, donabit: scit emere venalia. Ille pusilli animi est, qui sibi placet, quod ostiario libere respondit, quod virgam eius fregit, quod ad dominum accessit et petiit corium. Facit

Hat er sich nämlich einmal so tief erniedrigt, daß ihn entweder Unrecht erregt oder eine Beleidigung, wird er nie mehr sicher sein können. Sicherheit aber ist das spezifische Gut des Weisen. Er wird es auch nicht dahin kommen lassen, daß er durch die Annahme, man habe ihm einen Tort angetan, den Täter aufwertet.

Denn notwendigerweise freut sich der, dessen Beleidigungen jemand ärgern, daß man ihn ernst nimmt.

14 So großer Unverstand herrscht bei manchen Leuten, daß sie glauben, sie könnten von einem Weib beleidigt werden. Welche Rolle spielt es, was sie für eines haben, mit wie vielen Sänftenträgern, wie schweren Ohrgehängen, welch komfortablem Tragsessel? Egal, es ist ein unvernünftiges Wesen und, wenn ihm nicht Wissen und eine gründliche Ausbildung zuteil wird, wild und unfähig, seine Triebe zu beherrschen. Manche ärgern sich, wenn sie ihr Friseur versehentlich stößt, und fühlen sich beleidigt durch einen brummigen Pförtner, einen hochnäsigen Nomenklator, einen eingebildeten Kammerdiener. Wie muß man doch über dergleichen hellauf lachen und sich herzlich freuen, wenn man nach dem tollen Treiben der anderen sich den eigenen Seelenfrieden vergegenwärtigt!

Was folgt daraus? Wird der Weise zu keiner Tür gehen, an der ein sturer Pförtner sitzt? Aber natürlich, wenn ein zwingender Grund es erfordert, wird er's versuchen und jenen Burschen, wer er auch sein mag, wie einen scharfen Hund besänftigen, indem er ihm einen Brocken zuwirft, und es nicht unter seiner Würde finden, daß er für den Schritt über die Schwelle etwas ausgeben muß; er denkt daran, daß man auch auf manchen Brücken für die Passage zahlt. Demnach wird er auch, was immer der für ein Mensch ist, jenen Nomenklator, der für die Grüße seines Herrn Geld einkassiert, beschenken. Er weiß ja, daß er Verkäufliches kauft. *Der* ist ein kleiner Geist, der sich etwas darauf einbildet, daß er dem Pförtner rückhaltlos herausgegeben, daß er dessen Stab zerbrochen, daß er sich Zugang zu seinem Herrn verschafft und verlangt hat, ihm das Fell zu gerben. Der macht sich zum

se adversarium, qui contendit, et, ut vincat, par fuit.

„At sapiens colapho percussus quid faciet?" Quod Cato, cum illi os percussum esset: non excanduit, non vindicavit iniuriam, ne remisit quidem, sed factam negavit; maiore animo non agnovit quam ignovisset.

Non diu in hoc haerebimus: quis enim nescit nihil ex his, quae creduntur mala aut bona, ita videri sapienti ut omnibus? Non respicit, quid homines turpe iudicent aut miserum; non it, qua populus, sed, ut sidera contrarium mundi iter intendunt, ita hic adversus opinionem omnium vadit.

15 Desinite itaque dicere: „Non accipiet ergo sapiens iniuriam, si caedetur, si oculus illi eruetur? Non accipiet contumeliam, si obscenorum vocibus improbis per forum agetur, si in convivio regis recumbere infra mensam vescique cum servis ignominiosa officia sortitis iubebitur, si quid aliud ferre cogetur eorum, quae excogitari pudori ingenuo molesta possunt?" In quantumcumque ista vel numero vel magnitudine creverint, eiusdem naturae erunt: si non tangent illum parva, ne maiora quidem; si non tangent pauca, ne plura quidem.

Sed ex imbecillitate vestra coniecturam capitis ingentis animi et, cum cogitastis, quantum putetis vos pati posse, sapientis patientiae paulo ulteriorem terminum ponitis. At illum in aliis mundi finibus sua virtus collocavit nihil vobiscum commune habentem. Quaere et aspera et, quaecumque toleratu grave sunt audituque et visu refu-

Feind, wer den Konflikt sucht, und selbst wenn er sich durchsetzt, war er ein Widersacher.

„Doch wenn man dem Weisen eine Ohrfeige verpaßt, was wird er da tun?" Was Cato tat, als man ihm ins Gesicht schlug: Er wurde nicht wütend, vergalt das Unrecht nicht, verzieh es nicht einmal, sondern sah es als ungeschehen an. Mehr Großmut verrät, daß er es nicht zur Kenntnis nahm, als mögliche Nachsicht.

Wir wollen aber nicht lange bei diesem Punkt verweilen. Wer weiß denn nicht, daß nichts von dem, was als schlecht oder gut gilt, der Weise so beurteilt wie alle anderen? Er achtet nicht darauf, was die Leute schändlich nennen oder erbärmlich. Er geht nicht dieselbe Straße wie die Masse, sondern wie Sonne und Mond und die Planeten sich gegen den Umlauf des Sternenhimmels bewegen, so zieht er der öffentlichen Meinung entgegen.

15 Hört daher auf zu fragen: „Wird also der Weise kein Unrecht erleiden, wenn man ihn schlägt, ihm gar ein Auge ausreißt? Wird er nicht beleidigt, wenn er unter dem schändlichen Geschrei schamloser Kerle über das Forum gestoßen, wenn ihm beim Gelage eines Königs geboten wird, sich unterhalb der Anrichte niederzulassen und sein Essen mit Sklaven einzunehmen, denen schimpfliche Pflichten zugefallen sind, und wenn man ihn zwingt, sonst etwas zu ertragen von dem, was sich als peinlich für einen freien Mann mit Ehrgefühl ausdenken läßt?" Wie immer sich dergleichen nach Häufigkeit und Schwere auch auswächst, es bleibt sich gleich. Wenn es ihn klein nicht trifft, trifft es auch größer nicht, wenn Weniges nicht trifft, auch mehr nicht.

Ihr aber schließt von eurer eigenen Schwäche auf einen ganz großen Geist, und wenn ihr bedacht habt, wieviel ihr vermutlich ertragen könntet, rückt ihr für die Leidensbereitschaft des Weisen den Grenzstein nur ein wenig weiter vor. Dabei hat ihn schon in andere Bereiche des Alls seine Vollkommenheit entrückt, da er nichts mit euch gemein hat. Denk an Bitteres und an alles, was schwer zu tragen ist, und was man unter keinen Umständen sehen oder hören möchte:

gienda: non obruetur eorum coetu et, qualis singulis, talis universis obsistet. Qui dicit illud tolerabile sapienti, illud intolerabile, et animi magnitudinem intra certos fines tenet, male agit: vincit nos fortuna, nisi tota vincitur.

Ne putes istam Stoicam esse duritiam, Epicurus, quem vos patronum inertiae vestrae assumitis putatisque mollia ac desidiosa praecipere et ad voluptates ducentia: „Raro", inquit, „sapienti fortuna intervenit." Quam paene emisit viri vocem!

Vis tu fortius loqui et illam ex toto summovere! Domus haec sapientis angusta, sine cultu, sine strepitu, sine apparatu nullis asservatur ianitoribus turbam venali fastidio digerentibus; sed per hoc limen vacuum et ab ostiariis liberum fortuna non transit: scit non esse illic sibi locum, ubi sui nihil est.

16 Quod si Epicurus quoque, qui corpori plurimum indulsit, adversus iniurias exsurgit, quid apud nos incredibile videri potest aut supra humanae naturae mensuram? Ille ait iniurias tolerabiles esse sapienti, nos iniurias non esse. Nec enim est, quod dicas hoc naturae repugnare: non negamus rem incommodam esse verberari et impelli et aliquo membro carere, sed omnia ista negamus iniurias esse; non sensum illis doloris detrahimus, sed nomen iniuriae, quod non potest recipi virtute salva.

Uter verius dicat, videbimus; ad contemptum quidem iniuriae uterque consentit. Quaeris, quid inter duos intersit? Quod inter gladiatores fortissimos, quorum alter premit vulnus et stat in gra-

Er läßt sich nicht überwältigen, wenn es zusammentrifft, und wie dem einzelnen, so widersteht er allem. Wer erklärt, dies sei erträglich für den Weisen, jenes unerträglich, und wer seiner Seelengröße bestimmte Grenzen setzt, ist auf dem falschen Weg: Uns bezwingt das Schicksal, wenn es nicht ganz und gar bezwungen wird.

Das solltest du nicht für stoische Härte halten: Epikur, den ihr euch als Schutzpatron eures Lotterlebens nehmt und von dem ihr meint, er verlange nur Bequemes, Müheloses, das zum Genuß verführt, Epikur sprach so: „Selten kommt dem Weisen das Schicksal in die Quere." Was für ein Wort – fast das eines Mannes!

Willst du nicht heldenhafter sprechen und das Schicksal aus allem fortstoßen? Dieses enge Haus des Weisen, ohne Komfort, ohne Betrieb, ohne Prunk, wird nicht von Pförtnern bewacht, die aus der Besucherschar als strenge, aber käufliche Prüfer eine Auswahl treffen, und trotzdem kommt durch diese offene, portierfreie Tür das Schicksal nicht. Es weiß, daß es dort keinen Platz hat, wo nichts sein ist.

16 Wenn aber sogar Epikur, der für den schwachen Leib größtes Verständnis hat, sich gegenüber dem Unrecht hoch aufrichtet, was kann dann bei uns unglaublich scheinen oder jenseits menschlicher Maßstäbe? Jener meint, Unrecht sei ertragbar für den Weisen, wir, Unrecht gebe es für ihn nicht. Du brauchst nicht einzuwenden, dies sei wider die Natur. Wir bestreiten ja nicht, daß es unangenehm ist, wenn man geschlagen und herumgestoßen wird und einen Arm, ein Bein verloren hat. Wir erklären jedoch, das alles sei kein Unrecht. Wir bestreiten keineswegs, daß dergleichen schmerzt, wohl aber, daß man es Unrecht nennen kann, da man dieses unmöglich leidet, solange die Standhaftigkeit unerschüttert ist.

Wer vernünftiger argumentiert, Epikur oder wir, das werden wir noch sehen. Hinsichtlich der Mißachtung des Unrechts herrscht jedenfalls Übereinstimmung. Du fragst, was denn dann der Unterschied sei? Derselbe wie zwischen zwei heldenhaften Gladiatoren, von denen der eine seine Wunde

du, alter respiciens ad clamantem populum significat nihil esse et intercedi non patitur. Non est, quod putes magnum, quo dissidemus: illud, quo de agitur, quod unum ad nos pertinet, utraque exempla hortantur, contemnere iniurias et, quas iniuriarum umbras ac suspiciones dixerim, contumelias, ad quas despiciendas non sapiente opus est viro, sed tantum consipiente, qui sibi possit dicere: „Utrum merito mihi ista accidunt an immerito? Si merito, non est contumelia, iudicium est; si immerito, illi, qui iniusta facit, erubescendum est."

Et quid est illud, quod contumelia dicitur? In capitis mei levitatem iocatus est et in oculorum valetudinem et in crurum gracilitatem et in staturam: quae contumelia est, quod apparet, audire? Coram uno aliquid dictum ridemus, coram pluribus indignamur et eorum aliis libertatem non relinquimus, quae ipsi in nos dicere assuevimus; iocis temperatis delectamur, immodicis irascimur.

17 Chrysippus ait quendam indignatum, quod illum aliquis vervecem marinum dixerat. In senatu flentem vidimus Fidum Cornelium, Nasonis Ovidii generum, cum illum Corbulo struthocamelum depilatum dixisset: adversus alia maledicta mores et vitam convulnerantia frontis illi firmitas constitit, adversus hoc tam absurdum lacrimae prociderunt. Tanta animorum imbecillitas est, ubi ratio discessit! Quid, quod offendimur, si quis sermonem nostrum imitatur, si quis incessum, si quis vitium aliquod corporis aut linguae exprimit? Quasi notiora illa fiant alio imitante quam nobis

verbirgt und in Kampfposition bleibt, der andere aber mit einem Blick auf das lärmende Publikum durch Zeichen zu verstehen gibt, daß nichts passiert sei, und keine Unterbrechung duldet. Du solltest das, worüber wir uns uneins sind, nicht für erheblich halten. Dazu, worum es uns geht und was allein für uns wichtig ist, ermuntert das Beispiel beider: Unrecht zu verachten und ebenso das, was ich nur als Schatten eines Unrechts und als Hirngespinste bezeichnen möchte, die Beleidigungen. Um sie gering zu achten, braucht man kein weiser Mann zu sein, nur ein verständiger, der zu sich sagen kann: „Geschieht mir das verdientermaßen oder unverdient? Hab' ich's verdient, so ist's keine Beleidigung; es ist ein Urteilsspruch. Hab' ich es aber nicht verdient, so muß der, der Unrechtes tut, sich schämen."

Und von welcher Art ist das, was man eine Beleidigung nennt? Über meinen glatten Schädel hat man Witze gerissen, über meine schwachen Augen und über meine dürren Beine und meine Figur. Was ist das für eine Beleidigung, wenn man sich anhören muß, was offenkundig ist? Sind wir nur zu zweit, lachen wir über irgendein Bonmot, sind mehrere zugegen, entrüsten wir uns, und wir verübeln anderen ihre Offenheit bei den gleichen Dingen, die wir uns selbst oft genug eingestehen müssen. Verhaltener Spott amüsiert uns, übermäßiger macht uns wütend.

17 Chrysipp erzählt, jemand habe sich darüber aufgeregt, daß ihn wer einen meerentstiegenen Hammel nannte. Im Senat sahen wir, wie Cornelius Fidus, Ovids Schwiegersohn, weinte, als ihn Corbulo einen ‚gerupften Strauß' hieß. Bei anderen Attacken gegen seinen Charakter und seinen Lebenswandel, die ihn hätten schwer verletzen müssen, verzog er keine Miene, bei einem so abgeschmackten Witz kamen ihm die Tränen. So wenig Selbstbeherrschung zeigt der Mensch, sobald die Vernunft ausgeschaltet ist. Was soll man dazu sagen, daß es uns kränkt, wenn einer unsere Art zu reden nachahmt, wenn einer unseren Gang, wenn einer irgendeinen körperlichen Mangel oder Sprachfehler aufs Korn nimmt? Als ob das bekannter würde, wenn es ein anderer

facientibus! Senectutem quidam inviti audiunt et canos et alia, ad quae voto pervenitur. Paupertatis maledictum quosdam perussit, quam sibi obiecit, quisquis abscondit.

Itaque materia petulantibus et per contumeliam urbanis detrahitur, si ultro illam et prior occupes: nemo risum praebuit qui ex se cepit. Vatinium, hominem natum et ad risum et ad odium, scurram fuisse venustum ac dicacem memoriae proditum est: in pedes suos ipse plurima dicebat et in fauces concisas; sic inimicorum, quos plures habebat quam morbos, et in primis Ciceronis urbanitatem effugerat. Si hoc potuit ille duritia oris, qui assiduis conviciis pudere dedidicerat, cur is non possit, qui studiis liberalibus et sapientiae cultu ad aliquem profectum pervenerit? Adice, quod genus ultionis est eripere ei, qui fecit, factae contumeliae voluptatem. Solent dicere: „O miserum me! Puto, non intellexit." Adeo fructus contumeliae in sensu et indignatione patientis est. Deinde non deerit illi aliquando par: invenietur, qui te quoque vindicet.

18   C. Caesar, inter cetera vitia, quibus abundabat, contumeliosus, mira libidine ferebatur omnes aliqua nota feriendi, ipse materia risus benignissima: tanta illi palloris insaniam testantis foeditas erat, tanta oculorum sub fronte anili latentium torvitas, tanta capitis destituti et emendicaticiis capillis aspersi deformitas. Adice obsessam saetis cervicem et exilitatem crurum et enormitatem pedum.

nachmacht, als wenn wir es selbst machen? Von ihrem Alter hören bestimmte Leute nur ungern, von grauen Haaren und anderem, wozu man doch nur kommt, wenn man um hohes Alter betet. Daß man ihm gehässig seine Armut vorhielt, traf schon manchen; dabei macht sie sich jeder zum Vorwurf, der sie verbirgt.

Demnach bringt man die Unverschämten und ehrabschneiderischen Witzbolde um ihren Gesprächsstoff, wenn man ihn von sich aus und als erster aufgreift. Niemand hat sich je zum Gespött gemacht, der über sich selber spotten konnte. Vatinius, geboren zur Witzfigur und zum Widerling, soll ein geistreicher, schlagfertiger Spötter gewesen sein: Über seine Füße witzelte er selbst am meisten und über seinen kurzen Hals. So schlug er der Spottlust seiner Feinde, die zahlreicher waren als seine körperlichen Mängel, und besonders der Ciceros ein Schnippchen. Wenn das jener Mensch vermochte mit seiner frechen Stirn, er, der unter ständiger Beschimpfung die Scham verloren hatte, warum sollte es dann der nicht können, der es durch höhere Bildung und Studium der Philosophie doch etwas weiter gebracht hat? Bedenke auch, daß es eine besondere Art von Vergeltung ist, den Spötter um das Vergnügen zu bringen, daß sein Spott traf. Gewöhnlich heißt es dann: „Verdammt! Ich glaube, er hat's nicht begriffen!" In solchem Maß genießt man eine Beleidigung erst dann, wenn der Betroffene sich sichtlich ärgert. Des weiteren wird es nicht an einem fehlen, der irgendwann dem Spötter mit gleicher Münze heimzahlt: Auch dein Rächer findet sich!

18 Kaiser Caligula, zu dessen sonstigen zahllosen Fehlern noch seine Schmähsucht kam, gab ständig dem abartigen Drang nach, alle durch irgendeinen Schimpf zu treffen. Dabei bot er selbst überreichlich Anlaß zu Spott: Derart abstoßend war seine Blässe, ein Indiz des Wahnsinns, derart finster die Augen, die sich unter seiner Altweiberstirn verbargen, derart häßlich sein kahler Schädel, mit ausgeborgtem Haar beklebt. Stell dir dazu die dichten Borsten auf seinem Nacken vor, die mageren Waden und die riesengroßen Füße!

Immensum est, si velim singula referre, per quae in parentes avosque suos contumeliosus fuit, per quae in universos ordines; ea referam, quae illum exitio dederunt. Asiaticum Valerium in primis amicis habebat, ferocem virum et vix aequo animo alienas contumelias laturum. Huic in convivio, id est in contione, voce clarissima, qualis in concubitu esset uxor eius, obiecit. Di boni! Hoc virum audire! Et usque eo licentiam pervenisse, ut, non dico consulari, non dico amico, sed tantum marito, princeps et adulterium suum narret et fastidium!

Chaereae contra, tribuno militum, sermo non pro manu erat, languidus sono et, ni facta nosses, suspectior. Huic Gaius signum petenti modo Veneris, modo Priapi dabat, aliter atque aliter exprobrans armato mollitiam; haec ipse perlucidus, crepidatus, auratus. Coegit itaque illum uti ferro, ne saepius signum peteret. Ille primus inter coniuratos manum sustulit, ille cervicem mediam uno ictu decidit. Plurimum deinde undique publicas ac privatas iniurias ulciscentium gladiorum ingestum est, sed primus vir fuit, qui minime visus est.

At idem Gaius omnia contumelias putabat, ut sunt ferendarum impatientes faciendarum cupidissimi. Iratus fuit Herennio Macro, quod illum Gaium salutaverat, nec impune cessit primipilari, quod Caligulam dixerat: hoc enim in castris natus et alumnus legionum vocari solebat, nullo nomine militibus familiarior umquam factus; sed iam Ca-

Unerschöpflich wäre es, wollte ich einzeln aufzählen, wie er sich gegen seine Eltern und seine Ahnen in Spott erging, wie gegen Menschen jedes Standes. Das will ich berichten, was ihn ins Verderben stürzte: Valerius Asiaticus gehörte zu seinen engsten Freunden, ein unbeherrschter Mann, der kaum die Beleidigung anderer ruhig mitansehen konnte. Dem verriet er beim Gelage, das heißt in aller Öffentlichkeit, mit überlauter Stimme, wie sich beim Beischlaf dessen Frau anstelle. Gute Götter! Das mußte ihr Mann hören! Und so weit ging er in seinem Übermut, daß er, der Kaiser, einem ehemaligen Konsul, nein, seinem Freund, nein, nur dem Ehemann zugleich von seinem Ehebruch erzählte und davon, daß ihm die Frau zuwider sei.

Dem Chaerea hingegen, dem Militärtribunen, standen Worte nicht so zu Gebote wie die Faust. Er sprach nur schleppend, und, wären seine Taten nicht bekannt, hätte man ihm nichts Rechtes zugetraut. Den nannte, wenn er sich die Parole geben ließ, Caligula bald Venus, bald Priapus und warf ihm, dem Mann in Rüstung, ein ums andre Mal vor, er sei schwul. Das sagte er, selbst im Schleiergewand, mit Halbschuhen, goldbehängt! So zwang er ihn, das Schwert zu ziehen, damit er sich nicht noch öfter die Parole geben lassen mußte. Er holte als erster der Verschworenen mit dem Arm aus, er hieb ihm mit einem Streich den Nacken mitten durch! In Menge stieß man ihm von allen Seiten, zur Rache für Verbrechen am Volk und einzelnen, die Schwerter in den Leib, doch der erste Mann blieb, der es scheinbar am wenigsten war.

Derselbe Caligula hielt seinerseits alles für Beleidigungen, wie nun einmal die eine Kränkung nicht vertragen, die mit Hingabe kränken. Er war böse auf Herennius Macer, weil er ihn als Gaius gegrüßt hatte, und nicht ungestraft kam ein altgedienter Hauptmann davon, weil er ihn „Caligula", das „Stiefelchen", genannt hatte. So hieß er als Sohn des Lagers und Liebling der Legionen üblicherweise, und unter keinem anderen Namen kannten ihn die Soldaten besser. Bald aber hielt er „Stiefelchen" für ein ganz gemeines Schimpfwort,

ligulam convicium et probrum iudicabat cothurnatus. Ergo hoc ipsum solacio erit, etiam si nostra facilitas ultionem omiserit, futurum aliquem, qui poenas exigat a procace et superbo et iniurioso, quae vitia numquam in uno homine et in una contumelia consumuntur.

19 Respiciamus eorum exempla, quorum laudamus patientiam, ut Socratis, qui comoediarum publicatos in se et spectatos sales in partem bonam accepit risitque non minus, quam cum ab uxore Xanthippe immunda aqua perfunderetur. Antistheni mater barbara et Thraessa obiciebatur; respondit et deorum matrem Idaeam esse.

Non est in rixam colluctationemque veniendum. Procul auferendi pedes sunt, et quicquid horum ab imprudentibus fiet (fieri autem nisi ab imprudentibus non potest) neglegendum, et honores iniuriaeque vulgi in promiscuo habendae, nec his dolendum nec illis gaudendum. Alioqui multa timore contumeliarum aut taedio necessaria omittemus publicisque et privatis officiis, aliquando etiam salutaribus, non occurremus, dum muliebris nos cura angit aliquid contra animum audiendi.

Aliquando etiam, obirati potentibus, detegemus hunc affectum intemperanti libertate. Non est autem libertas nihil pati: fallimur; libertas est animum superponere iniuriis et eum facere se, ex quo solo sibi gaudenda veniant, exteriora diducere a se, ne inquieta agenda sit vita omnium risus, omnium linguas timenti. Quis enim est, qui non possit contumeliam facere, si quisquam potest?

seit er den Tragödenstiefel trug. So kann uns denn auch das trösten: selbst wenn wir in unserer Gutmütigkeit auf eine Revanche verzichten, wird irgendeiner kommen, der es dem frechen und anmaßenden Übeltäter heimzahlt – denn Menschen dieses Schlags begnügen sich nicht mit einem Opfer und mit einer Kränkung.

19 Befassen wir uns nun mit dem Beispiel der Männer, deren Langmut wir rühmen, zum Beispiel die des Sokrates. Er hat die von Komödiendichtern unters Volk gebrachten und gegen ihn gerichteten Witze beifällig aufgenommen und ebenso gelacht wie damals, als ihn seine Frau Xanthippe mit Spülwasser übergoß. Dem Antisthenes hielt man seine Mutter, eine Barbarin, eine Thrakerin, vor. Er gab zurück, auch die Göttermutter komme vom Berg Ida.

Man sollte sich freilich auf kein Gezänk und Gerangel einlassen, sondern die Füße in die Hand nehmen und fort! Und alles, was sich Unvernünftige in dieser Hinsicht leisten (nur Unvernünftige können es sich leisten!), das nehme man nicht zur Kenntnis, und Ehrung oder Kränkung durch den Pöbel gelte einem gleichviel, diese sei nicht schmerzlich, jene nicht erfreulich. Andernfalls werden wir viel Wichtiges aus Angst vor Beleidigungen, oder weil wir ihrer überdrüssig sind, nicht tun und uns den öffentlichen und privaten Verpflichtungen, manchmal auch für uns bedeutsamen, nicht stellen, während uns wie Weiber die Sorge quält, wir müßten etwas Unwillkommenes hören.

Manchmal, wenn wir ergrimmen gegen Mächtige, werden wir auch diese Einstellung offen zeigen, uneingeschränkt und frei heraus. Frei ist man ja nicht, wenn man nichts hinnimmt. Das wäre ein Irrtum. Frei ist, wer sich über Unrecht erhebt und sich zu einem Menschen macht, von dem er nur Erfreuliches erfahren kann. Frei ist, wer Äußerliches von sich fern hält, damit man nicht unruhvoll sein Leben hinbringen muß, in Angst vor aller Leute Lachen, aller Getuschel. Wen gibt es denn, der uns nicht kränken könnte, wenn es überhaupt wer kann?

Diverso autem remedio utetur sapiens affectatorque sapientiae. Imperfectis enim et adhuc ad publicum se iudicium dirigentibus hoc proponendum est inter iniurias ipsos contumeliasque debere versari: omnia leviora accident exspectantibus. Quo quisque honestior genere, fama, patrimonio est, hoc se fortius gerat, memor in prima acie lectos ordines stare. Contumelias et verba probrosa et ignominias et cetera dehonestamenta velut clamorem hostium ferat et longinqua tela et saxa sine vulnere circa galeas crepitantia. Iniurias vero ut vulnera, alia armis, alia pectori infixa, non deiectus, ne motus quidem gradu, sustineat. Etiam si premeris et infesta vi urgeris, cedere tamen turpe est: assignatum a natura locum tuere! Quaeris, quis hic sit locus? Viri.

Sapienti aliud auxilium est, huic contrarium: vos enim rem geritis, illi parta victoria est. Ne repugnate vestro bono, et hanc spem, dum ad verum pervenitis, alite in animis libentesque meliora excipite et opinione ac voto iuvate.

Esse aliquid invictum, esse aliquem, in quem nihil fortuna possit, e re publica est generis humani.

Verschiedener Mittel werden sich der Weise und der, der noch nach Weisheit strebt, bedienen. Wer sittlich noch nicht gefestigt ist und sich an der öffentlichen Meinung orientiert, muß sich darüber klar sein, daß er von allen Seiten nur Unrecht und Beleidigung zu gewärtigen hat. Alles kommt weniger schlimm, wenn man mit allem rechnet. Je mehr einer hervorragt durch Abkunft, Ruhm und Erbe, desto tapferer sollte er sich zeigen und daran denken, daß im ersten Glied die besten Hauptleute stehen. Beleidigungen und schimpfliche Bemerkungen und die übrigen Verunglimpfungen nehme er hin wie das Gebrüll der Feinde, wie Speerwürfe aus der Ferne und wie Steine, die, ohne zu verletzen, allenthalben auf die Helme krachen, Unrecht aber ertrage er wie Geschosse, die sich teils in seinen Schild, teils in seine Brust bohren, und lasse sich nicht zu Fall bringen oder auch nur aus seiner Stellung drängen. Auch wenn du in Bedrängnis bist und die feindliche Übermacht dir zusetzt, wäre es eine Schande zu weichen. Bleib an der Stelle, die dir die Natur gewiesen hat. Du fragst, wo diese Stelle ist? Bleib ein Mann!

Der Weise genießt anderen Schutz, unähnlich diesem. Ihr nämlich steht im Kampf, er hat den Sieg gewonnen. Lehnt euch nicht auf gegen das, was für euch gut ist, und hegt, bis ihr zur Erkenntnis der Wahrheit gekommen seid, die Hoffnung darauf im Herzen, nehmt gern das Bessere an und steht ihm bei durch Glaube und Gebet:

Daß es etwas Unbesiegbares gibt, daß es einen gibt, gegen den das Schicksal nichts ausrichten kann, das liegt im Interesse der ganzen menschlichen Gemeinschaft.

DE IRA

LIBER PRIMUS

1 Exegisti a me, Novate, ut scriberem, quemadmodum posset ira leniri, nec immerito mihi videris hunc praecipue affectum pertimuisse maxime ex omnibus taetrum ac rabidum. Ceteris enim aliquid quieti placidique inest, hic totus concitatus et in impetu est doloris, armorum, sanguinis, suppliciorum minime humana furens cupiditate, dum alteri noceat sui neglegens, in ipsa irruens tela et ultionis secum ultorem tracturae avidus. Quidam itaque e sapientibus viris iram dixerunt brevem insaniam; aeque enim impotens sui est, decoris oblita, necessitudinum immemor, in quod coepit pertinax et intenta, rationi consiliisque praeclusa, vanis agitata causis, ad dispectum aequi verique inhabilis, ruinis simillima, quae super id, quod oppressere, franguntur.

Ut scias autem non esse sanos, quos ira possedit, ipsum illorum habitum intuere; nam ut furentium certa indicia sunt audax et minax vultus, tristis frons, torva facies, citatus gradus, inquietae manus, color versus, crebra et vehementius acta suspiria, ita irascentium eadem signa sunt: fla-

DER ZORN

ERSTES BUCH

1 Du verlangst von mir, Novatus, darzustellen, wie sich der Zorn dämpfen läßt, und es scheint mir, daß du mit gutem Grund vor dieser Leidenschaft in besonderem Maße Angst hast, da sie von allen bei weitem die abstoßendste und wildeste ist. Bei den anderen findet sich noch etwas Überlegung und Ruhe, diese aber ist reine Erregung und folgt ihrem dumpfen Drang; Schmerz, Waffen, Blut, Hochgericht, das ist ihr ganz unmenschliches, rasendes Verlangen. Wenn sie nur einem anderen schaden kann, achtet sie ihrer selbst nicht, stürzt sich mitten in die Speere und giert nach Rache, auch wenn diese den Rächer ins Verderben reißt. Daher nannten einige weise Männer den Zorn einen vorübergehenden Wahnsinn; er ist nämlich ebenso unbeherrscht, ehrvergessen und selbst gegenüber Nahestehenden rücksichtslos, hartnäckig und unbeirrbar in der Verfolgung seiner Ziele, vernünftigen Ratschlägen verschlossen, aus nichtigem Anlaß erregt, unfähig zur Erkenntnis dessen, was recht und billig ist, und stürzenden Steinen ganz gut vergleichbar, die über Verschüttetem zerspringen.

Um dir darüber klar zu werden, daß die verrückt sind, die der Zorn übermannte, brauchst du nur ihr Äußeres zu betrachten; wie bei Wahnsinnigen sichere Merkmale sind der entschlossene, drohende Gesichtsausdruck, der finstere Blick, die wutverzerrten Züge, der gehetzte Gang, die zitternden Hände, Wechsel der Gesichtsfarbe sowie häufiges und übermäßig heftiges Atemholen, so finden sich bei Zor-

grant, emicant oculi, multus ore toto rubor exaestuante ab imis praecordiis sanguine, labra quatiuntur, dentes comprimuntur, horrent ac surriguntur capilli, spiritus coactus ac stridens, articulorum se ipsos torquentium sonus, gemitus mugitusque et parum explanatis vocibus sermo praeruptus et complosae saepius manus et pulsata humus pedibus et totum concitum corpus „magnasque irae minas agens", foeda visu et horrenda facies depravantium se atque intumescentium. Nescias, utrum magis detestabile vitium sit an deforme. Cetera licet abscondere et in abdito alere: ira se profert et in faciem exit, quantoque maior, hoc effervescit manifestius.

Non vides, ut omnium animalium, simul ad nocendum insurrexerunt, praecurrant notae ac tota corpora solitum quietumque egrediantur habitum et feritatem suam exasperent? Spumant apris ora, dentes acuuntur attritu, taurorum cornua iactantur in vacuum et harena pulsu pedum spargitur, leones fremunt, inflantur irritatis colla serpentibus, rabidarum canum tristis aspectus est: nullum est animal tam horrendum tam perniciosumque natura, ut non appareat in illo, simul ira invasit, novae feritatis accessio.

Nec ignoro ceteros quoque affectus vix occultari, libidinem metumque et audaciam dare sui signa et posse praenosci; neque enim ulla vehementior intra agitatio, quae nihil moveat in vultu. Quid ergo interest? Quod alii affectus apparent, hic eminet.

2 Iam vero, si effectus eius damnaque intueri velis, nulla pestis humano generi pluris stetit. Videbis caedes ac venena et reorum mutuas sordes et

nigen dieselben Anzeichen: Flackern und Funkeln der Augen, tiefe Röte im ganzen Gesicht, weil aus innerstem Herzen das Blut aufbraust, die Lippen zittern, die Zähne sind zusammengebissen, hochauf sträuben sich die Haare, der Atem geht mühsam und keuchend, die Gelenke verdrehen sich von selbst und knacken, dazu Knurren und Brüllen, undeutliche Worte, die Sprache abgehackt; immer wieder schlagen sie die Hände zusammen und stampfen mit den Füßen den Boden, ihr ganzer Leib bebt, und „das gewaltige Dräuen des Zorns verrät" der abstoßende, entsetzliche Anblick von Menschen, die nicht mehr sie selbst sind, wenn sie die Wut packt. Wahrscheinlich ist dieses Laster ebenso verabscheuenswert wie verunstaltend. Alle anderen kann man nämlich verbergen und ihnen heimlich frönen; der Zorn aber zeigt sich, drängt sich ins Mienenspiel, und je größer er ist, desto heller lodert er auf.

Siehst du nicht, wie bei allen Tieren, wenn sie zu einem Angriff ansetzen, sich das vorher ankündigt und sie vollständig das Verhalten ablegen, das sie sonst als ungefährlich erweist? Da schäumt den Ebern das Maul, sie wetzen und scheuern die Hauer, die Hörner der Stiere stoßen ins Leere, Löwen brüllen, es bläht sich, sobald sie gereizt sind, der Hals bei den Schlangen, tollwütige Hündinnen sind gräßlich anzusehen – kein Tier ist so schrecklich und von Natur aus so mordgierig, daß sich nicht offensichtlich, sobald es die Wut überkommt, seine Wildheit noch unerhört steigert.

Ich weiß genau, daß man auch die übrigen Gemütsbewegungen nur schwer verbergen kann, daß Gier und Angst und Trotz sich durch bestimmte Zeichen ankündigen und daran schon früh zu erkennen sind. Es gibt ja keine heftigere innere Erregung, die das Mienenspiel unbewegt ließe. Worin liegt also der Unterschied? Daß die anderen Affekte sich zeigen, der Zorn aber ins Auge springt.

2 Wenn du nun gar seine verheerenden Auswirkungen berücksichtigst, dann geht dir auf, daß keine Seuche die Menschheit mehr Opfer gekostet hat. Du stößt auf Morde und Giftanschläge und Prozeßgegner, die sich wechselseitig

urbium clades et totarum exitia gentium et principum sub civili hasta capita venalia et subiectas tectis faces nec intra moenia coercitos ignes, sed ingentia spatia regionum hostili flamma relucentia.

Aspice nobilissimarum civitatum fundamenta vix notabilia: has ira deiecit; aspice solitudines per multa milia sine habitatore desertas: has ira exhausit; aspice tot memoriae proditos duces mali exempla fati: alium ira in cubili suo confodit, alium intra sacra mensae iura percussit, alium intra leges celebrisque spectaculum fori lancinavit, alium filii parricidio dare sanguinem iussit, alium servili manu regalem aperire iugulum, alium in cruces membra diffindere.

Et adhuc singulorum supplicia narro: quid, si tibi libuerit relictis, in quos ira viritim exarsit, aspicere caesas gladio contiones et plebem immisso milite contrucidatam et in perniciem promiscuam totos populos capitis damnatos...

... tamquam aut curam nostram deserentibus aut auctoritatem contemnentibus.
Quid? Gladiatoribus quare populus irascitur, et tam inique, ut iniuriam putet, quod non libenter pereunt? Contemni se iudicat et vultu, gestu, ardore a spectatore in adversarium vertitur. Quicquid est tale, non est ira, sed quasi ira, sicut puerorum, qui, si ceciderunt, terram verberari volunt et saepe ne sciunt quidem, cui irascantur, sed tantum irascuntur sine causa et sine iniuria, non tamen sine aliqua iniuriae specie nec sine aliqua

ins Verderben reißen, auf die Vernichtung von Städten, den Untergang ganzer Völker und auf gekrönte Häupter, die man in die Sklaverei verkauft, auf Fackeln, ins Dachgebälk geworfen, auf Feuersbrünste, die sich nicht mit einer Stadt begnügten, vielmehr auf unübersehbar weite Räume, erglühend in feindlicher Flamme.

Sieh dir die Grundmauern hochberühmter Städte an, kaum noch erkennbar: Sie hat der Zorn zerstört. Sieh Wüsteneien, viele Meilen weit, ohne Bewohner, verlassen: sie ließ der Zorn veröden. Sieh so viele führende Männer, die die Geschichte kennt als warnende Beispiele eines schlimmen Verhängnisses: Den einen hat der Zorn auf seinem Lager gemeuchelt, den anderen beim Mahl, gegen heiliges Gastrecht, durchbohrt, den nächsten, Gesetzen zum Trotz und vor allem Volk auf dem Forum, sogar in Stücke gerissen! Einen ließ er, vom eigenen Sohn ermordet, sein Blut vergießen, einem anderen von Sklavenhand die fürstliche Kehle durchschneiden, wieder einen vierteilen und seine Glieder aufspießen.

Und noch spreche ich vom Hinmorden einzelner, doch vielleicht ist's dir lieber, die beiseite zu lassen, an deren Person sich der Zorn erhitzte, und den Blick zu richten auf brutal zusammengehauene Versammlungen und einfache Leute, von aufgehetzten Soldaten niedergemetzelt, und zum gemeinsamen Untergang verdammte ganze Völker...

... als ob sie sich über unser Interesse hinwegsetzten oder unsere Bedeutung unterschätzten.

Sag', warum ist auf Gladiatoren das Publikum böse und noch dazu so unberechtigt, daß es eine Beleidigung darin sieht, wenn jene ungern sterben? Es glaubt sich mißachtet und wird in Mienenspiel, Gestik und Leidenschaft vom Zuschauer zum Feind. Alles derartige ist nicht eigentlich Zorn, sondern nur gewissermaßen, dem Zorn kleiner Jungen ähnlich, die nach einem Sturz verlangen, daß man die Erde peitscht, und oft nicht einmal wissen, auf wen sie wütend sind, sondern einfach wütend sind, ohne Grund und ohne Kränkung, doch nicht ohne eine Spur scheinbarer Kränkung

poenae cupiditate. Deluduntur itaque imitatione plagarum et simulatis deprecantium lacrimis placantur et falsa ultione falsus dolor tollitur.

3 „Irascimur", inquit, „saepe non illis, qui laeserunt, sed iis, qui laesuri sunt, ut scias iram non ex iniuria nasci." Verum est irasci nos laesuris, sed ipsa cogitatione nos laedunt, et iniuriam qui facturus est, iam facit. "Ut scias", inquit, „non esse iram poenae cupiditatem, infirmissimi saepe potentissimis irascuntur nec poenam concupiscunt, quam non sperant." Primum diximus cupiditatem esse poenae exigendae, non facultatem; concupiscunt autem homines et, quae non possunt. Deinde nemo tam humilis est, qui poenam vel summi hominis sperare non possit: ad nocendum potentes sumus.

Aristotelis finitio non multum a nostra abest: ait enim iram esse cupiditatem doloris reponendi. Quid inter nostram et hanc finitionem intersit, exsequi longum est. Contra utramque dicitur feras irasci nec iniuria irritatas nec poenae dolorisve alieni causa, nam etiam, si haec efficiunt, non haec petunt. Sed dicendum est feras ira carere et omnia praeter hominem; nam cum sit inimica rationi, nusquam tamen nascitur, nisi ubi rationi locus est. Impetus habent ferae, rabiem, feritatem, incursum; iram quidem non magis quam luxuriam, et in quasdam voluptates intemperantiores homines sunt.

Non est, quod credas illi, qui dicit:
Non aper irasci meminit, non fidere cursu

und nicht ohne ein dumpfes Verlangen nach Rache. Also lassen sie sich von scheinbaren Hieben täuschen und durch Abbitte unter erheuchelten Tränen besänftigen; nichtige Strafe beseitigt ihren nichtigen Schmerz.

3 „Wir zürnen", wirft jemand ein, „oft nicht denen, die uns gekränkt haben, sondern denen, die uns künftig kränken könnten – damit einmal klar ist, daß Zorn nicht auf Kränkung folgt." Es stimmt, daß wir auf die wütend sind, die uns verletzten können, doch schon durch ihre Absicht verletzen sie uns, und wer Unrecht tun will, tut es bereits. „Damit auch das klar ist", meint er da, „daß der Zorn kein Verlangen nach Rache ist: Ganz unbedeutende Menschen sind oft auf großmächtige böse, wünschen sich aber keine Bestrafung, worauf sie ja nicht hoffen dürfen." Erstens haben wir festgestellt, Zorn sei ein Verlangen, sich Genugtuung zu verschaffen, nicht die Möglichkeit dazu. Menschen wünschen sich aber auch Unmögliches. Zweitens ist niemand so gering, daß er nicht auf Rache sogar an einem ganz bedeutenden Menschen hoffen könnte. Zum Schaden sind wir stark.

Die Definition des Aristoteles ist von der unseren nicht sehr verschieden: Er meint nämlich, der Zorn sei der Wunsch, Leid zu vergelten. Worin der Unterschied zwischen unserer und dieser Definition besteht, das zu erläutern würde zu weit führen. Gegen jede von beiden führt man an, daß wilde Tiere in Zorn gerieten, ohne durch eine Verletzung gereizt zu sein, auch nicht, weil sie sich rächen oder einem anderen weh tun wollten, denn selbst wenn sie das täten, sei es nicht ihre Absicht. Doch muß man feststellen, daß wilde Tiere von Zorn frei sind, wie alle anderen Wesen außer dem Menschen. Denn wiewohl der Zorn vernunftwidrig ist, kann er doch nur da hochkommen, wo Vernunft vorhanden ist. Triebe haben die wilden Tiere, Freßgier, Wildheit, Angriffslust, doch Zorn genausowenig wie Genußsucht, und manchen Sinnesreizen gegenüber sind die Menschen weniger beherrscht.

Du brauchst nicht dem zu glauben, der schreibt:

Nicht denkt der Eber daran zu zürnen, die Hindin nicht,

Cerva nec armentis incurrere fortibus ursi.

Irasci dicit incitari, impingi; irasci quidem non magis sciunt quam ignoscere. Muta animalia humanis affectibus carent, habent autem similes illis quosdam impulsus: alioquin, si amor in illis esset et odium, esset amicitia et simultas, dissensio et concordia; quorum aliqua in illis quoque exstant vestigia, ceterum humanorum pectorum propria bona malaque sunt.

Nulli nisi homini concessa prudentia est, providentia, diligentia, cogitatio, nec tantum virtutibus humanis animalia, sed etiam vitiis prohibita sunt. Tota illorum, ut extra, ita intra forma humanae dissimilis est; regium est illud et principale aliter ductum. Ut vox est quidem, sed non explanabilis et perturbata et verborum inefficax, ut lingua, sed devincta nec in motus varios soluta, ita ipsum principale parum subtile, parum exactum. Capit ergo visus speciesque rerum, quibus ad impetus evocetur, sed turbidas et confusas. Ex eo procursus illorum tumultusque vehementes sunt, metus autem sollicitudinesque et tristitia et ira non sunt, sed his quaedam similia: ideo cito cadunt et mutantur in contrarium et, cum acerrime saevierunt expaveruntque, pascuntur et ex fremitu discursuque vesano statim quies soporque sequitur.

4 Quid esset ira, satis explicitum est. Quo distet ab iracundia, apparet: quo ebrius ab ebrioso et timens a timido. Iratus potest non esse iracundus; iracundus potest aliquando iratus non esse. Cetera, quae pluribus apud Graecos nominibus in species iram distinguunt, quia apud nos vocabula sua

sich auf Schnelligkeit zu verlassen, nicht, starke Rinder zu reißen, die Bären.

„Zürnen" nennt der Dichter Trieb und Erregung. Doch zürnen können Tiere ebensowenig wie verzeihen. Sprachlose Lebewesen haben keine menschlichen Affekte, haben aber bestimmte diesen ähnliche Instinkte. Andernfalls wären, wenn es bei ihnen Liebe und Haß gäbe, auch Freundschaft und Feindseligkeit, Zwist und Eintracht vorhanden. Davon finden sich auch bei ihnen einige Spuren, im übrigen aber sind es für den Menschen typische gute und schlimme Seelenregungen.

Nur dem Menschen wurde Klugheit zuteil, Voraussicht, Gründlichkeit und Denkvermögen; doch nicht nur die menschlichen Tugenden, sondern auch die Laster sind den Tieren vorenthalten. Im ganzen, innen wie außen, sind sie dem Menschen unähnlich gestaltet. Und jenes königliche und lenkende Organ ist bei ihnen anders beschaffen. Wie sie eine Stimme haben, doch unverständlich, verworren, unfähig, Worte zu formen, wie eine Zunge, doch festgewachsen, nicht frei zu vielfältiger Bewegung, so ist selbst das Organ, das sie lenkt, zu wenig empfindsam, zu wenig entwickelt. Es nimmt also Gestalt und Erscheinung dessen, was seine Triebe reizen soll, wahr, aber nur undeutlich und verschwommen. Deshalb ist die Angriffslust und Erregbarkeit der Tiere beträchtlich, aber Furcht und Sorge und Trauer und Zorn gibt es nicht, nur manches, was dem ähnelt. Daher verliert sich ihr Schwung rasch und verkehrt sich ins Gegenteil, und wenn sie ganz heftig getobt oder sich geängstigt haben, fressen sie wieder, und nach Brüllen und verrücktem Umher-Rennen stellt sich gleich tiefer Schlaf ein.

4 Was Zorn ist, dürfte hinreichend geklärt sein. Auch wie er sich vom Jähzorn unterscheidet, liegt auf der Hand: Wie der Betrunkene vom Trinker und der Verstörte vom Ängstlichen. Ein zorniger Mensch braucht nicht jähzornig, ein Jähzorniger nicht ständig zornig zu sein. Die weitere Differenzierung des Zorns in griechisch benannte Erscheinungsformen übergehe ich, da es bei uns keine entsprechenden

non habent, praeteribo, etiam si amarum nos acerbumque dicimus nec minus stomachosum, rabiosum, clamosum, difficilem, asperum, quae omnia irarum differentiae sunt; inter hos morosum ponas licet, delicatum iracundiae genus. Quaedam enim sunt irae, quae intra clamorem considant, quaedam non minus pertinaces quam frequentes, quaedam saevae manu verbis parciores, quaedam in verborum maledictorumque amaritudinem effusae, quaedam ultra querelas et aversationes non exeunt, quaedam altae gravesque sunt et introrsus versae: mille aliae species sunt mali multiplicis.

5 Quid esset ira, quaesitum est, an in ullum aliud animal quam in hominem caderet, quo ab iracundia distaret, quot eius species essent; nunc quaeramus, an ira secundum naturam sit et an utilis atque ex aliqua parte retinenda.

An secundum naturam sit, manifestum erit, si hominem inspexerimus. Quo quid est mitius, dum in recto animi habitus est? Quid autem ira crudelius est? Quid homine aliorum amantius? Quid ira infestius?

Homo in adiutorium mutuum genitus est, ira in exitium; hic congregari vult, illa discedere; hic prodesse, illa nocere; hic etiam ignotis succurrere, illa etiam carissimos petere; hic aliorum commodis vel impendere se paratus est, illa in periculum, dummodo deducat, descendere.

Quis ergo magis naturam rerum ignorat, quam qui optimo eius operi et emendatissimo hoc ferum ac perniciosum vitium assignat? Ira, ut diximus, avida poenae est, cuius cupidinem inesse pacatissimo hominis pectori minime secundum eius naturam est. Beneficiis enim humana vita constat et

Begriffe gibt, wenngleich auch wir jemanden verbittert und ruppig nennen, dazu ärgerlich, blindwütig, lärmend, schwierig und barsch – all das sind verschiedene Arten des Zorns. Man kann auch noch den Nörgler hier unterbringen, eine sanftere Spielart des Jähzorns. Manche Zornesausbrüche beschränken sich auf Gebrüll, manche sind ebenso unstillbar wie häufig, manche äußern sich in Handgreiflichkeit und sparen sich Worte, manche entladen sich in bitterbösen Schimpfwörtern, manche gehen über Klagen und Mißfallensbekundungen nicht hinaus, manche wurzeln tief, sind heftig und dringen unter die Haut. So gibt es noch tausend andere Formen des vielgestaltigen Lasters.

5 Was Zorn ist, wurde untersucht, dazu, ob er irgendein anderes Wesen als den Menschen anfalle, worin er sich vom Jähzorn unterscheide und wie viele Erscheinungsformen es davon gebe. Befassen wir uns nun mit der Frage, ob der Zorn naturgemäß, ob er nützlich und in irgendeiner Hinsicht wünschenswert ist.

Ob er naturgemäß ist, wird sich herausstellen, wenn wir auf den Menschen sehen: Was ist sanfter als er, solange seine Geisteshaltung stimmt? Was aber ist grausamer als Zorn? Was liebt seinen Nächsten mehr als der Mensch? Was ist gehässiger als Zorn?

Der Mensch ist in die Welt gekommen, um anderen zu helfen, der Zorn zur Zerstörung. Jener will die Gemeinschaft, der die Absonderung, jener will nützen, der schaden, jener auch Unbekannten beistehen, der auch die engsten Angehörigen anfallen, jener ist für das Wohlergehen anderer sogar zum Opfer des eigenen Lebens bereit, der begibt sich in Gefahr, wenn er nur andere hineinziehen kann.

Wer kennt also die Natur schlechter als jemand, der ihrem besten und vollkommensten Geschöpf dieses wilde, verderbenbringende Laster anhängt? Der Zorn verlangt, wie gesagt, nach Rache; wenn dieser Wunsch im Herzen des doch äußerst friedlichen Menschen wohnt, ist ihm das mitnichten wesensgemäß. Wohltaten sind der Sinn des Menschenlebens und Harmonie, und nicht durch Bedrohung, sondern durch

concordia nec terrore, sed mutuo amore in foedus auxiliumque commune constringitur.

6 „Quid ergo? Non aliquando castigatio necessaria est?" Quidni? Sed haec sincera, cum ratione; non enim nocet, sed medetur specie nocendi. Quemadmodum quaedam hastilia detorta, ut corrigamus, adurimus et adactis cuneis, non ut frangamus, sed ut explicemus, elidimus, sic ingenia vitio prava dolore corporis animique corrigimus. Nempe medicus primo in levibus vitiis temptat non multum ex cotidiana consuetudine inflectere et cibis, potionibus, exercitationibus ordinem imponere ac valetudinem tantum mutata vitae dispositione firmare. Proximum est, ut modus proficiat; si modus et ordo non proficit, subducit aliqua et circumcidit; si ne adhuc quidem respondet, interdicit cibis et abstinentia corpus exonerat; si frustra molliora cesserunt, ferit venam membrisque, si adhaerentia nocent et morbum diffundunt, manus affert; nec ulla dura videtur curatio, cuius salutaris effectus est.

Ita legum praesidem civitatisque rectorem decet, quam diu potest, verbis et his mollioribus ingenia curare, ut facienda suadeat cupiditatemque honesti et aequi conciliet animis faciatque vitiorum odium, pretium virtutum; transeat deinde ad tristiorem orationem, qua moneat adhuc et exprobret; novissime ad poenas et has adhuc leves, revocabiles decurrat; ultima supplicia sceleribus ultimis ponat, ut nemo pereat, nisi quem perire etiam pereuntis intersit. Hoc uno medentibus erit dissimilis, quod illi, quibus vitam non potuerunt

gegenseitige Liebe wird der Bund geschlossen, einem jeden zu helfen.

6 „Was soll das bedeuten? Ist nicht irgendwann eine Bestrafung nötig?" – Wieso nicht? Doch muß sie sachbedingt und vernünftig erfolgen. Dann schadet sie nicht, sondern hilft, wiewohl sie anscheinend schadet. Wie wir manche krummen Stäbe, um sie geradezurichten, erhitzen und, nicht um sie zu zerbrechen, sondern um sie zurechtzubiegen, zwischen Pflöcke zwängen, so beheben wir eine verkehrte Geisteshaltung durch körperlichen und seelischen Schmerz. Natürlich sucht ein Arzt bei leichter Unpäßlichkeit nicht viel am gewohnten Tageslauf zu ändern, sondern nur die richtige Abfolge der Speisen, Getränke und Leibesübungen festzulegen und das körperliche Wohlbefinden durch Umstellung der Lebensweise zu steigern. Nächstliegend ist, daß Regelmäßigkeit hilft. Wenn Regelmäßigkeit und rechte Reihenfolge nicht helfen, nimmt er etwas weg und schränkt den Kranken ein. Wenn sich auch jetzt noch keine Besserung zeigt, verbietet er die Speisen und entschlackt den Körper durch Enthaltsamkeit. Wenn behutsame Behandlung erfolglos bleibt, läßt er zur Ader, und an Glieder, die, läßt man sie am Körper bleiben, Schaden stiften und von denen die Krankheit ausgeht, setzt er das Messer. Und keine Therapie wird als hart empfunden, deren Ergebnis die Heilung ist.

So muß auch ein Hüter der Gesetze und führender Staatsmann so lange wie möglich mit Worten und zwar mit recht milden auf die Menschen einwirken, um ihnen ihre Pflichten schmackhaft zu machen, sie für Recht und Billigkeit zu begeistern und zu erreichen, daß man die Laster haßt und Lohn die Tugend erntet. Danach wähle er seine Worte schärfer, aber noch immer zu Ermahnung und Tadel; erst ganz zuletzt greife er zu Strafmaßnahmen, und zwar noch zu milden, widerrufbaren; mit schlimmsten Strafen ahnde er der Frevel schlimmste, so daß einer nur dann sterbe, wenn sein Sterben für den Sterbenden von Vorteil ist. Nur in dem einen wird er sich von Ärzten unterscheiden, daß diese den Menschen, denen sie kein längeres Leben schenken konnten,

largiri, facilem exitum praestant, hic damnatis cum dedecore et traductione vitam exigit, non quia delectetur ullius poena (procul est enim a sapiente tam inhumana feritas), sed ut documentum omnium sint et, qui alicui noluerunt prodesse, morte certe eorum res publica utatur.

Non est ergo natura hominis poenae appetens; ideo ne ira quidem secundum naturam hominis, quia poenae appetens est. Et Platonis argumentum afferam (quid enim nocet alienis uti ex parte, qua nostra sunt) „Vir bonus", inquit, „non laedit." Poena laedit: bono ergo poena non convenit, ob hoc nec ira, quia poena irae convenit. Si vir bonus poena non gaudet, non gaudebit ne eo quidem affectu, cui poena voluptati est: ergo non est naturalis ira.

7 „Numquid, quamvis non sit naturalis ira, assumenda est, quia utilis saepe fuit? Extollit animos et incitat; nec quicquam sine illa magnificum in bello fortitudo gerit, nisi hinc flamma subdita est et hic stimulus peragitavit misitque in pericula audaces. Optimum itaque quidam putant temperare iram, non tollere, eoque detracto, quod exundat, ad salutarem modum cogere, id vero retinere, sine quo languebit actio et vis ac vigor animi resolvetur." Primum facilius est excludere perniciosa quam regere, et non admittere quam admissa moderari; nam cum se in possessione posuerunt, potentiora rectore sunt nec recidi se minuive patiuntur. Deinde ratio ipsa, cui freni traduntur, tam diu potens est, quam diu diducta est ab affectibus; si miscuit se illis et inquinavit, non potest continere,

zu einem sanften Tod verhelfen, während er den Verurteilten unter Entehrung und vor aller Augen das Leben nehmen läßt, nicht als ob ihm irgend jemands Bestrafung Freude machte – denn ferne liegt dem Weisen so unmenschliche Wildheit –, sondern damit jene für alle anderen ein abschreckendes Beispiel seien und, da sie niemandem nützen wollten, sich wenigstens ihren Tod der Staat zunutze mache.

Folglich ist der Mensch seinem Wesen nach nicht auf Rache aus, daher entspricht auch der Zorn dem Wesen des Menschen nicht, da er auf Rache aus ist. Ich will auch Platons Schlußverfahren anführen – was kann es denn schaden, sich fremder Argumente soweit zu bedienen, wie wir sie uns zu eigen machen können: „Ein guter Mensch", sprach er, „verletzt nicht. Rache verletzt. Also paßt zum Guten Rachsucht nicht, und daher auch nicht der Zorn, weil Rachsucht zum Zorn paßt. Wenn ein guter Mensch sich an Rache nicht freuen kann, dann wird er auch an der Gemütsregung keine Freude haben, der Rache Vergnügen macht. Also ist der Zorn unnatürlich."

7 „Muß man nicht, obwohl der Zorn unnatürlich ist, ihn in Kauf nehmen, weil er oft nützlich war? Er erhebt die Herzen und feuert sie an, und nichts Herrliches leistet ohne ihn im Krieg die Tapferkeit, wenn von ihm keine Anfeuerung kam und dieser Stachel nicht stach und den Gefahren entgegen kühne Männer trieb. Für sehr gut halten es daher manche, den Zorn zu dämpfen, nicht zu beseitigen, Überschüssiges zu beschneiden und ihn auf ein gesundes Maß zu reduzieren, das aber beizubehalten, ohne das Aktivität zum Erliegen kommt und geistige Kraft und Frische verschwinden." Erstens ist es leichter, Schädliches von sich fern als unter Kontrolle zu halten, es nicht an sich heranzulassen als ihm danach ein Maß zu setzen. Denn wenn es sich erst eingenistet hat, ist es stärker als der, der es zügeln will, und duldet weder Beschränkung noch Minderung. Zweitens hat die Vernunft selbst, der man die Zügel überläßt, nur so lange die Oberhand, wie sie eine klare Trennlinie zu den Leidenschaften ziehen kann. Hat sie sich mit ihnen eingelassen und

quos summovere potuisset. Commota enim semel et excussa mens ei servit, quo impellitur. Quarundam rerum initia in nostra potestate sunt, ulteriora nos vi sua rapiunt nec regressum relinquunt.

Ut in praeceps datis corporibus nullum sui arbitrium est nec resistere morarive deiecta potuerunt, sed consilium omne et paenitentiam irrevocabilis praecipitatio abscidit et non licet eo non pervenire, quo non ire licuisset, ita animus, si in iram, amorem aliosque se proiecit affectus, non permittitur reprimere impetum; rapiat illum oportet et ad imum agat pondus suum et vitiorum natura proclivis.

8 Optimum est primum irritamentum irae protinus spernere ipsisque repugnare seminibus et dare operam, ne incidamus in iram. Nam si coepit ferre transversos, difficilis ad salutem recursus est, quoniam nihil rationis est, ubi semel affectus inductus est iusque illi aliquod voluntate nostra datum est: faciet de cetero, quantum volet, non quantum permiseris. In primis, inquam, finibus hostis arcendus est; nam cum intravit et portis se intulit, modum a captivis non accipit. Neque enim sepositus est animus et extrinsecus speculatur affectus, ut illos non patiatur ultra, quam oportet, procedere, sed in affectum ipse mutatur ideoque non potest utilem illam vim et salutarem proditam iam infirmatamque revocare. Non enim, ut dixi, separatas ista sedes suas diductasque habent, sed affectus et ratio in melius peiusque mutatio animi

sich besudelt, kann sie nicht mehr bändigen, was sie hätte austreiben können. Einmal erschüttert und aus der Bahn geworfen, ist der Geist dem untertan, was ihn straucheln ließ. Manches steht nur ganz zu Anfang in unserer Macht; später reißt es uns durch seine Dynamik mit sich fort und erlaubt uns keine Umkehr. Wie Menschen, sobald sie sich in einen Abgrund stürzen, keine Macht mehr über ihren Körper haben und seinen Fall weder aufhalten noch verlangsamen können, sondern jede Entscheidung und Sinnesänderung der unabänderliche Absturz verwehrt und sie auf jeden Fall da enden müssen, wo sie nicht hätten enden müssen, ebenso steht es der Seele, wenn sie sich dem Zorn, der Liebe und anderen Leidenschaften überlassen hat, nicht mehr frei, deren ungestümes Drängen zu hemmen. Schleunigst muß sie es erfüllen, müssen sie ihr eigener Schwung in die Tiefe reißen und die Laster, die ihre Natur dahin treibt.

8 Am besten ist es, die erste Regung des Zorns gleich zu unterdrücken, sich ihm schon beim Aufkeimen zu widersetzen und darauf bedacht zu sein, nicht in Wut zu geraten. Denn wenn er uns erst einmal aus der Bahn geworfen hat, ist der rettende Rückweg schwierig, weil keine Vernunft mehr ist, wo einmal die Leidenschaft Zugang fand und wir ihr willig irgendein Recht eingeräumt haben. Sie wird fortan soviel in Gang setzen, wie sie will, nicht, wieviel wir ihr gestatten. Unmittelbar an der Grenze, meine ich, muß man den Feind abwehren, denn wenn er erst einmarschiert und durch die Tore in die Stadt gedrungen ist, läßt er sich keine Vorschriften von Gefangenen machen. Es ist ja nicht so, daß die Seele entrückt wäre und aus der Distanz die Affekte beobachtete, um sie nicht weiter als recht ist vordringen zu lassen. Sie wird vielmehr selbst zum Affekt und kann daher ihre andere hilfreiche und heilsame Eigenschaft, sobald diese preisgegeben und zur Ohnmacht verurteilt ist, nicht wiedergewinnen. Denn, wie ich schon sagte, es gibt überhaupt keine räumliche Trennung zwischen beidem, sondern Affekt und Vernunft sind, zum Besseren oder Schlechteren hin, verschiedene Erscheinungsformen der Seele. Wie sollte also

est. Quomodo ergo ratio occupata et oppressa vitiis resurget, quae irae cessit? Aut quemadmodum ex confusione se liberabit, in qua peiorum mixtura praevaluit?

„Sed quidam", inquit, „in ira se continent." Utrum ergo ita, ut nihil faciant eorum, quae ira dictat, an ut aliquid? Si nihil faciunt, apparet non esse ad actiones rerum necessariam iram, quam vos, quasi fortius aliquid ratione haberet, advocabatis. Denique interrogo: Valentior est quam ratio an infirmior? Si valentior, quomodo illi modum ratio poterit imponere, cum parere nisi imbecilliora non soleant? Si infirmior est, sine hac per se ad rerum effectus sufficit ratio nec desiderat imbecillioris auxilium.

„At irati quidam constant sibi et se continent." Quando? Cum iam ira evanescit et sua sponte decedit, non cum in ipso fervore est; tunc enim potentior est. „Quid ergo? Non aliquando in ira quoque et dimittunt incolumes intactosque, quos oderunt, et a nocendo abstinent." Faciunt. Quando? Cum affectus repercussit affectum et aut metus aut cupiditas aliquid impetravit. Non rationis tunc beneficio quievit, sed affectuum infida et mala pace.

9 Deinde nihil habet in se utile nec acuit animum ad res bellicas. Numquam enim virtus vitio adiuvanda est se contenta. Quotiens impetu opus est, non irascitur, sed exsurgit et in quantum putavit opus esse concitatur remittiturque, non aliter quam quae tormentis exprimuntur tela in potestate mittentis sunt, in quantum torqueantur.

die Vernunft, überwältigt und niedergehalten von den Lastern, wieder zu Kräften kommen, wenn sie dem Zorn einmal nachgab? Oder wie soll sie sich aus einer Vereinigung lösen, worin der Anteil des Schlechteren überwiegt?

„Aber manche", sagt jemand, „beherrschen sich im Zorn." Also entweder so, daß sie nichts von dem tun, wozu sie der Zorn bestimmen will, oder doch irgend etwas? Tun sie nichts, dann ist der Zorn offensichtlich nicht nötig, um etwas in Gang zu setzen – und ihr wolltet ihn, als wäre er der Vernunft irgendworin überlegen, zu Hilfe rufen. Um es kurz zu machen, frage ich: Ist er stärker als die Vernunft oder schwächer? Wenn er stärker ist, wie kann ihm da die Vernunft ein Maß setzen, da sich doch in der Regel nur das Schwächere fügt? Wenn er aber schwächer ist, dann ist ohne ihn die Vernunft für sich allein stark genug, um etwas in Gang zu bringen, und bedarf nicht der Hilfe des Schwächeren.

„Aber manche Leute verlieren auch im Zorn nicht die Fassung und beherrschen sich." Wann? Wenn der Zorn schon verraucht und von selbst abflaut, nicht mitten in seiner größten Hitze; da ist er nämlich stärker. „Wieso? Lassen sie nicht gelegentlich sogar in der Wut Leute völlig ungeschoren, die sie hassen, und verzichten darauf, ihnen zu schaden?" Ja, aber wann? Wenn ein Affekt den anderen verdrängt und entweder Furcht oder Verlangen etwas bewirkt hat. Dann beruhigte sich der Zorn nicht dank einer vernünftigen Entscheidung, sondern wegen eines fragwürdigen, faulen Kompromisses der Affekte.

9 Außerdem hat der Zorn nichts Positives an sich und begeistert nicht zu Heldentaten. Denn nie bedarf die Tapferkeit der Hilfe eines Lasters, da sie sich selbst genügt. Wenn Ungestüm nötig ist, dann ergrimmt sie nicht, sondern erhebt sich, spornt sich so sehr, wie es ihr nötig scheint, und mindert die Anspannung auch wieder – es ist so ähnlich wie mit den Geschossen, die von Katapulten geschleudert werden: Auch hier hat es der Geschützmeister in der Hand, wie weit sie fliegen sollen.

„Ira", inquit Aristoteles, „necessaria est, nec quicquam sine illa expugnari potest, nisi illa implet animum et spiritum accendit; utendum autem illa est non ut duce, sed ut milite." Quod est falsum; nam si exaudit rationem sequiturque, qua ducitur, iam non est ira, cuius proprium est contumacia; si vero repugnat et non, ubi iussa est, quiescit, sed libidine ferociaque provehitur, tam inutilis animi minister est quam miles, qui signum receptui neglegit. Itaque si modum adhiberi sibi patitur, alio nomine appellanda est; desiit ira esse, quam effrenatam indomitamque intellego; si non patitur, perniciosa est nec inter auxilia numeranda. Ita aut ira non est aut inutilis est. Nam si quis poenam exigit non ipsius poenae avidus, sed quia oportet, non est adnumerandus iratis. Hic erit utilis miles, qui scit parere consilio; affectus quidem tam mali ministri quam duces sunt.

10   Ideo numquam assumet ratio in adiutorium improvidos et violentos impetus, apud quos nihil ipsa auctoritatis habeat, quos numquam comprimere possit, nisi pares illis similisque opposuerit ut irae metum, inertiae iram, timori cupiditatem. Absit hoc a virtute malum, ut umquam ratio ad vitia confugiat! Non potest hic animus fidele otium capere, quatiatur necesse est fluctueturque, qui malis suis tutus est, qui fortis esse, nisi irascitur, non potest, industrius, nisi cupit, quietus, nisi timet: in tyrannide illi vivendum est in alicuius affectus venienti servitutem. Non pudet virtutes in clientelam vitiorum demittere?

Deinde desinit quicquam posse ratio, si nihil potest sine affectu et incipit par illi similisque esse.

„Der Zorn", sagt Aristoteles, „ist nötig, und nichts kann ohne ihn durchgesetzt werden, wenn nicht er die Seele erfüllt und den Mut entzündet. Man darf ihn freilich nicht zum Führer, sondern nur zum Mitstreiter nehmen." Das ist falsch, denn wenn er auf die Stimme der Vernunft hört und dahin folgt, wohin sie ihn führt, dann ist er auch schon kein Zorn mehr, dessen Wesensmerkmal der Trotz ist. Wenn er sich aber sträubt und nicht gleich auf Geheiß sich beruhigt, sondern in wilder Lust weiterstürmt, dann ist er als Helfer der Seele so unbrauchbar wie ein Soldat, der nicht auf das Signal zum Rückzug achtet. Wenn er sich daher ein Maß setzen läßt, muß er anders benannt werden; er ist dann kein Zorn mehr, den ich als zügellos und unbändig kenne. Läßt er es nicht zu, ist er verderblich und darf nicht in die Truppe aufgenommen werden. So ist er entweder kein Zorn oder unnütz. Denn wenn jemand Strafe verlangt, ohne auf die Bestrafung als solche aus zu sein, sondern weil sie nötig ist, kann man ihn nicht zu den Zornigen zählen. Der ist ein guter Soldat, der sich dem Kriegsplan unterordnen kann. Affekte allerdings sind ebenso schlechte Helfer wie Führer.

10 Darum wird nie die Vernunft zu ihrer Unterstützung einsichtslose und gewalttätige Triebe herbeirufen, die sie selbst überhaupt nicht beeinflussen und nur dann niederhalten könnte, wenn sie ihnen gleiche oder ähnliche entgegenstellte, zum Beispiel dem Zorn die Angst, der Unlust den Zorn, der Furcht die Gier. Fern bleibe der Tugend dieser Fehler, daß je die Vernunft zu den Lastern ihre Zuflucht nähme! Unmöglich kann da die Seele beständige Ruhe finden: Notwendigerweise ist sie in ständiger Unruhe, wenn sie nur durch ihre Schwächen geschützt ist, wenn sie nur im Zorn tapfer sein kann, eifrig nur durch die Gier, untätig nur aus Angst. Unter einem Despoten muß sie leben, wenn sie sich zur Sklavin irgendeines Affektes macht. Ist es nicht eine Schande, die Tugenden unter den Schutz der Laster zu stellen?

Zudem endet sogleich jede Macht der Vernunft, wenn sie nichts ohne einen Affekt vermag und diesem mit der Zeit

Quid enim interest, si aeque affectus inconsulta res est sine ratione quam ratio sine affectu inefficax? Par utrumque est, ubi esse alterum sine altero non potest. Quis autem sustineat affectum exaequare rationi?

„Ita", inquit, „utilis affectus est, si modicus est." Immo si natura utilis est. Sed si impatiens imperii rationisque est, hoc dumtaxat moderatione consequetur, ut, quo minor fuerit, minus noceat: ergo modicus affectus nihil aliud quam malum modicum est.

11 „Sed adversus hostes", inquit, „necessaria est ira." Nusquam minus: ubi non effusos esse oportet impetus, sed temperatos et oboedientes. Quid enim est aliud, quod barbaros tanto robustiores corporibus, tanto patientiores laborum comminuat nisi ira infestissima sibi? Gladiatores quoque ars tuetur, ira denudat. Deinde, quid opus est ira, cum idem proficiat ratio? An tu putas venatorem irasci feris? Atqui et venientis excipit et fugientis persequitur, et omnia illa sine ira facit ratio.

Quid Cimbrorum Teutonorumque tot milia superfusa Alpibus ita sustulit, ut tantae cladis notitiam ad suos non nuntius, sed fama pertulerit, nisi quod erat illis ira pro virtute? Quae ut aliquando propulit stravitque obvia, ita saepius sibi exitio est. Germanis quid est animosius? Quid ad incursum acrius? Quid armorum cupidius, quibus innascuntur innutriunturque, quorum unica illis cura est in alia neglegentibus? Quid induratius ad omnem patientiam, ut quibus magna ex parte non tegimenta corporum provisa sint, non suffugia ad-

immer ähnlicher wird. Was wäre auch noch für ein Unterschied, wenn gleichermaßen die Vernunft ohne Affekt ohnmächtig wäre wie ein Affekt unüberlegt und ohne Vernunft. Gleich sind sich zwei Dinge, sobald das eine nicht ohne das andere sein kann. Wer aber brächte es über sich, den Affekt auf die gleiche Stufe zu stellen wie die Vernunft?

„Nur so", meint jemand, „ist ein Affekt von Nutzen, wenn er begrenzt bleibt." Nein, nur wenn er von Natur aus nützlich ist. Doch fügt er sich keinem vernünftigen Befehl, wird es mit ihm durch Mäßigung höchstens dahin kommen, daß er, je kleiner er ist, desto weniger schadet. Somit ist ein begrenzter Affekt nur ein begrenztes Übel.

11 „Doch gegen Feinde", meint einer, „ist der Zorn vonnöten." Nirgends weniger als da, wo Gemütsbewegungen nicht hemmungslos sein dürfen, sondern maßvoll und beherrscht. Was ist es denn sonst, was die Barbaren, die körperlich um so viel kräftiger und so viel ausdauernder sind, vernichtet, als der Zorn, der für sich selbst am gefährlichsten ist? Auch Gladiatoren schützt ihr Können, macht der Zorn verwundbar. Sodann, wozu bedarf es des Zorns, wenn die Vernunft dasselbe schafft? Meinst du etwa, ein Jäger sei zornig auf die wilden Tiere? Und trotzdem hält er ihrem Angriff stand und verfolgt sie, wenn sie fliehen, und all das führt ohne Zorn die Vernunft aus.

Was hat von den Kimbern und Teutonen so viele Tausende, die sich über die Alpen ergossen hatten, derart vollständig vernichtet, daß die Kunde von ihrer schweren Niederlage kein Bote zu den Ihren brachte, sondern nur das Gerücht? Doch nur der Umstand, daß bei ihnen blinde Wut als Tapferkeit galt! Jene hat zwar bisweilen das völlig überrumpelt, was sich ihr in den Weg stellte, doch häufiger ist sie ihr eigener Untergang. Was gibt es Mutigeres als die Germanen? Wer greift hitziger an, wer liebt das Waffenhandwerk mehr, zu dem sie geboren und aufgezogen werden, dem allein ihre Sorge gilt, während sie sich sonst um nichts kümmern? Wer ist gestählter, alles zu ertragen? Sie legen ja großenteils keinen Wert auf Kleidung und auf eine Zuflucht vor der in ihren

versus perpetuum caeli rigorem? Hos tamen Hispani Gallique et Asiae Syriaeque molles bello viri, antequam legio visatur, caedunt ob nullam aliam rem opportunos quam iracundiam. Agedum illis corporibus, illis animis delicias, luxum, opes ignorantibus da rationem, da disciplinam: ut nihil amplius dicam, necesse erit certe nobis mores Romanos repetere.

Quo alio Fabius affectas imperii vires recreavit, quam quod cunctari et trahere et morari sciit, quae omnia irati nesciunt? Perierat imperium, quod tunc in extremo stabat, si Fabius tantum ausus esset, quantum ira suadebat: habuit in consilio fortunam publicam et aestimatis viribus, ex quibus iam perire nihil sine universo poterat, dolorem ultionemque seposuit in unam utilitatem et occasiones intentus; iram ante vicit quam Hannibalem.

Quid Scipio? Non relicto Hannibale et Punico exercitu omnibusque, quibus irascendum erat, bellum in Africam transtulit tam lentus, ut opinionem luxuriae segnitiaeque malignis daret? Quid alter Scipio? Non circa Numantiam multum diuque sedit et hunc suum publicumque dolorem aequo animo tulit, diutius Numantiam quam Carthaginem vinci? Dum circumvallat et includit hostem, eo compulit, ut ferro ipsi suo caderent. Non est itaque utilis ne in proeliis quidem aut bellis ira; in temeritatem enim prona est et pericula, dum inferre vult, non cavet. Illa certissima est virtus, quae se diu multumque circumspexit et rexit et ex lento ac destinato provexit.

Breiten stets herrschenden Kälte! Trotzdem werden mit ihnen Spanier und Gallier und unkriegerische Kleinasiaten und Syrer fertig, ehe sich noch eine römische Legion zeigt, und der einzige Grund, weshalb sie leicht zu schlagen sind, ist ihr Jähzorn. Wohlan, gib diesen Riesen, diesen Helden, die von Ausschweifung, Luxus und Reichtum noch nichts wissen, Verstand, gib ihnen Disziplin! Um nichts weiter zu sagen: wir werden uns gewiß auf alte Römersitte besinnen müssen!

Wodurch sonst hat Quintus Fabius Maximus das angeschlagene Heer des römischen Reichs wieder auf die Beine gestellt, als dadurch, daß er sich aufs Zaudern und Verschleppen und Hinhalten verstand, was Zornige insgesamt nicht verstehen? Es wäre das Ende unserer Macht gewesen, die damals äußerst bedroht war, wenn Fabius soviel riskiert hätte, wie es ihm der Zorn einreden wollte. Er nahm Rücksicht auf die Lage des Staates und schätzte seine Streitmacht richtig ein, von der er nichts mehr verlieren durfte, ohne alles zu verlieren, hielt Groll und Rachsucht zurück und wartete nur auf seinen Vorteil und günstige Gelegenheiten. Erst bezwang er den Zorn, dann Hannibal.

Und Scipio? Ließ er nicht Hannibal und das karthagische Heer und alles, wogegen sich sein Zorn hätte richten müssen, in Italien und trug den Krieg nach Afrika hinüber, und zwar so behutsam, daß bei seinen Widersachern der Eindruck entstand, er sei ein träger Genußmensch? Und der andere Scipio? Lag er nicht mit einem großen Heer lange untätig vor Numantia und trug, was für ihn und den Staat schmerzlich war, mit Fassung, daß der Sieg über Numantia mehr Zeit kostete als der über Karthago? Während er ringsum Wälle aufwerfen ließ und die Feinde einschloß, brachte er es dahin, daß sie durch das eigene Schwert fielen. Es ist daher nicht einmal in Schlachten oder Kriegen der Zorn von Nutzen; er neigt nämlich zur Verwegenheit, und während er in Gefahr bringen will, sieht er sich selbst nicht vor. Das ist die erfolgversprechendste Form von Heldentum, wenn man sich erst lange und gründlich umblickt und ein klares Ziel steckt und ruhig und entschieden vorrückt.

12 „Quid ergo?" inquit, „Vir bonus non irascitur, si caedi patrem suum viderit, si rapi matrem?" Non irascetur, sed vindicabit, sed tuebitur. Quid autem times, ne parum magnus illi stimulus etiam sine ira pietas sit? Aut dic eodem modo: „Quid ergo? Cum videat secari patrem suum filiumve, vir bonus non flebit nec linquetur animo?" Quae accidere feminis videmus, quotiens illas levis periculi suspicio perculit. Officia sua vir bonus exsequetur inconfusus, intrepidus, et sic bono viro digna faciet, ut nihil faciat viro indignum.

Pater caedetur: defendam; caesus est: exsequar, quia oportet, non quia dolet.

Cum hoc dicis, Theophraste, quaeris invidiam praeceptis fortioribus et relicto iudice ad coronam venis: quia unusquisque in eiusmodi suorum casu irascitur, putas iudicaturos homines id fieri debere, quod faciunt; fere enim iustum quisque affectum iudicat, quem agnoscit.

„Irascuntur boni viri pro suorum iniuriis." Sed idem faciunt, si calda non bene praebetur, si vitreum fractum est, si calceus luto sparsus est. Non pietas illam iram, sed infirmitas movet, sicut pueris, qui tam parentibus amissis flebunt quam nucibus. Irasci pro suis non est pii animi, sed infirmi; illud pulcrum dignumque pro parentibus liberis, amicis, civibus prodire defensorem ipso officio ducente, volente iudicantem, providentem, non impulsum et rabidum.

12 „Wie nun?" gibt einer zu bedenken. „Wird ein guter Mensch nicht zornig, wenn er die Ermordung seines Vaters mit ansehen muß und die Entführung seiner Mutter?" Er wird nicht in Zorn geraten, wohl aber rächen, wohl aber beschützen. Wieso fürchtest du, für ihn sei ohne den Zorn die Elternliebe ein zu schwacher Ansporn? Oder stelle eine gleichartige Frage: „Wie nun? Wenn er sieht, wie man seinen Vater oder Sohn in Stücke haut, wird da ein guter Mensch nicht weinen oder die Besinnung verlieren?" Das kommt, wie wir wissen, bei Frauen vor, sooft sie auch nur die leise Ahnung einer Gefahr in Bestürzung versetzt. Ein tüchtiger Mann wird seine Pflicht tun, ohne sich verwirren zu lassen, ohne zu zittern, und wird in dem Maß tun, was einem guten Mann ansteht, daß er nichts tut, was einem Mann nicht anstünde.

Man will meinen Vater erschlagen: ich werde ihn schützen. Er ist tot; ich werde ihn rächen, weil es sich so gehört, nicht, weil ich Schmerz empfinde.

Wenn du so argumentierst, Theophrast, suchst du die konsequenteren Philosophen in Verruf zu bringen, läßt den Richter stehen und wendest dich an die Zuhörerschaft: Weil jeder einzelne bei einem solchen Schicksal seiner Angehörigen in Zorn gerät, glaubst du, die Leute würden dahingehend entscheiden, daß man das tun müsse, was sie tun. In der Regel hält man einen Affekt für gerecht, den man verständlich findet.

„Gute Menschen erzürnen über Unrecht an den Ihren." Doch die Leute tun dasselbe, wenn das Badewasser nicht warm genug eingelassen wird, wenn ein Glas zerbrochen, wenn ein Schuh schmutzbespritzt ist. Nicht Pflichtgefühl löst darüber Zorn aus, sondern Unbeherrschtheit, wie bei Kindern, die gleichermaßen weinen, ob sie nun ihre Eltern oder Nüsse verloren haben. Wegen der Angehörigen in Zorn zu geraten, zeugt nicht von Nächstenliebe, sondern von Schwäche. Das ist schön und ehrenwert, für Eltern, Kinder, Freunde und Mitbürger als Beschützer aufzutreten, weil die Pflicht dazu treibt und es gebietet, und zwar urteilsfähig und vorausschauend, nicht verstört und rasend.

Nullus enim affectus vindicandi cupidior est quam ira et ob id ipsum ad vindicandum inhabilis: praerapida et amens, ut omnis fere cupiditas, ipsa sibi in id, in quod properat, opponitur. Itaque nec in pace nec in bello umquam bono fuit; pacem enim similem belli efficit, in armis vero obliviscitur Martem esse communem venitque in alienam potestatem, dum in sua non est.

Deinde non ideo vitia in usum recipienda sunt, quia aliquando aliquid effecerunt; nam et febres quaedam genera valetudinis levant, nec ideo non ex toto illis caruisse melius est: abominandum remedii genus est sanitatem debere morbo. Simili modo ira, etiam si aliquando ut venenum et praecipitatio et naufragium ex inopinato profuit, non ideo salutaris iudicanda est: saepe enim saluti fuere pestifera.

13 Deinde, quae habenda sunt, quo maiora, eo meliora et optabiliora sunt. Si iustitia bonum est, nemo dicet meliorem futuram, si quid detractum ex ea fuerit; si fortitudo bonum est, nemo illam desiderabit ex aliqua parte deminui; ergo et ira, quo maior, hoc melior; quis enim ullius boni accessionem recusaverit? Atqui augeri illam inutile est; ergo et esse; non est bonum, quod incremento malum fit.

„Utilis", „inquit, „ira est, quia pugnaciores facit." Isto modo et ebrietas: facit enim protervos et audaces multique meliores ad ferrum fuere male sobrii; isto modo dic et phrenesin atque insaniam viribus necessariam, quia saepe validiores furor reddit.

Quid? Non aliquotiens metus ex contrario fecit audacem et mortis timor etiam inertissimos exci-

Kein Affekt verlangt nämlich mehr nach Strafe als der Zorn, und gerade deshalb ist er unfähig zu strafen: hitzig und unbeherrscht, wie fast jede Leidenschaft, ist er sich selbst im Weg bei dem, was er schleunigst erreichen will. Daher führte er weder im Krieg noch im Frieden je zu etwas Gutem. Den Frieden macht er zu einer Art Kriegszustand, doch unter Waffen vergißt er, daß das Kriegsglück jedem lächeln kann, und fällt in Feindeshand, weil er sich nicht in der Hand hat.

Ferner sollte man sich nicht deshalb schlechte Eigenschaften zunutze machen wollen, weil sie irgendwann etwas Gutes wirkten. Auch Fieberschauer fördern die Heilung bestimmter Krankheiten, und dennoch ist es besser, überhaupt nie Fieber gehabt zu haben. Man sollte die Art Heilung sich nicht wünschen, daß man seine Gesundheit einer Krankheit verdankt. In ähnlicher Weise darf man den Zorn, auch wenn er irgendwann wie ein Gift, ein Sturz, ein Schiffbruch wider Erwarten von Vorteil war, nicht für heilsam halten, denn oft kam Heil vom Schädlichen.

13 Außerdem sind die besitzenswerten Güter, je größer sie sind, desto besser und erwünschter. Wenn Gerechtigkeit ein Gut ist, wird niemand sagen, sie werde ein noch größeres, wenn man ihr irgend etwas nehme. Wenn Tapferkeit ein Gut ist, wird niemand verlangen, daß sie in irgendeiner Hinsicht schwächer wird. Also ist auch der Zorn, je größer er ist, desto besser. Wer wird die Zugabe von etwas Gutem zurückweisen? Doch eine Zunahme des Zorns wäre schädlich – demnach also auch sein Vorhandensein; denn das ist kein Gut, das sich zum Übel auswachsen kann.

„Nützlich ist der Zorn", meint einer, „weil er kampfbereiter macht." So auch die Trunkenheit: sie macht ja frech und verwegen, und viele haben schon besser das Schwert geführt, als sie nicht mehr nüchtern waren. Demnach sage nur auch, Wahnsinn und Raserei seien notwendig für die Truppe, weil ja oft Verrücktheit stärker macht.

Sag', hat nicht auf der anderen Seite schon öfter Furcht wagemutig gemacht und Todesangst sogar die größten

tavit in proelium? Sed ira, ebrietas, metus aliaque eiusmodi foeda et caduca irritamenta sunt nec virtutem instruunt, quae nihil vitiis eget, sed segnem alioqui animum et ignavum paulum allevant.

Nemo irascendo fit fortior, nisi qui fortis sine ira non fuisset. Ita non in adiutorium virtutis venit, sed in vicem. Quid quod, si bonum esset ira, perfectissimum quemque sequeretur? Atqui iracundissimi infantes senesque et aegri sunt, et invalidum omne natura querulum est.

14 „Non potest", inquit, „fieri" Theophrastus „ut non vir bonus irascatur malis." Isto modo, quo melior quisque, hoc iracundior erit: vide, ne contra placidior solutusque affectibus et, cui nemo odio sit. Peccantis vero, quid habet, cur oderit, cum error illos in eiusmodi delicta compellat? Non est autem prudentis errantis odisse, alioqui ipse sibi odio erit. Cogitet, quam multa contra bonum morem faciat, quam multa ex is, quae egit, veniam desiderent; iam irascetur etiam sibi. Neque enim aequus iudex aliam de sua, aliam de aliena causa sententiam fert. Nemo, inquam, invenietur, qui se possit absolvere, et innocentem quisque se dicit respiciens testem, non conscientiam. Quanto humanius mitem et patrium animum praestare peccantibus et illos non persequi, sed revocare! Errantem per agros ignorantia viae melius est ad affectatum iter admovere quam expellere.

15 Corrigendus est itaque, qui peccat, et admonitione et vi, et molliter et aspere, meliorque tam sibi quam aliis faciendus non sine castigatione, sed sine ira; quis enim, cui medetur, irascitur?

Tröpfe in den Kampf getrieben? Aber Zorn, Trunkenheit, Furcht und anderes dergleichen sind abstoßende und unzuverlässige Reizmittel und erhöhen nicht die Tapferkeit, die nicht auf Laster angewiesen ist, sondern geben einem sonst trägen Herzen und einem feigen etwas Schwung.

Niemand wird dadurch, daß er zornig ist, tapferer als einer, der ohne Zorn nicht tapfer gewesen wäre. So kommt der Zorn der Tapferkeit nicht zu Hilfe, sondern tritt an ihre Stelle. Und außerdem: Wäre der Zorn ein Gut, dann würde er sich gerade bei den Vollkommensten einstellen. Doch, ganz im Gegenteil, am jähzornigsten sind kleine Kinder und Greise und Kranke: alles Schwache neigt seinem Wesen nach zum Lamentieren.

14 „Unmöglich ist es", sagt Theophrast, „daß ein guter Mensch nicht ergrimmte über Böse." So wird ein jeder, je besser er ist, desto aufbrausender sein. Gib acht, daß er nicht im Gegenteil sanftmütiger und leidenschaftslos und ein Mensch ist, der niemanden haßt. Die Sünder aber, warum sollte er die hassen, da sie ihr Irrtum in solche Schuld verstrickt? Es gehört sich nicht für einen Verständigen, die zu hassen, die in die Irre gehen. Andernfalls müßte er sich selbst hassen. Er sollte daran denken, wie vielfach er etwas gegen die gute Sitte tut, wie viele von seinen Taten Nachsicht erfordern. Gleich wird er auf sich selber wütend. Denn ein gerechter Richter wird nicht anders in eigener Sache, anders in fremder entscheiden. Niemand, behaupte ich, wird sich finden, der sich selbst lossprechen könnte, und seine Unschuld beteuert ein jeder, weil er an einen Mitwisser denkt, nicht an sein Gewissen. Wieviel menschlicher ist es, gütig und wie ein Vater den Sündern zu begegnen und sie nicht zu verfolgen, sondern zurückzurufen. Einen, der durch die Felder irrt, weil er den Weg nicht kennt, den sollte man besser auf die gesuchte Straße bringen als forttreiben.

15 Zurechtweisen muß man also den Sünder, durch Mahnung und mit Gewalt, sowohl sanft als auch energisch, und ihn bessern, ihm selbst ebenso wie anderen zum Nutzen, nicht ohne Strafmaßnahmen, aber ohne Zorn. Wer ist dem böse, den er heilen will?

„At corrigi nequeunt nihilque in illis lene aut spei bonae capax est." Tollantur e coetu mortalium facturi peiora, quae contingunt, et quo uno modo possunt, desinant mali esse, sed hoc sine odio. Quid enim est, cur oderim, cui tum maxime prosum, cum illum sibi eripio? Num quis membra sua tunc odit, cum abscidit? Non est illa ira, sed misera curatio. Rabidos effligimus canes et trucem atque immansuetum bovem occidimus et morbidis pecoribus, ne gregem polluant, ferrum demittimus; portentosos fetus exstinguimus, liberos quoque, si debiles monstrosique editi sunt, mergimus; nec ira, sed ratio est a sanis inutilia secernere.

Nihil minus quam irasci punientem decet, cum eo magis ad emendationem poena proficiat, si iudicio lata est. Inde est, quod Socrates servo ait: „Caederem te, nisi irascerer." Admonitionem servi in tempus sanius distulit, illo tempore se admonuit. Cuius erit tam temperatus affectus, cum Socrates non sit ausus se irae committere?

16 Ergo ad coercitionem errantium sceleratorumque irato castigatore non opus est; nam cum ira delictum animi sit, non oportet peccata corrigere peccantem. „Quid ergo? Non irascar latroni? Quid ergo? Non irascar venefico?" Non; neque enim mihi irascor, cum sanguinem mitto. Omne poenae genus remedii loco admoveo. „Tu adhuc in prima parte versaris errorum nec graviter laberis, sed frequenter: obiurgatio te primum secreta, deinde publicata emendare temptabit; tu longius

„Aber solche Leute sind unverbesserlich, und nichts an ihnen ist sanft oder läßt etwas Gutes erhoffen." Beseitigen soll man sie aus der menschlichen Gemeinschaft, wenn sie verderben, womit sie in Berührung kommen, und auf die bei ihnen einzig mögliche Weise soll ihrer Schlechtigkeit ein Ende gemacht werden, jedoch ohne Haß. Wieso sollte ich jemanden hassen, dem ich dann am meisten nütze, wenn ich ihn von sich selbst befreie? Haßt etwa jemand seine Glieder, wenn er sie abschneiden läßt? Das ist nicht Zorn, sondern eine schmerzhafte ärztliche Maßnahme. Tollwütige Hunde erschlagen wir, einen wilden und unbändigen Stier schlachten wir, und kranke Schafe stechen wir ab, damit sie nicht die Herde anstecken. Mißgeburten töten wir, und sogar Kinder, wenn sie behindert und verwachsen zur Welt kamen, ertränken wir, und es ist nicht eine Äußerung des Zorns, sondern der Vernunft, vom Gesunden das Unnütze zu scheiden.

Nichts steht einem, der straft, weniger an als Zorn, da die Strafe desto mehr zur Besserung beiträgt, wenn sie mit Augenmaß festgesetzt wurde. Daher wird verständlich, was Sokrates seinem Sklaven sagte: „Ich würde dich verprügeln, wenn ich nicht wütend wäre!" Die Züchtigung des Sklaven verschob er auf einen geeigneteren Zeitpunkt; zunächst nahm er sich selbst in die Zucht. Wessen Zornesregung wird besonnen sein, wenn ein Sokrates es nicht wagte, sich seinem Zorn zu überlassen?

16 Somit ist zur Bestrafung von Verfehlungen und Verbrechen ein zorniger Zuchtmeister unnötig, denn da der Zorn eine Verfehlung der Seele ist, wäre es unangebracht, wenn Irrtümer ein Irrender beheben wollte. „Wie denn? Darf ich auf einen Räuber nicht wütend sein? Und weiter: Darf ich auf einen Giftmischer nicht wütend sein?" Nein; ich bin ja auch auf mich nicht wütend, wenn ich einen Aderlaß vornehme. Jegliche Form der Strafe wende ich als Heilmittel an, etwa so: „Du befindest dich noch im Vorfeld des Irrtums und strauchelst nicht erheblich, sondern oft. Tadel, erst insgeheim, dann in aller Öffentlichkeit, soll dich zu bes-

iam processisti, quam ut possis verbis sanari: ignominia contineberis; tibi fortius aliquid et, quod sentias, inurendum est: in exsilium et loca ignota mitteris; in te duriora remedia iam solida nequitia desiderat: et vincula publica et carcer adhibetur; tibi insanabilis animus et sceleribus scelera contexens, et iam non causis, quae numquam malo defuturae sunt, impelleris, sed satis tibi est magna ad peccandum causa peccare, perbibisti nequitiam et ita visceribus immiscuisti, ut nisi cum ipsis exire non possit; olim miser mori quaeris: bene de te merebimur, auferemus tibi istam, qua vexas, vexaris, insaniam et per tua alienaque volutato supplicia id, quod unum tibi bonum superest, repraesentabimus, mortem." Quare irascar, cui cum maxime prosum? Interim optimum misericordiae genus est occidere.

Si intrassem valetudinarium exercitatus et sciens aut domus divitis, non idem imperassem omnibus per diversa aegrotantibus; varia in tot animis vitia video et civitati curandae adhibitus sum, pro cuiusque morbo medicina quaeratur: hunc sanet verecundia, hunc peregrinatio, hunc dolor, hunc egestas, hunc ferrum.

Itaque et, si perversa induenda magistratui vestis et convocanda classico contio est, procedam in tribunal non furens nec infestus, sed vultu legis et illa sollemnia verba leni magis gravique quam rabida voce concipiam et agi iubebo non iratus, sed severus.

sern suchen. – *Du* aber hast dich schon zu weit vorgewagt, als daß man dich durch Worte zur Vernunft bringen könnte. Ehrverlust wird dir deine Grenzen zeigen. – *Du* brauchst eine kräftigere und schmerzlichere Brandmarkung: Man wird dich in die Verbannung und an Orte schicken, die keiner kennt. – Bei *dir* erfordert die schon verfestigte Schlechtigkeit noch härtere Mittel: Ketten und Kerkerhaft werden dir auferlegt. – *Du* bist ein unheilbarer Fall und reihst Verbrechen an Verbrechen, und es sind schon nicht mehr Motive, um die ein Schurke nie verlegen sein wird, die dich treiben, sondern ein hinreichendes Motiv zur bösen Tat ist es dir, Böses tun zu können. Du hast die Schlechtigkeit ganz in dich eingesogen und so tief in dein Herz aufgenommen, daß sie dich nur mit deinem Blut verlassen kann. Schon längst verlangst du Beklagenswerter zu sterben; wir werden dir etwas Gutes tun und dich von dem befreien, womit du andere plagst und dich abplagst, deinem Wahnsinn; durch eigene und fremde Qual bist du gegangen; nur ein Gut bleibt dir noch, das werden wir dir auf der Stelle geben: den Tod!" Warum sollte ich jemandem gerade dann zürnen, wenn ich ihm nütze? Manchmal ist es die beste Art von Mitleid, zu töten.

Käme ich in ein Lazarett und hätte die entsprechende Ausbildung und Kenntnisse, oder auch in das Haus eines Reichen, ich würde nicht allen dasselbe verordnen bei verschiedenen Krankheiten. Vielgestaltig sind, wie ich sehe, bei so vielen Menschen die Leiden, und ich bin angestellt, um die ganze Stadt zu betreuen. So muß ich für die Krankheit eines jeden ein Mittel suchen. Den heile Zartgefühl, den ein Ortswechsel, den der Schmerz, den Armut, den das Messer.

Und wenn ich töricht genug wäre, das Gewand eines Beamten anzulegen, und mit Trompetengeschmetter die Volksversammlung einberufen müßte, träte ich wohl nicht wütend und feindselig vor meinen Richterstuhl, sondern mit Amtsmiene und spräche jene feierlichen Worte eher mit verhaltener und bedrückter Stimme als grimmig und gäbe nicht erzürnt den Todesbefehl, sondern ernst.

Et cum cervicem noxio imperabo praecidi et cum parricidas insuam culleo et cum mittam in supplicium militare et cum Tarpeio proditorem hostemve publicum imponam, sine ira eo vultu animoque ero, quo serpentes et animalia venenata percutio.

„Iracundia opus est ad puniendum." Quid? Tibi lex videtur irasci iis, quos non novit, quos non vidit, quos non futuros sperat? Illius itaque sumendus est animus, quae non irascitur, sed constituit.

Nam si bono viro ob mala facinora irasci convenit, et ob secundas res malorum hominum invidere conveniet. Quid enim est indignius, quam florere quosdam et eos indulgentia fortunae abuti, quibus nulla potest satis mala inveniri fortuna? Sed tam commoda illorum sine invidia videbit quam scelera sine ira; bonus iudex damnat improbanda, non odit.

„Quid ergo? Non, cum eiusmodi aliquid sapiens habebit in manibus, tangetur animus eius eritque solito commotior?" Fateor: sentiet levem quemdam tenuemque motum; nam, ut dicit Zenon, in sapientis quoque animo, etiam cum vulnus sanatum est, cicatrix manet. Sentiet itaque suspiciones quasdam et umbras affectuum, ipsis quidem carebit.

17 Aristoteles ait affectus quosdam, si quis illis bene utatur, pro armis esse. Quod verum foret, si velut bellica instrumenta sumi deponique possent induentis arbitrio. Haec arma, quae Aristoteles virtuti dat, ipsa per se pugnant, non exspectant manum et habent, non habentur. Nihil aliis instrumentis opus est, satis nos instruxit ratione natura. Hoc dedit telum firmum, perpetuum, obse-

Und wenn ich einem Übeltäter den Kopf abschlagen und Vatermörder in den Ledersack einnähen und Soldaten niederknüppeln lasse und einen Verräter oder Staatsfeind auf den Tarpeischen Felsen stelle, werde ich ohne Zorn ebenso blicken und empfinden, wie wenn ich Schlangen und giftiges Getier erschlage.

„Zornesregung ist nötig, um strafen zu können." Weswegen? Meinst du, das Gesetz zürne denen, die es gar nicht kennt, die es nie sah, die hoffentlich nie leben werden? Seine Haltung sollte man sich daher zulegen, die nicht zornig ist, sondern festsetzt.

Und weiter: Wenn es einem guten Menschen ansteht, wegen Übeltaten in Wut zu geraten, dann steht es ihm auch an, schlechte Menschen um ihr Glück zu beneiden. Was ist nämlich empörender, als wenn bestimmte Leute obenauf sind und sich in Übermaß der Gunst des Schicksals erfreuen, für die sich gar kein genügend böses Geschick ausdenken läßt? Dennoch wird der Gute deren Erfolge ebenso ohne Neid ansehen wie ihre Verbrechen ohne Zorn. Ein guter Richter verurteilt Verwerfliches; er haßt nicht.

„Nun denn: Wird der Weise, wenn er mit dergleichen befaßt ist, nicht davon seelisch berührt und stärker als sonst erregt sein?" Ich gebe es zu: Er verspürt gewissermaßen eine leichte und kaum merkliche Unruhe, denn auch in der Seele des Weisen bleibt, wie Zenon sagt, wenn eine Wunde verheilt ist, eine Narbe zurück. Er wird somit nur ahnungsweise den Schatten der Affekte wahrnehmen, von ihnen selbst aber verschont bleiben.

17 Aristoteles behauptet, bestimmte Affekte könnten, wenn man sie wohl zu nützen wisse, als Schutzschild dienen. Das wäre zutreffend, wenn man sie, wie im Krieg die Ausrüstung, nach Belieben nehmen und fortlegen könnte. Aber die Waffen, die Aristoteles der Tugend gibt, kämpfen von selbst, warten nicht, bis man nach ihnen greift: sie beherrschen, man beherrscht sie nicht. Keinesfalls bedürfen wir anderer Ausrüstung; hinreichend hat uns die Natur mit der Vernunft gerüstet. Die gab sie uns als starken, dauerhaften, gefügigen

quens, nec anceps nec quod in dominum remitti posset. Non ad providendum tantum, sed ad res gerendas satis est per se ipsa ratio; etenim quid est stultius, quam hanc ab iracundia petere praesidium, rem stabilem ab incerta, fidelem ab infida, sanam ab aegra? Quid quod ad actiones quoque, in quibus solis opera iracundiae videtur necessaria, multo per se ratio fortior est? Nam cum iudicavit aliquid faciendum, in eo perseverat; nihil enim melius inventura est se ipsa, quo mutetur: ideo stat semel constitutis.

Iram saepe misericordia retro egit; habet enim non solidum robur, sed vanum tumorem, violentisque principiis utitur, non aliter, quam qui a terra venti surgunt et fluminibus paludibusque concepti sine pertinacia vehementes sunt: incipit magno impetu, deinde defecit ante tempus fatigata et, quae nihil aliud quam crudelitatem ac nova genera poenarum versaverat, cum animadvertendum est, iam fracta lenisque est. Affectus cito cadit, aequalis est ratio.

Ceterum etiam, ubi perseveravit ira, nonnumquam, si plures sunt, qui perire meruerunt, post duorum triumve sanguinem occidere desinit. Primi eius ictus acres sunt: sic serpentium venena a cubili erepentium nocent, innoxii dentes sunt, cum illos frequens morsus exhausit. Ergo non paria patiuntur, qui paria commiserant, et saepe, qui minus commisit, plus patitur, quia recentiori obiectus est.

Et in totum inaequalis est: modo ultra, quam oportet, excurrit, modo citerius debito resistit; sibi enim indulget et ex libidine iudicat et audire non vult et patrocinio non relinquit locum et ea

Speer, der uns nicht gefährdet und sich nicht gegen seinen Besitzer schleudern läßt. Nicht nur zum Planen, sondern auch zum Vollbringen reicht ganz allein die Vernunft. Was wäre denn auch törichter, als wenn diese vom Jähzorn Schutz verlangte, etwas Beständiges vom Unbeständigen, Verläßliches vom Unzuverlässigen, Gesundes vom Kranken? Und weiter: Auch beim Vollbringen von Taten, wo allein die Hilfe des Zorns vonnöten zu sein scheint, ist die Vernunft, auf sich selbst gestellt, viel energischer. Denn wenn sie sich zu irgendeiner Handlung entschlossen hat, bleibt sie dabei. Sie wird ja nichts Besseres finden als sich selbst, was sie umstimmen könnte; also bleibt sie bei ihrem Entschluß.

Den Zorn hat schon oft Mitleid unterdrückt; er ist nicht stets gleich stark, sondern braust grundlos auf und ist am Anfang ungestüm, gleich Wirbelstürmen, die über festem Land entstehen, sich in Flüssen und Sümpfen verlieren und nur kurzzeitig wüten. Er bricht aus mit großem Ungestüm, dann flaut er ab, vorzeitig ermattet, und obschon er nur Grausamkeit und unerhörte Strafen im Sinn gehabt hatte, ist er, wenn es an die Bestrafung geht, schon erloschen und besänftigt. Ein Affekt schwindet rasch, gleich bleibt sich die Vernunft.

Übrigens läßt manchmal der Zorn auch, wo er sich länger hielt, falls mehrere Personen den Tod verdient hatten, nach dem blutigen Ende von zweien oder dreien vom Morden ab. Seine ersten Schläge sind heftig; so ist das Gift der Schlangen verderblich, wenn sie aus ihrem Nest kriechen; ungefährlich sind ihre Zähne, sobald sie häufiges Zubeißen erschöpft hat. So erleiden die nicht Gleiches, die Gleiches verbrachen, und oft muß der, der weniger verbrach, mehr leiden, weil er an einen eben erst Ergrimmten geriet.

Der Zorn ist, aufs Ganze gesehen, unausgeglichen: Bald überschreitet er das gebotene Maß, bald bleibt er hinter dem zurück, was nötig wäre; er überläßt sich nämlich sich selber und urteilt nach Belieben und will nicht hören und gibt der Verteidigung nicht Raum und hält das fest, was er an sich

tenet, quae invasit, et eripi sibi iudicium suum, etiam si pravum est, non sinit.

18 Ratio utrique parti tempus dat; deinde advocationem et sibi petit, ut excutiendae veritati spatium habeat: ira festinat. Ratio id iudicare vult, quod aequum est: ira id aequum videri vult, quod iudicavit. Ratio nihil praeter ipsum, de quo agitur, spectat: ira vanis et extra causam obversantibus commovetur. Vultus illam securior, vox clarior, sermo liberior, cultus delicatior, advocatio ambitiosior, favor popularis exasperant; saepe infesta patrono reum damnat; etiam si ingeritur oculis veritas, amat et tuetur errorem; coargui non vult et in male coeptis honestior illi pertinacia videtur quam paenitentia. Cn. Piso fuit memoria nostra vir a multis vitiis integer, sed pravus et, cui placebat pro constantia rigor. Is cum iratus duci iussisset eum, qui ex commeatu sine commilitone redierat, quasi interfecisset, quem non exhibebat, roganti tempus aliquod ad conquirendum non dedit. Damnatus extra vallum productus est et iam cervicem porrigebat, cum subito apparuit ille commilito, qui occisus videbatur. Tunc centurio supplicio praepositus condere gladium speculatorem iubet, damnatum ad Pisonem reducit redditurus Pisoni innocentiam: nam militi fortuna reddiderat. Ingenti concursu deducuntur complexi alter alterum cum magno gaudio castrorum commilitones. Conscendit tribunal furens Piso ac iubet duci utrumque, et eum militem, qui non occiderat, et eum, qui non perierat. Quid hoc indignius? Quia

gerissen hat, und läßt nicht zu, daß sein Urteil aufgehoben wird, auch wenn es verfehlt ist.

18 Die Vernunft widmet beiden Parteien ihre Zeit. Dann holt sie auch sich selbst sachkundigen Rat, um in Ruhe die Wahrheit herauszufinden. Der Zorn übereilt sich. Die Vernunft will ein gerechtes Urteil fällen. Der Zorn will, daß sein Urteil als gerecht erscheint. Die Vernunft sieht nur auf das, worum es geht. Der Zorn erregt sich über Unwesentliches und dem Fall Fernliegendes. Eine zu sichere Miene, eine hellere Stimme, eine zu offene Sprache, vornehmere Kleidung, zu eifrige Anwälte und die Sympathie der Menge erbittern ihn: oft verurteilt er aus Ärger über den Verteidiger den Angeklagten. Selbst wenn man ihm die Wahrheit vor Augen hält, sympathisiert er mit dem Irrtum und tritt für ihn ein; er will sich nicht Lügen strafen lassen und hält bei dem, was er schlecht angefangen hat, Durchstehen für ehrenhafter als Bereuen. Gnaeus Piso war zu meiner Zeit ein in vielem tadelloser Mann, jedoch verschroben und ein Mensch, dem Starrsinn als lobenswerte Festigkeit erschien. Als dieser voll Zorn einen Soldaten zum Tode verurteilt hatte, der aus dem Urlaub ohne seinen Kameraden zurückgekommen war, gleich als habe er den umgebracht, den er nicht vorweisen konnte, gewährte er ihm trotz seiner Bitten keine Frist für Erkundigungen. Der Verurteilte wurde vor die Verschanzung geführt und hielt schon den Nacken hin, als auf einmal jener Kamerad auftauchte, der vermeintlich ermordet war. Da ließ der Zenturio, der bei der Hinrichtung das Kommando hatte, den Henker sein Schwert in die Scheide stecken und brachte den Verurteilten vor Piso, um diesem seine Schuldlosigkeit zurückzugeben – denn dem Soldaten hatte sie das Glück wiedergeschenkt. Inmitten einer gewaltigen Menschenmenge führt man die beiden Kameraden, eng umschlungen, vor, unter großer Begeisterung des Lagers. Da steigt zu seinem Richterstuhl in rasender Wut Piso empor und befiehlt, beide zum Tode zu führen, sowohl den Soldaten, der kein Mörder war, und jenen, der nicht umgekommen war. Was hätten sie weniger verdient? Weil einer sich

unus innocens apparuerat, duo peribant. Piso adiecit et tertium. Nam ipsum centurionem, qui damnatum reduxerat, duci iussit. Constituti sunt in eodem illo loco perituri tres ob unius innocentiam. O quam sollers est iracundia ad fingendas causas furoris! „Te", inquit, „duci iubeo, quia damnatus es; te, quia causa damnationis commilitoni fuisti; te, quia iussus occidere imperatori non paruisti." Excogitavit, quemadmodum tria crimina faceret, quia nullum invenerat.

19 Habet, inquam, iracundia hoc mali: non vult regi; irascitur veritati ipsi, si contra voluntatem suam apparuit; cum clamore et tumultu et totius corporis iactatione, quos destinavit, insequitur adiectis conviciis maledictisque. Hoc non facit ratio, sed si ita opus est, silens quietaque totas domus funditus tollit et familias rei publicae pestilentes cum coniugibus ac liberis perdit, tecta ipsa diruit et solo exaequat et inimica libertati nomina exstirpat: hoc non frendens nec caput quassans nec quicquam indecorum iudici faciens, cuius tum maxime placidus esse debet et in statu vultus, cum magna pronuntiat.

„Quid opus est", inquit Hieronymus, „cum velis caedere aliquem, tua prius labra mordere?" Quid si ille vidisset desilientem de tribunali proconsulem et fasces lictori auferentem et suamet vestimenta scindentem, quia tardius scindebantur aliena? Quid opus est mensam evertere? Quid pocula affligere? Quid se in columnas impingere? Quid capillos avellere, femur pectusque percutere? Quantam iram putas, quae, quia in alium non tam cito quam vult erumpit, in se revertitur? Te-

als unschuldig erwiesen hatte, mußten zwei das Leben lassen. Und Piso fand dazu noch einen dritten: Denn sogar den Zenturio, der den Verurteilten zurückgebracht hatte, ließ er abführen. So mußten an der gleichen Stelle drei Todgeweihte antreten – nur wegen der Unschuld eines einzigen. Ach, wie erfindungsreich ist der Jähzorn, um Gründe für sein Rasen auszudenken! „Dich", sprach Piso, „lasse ich hinrichten, weil du verurteilt bist; dich, weil deinetwegen dein Kamerad verurteilt wurde; dich, weil du trotz des Hinrichtungsbefehls deinem General nicht gehorcht hast." So hatte er sich drei Verbrechen ausgedacht, weil er keines gefunden hatte.

19 Der Jähzorn, sagte ich, hat diesen Fehler: Er will sich nicht zurechtweisen lassen, und er ist selbst auf die Wahrheit wütend, wenn sie gegen seinen Willen ans Licht kommt. Unter Gebrüll und Erregung, zitternd am ganzen Leib, geht er auf seine Opfer los und überhäuft sie dazu noch mit Schimpf und Schande. Dergleichen tut die Vernunft nicht, sondern wenn eine solche Maßnahme nötig ist, beseitigt sie in aller Stille ganze Familien und vertilgt Geschlechter, die dem Staat gefährlich sind, mit Weib und Kind, reißt selbst die Häuser ein, macht sie dem Erdboden gleich und löscht die Namen aus, die die Freiheit bedrohen. Dabei knirscht sie nicht mit den Zähnen, schüttelt nicht entrüstet das Haupt und tut nichts, was einem Richter nicht anstünde, dessen Miene dann besonders sanft und beherrscht sein muß, wenn er Großes verkündet.

„Was bringt es", fragt Hieronymus, „wenn du jemanden hinrichten lassen willst, dich vorher in die Lippen zu beißen?" Was hätte er wohl gesagt, hätte er gesehen, wie ein Prokonsul vom Richterstuhl aufsprang und dem Liktor die Rutenbündel entriß und sein eigenes Gewand zerfetzte, weil es einem anderen zu langsam vom Leib gerissen wurde? Was hilft es, den Tisch umzuwerfen? Was, Becher auf den Boden zu schmettern? Was, den Kopf gegen Säulen zu schlagen? Was Haarausreißen und Schläge gegen Oberschenkel und Brust? Wie groß muß wohl der Zorn sein, der, da er sich an einem anderen nicht rasch genug austoben kann, sich gegen

nentur itaque a proximis et rogantur, ut sibi ipsi placentur.

Quorum nihil facit, quisquis vacuus ira meritam cuique poenam iniungit. Dimittit saepe eum, cuius peccatum deprendit; si paenitentia facti spem bonam pollicetur, si intellegit non ex alto venire nequitiam, sed summo, quod aiunt, animo inhaerere, dabit impunitatem nec accipientibus nocituram nec dantibus; nonnumquam magna scelera levius quam minora compescet, si illa lapsu, non crudelitate commissa sunt, his inest latens et operta et inveterata calliditas; idem delictum in duobus non eodem malo afficiet, si alter per neglegentiam admisit, alter curavit, ut nocens esset. Hoc semper in omni animadversione servabit, ut sciat alteram adhiberi, ut emendet malos, alteram, ut tollat; in utroque non praeterita, sed futura intuebitur, nam, ut Plato ait: „Nemo prudens punit, quia peccatum est, sed ne peccetur; revocari enim praeterita non possunt, futura prohibentur."

Et quos volet nequitiae male cedentis exempla fieri, palam occidet, non tantum, ut pereant ipsi, sed ut alios pereundo deterreant. Haec cui expendenda aestimandaque sunt, vides, quam debeat omni perturbatione liber accedere ad rem summa diligentia tractandam, potestatem vitae necisque; male irato ferrum committitur.

20 Ne illud quidem iudicandum est aliquid iram ad magnitudinem animi conferre; non est enim illa magnitudo: tumor est; nec corporibus copia vitiosi umoris intentis morbus incrementum est, sed pestilens abundantia. Omnes, quos vecors animus

sich selbst wendet? Daher müssen solche Leute von ihren Angehörigen zurückgehalten und gebeten werden, sie sollten wieder mit sich selbst ins reine kommen.

Nichts von dem allen tut, wer ohne Zorn einem anderen die verdiente Strafe auferlegt. Oft läßt er auch einen ertappten Sünder laufen, wenn Reue über die Tat Gutes hoffen läßt, und wenn er sieht, daß die Schlechtigkeit nicht aus der Tiefe kommt, sondern einem Menschen sozusagen nur oberflächlich anhaftet, dann schenkt er Straffreiheit, die weder den Empfängern schaden wird noch dem, der sie gewährt. Manchmal wird er schwere Vergehen milder als leichtere strafen, wenn jene unabsichtlich und nicht aus Grausamkeit begangen wurden, während hinter diesen insgeheim abgebrühte Verschlagenheit steckt. Dieselbe Tat wird er bei zweien nicht gleich hart ahnden, wenn sie der eine fahrlässig, der andere mit Vorsatz beging. Darauf wird er stets bei jeder Maßnahme achten, daß er ganz bewußt die eine anwendet, um Böse zu bessern, die andere, um sie zu vertilgen. In beiden Fällen sieht er nicht auf Vergangenes, sondern in die Zukunft, denn nach den Worten Platons wird „kein Vernünftiger strafen, weil gesündigt wurde, sondern, damit nicht gesündigt wird. Vergangenes läßt sich nicht ungeschehen machen, Zukünftiges aber verhüten."

Und Leute, die nach seinem Wunsch zur Warnung dienen sollen, daß Bosheit ein schlimmes Ende nimmt, läßt er öffentlich hinrichten, nicht nur, damit sie selbst zugrunde gehen, sondern um andere durch ihren Untergang abzuschrecken. Du siehst, wie völlig unbeeinflußt einer, der das abzuwägen und zu entscheiden hat, etwas in Angriff nehmen muß, was nur mit höchster Gewissenhaftigkeit gehandhabt werden darf: Die Macht über Leben und Tod. Zur Unzeit überläßt man dem, der zürnt, das Schwert.

20 Auch die folgende Annahme ist unzulässig, daß der Zorn etwas zur Seelengröße beitrage; er ist ja selbst nichts Großes, sondern etwas Aufgeblahtes. Auch wenn der Körper durch Wassersucht geschwollen ist, bringt das Leiden kein Wachstum, sondern tödliches Übermaß. Alle, die ihr

supra cogitationes extollit humanas, altum quiddam et sublime spirare se credunt: ceterum nihil solidi subest, sed in ruinam prona sunt, quae sine fundamentis crevere. Non habet ira, cui insistat. Non ex firmo mansuroque oritur, sed ventosa et inanis est tantumque abest a magnitudine animi, quantum a fortitudine audacia, a fiducia insolentia, ab austeritate tristitia, a severitate crudelitas. Multum, inquam, interest inter sublimem animum et superbum. Iracundia nihil amplum decorumque molitur, contra mihi videtur, veternosi et infelicis animi imbecillitatis sibi conscia, saepe indolescere, ut exulcerata et aegra corpora, quae ad tactus levissimos gemunt. Ita ira muliebre maxime ac puerile vitium est.

„At incidit et in viros." Nam viris quoque puerilia ac muliebria ingenia sunt. Quid ergo? Non aliquae voces ab iratis emittuntur, quae magno emissae videantur animo veram ignorantibus magnitudinem? Qualis illa dira et abominanda: „Oderint, dum metuant."

Sullano scias saeculo scriptam.

Nescio, utrum sibi peius optaverit, ut odio esset an ut timori. „Oderint." Occurrit illi futurum, ut exsecrentur, insidientur, opprimant. Quid adiecit? Di illi male faciant, adeo repperit dignum odio remedium. „Oderint..." Quid? Dum pareant? Non. Dum probent? Non. Quid ergo? „Dum timeant." Sic ne amari quidem vellem. Magno hoc dictum spiritu putas? Falleris; nec enim magnitudo ista est, sed immanitas.

kranker Geist die menschlichem Denken gesetzten Grenzen überschreiten läßt, vermeinen etwas Hohes und Erhabenes zu verkünden. Gleichwohl ist daran nichts, was Bestand hätte, und in Verwirrung endet, was ohne festen Grund nach oben strebte. Der Zorn hat nichts, wo er Fuß fassen könnte. Er entwickelt sich ja nicht aus etwas Verläßlichem und Bleibendem, sondern ist wetterwendisch und grundlos und soweit von Seelengröße entfernt wie vom Mut die Verwegenheit, vom Selbstbewußtsein Frechheit, vom Ernst die Traurigkeit und von der Strenge die Brutalität. Groß, ich sagte es schon, ist der Unterschied zwischen hoher und hochmütiger Gesinnung. Der Jähzorn plant nichts Bedeutendes und Herrliches, im Gegenteil, er scheint mir im Bewußtsein der Schwäche eines Gefühls, das rasch ermattet und verdrießlich stimmt, sich oft weh zu tun, gleich wunden und kranken Menschen, die schon bei leichtester Berührung stöhnen. So ist der Zorn vor allem ein Fehler von Weibern und von Kindern.

„Aber er kommt auch über Männer." Auch Männer haben ja kindische und weibische Wesenszüge. Wie ich das meine? Na, kommen nicht manche Worte aus dem Mund von Zornigen, die denen hochgemut gesprochen scheinen, die wahre Größe nicht kennen? Zum Beispiel jener grausige und abscheuliche Satz:

Sie sollen mich hassen, wenn sie mich nur fürchten!

Bedenke, daß er zu Sullas Zeit geschrieben wurde! Ich weiß nicht, ob einer sich Schlimmeres wünscht, wenn er gehaßt oder wenn er gefürchtet werden will. „Sie sollen mich hassen!" Dabei stellt er sich vor, daß sie ihn künftig verwünschen, ihm auflauern, ihn überfallen. Was fügte er noch hinzu? Die Götter mögen ihn strafen – ein so treffliches Mittel für den Haß hat er entdeckt: „Sie sollen mich hassen..." Und weiter? „Wenn sie nur parieren!" Nein! „Wenn sie mich nur respektieren!" Nein! Was aber dann? „Wenn sie mich nur fürchten!" So möchte ich auch nicht geliebt werden. Du hältst das für ein großes Wort? Irrtum! Das ist nicht Geistesgröße, sondern Unmenschlichkeit!

Non est, quod credas irascentium verbis, quorum strepitus magni, minaces sunt, intra mens pavidissima. Nec est, quod existimes verum esse, quod apud disertissimum virum T. Livium dicitur:

„Vir ingenii magni magis quam boni."

Non potest istud separari: aut et bonum erit aut nec magnum, quia magnitudinem animi inconcussam intellego et introrsus solidam et ab imo parem firmamque, qualis inesse malis ingeniis non potest. Terribilia enim esse et tumultuosa et exitiosa possunt: magnitudinem quidem, cuius firmamentum roburque bonitas est, non habebunt. Ceterum sermone, conatu et omni extra paratu facient magnitudinis fidem; eloquentur aliquid, quod tu magni putes, sicut C. Caesar, qui iratus caelo, quod obstreperetur pantomimis, quos imitabatur studiosius quam spectabat, quodque comessatio sua fulminibus terreretur (prorsus parum certis) ad pugnam vocavit Iovem et quidem sine missione, Homericum illum exclamans versum:

Η μ'ἀνάειρ' ἢ ἐγὼ σέ·

Quanta dementia fuit! Putavit aut sibi noceri ne ab Iove quidem posse aut se nocere etiam Iovi posse. Non puto parum momenti hanc eius vocem ad incitandas coniuratorum mentes addidisse: ultimae enim patientiae visum est eum ferre, qui Iovem non ferret.

21 Nihil ergo in ira, ne cum videtur quidem vehemens et deos hominesque despiciens, magnum, nihil nobile est. Aut si videtur alicui magnum animum ira producere, videatur et luxuria: ebore sustineri vult, purpura vestiri, auro tegi, terras transferre, maria concludere, flumina praecipitare, nemora suspendere.

Du brauchst nichts auf die Worte Erzürnter zu geben, deren Geschrei laut und bedrohlich ist, während das Herz in der Brust zittert. Auch solltest du das nicht für richtig halten, was bei dem wortgewaltigen Titus Livius so klingt:

Ein Mann von eher großer als guter Sinnesart.

Das läßt sich nicht trennen: Entweder ist sie auch gut oder auch nicht groß, da ich mir Geistesgröße unerschütterlich denke, in sich gefestigt und von Grund auf gleich stark, wie sie in üblen Charakteren nicht vorkommen kann. Schrecklich zu sein und empörend und unheilvoll, das vermögen sie; Größe aber, deren Kraft und Stärke in der Güte liegt, haben sie nicht. Allerdings wollen sie durch ihr Reden, ihre Unternehmungen und all ihren äußerlichen Prunk sich den Anschein von Größe geben; sie werden etwas sagen, was dich beeindruckt, wie zum Beispiel Caligula, der in seinem Zorn auf den Himmel – Donner unterbrach eine von den Pantomimen, die er lieber nachäffte als betrachtete, und eine Festgesellschaft bei ihm wurde durch Blitze erschreckt, die freilich ganz schlecht gezielt waren, – Jupiter selbst zum Zweikampf forderte, und zwar ohne Pardon, wobei er jenen Homervers rief:

Entweder heb' mich oder ich dich!

Was für ein Wahnsinn! Er glaubte entweder, nicht einmal Jupiter könne ihm schaden oder, er könne sogar Jupiter schaden. Wie ich meine, trug dieses Wort nicht unwesentlich dazu bei, die Verschwörer gegen ihn aufzubringen. Es schien das Äußerste an Unterwürfigkeit zu sein, sich dem zu fügen, der sich Jupiter nicht fügte.

21 Also ist am Zorn auch dann, wenn er scheinbar leidenschaftlich ist und Götter und Menschen verachtet, nichts Großartiges, nichts Edles. Und sollte es den Anschein haben, er fördere bei irgendwem hohen Sinn zutage, dann kann das auch bei der Verschwendungssucht so sein: Auf Elfenbein will sie ruhen, in Purpur sich kleiden, mit Gold sich decken, das Festland vorschieben, die Meere einengen, Flüsse in die Tiefe stürzen lassen, Dachgärten anlegen.

Videatur et avaritia magni animi: acervis auri argentique incubat et provinciarum nominibus agros colit et sub singulis vilicis latiores habet fines, quam quos consules sortiebantur; videatur et libido magni animi: transnat freta, puerorum greges castrat, sub gladium mariti venit morte contempta; videatur et ambitio magni animi: non est contenta honoribus annuis; si fieri potest, uno nomine occupare fastus vult, per omnem orbem titulos disponere. Omnia ista – non refert, in quantum procedant extendantque se, – angusta sunt, misera, depressa; sola sublimis et excelsa virtus est, nec quicquam magnum est, nisi quod simul placidum.

Auch die Habgier mag hochgesinnt erscheinen: Auf Haufen von Gold und Silber liegt sie und läßt Äcker gleich wie Provinzen pflügen, und jedem Gutsverwalter unterstellt sie ein weiteres Gebiet als es einst Konsuln erlosten. Auch die Sinneslust mag hohen Sinnes scheinen: Sie schwimmt übers Meer, kastriert ganze Herden von Knaben und setzt sich voll Todesverachtung dem Schwert eines Ehemanns aus. Auch der Ehrgeiz mag hochgemut erscheinen: Er begnügt sich nicht mit jährlich wechselnden Ämtern; wenn möglich, will er mit einem einzigen Titel seinen Stolz befriedigen, will über die ganze Welt seine Ehreninschriften verteilen. Bei dem allem ist es unwichtig, welche Größe und Ausdehnung es erreicht: es bleibt kleinlich, beklagenswert, niedrig. Einzig erhaben und herrlich ist die Tugend, denn groß ist nur, was zugleich auch gütig ist.

LIBER SECUNDUS

1 Primus liber, Novate, benigniorem habuit materiam; facilis enim in proclivia vitiorum decursus est. Nunc ad exiliora veniendum est; quaerimus enim, ira utrum iudicio an impetu incipiat, id est utrum sua sponte moveatur an quemadmodum pleraque, quae intra nos insciis nobis oriuntur.

Debet autem in haec se demittere disputatio, ut ad illa quoque altiora possit exsurgere: nam et in corpore nostro ossa nervique et articuli, firmamenta totius et vitalia minime speciosa visu, prius ordinantur, deinde haec, ex quibus omnis in faciem aspectumque decor est; post haec omnia, qui maxime oculos rapit, color ultimus perfecto iam corpore affunditur.

Iram quin species oblata iniuriae moveat, non est dubium; sed utrum speciem ipsam statim sequatur et non accedente animo excurrat, an illo assentiente moveatur, quaerimus. Nobis placet nihil illam per se audere, sed animo approbante; nam speciem capere acceptae iniuriae et ultionem eius concupiscere et utrumque coniungere, nec laedi se debuisse et vindicari debere, non est eius impetus, qui sine voluntate nostra concitatur. Ille simplex est, hic compositus et plura continens; intellexit aliquid, indignatus est, damnavit, ulciscitur: haec non possunt fieri, nisi animus eis, quibus tangebatur, assensus est.

ZWEITES BUCH

1 Das erste Buch, Novatus, war thematisch ergiebiger, denn es macht keine Mühe, gegen den tiefen Fall der Lasterhaften vom Leder zu ziehen. Nun müssen wir uns mit einer spröderen Materie befassen. Wir fragen nämlich, ob der Zorn aus klarer Überlegung oder einer Gemütsaufwallung hervorgeht, das heißt, ob er durch einen Willensakt ausgelöst wird oder so wie das meiste, das sich in unserem Inneren entwickelt, ohne daß wir uns dessen bewußt wären.

Wir müssen uns aber bei unserer Abhandlung unbedingt darauf einlassen, um zu anderen, anspruchsvolleren Fragen vordringen zu können. Denn auch in unserem Körper müssen sich Knochen, Sehnen und Knorpel, die lebenswichtigen, aber höchst unansehnlichen Stützen des Ganzen, erst recht zusammenfügen, sodann das, wovon eine stattliche äußere Erscheinung abhängt, und erst nach dem allem wird, was die Blicke besonders anzieht, als letzte Hülle um den schon ausgeformten Leib gelegt.

Daß den Zorn die Vorstellung auslöst, man habe Unrecht erlitten, steht außer Zweifel. Doch ob er gleich auf diese Vorstellung folgt und ausbricht, ohne daß eine bewußte Entscheidung hinzukäme, oder ob er sich mit unserer inneren Zustimmung regt, ist die Frage. Wir halten für richtig, daß er sich aus eigener Kraft an nichts heranwagt, sondern nur mit unserer inneren Zustimmung. Denn sich vorzustellen, man habe Unrecht erlitten, und dafür Rache zu verlangen und beides in Verbindung zu bringen: man hätte nicht gekränkt werden dürfen und müsse Genugtuung erhalten, das ist nicht typisch für die Art von Gemütsaufwallung, die uns unabsichtlich überkommt. Diese ist unkompliziert, der Zorn aber ziemlich komplex: Er hat sich etwas vorgestellt, es empörend gefunden, verurteilt und sinnt auf Rache. Das ist nur möglich, wenn wir seine Erregung für begründet halten.

2 „Quorsus", inquis, „haec quaestio pertinet." Ut sciamus, quid sit ira. Nam si invitis nobis nascitur, numquam rationi succumbet. Omnes enim motus, qui non voluntate nostra fiunt, invicti et inevitabiles sunt, ut horror frigida aspersis, ad quosdam tactus aspernatio; ad peiores nuntios subriguntur pili et rubor ad improba verba suffunditur sequiturque vertigo praerupta cernentis; quorum quia nihil in nostra potestate est, nulla, quominus fiant, ratio persuadet.

Ira praeceptis fugatur; est enim voluntarium animi vitium, non ex his, quae condicione quadam humanae sortis eveniunt ideoque etiam sapientissimis accidunt, inter quae et primus ille ictus animi ponendus est, qui nos post opinionem iniuriae movet. Hic subit etiam inter ludicra scaenae spectacula et lectiones rerum vetustarum. Saepe Clodio Ciceronem expellenti et Antonio occidenti videmur irasci; quis non contra Marii arma, contra Sullae proscriptionem concitatur?

Quis non Theodoto et Achillae et ipsi puero non puerile auso facinus infestus est? Cantus nos nonnumquam et citata modulatio instigat Martiusque ille tubarum sonus; movet mentes et atrox pictura et iustissimorum suppliciorum tristis aspectus; id est, quod arridemus ridentibus, et contristat nos turba maerentium et effervescimus ad aliena certamina.

Quae non sunt irae, non magis quam tristitia est, quae ad conspectum mimici naufragii contrahit frontem, non magis quam timor, qui Hannibale post Cannas moenia circumsidente lectoris percurrit animos, sed omnia ista motus sunt animo-

2 „Worum", meinst du, „geht es bei diesem Punkt?" Daß wir uns über das Wesen des Zorns klar werden. Wenn er sich nämlich gegen unseren Willen entwickelt, wird er sich nie der Vernunft unterordnen. Denn alle unwillkürlichen Reaktionen lassen sich nicht unterdrücken und vermeiden, z. B. die Gänsehaut unter einer kalten Dusche oder bei bestimmten Berührungsreizen der Ekel. Bei einer Hiobsbotschaft sträuben sich unsere Haare, wir erröten bei schamlosen Worten, und schwindlig wird, wer einen schroffen Hang hinabschaut: Weil wir davon nichts unter Kontrolle haben, kann keine vernünftige Überlegung sein Auftreten verhindern.

Der Zorn läßt sich durch gutes Zureden vertreiben. Er ist nämlich eine willkürliche Fehlentscheidung des Geistes und gehört nicht zu dem, was sich allein schon aus unserem Menschsein ergibt und daher auch den Weisesten widerfährt. Dazu ist auch jener erste Schmerz zu zählen, der uns nach einem vermeintlichen Unrecht durchzuckt. Diese Empfindung stellt sich auch ein, wenn man ein Bühnenstück sieht, oder bei historischer Lektüre. Oft vermeinen wir dem Clodius, weil er Cicero verbannen ließ, und Antonius, seinem Mörder, zu zürnen. Wer regt sich nicht über die Gewaltherrschaft des Marius auf und über Sullas Ächtungen?

Wer ist nicht über Theodotos und Achillas und den kindlichen König erbost, der ein unkindliches Verbrechen gewagt hat? Gesang erregt uns manchmal und ein mitreißender Rhythmus und martialisches Trompetengeschmetter. Erschüttern kann uns ein gräßliches Bild und der betrübliche Anblick von Hinrichtungen, auch wenn sie mehr als gerecht sind. Das ist der Grund, weshalb wir mit den Lachenden lachen und uns eine Trauergesellschaft traurig stimmt und wir uns erhitzen bei fremdem Streit.

Doch sind das keine Zornesausbrüche, ebensowenig wie es Trauer ist, was uns beim Anblick eines Schiffbruchs auf der Bühne die Stirn runzeln läßt, ebensowenig wie es Angst ist, was, sobald Hannibal nach seinem Sieg bei Cannae Rom belagert, den Leser durchschauert – nein, das alles sind See-

rum moveri nolentium, nec affectus, sed principia proludentia affectibus. Sic enim militaris viri in media pace iam togati aures tuba suscitat equosque castrenses erigit crepitus armorum. Alexandrum aiunt Xenophanto canente manum ad arma misisse.

3 Nihil ex his, quae animum fortuito impellunt, affectus vocari debet: ista, ut ita dicam, patitur magis animus quam facit. Ergo affectus est non ad oblatas rerum species moveri, sed permittere se illis et hunc fortuitum motum prosequi. Nam si quis pallorem et lacrimas procidentis et irritationem umoris obsceni altumve suspirium et oculos subito acriores aut quid his simile indicium affectus animique signum putat, fallitur nec intellegit corporis hos esse pulsus. Itaque et fortissimus plerumque vir, dum armatur, expalluit et signo pugnae dato ferocissimo militi paulum genua tremuerunt et magno imperatori, antequam inter se acies arietarent, cor exsiluit et oratori eloquentissimo, dum ad dicendum componitur, summa riguerunt.

Ira non moveri tantum debet, sed excurrere; est enim impetus; numquam autem impetus sine assensu mentis est; neque enim fieri potest, ut de ultione et poena agatur animo nesciente. Putavit se aliquis laesum, voluit ulcisci, dissuadente aliqua causa statim resedit: hanc iram non voco, motum animi rationi parentem; illa est ira, quae rationem transsilit, quae secum rapit. Ergo prima illa agitatio animi, quam species iniuriae incussit, non magis ira est quam ipsa iniuriae species; ille sequens

lenregungen von Menschen, die sich nicht erregen wollen, und keine leidenschaftlichen Ausbrüche, sondern das erste Vorspiel dazu. So geht auch einem Soldaten mitten im Frieden und in ziviler Kleidung der Klang der Tuba ins Ohr, und Kriegsrosse erregt das Klirren von Waffen. Alexander, so sagt man, habe beim Gesang des Xenophantos die Hand nach dem Schwert ausgestreckt.

3 Nichts von den zufälligen Seelenregungen darf als Affekt bezeichnet werden. Dergleichen duldet, um mich so auszudrücken, die Seele eher, als daß sie es hervorruft. Ein Affekt liegt demnach nicht vor, wenn man sich erregt, sooft sich uns ein bestimmter Eindruck aufdrängt, sondern wenn wir uns ihm überlassen und dieser zufälligen Regung nachgeben. Denn wenn jemand Erbleichen, hervorstürzende Tränen, den Samenerguß bei sexueller Erregung, ein tiefes Aufatmen, einen plötzlich recht scharfen Blick oder sonst etwas dergleichen als Indiz eines Affekts und als Hinweis auf einen Denkvorgang ansieht, irrt er sich und begreift nicht, daß diese Erregungen aus dem Körper kommen. Daher erbleichten meist auch die größten Helden, wenn sie sich rüsteten, und beim Zeichen zum Kampf wurden auch den tapfersten Soldaten die Knie etwas weich; großen Generälen klopfte vor dem Zusammenprall der Heere das Herz, und auch der wortgewaltigste Redner bekam schon kalte Füße, während er sich für seinen Auftritt zu sammeln suchte.

Der Zorn braucht nicht nur einen Auslöser; er muß auch ausbrechen, denn er ist ein Begehren. Niemals aber äußert sich ein Begehren ohne unsere innere Zustimmung. Unmöglich kann uns ja der Gedanke an Rache und Strafe umtreiben, ohne daß wir uns dessen bewußt wären. Jemand glaubte sich beleidigt; er wollte sich rächen; da irgendein Grund dagegen sprach, beruhigte er sich gleich wieder. Das ist für mich nicht Zorn, sondern eine Seelenregung, die sich vernünftiger Überlegung fügte. Zorn ist das, was sich über die Vernunft hinwegsetzt, was sie mit sich fortreißt. Demnach ist jene erste Seelenregung, die die Annahme einer Kränkung auslöste, ebensowenig Zorn wie die Annahme der Kränkung

impetus, qui speciem iniuriae non tantum accepit, sed approbavit, ira est, concitatio animi ad ultionem voluntate et iudicio pergentis. Numquam dubium est, quin timor fugam habeat, ira impetum: vide ergo, an putes aliquid sine assensu mentis aut peti posse aut caveri!

4 Et ut scias, quemadmodum incipiant affectus aut crescant aut efferantur, est primus motus non voluntarius, quasi praeparatio affectus et quaedam comminatio; alter cum voluntate non contumaci, tamquam oporteat me vindicari, cum laesus sim, aut oporteat hunc poenas dare, cum scelus fecerit; tertius motus est iam impotens, qui non, si oportet, ulcisci vult, sed utique, qui rationem evicit.

Primum illum animi ictum effugere ratione non possumus, sicut ne illa quidem, quae diximus accidere corporibus, ne nos oscitatio aliena sollicitet, ne oculi ad intentationem subitam digitorum comprimantur: ista non potest ratio vincere, consuetudo fortasse et assidua observatio extenuat. Alter ille motus, qui iudicio nascitur, iudicio tollitur.

5 Illud etiamnunc quaerendum est, ii, qui vulgo saeviunt et sanguine humano gaudent, an irascantur, cum eos occidunt, a quibus nec acceperunt iniuriam nec accepisse ipsos existimant: qualis fuit Apollodorus aut Phalaris.

Haec non est ira, feritas est; non enim, quia accipit iniuriam, nocet, sed parata est, dum noceat, vel accipere, nec illi verbera lacerationesque in ultionem petuntur, sed in voluptatem.

selbst. Jene leidenschaftliche Erregung, die darauf folgt und die Annahme einer Kränkung nicht nur registriert, sondern als richtig bestätigt, ist Zorn, eine Erregung der Seele, die von sich aus und überlegt ihrer Rache nachgeht. Nie gibt es einen Zweifel daran, daß Angst Zurückweichen beinhaltet, Zorn Aggression. Überlege daher, ob du es für möglich halten darfst, daß irgendetwas ohne innere Anteilnahme begehrt oder vermieden wird.

4 Und damit du weißt, wie Affekte entstehen oder sich entwickeln oder außer Kontrolle geraten: die erste Erregung ist unwillkürlich, sozusagen ein Vorspiel des Affekts, das ihn gewissermaßen ankündigt; die zweite willkürlich und vorbehaltlos, als ob ich Genugtuung erhalten müßte, weil ich gekränkt wurde, oder der Mensch da büßen sollte, weil er ein Verbrechen begangen hat; die dritte Regung ist bereits unkontrollierbar; sie will nicht berechtigte Rache, sondern unbedingte; sie hat die Vernunft überwunden.

Jene erste Reaktion können wir mit vernünftiger Überlegung nicht vermeiden, ebensowenig wie das, was, wie schon gesagt, körperlich mit uns vorgeht, daß uns das Gähnen eines anderen ansteckt, daß wir die Augen schließen, wenn man plötzlich mit den Fingern dagegenfährt. Das kann die Vernunft nicht ausschalten, doch vielleicht Gewöhnung und ständige Selbstbeobachtung verringern. Jene zweite Erregung, die aus einer Willensentscheidung erwächst, wird auch durch eine Willensentscheidung unterbunden.

5 Ferner ist auch danach zu fragen, ob die Leute, die sich vor aller Welt austoben und an Menschenblut freuen, erzürnt sind, wenn sie diejenigen umbringen, von denen sie nie gekränkt wurden und auch nicht meinen, gekränkt worden zu sein. Von der Art waren Apollodor und Phalaris.

Aber das ist nicht Zorn, es ist Brutalität. Die schädigt ja nicht, weil sie Unrecht litt, sondern ist sogar bereit, wenn sie nur schaden kann, es in Kauf zu nehmen, und sie verlangt nicht nach Schlägen und Zerfleischung, um ihre Rache, sondern um ihr Gelüsten zu stillen.

Quid ergo? Origo huius mali ab ira est, quae, ubi frequenti exercitatione et satietate in oblivionem clementiae venit et omne foedus humanum eiecit animo, novissime in crudelitatem transit: rident itaque gaudentque et voluptate multa perfruuntur plurimumque ab iratorum vultu absunt per otium saevi. Hannibalem aiunt dixisse, cum fossam sanguine humano plenam vidisset: "O formosum spectaculum!" Quanto pulchrius illi visum esset, si flumen aliquod lacumque complesset! Quid mirum, si hoc maxime spectaculo caperis innatus sanguini et ab infante caedibus admotus? Sequetur te fortuna crudelitati tuae per XX annos secunda dabitque oculis tuis gratum ubique spectaculum; videbis istud et circa Trasumennum et circa Cannas et novissime circa Carthaginem tuam.

Volesus nuper sub divo Augusto proconsul Asiae, cum CCC uno die securi percussisset, incedens inter cadavera vultu superbo, quasi magnificum quiddam conspiciendumque fecisset, Graece proclamavit: "O rem regiam!" Quid hic rex fecisset? Non fuit haec ira, sed maius malum et insanabile.

6 "Virtus", inquit, "ut honestis rebus propitia est, ita turpibus irata esse debet." Quid si dicatur virtutem et humilem et magnam esse debere? Atqui hoc dicit, qui illam extolli vult et deprimi, quoniam laetitia ob recte factum clara magnificaque est, ira ob alienum peccatum sordida et angusti pectoris est.

Nec umquam committet virtus, ut vitia, dum compescit, imitetur; iram ipsam castigandam habet, quae nihilo melior est, saepe etiam peior is delictis, quibus irascitur. Gaudere laetarique pro-

Was folgt daraus? Ihren Ausgang nimmt diese Fehlhaltung vom Zorn, der, wenn er sich oft genug ausgetobt und befriedigt hat, nicht mehr an Schonung denkt, uns jede menschliche Bindung nimmt und zuletzt in Grausamkeit übergeht. Daher das Lachen, die Freude, der große Lustgewinn und der ganz und gar nicht wütende Gesichtsausdruck von Leuten, die aus Langeweile grausam sind. Von Hannibal wird überliefert, er habe angesichts eines Grabens voll Menschenblut gesagt: „Ah, ein schöner Anblick!" Wieviel schöner wäre es ihm vorgekommen, hätte er irgendeinen Fluß oder einen See füllen können! Was ist daran erstaunlich, wenn dich gerade dieser Anblick fesselt, da du zum Blutvergießen geboren und von Kindesbeinen an mit Gemetzel vertraut bist? Das Glück wird sich an deine Fersen heften, wird deiner Grausamkeit zwanzig Jahre lang Vorschub leisten und dir allenthalben willkomme Augenweide bieten: Du wirst's rings um den Trasumenersee und rings um Cannae und zuletzt rings um dein Karthago sehen!

Volesus, vor einiger Zeit, unter dem vergöttlichten Augustus, Prokonsul von Kleinasien, hatte an einem Tag dreihundert Menschen mit dem Beil richten lassen. Als er nun inmitten der Toten hochmütigen Gesichts einherging, als habe er etwas Großartiges und Aufsehenerregendes vollbracht, rief er auf Griechisch: „Ha, diese Leistung, eines Königs würdig!" Was hätte er als König getan? Zorn war das nicht, sondern ein noch größeres, unheilbares Übel.

6 „Die Tugend", wirft man ein, „sollte ebenso, wie sie sich dem Ehrenhaften zuwendet, dem Schimpflichen zürnen." Wie wäre es, wenn man sagte, die Tugend solle zugleich niedrig und hoch sein? Und doch sagt das, wer sie zugleich erheben und demütigen will, weil die Freude über rechtes Handeln herrlich und erhebend ist, Zorn über eine fremde Verfehlung aber schmutzig und engherzig.

Niemals aber wird es die Tugend so weit kommen lassen, daß sie Fehler, während sie sie niederzwingt, nachahmt. Den Zorn gar muß sie züchtigen; er ist um nichts besser, oft sogar schlimmer als die Verfehlungen, über die er sich entrüstet.

prium et naturale virtutis est; irasci non est ex dignitate eius, non magis quam maerere: atqui iracundiae tristitia comes est et in hanc omnis ira vel post paenitentiam vel post repulsam revolvitur.

Et si sapientis est peccatis irasci, magis irascetur maioribus et saepe irascetur: sequitur, ut non tantum iratus sit sapiens, sed iracundus. Atqui, si nec magnam iram nec frequentem in animo sapientis locum habere credimus, quid est, quare non ex toto illum hoc affectu liberemus? Modus enim esse non potest, si pro facto cuiusque irascendum est; nam aut iniquus erit, si aequaliter irascetur delictis inaequalibus, aut iracundissimus, si toties excanduerit, quotiens iram scelera meruerint.

7 Et quid indignius, quam sapientis affectum ex aliena pendere nequitia? Desinet ille Socrates posse eundem vultum domum referre, quem domo extulerat; atqui, si irasci sapiens turpiter factis debet et concitari contristarique ob scelera, nihil est aerumnosius sapiente: omnis illi per iracundiam maeroremque vita transibit. Quod enim momentum erit, quo non improbanda videat? Quotiens processerit domo, per sceleratos illi avarosque et prodigos et impudentis et ob ista felices incedendum erit; nusquam oculi eius flectentur, ut non, quod indignentur, inveniant; deficiet, si toties a se iram, quotiens causa poscet, exegerit.

Haec tot milia ad forum prima luce properantia, quam turpes lites, quanto turpiores advocatos habent! Alius iudicia patris accusat, quae mereri sa-

Freude und Jubel sind für die Tugend kennzeichnend und natürlich. Zorn liegt unter ihrer Würde, ebenso wie Trauer. Der Begleiter des Zorns ist ja die Traurigkeit, und ihr verfällt jeder Zornige, entweder weil es ihm leid tut oder weil er nicht zum Ziel kam.

Und wenn es dem Weisen entspräche, über Verfehlungen in Zorn zu geraten, dann wird er noch mehr über die größeren ergrimmen, und wird oft wütend werden. Daraus folgt, daß der Weise nicht nur zornig, sondern jähzornig ist. Wenn wir nun aber glauben, weder für großen noch für anhaltenden Zorn sei Raum in der Seele des Weisen, warum befreien wir ihn nicht ganz von dieser Leidenschaft? Mäßigung ist nämlich ausgeschlossen, wenn man über jeden entsprechend seiner Tat ergrimmen muß, denn entweder tut man nicht recht daran, in gleicher Weise wegen nicht vergleichbarer Vergehen zu zürnen, oder man wird äußerst jähzornig, wenn man so oft aufbraust, wie Untaten Entrüstung verdienen.

7 Und was wäre unwürdiger, als wenn man den Seelenzustand des Weisen von fremder Bosheit abhängig machte? Vorbei ist's damit, daß der große Sokrates mit derselben heiteren Miene wieder heimkehren kann, mit der er von daheim fortging! Wenn nämlich der Weise sich über Schandtaten entrüsten darf und über Verbrechen erregen und betrüben, dann gibt es nichts Leidgeprüfteres als den Weisen. Sein ganzes Leben wird ihm unter Zornesausbrüchen und Betrübnis vergehen. Welchen Zeitpunkt wird es denn geben, zu dem er nicht Tadelnswertes sieht? Immer wenn er aus seinem Haus geht, wird er zwischen Habgierigen und Verschwendern und Schamlosen einhergehen – und diese Leute sind glücklich dabei! Nie wird er seine Blicke schweifen lassen, ohne daß sie etwas Empörendes fänden. Er wird von Kräften kommen, wenn er sich so oft, wie es ein Anlaß verlangt, Zorn abnötigt.

Diese vielen tausend Menschen, die in aller Frühe aufs Forum hasten – was für üble Streitigkeiten, was für noch üblere Advokaten haben sie! Einer klagt gegen die letztwilli-

tius fuit, alius cum matre consistit, alius delator venit eius criminis, cuius manifestior reus est, et iudex damnaturus, quae fecit, eligitur, et corona proclamat pro mala causa, bona patroni voce corrupta.

8   Quid singula persequor? Cum videris forum multitudine refertum et saepta concursu omnis frequentiae plena et illum circum, in quo maximam sui partem populus ostendit, hoc scito istic tantundem esse vitiorum quantum hominum. Inter istos, quos togatos vides, nulla pax est; alter in alterius exitium levi compendio ducitur; nulli nisi ex alterius iniuria quaestus est; felicem oderunt, infelicem contemnunt; maiorem gravantur, minori graves sunt; diversis stimulantur cupiditatibus; omnia perdita ob levem voluptatem praedamque cupiunt. Non alia quam in ludo gladiatorio vita est cum isdem viventium pugnantiumque.

Ferarum iste conventus est, nisi quod illae inter se placidae sunt morsuque similium abstinent, hi mutua laceratione satiantur. Hoc uno ab animalibus mutis differunt, quod illa mansuescunt alentibus, horum rabies ipsos, a quibus est nutrita, depascitur.

9   Numquam irasci desinet sapiens, si semel coeperit; omnia sceleribus ac vitiis plena sunt; plus committitur, quam quod possit coercitione sanari; certatur ingenti quidem nequitiae certamine: maior cotidie peccandi cupiditas, minor verecundia est: expulso melioris aequiorisque respectu quocumque visum est, libido se impingit nec fur-

gen Verfügungen seines Vaters, deren er sich besser würdig erwiesen hätte, ein anderer tritt gegen seine Mutter auf, wieder einer kommt und zeigt ein Verbrechen an, dessentwegen man augenscheinlich eher ihn belangen sollte, und als Richter wählt man einen, der verurteilen will, was er selbst tat, und das Auditorium tritt lautstark für die schlechte Sache ein, verführt durch die schönen Worte des Anwalts.

8 Was verliere ich mich in Einzelheiten? Wenn du das Forum gedrängt voll Menschen erblickst und den Wahlplatz auf dem Marsfeld überfüllt, weil alle Welt zusammenströmt, und jenen Circus, in dem das Volk sich größtenteils sehen läßt, dann sei dir bewußt, daß dort ebensoviele Laster wie Menschen sind. Unter denen, die du in der Toga siehst, gibt es keinen Frieden: Um einander zu vernichten, genügt die Aussicht auf ein wenig Profit. Jedermann zieht Vorteil aus dem Schaden des anderen. Den Glücklichen hassen, den Unglücklichen verachten sie; den Höhergestellten finden sie lästig, dem Geringeren fallen sie zur Last. Von gegensätzlichen Trieben lassen sie sich leiten. Alles mag hin sein für ein bißchen Lustgewinn, das ist ihr Wunsch. Ebenso wie in einer Gladiatorenschule ist ihr Leben, da sie mit denselben Leuten leben und kämpfen.

Bestien sind da zusammengekommen – nur daß jene zueinander friedlich sind und Artgenossen mit ihrem Biß verschonen, diese aber es genießen, sich gegenseitig zu zerfleischen. In dem einen Punkt unterscheiden sie sich von sprachlosen Tieren, daß diese sich von ihren Wärtern zähmen lassen, jene aber in ihrer Wut sogar die verschlingen, die sie großgezogen haben.

9 Nie wird der Weise vom Zorn ablassen, wenn er einmal damit begonnen hat: Alles ist voller Frevel und Laster, man begeht zu viele Verbrechen, als daß sie durch Bestrafung noch eingedämmt werden könnten, man mißt sich in einem ungeheuren Wettstreit der Schlechtigkeit. Größer wird tagtäglich das Verlangen nach Sünde, geringer die Scham. Ohne Rücksicht auf das, was besser und angemessener wäre, wirft sich die Gier, worauf es ihr beliebt. Und schon geschehen

tiva iam scelera sunt: praeter oculos eunt adeoque in publicum missa nequitia est et in omnium pectoribus evaluit, ut innocentia non rara, sed nulla sit.

Numquid enim singuli aut pauci rupere legem? Undique velut signo dato ad fas nefasque miscendum coorti sunt:

> non hospes ab hospite tutus,
> Non socer a genero; fratrum quoque gratia rara est.
> Imminet exitio vir coniugis, illa mariti;
> Lurida terribiles miscent aconita novercae,
> Filius ante diem patrios inquirit in annos.

Et quota ista pars scelerum est? Non descripsit castra ex una parte contraria et parentium liberorumque sacramenta diversa, subiectam patriae civis manu flammam et agmina infestorum equitum ad conquirendas proscriptorum latebras circumvolitantia et violatos fontes venenis et pestilentiam manu factam et praeductam obsessis parentibus fossam, plenos carceres et incendia totas urbes concremantia dominationesque funestas et regnorum publicorumque exitiorum clandestina consilia et pro gloria habita, quae, quamdiu opprimi possunt, scelera sunt, raptus ac stupra et ne os quidem libidini exceptum. Adde nunc publica periuria gentium et rupta foedera et praedam validioris, quicquid non resistebat, abductum, circumscriptiones, furta, fraudes, infitiationes, quibus trina non sufficiunt fora. Si tantum irasci vis sapientem, quantum scelerum indignitas exigit, non irascendum illi, sed insaniendum est.

die Frevel nicht mehr im Verborgenen: Vor aller Augen gehen sie vonstatten, und in dem Maße ist die Verworfenheit auf die Gesellschaft losgelassen und im Innern eines jeden angewachsen, daß es Unschuld nicht etwa selten, sondern nicht mehr gibt.

Sind etwa nur einzelne oder wenige Gesetzesbrecher? Von allen Seiten, wie auf ein gegebenes Zeichen, sind sie angetreten, um Recht und Unrecht zu vermengen:

> Nicht ist der Freund sicher vor dem Freund, nicht der Schwiegervater vor dem Schwiegersohn; selbst unter Brüdern ist Eintracht selten. Der Gattin trachtet der Mann nach dem Leben und diese dem Gatten. Tödliche Gifte mischen abscheuliche Stiefmütter, und vor der Zeit macht der Sohn sich Gedanken, wie lange sein Vater noch zu leben hat.

Und ein wie geringer Teil der Frevel ist das? Ovid schrieb nicht von Heeren aus ein und demselben Land, die sich bekriegten, von Eltern und Kindern, die verschiedenen Fahnen folgten, von Bränden, in der Vaterstadt durch eines Bürgers Hand gelegt, und von Scharen erboster Reiter, die ausschwärmten, um Verstecke von Geächteten aufzuspüren, von Quellen, entweiht durch Gift, von Pest, durch Menschenhand verursacht, von einem gegen belagerte Väter ausgehobenen Graben, von vollen Kerkern und Feuerstürmen, die ganze Städte einäscherten, von blutdürstiger Tyrannei, geheimen Plänen, Königshäuser und ganze Staaten zu vernichten, und daß man für Ruhmestaten hielt, was, solange man sie niederhalten kann, Verbrechen sind, Raub und Ehebruch und Unzucht, die nicht einmal den Mund verschonte. Nimm nun die im Namen ganzer Völker geschworenen Meineide dazu, Vertragsbrüche, Verschleppung von allem, was sich nicht wehren konnte, als Beute des Stärkeren, Hinterlist, Dieberein, Betrug und das Ableugnen von Schulden, wofür die dreifache Zahl von Gerichtstagen nicht genug wäre! Wenn du willst, daß der Weise so sehr zürnt, wie es empörende Frevel verlangen, wird er nicht zürnen, sondern rasen müssen.

10 Illud potius cogitabis non esse irascendum erroribus. Quid enim, si quis irascatur in tenebris parum vestigia certa ponentibus? Quid si quis surdis imperia non exaudientibus? Quid si pueris, quod neglecto dispectu officiorum ad lusus et ineptos aequalium iocos spectent? Quid si illis irasci velis, quod aegrotant, senescunt, fatigantur? Inter cetera mortalitatis incommoda et hoc est, caligo mentium nec tantum necessitas errandi, sed errorum amor.

Ne singulis irascaris, universis ignoscendum est; generi humano venia tribuenda est. Si irasceris iuvenibus senibusque, quod peccant, irascere infantibus: peccaturi sunt. Numquis irascitur pueris, quorum aetas nondum novit rerum discrimina? Maior est excusatio et iustior hominem esse quam puerum. Hac condicione nati sumus, animalia obnoxia non paucioribus animi quam corporis morbis, non quidem obtusa nec tarda, sed acumine nostro male utentia, alter alteri vitiorum exempla: quisquis sequitur priores male iter ingressos, quidni habeat excusationem, cum publica via erraverit? In singulos severitas imperatoris destringitur, at necessaria venia est, ubi totus deseruit exercitus. Quid tollit iram sapientis? Turba peccantium: intellegit, quam et iniquum sit et periculosum irasci publico vitio.

Heraclitus quotiens prodierat et tantum circa se male viventium, immo male pereuntium viderat, flebat, miserebatur omnium, qui sibi laeti felicesque occurrebant, miti animo, sed nimis imbecillo: et ipse inter deplorandos erat. Democritum contra aiunt numquam sine risu in publico fuisse; adeo

10 Du solltest lieber bedenken, daß man wegen Irrtümern nicht zürnen darf. Wie wär's, wenn jemand in Zorn geriete über Leute, die im Dunkeln unsicher gehen, wie, wenn er über Taube zürnte, weil sie Befehle nicht hören, wie, wenn man es Kindern verargte, daß sie nicht an alle ihre Pflichten denken, sondern nach Spielen und den albernen Späßen Gleichaltriger verlangen? Wie wär's, wenn du den Leuten dort zürnen wolltest, weil sie krank sind, alt und müde werden? Zu allem andern, was uns schwache Menschen drückt, gehört auch dies, daß wir im Dunkeln tappen und nicht nur irren müssen, sondern den Irrtum lieben.

Um nicht einzelnen zu zürnen, muß man allen verzeihen. Man sollte der Menschheit gegenüber Nachsicht zeigen. Wenn du dich über Junge und Alte erbost, weil sie Fehler machen, zürne auch Säuglingen: Sie werden in Zukunft Fehler machen! Erregt sich jemand über Kinder, die in ihrem zarten Alter die Dinge noch nicht zu unterscheiden wissen? Gewichtiger und stichhaltiger ist die Entschuldigung: „Er ist ein Mensch!" als „Nur ein Kind!" Das Los haben wir bei unserer Geburt gezogen: als Lebewesen sind wir ebenso vielen seelischen wie körperlichen Leiden ausgeliefert, sind zwar nicht taub und stumpfsinnig, nützen jedoch unseren Scharfsinn übel und geben einander das Vorbild in Verkehrtheit. Jeder, der denen folgt, die zuerst den verkehrten Weg einschlugen, darf sich doch wohl damit entschuldigen, wenn er auf ausgetretener Straße in die Irre ging? Gegen einzelne Deserteure greift der General mit aller Strenge durch; Pardon ist unvermeidlich, wenn das ganze Heer davongelaufen ist. Was nimmt den Zorn des Weisen fort? Die große Schar der Sünder. Er begreift, wie unbillig und wie riskant es ist, sich über ein allgemeines Laster zu erbosen.

Sooft Heraklit sich unter die Leute begab und so viele ringsum sah, die übel lebten, ja vielmehr übel zugrunde gingen, mußte er weinen und bedauerte alle, die ihm froh und glücklich entgegenkamen; er war von mildem, aber allzu unbeherrschtem Wesen. Von Demokrit sagt man hingegen, er sei niemals, ohne zu lachen, unter Leuten gewesen. So

nihil illi videbatur serium eorum, quae serio gerebantur. Isticcine irae locus est, ubi aut ridenda omnia aut flenda sunt?

Non irascetur sapiens peccantibus: quare? Quia scit neminem nasci sapientem, sed fieri, scit paucissimos omni aevo sapientis evadere, quia condicionem humanae vitae perspectam habet; nemo autem naturae sanus irascitur. Quid enim, si mirari velit non in silvestribus dumis poma pendere? Quid, si miretur spineta sentesque non utili aliqua fruge compleri? Nemo irascitur, ubi vitium natura defendit. Placidus itaque sapiens et aequus erroribus, non hostis, sed correptor peccantium, hoc cotidie procedit animo: „Multi mihi occurrent vino dediti, multi libidinosi, multi ingrati, multi avari, multi furiis ambitionis agitati." Omnia ista tam propitius aspiciet quam aegros suos medicus. Numquid ille, cuius navigium multam undique laxatis compagibus aquam trahit, nautis ipsique navigio irascitur? Occurrit potius et aliam excludit undam, aliam egerit, manifesta foramina praecludit, latentibus et ex occulto sentinam ducentibus labore continuo resistit nec ideo intermittit, quia, quantum exhaustum est, subnascitur. Lento adiutorio opus est contra mala continua et fecunda, non ut desinant, sed ne vincant.

11 „Utilis est", inquit, „ira, quia contemptum effugit, quia malos terret." Primum ira, si, quantum minatur, valet, ob hoc ipsum, quod terribilis est, et invisa est; periculosius est autem timeri quam despici. Si vero sine viribus est, magis exposita

wenig ernstzunehmen schien ihm alles, was man mit Ernst betrieb. Ist aber da Zorn am Platz, wo alles entweder lachhaft oder zum Heulen ist?

Keinen Zorn wird der Weise gegenüber Sündern empfinden. Wieso? Weil er weiß, daß niemand als Weiser auf die Welt kommt, sondern weise wird. Er weiß, daß in jeglicher Epoche nur ganz wenige sich zu Weisen entwickeln, weil er erfaßt hat, wie es um das Menschenleben steht. Niemand aber zürnt der Natur, sofern er bei Verstand ist. Wie wär's, wenn er sich wundern wollte, daß an den Büschen im Wald keine Äpfel hängen? Wie, wenn er sich verwunderte, daß Dornhecken und stachelige Sträucher nicht voll sind von irgendwelchem verwertbaren Obst? Niemand regt sich auf, wo die Natur den Mangel deckt. Gelassen bleibt daher der Weise und wohlwollend dem Irrtum gegenüber, kein Feind, sondern ein Mahner der Sünder, und täglich geht er mit dieser Einstellung aus dem Haus: „Viele werden mir begegnen, die dem Wein verfallen sind, viele Unzüchtige, viele Undankbare, viele Habgierige, viele vom Wahnsinn des Ehrgeizes Getriebene." Auf all das wird er so gütig schauen wie auf seine Kranken der Arzt. Ist etwa derjenige, dessen Schiff heftig leckt, weil es allenthalben aus den Fugen geht, auf seine Mannschaft oder das Schiff selber böse? Er unternimmt lieber etwas und sucht das Wasser einerseits am Eindringen zu hindern, zum andern auszuschöpfen, stopft sichtbare Löcher zu, gegen unentdeckte, die an verborgener Stelle das Kielwasser steigen lassen, setzt er unermüdliche Arbeit und unterbricht sie nicht deshalb, weil soviel, wie ausgeschöpft wurde, von unten nachdringt. Anhaltende Hilfe braucht es gegen beständige und üppig ins Kraut schießende Übel – nicht, damit sie enden, sondern damit sie nicht die Oberhand bekommen.

11 „Von Vorteil", sagt man, „ist der Zorn, weil er Mißachtung vermeiden hilft, weil er Schlechte abschreckt." Erstens ist der Zorn, wenn er so viel, wie er androht, vermag, gerade weil er schrecklich ist, auch hassenswert. Es ist jedoch gefährlicher, gefürchtet als mißachtet zu werden.

contemptui est et derisum non effugit; quid enim est iracundia in supervacuum tumultuante frigidius?

Deinde non ideo quaedam, quia sunt terribiliora, potiora sunt nec hoc sapienti adici velim: „Quod ferae, sapientis quoque telum est, timeri." Quid? Non timetur febris, podagra, ulcus malum? Numquid ideo quicquam in istis boni est? At contra omnia despecta foedaque et turpia eo ipso, quo timentur. Sic ira per se deformis est et minime metuenda, at timetur a pluribus sic ut deformis persona ab infantibus.

Quid, quod semper in auctores redundat timor nec quisquam metuitur ipse securus? Occurrat hoc loco tibi Laberianus ille versus, qui medio civili bello in theatro dictus totum in se populum non aliter convertit, quam si missa esset vox publici affectus:

Necesse est multos timeat, quem multi timent.

Ita natura constituit, ut, quicquid alieno metu magnum est, a suo non vacet. Leonum quam pavida sunt ad levissimos sonos pectora! Acerrimas feras umbra et vox et odor insolitus exagitat: quicquid terret, et trepidat.

Non est ergo, quare concupiscat quisquam sapiens timeri, nec ideo iram magnum quiddam putet, quia formidini est, quoniam quidem etiam contemptissima timentur ut venena et ossa pestifera et morsus.

Nec mirum est, cum maximos ferarum greges linea pinnis distincta contineat et in insidias agat, ab ipso affectu dicta formido: vanis enim vana

Wenn er hingegen kraftlos ist, setzt er sich eher der Verachtung aus und erregt unweigerlich Gelächter. Was ist denn ohnmächtiger als Jähzorn, der sich unnötig erregt?

Sodann ist manches nicht deshalb, weil es mehr Schrecken erregt, auch vorzuziehen, und es wäre mir nicht recht, wenn man vom Weisen auch das Folgende sagen könnte: Wie ein wildes Tier hat auch der Weise einen Schutz: Man fürchtet ihn. Wie, fürchtet man nicht Fieber, Gicht und eine böse Geschwulst? Und ist etwa deshalb etwas Gutes daran? Ganz im Gegenteil wird alles gerade dadurch verachtenswert und garstig und schändlich, weshalb man es fürchtet. So ist der Zorn an sich häßlich und müßte keineswegs Angst einflößen, wird aber von ziemlich vielen Leuten gefürchtet, genau wie eine häßliche Maske von kleinen Kindern.

Und weiter: Die, die sie erwecken, haben Angst im Überfluß, und niemand wird gefürchtet, der selbst furchtlos sein kann. An dieser Stelle magst du an jenen Vers des Laberius denken, der auf dem Höhepunkt des Bürgerkriegs im Theater gesprochen wurde und das gesamte Publikum ebenso betroffen machte, als habe sich das Volksempfinden vernehmen lassen:

Unweigerlich muß viele fürchten, wen viele fürchten.

So hat die Natur es eingerichtet, daß nichts, was durch Furcht der anderen groß ist, selbst davon frei ist. Löwenherzen – wie schreckhaft sind sie bei den schwächsten Geräuschen! Die reißendsten Bestien schreckt ein Schatten, ein Wort, ein ungewohnter Geruch auf. Alles, was schreckt, erschrickt auch.

So gibt es keinen Grund, daß der Weise sich wünschen sollte, gefürchtet zu werden, noch daß er deshalb den Zorn für etwas Bedeutendes hielte, weil er Angst erweckt, zumal da man auch vor ganz Verächtlichem sich fürchten muß, zum Beispiel vor Gift ... (*Stelle korrupt überliefert*).

Und das ist nicht verwunderlich, da riesige Rudel wilder Tiere eine Schnur mit Federn daran nicht ausbrechen läßt und den versteckten Jägern entgegentreibt; man nennt sie eben wegen ihrer Wirkung „Wildscheuche": Wer nichts im

terrori sunt. Curriculi motus rotarumque versata facies leones redegit in caveam, elephantos porcina vox terret. Sic itaque ira metuitur, quomodo umbra ab infantibus, a feris rubens pinna. Non ipsa in se quicquam habet firmum aut forte, sed leves animos movet.

12 „Nequitia", inquit, „de rerum natura tollenda est, si velis iram tollere; neutrum autem potest fieri." Primum potest aliquis non algere, quamvis ex rerum natura hiems sit, et non aestuare, quamvis menses aestivi sint: aut loci beneficio adversus intemperiem anni tutus est aut patientia corporis sensum utriusque pervicit. Deinde verte istud: necesse est, prius virtutem ex animo tollas quam iracundiam recipias, quoniam cum virtutibus vitia non coeunt nec magis quisquam eodem tempore et iratus potest esse et vir bonus quam aeger et sanus.

„Non potest", inquit, „omnis ex animo ira tolli, nec hoc hominis natura patitur." Atqui nihil est tam difficile et arduum, quod non humana mens vincat et in familiaritatem perducat assidua meditatio, nullique sunt tam feri et sui iuris affectus, ut non disciplina perdomentur. Quodcumque sibi imperavit animus, obtinuit: quidam, ne umquam riderent, consecuti sunt; vino quidam, alii venere, quidam omni umore interdixere corporibus; alius contentus brevi somno vigiliam indefatigabilem extendit; didicerunt tenuissimis et adversis funibus currere et ingentia vixque humanis toleranda viribus onera portare et in immensam altitudinem mergi ac sine ulla respirandi vice perpeti maria:

Kopf hat, den ängstigt Nichtiges. Ein dahinfahrender Wagen und der Anblick rollender Räder haben schon Löwen in ihre Höhle getrieben, und Elefanten erschreckt Schweinegrunzen. In der Weise also fürchtet man den Zorn, wie Kinder einen Schatten, wie Wild die rote Feder. Er hat nichts Beständiges, Kraftvolles an sich, doch macht er auf schwache Gemüter Eindruck.

12 „Die Bosheit", meint man, „muß aus der Welt verschwinden, wenn der Zorn verschwinden soll. Doch beides ist unmöglich." Erstens ist es möglich, daß jemand nicht friert, obwohl es nach dem Naturgesetz Winter ist, und daß es jemand nicht heiß wird, obwohl die Sommermonate gekommen sind. Entweder hat er es seinem Aufenthaltsort zu danken, daß er vor der Ungunst der Jahreszeit sicher ist, oder sein abgehärteter Körper ist gegen beides völlig unempfindlich. Und dann dreh' jenen Satz doch um: Unweigerlich muß erst die Tugend aus der Seele verschwinden, ehe man dem Zorn Einlaß gewähren kann, da mit Tugenden die Laster sich nicht verbinden und jemand ebensowenig gleichzeitig zornig und ein guter Mensch sein kann wie gleichzeitig krank und gesund.

„Unmöglich", meint er, „kann der Zorn ganz aus der Seele verschwinden; das läßt die menschliche Natur auch gar nicht zu." Und dennoch ist nichts so mühsam und beschwerlich, daß es der Menschengeist nicht schaffen könnte und daß es nicht zur Gewohnheit würde durch ständige Übung; auch keine Leidenschaft ist so wild und ungebunden, daß sie nicht in strenge Zucht zu nehmen wäre. Alles, was der Geist sich je gebot, hat er erreicht. Manchen ist es gelungen, nie zu lachen; Wein versagten sich manche, andere die Liebe, manche jede Art von Flüssigkeit. Ein anderer begnügte sich mit wenig Schlaf und erhöhte seine unermüdliche Wachsamkeit immer mehr. Manche lernten auf ganz dünnen Schnüren aufwärts zu laufen, ungeheure, mit Menschenkräften kaum tragbare Lasten zu schleppen, in unergründliche Tiefe zu tauchen und ohne jede Unterbrechung zum Atemholen es im Meer auszuhalten. Tausend andere

mille sunt alia, in quibus pertinacia impedimentum omne transcendit ostenditque nihil esse difficile, cuius sibi ipsa mens patientiam indiceret.

Istis, quos paulo ante rettuli, aut nulla tam pertinacis studii aut non digna merces fuit: Quid enim magnificum consequitur ille, qui meditatus est per intentos funes ire, qui sarcinae ingenti cervices supponere, qui somno non summittere oculos, qui penetrare in imum mare? Et tamen ad finem operis non magno auctoramento labor pervenit; nos non advocabimus patientiam, quos tantum praemium exspectat, felicis animi immota tranquillitas? Quantum est effugere maximum malum, iram, et cum illa rabiem, saevitiam, crudelitatem, furorem, alios comites eius affectus!

13 Non est, quod patrocinium nobis quaeramus et excusatam licentiam dicentes aut utile id esse aut inevitabile; cui enim tandem vitio advocatus defuit? Non est, quod dicas excidi non posse: sanabilibus aegrotamus malis ipsaque nos in rectum genitos natura, si emendari velimus, iuvat. Nec, ut quibusdam visum est, arduum in virtutes et asperum iter est: plano adeuntur.

Non vanae vobis auctor rei venio. Facilis est ad beatam vitam via: inite modo bonis auspiciis ipsisque dis bene iuvantibus. Multo difficilius est facere ista, quae facitis.

Quid est animi quiete otiosius, quid ira laboriosius? Quid clementia remissius, quid crudelitate negotiosius? Vacat pudicitia, libido occupatissima est. Omnium denique virtutum tutela facilis est, vitia magno coluntur.

Fälle gibt es, in denen Beharrlichkeit jedes Hindernis überwand und zeigte, daß nichts schwer sei, was der Geist sich selbst zu tragen auferlegt.

Die soeben von mir erwähnten Leute erhielten entweder keinen Lohn für ihr hartnäckiges Bemühen oder keinen angemessenen – denn was erreicht der Großes, der sich geübt hat, über gespannte Seile zu laufen, den Nacken unter eine gewaltige Bürde zu beugen, nicht zum Schlaf die Augen zu schließen, in Meerestiefen vorzudringen? Und trotzdem brachte ihr Mühen um bescheidenen Sold Vollendung in ihrer Kunst. Sollten wir da nicht Geduld zu Hilfe rufen, da uns so hoher Lohn erwartet: Inneres Glück und unerschütterliche Ruhe? Wieviel ist es wert, dem höchsten Übel zu entfliehen, dem Zorn, und mit ihm der blinden Wut, Raserei, Brutalität, dem Wahnsinn und den anderen Begleitumständen dieser Leidenschaft?

13 Wir brauchen uns keinen Verteidiger zu suchen und keine Rechtfertigung der Haltlosigkeit, indem wir sagen, sie sei nützlich oder unvermeidbar – welchem Laster hat es je an einem Fürsprecher gefehlt? Du hast auch keinen Grund zu der Behauptung, man könne es nicht ausmerzen. Wir leiden an heilbaren Krankheiten, und da wir zum Guten geboren sind, hilft uns die Natur selbst, wenn wir uns nur bessern wollen. Und keineswegs ist, wie es manchen schien, der Aufstieg zur Vollendung steil und rauh. Man erreicht sie auf ebener Straße.

Ich komme nicht daher, um euch zu sinnlosem Tun zu raten: Leicht ist der Weg zu einem glücklichen Leben. Schlagt ihn nur ein unter guten Zeichen und während euch die Götter selbst gütig beistehen! Viel schwerer ist es, das zu treiben, was ihr treibt.

Was ist friedvoller als ein stilles Herz, was quälender als Zorn? Was ist sanfter als Milde, was hektischer als Grausamkeit? Zeit hat die Scham, die Lüsternheit ist stets beschäftigt. Schließlich: Alle Tugenden sind leicht zu hüten; Lastern frönt man um einen hohen Preis.

Debet ira removeri (hoc ex parte fatentur etiam, qui dicunt esse minuendam): tota dimittatur, nihil profutura est. Sine illa facilius rectiusque scelera tollentur, mali punientur et transducentur in melius. Omnia, quae debet sapiens, sine ullius malae rei ministerio efficiet nihilque admiscebit, cuius modum sollicitius observet.

14 Numquam itaque iracundia admittenda est, aliquando simulanda, si segnes audientium animi concitandi sunt, sicut tarde consurgentis ad cursum equos stimulis facibusque subditis excitamus. Aliquando incutiendus est iis metus, apud quos ratio non proficit: irasci quidem non magis utile est quam maerere, quam metuere.

„Quid ergo? Non incidunt causae, quae iram lacessant?" Sed tunc maxime illi opponendae manus sunt. Nec est difficile vincere animum, cum athletae quoque in vilissima sui parte occupati tamen ictus doloresque patiantur, ut vires caedentis exhauriant, nec, cum ira suadet, feriunt, sed cum occasio.

Pyrrhum maximum praeceptorem certaminis gymnici solitum aiunt iis, quos exercebat, praecipere, ne irascerentur; ira enim perturbat artem et, qua noceat, tantum aspicit. Saepe itaque ratio patientiam suadet, ira vindictam, et qui primis defungi malis potuimus, in maiora devolvimur. Quosdam unius verbi contumelia non aequo animo lata in exsilium proiecit, et qui levem iniuriam silentio ferre noluerant, gravissimis malis obruti sunt, indignatique aliquid ex plenissima libertate deminui servile in sese attraxerunt iugum.

Der Zorn muß eingedämmt werden – das geben teilweise auch die zu, die meinen, man müsse ihn abschwächen –; ganz sollte man ihm den Abschied geben: Er wird nichts nützen. Ohne ihn wird man müheloser und konsequenter Verbrechen aus der Welt schaffen, Schlechte strafen und ihrer Besserung zuführen. Jede Pflicht wird der Weise erfüllen, ohne dabei etwas Schlechtes zu Hilfe zu nehmen, und nichts beimengen, wobei er allzu ängstlich auf die Dosis achten müßte.

14 Nie sollte man also dem Zorn Einlaß gewähren, manchmal aber ihn vorspiegeln, wenn ein müdes Auditorium wachgerüttelt werden muß – wie wir auch Pferde, wenn sie sich nur langsam zum Rennen erheben, mit der Stachelpeitsche und brennenden Kienspänen aufscheuchen. Gelegentlich muß man denen Furcht einjagen, bei denen Vernunft nichts bewirkt. Jähzorn nützt freilich ebenso wenig wie Traurigkeit, wie Angst.

„Was soll das heißen? Gibt es nicht Anlässe, die Zorn hervorrufen?" Aber gerade dann muß man sich ihm besonders entgegenstellen. Es ist auch nicht schwer, mit seiner Gemütsbewegung fertig zu werden, wenn sogar Boxer, auch wenn es nur um den Kopf geht, das Verächtlichste an dem ganzen Kerl, schmerzhafte Schläge einstecken, um den, der zuschlägt, zu erschöpfen, und nicht zuschlagen, wenn es der Zorn rät, sondern bei passender Gelegenheit.

Pyrrhos, ein hochbefähigter Trainer für den sportlichen Wettkampf, soll regelmäßig denen, die er ausbildete, geraten haben, nicht wütend zu werden. Der Zorn beeinträchtigt die Technik und hat nur das eine Ziel, Schaden zuzufügen. Daher rät die Vernunft oft zum Hinnehmen, der Zorn zum Gegenschlag – doch wenn wir uns auch für die ersten Kränkungen revanchieren konnten, setzen wir uns nur schwereren aus. Manche hat der Umstand, daß sie ein Schimpfwort nicht mit Gleichmut hinnahmen, in die Verbannung getrieben; wer ein geringfügiges Unrecht nicht stillschweigend ertragen wollte, über den brach unsägliches Unheil herein, und wen eine kleine Beeinträchtigung schrankenloser Freiheit empörte, der legte sich selbst das Joch der Sklaverei auf.

15 „Ut scias", inquit, „iram habere in se generosi aliquid, liberas videbis gentes, quae iracundissimae sunt, ut Germanos et Scythas."

Quod evenit, quia fortia solidaque natura ingenia, antequam disciplina molliantur, prona in iram sunt. Quaedam enim non nisi melioribus innascuntur ingeniis, sicut valida arbusta et laeta quamvis neglecta tellus creat, et alta fecundi soli silva est: itaque et ingenia natura fortia iracundiam ferunt nihilque tenue et exile capiunt ignea et fervida, sed imperfectus illis vigor est ut omnibus, quae sine arte ipsius tantum naturae bono exsurgunt, sed, nisi cito domita sunt, quae fortitudini apta erant, audaciae temeritatique consuescunt. Quid? Non mitioribus animis vitia leniora coniuncta sunt, ut misericordia et amor et verecundia? Itaque saepe tibi bonam indolem malis quoque suis ostendam; sed non ideo vitia non sunt, si naturae melioris indicia sunt.

Deinde omnes istae feritate liberae gentes leonum luporumque ritu ut servire non possunt, ita nec imperare; non enim humani vim ingenii, sed feri et intractabilis habent; nemo autem regere potest, nisi qui et regi. Fere itaque imperia penes eos fuere populos, qui mitiore caelo utuntur. In frigora septentrionemque vergentibus immansueta ingenia sunt, ut ait poeta,

suoque simillima caelo.

16 „Animalia", inquit, „generosissima habentur, quibus multum inest irae." Errat, qui ea in exemplum hominis adducit, quibus pro ratione est impetus: homini pro impetu ratio est. Sed ne illis quidem omnibus idem prodest: iracundia leones adiuvat, pavor cervos, accipitrem impetus, colum-

15 „Damit du weißt", meint er, „daß am Zorn etwas Edelmütiges ist, sieh die freien Völker an, die äußerst jähzornig sind, wie etwa die Germanen und Skythen."

Das kommt daher, daß von Natur tapfere und kernige Menschen, ehe sie Disziplin zähmt, zum Zorn neigen. Bestimmte Anlagen entfalten sich nur bei den Besseren, so wie kräftiges und dichtes Gebüsch auch noch so vernachlässigter Boden hervorbringt und hoch auf fetter Scholle der Wald steht. Daher haben auch von Natur tapfere Menschen einen Hang zum Zorn und keinen Sinn für Zartes und Schwaches, hitzig und aufbrausend wie sie sind; ihrer Energie fehlt aber noch die sittliche Vollendung, wie allem, was sich ohne Formung allein nach seinen natürlichen Gaben entwickelt. Nimmt man sie also nicht schnell in die Zucht, dann gewöhnen sie, die die Anlage zur Tapferkeit besaßen, sich an blinde Verwegenheit. Wie denn, sind nicht sanfteren Gemütern schwächere Affekte mitgegeben wie Mitleid und Liebe und Verschämtheit? Darum kann ich dir oft auch eine gute Veranlagung an ihren schlechten Seiten nachweisen. Doch sind das nicht schon deshalb keine Fehler mehr, wenn sie bessere Anlagen verraten.

Weiterhin sind all diese durch ihre Wildheit freien Völker gleich Löwen und Wölfen zwar unfähig zur Knechtschaft, aber auch zur Herrschaft. Ihre Energie ist nicht die eines zivilisierten Menschen, sondern wild und unbändig. Herrschen kann aber nur, wer sich beherrschen kann. In der Regel war daher die Weltherrschaft im Besitz der Völker, die unter einem milderen Himmelsstrich leben. Wer im kalten Norden daheim ist, ist von unbezähmbarem Wesen und, wie der Dichter sagt, „seinem Himmel ganz ähnlich".

16 „Die Tiere", gibt man zu bedenken, „hält man für die edelsten, die viel Wut in sich tragen." Im Irrtum ist, wer sie als Vorbild für den Menschen nimmt, bei denen die Vernunft der dumpfe Trieb ersetzt; der Mensch hat statt des Triebs die Vernunft. Doch nicht einmal bei ihnen ist allen dasselbe hilfreich: Seine Wut nützt dem Löwen, Schreckhaftigkeit den Hirschen, dem Falken sein Ungestüm, der Taube

bam fuga. Quid, quod ne illud quidem verum est optima animalia esse iracundissima? Feras putem, quibus ex raptu alimenta sunt, meliores, quo iratiores; patientiam laudaverim boum et equorum frenos sequentium.

Quid est autem, cur hominem ad tam infelicia exempla revoces, cum habeas mundum deumque, quem ex omnibus animalibus, ut solus imitetur, solus intellegit? „Simplicissimi", inquit, „omnium habentur iracundi." Fraudulentis enim et versutis comparantur et simplices videntur, quia expositi sunt. Quos quidem non simplices dixerim, sed incautos. Stultis, luxuriosis nepotibusque hoc nomen imponimus et omnibus vitiis parum callidis.

17 „Orator", inquit, „iratus aliquando melior est." Immo imitatus iratum; nam et histriones in pronuntiando non irati populum movent, sed iratum bene agentes; et apud iudices itaque et in contione et ubicumque alieni animi ad nostrum arbitrium agendi sunt, modo iram, modo metum, modo misericordiam, ut aliis incutiamus, ipsi simulabimus, et saepe id, quod veri affectus non effecissent, effecit imitatio affectuum.

„Languidus", inquit, „animus est, qui ira caret." Verum est, si nihil habet ira valentius. Nec latronem oportet esse nec praedam, nec misericordem nec crudelem: illius nimis mollis animus, huius nimis durus est; temperatus sit sapiens et ad res fortius agendas non iram, sed vim adhibeat.

18 Quoniam, quae de ira quaeruntur, tractavimus, accedamus ad remedia eius. Duo autem, ut opinor, sunt: ne incidamus in iram et ne in ira pecce-

die Flucht. Und weiter: die Aussage stimmt nicht einmal, daß die besten Tiere die wütendsten sind. Die Raubtiere darf ich wohl für desto besser halten, je grimmiger sie sind. Ausdauer möchte ich loben an Rindern und Pferden, die sich dem Zügel fügen.

Doch was veranlaßt dich zu so unglücklichen Vergleichen mit dem Menschen, da du doch die Welt und Gott hast, den der Mensch von allen Lebewesen, damit er ihm ähnlich werden kann, als einziges erkennt? „Als besonders aufrichtig", wird eingewandt, „gelten die Jähzornigen." Freilich, beim Vergleich mit Arglistigen und Verschlagenen erscheinen sie aufrichtig, weil sie jeder gleich durchschaut. Ich möchte sie indes nicht aufrichtig nennen, sondern gedankenlos. Narren, Verschwender und Wüstlinge können wir ebenso nennen, dazu alle Lasterhaften, die nicht besonders raffiniert sind.

17 „Ein Redner", meint er, „ist in der Wut manchmal besser." Im Gegenteil: wenn er sich wütend gibt; auch Schauspieler beeindrucken bei ihren Auftritten das Publikum nicht, weil sie zornig sind, sondern weil sie einen Erzürnten gut spielen. Darum werden wir sowohl vor Gericht wie in der Volksversammlung und überall, wo wir andere nach unserem Gutdünken beeinflussen möchten, selbst bald Zorn, bald Besorgnis, bald Mitleid heucheln, um diese Regungen bei den anderen auszulösen, und oft erreicht, was ein echter Gefühlsausbruch nicht erreicht hätte, ein gespielter Gefühlsausbruch.

„Matt", meint er, „ist die Seele, die keinen Zorn kennt." Richtig, wenn sie über nichts verfügt, was kraftvoller ist als Zorn. Man darf weder Räuber sein noch Opfer, weder mitleidsvoll noch brutal: in einem Fall wäre man allzu weichherzig, im anderen zu roh. Der Weise sollte die rechte Mitte finden und setze, um etwas entschlossener auszuführen, nicht Zorn, sondern Energie ein.

18 Da wir nun die theoretischen Fragen, die den Zorn betreffen, abgehandelt haben, wollen wir uns den Hilfsmitteln gegen ihn zuwenden. Es sind meiner Meinung nach zwei: Nicht in Zorn zu geraten und sich nicht im Zorn zu

mus. Ut in corporum cura alia de tuenda valetudine, alia de restituenda praecepta sunt, ita aliter iram debemus repellere, aliter compescere.

Ut vitemus, quaedam ad universam vitam pertinentia praecipientur: ea in educationem et in sequentia tempora dividentur. Educatio maximam diligentiam plurimumque profuturam desiderat, facile est enim teneros adhuc animos componere, difficulter reciduntur vitia, quae nobiscum creverunt.

19 Opportunissima ad iracundiam fervidi animi natura est. Nam cum elementa sint quattuor, ignis, aquae, aeris, terrae potestates pares his sunt, fervida, frigida, arida atque umida: et locorum itaque et animalium et corporum et morum varietates mixtura elementorum facit, et proinde aliquo magis incumbunt ingenia, prout alicuius elementi maior vis abundavit. Inde quasdam umidas vocamus aridasque regiones et calidas et frigidas. Eadem animalium hominumque discrimina sunt: refert, quantum quisque umidi in se calidique contineat; cuius in illo elementi portio praevalebit, inde mores erunt. Iracundos fervida animi natura faciet: est enim actuosus et pertinax ignis; frigidi mixtura timidos facit: pigrum est enim contractumque frigus.

Volunt itaque quidam ex nostris iram in pectore moveri effervescente circa cor sanguine; causa, cur hic potissimum assignetur irae locus, non alia est, quam quod in toto corpore calidissimum pectus est. Quibus umidi plus inest, eorum paulatim crescit ira, quia non est paratus illis calor, sed motu adquiritur: itaque puerorum feminarumque

vergehen. Wie es im Hinblick auf unser leibliches Wohlbefinden einerseits für die Erhaltung der Gesundheit und andererseits für deren Wiederherstellung bestimmte Regeln gibt, so müssen wir auf eine Art den Zorn abwehren, auf andere ihn niederhalten.

Um ihn zu meiden, werden einige auf das ganze Leben bezogene Empfehlungen gegeben; diese verteilen sich auf die Erziehung und die Zeit danach. Die Erziehung erfordert höchste Gewissenhaftigkeit – und diese wird ungemein anschlagen; denn leicht ist es, ein kindliches Gemüt zu formen, aber nur mühsam beschneidet man Laster, die mit uns herangewachsen sind.

19 Am meisten zu Jähzorn neigt, wer von Natur hitzig ist. Denn da es vier Elemente gibt, Feuer, Wasser, Luft und Erde, entsprechen diesen vier Wirkungsbereiche: das Heiße, Kalte, Trockene und Feuchte. Was daher Örtlichkeiten, Lebewesen, Individuen und Charaktere unterscheidet, das bringt die Mischung der Elemente hervor, und demnach ist eine bestimmte Veranlagung desto ausgeprägter, je stärkere Wirkung irgendein Element entfaltet. Daher nennen wir bestimmte Landschaften feucht und trocken, warm und kalt. Die gleiche Unterscheidung ist bei Menschen und Tieren möglich; wichtig ist, wieviel Feuchtes und Warmes in jedem Wesen vorhanden ist. Das jeweils vorherrschende Element bestimmt den Charakter. Jähzornig macht eine hitzige Wesensart, denn etwas Lebhaftes, Unbändiges ist das Feuer. Beimischung von Kaltem macht ängstlich, denn träge und steif macht die Kälte.

Daher meinen einige von uns Stoikern, der Zorn entwickle sich in der Brust, wenn sich rings um das Herz das Blut erhitze. Der Grund dafür, weshalb man dem Zorn bevorzugt diesen Herkunftsort zuschreibt, ist natürlich, daß am ganzen Leib die Brust am heißesten ist. Bei Menschen, die mehr Feuchtes in sich haben, entwickelt sich der Zorn nur allmählich, weil bei ihnen die Hitze nicht ursprünglich vorhanden ist, sondern aus der Erregung gewonnen wird. Darum sind Zornesausbrüche bei Kindern und Frauen eher laut

irae acres magis quam graves sunt levioresque, dum incipiunt. Siccis aetatibus vehemens robustaque est ira, sed sine incremento, non multum sibi adiciens, quia inclinaturum calorem frigus insequitur: senes difficiles et queruli sunt ut aegri et convalescentes et quorum aut lassitudine aut detractione sanguinis exhaustus est calor; in eadem causa sunt siti fameque rabidi et, quibus exsangue corpus est maligneque alitur et deficit. Vinum incendit iras, quia calorem auget; pro cuiusque natura quidam ebrii effervescunt, quidam saucii. Neque ulla alia causa est, cur iracundissimi sint flavi rubentesque, quibus talis natura color est, qualis fieri ceteris inter iram solet; mobilis enim illis agitatusque sanguis est.

20 Sed quemadmodum natura quosdam proclives in iram facit, ita multae incidunt causae, quae idem possint, quod natura: alios morbus aut iniuria corporum in hoc perduxit, alios labor aut continua pervigilia noctesque sollicitae et desideria amoresque; quicquid aliud aut corpori nocuit aut animo, aegram mentem in querelas parat. Sed omnia ista initia causaeque sunt; plurimum potest consuetudo, quae si gravis est, alit vitium.

Naturam quidem mutare difficile est, nec licet semel mixta nascentium elementa convertere; sed in hoc nosse profuit, ut calentibus ingeniis subtrahas vinum, quod pueris Plato negandum putat et ignem vetat igne incitari. Ne cibis quidem implendi sint; distendentur enim corpora, et animi cum corpore tumescent. Labor illos citra lassitudinem exerceat, ut minuatur, non ut consumatur calor

als heftig und zu Beginn noch recht schwach. Wer in einem trockeneren Alter steht, dessen Zorn ist heftig und von Dauer, doch schwillt er nicht an: er steigert sich nicht erheblich, da auf den Höhepunkt der Erhitzung Abkühlung folgt. Alte Männer sind mürrisch und nörgelig, wie Kranke und Genesende und Leute, deren Heißblütigkeit Erschöpfung oder ein Aderlaß gedämpft hat. In gleicher Lage ist, wer vor Durst und Hunger wahnsinnig wird und wer bei Blutarmut nur karge Kost bekommt und verdämmert. Wein entfacht den Zorn, da er die Wärme steigert; je nach ihrem Naturell erhitzen sich manche im Rausch, manche nach einer Verwundung. Und gerade das ist auch der Grund dafür, daß Menschen mit blaßgelber oder rötlicher Haut am jähzornigsten sind: sie haben von Natur die Hautfarbe, die bei anderen während eines Wutanfalls auftritt. Bei ihnen ist nämlich das Blut leicht erregbar und unruhig.

20 Doch wie die Natur manche zum Zorn neigen läßt, so ergeben sich auch viele Anlässe, die dasselbe bewirken wie die Natur. Die einen hat eine Krankheit oder körperliche Mißhandlung dazu gebracht, andere Überanstrengung und ständiges Wachbleiben und ununterbrochene Nachtruhe und Sehnsucht und Liebesschmerz. Alles, was sonst entweder den Leib oder die Seele kränkt, läßt aus dem gequälten Herzen die Klagen quellen. Doch das alles sind Auslöser und Motive; am meisten vermag Gewöhnung, die, sofern sie stark ist, das Laster fördert.

Freilich ist es schwer, sein Wesen zu wandeln, und unmöglich lassen sich die bei der Geburt ein für allemal gemischten Elemente austauschen. Doch ist es in diesem Fall gut zu wissen, daß man Feuerköpfen den Wein vorenthalten soll. Platon meint, man solle ihn den Kindern versagen, und warnt davor, Öl ins Feuer zu gießen. Nicht einmal mit Nahrung sollte man sie überfüttern; damit stopft man nur ihren Leib voll, und die Seele bläht sich zugleich mit dem Körper. Mühevolle Tätigkeit soll sie in Atem halten, doch nicht bis zur Entkräftung, damit ihre innere Glut sich verringert, nicht damit sie erlischt, und damit jene überschäumende Lei-

nimiusque ille fervor despumet. Lusus quoque proderunt; modica enim voluptas laxat animos et temperat. Umidioribus siccioribusque et frigidis non est ab ira periculum, sed maiora vitia metuenda sunt, pavor et difficultas et desperatio et suspiciones. Mollienda itaque fovendaque talia ingenia et in laetitiam evocanda sunt. Et quia aliis contra iram, aliis contra tristitiam remediis utendum est nec dissimillimis tantum ista, sed contrariis curanda sunt, semper ei occurremus, quod increverit.

21 Plurimum, inquam, proderit pueros statim salubriter institui; difficile autem regimen est, quia dare debemus operam, ne aut iram in illis nutriamus aut indolem retundamus. Diligenti observatione res indiget, utrumque enim, et quod extollendum et quod deprimendum est, similibus alitur, facile autem etiam attendentem similia decipiunt.

Crescet licentia spiritus, servitute comminuitur; assurgit, si laudatur et in spem sui bonam adducitur, sed eadem ista insolentiam et iracundiam generant; itaque sic inter utrumque regendus est, ut modo frenis utamur, modo stimulis.

Nihil humile, nihil servile patiatur; numquam illi necesse sit rogare suppliciter nec prosit rogasse, potius causae suae et prioribus factis et bonis in futurum promissis donetur.

denschaftlichkeit sich austoben kann. Auch Spiele können nützlich sein, denn recht bemessene Unterhaltung entspannt und besänftigt. Allzu feuchte und trockene sowie kühle Naturen sind vom Zorn nicht gefährdet, doch haben sie sich vor größeren Schwächen zu hüten, vor Ängstlichkeit, mürrischem Wesen, Verzweiflung und Mißtrauen. Darum sollte man derartigen Menschen sanft und liebevoll begegnen und sie heiter stimmen. Und da man andere Mittel gegen den Zorn, andere gegen Mißmut anwenden muß und beide Affekte nicht nur eine grundverschiedene, sondern eine gegensätzliche Behandlung erfordern, werden wir stets dem begegnen, was überwiegt.

21 Den größten Nutzen, sagte ich, bringt es, wenn schon die Kinder in einer ihnen zuträglichen Weise unterrichtet werden. Doch ist es schwer, die rechte Mitte zu finden, weil wir darauf zu achten haben, daß wir nicht entweder ihre Anlage zum Zorn fördern oder ihre angeborenen Fähigkeiten nicht zur Entfaltung kommen lassen. Die Sache erfordert sorgsame Beobachtung, denn beides, sowohl, was der Entwicklung und auch, was der Eindämmung bedarf, erwächst aus Ähnlichem; es ist somit leicht möglich, daß sich selbst ein aufmerksamer Lehrer von Ähnlichem täuschen läßt.

Bei schrankenloser Freiheit wächst die Selbstsicherheit, bei Unterdrückung wird sie gebrochen; sie steigert sich, wenn sie Anerkennung findet und sich etwas zutrauen darf. Eben daraus aber entwickelt sich Unverschämtheit und Jähzorn. So muß sie derart zwischen den Extremen gehalten werden, daß wir uns bald der Zügel bedienen, bald der Peitsche.

Ein Kind sollte nicht zu kriecherischen, nicht zu servilen Handlungen veranlaßt werden. Nie darf es sich zu flehenden Bitten gezwungen sehen, und es darf ihm keinen Vorteil bringen, falls es das getan hat. Eher soll man aufgrund seiner Entschuldigung, seines bisherigen Verhaltens und der guten Hoffnungen, die es für die Zukunft erweckt, auf Strafe verzichten.

In certaminibus aequalium nec vinci illum patiamur nec irasci; demus operam, ut familiaris sit iis, cum quibus contendere solet, ut in certamine assuescat non nocere velle, sed vincere; quotiens superaverit et dignum aliquid laude fecerit, attolli, non gestire patiamur: gaudium enim exultatio, exultationem tumor et nimia aestimatio sui sequitur.

Dabimus aliquod laxamentum, in desidiam vero otiumque non resolvemus et procul a contactu deliciarum retinebimus; nihil enim magis facit iracundos quam educatio mollis et blanda: ideo unicis, quo plus indulgetur, pupillisque, quo plus licet, corruptior animus est. Non resistet offensis, cui nihil umquam negatum est, cuius lacrimas sollicita semper mater abstersit, cui de paedagogo satisfactum est.

Non vides, ut maiorem quamque fortunam maior ira comitetur? In divitibus et nobilibus et magistratibus praecipue apparet, cum, quicquid leve et inane in animo erat, secunda se aura sustulit. Felicitas iracundiam nutrit, ubi aures superbas assentatorum turba circumstetit: „Tibi enim ille respondeat? Non pro fastigio te tuo metiris; ipse te proicis", et alia, quibus vix sanae et ab initio bene fundatae mentes restiterunt.

Longe itaque ab assentatione pueritia removenda est: audiat verum. Et timeat interim, vereatur semper, maioribus assurgat. Nihil per iracundiam exoret: quod flenti negatum fuerit, quieto offeratur. Et divitias parentium in conspectu habeat, non in usu. Exprobrentur illi perperam facta. Per-

Beim sportlichen Wettbewerb mit Gleichaltrigen wollen wir nicht hingehen lassen, daß es sich geschlagen gibt oder wütend wird. Sorgen wir dafür, daß es sich mit seinen Partnern anfreundet und sich im Kampf daran gewöhnt, nicht weh zu tun, sondern siegen zu wollen. Sooft es gewonnen und etwas Anerkennenswertes geleistet hat, gestatten wir ihm seinen Stolz, nicht aber Prahlerei. Auf stille Freude folgt ausgelassene Heiterkeit, auf diese Einbildung und übergroßes Selbstwertgefühl.

Wir werden ihm ein wenig Erholung gestatten, es aber nicht in Trägheit und Müßiggang erschlaffen lassen und von der Bekanntschaft mit Ausschweifungen fernhalten. Nichts macht nämlich Kinder jähzorniger als eine energielose und verzärtelte Erziehung. Je mehr Nachsicht man daher Einzelkindern schenkt und je mehr Muttersöhnchen gestattet ist, desto verdorbener sind sie. Keinen Widerstandswillen bei Mißlichem hat, wem nie etwas verwehrt wurde, wessen Tränen eine stets besorgte Mutter abwischte, wer gegen seinen Lehrer recht bekam.

Siehst du nicht, wie auf jedes größere Glück größere Reizbarkeit folgt? Bei Reichen und Adligen und Würdenträgern ist das besonders ausgeprägt, wenn alles Leichtfertige und Eitle in ihnen hervorbricht, wenn sie Rückenwind spüren. Erfolg gibt dem Jähzorn Nahrung, sobald uns die Schar der Speichellecker umdrängt und uns ins hochherrschaftliche Ohr zischelt: „Der sollte dir ebenbürtig sein? Du beurteilst dich nicht nach deiner hohen Stellung; du setzt dich selbst herab!" Dazu weiteres, dem selbst ein verständiger und von Anfang an wohlverwahrter Geist sich nur mit Mühe verschließen kann.

Daher muß man die Jugend vor der Schmeichelei behüten: sie mag die Wahrheit hören. Auch Furcht soll sie manchmal verspüren, Ehrfurcht stets, und sich vor den Älteren erheben. Nichts soll sie im Jähzorn erzwingen. Was man einem weinenden Kind vorenthielt, soll es, wieder beruhigt, erhalten. Und den Reichtum der Eltern darf es sehen, aber nicht ausgeben. Verfehlungen halte man ihm vor. Sachdienlich

tinebit ad rem praeceptores paedagogosque pueris placidos dari: proximis applicatur omne, quod tenerum est et in eorum similitudinem crescit; nutricum et paedagogorum rettulere mox in adulescentiam mores. Apud Platonem educatus puer, cum ad parentes relatus vociferantem videret patrem: „Numquam", inquit, „hoc apud Platonem vidi." Non dubito, quin citius patrem imitatus sit quam Platonem. Tenuis ante omnia victus sit et non pretiosa vestis et similis cultus cum aequalibus: non irascetur aliquem sibi comparari, quem ab initio multis parem feceris.

22   Sed haec ad liberos nostros pertinent; in nobis quidem sors nascendi et educatio nec vitii locum nec iam praecepti habet: sequentia ordinanda sunt. Contra primas itaque causas pugnare debemus; causa autem iracundiae opinio iniuriae est, cui non facile credendum est. Ne apertis quidem manifestisque statim accedendum; quaedam enim falsa veri speciem ferunt. Dandum semper est tempus: veritatem dies aperit. Ne sint aures criminantibus faciles: hoc humanae naturae vitium suspectum notumque nobis sit, quod, quae inviti audimus, libenter credimus et, antequam iudicemus, irascimur. Quid, quod non criminationibus tantum, sed suspicionibus impellimur et ex vultu risuque alieno peiora interpretati innocentibus irascimur? Itaque agenda est contra se causa absentis et in suspenso ira retinenda; potest enim poena dilata exigi, non potest exacta revocari.

23   Notus est ille tyrannicida, qui imperfecto opere comprehensus et ab Hippia tortus, ut conscios

wird sein, wenn man den Kindern freundliche Lehrer und Erzieher gibt. An seiner nächsten Umgebung orientiert sich der Jugendliche und formt sich an ihrem Vorbild. Der Charakter von Ammen und Erziehern hat bald die jungen Menschen geprägt. Ein Knabe war bei Platon erzogen worden. Als man ihn wieder zu seinen Eltern brachte und er seinen Vater toben sah, meinte er: „Nie habe ich das bei Platon gesehen." Ich zweifle nicht, daß er es rascher dem Vater nachtat als Platon. Karg sei vor allem die Ernährung, nicht teuer die Kleidung, und die Behandlung entspreche der von Gleichaltrigen. Der wird sich später nicht entrüsten, wenn man ihn mit jemand vergleicht, den man von Kindheit an vielen gleich gemacht hat.

22 Doch das geht unsere Kinder an. Bei uns bringt es nichts mehr, das Los unserer Geburt und unsere Erziehung zu bemängeln oder guten Rat zu spenden. Wir müssen, was noch vor uns liegt, gehörig einzurichten suchen. Also müssen wir gegen die ersten Anlässe kämpfen. Grund für einen Zornesausbruch ist die Annahme eines Unrechts, die man nicht leichtfertig für zutreffend halten darf. Nicht einmal, wenn die Sache klar und offenkundig ist, sollte man sich gleich darauf einlassen; mancher Trug erweckt den Anschein von Wahrheit. Man muß sich stets eine Frist setzen; was wahr ist, offenbart die Zeit. Wir sollten unser Ohr nicht den Verleumdern leihen; diese menschliche Charakterschwäche sei uns verdächtig, und vertraut sei uns, daß, was wir ungern hören, leicht bei uns Glauben findet, und wir, ehe wir uns ein Urteil gebildet haben, zürnen. Wir lassen uns ja nicht nur von Anschuldigungen, sondern von Vermutungen bestimmen, lesen aus der Miene und dem Lachen eines anderen das Schlechtere heraus und ergrimmen gegen Unschuldige. Daher muß man gegen sich selbst die Sache des Abwesenden vertreten und seinen Zorn zurückhalten: Möglich ist's, eine aufgeschobene Strafe zu vollziehen, unmöglich, eine vollzogene ungeschehen zu machen.

23 Bekannt ist jener Tyrannenmörder, der, ehe er sein Vorhaben noch hatte ausführen können, verhaftet und auf

indicaret, circumstantes amicos tyranni nominavit
quibusque maxime caram salutem eius sciebat; et
cum ille singulos, ut nominati erant, occidi iussisset, interrogavit, ecquis superesset. „Tu", inquit,
„solus; neminem enim alium, cui carus esses, reli-
qui." Effecit ira, ut tyrannus tyrannicidae manus
accommodaret et praesidia sua gladio suo caede-
ret.

Quanto animosius Alexander! Qui cum legisset
epistulam matris, qua admonebatur, ut a veneno
Philippi medici caveret, acceptam potionem non
deterritus bibit: plus sibi de amico suo credidit.
Dignus fuit, qui innocentem haberet, dignus, qui
faceret! Hoc eo magis in Alexandro laudo, quia
nemo tam obnoxius irae fuit; quo rarior autem
moderatio in regibus, hoc laudanda magis est.

Fecit hoc et C. Caesar ille, qui victoria civili
clementissime usus est: cum scrinia deprendisset
epistularum ad Cn. Pompeium missarum ab iis,
qui videbantur aut in diversis aut in neutris fuisse
partibus, combussit. Quamvis moderate soleret
irasci, maluit tamen non posse; gratissimum putavit genus veniae nescire, quid quisque peccasset.

24 Plurimum mali credulitas facit. Saepe ne au-
diendum quidem est, quoniam in quibusdam rebus satius est decipi quam diffidere. Tollenda ex
animo suspicio et coniectura, fallacissima irritamenta: „Ille me parum humane salutavit; ille os-
culo meo non adhaesit; ille inchoatum sermonem
cito abrupit; ille ad cenam non vocavit; illius vultus aversior visus est." Non deerit suspicioni ar-

Befehl des Hippias gefoltert wurde, damit er seine Mitwisser verrate. Der nannte die Freunde des Tyrannen, die ihn umstanden, und die, von denen er wußte, daß ihnen sein Leben besonders teuer war. Und als sie jener nacheinander, sowie sie benannt worden waren, hatte hinrichten lassen, fragte er, ob noch einer übrig sei. „Du", war die Antwort, „allein; denn keinen anderen, dem an dir liegen könnte, habe ich übriggelassen." Ursache war der Zorn, daß der Tyrann dem Tyrannenmörder die Hand lieh und seine Helfer durch sein Schwert töten ließ.

Wieviel hochherziger war doch Alexander! Als dieser den Brief seiner Mutter gelesen hatte, worin sie ihn mahnte, sich vor Vergiftung durch seinen Arzt Philippos zu hüten, ließ er sich nicht schrecken, nahm die Arznei und trank. Er traute mehr dem eigenen Urteil über seinen Freund. Wert war er der Uneigennützigkeit des Freundes, wert, sie zu erweisen. Das rühme ich um so mehr an Alexander, weil niemand dem Zorn so verfallen war wie er. Je seltener aber Selbstbeherrschung bei Königen ist, um so mehr ist sie zu loben.

So handelte auch der große Caesar, der nach seinem Sieg im Bürgerkrieg die größte Nachsicht zeigte: Als er Kapseln mit Briefen an Pompeius fand, und zwar von Leuten, die anscheinend auf der anderen Seite gestanden oder keiner der beiden Parteien angehört hatten, verbrannte er sie. Obwohl er sich im Zorn zu beherrschen wußte, wäre es ihm doch lieber gewesen, ihn nicht zu kennen. Die schönste Art Verzeihung war seiner Meinung nach, nicht zu wissen, was ein jeder verbrochen habe.

24 Das meiste Unheil stiftet die Leichtgläubigkeit. Häufig sollte man nicht einmal zuhören, weil es gelegentlich besser ist, etwas nicht wahrzunehmen als mißtrauisch zu werden. Verbannen muß man aus seinem Herzen Verdacht und Mutmaßung als äußerst unzuverlässige Entscheidungshelfer: „Der hat mich recht unfreundlich gegrüßt, jener meinen Kuß nur flüchtig erwidert, der ein begonnenes Gespräch abrupt beendet, der mich nicht zum Abendessen eingeladen, und die Blicke von jenem schienen mir ziemlich feindselig."

gumentatio: simplicitate opus est et benigna rerum aestimatione. Nihil, nisi quod in oculos incurret manifestumque erit, credamus, et quotiens suspicio nostra vana apparuerit, obiurgemus credulitatem; haec enim castigatio consuetudinem efficiet non facile credendi.

25 Inde et illud sequitur, ut minimis sordidissimisque rebus non exacerbemur. Parum agilis est puer aut tepidior aqua poturo aut turbatus torus aut mensa neglegentius posita: ad ista concitari insania est. Aeger et infelicis valetudinis est, quem levis aura contraxit, affecti oculi, quos candida vestis obturbat, dissolutus deliciis, cuius latus alieno labore condoluit.

Mindyriden aiunt fuisse ex Sybaritarum civitate, qui, cum vidisset fodientem et altius rastrum allevantem, lassum se fieri questus vetuit illum opus in conspectu suo facere; bilem habere saepius questus est, quod foliis rosae duplicatis incubuisset. Ubi animum simul et corpus voluptates corrupere, nihil tolerabile videtur, non quia dura, sed quia mollis patitur. Quid est enim, cur tussis alicuius aut sternutamentum aut musca parum curiose fugata in rabiem agat aut obversatus canis aut clavis neglegentis servi manibus elapsa? Feret iste aequo animo civile convicium et ingesta in contione curiave maledicta, cuius aures tracti subsellii stridor offendit? Perpetietur hic famem et aestivae expeditionis sitim, qui puero male diluenti nivem irascitur? Nulla itaque res magis iracundiam alit quam luxuria intemperans et impatiens: dure tractandus animus est, ut ictum non sentiat nisi gravem.

Der Verdacht wird um eine Beweisführung nicht verlegen sein. Aufrichtigkeit braucht es und eine positive Sicht der Dinge. Nur was ins Auge fällt und mit Händen zu greifen ist, das wollen wir glauben, und immer wenn unser Argwohn sich als unbegründet erwiesen hat, wollen wir uns unsere Leichtgläubigkeit vorwerfen. Aus solcher Selbstkritik erwächst die Einstellung, nicht kurzerhand zu glauben.

25 Daraus ergibt sich auch, daß wir uns über Kleinigkeiten und armseliges Zeug nicht aufregen. Nicht flink genug ist der Sklave, das Trinkwasser ziemlich lau, das Bett schlecht gemacht, der Tisch recht lieblos gedeckt. Erbitterung deswegen ist unsinnig! Kränklich und in übler Verfassung ist jemand, den ein leichtes Lüftchen zusammenschauern ließ, angegriffen die Augen, die ein weißes Tuch stört, im Wohlleben verkommen, wer bei fremder Arbeit Seitenstechen kriegte.

Mindyrides aus Sybaris war es angeblich: als er jemand bei der Feldarbeit zusah und der mit seiner Hacke recht hoch ausholte, klagte er, das erschöpfe ihn, und verbot, solche Arbeit vor seinen Augen zu tun. Ihm sei die Galle übergelaufen, jammerte er öfter, weil er auf geknickten Rosenblättern gelegen habe. Wem Leib zugleich und Seele die Genußsucht verdorben hat, dem scheint nichts erträglich – nicht weil ihm Hartes, sondern weil es einem Weichling widerfährt. Was gäbe es auch für einen Grund dafür, daß uns jemands Husten oder Niesen oder eine nicht energisch genug verscheuchte Fliege rasend werden läßt oder ein Hund, der herumstreicht, oder ein Schlüssel, wenn er einem unachtsamen Sklaven aus der Hand fiel? Erträgt es ein solcher Mensch mit Fassung, daß Mitbürger ihn verspotten und er in Volksversammlung und Rathaus mit Schimpf überhäuft wird, wenn seine Ohren schon beim Rücken einer Bank das Quietschen stört? Erträgt er Hunger und auf einem Sommerfeldzug den Durst, wenn er sich über einen Burschen aufregt, der ihm nicht rechtzeitig Schneewasser bringt? Ja, nichts steigert den Jähzorn eher als schrankenlose, unbeherrschte Schwelgerei. Abhärtung braucht die Seele, damit sie keine anderen Schläge spürt als schwere.

26 Irascimur aut iis, a quibus ne accipere quidem potuimus iniuriam, aut iis, a quibus accipere iniuriam potuimus. Ex prioribus quaedam sine sensu sunt, ut liber, quem minutioribus litteris scriptum saepe proiecimus et mendosum laceravimus, ut vestimenta, quae, quia displicebant, scidimus: his irasci quam stultum est, quae iram nostram nec meruerunt nec sentiunt!

„Sed offendunt nos videlicet, qui illa fecerunt." Primum saepe, antequam hoc apud nos distinguamus, irascimur. Deinde fortasse ipsi quoque artifices excusationes iustas afferent: alius non potuit melius facere quam fecit nec ad tuam contumeliam parum didicit; alius non in hoc, ut te offenderet, fecit. Ad ultimum, quid est dementius quam bilem in homines collectam in res effundere!

Atqui ut his irasci dementis est, quae anima carent, sic mutis animalibus, quae nullam iniuriam nobis faciunt, quia velle non possunt; non est enim iniuria nisi a consilio profecta. Nocere itaque nobis possunt ut ferrum aut lapis, iniuriam quidem facere non possunt. Atqui contemni se quidam putant, ubi idem equi obsequentes alteri equiti, alteri contumaces sunt, tamquam iudicio, non consuetudine et arte tractandi quaedam quibusdam subiectiora sint. Atqui ut his irasci stultum est, ita pueris et non multum a puerorum prudentia distantibus; omnia enim ista peccata apud aequum iudicem pro innocentia habent imprudentiam.

27 Quaedam sunt, quae nocere non possint nullamque vim nisi beneficam et salutarem habent, ut di immortales, qui nec volunt obesse nec possunt; natura enim illis mitis et placida est, tam longe

26 Unser Zorn wendet sich entweder dahin, von wo wir nicht einmal Kränkung erfahren konnten, oder dahin, von wo wir Kränkung erfahren konnten. Zum erstgenannten gehört manches Unbelebte, etwa ein Buch, das wir wegen seiner winzigen Schrift schon oft fortgeworfen oder, weil es voll von Fehlern ist, zerrissen haben, etwa Kleider, die wir, da sie uns mißfielen, zerfetzten. Darüber zu zürnen, wie dumm ist das: diese Dinge haben ja weder unseren Zorn verdient noch fühlen sie ihn.

„Aber die kränken uns selbstverständlich, die dergleichen verfertigt haben." Zum ersten geraten wir oft, schon ehe wir diesen Unterschied machen, in Wut. Sodann können vielleicht auch die Handwerker selbst stichhaltige Entschuldigungen vorbringen: Der eine war nicht in der Lage, besser zu arbeiten als er gearbeitet hat, und hat nicht, um dich zu kränken, zu wenig gelernt. Der andere hat nicht zu dem Zweck, um dich zu ärgern, seine Arbeit getan. Schließlich: Was ist unsinniger, als den Zorn, den man gegen Menschen angesammelt hat, an Dingen auszulassen?

Wenn es nun aber unsinnig ist, sich über Unbelebtes zu erregen, dann gilt das auch für die sprachlosen Tiere, die uns nicht kränken können, weil ihnen dazu der Wille fehlt. Kränkung ist nur, was auf Vorsatz zurückgeht. Schaden können sie uns also wie ein Messer oder ein Stein, kränken aber können sie uns nicht. Und doch fühlen sich manche Leute beleidigt, wenn die gleichen Pferde, fügsam beim einen Reiter, beim anderen widerspenstig sind, als ob aus Vorsatz und nicht aufgrund von Gewöhnung und geschickter Behandlung manche Tiere manchen Leuten williger folgten. Und wie Zorn über Tiere töricht wäre, so auch über Kinder und Leute, die nicht wesentlich gescheiter sind als Kinder. Alle ihre Vergehen finden vor einem gerechten Richter Entschuldigung wegen ihres Unverstands.

27 Manches gibt es, was nicht schaden kann und Macht nur dazu hat, Gutes und Segen zu spenden, zum Beispiel die unsterblichen Götter, die weder feindlich sein wollen noch können. Ihrem Wesen nach sind sie milde und freundlich,

remota ab aliena iniuria quam a sua. Dementes itaque et ignari veritatis illis imputant saevitiam maris, immodicos imbres, pertinaciam hiemis, cum interim nihil horum, quae nobis nocent prosuntque, ad nos proprie derigatur. Non enim nos causa mundo sumus hiemem aestatemque referendi: suas ista leges habent, quibus divina exercentur. Nimis nos suspicimus, si digni nobis videmur, propter quos tanta moveantur. Nihil ergo horum in nostram iniuriam fit, immo contra nihil non ad salutem.

Quaedam esse diximus, quae nocere non possint, quaedam, quae nolint. In iis erunt boni magistratus parentesque et praeceptores et iudices, quorum castigatio sic accipienda est, quomodo scalpellum et abstinentia et alia, quae profutura torquent. Affecti sumus poena: succurrat non tantum, quid patiamur, sed, quid fecerimus; in consilium de vita nostra mittamur; si modo verum ipsi nobis dicere voluerimus, pluris litem nostram aestimabimus.

28 Si volumus aequi rerum omnium iudices esse, hoc primum nobis persuadeamus neminem nostrum esse sine culpa; hinc enim maxima indignatio oritur: „Nihil peccavi" et „Nihil feci". Immo nihil fateris! Indignamur aliqua admonitione aut coercitione nos castigatos, cum illo ipso tempore peccemus, quod adicimus malefactis arrogantiam et contumaciam. Quis est iste, qui se profitetur omnibus legibus innocentem? Ut hoc ita sit, quam angusta innocentia est ad legem bonum esse! Quanto latius officiorum patet quam iuris regula! Quam multa pietas, humanitas, liberalitas, iustitia, fides exigunt, quae omnia extra publicas tabu-

und gleichermaßen fremder wie eigener Kränkung enthoben. Toren und für die Wahrheit Blinde sind es also, die ihnen die Schuld am Toben des Meeres geben, an übermäßigen Regenfällen und an einem langen Winter, während doch nichts von dem, was für uns nachteilig oder nützlich ist, vorzugsweise auf uns abzielt. Wir sind ja für die Natur nicht der Grund, daß sie es Winter und wieder Sommer werden läßt. Das hat eigene Gesetze, die das Weltgeschehen bestimmen. Wir bilden uns zu viel ein, wenn wir es zu verdienen meinen, daß unsretwegen so Gewaltiges in Gang kommt. Nichts von dem also geschieht, um uns zu kränken, ganz im Gegenteil: nichts gibt es, was nicht unserem Heil diente!

Manches gibt es nach unserer Feststellung, das nicht schaden kann, manches, das es nicht will. Dazu gehören gute Staatsbeamte und Eltern und Lehrer und Richter, deren Strafmaßnahmen man so beurteilen muß wie einen ärztlichen Eingriff, eine Fastenkur und anderes, das zu unserem Nutzen weh tut. Man hat uns bestraft. Dann sollte uns nicht nur bewußt sein, was wir dulden müssen, sondern auch, was wir taten, und uns veranlaßt sehen, über unser Leben Gericht zu halten. Wenn wir uns nur selbst die Wahrheit eingestehen, so setzen wir die Buße höher an.

28 Sofern wir gerecht in allen Dingen richten wollen, müssen wir erst zu der Überzeugung kommen, daß keiner von uns ohne Schuld ist. Deshalb kann man sich ja am meisten entrüsten: „Nichts hab' ich verbrochen!" und „Nichts hab' ich getan!" Nein, nichts gibst du zu! Wir empören uns, daß wir durch einen strengen Verweis oder eine Zwangsmaßnahme zur Ordnung gerufen wurden, und machen zur selben Zeit den Fehler, daß wir zu unseren Übeltaten noch Anmaßung und Starrsinn kommen lassen. Wer könnte frei bekennen, er habe noch gegen kein einziges Gesetz verstoßen? Und wäre es der Fall, was für eine begrenzte Unschuld ist es, nach dem Gesetz gut zu sein! Wieviel weiter reichen die Gebote der Pflicht als die des Rechts! Wieviel fordern Nächstenliebe, Menschlichkeit, Freigebigkeit, Gerechtigkeit und Treue – und das steht nicht auf den Gesetzestafeln!

las sunt! Sed ne ad illam quidem artissimam innocentiae formulam praestare nos possumus: alia fecimus, alia cogitavimus, alia optavimus, aliis favimus; in quibusdam innocentes sumus, quia non successit. Hoc cogitantes aequiores simus delinquentibus, credamus obiurgantibus; utique bonis ne irascamur (cui enim non, si bonis quoque?), minime diis; non enim illorum, sed lege mortalitatis patimur quicquid incommodi accidit.

„At morbi doloresque incurrunt." Utique aliquo defungendum est domicilium putre sortitis.

Dicetur aliquis male de te locutus: cogita, an prior feceris, cogita, de quam multis loquaris. Cogitemus, inquam, alios non facere iniuriam, sed reponere, alios pro nobis facere, alios coactos facere, alios ignorantes, etiam eos, qui volentes scientesque faciunt, ex iniuria nostra non ipsam iniuriam petere: aut dulcedine urbanitatis prolapsus est aut fecit aliquid, non ut nobis obesset, sed quia consequi ipse non poterat, nisi nos repulisset; saepe adulatio, dum blanditur, offendit. Quisquis ad se rettulerit, quotiens ipse in suspicionem falsam inciderit, quam multis officiis suis fortuna speciem iniuriae induerit, quam multos post odium amare coeperit, poterit non statim irasci, utique si sibi tacitus ad singula, quibus offenditur, dixerit: „Hoc et ipse commisi."

Sed ubi tam aequum iudicem invenies? Is, qui nullius non uxorem concupiscit et satis iustas causas putat amandi, quod aliena est, idem uxorem suam aspici non vult; et fidei acerrimus exactor est

Doch nicht einmal jenem bescheidensten Maßstab der Unschuld können wir genügen: das eine haben wir getan, anderes beabsichtigt, das eine selbst gewollt, das anderen durchgehen lassen! In manchem sind wir nur deshalb schuldlos, weil der Erfolg ausblieb. Bedenken wir das, seien wir Sündern gnädiger und hören wir auf unsere Kritiker! Keinesfalls soll unser Groll die Guten treffen – wen träfe er denn nicht, wenn sogar sie? – und am wenigsten die Götter, denn nicht nach ihrem Gesetz, sondern nach dem unserer Sterblichkeit müssen wir alles leiden, was uns an Unbill widerfährt.

„Doch Kümmernisse und Schmerzen befallen uns." Mit irgend etwas müssen Leute jedenfalls fertig werden, die ein baufälliges Haus bekommen haben.

Da sagt man, jemand habe schlecht von dir geredet. Denke nach, ob du es zuerst getan hast, denke nach, über wieviele *du* redest! Wir wollen, meine ich, in Rechnung stellen, daß die einen kein Unrecht tun, sondern es heimzahlen, daß andere es für uns tun, andere es nur gezwungen tun, andere unwissend, und daß auch die, die es mit Absicht und wissentlich tun, selbst wenn sie uns kränken, nicht die Kränkung als solche im Sinne haben: Entweder konnte sich jemand einen guten Witz nicht verkneifen oder tat etwas nicht, um uns zu schädigen, sondern weil er nur, wenn er uns beiseite stieß, sein Ziel erreichen konnte. Oft auch kränkt Kriecherei, während sie uns schmeicheln will. Jeder, der sich vor Augen führt, wie oft er selbst in falschen Verdacht geriet, wie vielen seiner Geschäfte der Zufall den Anschein der Unrechtmäßigkeit gab, wie viele er nach anfänglicher Antipathie schätzen lernte, wird nicht sofort in Zorn geraten können, jedenfalls nicht, wenn er insgeheim bei jedem einzelnen Ereignis, woran er Anstoß nimmt, zu sich sagt: „Das habe ich auch selbst getan."

Doch wo findet man einen so gnädigen Richter? Ein Mensch, der jedes Mannes Frau begehrt und sein Verlangen hinreichend gerechtfertigt findet, weil sie einem anderen gehört, will nicht, daß man die seine auch nur ansieht. Für Treu und Glauben streitet am entschiedensten der Treulose,

perfidus, et mendacia persequitur ipse periurus, et litem sibi inferri aegerrime calumniator patitur; pudicitiam servulorum suorum attemptari non vult, qui non pepercit suae. Aliena vitia in oculis habemus, a tergo nostra sunt: inde est, quod tempestiva filii convivia pater deterior filio castigat et nihil alienae luxuriae ignoscit, qui nihil suae negavit, et homicidae tyrannus irascitur et punit furta sacrilegus. Magna pars hominum est, quae non peccatis irascitur, sed peccantibus. Faciet nos moderatiores respectus nostri, si consuluerimus nos: „Numquid et ipsi aliquid tale commisimus? Numquid sic erravimus? Expeditne nobis ista damnare?"

29 Maximum remedium irae mora est. Hoc ab illa pete initio, non ut ignoscat, sed ut iudicet: graves habet impetus primos; desinet, si exspectat. Nec universam illam temptaveris tollere: tota vincetur, dum partibus carpitur.

Ex is, quae nos offendunt, alia renuntiantur nobis, alia ipsi audimus aut videmus. De iis, quae narrata sunt, non debemus cito credere: multi mentiuntur, ut decipiant, multi, quia decepti sunt; alius criminatione gratiam captat et fingit iniuriam, ut videatur doluisse factam; est aliquis malignus et, qui amicitias cohaerentis diducere velit; est aliquis suspicax et, qui spectare ludos cupiat et ex longinquo tutoque speculetur, quos collisit.

De parvula summa iudicaturo tibi res sine teste non probaretur, testis sine iureiurando non valeret, utrique parti dares actionem, dares tempus,

Lügen verfolgt gerade der Eidbrüchige; daß man ihm einen Prozeß anhängt, empört am meisten den Verleumder, und daß man dem Schamgefühl seiner jungen Sklaven zu nahe trete, das will am wenigsten, wer auf das eigene keine Rücksicht nahm. Fremde Fehler haben wir vor Augen, auf dem Rücken die eigenen. So kommt es, daß die üppigen Gelage seines Sohnes ein Vater tadelt, der noch viel schlechter ist als der Sohn, und daß der fremder Verschwendungssucht nichts nachsieht, wer der seinen nichts versagte. Über einen Mörder erbost sich der Tyrann, Betrügereien straft ein Tempelräuber. Die Mehrheit entrüstet sich nicht über Sünden, sondern über Sünder. Besonnener macht uns Selbstprüfung und die Gewissensfrage: „Haben nicht auch wir selbst uns dergleichen zuschulden kommen lassen? Haben wir nicht den gleichen Fehler gemacht? Ist es gut für uns, das zu verwerfen?"

29 Das wirksamste Mittel gegen den Zorn ist die Zeit. Verlange am Anfang nur eines von ihr: Nicht Vergebung, sondern Überlegung. Heftig ist die erste Erregung; sie läßt nach, wenn man abwartet. Versuche auch nicht, den Zorn auf einmal loszuwerden! Ganz wird er überwunden, wenn man ihn nach und nach entkräftet.

Von dem, was uns kränkt, wird uns das eine mitgeteilt, anderes hören oder sehen wir selbst. Das, was uns berichtet wurde, sollten wir nicht zu rasch glauben. Viele verbreiten Lügen, um zu täuschen, viele, weil sie getäuscht wurden. Der eine will sich durch eine Anschuldigung Sympathie erwerben und denkt sich ein Unrecht aus, um den Anschein zu erwecken, der Vorfall sei ihm nahegegangen. Manch einer ist boshaft und von der Art, daß er enge Freunde entzweien möchte. Wieder einer sät gern Zwist, will sich einen Streit ansehen und aus sicherer Entfernung die betrachten, die er gegeneinander gehetzt hat.

Müßtest du über einen lächerlichen Geldbetrag als Richter entscheiden, befändest du in dem Fall nicht ohne einen Zeugen; ein unvereidigter Zeuge fiele nicht ins Gewicht; beide Parteien ließest du zu Wort kommen, nähmest dir Zeit, hör-

non semel audires; magis enim veritas elucet, quo saepius ad manum venit: amicum condemnas de praesentibus? Antequam audias, antequam interroges, antequam illi aut accusatorem suum nosse liceat aut crimen, irasceris? Iam enim, iam utrimque, quid diceretur, audisti? Hic ipse, qui ad te detulit, desinet dicere, si probare debuerit: „Non est", inquit, „quod me protrahas; ego productus negabo; alioqui nihil umquam tibi dicam." Eodem tempore et instigat et ipse se certamini pugnaeque subtrahit. Qui dicere tibi nisi clam non vult, paene non dicit: quid est iniquius quam secreto credere, palam irasci?

30   Quorundam ipsi testes sumus: in his naturam excutiemus voluntatemque facientium. Puer est: aetati donetur, nescit, an peccet. Pater est: aut tantum profuit, ut illi etiam iniuriae ius sit, aut fortasse ipsum hoc meritum eius est, quo offendimur. Mulier est: errat. Iussus est: necessitati quis nisi iniquus suscenset? Laesus est: non est iniuria pati, quod prior feceris. Iudex est: plus credas illius sententiae quam tuae. Rex est: si nocentem punit, cede iustitiae; si innocentem, cede fortunae. Mutum animal est aut simile muto: imitaris illud, si irasceris. Morbus est aut calamitas: levius transsiliet sustinentem. Deus est: tam perdis operam, cum illi irasceris, quam cum illum alteri precaris iratum. Bonus vir est, qui iniuriam fecit? Noli credere. Malus? Noli mirari; dabit poenas alteri, quas debet tibi, et iam sibi dedit, qui peccavit.

test dir den Fall nicht nur einmal an, denn heller tritt die Wahrheit zutage, je häufiger man sie sich vor Augen führt. Einen Freund verurteilst du im Schnellverfahren? Ehe du ihn anhören, ehe du ihn fragen kannst, ehe er wissen kann, wer ihn verklagt oder was man ihm vorwirft, zürnst du? Längst ja, längst hast du gehört, was beide Seiten vorbringen? Eben der Ohrenbläser wird verstummen, wenn er Beweise bringen muß. „Du brauchst mich nicht zu drängen", wird er sagen. „Unter Druck streite ich alles ab. Im übrigen werde ich dir nie mehr etwas verraten." Im gleichen Augenblick hetzt er dich auf und sucht sich selber aus Gezänk und Streit herauszuhalten. Wer dir nur heimlich etwas sagen will, sagt praktisch nichts. Und was wäre ungerechter, als einem heimlichen Hinweis zu trauen und offen zu zürnen?

30 Bei manchen sind wir selber Augenzeugen. Da werden wir Charakter und Absichten der Täter gründlich untersuchen. Es ist ein Kind; man muß es seiner Jugend zugute halten; es ist sich seines Vergehens nicht bewußt. Der Vater ist's: Entweder hat er solchen Nutzen gestiftet, daß er nun auch ein Recht auf Unrecht hat, oder vielleicht ist es gerade sein Verdienst, woran wir Anstoß nehmen. Es ist eine Frau: Sie irrt. Jemandem ist's befohlen worden: Über Unvermeidliches zu zürnen wäre unbillig. Der wurde gekränkt: Es ist kein Unrecht, wenn man leiden muß, was man als erster tat. Ein Richter ist's: Mehr Vertrauen solltest du in sein Urteil als in deines setzen. Es ist ein König: Straft er Schuldige, laß der Gerechtigkeit, straft er Unschuldige, laß dem Schicksal seinen Lauf! Ein sprachloses Wesen ist es oder einem solchen ähnlich. Du wirst ihm gleich, wenn du zürnst. Krankheit ist es oder Unglück: Leichter vergeht es, hält man stand. Gott ist's. Gleichermaßen verschwendet ist die Mühe, wenn du ihm zürnst, wie wenn du seinen Zorn auf einen anderen herabflehst. Ein guter Mensch ist es, der Unrecht tat? Glaub das nicht! Ein schlechter? Staune nicht! Er wird die Strafe durch einen anderen leiden, die er um dich verwirkt hat, und hat sich schon selbst gestraft, da er Unrecht tat.

31 Duo sunt, ut dixi, quae iracundiam concitent: primum, si iniuriam videmur accepisse, de hoc satis dictum est; deinde, si inique accepisse, de hoc dicendum est. Iniqua quaedam iudicant homines, quia pati non debuerint, quaedam, quia non speraverint: indigna putamus, quae inopinata sunt; itaque maxime commovent, quae contra spem exspectationemque evenerunt, nec aliud est, quare in domesticis minima offendant, in amicis iniuriam vocemus neglegentiam.

„Quomodo ergo", inquit, „inimicorum nos iniuriae movent?" Quia non exspectavimus illas aut certe non tantas. Hoc efficit amor nostri nimius: inviolatos nos etiam inimicis iudicamus esse debere, regis quisque intra se animum habet, ut licentiam sibi dari velit, in se nolit. Itaque nos aut insolentia iracundos facit aut ignorantia rerum: quid enim mirum est malos mala facinora edere? Quid novi est, si inimicus nocet, amicus offendit, filius labitur, servus peccat? Turpissimam aiebat Fabius imperatori excusationem esse „Non putavi", ego turpissimam homini puto. Omnia puta, exspecta: etiam in bonis moribus aliquid exsistet asperius. Fert humana natura insidiosos animos, fert ingratos, fert cupidos, fert impios. Cum de unius moribus iudicabis, de publicis cogita. Ubi maxime gaudebis, maxime metues. Ubi tranquilla tibi omnia videntur, ibi nocitura non desunt, sed quiescunt. Semper futurum aliquid, quod te offendat, existima. Gubernator numquam ita totos sinus securus explicuit, ut non expedite ad contrahendum armamenta disponeret.

31 Zweierlei ist es, wie ich sagte, was Zorn auslöst: Erstens, wenn uns vermeintlich ein Schaden zustieß. Darüber ist genug gesagt. Sodann, wenn wir uns ungerechterweise geschädigt glauben. Als ungerecht sehen die Menschen manches an, weil sie es nicht hätten erleiden dürfen, manches, weil sie es nicht erwartet hätten. Für unverdient halten wir, was unverhofft kommt. Daher erschüttert am meisten, was wider alle Erwartung geschah, und das ist auch der Grund, weshalb uns an unseren Familienangehörigen Belangloses stört und wir bei Freunden schon Zurückhaltung als kränkend empfinden.

„Wieso aber", meint er, „erregt uns Unrecht seitens unserer Feinde?" Weil wir es nicht erwartet haben oder jedenfalls kein so schwerwiegendes. Das ist die Folge unserer übergroßen Eigenliebe. Unangreifbar, so meinen wir, müßten wir sogar für unsere Feinde sein, und jeder ist in seinen Gedanken ein König, derart, daß er sich jede Frechheit erlauben möchte, aber keine gegen sich. Darum macht uns entweder unsere Überheblichkeit zornig oder unser Unverstand. Was ist denn erstaunlich daran, daß Böse Böses tun? Was ist daran unerhört, daß ein Feind schädigt, ein Freund Anstoß erregt, ein Sohn sich vergeht, ein Sklave einen Fehler macht? Ganz schimpflich sei, so meinte Fabius, für einen General die Entschuldigung: „Das hätte ich nicht geglaubt." Ich sehe sie als ganz schimpflich an für jedermann. Alles vermute, erwarte! Auch bei guten Charakteren gibt es unebenere Stellen. Zum Wesen des Menschen gehört die Hinterlist, gehört der Undank, gehört die Gier, gehört Ruchlosigkeit. Wenn du über die Gesittung eines einzigen urteilst, denk an die aller! Wo du besonders froh bist, wirst du besonders in Angst sein. Wo dir alles friedlich erscheint, dort ist, was Schaden bringen will, nicht fern, es schlummert nur. Rechne stets damit, daß etwas eintreten kann, das dich trifft. Kein Kapitän hat je so sorglos alle Segel ausgespannt, daß er nicht das Takelwerk, um es rasch einholen zu können, mit Überlegung setzte.

Illud ante omnia cogita foedam esse et exsecrabilem vim nocendi et alienissimam homini, cuius beneficio etiam saeva mansuescunt. Aspice elephantorum iugo colla submissa et taurorum pueris pariter ac feminis persultantibus terga impune calcata et repentis inter pocula sinusque innoxio lapsu dracones et intra domum ursorum leonumque ora placida tractantibus adulantisque dominum feras: pudebit cum animalibus permutasse mores.

Nefas est nocere patriae: ergo civi quoque, nam hic pars patriae est (sanctae partes sunt, si universum venerabile est), ergo et homini, nam hic in maiore tibi urbe civis est. Quid, si nocere velint manus pedibus, manibus oculi? Ut omnia inter se membra consentiunt, quia singula servari totius interest, ita homines singulis parcent, quia ad coetum geniti sunt, salva autem esse societas nisi custodia et amore partium non potest. Ne viperas quidem et natrices et, si qua morsu aut ictu nocent, effligeremus, si in reliqua mansuefacere possemus aut efficere, ne nobis aliisve periculo essent: ergo ne homini quidem nocebimus, quia peccavit, sed ne peccet, nec umquam ad praeteritum, sed ad futurum poena referetur; non enim irascitur, sed cavet. Nam si puniendus est, cuicumque pravum maleficumque ingenium est, poena neminem excipiet.

32 „At enim ira habet aliquam voluptatem et dulce est dolorem reddere." Minime: non enim ut in beneficiis honestum est merita meritis repensare,

Dies bedenke vor allem: Abscheulich und verdammenswert ist eine Kraft, die schadet, und paßt in keiner Weise zum Menschen, dessen Freundlichkeit auch reißende Bestien zähmt. Siehe, wie Elefanten den Nacken unters Joch beugen und Stiere Kinder und Frauen beim Spiel ungefährdet auf ihren Rücken steigen lassen und zwischen Bechern und Schalen harmlos Schlangen hingleiten und inmitten des Hauses Bären und Löwen sanft auf die blicken, die sie berühren, und ihren Besitzer Bestien umschmeicheln – dann wirst du dich schämen, das Verhalten von Tieren dir zugelegt zu haben.

Eine Sünde ist es, dem Vaterland zu schaden; das gilt auch gegenüber dem einzelnen Bürger, denn er ist ein Teil des Vaterlands, und heilig sind die Teile, wenn das Ganze ehrwürdig ist. Also gilt es auch für den einzelnen Menschen, denn er ist in einem größeren Gemeinwesen dein Mitbürger. Was wäre, wenn die Hände den Füßen, den Händen die Augen Schaden zufügen wollten? Wie alle Glieder miteinander harmonieren, weil die Erhaltung jedes einzelnen für das Ganze wichtig ist, so werden Menschen jeden einzelnen zu erhalten suchen, weil sie zum Zusammenschluß geschaffen sind. Intakt kann aber die Gemeinschaft nur dann bleiben, wenn die Teile sich schützen und lieben. Nicht einmal Vipern und Wasserschlangen und was uns sonst durch Biß oder Stich verletzen kann, würden wir erschlagen, wenn wir sie für die Folgezeit zähmen oder es schaffen könnten, daß sie nicht uns oder andere gefährden. Demnach werden wir auch einem Menschen kein Leid tun, weil er gefehlt hat, sondern damit er nicht wieder fehlt, und nie soll eine Strafe auf Vergangenes zielen, sondern auf Künftiges. Sie ist keine Folge des Zorns, sondern eine Vorsichtsmaßnahme. Denn wenn jeder Strafe verdient, der ein verworfenes, verbrecherisches Wesen hat, wird die Strafe keinen verschonen.

32 „Aber der Zorn bringt doch auch eine gewisse Lust mit sich, und süß ist es, Leid heimzuzahlen." Mitnichten. Denn es ist nicht so wie bei Freundschaftsdiensten: Zwar bringt es Ehre, wenn man Wohltat mit Wohltat, nicht aber,

ita iniurias iniuriis. Illic vinci turpe est, hic vincere. Inhumanum verbum est et quidem pro iusto receptum ultio. Et talio non multum differt iniuriae nisi ordine: qui dolorem regerit, tantum excusatius peccat.

M. Catonem ignorans in balineo quidam percussit imprudens; quis enim illi sciens faceret iniuriam? Postea satisfacienti Cato: „Non memini", inquit, „me percussum." Melius putavit non agnoscere quam vindicare. „Nihil", inquis, „illi post tantam petulantiam mali factum est?" Immo multum boni: coepit Catonem nosse. Magni animi est iniurias despicere; ultionis contumeliosissimum genus est non esse visum dignum, ex quo peteretur ultio. Multi leves iniurias altius sibi demisere, dum vindicant: ille magnus et nobilis, qui more magnae ferae latratus minutorum canum securus exaudit.

33 „Minus", inquit, „contemnemur, si vindicaverimus iniuriam." Si tamquam ad remedium venimus, sine ira veniamus, non quasi dulce sit vindicari, sed quasi utile; saepe autem satius fuit dissimulare quam ulcisci. Potentiorum iniuriae hilari vultu, non patienter tantum ferendae sunt; facient iterum, si se fecisse crediderunt. Hoc habent pessimum animi magna fortuna insolentes: quos laeserunt, et oderunt. Notissima vox est eius, qui in cultu regum consenuerat: cum illum quidam interrogaret, quomodo rarissimam rem in aula consecutus esset, senectutem: „Iniurias", inquit, „accipiendo et gratias agendo." Saepe adeo iniuriam vindicare non expedit, ut ne fateri quidem expediat.

wenn man Unrecht mit Unrecht vergilt. Dort wäre es schändlich, sich übertreffen zu lassen, hier, seinen Willen durchzusetzen. Unmenschlich klingt, auch wenn man es rechtfertigen kann, das Wort Rache. Und Vergeltung unterscheidet sich nicht sehr von einer Gewalttat, nur in der Abfolge: Wer eine Kränkung heimzahlt, kann lediglich mit mehr Verständnis für sein Fehlverhalten rechnen.

Den Marcus Cato schlug im Bad einer, der ihn nicht kannte; wer hätte ihm denn absichtlich weh tun sollen? Als er sich hinterher entschuldigte, meinte Cato: „Ich kann mich an keinen Schlag erinnern." Er hielt es für besser, den Vorfall zu ignorieren statt sich zu revanchieren. „So ist dem andern", fragst du, „nach einer solchen Unverschämtheit nichts Böses geschehen?" Im Gegenteil, viel Gutes: Er lernte Cato kennen! Hochherzig ist es, Kränkungen nicht zur Kenntnis zu nehmen, und die ehrenrührigste Form der Vergeltung ist es, wenn jemand es anscheinend nicht wert ist, daß man ihm vergilt. Viele nahmen sich geringfügiges Unrecht noch mehr zu Herzen, während sie sich dafür rächten. Der ist stark und edelmütig, der wie ein starkes Wild das Kläffen kleiner Hunde unbesorgt vernimmt.

33 „Weniger", so wendet man ein, „werden wir verachtet, falls wir Unrecht vergelten." Wenn wir damit einem Übel abhelfen wollen, so wollen wir es ohne Zorn tun, nicht weil es etwa angenehm wäre, sich zu rächen, sondern weil es von Vorteil ist. Doch oft schon war es besser, den Groll zu unterdrücken statt ihm nachzugeben. Von Mächtigeren sollte man Unrecht heiter, nicht nur mit Duldermiene hinnehmen: Sie werden es wieder tun, wenn sie es getan zu haben meinen. Das ist ja das Schlimmste an Menschen, die ihr großes Glück überheblich macht: Wen sie beleidigt haben, den hassen sie auch noch. Allbekannt ist das Wort eines im Fürstendienst ergrauten Mannes: Als ihn jemand fragte, wie ihm etwas bei Hofe gar Seltenes zuteil geworden sei, ein hohes Alter, erwiderte er: „Weil ich Unrecht nicht beklagte und Dank dafür sagte." Oft ist Vergeltung eines Unrechts so wenig zu empfehlen, daß sich nicht einmal das Eingeständnis empfiehlt.

C. Caesar Pastoris splendidi equitis Romani filium cum in custodia habuisset munditiis eius et cultioribus capillis offensus, rogante patre, ut salutem sibi filii concederet, quasi de supplicio admonitus duci protinus iussit; ne tamen omnia inhumane faceret adversum patrem, ad cenam illum eo die invitavit. Venit Pastor vultu nihil exprobrante. Propinavit illi Caesar heminam et posuit illi custodem: perduravit miser non aliter, quam si filii sanguinem biberet. Unguentum et coronas misit et observare iussit, an sumeret: sumpsit. Eo die, quo filium extulerat, immo quo non extulerat, iacebat conviva centesimus et potiones vix honestas natalibus liberorum podagricus senex hauriebat, cum interim non lacrimam emisit, non dolorem aliquo signo erumpere passus est: cenavit, tamquam pro filio exorasset. Quaeris, quare? Habebat alterum.

Quid ille Priamus? Non dissimulavit iram et regis genua complexus est, funestam perfusamque cruore filii manum ad os suum rettulit, cenavit? Sed tamen sine unguento, sine coronis, et illum hostis saevissmus multis solaciis, ut cibum caperet, hortatus est, non ut pocula ingentia super caput posito custode siccaret.

Contempsisses Romanum patrem, si sibi timuisset; nunc iram compescuit pietas. Dignus fuit, cui permitteret a convivio ad ossa filii legenda discedere; ne hoc quidem permisit benignus interim et comis adulescens: propinationibus senem crebris, ut cura leniretur, admonens lacessebat; con-

Als Caligula einen Sohn des edlen römischen Ritters Gaius Pastor im Kerker festhielt, weil er an dessen elegantem Äußeren und seiner auffällig hübschen Frisur Anstoß nahm, bat der Vater darum, ihm das Leben seines Sohnes zu schenken. Als wäre er dadurch an seine Bestrafung erinnert worden, ließ ihn Caligula sogleich zum Tode führen. Um dennoch nicht ganz unmenschlich an seinem Vater zu handeln, lud er ihn am gleichen Tag zum Abendessen ein. Da erschien Pastor und blickte nicht im geringsten vorwurfsvoll. Ihm trank der Kaiser mit einem ganzen Becher zu und ließ ihn beobachten. Hart kam es den Bedauernswerten an, nicht anders, als wenn er das Blut seines Sohnes hätte trinken müssen. Parfüm und Blumenkränze schickte Caligula und hieß achtgeben, ob er sie nehme. Er nahm! Am gleichen Tag, an dem er seinen Sohn bestattet, nein, noch nicht bestattet hatte, lag er bei Tisch als einer von hundert Gästen und leerte Humpen, wie es kaum am Geburtstag seiner Kinder schicklich gewesen wäre, er, der gichtkranke Alte – und dabei vergoß er keine Träne und ließ es nicht zu, daß sein Schmerz sich irgendwie verriet. Er nahm an dem Gelage teil, als hätte er erfolgreich um seinen Sohn gebeten. Du fragst, weshalb? Er hatte einen zweiten!

Und der berühmte Priamos? Hat er nicht auch seinen Zorn unterdrückt, die Knie des Fürsten umfangen, dessen mörderische, vom Blute seines Sohnes bespritzte Hand an den Mund geführt, mit ihm das Mahl geteilt? Aber doch ohne Parfüm, ohne Blumenkränze – und außerdem hat ihn sein ärgster Feind mit vielen Worten getröstet und ermahnt, doch Speise zu sich zu nehmen, nicht aber, daß er gewaltige Humpen leere, während ihm ein Wächter im Nacken saß.

Du hättest den römischen Vater verachtet, wenn er um sich selber Angst gehabt hätte. Nun aber hat seinen Zorn die Sorge um den Sohn gezügelt. Er hätte es verdient, sich vom Gelage entfernen zu dürfen, um die Gebeine seines Sohnes zu sammeln. Nicht einmal das erlaubte der zuweilen leutselige und gefällige junge Caligula. Indem er dem Alten häufig zutrank und ihn mahnte, seine Sorgen zu vergessen, suchte

tra ille se laetum et oblitum, quid eo actum esset die, praestitit: perierat alter filius, si carnifici conviva non placuisset.

34 Ergo ira abstinendum est, sive par est, qui lacessendus est, sive superior sive inferior. Cum pare contendere anceps est, cum superiore furiosum, cum inferiore sordidum. Pusilli hominis et miseri est repetere mordentem: mures formicaeque, si manum admoveris, ora convertunt; imbecillia se laedi putant, si tanguntur. Faciet nos mitiores, si cogitaverimus, quid aliquando nobis profuerit ille, cui irascimur, et meritis offensa redimetur. Illud quoque occurrat, quantum nobis commendationis allatura sit clementiae fama, quam multos venia amicos utiles fecerit. Ne irascamur inimicorum et hostium liberis. Inter Sullanae crudelitatis exempla est, quod ab re publica liberos proscriptorum submovit: nihil est iniquius, quam aliquem heredem paterni odii fieri.

Cogitemus, quotiens ad ignoscendum difficiles erimus, an expediat nobis omnes inexorabiles esse.

Quam saepe veniam, qui negavit, petit! Quam saepe eius pedibus advolutus est, quem a suis reppulit! Quid est gloriosius, quam iram amicitia mutare? Quos populus Romanus fideliores habet socios, quam quos habuit pertinacissimos hostes? Quod hodie esset imperium, nisi salubris providentia victos permiscuisset victoribus?

Irascetur aliquis: tu contra beneficiis provoca; cadit statim simultas ab altera parte deserta; nisi paria non pugnant. Sed utrimque certabit ira, concurritur: ille est melior, qui prior pedem rettulit,

er ihn zu reizen. Demgegenüber gab sich jener fröhlich und so, als hätte er vergessen, was an diesem Tag vorgefallen war. Es wäre der Tod für seinen zweiten Sohn gewesen, wenn dem Henker sein Gast mißfallen hätte.

34 Somit muß man sich des Zorns enthalten, ob nun derjenige, den man damit treffen müßte, einem ebenbürtig ist, ob er höher oder tiefer steht. Mit einem gleichstarken Gegner zu streiten ist riskant, mit einem überlegenen wahnwitzig, mit einem unterlegenen schimpflich. Typisch für einen schwachen, jämmerlichen Menschen ist es, auf den, der ihm weh tut, loszugehen. Mäuse und Ameisen beißen zu, wenn man nach ihnen greift. Nur Schwache glauben sich gekränkt, wenn man sie anrührt. Uns wird der Gedanke daran sanfter stimmen, wodurch uns irgendwann derjenige von Nutzen war, dem wir nun zürnen, und seine Gefälligkeiten wiegen die Kränkung auf. Auch das sollte uns bewußt sein, wieviel Sympathien uns der Ruhm unserer Milde einbringt, wieviele Menschen schon Nachsicht zu nützlichen Freunden machte. Nicht zürnen sollten wir den Kindern von Widersachern und Staatsfeinden. Von Sullas schonungsloser Härte zeugt unter anderem, daß er vom Staatsdienst die Kinder der Geächteten ausschloß: Nichts ist unbilliger, als wenn man jemanden zum Erben der Feindschaft mit seinem Vater macht.

Wir sollten auch, sooft wir uns der Nachsicht verschließen wollen, bedenken, ob es uns nützte, wenn alle unerbittlich wären.

Wie oft fleht um Verzeihung, wer sie versagte! Wie oft lag einer dem zu Füßen, den er von sich stieß! Was bringt mehr Ruhm, als Zorn in Freundschaft umschlagen zu lassen? An wem hat das römische Volk treuere Verbündete als an denen, die es zu unbeugsamen Feinden hatte? Wie stünde es heute um seine Herrschaft, wenn nicht kluge Voraussicht die Besiegten den Siegern gleichgestellt hätte?

Jemand zürnt. Du indessen sei ihm gefällig und bring ihn dahin, es dir nachzutun. Gleich schwindet die Feindschaft, wenn eine Seite davon abläßt. Doch beide ereifern sich im Zorn; es kommt zum Konflikt. Nun ist besser, wer zuerst

victus est, qui vicit. Percussit te: recede; referiendo enim et occasionem saepius feriendi dabis et excusationem; non poteris revelli, cum voles.

Numquid velit quisquam tam graviter hostem ferire, ut relinquat manum in vulnere et se ab ictu revocare non possit? Atqui tale ira telum est: vix retrahitur. Arma nobis expedita prospicimus, gladium commodum et habilem: non vitabimus impetus animi nobis graves, funerosos et irrevocabiles? Ea demum velocitas placet, quae, ubi iussa est, vestigium sistit nec ultra destinata procurrit flectique et a cursu ad gradum reduci potest; aegros scimus nervos esse, ubi invitis nobis moventur; senex aut infirmi corporis est, qui, cum ambulare vult, currit: animi motus eos putemus sanissimos validissimosque, qui nostro arbitrio ibunt, non suo ferentur.

35 Nihil tamen aeque profuerit, quam primum intueri deformitatem rei, deinde periculum. Non est ullius affectus facies turbatior: pulcherrima ora foedavit, torvos vultus ex tranquillissimis reddit; linquit decor omnis iratos, et sive amictus illis compositus est ad legem, trahent vestem omnemque curam sui effundent, sive capillorum natura vel arte iacentium non informis habitus, cum animo inhorrescunt; tumescunt venae; concutietur crebro spiritu pectus, rabida vocis eruptio colla distendet; tum artus trepidi, inquietae manus, totius corporis fluctuatio.

nachgibt; der Besiegte ist der Sieger. Er hat dich geschlagen; geh! Schlägst du nämlich zurück, so gibst du ihm Gelegenheit, dich noch öfter zu schlagen, und Rechtfertigung dazu. Nun kannst du dich nicht mehr absetzen, wann du möchtest.

Wollte vielleicht jemand einen Feind so schwer verwunden, daß er die Hand in der Wunde lassen müßte und nicht mehr von ihm loskommen könnte? Und doch: ein solches Geschoß ist der Zorn: man kann es kaum je zurückrufen. Bei Waffen sehen wir darauf, daß sie leicht zu führen sind, daß ein Schwert die rechte Länge hat und handlich ist. Werden wir uns da nicht hüten vor Wutausbrüchen, die folgenschwer, verderblich und unwiderruflich sind? Nur dann ist eine rasche Reaktion zu billigen, wenn sie sich Einhalt gebieten läßt, nicht über ihr Ziel hinausschießt, kontrollierbar bleibt und aus voller Fahrt auf Schrittgeschwindigkeit herabgebremst werden kann. Krank, wissen wir, sind Muskeln, wenn sie sich gegen unseren Willen regen, und alt oder schwächlich ist, wer, wenn er ausschreiten möchte, trippelt. So wollen wir die geistigen Akte als die vernünftigsten und gesündesten ansehen, die nach unserem Willen ablaufen und nicht eigenem Drang folgen.

35 Nichts wird jedoch nützlicher sein, als wenn man sich zunächst das abstoßende Verhalten vor Augen hält, dann die Gefahr. Keine Gemütsbewegung äußert sich hemmungsloser: Die schönsten Gesichter hat sie schon verzerrt, zur Grimasse macht sie das ruhigste Antlitz, verloren geht jedes Schamgefühl den Zornigen, und ob nun ihre Toga nach Brauch schöne Falten warf, sie lassen das Gewand nachschleifen und achten überhaupt nicht mehr auf ihre Erscheinung, und ob auch ihre Haare Natur oder Meisterhand in gehörige Ordnung gebracht hat, im Zorn sträuben sie sich. Die Adern schwellen an; gleich lassen rasche Atemzüge die Brust erbeben, wütend hervorgestoßene Worte blähen den Hals, dann zittern alle Glieder, unruhig sind die Hände, der ganze Mensch befindet sich in höchster Erregung.

Qualem intus putas esse animum, cuius extra imago tam foeda est? Quanto illi intra pectus terribilior vultus est, acrior spiritus, intentior impetus, rupturus se, nisi eruperit! Quales sunt hostium vel ferarum caede madentium aut ad caedem euntium aspectus, qualia poetae inferna monstra finxerunt succincta serpentibus et igneo flatu, quales ad bella excitanda discordiamque in populos dividendam pacemque lacerandam deterrimae inferum exeunt: talem nobis iram figuremus, flamma lumina ardentia, sibilo mugituque et gemitu et stridore et, si qua his invisior vox est, perstrepentem, tela manu utraque quatientem (neque enim illi se tegere curae est), torvam cruentamque et cicatricosam et verberibus suis lividam, incessus vesani, offusam multa caligine, incursitantem, vastantem fugantemque et omnium odio laborantem, sui maxime, si aliter nocere non possit, terras, maria, caelum ruere cupientem, infestam pariter invisamque. Vel, si videtur, sit, qualis apud vates nostros est,

> sanguineum quatiens dextra Bellona flagellum,
> aut scissa gaudens vadit Discordia palla,

aut si qua magis dira facies excogitari diri affectus potest.

36 „Quibusdam", ut ait Sextius, „iratis profuit aspexisse speculum: perturbavit illos tanta mutatio sui, velut in rem praesentem adducti non agnoverunt se. Et quantulum ex vera deformitate imago illa speculo repercussa reddebat! Animus si ostendi et si in ulla materia perlucere posset, intuentis nos confunderet ater maculosusque et aestu-

Wie, glaubst du, ist es mit dessen Innenleben bestellt, der äußerlich einen so scheußlichen Anblick bietet? Um wieviel schrecklicher ist die Finsternis in seiner Brust, heftiger das Schnauben, stärker die Angriffslust, die sich selber brechen wird, wenn sie nicht ausbricht! Wie feindliche Krieger oder wilde Tiere, die von vergossenem Blut triefen oder Blut vergießen wollen, anzusehen sind, wie Dichter sich Höllenungeheuer dachten, umgürtet mit Schlangen und feuerspeiend, wie, um Kriege zu schüren und Zwietracht zwischen den Völkern zu stiften und den Frieden zu stören, die schlimmsten Göttinnen da drunten losziehen, so wollen wir uns den Zorn vorstellen: Feuer sprühen seine Augen, mit Zischen und Brüllen und Stöhnen und Kreischen und womöglich noch abscheulicheren Lauten lärmt er daher, Waffen schwingt er mit beiden Händen – er denkt nicht daran, sich zu schirmen –, grimmig und blutbeschmiert und narbenbedeckt und blaugeschlagen von eigenen Streichen, mit dem Gang eines Verrückten, in tiefes Dunkel gehüllt, so greift er an, verwüstet, verjagt, voll krankhaftem Haß gegen alle, doch gegen sich selber am meisten, und will, wenn er sonst nicht schaden kann, Länder und Meere und gar den Himmel vernichten, zugleich voll Haß und verhaßt. Er mag auch, wenn's beliebt, so aussehen wie bei unseren Dichtern:

Blutig schwingt in der Rechten Bellona die Geißel,
und im zerfetzten Gewand kommt schadenfroh die Zwietracht daher

– oder wenn man sich noch ein scheußlicheres Bild ausdenken kann für diese scheußliche Erregung.

36 „Manchmal war", wie Sextius meint, „für Zornige ein Blick in den Spiegel von Nutzen. Betroffen machte sie die gewaltige Veränderung, die mit ihnen vorgegangen war, und wie bei einer Gegenüberstellung erkannten sie sich nicht wieder." Und wie wenig von der tatsächlichen Verunstaltung konnte jenes Spiegelbild zeigen! Die Seele, wenn sie sich zeigen und wenn sie in irgendeinem Stoff sichtbar werden könnte, würde uns einen erschütternden Anblick bieten, schwarz und fleckig und aufschäumend und verwachsen und

ans et distortus et tumidus. Nunc quoque tanta deformitas eius est per ossa carnesque et tot impedimenta effluentis: quid si nudus ostenderetur?" Speculo quidem neminem deterritum ab ira credideris. Quid ergo? Qui ad speculum venerat, ut se mutaret, iam mutaverat; iratis quidem nulla est formosior effigies quam atrox et horrida, qualesque esse, etiam videri volunt.

Magis illud videndum est, quam multis ira per se nocuerit. Alii nimio fervore rupere venas et sanguinem supra vires elatus clamor egessit et luminum suffudit aciem in oculos vehementius umor egestus et in morbos aegri reccidere. Nulla celerior ad insaniam via est. Multi itaque continuaverunt irae furorem nec, quam expulerant mentem, umquam receperunt: Aiacem in mortem egit furor, in furorem ira.

Mortem liberis, egestatem sibi, ruinam domui imprecantur et irasci se negant, non minus quam insanire furiosi. Amicissimis hostes vitandique carissimis, legum, nisi qua nocent, immemores, ad minima mobiles, non sermone, non officio adiri faciles, per vim omnia gerunt, gladiis et pugnare parati et incumbere.

Maximum enim illos malum cepit et omnia exsuperans vitia. Alia paulatim intrant, repentina et universa vis huius est. Omnis denique alios affectus sibi subicit: amorem ardentissimum vincit; transfoderunt itaque amata corpora et in eorum, quos occiderant, iacuere complexibus; avaritiam, durissimum malum minimeque flexibile, ira calca-

geschwollen. Sogar jetzt ist ihre Entstellung so stark, obwohl sie doch nur durch Fleisch und Gebein und soviel Hinderliches ausstrahlen kann – wie erst, wenn sie sich hüllenlos zeigte! Daß sich durch den Spiegel niemand vom Zorn abschrecken ließ, wird man wohl annehmen dürfen. Was dann? Wer vor den Spiegel getreten war, um sich zu wandeln, war bereits verwandelt. Für Zornige gibt es jedenfalls keinen schöneren Anblick als einen entsetzlichen und fürchterlichen, und wie sie sind, so möchten sie auch erscheinen.

Eher sollte man darauf achten, wie vielen der Zorn als solcher geschadet hat. Den einen platzten vor allzu großer Erregung Adern, und Blut mußten sie nach überlautem Geschrei spucken, den klaren Blick trübte das Wasser, das ihnen zu ungestüm in die Augen trat, und Kranke erlitten einen Rückfall. Es gibt keinen schnelleren Weg zum Wahnsinn. Viele haben infolgedessen von ihrem wahnsinnigen Zorn nicht mehr gelassen und die Besinnung, um die sie sich gebracht hatten, nie mehr zurückgewonnen: Den Ajax hat sein Wahnsinn in den Tod, in den Wahnsinn der Zorn getrieben.

Tod ihren Kindern, Armut sich selber, den Untergang für ihr Haus erflehen sie und sagen, sie hätten keine Wut – genau wie Geisteskranke ihren Wahnsinn abstreiten. Ihren engsten Freunden werden sie zu Feinden, vor ihnen fliehen müssen die Angehörigen, an die Gesetze denken sie nur, wenn sie damit Schaden stiften können, über Kleinigkeiten regen sie sich auf und sind weder durch gute Worte noch durch Freundlichkeit umzustimmen, setzen in allem auf Gewalt und sind ebenso bereit, mit dem Schwert zu kämpfen wie sich ins Schwert zu stürzen.

Es hat sie ja das schlimmste Übel in seiner Gewalt, das alle schlechten Eigenschaften übertrifft. Andere schleichen sich unmerklich ein, plötzlich und ganz und gar erfaßt uns dieses. Sämtliche anderen Affekte unterwirft es sich am Ende. Daher haben Menschen ihre Geliebten durchbohrt und lagen tot in den Armen ihrer Opfer. Die Habgier, ein unüberwindliches Laster, das sich nur ganz selten beeinflussen läßt,

vit adacta opes suas spargere et domui rebusque in unum collatis inicere ignem. Quid? Non ambitiosus magno aestimata proiecit insignia honoremque delatum reppulit? Nullus affectus est, in quem non ira dominetur.

hat der Zorn schon in den Staub getreten, wenn er Anlaß sah, seine Habe zu verschleudern und an sein Haus und seine aufgehäuften Güter Feuer zu legen. Und weiter: Hat nicht schon ein Ehrgeiziger hochgeschätzte Auszeichnungen abgelehnt und angetragene Ehren zurückgewiesen? Es gibt keine Leidenschaft, derer der Zorn nicht Herr würde.

LIBER TERTIUS

1   Quod maxime desiderasti, Novate, nunc facere temptabimus, iram excidere animis aut certe refrenare et impetus eius inhibere. Id aliquando palam aperteque faciendum est, ubi minor vis mali patitur, aliquando ex occulto, ubi nimium ardet omnique impedimento exasperatur et crescit; refert, quantas vires quamque integras habeat, utrumne verberanda et agenda retro sit an cedere ei debeamus, dum tempestas prima desaevit, ne remedia ipsa secum ferat. Consilium pro moribus cuiusque capiendum erit; quosdam enim preces vincunt, quidam insultant instantque summissis, quosdam terrendo placabimus; alios obiurgatio, alios confessio, alios pudor coepto deiecit, alios mora, lentum praecipitis mali remedium, ad quod novissime descendendum est.

Ceteri enim affectus dilationem recipiunt et curari tardius possunt, huius incitata et se ipsa rapiens violentia non paulatim procedit, sed, dum incipit, tota est; nec aliorum more vitiorum sollicitat animos, sed abducit et impotentes sui cupidosque vel communis mali exagitat, nec in ea tantum, in quae destinavit, sed in occurrentia ob iter furit. Cetera vitia impellunt animos, ira praecipitat. Etiam si resistere contra affectus suos non li-

DRITTES BUCH

1 Wonach dich am meisten verlangte, Novatus, das wollen wir nun in Angriff nehmen, den Zorn auszumerzen aus den Seelen oder zumindest zu zügeln und seine Ausbrüche zu dämpfen. Dies kann manchmal ganz offen geschehen, vorausgesetzt, die schlimme Regung ist noch recht schwach, manchmal nur insgeheim, wenn sie zu sehr entbrannt ist und jede Behinderung sie nur reizt und wachsen läßt. Es kommt darauf an, wie groß und wie ungebrochen ihre Kraft ist und ob wir sie niederzwingen und eindämmen können oder ihr weichen müssen, bis der erste Sturm sich ausgetobt hat, damit er nicht, was ihn stillen soll, hinwegfegt. Das Vorgehen wird sich am Charakter des jeweils Betroffenen orientieren müssen: Manche lassen sich durch Bitten umstimmen, manche höhnen und drohen nur, wenn man fleht; manche können wir einschüchtern; andere brachte ein Tadel, andere ein Zugeständnis, wieder andere der Appell an ihr Ehrgefühl von ihrem Beginnen ab, andere auch Zuwarten, ein Mittel, das bei einem hitzigen Leiden nur langsam wirkt und auf das man erst ganz zuletzt zurückgreifen sollte.

Bei den sonstigen Affekten kann man sich Zeit lassen; sie erlauben eine recht bedächtige Behandlung. Der Zorn mit seinem hitzigen Ungestüm, in das er sich selbst hineinsteigert, entwickelt sich nicht nach und nach, sondern ist gleich zu Beginn voll da und stört nicht nur, wie die anderen Fehlhaltungen, das seelische Gleichgewicht, sondern reißt mit sich fort, läßt alle Selbstbeherrschung vergessen, weckt das leidenschaftliche Verlangen, alles zu vernichten, und geht in seiner Raserei nicht bloß auf ein bestimmtes Ziel los, sondern auf alles, was sich ihm in den Weg stellt. Die übrigen Charakterschwächen trüben den klaren Verstand, diese schaltet ihn aus. Und selbst wenn man seinen Affekten nicht Einhalt gebieten kann, können doch die Affekte selbst zur

cet, at certe affectibus ipsis licet stare: haec, non secus quam fulmina procellaeque et, si qua alia irrevocabilia sunt, quia non eunt, sed cadunt, vim suam magis ac magis tendit. Alia vitia a ratione, hoc a sanitate desciscit; alia accessus lenes habent et incrementa fallentia: in iram deiectus animorum est. Nulla itaque res urget magis attonita et in vires suas prona et, sive successit, superba, sive frustratur, insana; ne repulsa quidem in taedium acta, ubi adversarium fortuna subduxit, in se ipsa morsus suos vertit. Nec refert, quantum sit, ex quo surrexerit; ex levissimis enim in maxima evadit.

2 Nullam transit aetatem, nullum hominum genus excipit. Quaedam gentes beneficio egestatis non novere luxuriam; quaedam, quia exercitae et vagae sunt, effugere pigritiam; quibus incultus mos agrestisque vita est, circumscriptio ignota est et fraus et, quodcumque in foro malum nascitur: nulla gens est, quam non ira instiget, tam inter Graios quam inter barbaros potens, non minus perniciosa leges metuentibus quam, quibus iura distinguit modus virium.

Denique cetera singulos corripiunt, hic unus affectus est, qui interdum publice concipitur. Numquam populus universus feminae amore flagravit nec in pecuniam aut lucrum tota civitas spem suam misit, ambitio viritim singulos occupat, impotentia non est malum publicum. Saepe in iram uno agmine itum est: viri, feminae, senes, pueri, principes vulgusque consensere, et tota multitudo paucissimis verbis concitata ipsum concitatorem antecessit; ad arma protinus ignesque discursum est et indicta finitimis bella aut gesta cum civibus.

Ruhe kommen. Der Zorn aber, gleich Blitzen und Stürmen und allem, was sonst unbeeinflußbar ist, weil es sich nicht entwickelt, sondern hereinbricht, steigert seine Gewalt immer mehr. Andere Laster sind unvernünftig, dieses ist krankhaft; andere schleichen sich nur langsam ein und nehmen unmerklich zu; dem Zorn verfällt man plötzlich. Nichts ist zwanghafter: unbesonnen, zur Gewaltanwendung bereit, im Erfolg überheblich, bei Enttäuschung wütend. Nicht einmal durch einen Fehlschlag zum Aufgeben bewegt, schnappt der Zorn, sobald ihm ein Zufall seinen Widerpart entzogen hat, nach sich selber. Es spielt auch keine Rolle, wie gewichtig der Anlaß ist, aus dem er sich entwickelt; aus Geringfügigstem steigert er sich ins Ungeheure.

2 Keine Altersstufe läßt er aus, kein Volk der Menschheit. Bestimmte Stämme kennen dank ihrer Armut keine Verschwendungssucht; manche entgingen bei einem harten Nomadenleben der Faulheit; Menschen mit schlichter Gesinnung und bäuerlicher Lebensweise ist Betrügerei unbekannt und Tücke und was sonst auf dem Marktplatz an Schlechtigkeit vorkommt. Kein Volk gibt es, das nicht der Zorn errege, gleichermaßen bei Hellenen wie bei Barbaren herrscht er, ebenso verderblich ist er für Gesetzesfürchtige wie für jene, bei denen das Recht des Stärkeren gilt.

Schließlich befallen die anderen Laster nur einzelne Menschen; der Zorn jedoch ist der einzige Affekt, der bisweilen eine ganze Gemeinschaft erfüllen kann. Noch nie erglühte ein Volk geschlossen in Liebe zu einer Frau, auch auf Geld oder Profit setzte noch keine Stadt ungeteilt ihre Hoffnung, der Ehrgeiz erfüllt nur einzelne Persönlichkeiten, und Zügellosigkeit ist kein allgemeines Laster. Doch oft überließ man sich dem Zorn in geballter Masse: Männer, Frauen, Greise, Kinder, Fürsten, Volk waren sich einig, und der ganze Haufe, durch wenige Worte aufgewiegelt, ließ den Aufwiegler hinter sich. Zu den Waffen, ohne zu zögern, nach Brandfackeln rannte man auseinander, den Nachbarn wurde Krieg erklärt oder gleich geführt – gegen Bürger!

Totae cum stirpe omni crematae domus et modo eloquio favorabili habitus in multo honore iram suae contionis excepit; in imperatorem suum legiones pila torserunt; dissedit plebs tota cum patribus; publicum consilium senatus non exspectatis dilectibus nec nominato imperatore subitos irae suae duces legit ac per tecta urbis nobiles consectatus viros supplicium manu sumpsit; violatae legationes rupto iure gentium rabiesque infanda civitatem tulit, nec datum tempus, quo resideret tumor publicus, sed deductae protinus classes et oneratae tumultuario milite; sine more, sine auspiciis populus ductu irae suae egressus fortuita raptaque pro armis gessit, deinde magna clade temeritatem audacis irae luit.

Hic barbaris forte irruentibus in bella exitus est: cum mobiles animos species iniuriae perculit, aguntur statim et, qua dolor traxit, ruinae modo legionibus incidunt incompositi, interriti, incauti, pericula appetentes sua; gaudent feriri et instare ferro et tela corpore urgere et per suum vulnus exire.

3 „Non est", inquis, „dubium, quin magna ista et pestifera sit vis; ideo quemadmodum sanari debeat, monstra." Atqui, ut in prioribus libris dixi, stat Aristoteles defensor irae et vetat illam nobis exsecari: calcar ait esse virtutis, hac erepta inermem animum et ad conatus magnos pigrum inertemque fieri. Necessarium est itaque foeditatem eius ac feritatem coarguere et ante oculos ponere, quantum monstri sit homo in hominem furens quanto-

Bis auf den Grund, mit Mann und Maus, verbrannten Paläste, und wem man eben noch wegen seiner gewinnenden Redegabe große Ehre erwies, der lernte den Zorn seiner Zuhörer kennen. Gegen den eigenen General haben Legionen schon Spieße geschleudert, im Streit lag die ganze Plebs mit den Patriziern; im Namen des Staats traten die Senatoren zusammen, warteten keine Aushebungen ab und benannten keinen Heerführer, sondern schlossen sich kurzerhand denen an, die ihrem Zorn die Richtung wiesen, machten Jagd auf Adlige in sämtlichen Häusern der Stadt und richteten sie mit eigener Hand. Mißhandelt wurden Gesandtschaften und Völkerrecht gebrochen; abscheuliche Raserei erfaßte die Bürger, und man nahm sich keine Zeit, bis der allgemeine Aufruhr sich beruhigte, sondern ließ auf der Stelle Flotten in See stechen und bemannte sie mit Soldaten, die man in aller Eile zusammengetrommelt hatte. Ohne den Brauch, ohne die Vorzeichen zu beachten, überließ sich das Volk seiner Wut, zog los und führte, was ihm gerade in die Hand fiel, als Waffen. Nachher mußte es mit schweren Verlusten seine blindwütige Tollkühnheit büßen.

Wilden ergeht es so, die sich unüberlegt in die Schlacht werfen: Wenn solche Hitzköpfe vermeintliches Unrecht aufgebracht hat, stürmen sie gleich fort, wohin ihr Groll sie treibt, kommen wie ein Erdrutsch über die Legionen, ungeordnet, unerschrocken, unvorsichtig, begierig, sich zu gefährden. Voll Lust lassen sie sich zerstechen, rennen ins Messer, drängen sich gegen Speere und schlagen sich selbst die tödliche Wunde.

3 „Ohne Zweifel", meinst du, „ist das eine starke und verderbliche Leidenschaft. Zeig also einen Weg zu ihrer Heilung!" Trotzdem steht, wie ich in den früheren Büchern sagte, Aristoteles da als Verteidiger des Zorns und erlaubt es nicht, ihn uns auszutreiben. Er sporne, so meint er, den Mut an, und wenn er beseitigt sei, würden wir wehrlos und zu großem Beginnen ganz unfähig. Es ist daher nötig, ihn als gräßlich und bestialisch zu erweisen und vor Augen zu stellen, was für ein Scheusal ein Mensch ist, der gegen einen

que impetu ruat non sine pernicie sua perniciosus et ea deprimens, quae mergi nisi cum mergente non possunt.

Quid ergo? Sanum hunc aliquis vocat, qui velut tempestate correptus non it, sed agitur et furenti malo servit, nec mandat ultionem suam, sed ipse eius exactor animo simul ac manu saevit, carissimorum eorumque, quae mox amissa fleturus est, carnifex? Hunc aliquis affectum virtuti adiutorem comitemque dat consilia, sine quibus virtus nihil gerit, obturbantem? Caducae sinistraeque sunt vires et in malum suum validae, in quas aegrum morbus et accessio erexit.

Non est ergo, quod me putes tempus in supervacuis consumere, quod iram, quasi dubiae apud homines opinionis sit, infamem, cum sit aliquis et quidem de illustribus philosophis, qui illi indicat operas et tamquam utilem ac spiritus subministrantem in proelia, in actus rerum, ad omne, quodcumque calore aliquo gerendum est, vocet. Ne quem fallat, tamquam aliquo tempore, aliquo loco profutura, ostendenda est rabies eius effrenata et attonita apparatusque illi reddendus est suus, eculei et fidiculae et ergastula et cruces et circumdati defossis corporibus ignes et cadavera quoque trahens uncus, varia vinculorum genera, varia poenarum, lacerationes membrorum, inscriptiones frontis et bestiarum immanium caveae: inter haec instrumenta collocetur ira dirum quiddam atque horridum stridens, omnibus, per quae furit, taetrior.

4 Ut de ceteris dubium sit, nulli certe affectui peior est vultus, quem in prioribus libris descripsi-

Menschen wütet, und mit welchem Ungestüm der in sein Verderben rennt, der nur zu eigenem Schaden Schaden stiftet und das niederwerfen will, was nur zusammen mit dem, der es stürzt, stürzen kann.

Wie ich das meine? Als gesund bezeichnet irgend jemand den, der, wie von einem Wirbelsturm erfaßt, nicht seines Weges geht, sondern fortgerissen wird, der einer rasenden Leidenschaft folgt und, statt andere damit zu betrauen, selbst Rache nimmt, in seinem Denken und Handeln erbarmungslos ist, der sein Liebstes und, was er bald als verloren beklagt, in Stücke haut? Diesen Affekt gibt irgendwer der Tugend als Helfer und Begleiter, obgleich er vernünftige Überlegung, ohne die ein tüchtiger Mensch nichts unternimmt, gründlich stört? Nutzlos und unheilvoll sind Kräfte und nur zum eigenen Schaden wirksam, die einem Kranken sein Leiden und eine Fieberattacke verliehen.

Du brauchst also nicht anzunehmen, ich verschwendete meine Zeit an Unnötiges, weil ich den Zorn – als wäre sein Ruf bei den Leuten umstritten – herabsetze, wo es doch jemanden gibt, und zwar einen von den angesehenen Philosophen, der ihm Aufgaben zuweist und ihn, als wäre er nützlich und verleihe Mut, zu Kämpfen und großen Taten und zu allem herbeiruft, was mit einer gewissen Leidenschaft ausgeführt werden muß. Damit niemand irrtümlich annimmt, er könne zu irgendeiner Zeit, an irgendeinem Ort von Nutzen sein, muß man seine ungezügelte, besinnungslose Wildheit nachweisen und ihm sein Wirken vorhalten: Marterböcke und Streckbänke und Arbeitshäuser und Kreuze und Feuer um eingegrabene Menschen und der Widerhaken, der auch die Leichen nicht losläßt, die verschiedenen Arten der Fesseln, verschiedene Strafen, Verstümmeln der Glieder, Brandmarkung der Stirn und riesige Bestien im Käfig. Inmitten von alledem mag der Zorn sich niederlassen und schaurig und grauenvoll knurren und alle Werkzeuge seiner Wut an Scheußlichkeit übertreten.

4 Gesetzt, es bestünden noch Zweifel: Keine Leidenschaft zeigt abstoßendere Züge – wir haben es in den frühe-

mus: asperum et acrem et nunc subducto retrorsus sanguine fugatoque pallentem, nunc in os omni calore ac spiritu verso subrubicundum et similem cruento, venis tumentibus, oculis nunc trepidis et exsilientibus, nunc in uno obtutu defixis et haerentibus; adice dentium inter se arietatorum et aliquem esse cupientium non alium sonum, quam est apris tela sua attritu acuentibus; adice articulorum crepitum, cum se ipsae manus frangunt, et pulsatum saepius pectus, anhelitus crebros tractosque altius gemitus, instabile corpus, incerta verba subitis exclamationibus, trementia labra interdumque compressa et dirum quiddam exsibilantia. Ferarum, mehercules, sive illas fames agitat sive infixum visceribus ferrum, minus taetra facies est, etiam cum venatorem suum semianimes morsu ultimo petunt, quam hominis ira flagrantis. Age, si exaudire voces ac minas vacet, qualia excarnificati animi verba sunt!

Nonne revocare se quisque ab ira volet, cum intellexerit illam a suo primum malo incipere? Non vis ergo admoneam eos, qui iram summa potentia exercent et argumentum virium existimant et in magnis magnae fortunae bonis ponunt paratam ultionem, quam non sit potens, immo ne liber quidem dici possit irae suae captivus? Non vis admoneam, quo diligentior quisque sit et ipse se circumspiciat, alia animi mala ad pessimos quosque pertinere, iracundiam etiam eruditis hominibus et in alia sanis irrepere? Adeo, ut quidam sim-

ren Büchern beschrieben: Grimmig, erregt und bald, weil das Blut sich nach innen zurückzog und verdrängt wurde, bleich, bald, wenn aus dem Gesicht wieder alle leidenschaftliche Erregung spricht, hochrot, wie von Blut übergossen; die Adern schwellen, die Augen sind bald unstet und treten aus den Höhlen, bald starren sie gebannt nur auf einen Punkt und können sich nicht davon lösen. Denke dazu noch an das Knirschen der aufeinandergeschlagenen Zähne, die jemanden fressen wollen – das klingt ebenso, wie wenn Eber ihre Hauer durch Wetzen schärfen. Denke auch an das Knacken der Gelenke, wenn ihre Hände sich ineinander verkrampfen, an wiederholte Schläge gegen die Brust, an atemloses Keuchen, an langgezogenes, dumpfes Stöhnen, an den schwankenden Gang, an unverständliche Schreie, die sie plötzlich ausstoßen, an ihre zitternden, manchmal fest zusammengepreßten, etwas Fürchterliches murmelnden Lippen! Bei Gott, wilde Tiere, wenn sie der Hunger umtreibt oder wenn eine Speerspitze sich in ihren Leib gebohrt hat, bieten einen weniger garstigen Anblick, auch wenn sie nach ihrem Verfolger, halbtot schon, zum letztenmal schnappen, als ein Mensch in der Hitze des Zorns. Höre nur hin, wenn man Schreie und Drohungen vernehmen kann, wie sie aus einem zu Tode gequälten Herzen kommen!

Wird nicht ein jeder sich des Zorns zu enthalten wünschen, wenn er begriffen hat, daß dessen Ausbruch in erster Linie für ihn selbst unheilvoll ist? Und dann willst du nicht, daß ich diejenigen, die ihren Zorn nach Kräften fühlen lassen und ihn für einen Beweis ihrer Energie halten und es zu den großen Gaben großen Glücks rechnen, sich unverzüglich rächen zu können, daran erinnere, wie ohnmächtig, ja unfrei man den nennen muß, der Gefangener seines Zorns ist? Dann willst du nicht, daß ich, damit ein jeder desto vorsichtiger sei und auf sich selbst achtgebe, daran erinnere, daß die anderen geistigen Defekte insbesondere bei üblen Subjekten vorkommen, der Zorn sich aber auch bei gebildeten, sonst vernünftigen Leuten einschleicht? Das geht so weit, daß manche in ihm ein Zeichen von Aufrichtigkeit sehen und

plicitatis indicium iracundiam dicant et vulgo credatur facillimus quisque huic obnoxius.

„Quorsus", inquis, „hoc pertinet?" Ut nemo se iudicet tutum ab illa, cum lenes quoque natura et placidos in saevitiam ac violentiam evocet. Quemadmodum adversus pestilentiam nihil prodest firmitas corporis et diligens valetudinis cura (promiscue enim imbecilla robustaque invadit), ita ab ira tam inquietis moribus periculum est quam compositis et remissis, quibus eo turpior ac periculosior est, quo plus in illis mutat.

Sed cum primum sit non irasci, secundum desinere, tertium alienae quoque irae mederi, dicam primum, quemadmodum in iram non incidamus, deinde, quemadmodum nos ab illa liberemus, novissime, quemadmodum irascentem retineamus placemusque et ad sanitatem reducamus.

Ne irascamur, praestabimus, si omnia vitia irae nobis subinde proposuerimus et illam bene aestimaverimus. Accusanda est apud nos, damnanda; perscrutanda eius mala et in medium protrahenda sunt; ut, qualis sit, appareat, comparanda cum pessimis est. Avaritia adquirit et contrahit, quo aliquis melior utatur; ira impendit, paucis gratuita est: iracundus dominus quot in fugam servos egit, quot in mortem! Quanto plus irascendo quam id erat, propter quod irascebatur, amisit! Ira patri luctum, marito divortium attulit, magistratui odium, candidato repulsam. Peior est quam luxuria, quoniam illa sua voluptate fruitur, haec alieno dolore. Vincit malignitatem et invidiam: illae enim infelicem fieri volunt, haec facere, illae fortuitis malis delectantur, haec non potest exspectare fortunam: nocere ei, quem odit, non noceri vult.

man allgemein glaubt, gerade herzensgute Menschen gerieten leicht in Zorn.

5 „Worauf", meinst du, „zielt das ab?" Daß niemand sich gegen ihn gefeit glaubt, da er auch von Natur gutmütige und freundliche Menschen zu wilder Gewalttat treibt. Wie es gegen die Pest nichts hilft, wenn man kräftig ist und gewissenhaft für sein leibliches Wohl sorgt – unterschiedslos befällt sie ja Schwache und Starke –, so ist vom Zorn ebenso ein unruhiger Charakter bedroht wie ein in sich ruhender und ausgeglichener, für den er um so schimpflicher und gefährlicher ist, je mehr er in ihm verändert.

Doch da es am wichtigsten ist, nicht zu erzürnen, am zweitwichtigsten, davon abzulassen, und – als drittes – auch fremden Zorn zu steuern, will ich zunächst erläutern, wie wir nicht in Zorn geraten, sodann, wie wir uns von ihm befreien können, und zuletzt, wie wir einen Zornigen aufhalten und besänftigen und wieder zur Besinnung bringen.

Daß wir nicht wütend werden, erreichen wir, wenn wir uns alle üblen Eigenschaften des Zorns häufig vor Augen halten und ihn richtig beurteilen. Verklagt werden muß er von uns, verurteilt; herausfinden müssen wir seine schlimmen Folgen und ans Licht bringen. Damit sein Wesen erkennbar wird, muß man ihn mit dem Schlechtesten vergleichen: Habsucht erwirbt und kratzt zusammen, was ein Besserer besitzen soll. Der Zorn verschwendet, ist nur für wenige kostenlos: Wie viele Sklaven hat schon ein jähzorniger Herr zur Flucht veranlaßt, wie viele zum Selbstmord! Wieviel mehr hat er durch seinen Zorn eingebüßt, als der Anlaß seines Zorns es wert gewesen wäre! Zorn hat schon dem Vater Trauer, dem Ehemann die Scheidung eingetragen, dem Würdenträger Haß, dem Amtsbewerber eine Abfuhr. Schlimmer ist er als Verschwendungssucht, denn die hat an sich selbst Vergnügen, er an fremdem Leid. Er übertrifft noch Gehässigkeit und Neid: Die wollen nämlich, daß jemand unglücklich wird, er will ihn dazu machen; sie freuen sich an Schicksalsschlägen, er kann das Schicksal nicht erwarten: Schaden will er dem, den er haßt, nicht ihn geschädigt sehen.

Nihil est simultatibus gravius: has ira conciliat; nihil est bello funestius: in hoc potentium ira prorumpit; ceterum etiam illa plebeia ira et privata inerme et sine viribus bellum est. Praeterea ira, ut seponamus, quae mox secutura sunt, damna, insidias, perpetuam ex certaminibus mutuis sollicitudinem, dat poenas, dum exigit; naturam hominis eiurat: illa in amorem hortatur, haec in odium; illa prodesse iubet, haec nocere.

Adice, quod, cum indignatio a nimio sui suspectu veniat et animosa videatur, pusilla est et angusta; nemo enim non eo, a quo se contemptum iudicat, minor est. At ille ingens animus et verus aestimator sui non vindicat iniuriam, quia non sentit. Ut tela a duro resiliunt et cum dolore caedentis solida feriuntur, ita nulla magnum animum iniuria ad sensum sui adducit, fragilior eo, quod petit. Quanto pulchrius velut nulli penetrabilem telo omnis iniurias contumeliasque respuere! Ultio doloris confessio est; non est magnus animus, quem incurvat iniuria. Aut potentior te aut imbecillior laesit; si imbecillior, parce illi, si potentior, tibi.

6 Nullum est argumentum magnitudinis certius quam nihil posse, quo instigeris, accidere. Pars superior mundi et ordinatior ac propinqua sideribus nec in nubem cogitur nec in tempestatem impellitur nec versatur in turbinem; omni tumultu caret; inferiora fulminant. Eodem modo sublimis animus, quietus semper et in statione tranquilla collocatus, omnia intra se premens, quibus ira contrahitur, modestus et venerabilis est et dispositus; quorum nihil invenies in irato.

Nichts ist ärger als Feindschaften. Die erregt der Zorn. Nichts ist verderblicher als der Krieg. Dazu versteigt sich der Zorn der Mächtigen. Im übrigen ist auch der Groll unter ganz gewöhnlichen Leuten ein ohne Waffen und Soldaten geführter Krieg. Zudem muß der Zorn – um von dem abzusehen, was gleich folgen wird: Verluste, Anschläge, ständige Unruhe im Hin und Her des Streits – schon Strafe leiden, während er bestraft: Er entäußert sich der Menschlichkeit. Sie mahnt zur Liebe, er zum Haß, sie heißt helfen, er schaden.

Denke auch daran: Obwohl sein Aufbrausen überhöhter Selbsteinschätzung entspringt und leidenschaftlich erscheint, ist es doch eine kleinmütige, klägliche Regung: Jedermann steht nämlich dem nach, von dem er sich mißachtet glaubt. Die herausragende, gewaltige Persönlichkeit dagegen, die sich selbst recht einzuschätzen weiß, nimmt für kein Unrecht Rache, weil sie es nicht fühlt. Wie Geschosse von Hartem zurückprallen und wie es dem, der Hiebe austeilt, nur weh tut, wenn er Festes trifft, so bringt einen großen Geist kein Unrecht dazu, es zu spüren: Es ist schwächer als das, worauf es zielt. Wieviel herrlicher ist es doch, gleichsam unverletzbar durch jegliches Geschoß, alle Gewalttat und Kränkung von sich abprallen zu lassen! Rache bedeutet das Eingeständnis einer Kränkung. Der ist kein großer Geist, den Unrecht beugt. Entweder hat dir ein Mächtigerer oder ein Schwächerer Unrecht getan. War es ein Schwächerer, dann schone ihn, war es ein Stärkerer, dann schone dich selber!

6 Kein Merkmal der Größe ist zuverlässiger als dies, daß nichts, worüber man sich erregen müßte, eintreten kann. In höheren Bereichen des Weltenraums, in denen mehr Ordnung herrscht und die den Sternen näher sind, ballen sich keine Wolken zusammen, entstehen keine Stürme, rast kein Wirbelwind. Von jedem Aufruhr der Elemente bleiben sie verschont. Weiter unten blitzt es. Ebenso bleibt ein erhabener Geist stets ruhig und wohlgeborgen, hält in sich alles nieder, woran sich Zorn entzündet, ist besonnen, ehrwürdig, ausgeglichen. Davon findest du nichts bei einem Zornigen.

Quis enim traditus dolori et furens non primam reiecit verecundiam? Quis impetu turbidus et in aliquem ruens non, quicquid in se verecundi habuit, abiecit? Cui officiorum numerus aut ordo constitit incitato? Quis linguae temperavit? Quis ullam partem corporis tenuit? Quis se regere potuit immissum?

Proderit nobis illud Democriti salutare praeceptum, quo monstratur tranquillitas, si neque privatim neque publice multa aut maiora viribus nostris egerimus. Numquam tam feliciter in multa discurrenti negotia dies transit, ut non aut ex homine aut ex re offensa nascatur, quae animum in iras paret. Quemadmodum per frequentia urbis loca properanti in multos incursitandum est et aliubi labi necesse est, aliubi retineri, aliubi respergi, ita in hoc vitae actu dissipato et vago multa impedimenta, multae querelae incidunt: alius spem nostram fefellit, alius distulit, alius intercepit; non ex destinato proposita fluxerunt. Nulli fortuna tam dedita est, ut multa temptanti ubique respondeat; sequitur ergo, ut is, cui contra, quam proposuerat, aliqua cesserunt, impatiens hominum rerumque sit, ex levissimis causis irascatur nunc personae, nunc negotio, nunc loco, nunc fortunae, nunc sibi. Itaque, ut quietus possit esse animus, non est iactandus nec multarum, ut dixi, rerum actu fatigandus nec magnarum supraque vires appetitarum. Facile est levia aptare cervicibus et in hanc aut illam partem transferre sine lapsu, at quae alienis in nos manibus imposita aegre susti-

Wer nämlich, der sich dem Schmerz überläßt und tobt, legt nicht zuerst das Schamgefühl ab? Wer hat nicht, wenn er sich, von Leidenschaften aufgewühlt, auf einen anderen stürzt, sich aller Scham, die er besaß, entäußert? Wem blieb die Zahl seiner Verpflichtungen und sein Stand bewußt, wenn er erregt war? Wer zähmte seine Zunge? Wer behielt noch irgendetwas an sich in seiner Gewalt? Wer konnte sich beherrschen, wenn er erst die Zügel schießen ließ?

Nützlich kann uns jener gute Rat des Demokrit sein, der uns Seelenfrieden verheißt, wenn wir weder privat noch für den Staat vielerlei treiben oder uns überfordern. Nie geht so glücklich einem Vielgeschäftigen der Tag dahin, daß ihm nicht durch einen Menschen oder ein Ereignis Unbill erwüchse, die in ihm Zorn hochkommen läßt. Wie jemand, der über volkreiche Plätze einer großen Stadt rennt, unweigerlich mit vielen Leuten zusammenstößt und bald ausgleitet, bald aufgehalten wird, bald sich schmutzig macht, so erfährt, wer sich in einem so hektischen Leben völlig verzettelt, viel Behinderung, viel Unannehmlichkeit. Einer hat unsere Hoffnung enttäuscht, ein anderer hingehalten, ein dritter sie zerschlagen: Nicht nach Wunsch lief, was wir unternahmen. Keinem ist das Glück so zugetan, daß es ihm bei vielfältigen Unternehmungen überall seinen Willen täte. Daraus ergibt sich also, daß einer, dem irgendein Vorhaben danebenging, sich mit den Leuten und den Verhältnissen nicht abfinden kann und aus geringfügigsten Anlässen in Zorn gerät, bald über einen Menschen, bald über eine schwierige Aufgabe, bald über seine Stellung, bald über das Schicksal, bald über sich selbst. Um innerlich ruhig sein zu können, darf man sich deshalb nicht umtreiben, sich nicht – wie schon gesagt – bei der Erledigung vielfältiger Aufgaben erschöpfen oder bei der großer Projekte, die über unsere Kraft gehen. Keine Mühe macht es, Leichtes recht auf den Nacken zu nehmen und es dahin und dorthin zu tragen, ohne zu straucheln. Doch was uns fremde Hände aufgeladen haben und wir nur mühsam halten können, das drückt uns nieder, und bei nächster Gelegenheit schleudern wir es fort. Auch solange wir der

nemus, victi in proximo effundimus; etiam dum stamus sub sarcina, impares oneri vaccillamus.

7 Idem accidere in rebus civilibus ac domesticis scias. Negotia expedita et habilia sequuntur actorem, ingentia et supra mensuram gerentis nec dant se facile et, si occupata sunt, premunt atque abducunt administrantem tenerique iam visa cum ipso cadunt: ita fit, ut frequenter irrita sit eius voluntas, qui non, quae facilia sunt, aggreditur, sed vult facilia esse, quae aggressus est.

Quotiens aliquid conaberis, te simul et ea, quae paras quibusque pararis ipse, metire; faciet enim te asperum paenitentia operis infecti. Hoc interest, utrum quis fervidi sit ingenii an frigidi atque humilis: generoso repulsa iram exprimet, languido inertique tristitiam. Ergo actiones nostrae nec parvae sint nec audaces et improbae, in vicinum spes exeat, nihil conemur, quod mox adepti quoque successisse miremur.

8 Demus operam, ne accipiamus iniuriam, quia ferre nescimus. Cum placidissimo et facillimo et minime anxio morosoque vivendum est; sumuntur a conversantibus mores et, ut quaedam in contactos corporis vitia transsiliunt, ita animus mala sua proximis tradit: ebriosus convictores in amorem meri traxit, impudicorum coetus fortem quoque et, si liceat, virum emolliit, avaritia in proximos virus suum transtulit. Eadem ex diverso ratio virtutum est, ut omne, quod secum habent, mitigent; nec tam valetudini profuit utilis regio et sa-

Bürde standzuhalten suchen, schwanken wir, zu schwach für die Last.

7 Daß es im politischen Leben nicht anders zugeht als im privaten Bereich, solltest du wissen. Einfache und machbare Aufgaben erledigen sich wie von selbst, außerordentliche, dem damit Betrauten unangemessene, lassen sich nicht leicht lösen, und will man sie bewältigen, dann machen sie dem, der es versucht, schwer zu schaffen und lassen ihn scheitern, und was er schon im Griff zu haben schien, geht mit ihm unter. So kommt es, daß dessen Streben oft erfolglos ist, der nicht, was machbar ist, in Angriff nimmt, sondern will, daß machbar ist, was er in Angriff nahm.

Sooft du etwas versuchst, solltest du zugleich dich und das, was du bewirken willst und was auf dich wirkt, abschätzen. Reizbar macht dich nämlich die Scham, wenn du eine Aufgabe nicht geschafft hast. Das ist der Unterschied, ob einer von leidenschaftlicher Wesensart ist oder stumpf und kleinmütig: Beim Edlen löst der Mißerfolg Zorn aus, beim Matten und Trägen Verdrossenheit. So dürfen unsere Unternehmungen weder unbedeutend noch verwegen und ruchlos sein, nur auf Nahes sei unser Hoffen gerichtet, und nichts sollten wir versuchen, bei dem uns, auch wenn wir es gleich erreichen, der Erfolg überrascht.

8 Geben wir uns Mühe, daß uns kein Unrecht widerfährt, weil wir es nicht hinzunehmen wissen. Mit dem Sanftmütigsten, Freundlichsten und am wenigsten Ängstlichen und Eigensinnigen muß man zusammenleben: Man nimmt von allen, mit denen man Umgang hat, Gewohnheiten an, und, wie manchmal durch Berührung Krankheiten übertragen werden, so gibt die Seele ihre Fehler an unsere Umgebung weiter: Ein Trinker hat schon oft seine Gäste dazu verleitet, an ungemischtem Wein Gefallen zu finden; die Gesellschaft von Schwulen schon einen braven Kerl und, wenn es anginge, einen Mann schwach werden lassen, die Habgier hat in ihrer Umgebung ihr Gift verbreitet. Genauso steht es auf der anderen Seite mit den guten Eigenschaften, daß sie alles, was sie um sich haben, sänftigen. Keine Landschaft ist der Ge-

lubrius caelum, quam animis parum firmis in turba meliore versari. Quae res quantum possit, intelleges, si videris feras quoque convictu nostro mansuescere nullique etiam immani bestiae vim suam permanere, si hominis contubernium diu passa est: retunditur omnis asperitas paulatimque inter placida dediscitur.

Accedit huc, quod non tantum exemplo melior fit, qui cum quietis hominibus vivit, sed quod causas irascendi non invenit nec vitium suum exercet. Fugere itaque debebit omnis, quos irritaturos iracundiam sciet.

„Qui sunt", inquis, „isti?" Multi ex variis causis idem facturi: offendet te superbus contemptu, dicax contumelia, petulans iniuria, lividus malignitate, pugnax contentione, ventosus et mendax vanitate; non feres a suspicioso timeri, a pertinace vinci, a delicato fastidiri. Elige simplices, faciles, moderatos, qui iram tuam nec evocent et ferant; magis adhuc proderunt summissi et humani et dulces, non tamen usque in adulationem, nam iracundos nimia assentatio offendit: erat certe amicus noster vir bonus, sed irae paratioris, cui non magis tutum erat blandiri quam male dicere.

Caelium oratorem fuisse iracundissimum constat. Cum quo, ut aiunt, cenabat in cubiculo lectae patientiae cliens, sed difficile erat illi in copulam coniecto rixam eius, cum quo haerebat, effugere; optimum iudicavit, quicquid dixisset, sequi et se-

sundheit so zuträglich, kein Klima gesünder wie für ungefestigte Charaktere der Verkehr mit einer großen Zahl von Besseren. Wieviel das bedeuten kann, wird dir klar, wenn du bedenkst, daß auch wilde Tiere beim Zusammenleben mit uns zahm werden und keine auch noch so entsetzliche Bestie ihr gewalttätiges Wesen behält, wenn sie mit einem Menschen lange Zeit engen Kontakt hatte. Aller Grimm verliert sich und gerät bei freundlicher Behandlung in Vergessenheit.

Dazu kommt, daß einer nicht nur durch das Vorbild besser wird, der mit friedliebenden Menschen zusammenlebt, sondern auch, weil er keine Anlässe findet, sich zu ereifern, und so seiner Schwäche nicht nachgeben kann. Also wird er allen aus dem Weg gehen müssen, von denen er weiß, daß sie seinen Jähzorn reizen könnten. Wer die sind, fragst du? Die vielen, die aus unterschiedlichen Gründen dasselbe zuwege bringen: Dich kränkt ein Stolzer durch Mißachtung, ein Scharfzüngiger durch ein Schimpfwort, ein Grobian durch Tätlichkeiten, ein Neider durch Bosheit, ein Zänker durch seine Streitsucht, ein Windbeutel und Lügner durch Prahlerei. Du kannst es nicht ertragen, daß dir gegenüber ein Argwöhnischer sich fürchtet, ein Sturer sich durchsetzt, ein Snob sich zu vornehm dünkt. Such dir schlichte, nachgiebige, bescheidene Gemüter aus, die deinen Zorn einerseits nicht auslösen und ihn sich andererseits gefallen lassen. Noch mehr helfen können dir Demütige, Milde und Liebenswürdige – doch sollten sie es nicht bis zum Speichellecken kommen lassen, denn Jähzornige empört übertriebene Liebedienerei. Ich hatte jedenfalls einen anständigen Mann zum Freund, der recht leicht in Wut geriet und bei dem es gleich riskant war, ihm zu schmeicheln wie ihn zu beschimpfen.

Der Redner Caelius war bekanntermaßen äußerst jähzornig. Mit diesem saß, wie man berichtet, im Speisesaal ein ausnehmend sanftmütiger Klient beim Abendessen. Allerdings war es schwer für ihn, an solch einen Partner geraten, Streit mit dem Mann, von dem er abhängig war, zu meiden. Er hielt es für das beste, all seinen Worten zuzustimmen und

cundas agere. Non tulit Caelius assentientem et exclamavit: „Dic aliquid contra, ut duo simus!" Sed ille quoque, quod non irasceretur iratus, cito sine adversario desiit.

Eligamus ergo vel hos potius, si conscii nobis iracundiae sumus, qui vultum nostrum ac sermonem sequantur: facient quidem nos delicatos et in malam consuetudinem inducent nihil contra voluntatem audiendi, sed proderit vitio suo intervallum et quietem dare. Difficiles quoque et indomiti natura blandientem ferent; nihil asperum territumque palpanti est. Quotiens disputatio longior et pugnacior erit, in prima resistamus, antequam robur accipiat: alit se ipsa contentio et demissos altius tenet; facilius est se a certamine abstinere quam abducere.

9 Studia quoque graviora iracundis omittenda sunt aut certe citra lassitudinem exercenda, et animus non inter plura versandus, sed artibus amoenis tradendus: lectio illum carminum obleniat et historia fabulis detineat; mollius delicatiusque tractetur. Pythagoras perturbationes animi lyra componebat; quis autem ignorat lituos et tubas concitamenta esse, sicut quosdam cantus blandimenta, quibus mens resolvatur? Confusis oculis prosunt virentia, et quibusdam coloribus infirma acies adquiescit, quorundam splendore praestringitur: sic mentes aegras studia laeta permulcent. Forum, advocationes, iudicia fugere debemus et omnia, quae exulcerant vitium; aeque cavere lassitudinem corporis; consumit enim, quicquid in nobis mite placidumque est, et acria concitat.

sich zu fügen. Caelius fand den Jasager unerträglich und schrie: „Sag was dagegen, damit wir zwei sind!" Doch auch er, der zornig wurde, weil er nicht zürnen konnte, ließ ohne Widerpart rasch davon ab.

Somit sollten wir, wenn wir uns unseres Jähzorns bewußt sind, sogar noch eher die auswählen, die in unseren Zügen lesen und uns nach dem Munde reden; sie lassen uns zwar empfindlich werden und bringen uns die üble Gewohnheit bei, nichts anzuhören, was wir nicht hören wollen, doch ist es heilsam, dem Leiden eine Ruhepause zu gewähren. Auch schwierige, ihrem Wesen nach unbeherrschte Menschen werden sich Schmeichelei gefallen lassen müssen; für einen Schmeichler gibt es nichts, was ihn kränken oder abschrecken könnte. Sooft sich eine längere und hitzigere Diskussion anbahnt, sollten wir gleich zu Beginn eingreifen, ehe sich die Fronten verhärten: Streit schaukelt sich auf und läßt auch die nicht aus, die sich ganz klein zu machen suchen. Leichter ist es, sich von einem Konflikt fernzuhalten, als sich herauszuhalten.

9 Auch anstrengendere geistige Arbeit sollten Jähzornige bleiben lassen oder jedenfalls nur ausüben, solange sie noch nicht müde sind. Man sollte sich nicht mit zu vielem befassen, sondern sich den schönen Künsten widmen: Lektüre von Gedichten mag die Seele milde stimmen und ein Geschichtswerk sie durch Anekdoten ablenken: man gehe recht sanft und behutsam mit ihr um. Pythagoras beschwichtigte Erregungszustände durch Saitenspiel: wer weiß denn nicht, daß Hörner und Trompetengeschmetter ebenso aufreizend wirken, wie manche Lieder besänftigend und entspannend? Erregten tut der Blick auf Grünes gut, und bestimmte Farben lassen überanstrengte Augen Ruhe finden, während die Helligkeit von manchen sie blendet. So wirkt auf ein krankes Gemüt heitere Lektüre beruhigend. Das Forum, Anwaltspflichten und Gerichte müssen wir meiden, dazu alles, was unser Leiden verschlimmert, und uns gleichermaßen vor körperlicher Erschöpfung hüten. Sie zehrt nämlich alles Milde und Gütige in uns auf und steigert die Aggressivität.

Ideo, quibus stomachus suspectus est, processuri ad res agendas maioris negotii bilem cibo temperant, quam maxime movet fatigatio, sive, quia calorem in media compellit et nocet sanguini cursumque eius venis laborantibus sistit, sive, quia corpus attenuatum et infirmum incumbit animo; certe ob eandem causam iracundiores sunt valetudine aut aetate fessi. Fames quoque et sitis ex isdem causis vitanda est: exasperat et incendit animos. Vetus dictum est a lasso rixam quaeri; aeque autem et ab esuriente et a sitiente et ab omni homine, quem aliqua res urit. Nam ut ulcera ad levem tactum, deinde etiam ad suspicionem tactus condolescunt, ita animus affectus minimis offenditur, adeo, ut quosdam salutatio et epistula et oratio et interrogatio in litem evocent: numquam sine querella aegra tanguntur.

10 Optimum est itaque ad primum mali sensum mederi sibi, tum verbis quoque suis minimum libertatis dare et inhibere impetum. Facile est autem affectus suos, cum primum oriuntur, deprendere: morborum signa praecurrunt, quemadmodum tempestatis ac pluviae ante ipsas notae veniunt, ita irae, amoris omniumque istarum procellarum animos vexantium sunt quaedam praenuntia. Qui comitiali vitio solent corripi, iam adventare valetudinem intellegunt, si calor summa deseruit et incertum lumen nervorumque trepidatio est, si memoria sublabitur caputque versatur; solitis itaque remediis incipientem causam occupant, et odore gustuque, quicquid est, quod alienat animos, repellitur aut fomentis contra frigus rigoremque pugnatur aut, si parum medicina profecit, vitaverunt turbam et sine teste ceciderunt.

Daher suchen Leute, die sich wegen ihrer Verdauung Sorgen machen müssen, ehe sie Aufgaben von größerem Umfang übernehmen, durch Essen den Gallenfluß zu steuern, den vor allem Erschöpfung auslöst, sei es, weil diese alle Wärme im Körper konzentriert, das Blut behindert und seinen Kreislauf durch Verengung der Adern stocken läßt, sei es, weil ein angegriffener und kraftloser Leib für die Seele eine Last ist. Sicherlich neigen aus demselben Grund die mehr zum Jähzorn, die Krankheit oder das Alter geschwächt hat. Auch Hunger und Durst sind aus den gleichen Gründen zu meiden: sie machen gereizt und wütend. Es ist ein altes Sprichwort: Wer müde ist, sucht Streit. Dasselbe gilt aber auch für einen Hungernden und Dürstenden und für jeden, den irgend etwas drückt. Denn wie Geschwüre schon bei leichter Berührung und später sogar bei vermeintlicher Berührung schmerzen, so nimmt ein krankes Gemüt am Geringfügigsten Anstoß, und zwar in dem Maß, daß manchen schon ein Gruß und ein Brief und eine Äußerung und eine Frage Anlaß zu Streit gibt: Nie ohne Wehgeschrei rührt man an Krankes!

10 Am besten ist es darum, schon beim ersten Anzeichen des Leidens vorzubeugen und sich auch beim Reden nur ganz wenig Freiheit zu gestatten und den Anfall zu unterdrücken. Leicht ist es, seine Affekte gleich im Entstehen abzufangen: Krankheiten haben ihre Vorboten, und wie Gewitter und Regen sich vorher ankündigen, so gibt es für Zorn, Liebesglut und all die Stürme, die die Seele heimsuchen, bestimmte Anzeichen. Epileptiker erkennen, daß ein Anfall bevorsteht, wenn Finger und Zehen erkalten, es vor ihren Augen flimmert und in ihren Gliedern kribbelt, wenn das Bewußtsein schwindet und der Kopf hin- und hergeworfen wird. Daher suchen sie mit den üblichen Mitteln den Ausbruch des Leidens zu verhindern: er kann durch Räucherwerk und Medikamente und alles, was betäubende Wirkung hat, abgewendet werden, oder man bekämpft mit warmen Umschlägen das Frösteln und die Erstarrung. Half aber die Heilkunst nicht, dann mieden solche Leute die Öffentlichkeit und brachen ohne Zeugen zusammen.

Prodest morbum suum nosse et vires eius, antequam spatientur, opprimere. Videamus, quid sit, quod nos maxime concitet: alium verborum, alium rerum contumeliae movent; hic vult nobilitati, hic formae suae parci; hic elegantissimus haberi cupit, ille doctissimus; hic superbiae impatiens est, hic contumaciae; ille servos non putat dignos, quibus irascatur, hic intra domum saevus est, foris mitis; ille rogari invidiam iudicat, hic non rogari contumeliam. Non omnes ab eadem parte feriuntur; scire itaque oportet, quid in te imbecillum sit, ut id maxime protegas.

11 Non expedit omnia videre, omnia audire. Multae nos iniuriae transeant, ex quibus plerasque non accipit, qui nescit. Non vis esse iracundus? Ne fueris curiosus! Qui inquirit, quid in se dictum sit, qui malignos sermones, etiam si secreto habiti sunt, eruit, se ipse inquietat. Quaedam interpretatio eo perducit, ut videantur iniuriae: itaque alia differenda sunt, alia deridenda, alia donanda.

Circumscribenda multis modis ira est; pleraque in lusum iocumque vertantur. Socraten aiunt colapho percussum nihil amplius dixisse quam „molestum esse, quod nescirent homines, quando cum galea prodire deberent."

Non, quemadmodum facta sit iniuria, refert, sed quemadmodum lata; nec video, quare difficilis sit moderatio, cum sciam tyrannorum quoque tumida et fortuna et licentia ingenia familiarem sibi saevitiam repressisse. Pisistratum certe, Atheniensium tyrannum, memoriae proditur, cum multa in crudelitatem eius ebrius conviva dixisset nec deessent, qui vellent manus ei commodare et

Es ist von Nutzen, seine Krankheit zu kennen und ihre Kraft, ehe sie sich entfalten kann, zu brechen. Achten wir also darauf, was es gibt, das uns besonders erbittern könnte: Der eine empfindet Worte, der andere Verhalten als kränkend. Der will seinen Rang, der andere sein Äußeres respektiert sehen; der möchte als geschmackvoll, der als hochgebildet gelten, der kann Anmaßung, jener Unverschämtheit nicht ausstehen; jener meint, Sklaven verdienten seinen Zorn nicht, der ist bei sich zu Hause ein Wüterich, unter Leuten gelassen. Der hält es für böse Absicht, lädt man ihn ein, der für Mißachtung, tut man's nicht. Nicht alle sind im selben Bereich verletzlich; darum sollte man seine schwache Stelle kennen, um sie besonders zu schützen.

11 Es ist nicht gut, alles zu sehen, alles zu hören. Viele Kränkungen könnten uns erspart bleiben – denn die allermeisten verspürt nicht, wer davon nichts weiß. Du möchtest nicht wütend sein? Sei nicht neugierig! Wer nachforscht, was man gegen ihn gesagt hat, wer spitze Bemerkungen, auch wenn sie nur heimlich fielen, ausspioniert, macht sich selbst das Leben schwer. Bei manchem bringt es erst unsere Deutung dahin, daß es als Beleidigung erscheint. Daher sollte man sich beim einen Zeit lassen, über anderes lachen, anderes verzeihen.

In enge Schranken kann man auf vielfache Art den Zorn verweisen. Das meiste sollte man von der heiteren, scherzhaften Seite nehmen. Sokrates, so heißt es, habe nach einer Ohrfeige nichts weiter gesagt als dies: es sei ärgerlich, daß kein Mensch wisse, wann er mit dem Helm ausgehen müsse.

Es geht nicht darum, wie Unrecht getan, sondern, wie es hingenommen wurde. Auch sehe ich nicht ein, weshalb Selbstbeherrschung schwierig sein sollte, zumal ich weiß, daß sogar Tyrannen, denen ja Erfolg und unumschränkte Macht zu Kopf steigt, ihre bekannte Brutalität unterdrückten. Von Peisistratos, dem Tyrannen von Athen, wird zuverlässig überliefert: Als vieles gegen seine Grausamkeit ein trunkener Gast geäußert hatte und Leute nicht fehlten, die ihm die Hand leihen wollten und der eine von da, der andere

alius hinc, alius illinc faces subderent, placido animo tulisse et hoc irritantibus respondisse „non magis illi se suscensere, quam si quis obligatis oculis in se incurrisset."

12 Magna pars querelas manu fecit aut falsa suspicando aut levia aggravando. Saepe ad nos ira venit, saepius nos ad illam. Quae numquam arcessenda est; etiam, cum incidit, reiciatur. Nemo dicit sibi: „Hoc, propter quod irascor, aut feci aut fecisse potui." Nemo animum facientis, sed ipsum aestimat factum: atqui ille intuendus est, voluerit an inciderit, coactus sit an deceptus, odium secutus sit an praemium, sibi morem gesserit an manum alteri commodaverit. Aliquid aetas peccantis facit, aliquid fortuna, ut ferre ac pati aut humanum sit aut certe haud humile. Eo nos loco constituamus, quo ille est, cui irascimur: nunc facit nos iracundos iniqua nostri aestimatio et, quae facere vellemus, pati nolumus.

Nemo se differt: atqui maximum remedium irae dilatio est, ut primus eius fervor relanguescat et caligo, quae premit mentem, aut residat aut minus densa sit. Quaedam ex his, quae te praecipitem ferebant, hora, non tantum dies molliet, quaedam ex toto evanescent; si nihil egerit petita advocatio, apparebit iam iudicium esse, non iram. Quicquid voles, quale sit, scire, tempori trade: nihil diligenter in fluctu cernitur.

Non potuit impetrare a se Plato tempus, cum servo suo irasceretur, sed ponere illum statim tunicam et praebere scapulas verberibus iussit sua

von dort ihm Zunder gab, nahm er den Vorfall gelassen und entgegnete den Hetzern, er sei dem Mann ebensowenig böse, wie wenn einer mit verbundenen Augen ihn angerannt hätte.

12 Großenteils schafft man sich seinen Ärger selbst, entweder durch falschen Verdacht oder, weil man Kleinigkeiten zu ernst nimmt. Oft überfällt uns der Zorn, öfter verfallen wir ihm. Dabei darf man sich ihm nie willentlich überlassen, und wenn er uns überkommt, sollte er zurückgedrängt werden. Niemand sagt zu sich selber: „Das habe ich getan, weil ich wütend bin, oder hätte es tun können." Niemand denkt, wenn er urteilt, an die Gemütsverfassung des Täters, sondern an die Tat selbst. Und doch sollten wir jenen ins Auge fassen, ob er die Tat willentlich oder unabsichtlich beging, ob gezwungen oder getäuscht, ob er seinem Haß oder der Aussicht auf Gewinn nachgab, ob er eigene Rachsucht stillte oder Handlanger eines anderen war. Einiges bedingt das Alter des Übeltäters, einiges die Umstände, vorausgesetzt, daß es menschenmöglich ist, sich geduldig in sie zu schicken, oder wenigstens nicht demütigend. Versetzen wir uns in die Lage dessen, dem wir zürnen: Im Augenblick macht uns noch übermäßige Selbsteinschätzung wütend, und was wir tun möchten, wollen wir nicht leiden.

Niemand läßt sich Zeit; und doch ist es das beste Mittel gegen den Zorn, sich Zeit zu lassen, damit sein erstes Aufbrausen abklingt und das Dunkel, das den Geist erfüllt, sich verzieht oder weniger dicht wird. Manches von dem, was dich hinreißen wollte, wird eine Stunde, nicht erst ein Tag in milderem Licht erscheinen lassen, manches wird sich völlig verflüchtigen; und hat der Aufschub, den man sich gewährt hat, nichts gebracht, zeigt sich zumindest, daß man nun urteilt, nicht wütet. Bei allem, dessen Wert du erkennen möchtest, vertraue der Zeit. Nichts läßt sich im Trubel der Ereignisse sorgfältig prüfen.

Unmöglich war es für Plato, sich Zeit zu nehmen, als er seinem Sklaven zürnte, sondern er gebot ihm, das Hemd auszuziehen und den Rücken den Schlägen darzubieten: Er

manu ipse caesurus; postquam intellexit irasci se, sicut sustulerat manum suspensam, detinebat et stabat percussuro similis; interrogatus deinde ab amico, qui forte intervenerat, quid ageret: „Exigo", inquit, „poenas ab homine iracundo." Velut stupens gestum illum saevituri deformem sapienti viro servabat, oblitus iam servi, quia alium, quem potius castigaret, invenerat. Itaque abstulit sibi in suos potestatem et ob peccatum quoddam commotior: „Tu", inquit, „Speusippe, servulum istum verberibus obiurga; nam ego irascor." Ob hoc non cecidit, propter quod alius cecidisset. „Irascor;" inquit, „plus faciam, quam oportet, libentius faciam: non sit iste servus in eius potestate, qui in sua non est." Aliquis vult irato committi ultionem, cum Plato sibi ipse imperium abrogaverit? Nihil tibi liceat, dum irasceris. Quare? Quia vis omnia licere.

13 Pugna tecum ipse; si vis vincere iram, non potest te illa. Incipis vincere, si absconditur, si illi exitus non datur. Signa eius obruamus et illam, quantum fieri potest, occultam secretamque teneamus. Cum magna id nostra molestia fiet, cupit enim exsilire et incendere oculos et mutare faciem; sed si eminere illi extra nos licuit, supra nos est. In imo pectoris secessu recondatur feraturque, non ferat; immo in contrarium omnia eius indicia flectamus: vultus remittatur, vox lenior sit, gradus lentior; paulatim cum exterioribus interiora formantur.

In Socrate irae signum erat vocem summittere, loqui parcius. Apparebat tunc illum sibi obstare. Deprendebatur itaque a familiaribus et coargue-

wollte ihn mit eigener Hand auspeitschen. Als er erkannte, daß er zornig war, hielt er die Hand, so wie er ausgeholt hatte, erhoben, und stand da gleich einem, der eben zuschlagen will. Auf die Frage eines Freundes, der zufällig eintrat, was er denn tue, erwiderte er: „Ich strafe einen jähzornigen Menschen." Gleichsam betroffen, verharrte er in jener Haltung, als wollte er gleich dreinschlagen, obwohl sie einem weisen Mann nicht ansteht, und dachte schon nicht mehr an den Sklaven, weil er einen anderen, den er eher züchtigen mußte, gefunden hatte. Darum sprach er sich die Befugnis ab, sein Gesinde zu züchtigen, und als er wegen eines Fehltritts ziemlich erregt war, rief er: „Speusippos, bring diesen Sklaven da mit Prügeln zur Räson, denn ich bin wütend!" Deshalb schlug er nicht zu, wo ein anderer zugeschlagen hätte. „Ich bin zornig", sprach er, „ich werde mehr tun als nötig, ich werde es lieber tun. Nicht darf der Sklave da dem ausgeliefert sein, der seiner selbst nicht mächtig ist!" Und da will jemand einem Zornigen die Rache überlassen, während sich Platon selbst das Recht dazu absprach! Nichts darf dir erlaubt sein, wenn du zürnst. Wieso? Weil du willst, daß alles dir erlaubt sei.

13 Kämpfe mit dir selbst: Wenn *du* den Zorn bezwingen willst, schafft er es nicht bei dir. Der erste Schritt zum Sieg ist, wenn er verborgen bleibt, wenn ihm der Ausbruch nicht gestattet wird. Seine Anzeichen wollen wir unterdrücken und ihn, soweit es möglich ist, in unserem Inneren verstekken. Das wird nur unter großer Beschwernis für uns gelingen, er will nämlich heraustreten und die Augen entzünden und die Züge verzerren; doch wenn er aus uns hervorbrechen durfte, ist er uns über. Ganz tief in der Brust sei er vergraben, beherrscht, nicht beherrschend. Nein, ins Gegenteil wollen wir alle seine Merkmale verwandeln; unsere Miene sei entspannt, die Stimme sanfter, der Gang ruhiger. Allmählich wird mit dem Äußeren das Innere veredelt.

Bei Sokrates war es ein Zeichen von Zorn, wenn er die Stimme senkte und weniger sprach. Offensichtlich war er dann mit sich selbst nicht im reinen. Seine Bekannten be-

batur, nec erat illi exprobratio latitantis irae ingrata. Quidni gauderet, quod iram suam multi intellegerent, nemo sentiret? Sensissent autem, nisi ius amicis obiurgandi se dedisset, sicut ipse sibi in amicos sumpserat.

Quanto magis hoc nobis faciendum est! Rogemus amicissimum quemque, ut tunc maxime libertate adversus nos utatur, cum minime illam pati poterimus, nec assentiatur irae nostrae; contra potens malum et apud nos gratiosum, dum consipimus, dum nostri sumus, advocemus. Qui vinum male ferunt et ebrietatis suae temeritatem ac petulantiam metuunt, mandant suis, ut e convivio auferantur; intemperantiam in morbo suam experti parere ipsis in adversa valetudine vetant.

Optimum est notis vitiis impedimenta prospicere et ante omnia ita componere animum, ut etiam gravissimis rebus subitisque concussus iram aut non sentiat aut magnitudine inopinatae iniuriae exortam in altum retrahat nec dolorem suum profiteatur.

Id fieri posse apparebit, si pauca ex turba ingenti exempla protulero, ex quibus utrumque discere licet, quantum mali habeat ira, ubi hominum praepotentium potestate tota utitur, quantum sibi imperare possit, ubi metu maiore compressa est.

14 Cambysen regem nimis deditum vino Praexaspes unus ex carissimis monebat, ut parcius biberet, turpem esse dicens ebrietatem in rege, quem

merkten das und sagten es ihm auf den Kopf zu, und ihm war es nicht unangenehm, wenn man ihm seinen verhaltenen Zorn vorhielt. Wieso hätte er sich auch nicht freuen sollen, daß viele seine Wut erkannten, aber niemand sie zu spüren bekam? Man hätte sie jedoch verspürt, hätte er nicht seinen Freunden das Recht zugestanden, ihn zu kritisieren, wie er selbst es sich den Freunden gegenüber nahm.

Um wieviel mehr müssen wir es so halten! Bitten wir gerade unsere besten Freunde, dann besonders offen mit uns zu sprechen, wenn wir das am wenigsten ertragen können, und uns nicht nach dem Mund zu reden, weil wir zornig sind! Gegen einen schweren Fehler, der über uns Gewalt bekommen kann, wollen wir sie, solange wir bei Sinnen sind, solange wir uns in der Hand haben, zu Hilfe rufen! Menschen, die Wein nicht vertragen und fürchten müssen, daß sie in der Trunkenheit unbesonnen und ausfällig werden, befehlen ihren Leuten, sie vom Gelage heimzubringen. Sie haben ihre Unbeherrschtheit im Rausch an sich erfahren und verbieten daher, ihnen zu gehorchen, wenn sie schwach geworden sind.

Am besten ist es, wenn man seine Schwächen kennt, ihnen einen Riegel vorzuschieben und sich vor allem dahin zu bringen, daß man auch bei schwersten und plötzlichen Erschütterungen entweder keinen Zorn empfindet oder, falls er angesichts eines großen, unvermuteten Unrechts doch hochkommt, ihn energisch unterdrückt und den Schmerz nicht offen zeigt.

Daß das möglich ist, wird klar, wenn ich Beispiele bringe, von einer ganzen Menge nur ein paar, aus denen man beides lernen kann: Wieviel Leid der Zorn mit sich bringt, wenn er sich großmächtiger Menschen Macht ganz zunutze macht, und in welchem Maß er sich selbst bezwingen kann, sobald die Angst stärker ist und ihn niederhält.

14 Den König Kambyses, der dem Wein allzu sehr ergeben war, forderte Prexaspes, einer seiner liebsten Freunde, auf, doch mäßiger zu trinken, und erklärte, wie schimpflich Trunkenheit bei einem König sei, den aller Augen und Oh-

omnium oculi auresque sequerentur. Ad haec ille
„Ut scias", inquit, „quemadmodum numquam
excidam mihi, approbabo iam et oculos post vinum in officio esse et manus." Bibit deinde liberalius quam alias capacioribus scyphis et iam gravis
ac vinolentus obiurgatoris sui filium procedere ultra limen iubet allevataque super caput sinistra
manu stare. Tunc intendit arcum et ipsum cor
adulescentis – id enim petere se dixerat – figit re-
scissoque pectore haerens in ipso corde spiculum
ostendit ac respiciens patrem interrogavit, satisne
certam haberet manum. At ille negavit Apollinem
potuisse certius mittere.

Dii illum male perdant animo magis quam condicione mancipium! Eius rei laudator fuit, cuius
nimis erat spectatorem fuisse. Occasionem blan-
ditiarum putavit pectus filii in duas partes diduc-
tum et cor sub vulnere palpitans: controversiam
illi facere de gloria debuit et revocare iactum, ut
regi liberet in ipso patre certiorem manum ostendere.

O regem cruentum! O dignum, in quem omnium suorum arcus verterentur! Cum exsecrati
fuerimus illum convivia suppliciis funeribusque
solventem, tamen sceleratius telum illud laudatum
est quam missum. Videbimus, quomodo se pater
gerere debuerit stans super cadaver filii sui cae-
demque illam, cuius et testis fuerat et causa: id, de
quo nunc agitur, apparet iram supprimi posse.
Non male dixit regi, nullum emisit ne calamitosi
quidem verbum, cum aeque cor suum quam filii
transfixum videret. Potest dici merito devorasse
verba; nam si quid tamquam iratus dixisset, nihil
tamquam pater facere potuisset. Potest, inquam,

ren stets beobachteten. Darauf entgegnete jener: „Damit du weißt, daß ich nie die Herrschaft über mich verliere, werde ich dir gleich zeigen, wie meine Augen nach dem Wein ihren Dienst tun und auch meine Hände." Er trank darauf noch reichlicher als sonst aus größeren Pokalen, und als er schon schwer betrunken war, ließ er seines Tadlers Sohn über die Schwelle treten und sich, den linken Arm über das Haupt erhoben, dort aufstellen. Dann spannte er seinen Bogen und traf den jungen Mann mitten ins Herz (er hatte nämlich gesagt, daß er darauf ziele). Er ließ dessen Brust aufschneiden und zeigen, daß die Pfeilspitze genau im Herzen stak, sah sich nach dem Vater um und fragte, ob er noch eine genügend sichere Hand habe. Der aber entgegnete, Apollon hätte nicht besser treffen können.

Die Götter mögen den Mann übel zugrunde richten, der eher seiner Gesinnung als seiner Stellung nach ein Sklave war! Er lobte übermäßig eine Tat, die miterlebt zu haben schon zuviel war! Eine Gelegenheit zur Schmeichelei dünkte ihm die aufgeschlitzte Brust des Sohnes und das Herz, das in der Wunde noch zuckte! In Frage hätte er den Ruhm des Kambyses stellen müssen und zu einem weiteren Schuß auffordern, gesetzt, daß es dem König beliebte, am Vater selber seine allzu sichere Hand zu zeigen.

O dieser blutdürstige König! O, er hätte es verdient, daß sich auf ihn die Bogen all der Seinen richteten! Wenn wir ihn auch verflucht haben, ihn, der seine Gelage mit Hinrichtungen und Begräbnissen beschloß, so war doch das Lob für jenen Pfeil noch ruchloser als der Schuß. Wir werden noch sehen, wie der Vater sich hätte verhalten müssen, als er bei der Leiche seines Sohnes stand, beim Opfer jener Bluttat, deren Zeuge er gewesen war und auch ihr Anlaß. Worum es uns im Augenblick geht, ist klar: Zorn kann man unterdrücken. Er sagte kein böses Wort zum König, er ließ nicht einmal einen Klagelaut vernehmen, als er gleichermaßen sein eigenes Herz wie das des Sohnes durchbohrt fühlte. Man mag behaupten, er habe mit Recht auf jede Äußerung verzichtet, denn hätte er etwas als empörter Mensch gesagt,

videri sapientius se in illo casu gessisse quam cum de potandi modo praeciperet, quem satius erat vinum quam sanguinem bibere, cuius manus poculis occupari pax erat: accessit itaque ad numerum eorum, qui magnis cladibus ostenderunt, quanti constarent regum amicis bona consilia.

15 Non dubito, quin Harpagus quoque tale aliquid regi suo Persarumque suaserit, quo offensus liberos illi epulandos apposuit et subinde quaesiit, an placeret conditura; deinde, ut satis illum plenum malis suis vidit, afferri capita illorum iussit et, quomodo esset acceptus, interrogavit. Non defuerunt misero verba, non os concurrit: „Apud regem", inquit, „omnis cena iucunda est." Quid hac adulatione profecit? Ne ad reliquias invitaretur.

Non veto patrem damnare regis sui factum, non veto quaerere dignam tam truci portento poenam, sed hoc interim colligo posse etiam ex ingentibus malis nascentem iram abscondi et ad verba contraria sibi cogi. Necessaria ista est doloris refrenatio, utique hoc sortitis vitae genus et ad regiam adhibitis mensam: sic estur apud illos, sic bibitur, sic respondetur, funeribus suis arridendum est.

An tanti sit vita, videbimus: alia ista quaestio est. Non consolabimur tam triste ergastulum, non adhortabimur ferre imperia carnificum: ostendemus in omni servitute apertam libertati viam. Si aeger animus et suo vitio miser est, huic miserias

hätte er nichts als Vater tun können. Es mag, meine ich, den Anschein haben, daß er sich in diesem Fall klüger verhielt als während er zu dem vom rechten Maß beim Trinken sprach, der besser Wein als Blut hätte schlürfen sollen, dessen Griff nach dem Becher segensreich gewesen wäre. So trat er denn in die Schar derer ein, die durch ihr großes Unglück erwiesen, wie teuer den Freunden von Königen guter Rat zu stehen kommt.

15 Ich zweifle nicht, daß auch Harpagos etwas derartiges seinem König, dem Perserkönig, geraten hat. Darob gekränkt, ließ der ihm seine eigenen Kinder zum Schmaus vorsetzen und erkundigte sich mehrfach, ob ihm das leckere Mahl behage. Als er dann sah, daß jener sich genug an seinem Unglück gesättigt hatte, befahl er, die Köpfe der Kinder herzubringen, und fragte, wie er bewirtet worden sei. Da fehlte es dem Elenden nicht an Worten, sein Mund blieb nicht verschlossen: „Bei einem König", sprach er, „ist jedes Essen ergötzlich." Was erreichte er durch diese Schmeichelei? Daß er nicht aufgefordert wurde, sich vom Rest zu nehmen.

Ich verbiete es einem Vater nicht, die Untat seines Königs zu verdammen, ich verbiete es nicht, auf eine Strafe zu sinnen, die einer so schauderhaften Greueltat entspricht, doch für den Augenblick ziehe ich den Schluß, daß es möglich ist, sogar den aus ungeheuren Leiden erwachsenden Zorn zu verbergen und sich zu zwingen, anders als man denkt zu reden. Unabdingbar ist diese Kunst, den Schmerz zu bändigen, besonders für Leute, denen ein Leben solcher Art zuteil geworden ist und die an eines Königs Tisch gerufen werden: So ißt man dort, so trinkt man, so gibt man Antwort, so lächelt man beim eigenen Verderben.

Ob das Leben so viel wert ist, sei dahingestellt. Das ist ein anderes Problem. Wir werden an einer so trostlosen Strafanstalt nichts Positives sehen; wir werden nicht dazu raten, die Befehle von Henkern hinzunehmen. Wir werden zeigen, daß in jeder Sklaverei ein Tor zur Freiheit offen steht. Ist der Geist krank und elend durch eigene Schuld, steht es ihm frei,

finire secum licet. Dicam et illi, qui in regem incidit sagittis pectora amicorum petentem, et illi, cuius dominus liberorum visceribus patres saturat: „Quid gemis, demens? Quid exspectas, ut te aut hostis aliquis per exitium gentis tuae vindicet aut rex a longinquo potens advolet? Quocumque respexeris, ibi malorum finis est. Vides illum praecipitem locum? Illac ad libertatem descenditur. Vides illud mare, illud flumen, illum puteum? Libertas illic in imo sedet. Vides illam arborem brevem, retorridam, infelicem? Pendet inde libertas. Vides iugulum tuum, guttur tuum, cor tuum? Effugia servitutis sunt. Nimis tibi operosos exitus monstro et multum animi ac roboris exigentes? Quaeris, quod sit ad libertatem iter? Quaelibet in corpore tuo vena!"

16 Quam diu quidem nihil tam intolerabile nobis videtur, ut nos expellat e vita, iram, in quocumque erimus statu, removeamus. Perniciosa est servientibus; omnis enim indignatio in tormentum suum proficit et imperia graviora sentit, quo contumacius patitur. Sic laqueos fera, dum iactat, astringit; sic aves viscum, dum trepidantes excutiunt, plumis omnibus illinunt. Nullum tam artum est iugum, quod non minus laedat ducentem quam repugnantem: unum est levamentum malorum ingentium, pati et necessitatibus suis obsequi.

Sed cum utilis sit servientibus affectuum suorum et huius praecipue rabidi atque effreni continentia, utilior est regibus: perierunt omnia, ubi, quantum ira suadet, fortuna permittit, nec diu potest, quae multorum malo exercetur, potentia stare; periclitatur enim, ubi eos, qui separatim gemunt, communis metus iunxit. Plerosque itaque modo singuli mactaverunt, modo universi, cum

dem Jammer – und zugleich sich – ein Ende zu machen. Ich sage es auch dem, der an einen König gerät, der mit seinen Pfeilen auf die Brust von Freunden schießt, und dem, dessen Herr mit dem Fleisch ihrer Kinder Väter sättigt: „Was seufzt du, Narr? Was wartest du, daß dich entweder irgendein Staatsfeind bei der Vernichtung deines Volkes rächt oder ein König aus der Ferne machtvoll herbeieilt? Wohin du auch blickst, da gibt es für dein Leiden ein Ende! Du siehst jenen Steilhang? Dort geht's zur Freiheit hinab. Du siehst jenes Meer, jenen Fluß, jenen Brunnenschacht? Die Freiheit ist dort, auf dem Grund, daheim. Du siehst jenen Baum, verkrüppelt, dürr, unfruchtbar? Daran hängt die Freiheit. Du siehst deine Kehle, dein Genick, dein Herz? Fluchthelfer aus der Knechtschaft sind es! Allzu mühevolle Abgänge zeige ich dir, die zudem viel Mut und Kraft erfordern? Du fragst, was der bequeme Weg zur Freiheit sei? In deinem Leib jedwede Ader!

16 Solange uns allerdings nichts so unerträglich scheint, daß es uns in den Tod treiben könnte, wollen wir den Zorn in jeder Lebenslage zurückdrängen. Verderblich ist er für Untergeordnete. Jedes Aufbegehren löst Druck aus, und man empfindet Befehle als desto härter, je widerwilliger man sich fügt. So zieht ein Wild, während es sie abstreifen will, die Schlingen fester zu; so verteilen Vögel den Leim, während sie ihn ängstlich loswerden wollen, auf alle Federn. Kein Joch ist so fest, daß es nicht den weniger drückte, der es willig auf sich nimmt, als den, der sich sträubt. Nur eins kann ungeheure Leiden lindern: wenn man sie duldet und sich ins Unvermeidliche schickt.

Doch wenn auch für Untergeordnete die Beherrschung ihrer Leidenschaften vorteilhaft ist – besonders aber dieser ungestümen und zügellosen –, ist sie doch noch vorteilhafter für Könige. Alles ist verloren, sobald eine hohe Stellung alles erlaubt, wozu der Zorn rät, und nicht lange kann eine Macht, die zum Schaden vieler ausgeübt wird, Bestand haben. Bedroht ist sie, sobald diejenigen, die jetzt noch jeder für sich seufzen, die allgemeine Furcht zusammengeschlos-

illos conferre in unum iras publicus dolor coegisset.

Atqui plerique sic iram quasi insigne regium exercuerunt, sicut Dareus, qui primus post ablatum mago imperium Persas et magnam partem orientis obtinuit. Nam cum bellum Scythis indixisset orientem cingentibus, rogatus ab Oeobazo nobili sene, ut ex tribus liberis unum in solacium patri relinqueret, duorum opera uteretur, plus quam rogabatur pollicitus omnis se illi dixit remissurum et occisos in conspectu parentis abiecit, crudelis futurus, si omnis abduxisset.

At quanto Xerxes facilior! Qui Pythio quinque filiorum patri unius vacationem petenti, quem vellet, eligere permisit, deinde, quem elegerat, in partes duas distractum ab utroque viae latere posuit et hac victima lustravit exercitum. Habuit itaque, quem debuit, exitum: victus et late longeque fusus ac stratam ubique ruinam suam cernens medius inter suorum cadavera incessit.

17 Haec barbaris regibus feritas in ira fuit, quos nulla eruditio, nullus litterarum cultus imbuerat: dabo tibi ex Aristotelis sinu regem Alexandrum, qui Clitum carissimum sibi et una educatum inter epulas transfodit manu quidem sua, parum adulantem et pigre ex Macedone ac libero in Persicam servitutem transeuntem. Nam Lysimachum aeque familiarem sibi leoni obiecit.

Numquid ergo hic Lysimachus felicitate quadam dentibus leonis elapsus ob hoc, cum ipse regnaret, mitior fuit? Nam Telesphorum Rhodium

sen hat. Die meisten wurden daher bald durch einzelne abgeschlachtet, bald durch alle, wenn jene gemeinsames Leid gezwungen hatte, ihre Wut gegen *einen* einzelnen zu wenden.

Und doch ließen die meisten dem Zorn freien Lauf, als sei das ein Merkmal königlicher Hoheit, wie zum Beispiel Dareios, der als erster nach der Entmachtung des Magiers über die Perser und einen großen Teil des Orients herrschte. Denn als er den Skythen den Krieg erklärt hatte, die am Nordrand des Morgenlands hausen, und ihn Oiobazos, ein alter Adliger, bat, er solle von seinen drei Söhnen einen dem Vater zum Trost lassen und zwei in seinen Dienst nehmen, versprach er, mehr als verlangt zu tun: Alle, so sagte er, werde er ihm lassen – und ließ sie töten und dem Vater vor die Füße werfen! Er wäre ja grausam gewesen, hätte er alle mitgenommen!

Doch wieviel gnädiger war Xerxes! Dieser erlaubte Pythios, einem Vater von fünf Söhnen, als er um Dienstbefreiung für nur einen bat, nach Belieben zu wählen. Dann ließ er den Sohn, den jener ausgesucht hatte, zweiteilen und rechts und links der Straße niederlegen: Mit diesem Opfer entsühnte er sein Heer. So hatte er denn auch den Erfolg, den er verdiente: Geschlagen, in alle Winde zerstreut, hatte er überall seinen tiefen Sturz vor Augen und ging mitten zwischen den Leichen der Seinen einher.

17 Diese Grausamkeit zeigten im Zorn Barbarenkönige, denen keine Erziehung, keine Bildung zuteil geworden war. Ich stelle dir, aus der Obhut des Aristoteles hervorgegangen, den König Alexander vor, der seinen besten Freund Kleitos, mit dem zusammen er erzogen worden war, beim Mahl erstach, und zwar mit eigener Hand, weil er ihm zu wenig schmeichelte und nur widerwillig sich aus einem Makedonen und freien Mann in einen persischen Sklaven verwandeln wollte. Den Lysimachos, der ihm ebenso nahe stand, warf er gar einem Löwen vor!

War nun etwa dieser Lysimachos, der mit einigem Glück den Zähnen des Löwen entwischte, deswegen, als er selber herrschte, milder? Freilich, er ließ seinen Freund, den Rho-

amicum suum undique decurtatum, cum aures illi nasumque abscidisset, in cavea velut novum aliquod animal et invisitatum diu pavit, cum oris detruncati mutilatique deformitas humanam faciem perdidisset; accedebat fames et squalor et illuvies corporis in stercore suo destituti; callosis super haec genibus manibusque, quas in usum pedum angustiae loci cogebant, lateribus vero attritu exulceratis non minus foeda quam terribilis erat forma eius visentibus, factusque poena sua monstrum misericordiam quoque amiserat. Tamen, cum dissimillimus esset homini, qui illa patiebatur, dissimilior erat, qui faciebat.

18 Utinam ista saevitia intra peregrina exempla mansisset nec in Romanos mores cum aliis adventiciis vitiis etiam suppliciorum irarumque barbaria transisset! M. Mario, cui vicatim populus statuas posuerat, cui ture ac vino supplicabat, L. Sulla praefringi crura, erui oculos, amputari linguam, manus iussit et, quasi totiens occideret, quotiens vulnerabat, paulatim et per singulos artus laceravit. Quis erat huius imperii minister? Quis, nisi Catilina iam in omne facinus manus exercens? Is illum ante bustum Quinti Catuli carpebat gravissimus mitissimi viri cineribus, supra quos vir mali exempli, popularis tamen et non tam immerito quam nimis amatus per stillicidia sanguinem dabat. Dignus erat Marius, qui illa pateretur, Sulla, qui iuberet, Catilina, qui faceret, sed indigna res publica, quae in corpus suum pariter et hostium et vindicum gladios reciperet.

Quid antiqua perscrutor? Modo C. Caesar Sex. Papinium, cui pater erat consularis, Betilienum

dier Telesphoros, am ganzen Leib verstümmeln und, nachdem er ihm Ohren und Nase abgeschnitten hatte, in einem Käfig wie irgendein merkwürdiges, nie gesehenes Tier lange halten, da sein Gesicht, furchtbar entstellt und häßlich, jede Menschenähnlichkeit verloren hatte. Dazu kam der Hunger, der schmutzbedeckte Körper, den man im eigenen Unrat ließ; obendrein war wegen seiner schwieligen Knie und Hände, die er in dem engen Raum zwangsweise wie Füße gebrauchte, und gar wegen seines zerschundenen, von Schwären bedeckten Leibs sein Anblick für die Betrachter ebenso abstoßend wie fürchterlich, und da ihn seine Bestrafung zum Ungeheuer gemacht hatte, wurde ihm auch kein Mitleid mehr zuteil. Doch wenn er auch einem Menschen ganz unähnlich war, der solches litt, war der doch noch unähnlicher, der ihm das antat.

18 Hätte sich doch diese Grausamkeit nur in der Fremde Beispiele gesucht und wäre nicht auch in Rom mit anderen Lastern von draußen die barbarische Unsitte eingedrungen, im Zorn hinzurichten! Dem Marcus Marius, dem auf allen Straßen das Volk Standbilder errichtet hatte, dem es mit Weihrauch und Wein zu opfern pflegte, ließ Lucius Sulla die Beine brechen, die Augen ausreißen, die Zunge, die Hände abschneiden und ihn, als ob er ihn so oft töten könnte, wie er ihn verwundete, allmählich und Glied für Glied zerstückeln. Wer führte diesen Befehl aus? Wer sonst als Catilina, der damals bereits zu jeglichem Verbrechen die Hand bot. Er zerfleischte ihn an der Stelle, wo Quintus Catulus verbrannt worden war, und handelte damit übel an der Asche eines ungemein gütigen Mannes, über der ein gewiß nicht vorbildlicher Mann, der sich aber für das Volk eingesetzt hatte und zwar nicht grundlos, jedoch im Übermaß geliebt worden war, Tropfen für Tropfen sein Blut hingeben mußte. Fähig war Marius, das zu leiden, Sulla, es zu befehlen, Catilina, es zu tun – aber der Staat hatte es nicht verdient, daß ihn zugleich die Schwerter seiner Feinde und seiner Retter trafen.

Doch was spreche ich von lange Vergangenem? Erst kürzlich ließ Kaiser Caligula den Sextus Papinius, der einen ehe-

Bassum quaestorem suum, procuratoris sui filium, aliosque et senatores et equites Romanos uno die flagellis cecidit, torsit, non quaestionis, sed animi causa; deinde adeo impatiens fuit differendae voluptatis, quam ingentem crudelitas eius sine dilatione poscebat, ut in xysto maternorum hortorum, qui porticum a ripa separat, inambulans quosdam ex illis cum matronis atque aliis senatoribus ad lucernam decollaret. Quid instabat? Quod periculum aut privatum aut publicum una nox minabatur? Quantulum fuit lucem exspectare denique, ne senatores populi Romani soleatus occideret!

19 Quam superba fuerit crudelitas eius, ad rem pertinet scire, quamquam aberrare aliqui possimus videri et in devium exire; sed hoc ipsum pars erit irae super solita saevientis. Ceciderat flagellis senatores: ipse effecit, ut dici posset „Solet fieri"; torserat per omnia, quae in rerum natura tristissima sunt, fidiculis, talaribus, eculeo, igne, vultu suo.

Et hoc loco respondebitur: „Magnam rem, si tres senatores quasi nequam mancipia inter verbera et flammas divisit homo, qui de toto senatu trucidando cogitabat, qui optabat, ut populus Romanus unam cervicem haberet, ut scelera sua tot locis ac temporibus diducta in unum ictum et unum diem cogeret!"
Quid tam inauditum quam nocturnum supplicium? Cum latrocinia tenebris abscondi soleant, animadversiones, quo notiores sunt, plus in exemplum emendationemque proficiant.

maligen Konsul zum Vater hatte, den Betilienus Bassus, seinen Quästor, den Sohn seines Prokurators und andere römische Senatoren und Ritter an einem einzigen Tag auspeitschen und martern – nicht beim Verhör, sondern aus Übermut! Danach vermochte er so wenig das Vergnügen aufzuschieben, das gewaltige, wonach er in seiner Grausamkeit augenblicklich verlangte, daß er auf einer Terrasse in den Gärten seiner Mutter, zwischen dem Flußufer und einem Säulengang, während er selbst herumspazierte, einige von jenen zusammen mit ihren Frauen und anderen Senatoren beim Schein der Lampen köpfen ließ. Was stand bevor? Welches gefährliche Risiko für ihn persönlich oder für den Staat bedeutete die eine Nacht? Wie wenig hätte es schließlich ausgemacht, den Morgen abzuwarten, damit er nicht Senatoren des römischen Volkes hinrichtete, während er schon Hausschuhe trug?

19 Wie despotisch seine Grausamkeit war, ist wichtig zu wissen, obwohl es so aussehen mag, als schweiften wir irgendwie ab und ließen unser Thema aus den Augen – doch gerade dies hat mit Zorn zu tun, der übermäßig wütet. Er hatte Senatoren auspeitschen lassen. *Er* brachte es dahin, daß man sagen konnte: „Dergleichen kommt vor." Gequält hatte er mit allem, was auf der Welt besonders schrecklich ist, mit der Streckbank, mit spanischen Stiefeln, mit dem Marterpferd, mit Feuer, mit seinem Blick!

An dieser Stelle wird man einwenden: „Das ist schon wichtig, wenn er drei Senatoren wie unnütze Sklaven bald geißeln, bald mit Fackeln foltern ließ, er, der die Ermordung des gesamten Senats plante, der sich wünschte, daß das römische Volk nur *einen* Hals hätte, um seine Ruchlosigkeit, die sich an so vielen Punkten in Raum und Zeit verzetteln mußte, auf einen Hieb und einen Tag zu konzentrieren."

Was ist so unerhört wie eine nächtliche Hinrichtung? Während Straßenraub gewöhnlich im Schutz der Dunkelheit verübt wird, sollten doch Todesstrafen, je öffentlicher sie stattfinden, desto mehr abschrecken und bessern.

Et hoc loco respondebitur mihi: "Quod tanto opere admiraris, isti beluae cotidianum est; ad hoc vivit, ad hoc vigilat, ad hoc lucubrat."

Nemo certe invenietur alius, qui imperaverit omnibus iis, in quos animadverti iubebat, os inserta spongea includi, ne vocis emittendae haberent facultatem. Cui umquam morituro non est relictum, qua gemeret? Timuit, ne quam liberiorem vocem extremus dolor mitteret, ne quid, quod nollet, audiret; sciebat autem innumerabilia esse, quae obicere illi nemo nisi periturus auderet.

Cum spongeae non invenirentur, scindi vestimenta miserorum et in os farciri pannos imperavit. Quae ista saevitia est? Liceat ultimum spiritum trahere, da exiturae animae locum, liceat illam non per vulnus emittere!

Adicere his longum est, quod patres quoque occisorum eadem nocte dimissis per domos centurionibus confecit, id est, homo misericors luctu liberavit; non enim Gaii saevitiam, sed irae propositum est describere: quae non tantum viritim furit, sed gentes totas lancinat, sed urbes et flumina et tuta ab omni sensu doloris converberat.

20 Sic rex Persarum totius populi nares reccidit in Syria, unde Rhinocolura loco nomen est. Pepercisse illum iudicas, quod non tota capita praecidit? Novo genere poenae delectatus est.

Tale aliquid passi forent Aethiopes, qui ob longissimum vitae spatium Macrobioe appellantur; in hos enim, quia non supinis manibus exceperant servitutem missisque legatis libera responsa dede-

Und an dieser Stelle wird man mir vorhalten: „Was dich derart überrascht, ist für dieses Ungeheuer etwas ganz Gewöhnliches; dafür lebt es, dafür wacht es, darauf sinnt es sogar bei Kerzenlicht."

Jedenfalls wird man sonst niemanden finden, der befohlen hat, allen, die er hinrichten ließ, einen Schwamm in den Mund zu pressen, damit sie keinen Laut von sich geben konnten. Welchem Todgeweihten hat man je die Möglichkeit zu einem Seufzer genommen? Caligula befürchtete, daß höchste Erbitterung sich zu offen äußern könnte, daß er, was er nicht wollte, anhören müßte. Er wußte ja, daß es zahllose Dinge gab, die ihm niemand vorzuwerfen wagte – außer im Angesicht des Todes.

Als man einmal keine Schwämme fand, befahl er, die Kleider der Unglücklichen zu zerreißen und ihnen die Fetzen in den Mund zu stopfen. Was ist das für eine Brutalität! Ein letzter Atemzug muß möglich sein! Laß der Seele einen Weg zum Scheiden! Es muß möglich sein, sie nicht gerade durch eine Wunde ziehen zu lassen!

Es führte zu weit, wollte man hier noch anmerken, daß Caligula auch die Väter der Ermordeten – er sandte noch in der gleichen Nacht Zenturionen von Haus zu Haus – umbringen ließ, das heißt, der mitleidsvolle Mensch befreite sie von ihrem Kummer. Meine Absicht ist ja nicht, das Wüten des Caligula, sondern das des Zorns zu beschreiben. Der tobt sich nicht nur an einzelnen Menschen aus, sondern zerfleischt sogar ganze Völker und züchtigt sogar Städte und Flüsse und was sonst keinerlei Schmerz verspüren kann.

20 So ließ der Perserkönig einem ganzen Volk die Nasen abschneiden, in Syrien – der Ort Rhinokolura hat davon den Namen. Er habe sich zurückgehalten, meinst du, weil er nicht gleich die ganzen Köpfe abhacken ließ? An einer beispiellosen Bestrafung hatte er seine Freude!

Etwas dergleichen hätte auch den Äthiopiern widerfahren können, die wegen ihrer ungewöhnlich langen Lebensdauer Makrobier heißen. Weil sie nämlich nicht mit flehend erhobenen Händen die Knechtschaft hingenommen und Abge-

rant, quae contumeliosa reges vocant, Cambyses fremebat et non provisis commeatibus, non exploratis itineribus, per invia, per arentia trahebat omnem bello utilem turbam. Cui intra primum iter deerant necessaria nec quicquam subministrabat sterilis et inculta humanoque ignota vestigio regio: sustinebant famem primo tenerrima frondium et cacumina arborum, tum coria igne mollita et, quicquid necessitas cibum fecerat; postquam inter harenas radices quoque et herbae defecerant apparuitque inops etiam animalium solitudo, decimum quemque sortiti alimentum habuerunt fame saevius. Agebat adhuc regem ira praecipitem, cum partem exercitus amisisset, partem comedisset, donec timuit, ne et ipse vocaretur ad sortem: tum demum signum receptui dedit. Servabantur interim generosae illi aves et instrumenta epularum camelis vehebantur, cum sortirentur milites eius, quis male periret, quis peius viveret.

21 Hic iratus fuit genti et ignotae et immeritae, sensurae tamen; Cyrus flumini. Nam cum Babylona oppugnaturus festinaret ad bellum, cuius maxima momenta in occasionibus sunt, Gynden lato fusum amnem vado transire temptavit, quod vix tutum est, etiam cum sensit aestatem et ad minimum deductus est. Ibi unus ex iis equis, qui trahere regium currum albi solebant, abreptus vehementer commovit regem; iuravit itaque se amnem illum regis comitatus auferentem eo redacturum, ut transiri calcarique etiam a feminis posset. Huc deinde omnem transtulit belli apparatum et tamdiu assedit operi, donec centum et LXXX cunicu-

sandten frei heraus geantwortet hatten, was Könige als beleidigend empfinden, schnaubte Kambyses gegen sie vor Wut und sorgte nicht erst für Verpflegung, ließ auch die Marschroute nicht erkunden, sondern schleppte seinen ganzen Heerhaufen durch wegloses, durch ausgedörrtes Land. Schon während des ersten Tagesmarsches fehlte es ihm am Nötigsten, und nichts spendete der unfruchtbare, unbestellte, noch nie von eines Menschen Fuß betretene Boden. Den Hunger stillte erst das zarteste Laub aus den Wipfeln der Bäume, dann über Feuer erweichtes Leder und was sonst die Not zur Nahrung gemacht hatte. Als man in den Sanddünen auch keine Wurzeln und Kräuter mehr fand und sich zeigte, daß die Wüste arm an Tieren war, losten sie jeden Zehnten aus und hatten Speise – gräßlicher als der Hunger. Immer noch trieb der Zorn den König blindwütig dahin, obwohl er einen Teil seines Heeres verloren, einen Teil verzehrt hatte, bis er fürchten mußte, auch selbst zur Auslosung gerufen zu werden. Da erst gab er das Zeichen zum Rückzug. Bei alledem war für ihn edles Geflügel reserviert, und das Tafelgeschirr wurde auf Kamelen transportiert, während seine Soldaten das Los darüber warfen, wer jämmerlich sterben, wer jämmerlicher leben sollte.

21 Kambyses war wütend auf ein unbekanntes, unschuldiges Volk, das immerhin seinen Zorn hätte spüren können, Kyros auf einen Fluß. Denn als er, um Babylon zu stürmen, in den Krieg zog, bei dem es vor allem auf das Überraschungsmoment ankommt, versuchte er den Gyndes, der weit über seine Ufer getreten war, an einer Furt zu überqueren, die kaum sicher ist, wenn der Strom den Sommer zu spüren bekam und seinen niedrigsten Stand erreicht hat. Dort wurde eines von den Pferden, die gewöhnlich die Königskutsche zogen, ein Schimmel, fortgerissen, was den König schwer traf. Darum schwor er, er werde jenen Strom, der eines Königs Karawane wegspüle, so klein kriegen, daß er zu Fuß sogar von Frauen überquert werden könne. Darauf ließ er alles, was er für den Krieg aufgeboten hatte, dort antreten und so lange hart arbeiten, bis durch das Flußbett 180 Kanä-

lis divisum alveum in trecentos et sexaginta rivos dispergeret et siccum relinqueret in diversum fluentibus aquis. Periit itaque et tempus, magna in magnis rebus iactura, et militum ardor, quem inutilis labor fregit, et occasio aggrediendi imparatos, dum ille bellum indictum hosti cum flumine gerit.

Hic furor – quid enim aliud voces? – Romanos quoque contigit. C. enim Caesar villam in Herculanensi pulcherrimam, quia mater sua aliquando in illa custodita erat, diruit fecitque eius per hoc notabilem fortunam; stantem enim praenavigabamus, nunc causa dirutae quaeritur.

22 Et haec cogitanda sunt exempla, quae vites, et illa ex contrario, quae sequaris, moderata, lenia, quibus nec ad irascendum causa defuit nec ad ulciscendum potestas. Quid enim facilius fuit Antigono, quam duos manipulares duci iubere, qui incumbentes regis tabernaculo faciebant, quod homines et periculosissime et libentissime faciunt, de rege suo male existimabant? Audierat omnia Antigonus, utpote cum inter dicentem et audientem palla interesset; quam ille leviter commovit et „Longius", inquit, „discedite, ne vos rex audiat."

Idem quadam nocte, cum quosdam ex militibus suis exaudisset omnia mala imprecantis regi, qui ipsos in illud iter et inextricabile lutum deduxisset, accessit ad eos, qui maxime laborabant, et cum ignorantis, a quo adiuvarentur, explicuisset: „Nunc", inquit, „male dicite Antigono, cuius vitio in has miserias incidistis; ei autem bene optate, qui vos ex hac voragine eduxit."

Idem tam miti animo hostium suorum male dicta quam civium tulit. Itaque cum in parvulo quo-

le gezogen waren und er den Strom auf 360 Rinnsale verteilen und trockenlegen konnte, weil das Wasser nach verschiedenen Richtungen floß. So schwand die Zeit dahin – groß ist, plant einer Großes, der Verlust –, dazu der Kampfeseifer der Soldaten, den unnütze Plage schwächte, und die Gelegenheit zu einem Überraschungsangriff, während jener den Krieg, den er dem Feind erklärt hatte, mit dem Fluß führte.

Solche Verrücktheit – wie sollte man es denn sonst nennen? – kam auch bei Römern vor: Kaiser Caligula ließ nämlich ein Landhaus in Herculaneum, und zwar ein wunderschönes, weil seine Mutter dort einmal in Haft war, niederreißen und machte damit auf ihr Schicksal aufmerksam; denn als es noch stand, segelten wir vorüber. Nun fragt man nach dem Grund seiner Zerstörung.

22 Sowohl diese Fälle sind bedenkenswert als Beispiele, die man meiden, wie auf der anderen Seite jene, denen man folgen sollte, Fälle von Mäßigung und Milde, wo es nicht an einem Anlaß zum Zorn fehlte noch an der Macht, zu strafen. Was wäre denn leichter gewesen für Antigonos als zwei gewöhnliche Soldaten hinrichten zu lassen, die sich ans Zelt des Königs lehnten und taten, was Menschen, ist's auch sehr gefährlich, sehr gerne tun: sie äußerten sich abschätzig über ihren König! Alles hatte Antigonos vernommen, weil ja zwischen dem Sprecher und dem Lauscher nur ein Stück Tuch war. Das hob er nun ein wenig an und meinte: „Geht etwas weiter weg, damit euch der König nicht hört!"

Als eben dieser Antigonos eines Nachts von etlichen seiner Soldaten hören mußte, wie sie alles Schlimme herabwünschten auf den König, der sie auf diesen üblen Weg und in einen ausweglosen Sumpf geführt habe, ging er auf die zu, die am meisten zu kämpfen hatten, und als er ihnen – ohne daß sie wußten, wer ihnen beistand, – herausgeholfen hatte, sagte er: „Jetzt schimpft nur über Antigonos, durch dessen Schuld ihr in so ein Schlamassel geraten seid; für den aber betet, der euch aus diesem Dreckloch gezogen hat!"

Derselbe Antigonos ertrug ebenso gelassen die Schmähungen seiner Feinde wie die seiner Untertanen. Als bei-

dam castello Graeci obsiderentur et fiducia loci contemnentes hostem multa in deformitatem Antigoni iocarentur et nunc staturam humilem, nunc collisum nasum deriderent: „Gaudeo", inquit, „et aliquid boni spero, si in castris meis Silenum habeo." Cum hos dicaces fame domuisset, captis sic usus est, ut eos, qui militiae utiles erant, in cohortes discriberet, ceteros praeconi subiceret idque se negavit facturum fuisse, nisi expediret is dominum habere, qui tam malam haberent linguam.

23 Huius nepos fuit Alexander, qui lanceam in convivas suos torquebat, qui ex duobus amicis, quos paulo ante rettuli, alterum ferae obiecit, alterum sibi. Ex his duobus tamen, qui leoni obiectus est, vixit.

Non habuit hoc avitum ille vitium, ne paternum quidem; nam si qua alia in Philippo virtus, fuit et contumeliarum patientia, ingens instrumentum ad tutelam regni. Demochares ad illum Parrhesiastes ob nimiam et procacem linguam appellatus inter alios Atheniensium legatos venerat. Audita benigne legatione Philippus: „Dicite", inquit, „mihi, facere quid possim, quod sit Atheniensibus gratum." Excepit Demochares et: „Te", inquit, „suspendere". Indignatio circumstantium ad tam inhumanum responsum exorta erat; quos Philippus conticiscere iussit et Thersitam illum salvum incolumemque dimittere. „At vos", inquit, „ceteri legati, nuntiate Atheniensibus multo superbiores esse, qui ista dicunt, quam qui impune dicta audiunt."

Multa et divus Augustus digna memoria fecit dixitque, ex quibus appareat iram illi non impe-

spielsweise in einem winzigen Bergnest Griechen belagert wurden und im Vertrauen auf die sichere Stellung ihren Gegner herabsetzten und viele Witze über den grundhäßlichen Antigonos rissen und bald über seine Kleinheit, bald über sein eingeschlagenes Nasenbein spotteten, sagte er: „Ich freue mich und verspreche mir etwas Gutes davon, wenn ich in meinem Lager den Silen habe." Nachdem er diese Schandmäuler durch Hunger bezwungen hatte, verfuhr er mit den Gefangenen so, daß er die kriegstauglichen unter seine Truppen aufnahm, die anderen aber dem Sklavenverkäufer überließ und erklärte, er hätte das nicht getan, wenn es nicht gut für sie wäre, einen Herrn zu haben, da sie ein so übles Mundwerk hätten.

23 Dessen Neffe war Alexander, der den Speer gegen seine Gäste schleuderte, der von zwei Freunden, die ich vor kurzem erwähnte, den einen einer Bestie preisgab, den anderen sich selber. Von diesen beiden blieb immerhin der, den er dem Löwen vorgeworfen hatte, am Leben.

Von seinem Großvater hatte Alexander diesen Fehler nicht, auch nicht vom Vater, denn welche anderen Qualitäten Philipp noch haben mochte: er konnte auch Schmähungen ertragen, was erheblich dazu beiträgt, Macht zu sichern. Demochares, den man wegen seiner übergroßen, unverschämten Schmähsucht die Lästerzunge nannte, war zu ihm gekommen, zusammen mit anderen Diplomaten aus Athen. Als er die Abgesandten gnädig angehört hatte, erkundigte sich Philipp: „Sagt mir, was ich tun kann, daß es den Athenern Freude macht!" Unverzüglich erwiderte Demochares: „Dich aufhängen!" Die Entrüstung der Umstehenden angesichts einer so groben Antwort war offensichtlich – doch Philipp gebot ihnen, zu schweigen und jenem Stänkerer kein Haar zu krümmen. „Ihr aber", sprach er, „ihr übrigen Gesandten, meldet den Athenern: Um vieles übermütiger sind die, die solche Witze machen, als diejenigen, die sich, ohne zu strafen, ihre Witze anhören."

Vielfach hat auch der göttliche Augustus in Worten und Taten gezeigt, daß ihn Zorn nicht beherrsche. Der Histori-

rasse. Timagenes historiarum scriptor quaedam in ipsum, quaedam in uxorem eius et in totam domum dixerat nec perdiderat dicta; magis enim circumfertur et in ore hominum est temeraria urbanitas. Saepe illum Caesar monuit, moderatius lingua uteretur, perseveranti domo sua interdixit.

Postea Timagenes in contubernio Pollionis Asinii consenuit ac tota civitate direptus est: nullum illi limen praeclusa Caesaris domus abstulit. Historias, quas postea scripserat, recitavit et libros acta Caesaris Augusti continentis in igne posuit; inimicitias gessit cum Caesare: nemo amicitiam eius extimuit, nemo quasi fulguritum refugit, fuit, qui praeberet tam alte cadenti sinum.

Tulit hoc, ut dixi, Caesar patienter, ne eo quidem motus, quod laudibus suis rebusque gestis manus attulerat; numquam cum hospite inimici sui questus est. Hoc dumtaxat Pollioni Asinio dixit: θηριοτροφεῖς; paranti deinde excusationem obstitit et: „Fruere", inquit, „mi Pollio, fruere!" Et cum Pollio diceret: „Si iubes, Caesar, statim illi domo mea interdicam." „Hoc me", inquit, „putas facturum, cum ego vos in gratiam reduxerim?" Fuerat enim aliquando Timageni Pollio iratus, nec ullam aliam habuerant causam desinendi, quam quod Caesar coeperat.

24 Dicat itaque sibi quisque, quotiens lacessitur: „Numquid potentior sum Philippo? Illi tamen impune male dictum est. Numquid in domo mea plus possum quam toto orbe terrarum divus Augustus potuit? Ille tamen contentus fuit a conviciatore suo secedere. Quid est, quare ego servi mei clarius responsum et contumaciorem vultum et

ker Timagenes hatte einiges gegen ihn, einiges gegen seine Frau und gegen das ganze Kaiserhaus geäußert und das nicht umsonst getan: Gar leicht verbreiten sie sich und sind in aller Munde, die frechen Bonmots! Oft ermahnte ihn der Kaiser, er solle seine spitze Zunge etwas zügeln. Als er nicht abließ, verbot er ihm sein Haus.

Darauf lebte Timagenes bis ins hohe Alter bei Asinius Pollio und wurde in der ganzen Stadt herumgereicht. Nirgends wurde jenem, weil ihm der Kaiserpalast verschlossen war, der Zutritt verwehrt. Das historische Werk, das er danach verfaßt hatte, las er öffentlich vor, und Bücher, die Taten des Kaisers Augustus enthielten, legte er ins Feuer. Er war verfeindet mit dem Kaiser – aber niemand hatte vor seiner Freundschaft Angst, niemand mied ihn, als sei er vom Blitz gezeichnet, und es gab einen, der ihm trotz seines tiefen Falls zärtliche Liebe schenkte.

Das nahm, wie ich sagte, der Kaiser gelassen hin und ärgerte sich nicht einmal darüber, daß er sich an Werken, die seine Leistung rühmten, vergriffen hatte. Niemals beklagte er sich beim Beschützer seines Feindes. Nur das eine sagte er – auf Griechisch – zu Asinius Pollio: „Raubtierhalter!" Als sich dieser daraufhin zu entschuldigen suchte, wehrte er ab und meinte: „Viel Spaß, mein lieber Pollio, viel Spaß!" Und während Pollio versicherte: „Wenn du verlangst, Caesar, werde ich ihm sogleich mein Haus verbieten", erwiderte er: „Das, meinst du, könnte ich fertigbringen, der ich euch doch ausgesöhnt habe?" Vor einiger Zeit hatte nämlich Pollio auf Timagenes eine Wut gehabt und nur aus dem Grund davon abgelassen, weil der Kaiser eine Annäherung erreicht hatte.

24 Darum sage sich jeder, sooft man ihn ärgert: „Bin ich etwa mächtiger als Philipp? Gleichwohl durfte man ihn ungestraft schmähen! Habe ich etwa in meinem Haus mehr Macht, als der vergöttlichte Augustus in der ganzen Welt hatte? Gleichwohl begnügte er sich damit, zu dem, der ihn verlästerte, auf Distanz zu gehen. Welchen Grund hätte ich, bei meinem Sklaven eine allzu deutliche Entgegnung, einen zu frechen Blick und, obwohl es gar nicht bis zu mir dringt,

non pervenientem usque ad me murmurationem flagellis et compedibus expiem? Quis sum, cuius aures laedi nefas sit? Ignoverunt multi hostibus: ego non ignoscam pigris, neglegentibus, garrulis?" Puerum aetas excuset, feminam sexus, extraneum libertas, domesticum familiaritas. Nunc primum offendit: cogitemus, quam diu placuerit; saepe et alias offendit: feramus, quod diu tulimus. Amicus est: fecit, quod noluit; inimicus: fecit, quod debuit.

Prudentiori credamus, stultiori remittamus; pro quocumque illud nobis respondeamus sapientissimos quoque viros multa delinquere, neminem esse tam circumspectum, cuius non diligentia aliquando sibi ipsa excidat, neminem tam maturum, cuius non gravitatem in aliquod fervidius factum casus impingat, neminem tam timidum offensarum, qui non in illas, dum vitat, incidat.

25 Quomodo homini pusillo solacium in malis fuit etiam magnorum virorum titubare fortunam et aequiore animo filium in angulo flevit, qui vidit acerba funera etiam ex regia duci, sic animo aequiore fert ab aliquo laedi, ab aliquo contemni, cuicumque venit in mentem nullam esse tantam potentiam, in quam non occurrat iniuria.

Quodsi etiam prudentissimi peccant, cuius non error bonam causam habet? Respiciamus, quotiens adulescentia nostra in officio parum diligens fuerit, in sermone parum modesta, in vino parum temperans. Si iratus est, demus illi spatium, quo dispicere, quid fecerit, possit: ipse se castigabit. Denique debeat poenas: non est, quod cum illo paria faciamus.

sein Murren mit Peitschenhieben und Fußfesseln zu strafen? Wer bin ich denn, daß es ein Frevel wäre, mein Ohr zu kränken? Nachsicht schenkten viele ihren Feinden; sollte da ich nicht nachsichtig sein gegenüber Faulpelzen, Schlampern und Schwätzern? Den Knaben entschuldigt seine Jugend, das Weib sein Geschlecht, den Fremden sein Freimut, den Freund die Vertrautheit. Nun erregt er zum ersten Mal Anstoß. Bedenken wir, wie lange er uns lieb war. Er hat uns auch sonst schon öfter beleidigt. Ertragen wir, was wir lange ertrugen. Er ist ein Freund. So tat er, was er nicht wollte. Ein Feind – so tat er, was er mußte.

Dem Klügeren wollen wir vertrauen, dem Dümmeren verzeihen und für jedermann folgende Entschuldigung bereit haben: Auch die weisesten Männer machen viele Fehler; niemand ist so besonnen, daß er nicht irgendwann die Selbstkontrolle verlöre, niemand so vollkommen, daß ihn trotz seiner Charakterfestigkeit nicht zu irgendeiner unüberlegten Handlung der Zufall triebe, niemand so ängstlich darauf bedacht, keinen Ärger zu erregen, daß er, während er ihn zu meiden sucht, ihn nicht bekäme.

25 Wie es oft für ganz unbedeutende Menschen ein Trost im Übel war, daß auch großer Männer Glück nicht fest gegründet ist, und wie gefaßter den Sohn im stillen Kämmerlein beklagte, wer sah, daß man zu früh Verstorbene auch aus dem Königspalast trägt, so wird ein jeder gefaßter irgend jemands Kränkung, jemands Verachtung tragen, der daran denkt: keine Macht ist so erhaben, daß sie Beschimpfung nicht erreichte.

Wenn aber auch die Klügsten Fehler machen, wessen Fehltritt ist dann nicht wohlbegründet? Blicken wir zurück: Wie oft waren wir als junge Leute im Beruf nicht gewissenhaft genug, im Gespräch nicht bescheiden genug, beim Wein nicht mäßig genug? Wenn einer wütend ist, wollen wir ihm Zeit dafür lassen, sich über sein Verhalten klar zu werden; er wird sich selbst in die Zucht nehmen. Und sollte er uns gar die Buße schuldig bleiben, so gibt es keinen Grund, daß wir es ihm gleich tun.

Illud non veniet in dubium, quin se exemerit turbae et altius steterit, quisquis despexit lacessentis: proprium est magnitudinis verae non sentire percussum. Sic immanis fera ad latratum canum lenta respexit, sic irritus ingenti scopulo fluctus assultat. Qui non irascitur, inconcussus iniuria perstitit, qui irascitur, motus est.

At ille, quem modo altiorem omni incommodo posui, tenet amplexu quodam summum bonum nec homini tantum, sed ipsi fortunae respondet: „Omnia licet facias, minor es, quam ut serenitatem meam obducas. Vetat hoc ratio, cui vitam regendam dedi. Plus mihi nocitura est ira quam iniuria: quidni plus? Illius modus certus est, ista, quo usque me latura sit, dubium est."

26 „Non possum", inquis, „pati; grave est iniuriam sustinere." Mentiris: quis enim iniuriam non potest ferre, qui potest iram? Adice nunc, quod id agis, ut et iram feras et iniuriam. Quare fers aegri rabiem et phrenetici verba, puerorum protervas manus? Nempe, quia videntur nescire, quid faciant. Quid interest, quo quisque vitio fiat imprudens? Imprudentia par in omnibus patrocinium est. „Quid ergo", inquis, „impune illi erit?" Puta velle te, tamen non erit; maxime est enim factae iniuriae poena fecisse, nec quisquam gravius afficitur, quam qui ad supplicium paenitentiae traditur.

Deinde ad condicionem rerum humanarum respiciendum est, ut omnium accidentium aequi iudices simus; iniquus autem est, qui commune vitium singulis obiecit. Non est Aethiopis inter suos insignitus color, nec rufus crinis et coactus in

Daran gibt es keinen Zweifel, daß derjenige sich von der Masse abhebt und über ihr steht, der auf Beleidiger herabschaut. Es ist kennzeichnend für wahre Größe, Kränkung nicht zu fühlen. So hat schon oft ein kapitales Wild auf das Gebelfer der Hunde gelassen reagiert, so rollen umsonst gegen den mächtigen Felsen die Wogen. Wer nicht in Zorn gerät, der bleibt bei einer Beleidigung unerschüttert, wer zürnt, zeigt Wirkung.

Aber der, den ich eben hoch über jede Unbill gestellt habe, hält gewissermaßen das höchste Gut in Händen und erwidert nicht nur einem Menschen, sondern dem Schicksal selber: „Alles magst du versuchen; du bist zu schwach, als daß du meine heitere Stirn trüben könntest. Das verhindert die Vernunft, von der ich mein Leben leiten lasse. Mehr Schaden wird mir Zorn als Kränkung bringen – doch warum mehr? Deren Ausmaß ist absehbar; doch wozu der Zorn mich hinreißt, ungewiß."

26 „Nicht vermag ich", meinst du, „zu dulden; schwer ist es, Unrecht hinzunehmen." – Du irrst! Wer könnte nämlich Unrecht nicht dulden, wenn er den Ausbruch des Zorns duldet? Bedenke jetzt, daß es dein Ziel ist, sowohl den Zornesausbruch zu dulden als auch das Unrecht! Warum nimmst du die Wutausbrüche eines Kranken hin, das Geschwafel eines Psychopathen, Lausbubenstreiche? Ganz klar, weil solche Menschen nicht wissen, was sie tun. Was macht es aber für einen Unterschied, durch welchen Mangel einer unverständig ist? Unverstand gilt gleichermaßen in allem als Entschuldigung. „Was also", fragst du, „soll ich jenem straflos hingehen lassen?" Nimm an, du wolltest's: Es ist unmöglich! Denn die größte Strafe für eine Untat ist es, daß man sie beging, und niemand ist schlimmer dran, als wer zur Marter seiner Reue ausgeliefert wird.

Zudem sollten wir auf die menschlichen Verhältnisse Rücksicht nehmen, um bei allem, was geschieht, gerechte Richter zu sein. Ungerecht ist aber, wer einen allgemeinen Mangel einzelnen vorwirft. Nicht ist's für Äthiopier unter ihresgleichen ein Makel, schwarz zu sein, und rotes Haar,

nodum apud Germanos virum dedecet: nihil in uno iudicabis notabile aut foedum, quod genti suae publicum est.

Et ista, quae rettuli, unius regionis atque anguli consuetudo defendit; vide nunc, quanto in iis iustior venia sit, quae per totum genus humanum vulgata sunt.

Omnes inconsulti et improvidi sumus, omnes incerti, queruli, ambitiosi, – quid lenioribus verbis ulcus publicum abscondo? – omnes mali sumus. Quicquid itaque in alio reprenditur, id unusquisque in sinu suo inveniet. Quid illius pallorem, illius maciem notas? Pestilentia est. Placidiores itaque invicem simus: mali inter malos vivimus. Una nos res facere quietos potest, mutuae facilitatis conventio.

„Ille iam mihi nocuit, ego illi nondum." Sed iam aliquem fortasse laesisti, sed laedes. Noli aestimare hanc horam aut hunc diem, totum inspice mentis tuae habitum: etiam si nihil mali fecisti, potes facere.

27 Quanto satius est sanare iniuriam quam ulcisci! Multum temporis ultio absumit, multis se iniuriis obicit, dum una dolet; diutius irascimur omnes quam laedimur. Quanto melius est abire in diversum nec vitia vitiis opponere! Numquis satis constare sibi videatur, si mulam calcibus repetat et canem morsu?

„Ista", inquis, „peccare se nesciunt." Primum, quam iniquus est, apud quem hominem esse ad impetrandam veniam nocet! Deinde, si cetera animalia hoc irae tuae subducit, quod consilio carent, eodem loco tibi sit, quisquis consilio caret; quid

zum Knoten geschlungen, ist bei Germanen keine Schande für den Mann. Nichts wirst du bei einem einzigen merkwürdig oder häßlich finden, was bei seinem Volk üblich ist.

Und was ich eben angeführt habe, rechtfertigt der Umstand, daß es in einer Landschaft, einer fernen Gegend den Normalfall darstellt. Bedenke nun, um wieviel triftigere Gründe für Nachsicht es bei den Dingen gibt, die in der ganzen Menschheit gang und gäbe sind.

Insgesamt sind wir unbedacht und unvorsichtig, insgesamt unentschieden, wehleidig, eitel – wieso verhülle ich mit allzu milden Worten das Krebsübel aller? –, insgesamt sind wir schlecht! Alles, was man an einem anderen tadelt, kann jeder einzelne bei sich selber finden. Was spottest du über dessen Blässe, dessen Magerkeit? Die Welt ist ungesund! Darum wollen wir füreinander mehr Nachsicht aufbringen: Als Schlechte unter Schlechten leben wir. Nur eins kann uns Ruhe verschaffen: Wenn wir uns zu gegenseitiger Duldsamkeit verpflichten.

„Der hat mir bereits geschadet, ich ihm noch nicht!" – Aber vielleicht hast du bereits irgendwen verletzt, wirst wen verletzen! Beschränke dein Urteil nicht auf diese Stunde oder diesen Tag! Umfassend prüfe deine innere Einstellung! Auch wenn du nichts Böses getan hast – du kannst es tun!

27 Wieviel geratener wäre es, ein Unrecht wiedergutzumachen als es zu vergelten! Viel Zeit vergeudet die Rache, vielfacher Unbill setzt sie sich aus, während sie sich wegen einer grämt! Länger grollen wir alle, als man uns weh tut. Wieviel besser wär's, den umgekehrten Weg zu gehen und nicht dem Bösen mit Bösem zu begegnen! Darf sich jemand für einen konsequenten Menschen halten, wenn er sein Maultier wiedertritt, beim Hund zurückbeißt?

„Diese Tiere", meinst du, „wissen nicht, daß sie etwas Schlechtes tun." Zum ersten: Wie unbillig ist der, bei dem die Tatsache, daß man ein Mensch ist, ein Hindernis darstellt, Verzeihung zu gewähren? Sodann: Wenn das die anderen Lebewesen vor deiner Wut bewahrt, daß ihnen Einsicht fehlt, dann solltest du jeden genauso einstufen, dem die

enim refert, an alia mutis dissimilia habeat, si hoc, quod in omni peccato muta defendit, simile habet, caliginem mentis? Peccavit: hoc enim primum? Hoc enim extremum? Non est, quod illi credas, etiam si dixerit: „Iterum non faciam." Et iste peccabit et in istum alius et tota vita inter errores volutabitur. Mansuete immansueta tractanda sunt.

Quod in luctu dici solet efficacissime, et in ira dicetur: utrum aliquando desines an numquam? Si aliquando, quanto satius est iram relinquere quam ab ira relinqui! An semper haec agitatio permanebit? Vides, quam impacatam tibi denunties vitam? Qualis enim erit semper tumentis? Adice nunc, quod, cum bene te ipse succenderis et subinde causas, quibus stimuleris, renovaveris, sua sponte ira discedet et vires illi dies subtrahet: quanto satius est a te illam vinci quam a se!

28 Huic irasceris, deinde illi; servis, deinde libertis; parentibus, deinde liberis; notis, deinde ignotis: ubique enim causae supersunt, nisi deprecator animus accessit. Hinc te illo furor rapiet, illinc alio, et novis subinde irritamentis orientibus continuabitur rabies: age, infelix, ecquando amabis? O quam bonum tempus in re mala perdis! Quanto nunc erat satius amicos parare, inimicos mitigare, rem publicam administrare, transferre in res domesticas operam, quam circumspicere, quid alicui facere possis mali, quod aut dignitati eius aut patrimonio aut corpori vulnus infligas, cum id tibi contingere sine certamine ac periculo non possit, etiam si cum inferiore concurreris!

Einsicht fehlt. Was spielt es denn für eine Rolle, ob er sonst dem stummen Vieh unähnlich ist, wenn er dadurch, was bei jedem Fehlverhalten das stumme Vieh entschuldigt, ihm ähnlich ist: durch geistige Umnachtung. Er hat sich vergangen. Sicher zum ersten Mal? Sicher zum letzten Mal? Du brauchst ihm nicht zu glauben, wenn er sagt: „Ich tu's nicht wieder!" Ebenso wird der sich vergehen wie an ihm ein anderer – das ganze Leben wird eine Folge von Verfehlungen sein! Sanft muß man Unbesänftigtes behandeln.

Was bei Betrübnis in der Regel das wirksamste Wort ist, paßt auch auf den Zorn: „Wirst du einmal aufhören oder nie?" Hört er einmal auf, wieviel besser ist's, wenn man vom Zorn läßt, als wenn der Zorn von uns läßt. Oder soll diese Beunruhigung immer anhalten? Du siehst, was für ein friedloses Dasein du dir androhst! Wie wird es denn sein bei einem Menschen, der ständig hochgeht? Bedenke nun, daß selbst dann, wenn du dir selber tüchtig Zunder gibst und dir immer wieder die Gründe für deine Erregung vor Augen führst, von selbst der Zorn verraucht und seine Kräfte ihm die Zeit nimmt. Wieviel besser ist es also, wenn er dir unterliegt als sich selber!

28 Auf den da bist du böse, dann auf jenen, auf Sklaven, dann auf Freigelassene, auf die Eltern, dann auf die Kinder, auf Bekannte, dann auf Unbekannte, denn überall gibt es genügend Gründe, wenn nicht dein Herz Fürsprache einlegt. Von da nach dort wird deine Wut dich fortreißen, von dort anderswohin, und da beständig Neues vorfällt, was dich reizt, tobst du ununterbrochen. Nur zu, du Unglücksmensch! Wirst du wohl einmal lieben? Ach, welche gute Zeit verschwendest du bei etwas Schlechtem! Um wieviel vernünftiger wäre es jetzt gewesen, Freunde zu gewinnen, Feinde zu besänftigen, den Staat zu verwalten und dich deinem Hauswesen zu widmen, statt Umschau zu halten, was du jemandem Böses antun, was für einen Schaden du ihm an seinem Ansehen oder seinem Vermögen oder seinem Leib zufügen kannst – zumal dir das ohne gefährliche Händel nicht gelingen kann, selbst wenn du dich mit einem Unterlegenen anlegst.

Vinctum licet accipias et ad arbitrium tuum omni patientiae expositum, saepe nimia vis caedentis aut articulum loco movit aut nervum in his, quos fregerat dentibus, fixit; multos iracundia mancos, multos debiles fecit, etiam ubi patientem est nancta materiam. Adice nunc, quod nihil tam imbecille natum est, ut sine elidentis periculo pereat: imbecillos valentissimis alias dolor, alias casus exaequat.

Quid, quod pleraque eorum, propter quae irascimur, offendunt nos magis quam laedunt! Multum autem interest, utrum aliquis voluntati meae obstet an desit, eripiat an non det. Atqui in aequo ponimus, utrum aliquis auferat an neget, utrum spem nostram praecidat an differat, utrum contra nos faciat an pro se, amore alterius an odio nostri. Quidam vero non tantum iustas causas standi contra nos, sed etiam honestas habent: alius patrem tuetur, alius fratrem, alius patriam, alius amicum, his tamen non ignoscimus id facientibus, quod, nisi facerent, improbaremus, immo, quod est incredibile, saepe de facto bene existimamus, de faciente male. At, me hercules, vir magnus ac iustus fortissimum quemque ex hostibus suis et pro libertate ac salute patriae pertinacissimum suspicit et talem sibi civem, talem militem contingere optat.

29 Turpe est odisse, quem laudes; quanto vero turpius ob id aliquem odisse, propter quod misericordia dignus est: si captivus in servitutem subito depressus reliquias libertatis tenet nec ad sordida ac laboriosa ministeria agilis occurrit, si ex otio piger equum vehiculumque domini cursu non ex-

Gefesselt mag er dir in die Hände fallen, deiner Willkür preisgegeben, alles zu dulden: Oft schon renkte sich einer, der kräftig zuschlug, ein Glied aus oder holte sich die Zähne ins Fleisch, die er hatte ausbrechen wollen. Viele hat der Zorn zu Krüppeln, viele siech gemacht, auch wenn er ein Opfer fand, das sich nicht wehrte. Denk auch daran: nichts ist so schwach geschaffen, daß es ohne Gefahr für den, der es zerschmettert, unterginge. Die Schwachen macht den Stärksten bald die Erbitterung, bald das Schicksal gleich.

Und weiter: Das meiste von dem, worüber wir erzürnen, kränkt uns mehr, als es uns schadet. Es ist aber ein erheblicher Unterschied, ob jemand meinem Willen widerstrebt oder ihn nicht erfüllt, ob er mir etwas entreißt oder nicht gibt. Dennoch gilt es uns gleich, ob jemand wegnimmt oder verweigert, ob er, was wir von ihm erwarten, rundweg abschlägt oder uns vertröstet, ob er uns zuwider handelt oder zu seinen Gunsten, ob aus Liebe zu einem anderen oder aus Haß gegen uns. Manche Leute haben in der Tat nicht nur triftige Gründe, sich gegen uns zu stellen, sondern sogar ehrenwerte: Der eine beschützt seinen Vater, der andere den Bruder, ein anderer die Heimat, noch ein anderer den Freund. Trotzdem bringen wir für sie kein Verständnis auf, wenn sie das tun, weswegen wir sie, täten sie es nicht, tadeln würden – im Gegenteil, und das ist unglaublich, wir beurteilen die Tat positiv, den Täter negativ. Aber, bei Gott, ein großer und gerechter Mann bewundert gerade die tapfersten seiner Feinde, die sich für Freiheit und Wohlergehen ihres Vaterlands am beharrlichsten einsetzen, und wünscht sich, solche Mitbürger, solche Soldaten zu bekommen.

29 Schimpflich ist es, den zu hassen, den man loben müßte – aber wieviel schimpflicher noch, deshalb einen zu hassen, weshalb er Mitleid verdient, wenn etwa ein Kriegsgefangener, plötzlich in die Sklaverei gestoßen, noch einen Rest von Freiheitssinn bewahrt und sich nicht zu schmutzigen und mühsamen Arbeiten geschäftig drängt, wenn einer, den Mangel an Bewegung schwerfällig gemacht hat, mit Pferd und Wagen seines Herrn nicht gleichen Schritt halten kann,

aequat, si inter cotidiana pervigilia fessum somnus oppressit, si rusticum laborem recusat aut non fortiter obiit a servitute urbana et feriata translatus ad durum opus!

Distinguamus, utrum aliquis non possit an nolit: multos absolvemus, si coeperimus ante iudicare quam irasci. Nunc autem primum impetum sequimur, deinde, quamvis vana nos concitaverint, perseveramus, ne videamur coepisse sine causa et, quod iniquissimum est, pertinaciores nos facit iniquitas irae; retinemus enim illam et augemus, quasi argumentum sit iuste irascentis graviter irasci.

30 Quanto melius est initia ipsa perspicere, quam levia sint, quam innoxia! Quod accidere vides animalibus mutis, idem in homine deprendes: frivolis turbamur et inanibus. Taurum color rubicundus excitat, ad umbram aspis exsurgit, ursos leonesque mappa proritat: omnia, quae natura fera ac rabida sunt, consternantur ad vana. Idem inquietis et stolidis ingeniis evenit: rerum suspicione feriuntur, adeo quidem, ut interdum iniurias vocent modica beneficia, in quibus frequentissima, certe acerbissima iracundiae materia est. Carissimis enim irascimur, quod minora nobis praestiterint, quam mente concepimus quamque alii tulerint, cum utriusque rei paratum remedium sit. Magis alteri indulsit: nostra nos sine comparatione delectent, numquam erit felix, quem torquebit felicior. Minus habeo, quam speravi: sed fortasse plus speravi, quam debui. Haec pars maxime metuenda est, hinc perniciosissimae irae nascuntur et sanctissima quaeque invasurae.

wenn den bei ständigen Nachtwachen Ermüdeten der Schlaf überfällt, wenn einer Feldbestellung verweigert oder nicht kräftig zupackt, weil er nach ruhigem Dienst in der Stadt zu harter Arbeit abkommandiert wurde.

Wir sollten einen Unterschied machen, ob einer nicht kann oder nicht will. Viele werden wir laufen lassen, wenn wir uns erst ein Urteil bilden, ehe wir zürnen. Nun aber folgen wir der ersten Erregung und grollen dann – selbst wenn uns Nichtigkeiten gereizt haben – weiter, damit es nicht so aussieht, als wären wir ohne Anlaß losgegangen; ja, was das Ungerechteste ist, der ungerechtfertigte Zorn macht uns nur noch starrsinniger. Wir lassen nämlich nicht davon und steigern uns hinein, als wäre ein Beweis für berechtigten Zorn die Heftigkeit des Zorns.

30 Wieviel besser ist es, gerade die Anlässe ins Auge zu fassen, wie geringfügig sie sind, wie harmlos. Was du bei sprachlosen Tieren vorkommen siehst, das kannst du auch beim Menschen entdecken: Banales stört uns und Unwesentliches. Den Stier erregt rote Farbe, auf einen Schatten schießt die Aspisviper los, Bären und Löwen reizt ein Tuch: Alles, was von Natur wild und ungestüm ist, läßt sich durch Nichtigkeiten verstören. Dasselbe widerfährt labilen und törichten Menschen: Vermutete Motive schmerzen sie, und zwar so sehr, daß sie manchmal von Kränkung reden bei geringen Gefälligkeiten, woran sich am häufigsten und gewiß am heftigsten der Zorn entzündet. Denn unseren liebsten Freunden zürnen wir, weil sie für uns angeblich weniger übrig hatten, als wir uns vorstellten und andere auch bekamen. Dabei gibt es ein Mittel, das in beiden Fällen hilft: Zu einem anderen war jemand großzügiger. Das Unsere sollte uns unverglichen freuen: Nie wird einer glücklich sein, den das größere Glück eines andren wurmt. Ich habe weniger als erhofft – doch vielleicht hoffte ich auf mehr als recht war. Davor sollte man sich am meisten hüten, daraus erwachsen die verheerendsten Zornesausbrüche, die sich selbst gegen das Heiligste richten.

Divum Iulium plures amici confecerunt quam inimici, quorum non expleverat spes inexplebiles. Voluit quidem ille (neque enim quisquam liberalius victoria usus est, ex qua nihil sibi vindicavit nisi dispensandi potestatem), sed quemadmodum sufficere tam improbis desideriis posset, cum tantum omnes concupiscerent, quantum unus poterat. Vidit itaque strictis circa sellam suam gladiis commilitones suos, Cimbrum Tillium, acerrimum paulo ante partium defensorem, aliosque post Pompeium demum Pompeianos. Haec res sua in reges arma convertit fidissimosque eo compulit, ut de morte eorum cogitarent, pro quibus et ante quos mori votum habuerant.

31 Nulli ad aliena respicienti sua placent: inde diis quoque irascimur, quod aliquis nos antecedat, obliti, quantum hominum retro sit et paucis invidentem quantum sequatur a tergo ingentis invidiae. Tanta tamen importunitas hominum est, ut, quamvis multum acceperint, iniuriae loco sit plus accipere potuisse.

„Dedit mihi praeturam, sed consulatum speraveram; dedit duodecim fasces, sed non fecit ordinarium consulem; a me numerari voluit annum, sed deest mihi ad sacerdotium; cooptatus in collegium sum, sed cur in unum? Consummavit dignitatem meam, sed patrimonio nihil contulit: ea dedit mihi, quae debebat alicui dare, de suo nihil protulit."

Age potius gratias pro his, quae accepisti; reliqua exspecta et nondum plenum esse te gaude: inter voluptates est superesse, quod speres. Omnes vicisti: primum esse te in animo amici tui laetare! Multi te vincunt: considera, quanto antece-

Den vergöttlichten Julius Caesar haben mehr Freunde als Feinde niedergestochen: Er hatte ihre unerfüllbaren Hoffnungen nicht erfüllt. Das wollte er zwar – niemand hat ja hochherziger einen Sieg genutzt, aus dem er nichts ableitete als das Vorrecht, auszuteilen, – doch wie hätte er so maßlose Erwartungen befriedigen können, zumal da alle sich soviel wünschten, wie nur einer bekommen konnte? Darum sah er gezückt um seinen Ehrensitz die Schwerter einstiger Kampfgefährten, sah Tillius Cimber, vor kurzem noch den eifrigsten Verfechter seiner Sache, und andere, die erst nach des Pompeius Tod zu Pompeianern wurden. Diese Empfindung ließ die eigenen Krieger sich an ihrem König vergreifen und brachte die Getreuesten dazu, daß sie auf deren Tod sannen, für die und vor denen zu sterben sie geschworen hatten.

31 Niemandem gefällt, wenn er nach Fremdem schielt, das Eigene. Darum sind wir sogar den Göttern böse, weil irgend jemand uns voraus ist, ohne zu bedenken, wieviele Leute uns nachstehen und wieviel ungeheuerlicher Neid sich einem, der nur wenige beneidet, an die Fersen heftet. Trotzdem sind die Menschen so unverfroren, selbst wenn sie noch soviel erhalten haben, es als Kränkung zu empfinden, daß sie mehr hätten bekommen können.

„Die Prätur hat er mir gegeben, doch mit dem Konsulat hatte ich gerechnet. Er hat mir die zwölf Rutenbündel gegeben, mich aber nicht zum regulären Konsul gemacht. Er wollte, daß man nach mir das Jahr benennt, doch verhalf er mir nicht zu einem Priesteramt. Ich wurde in ein Priesterkollegium aufgenommen, doch wieso nur in *eines*? Er ließ mich zu höchsten Ehren gelangen, doch für meine Finanzen tat er nichts. – Das gab er mir, was er irgendeinem hätte geben müssen; aus eigenem hat er nichts hinzugetan!"

Bedanke dich lieber für das, was du erhieltest; auf das andere warte und sei froh, daß du noch nicht alles bekommen hast. Es ist gleichfalls ein Grund zur Freude, daß es noch etwas gibt, worauf du hoffen kannst. Alle hast du hinter dir gelassen; daß du der Erste im Herzen deines Freundes bist, darüber freue dich! Viele lassen dich hinter sich: Beden-

das plures quam sequaris! Quod sit in te vitium maximum quaeris? Falsas rationes conficis: data magno aestimas, accepta parvo.

32 Aliud in alio nos deterreat: quibusdam timeamus irasci, quibusdam vereamur, quibusdam fastidiamus. Magnam rem sine dubio fecerimus, si servulum infelicem in ergastulum miserimus! Quid properamus verberare statim, crura protinus frangere? Non peribit potestas ista, si differetur. Sine id tempus veniat, quo ipsi iubeamus: nunc ex imperio irae loquemur; cum illa abierit, tunc videbimus, quanto ista lis aestimanda sit. In hoc enim praecipue fallimur: ad ferrum venimus, ad capitalia supplicia, et vinculis, carcere, fame vindicamus rem castigandam flagris levioribus.

„Quomodo", inquis, „nos iubes intueri, quam omnia, per quae laedi videamur, exigua, misera, puerilia sint?" Ego vero nihil magis suaserim quam sumere ingentem animum et haec, propter quae litigamus, discurrimus, anhelamus, videre, quam humilia et abiecta sint, nulli, qui altum quiddam aut magnificum cogitat, respicienda.

33 Circa pecuniam plurimum vociferationis est: haec fora defetigat, patres liberosque committit, venena miscet, gladios tam percussoribus quam legionibus tradit, haec est sanguine nostro delibuta, propter hanc uxorum maritorumque noctes strepunt litibus et tribunalia magistratuum premit turba, reges saeviunt rapiuntque et civitates longo saeculorum labore constructas evertunt, ut aurum argentumque in cinere urbium scrutentur.

ke, wieviel mehr Menschen du überlegen bist als nachstehst! Was dein größter Fehler sei, willst du wissen? Deine Buchführung stimmt nicht: Gegebenes setzt du hoch an, Empfangenes niedrig!

32 Bei jedem sollte es für uns einen anderen Hinderungsgrund geben: den einen sollten wir aus Furcht nicht grollen, anderen aus Ehrfurcht, wieder anderen aus Stolz. Etwas Großes haben wir ja zweifellos vollbracht, wenn wir einen elenden kleinen Sklaven zur Zwangsarbeit abkommandiert haben. Was haben wir es eilig, gleich zuzuschlagen, auf der Stelle die Beine brechen zu lassen? Die Möglichkeit dazu entgeht uns nicht, wenn wir abwarten. Laß doch die Zeit kommen, zu der wir selbst gebieten. Jetzt reden wir nach dem Gebot des Zorns. Wenn er vorbei ist, dann erst sehen wir, wie dieser Fall da zu bewerten ist. Denn darin versagen wir insbesondere: Auf das Beil, auf Todesstrafen lassen wir uns ein und sühnen mit Ketten, Kerker, Hunger ein Vergehen, das wir mit ein paar schwachen Schlägen hätten strafen sollen.

„Auf welche Weise", fragst du, „sollen wir uns nach deinem Geheiß vor Augen führen, wie alles, was uns scheinbar kränkt, geringfügig, jämmmerlich und kindisch ist?" Ich möchte wirklich nichts nachdrücklicher empfehlen als einen ungewöhnlichen geistigen Standpunkt einzunehmen und zu erkennen, daß das, weshalb wir streiten, uns ereifern, außer Atem kommen, unwichtig und verächtlich ist und niemand, der an etwas Hohes und Erhabenes denkt, darauf schauen darf.

33 Um Geld macht man das meiste Gezänk: Gerichte hält es in Atem, Väter und Kinder hetzt es aufeinander, Gifte mischt es, Schwerter reicht es gleichermaßen Meuchelmördern wie Legionen; es ist mit unserem Blut befleckt, seinetwegen sind vom lauten Streit der Männer mit ihren Frauen die Nächte erfüllt, drängt sich zu den Stühlen der Beamten die Menge; Könige rasen und rauben, und Städte, im Laufe von Jahrhunderten mühsam erbaut, vernichten sie, um nach Gold und Silber in der Asche ihrer Festungen zu wühlen.

Libet intueri fiscos in angulo iacentis: hi sunt, propter quos oculi clamore exprimantur, fremitu iudiciorum basilicae resonent, evocati ex longinquis regionibus iudices sedeant iudicaturi, utrius iustior avaritia sit.

Quid, si ne propter fiscum quidem, sed pugnum aeris aut imputatum a servo denarium senex sine herede moriturus stomacho dirumpitur? Quid, si propter usuram vel milesimam valetudinarius faenerator distortis pedibus et manibus ad comparandum non relictis clamat ac per vadimonia asses suos in ipsis morbi accessionibus vindicat.

Si totam mihi ex omnibus metallis, quae cum maxime deprimimus, pecuniam proferas, si in medium proicias, quicquid thesauri tegunt avaritia iterum sub terras referente, quae male egesserat: omnem istam congeriem non putem dignam, quae frontem viri boni contrahat. Quanto risu prosequenda sunt, quae nobis lacrimas educunt!

34 Cedo nunc, persequere cetera, cibos, potiones horumque causa paratuum ambitionem, munditias, verba contumeliosa, motus corporum parum honorificos, contumacia iumenta et pigra mancipia et suspiciones et interpretationes malignas vocis alienae, quibus efficitur, ut inter iniurias naturae numeretur sermo homini datus.

Crede mihi, levia sunt, propter quae non leviter excandescimus, qualia, quae pueros in rixam et iurgium concitant. Nihil ex is, quae tam tristes agimus, serium est, nihil magnum: inde, inquam, vobis ira et insania est, quod exigua magno aestimatis. Auferre hic mihi hereditatem voluit; hic me

Ein erfreulicher Anblick sind Geldkassetten, die in einer Ecke stehen. Die sind's, derentwegen man schreit, daß die Augen aus den Höhlen treten, daß vom Lärm der Gerichtsverhandlungen die Sitzungssäle widerhallen, daß da, hergeholt aus fernen Gegenden, Richter sitzen, um zu richten, welche von zwei Parteien mehr Recht zur Habgier habe.

Was soll man dazu sagen, wenn nicht einmal wegen einer Kassette, sondern wegen einer Handvoll Kupfergeld oder eines Denars, den ihm sein Sklave in Rechnung stellt, ein alter Mann, der ohne Erben sterben wird, vor Ärger platzt? Was ferner, wenn wegen eines Zinsrückstands – und wär's nur ein Promille – ein kranker Geldverleiher mit gichtverkrümmten Füßen und Händen, die nicht mehr zum Anschaffen taugen, sich aufregt und auf dem Prozeßweg seine paar Kröten einfordert, während er gerade einen Anfall seiner Krankheit hat?

Wenn du mir ganz aus allen Gruben, die wir besonders tief ausschachten, das edle Metall herausholst, wenn du alles ans Licht bringst, was Tresore bergen (die Habgier schafft ja alles wieder unter die Erde, was sie zu ihrem Unglück ausgegraben hat): der ganze Haufen da ist, will ich meinen, es nicht wert, daß ein anständiger Mensch die Stirn deswegen runzelt. Mit welchem Gelächter sollte man von sich weisen, was uns Tränen abnötigt!

34 Los nun, zähle das übrige auf, Essen und Trinken und den Aufwand, den man deshalb treibt, Angeberei, ehrabschneiderische Reden, unanständige Tänze, störrische Ochsen und verdrossene Sklaven und Verdächtigungen und böswilliges Mißverstehen einer fremden Äußerung, was dazu führt, es der Natur als Fehler anzulasten, daß sie dem Menschen die Sprache gab.

Glaube mir, unerheblich ist das, weswegen wir uns ganz erheblich erhitzen, gleich dem, was Kinder zum Raufen und Streiten treibt. Nichts von dem, was wir so bitter ernst nehmen, ist schwerwiegend, nichts bedeutend. Daraus, so sage ich, erwächst euch wahnsinnige Wut, weil ihr Geringes hoch einschätzt. Der da wollte mir eine Erbschaft abjagen, der hat

diu in spem supremam captatis criminatus est; hic
scortum meum concupivit: quod vinculum amoris esse debebat, seditionis atque odii causa est,
idem velle. Iter angustum rixas transeuntium concitat, diffusa et late patens via ne populos quidem
collidit: ista, quae appetitis, quia exigua sunt nec
possunt ad alterum nisi alteri erepta transferri, eadem affectantibus pugnas et iurgia excitant.

35 Respondisse tibi servum indignaris libertumque
et uxorem et clientem: deinde idem de re publica
libertatem sublatam quereris, quam domi sustulisti. Rursus, si tacuit interrogatus, contumaciam vocas. Et loquatur et taceat et rideat! „Coram domino!" inquis. Immo coram patre familiae. Quid
clamas? Quid vociferaris? Quid flagella media cena petis, quod servi loquantur, quod non eodem
loco turba contionis est, silentium solitudinis?

In hoc habes aures, ut non modulata tantum et
mollia et ex dulci tracta compositaque accipiant:
et risum audias oportet et fletum, et blanditias et
lites, et prospera et tristia, et hominum voces et
fremitus animalium latratusque. Quid miser expa-
vescis ad clamorem servi, ad tinnitum aeris aut
ianuae impulsum? Cum tam delicatus fueris, toni-
trua audienda sunt.

Hoc, quod de auribus dictum est, transfer ad
oculos, qui non minus fastidio laborant, si male
instituti sunt: macula offenduntur et sordibus et
argento parum splendido et stagno non ad solum
perlucente. Hi nempe oculi, qui non ferunt nisi
varium ac recenti cura nitens marmor, qui mensam nisi crebris distinctam venis, qui nolunt domi

mich bei Leuten, um die ich lange mit Blick auf ihren letzten Willen buhlte, verleumdet, der ein Auge auf meine Freundin geworfen. Was ein Band der Liebe sein sollte, gibt zu Zerwürfnis und Abneigung Anlaß: Dasselbe wollen! Ein enger Durchgang führt zu Streit unter den Passanten, einer, der sich ganz weit auftut, läßt nicht einmal Menschenmassen kollidieren. Was ihr euch wünscht, muß, weil es knapp bemessen ist und dem einen nur, wenn man es dem anderen nimmt, zufallen kann, unter Leuten, die nach demselben trachten, Streitigkeiten und Zank auslösen.

35 Widerworte gegeben hat dir zu deinem Ärger ein Sklave, ein Freigelassener, die Ehefrau, ein Klient. Später beklagst gerade du, daß im Staat die Freiheit beseitigt sei, die du in deinem Haus beseitigt hast. Umgekehrt, wenn jener schwieg, als man ihn fragte, nennst du es Eigensinn. Er soll zugleich reden und schweigen und lachen! „... vor seinem Herrn!" wendest du ein. – Nein, vor dem Vater im Haus! Was schreist du? Was schimpfst du? Was verlangst du während des Abendessens die Peitsche, weil die Sklaven reden, weil nicht an ein und demselben Ort ein Durcheinander wie auf offnem Markt herrscht und die Stille einer Wüstenei?

Dazu hast du Ohren, daß du nicht nur Wohlklingendes und Zartes und reichlich mit Honigseim Versetztes zu hören bekommst: Auch Gelächter mußt du vernehmen und Weinen, Schmeichelei und Gezänk, Erfreuliches und Betrübliches, Menschenworte und das Schnauben der Tiere und Gebell. Warum, du Elender, fährst du zusammen, wenn ein Sklave schreit, ein Becken klirrt oder eine Tür zufällt? Obwohl du so empfindlich bist, mußt du Donnerschläge anhören!

Was eben über die Ohren gesagt wurde, gilt auch für die Augen, die ebenso unter Empfindlichkeit leiden, wenn man sie schlecht erzogen hat: Ein Fleck beleidigt sie und Schmutz und Tafelsilber, das nicht recht glänzt, und ein Schwimmbad, bei dem man nicht bis auf den Boden sehen kann. Doch diese Augen, die es unerträglich finden, wenn der Marmor nicht schimmert und frisch auf Hochglanz poliert ist, wenn

nisi auro pretiosiora calcare, aequissimo animo foris et scabras lutosasque semitas spectant et maiorem partem occurrentium squalidam, parietes insularum exesos, rimosos, inaequales.

Quid ergo aliud est, quod illos in publico non offendat, domi moveat quam opinio illic aequa et patiens, domi morosa et querula?

36 Omnes sensus perducendi sunt ad firmitatem; natura patientes sunt, si animus illos desiit corrumpere, qui cotidie ad rationem reddendam vocandus est. Faciebat hoc Sextius, ut consummato die, cum se ad nocturnam quietem recepisset, interrogaret animum suum: „Quod hodie malum tuum sanasti? Cui vitio obstitisti? Qua parte melior es?"

Desinet ira et moderatior erit, quae sciet sibi cotidie ad iudicem esse veniendum. Quicquam ergo pulchrius hac consuetudine excutiendi totum diem? Qualis ille somnus post recognitionem sui sequitur: quam tranquillus, quam altus ac liber, cum aut laudatus est animus aut admonitus et speculator sui censorque secretus cognovit de moribus suis.

Utor hac potestate et cotidie apud me causam dico. Cum sublatum e conspectu lumen est et conticuit uxor moris iam mei conscia, totum diem meum scrutor factaque ac dicta mea remetior; nihil mihi ipse abscondo, nihil transeo. Quare enim quicquam ex erroribus meis timeam, cum possim dicere: „Vide, ne istud amplius facias, nunc tibi ignosco. In illa disputatione pugnacius locutus es:

die Tischplatte nicht reiche Maserung aufweist, Augen, die sich wünschen, daß man im Hause nur über Böden geht, wertvoller noch als Gold, die schauen höchst gleichgültig außer Haus auf rauhe, dreckige Trampelpfade, auf die großenteils schmutzbedeckten Leute, die ihnen begegnen, und auf die verwitterten Mauern der Mietshäuser mit ihren Rissen und Unebenheiten.

Was ist es demnach sonst, was sie in der Öffentlichkeit nicht Anstoß nehmen läßt und daheim erbost, als ihre Einstellung, dort gelassen und tolerant, zu Hause pedantisch und mit nichts zufrieden?

36 Alle Sinne gilt es abzuhärten; von Natur aus sind sie leidensfähig, wenn die Seele sie nicht mehr verdirbt: Von dieser muß täglich Rechenschaft gefordert werden. Das tat Sextius dergestalt, daß er, sobald ein Tag vorbei war und er sich zur Nachtruhe zurückgezogen hatte, seine Seele befragte: „Welchen Fehler von dir hast du heute behoben? Welchem Laster hast du dich widersetzt? Worin bist du nun besser?"

Der Zorn wird nachlassen und sich mäßigen, wenn er weiß, daß er täglich vor seinem Richter erscheinen muß. Was ist somit löblicher als diese Gewohnheit, den ganzen abgelaufenen Tag kritisch durchzugehen? Und welch ein Schlaf stellt sich nach der Selbsterkundung ein! Wie friedvoll, wie tief und sorglos, wenn die Seele entweder entlastet oder ermahnt wurde und der Selbstprüfer und heimliche Richter sich zu seinem Lebenswandel verhörte!

Ich nütze diese Möglichkeit und verantworte mich täglich vor mir selbst. Wenn man die Lampe weggetragen hat und meine Frau verstummt ist, da sie meine Gepflogenheit bereits kennt, gehe ich meinen ganzen Tageslauf durch und überdenke nochmals mein Handeln und Reden. Nichts verheimliche ich mir, nichts übergehe ich. Weshalb sollte ich etwas infolge meiner Irrtümer zu besorgen haben, wenn ich doch sagen kann: „Sieh zu, daß du das nicht weiterhin tust! Für heute verzeihe ich dir. In jener Debatte hast du zu eigensinnig deinen Standpunkt vertreten. Laß dich in Zukunft

noli postea congredi cum imperitis; nolunt discere, qui numquam didicerunt. Illum liberius admonuisti quam debebas; itaque non emendasti, sed offendisti: de cetero vide non tantum, an verum sit, quod dicis, sed an ille, cui dicitur, veri patiens sit; admoneri bonus gaudet, pessimus quisque rectorem asperrime patitur.

37 In convivio quorundam te sales et in dolorem tuum iacta verba tetigerunt: vitare vulgares convictus memento; solutior est post vinum licentia, quia ne sobriis quidem pudor est. Iratum vidisti amicum tuum ostiario causidici alicuius aut divitis, quod intrantem summoverat, et ipse pro illo iratus extremo mancipio fuisti: irasceris ergo catenario cani? Et hic, cum multum latravit, obiecto cibo mansuescit. Recede longius et ride! Nunc iste se aliquem putat, quod custodit litigatorum turba limen obsessum; nunc ille, qui intra iacet, felix fortunatusque est et beati hominis iudicat ac potentis indicium difficilem ianuam: nescit durissimum esse ostium carceris.

Praesume animo multa tibi esse patienda: numquis se hieme algere miratur? Numquis in mari nausiare, in via concuti? Fortis est animus, ad quae praeparatus venit. Minus honorato loco positus irasci coepisti convivatori, vocatori, ipsi, qui tibi praeferebatur: demens, quid interest, quam lecti premas partem? Honestiorem te aut turpiorem potest facere pulvinus? Non aequis quendam oculis vidisti, quia de ingenio tuo male locutus

nicht mit ungebildeten Menschen ein: Nicht lernen will, wer nie gelernt hat. Den dort hast du rücksichtsloser kritisiert als du es gedurft hättest. Darum hast du ihn nicht gebessert, sondern beleidigt. Künftig sieh nicht nur darauf, ob wahr ist, was du sagst, sondern ob jener, dem es gesagt wird, die Wahrheit verträgt. Über Kritik freut sich der Tüchtige, doch gerade die Schlechtesten lassen sich höchst ungern schulmeistern.

37 Bei einer Einladung haben dich der ätzende Spott bestimmter Leute und beiläufige Äußerungen, die dich ärgern sollten, getroffen. Meide gemeinen Umgang, denk daran! Noch hemmungsloser ist nach dem Gelage die Unverschämtheit, weil solche Leute nicht einmal nüchtern Schamgefühl besitzen. Entrüstet sahst du deinen Freund über den Portier irgendeines Anwalts oder eines Reichen, weil er ihn nicht vorgelassen hatte, und du selbst hast dich für ihn entrüstet über einen ganz verächtlichen Sklaven. Also bist du wütend auf einen Kettenhund? Auch der wird, hat er lang genug gebellt, sobald man einen Brocken hinwirft, zahm. Nimm etwas Abstand und lache! Jetzt hält sich der Bursche für weiß Gott was, weil er Wächter einer von prozessierenden Parteien belagerten Haustür ist; jetzt ist der drinnen in seinem Bett beglückt und selig und meint, es sei für einen glücklichen und mächtigen Mann kennzeichnend, daß man nur schwer über seine Schwelle kommt. Er weiß es nicht: Am schwersten öffnet sich die Tür eines Kerkers!

Stelle dich darauf ein, daß du viel auszuhalten hast! Wer wundert sich darüber, daß ihn im Winter friert? Wer, daß er auf dem Meer seekrank, daß er auf einer Reise durchgeschüttelt wird? Tapfer ist man dem gegenüber, dem man sich vorbereitet nähert. Als man dir einen nicht gerade ehrenvollen Platz zuwies, wurdest du böse auf den Gastgeber, auf den, der dich eingeladen hatte, und auch auf den, den man dir vorzog. Du Narr! Was macht es aus, wo du dich auf dem Speisesofa niederlegst? Kann dich ein Kissen ehrbarer oder verächtlicher machen? Scheel angesehen hast du einen, weil er von deinen Fähigkeiten schlecht sprach. Findest du das in

est: recipis hanc legem? Ergo te Ennius, quo non delectaris, odisset et Hortensius simultates tibi indiceret et Cicero, si derideres carmina eius, inimicus esset. Vis tu aequo animo pati candidatus suffragia?"

38 Contumeliam tibi fecit aliquis: numquid maiorem quam Diogeni philosopho Stoico, cui de ira cum maxime disserenti adulescens protervus inspuit? Tulit hoc ille leniter et sapienter: „Non quidem", inquit, „irascor, sed dubito tamen, an oporteat irasci."

Quanto Cato noster melius! Qui, cum agenti causam in frontem mediam, quantum poterat attracta pingui saliva, inspuisset Lentulus ille patrum nostrorum memoria factiosus et impotens, abstersit faciem et „Affirmabo", inquit, „omnibus, Lentule, falli eos, qui te negant os habere."

39 Contigit iam nobis, Novate, bene componere animum: aut non sentit iracundiam aut superior est. Videamus, quomodo alienam iram leniamus; nec enim sani esse tantum volumus, sed sanare.

Primam iram non audebimus oratione mulcere: surda est et amens; dabimus illi spatium. Remedia in remissionibus prosunt; nec oculos tumentis temptamus vim rigentem movendo incitaturi, nec cetera vitia, dum fervent: initia morborum quies curat.

„Quantulum", inquis, „prodest remedium tuum, si sua sponte desinentem iram placat?" Pri-

Ordnung? Demnach müßte Ennius, der dir nicht zusagt, dich hassen und Hortensius dir den Fehdehandschuh hinwerfen, und Cicero wäre, falls du über seine Dichtungen lachtest, dein persönlicher Feind. Du hast dich zur Wahl gestellt; bist du bereit, das Abstimmungsergebnis mit Haltung zu akzeptieren?"

38 Schmach hat dir jemand angetan. Etwa noch größere als dem stoischen Philosophen Diogenes, den ausgerechnet bei einem Vortrag über den Zorn ein unverschämter Bursche anspuckte? Er nahm das gelassen und wie ein Weiser hin: „Zwar bin ich nicht zornig", sprach er, „doch frage ich mich, ob ich nicht zürnen müßte."

Um wieviel besser noch traf's unser Landsmann Cato! Er verteidigte eben einen Mandanten, als ihm mitten ins Gesicht soviel zähen Schleim, als er nur hatte zusammenbringen können, jener berüchtigte Lentulus spie, der zu den Zeiten unserer Väter ein Unruhestifter und seiner selbst nicht mächtig war. Cato wischte sich die Stirn ab und sagte: „Ich werde es allen bestätigen, daß die im Irrtum sind, die meinen, du hättest kein Mundwerk."

39 Es ist uns schon gelungen, Novatus, die rechte Geisteshaltung einzunehmen: Entweder empfindet unsere Seele keinen Jähzorn oder sie hat ihn unter Kontrolle. Sehen wir nun zu, wie wir fremden Zorn beschwichtigen können; wir wollen ja nicht nur selbst vernünftig sein, sondern auch andere zur Vernunft bringen.

Unmittelbar nach dem Ausbruch werden wir nicht versuchen, den Zorn mit guten Worten zu dämpfen. Taub ist er und ohne Verstand. Wir lassen ihm also Zeit. Heilmittel schlagen erst an, wenn die Krankheit nachläßt. So nehmen wir an geschwollenen Augen keine Untersuchung vor – wir würden die starke Schwellung durch Berühren nur verschlimmern –, und auch nicht bei anderen Leiden, solange das Fieber hoch ist. Beim Ausbruch einer Krankheit tut Ruhe gut.

„Wie wenig", meinst du, „hilft dein Mittel, wenn es nur den Zorn, der von selbst abflaut, besänftigt!" – Erstens er-

mum, ut citius desinat, efficit; deinde custodit, ne recidat; ipsum quoque impetum, quem non audet lenire, fallet: removebit omnia ultionis instrumenta, simulabit iram, ut tamquam adiutor et doloris comes plus auctoritatis in consiliis habeat, moras nectet et, dum maiorem poenam quaerit, praesentem differet.

Omni arte requiem furori dabit: si vehementior erit, aut pudorem illi, cui non resistat, incutiet aut metum; si infirmior, sermones inferet vel gratos vel novos et cupiditate cognoscendi avocabit. Medicum aiunt, cum regis filiam curare deberet nec sine ferro posset, dum tumentem mammam leniter fovet, scalpellum spongea tectum induxisse: repugnasset puella remedio palam admoto, eadem, quia non exspectavit, dolorem tulit. Quaedam non nisi decepta sanantur.

40 Alteri dices: „Vide, ne inimicis iracundia tua voluptati sit", alteri: „Vide, ne magnitudo animi tui creditumque apud plerosque robur cadat. Indignor, me hercules, et non invenio dolendi modum, sed tempus exspectandum est; dabit poenas; serva istud in animo tuo: cum potueris, et pro mora reddes." Castigare vero irascentem et ultro obirasci incitare est: varie aggredieris blandeque, nisi forte tanta persona eris, ut possis iram comminuere, quemadmodum fecit divus Augustus, cum cenaret apud Vedium Pollionem. Fregerat unus ex servis eius crustallinum: rapi eum Vedius iussit ne vulgari quidem more periturum: murenis

reicht es, daß er rascher nachläßt; sodann verhütet es einen Rückfall, und selbst den Ausbruch, den es nicht abzuschwächen sucht, läßt es verpuffen: Man wird alles, was der Rache dienen könnte, beiseite schaffen, selber Zorn vortäuschen, um als Helfer und Leidensgenosse mit mehr Gewicht Ratschläge geben zu können, Zeit zu gewinnen suchen und, während man auf schmerzlichere Rache sinnt, sie für den Augenblick verschieben.

Mit allen Mitteln wird man dafür sorgen, daß das Rasen zur Ruhe kommt. Ist es noch recht heftig, wird man entweder das Ehrgefühl so ansprechen, daß der andere sich nicht sperren kann, oder seine Furcht. Ist es schon schwächer, beginnt man zu plaudern, entweder über Merkwürdiges oder Unterhaltsames, und nützt die Wißbegier, um abzulenken. Ein Arzt, so sagt man, habe, als er eine Königstochter behandeln sollte und das nicht ohne einen Eingriff möglich war, beim Erwärmen ihrer geschwollenen Brust sein Skalpell, durch einen Schwamm verborgen, angesetzt. Das Mädchen hätte sich gewehrt, wenn er ganz offen zu diesem Mittel gegriffen hätte. Doch da sie nicht damit rechnete, duldete sie den Schnitt. Manchmal gelingt die Heilung nur durch eine List.

40 Zu einem anderen magst du sagen: „Gib acht, daß deine Feinde sich nicht bei deinem Wutausbruch belustigen!", zu einem anderen: „Gib acht, daß deine Seelengröße und die Festigkeit, die dir sehr viele Leute zutrauen, nicht Schaden nehmen! Ich bin, bei Gott, entrüstet, und es schmerzt mich maßlos, doch gilt es einige Zeit abzuwarten. Er wird büßen; das bewahre in deinem Herzen! Wenn du kannst, wirst du es ihm, dem langen Aufschub entsprechend, heimzahlen!" Zurechtweisung des Zornigen und eigene Wutausbrüche reizen dagegen nur. Auf mannigfache Weise wirst du beginnen und mit Zartgefühl, wenn du nicht ein so großer Mann bist, daß du den Zorn zerschmettern kannst, wie es der göttliche Augustus tat, als er zu Abend speiste bei Vedius Pollio. Da hatte ein Sklave einen Becher aus Bergkristall zerbrochen. Ergreifen ließ ihn Vedius, keines gewöhnli-

obici iubebatur, quas ingentis in piscina continebat. Quis non hoc illum putaret luxuriae causa facere? Saevitia erat. Evasit e manibus puer et confugit ad Caesaris pedes nihil aliud petiturus, quam ut aliter periret, ne esca fieret. Motus est novitate crudelitatis Caesar et illum quidem mitti, crustallina autem omnia coram se frangi iussit complerique piscinam.

Fuit Caesari sic castigandus amicus; bene usus est viribus suis. „E convivio rapi homines imperas et novi generis poenis lancinari? Si calix tuus fractus est, viscera hominis distrahentur? Tantum tibi placebis ut ibi aliquem duci iubeas, ubi Caesar est?" Sic, cui tantum potentiae est, ut iram ex superiore loco aggredi possit, male tractet, at talem dumtaxat, qualem modo rettuli, feram, immanem, sanguinariam, quae iam insanabilis est, nisi maius aliquid extimuit.

41 Pacem demus animo, quam dabit praeceptorum salutarium assidua meditatio actusque rerum boni et intenta mens ad unius honesti cupiditatem. Conscientiae satis fiat, nil in famam laboremus: sequatur vel mala dum bene merentis.

„At vulgus animosa miratur et audaces in honore sunt, placidi pro inertibus habentur." Primo forsitan aspectu; sed simul aequalitas vitae fidem fecit non segnitiem illam animi esse, sed pacem, veneratur illos populus idem colitque.

Nihil ergo habet in se utile taeter iste et hostilis affectus, at omnia ex contrario mala, ferrum et ignes. Pudore calcato caedibus inquinavit manus,

chen Todes sollte er sterben: Den Muränen gebot er ihn vorzuwerfen, von denen er gewaltige Exemplare in einem Becken hielt. Wer hätte es ihm nicht zugetraut, daß er das aus Übermut tat? Furchtbare Wut war es! Der Bursche entwand sich denen, die ihn hielten, und warf sich dem Kaiser zu Füßen. Er hatte nur eine Bitte: Anders wollte er sterben, nicht als Fischfutter. Empört war Augustus über die unerhörte Grausamkeit und befahl, den Sklaven freizulassen, aber alle Kristallbecher in seiner Gegenwart zu zerschlagen und das Becken zuzuschütten.

Ein Kaiser mußte seinen Bekannten so strafen. Richtig hat er sich seiner Macht bedient. „Vom Gelage wegschleppen läßt du Menschen und unter beispiellosen Qualen zerstükkeln? Wenn dein Becher zerbrach, sollen die Eingeweide eines Menschen zerrissen werden? So viel bildest du dir auf dich ein, daß du da jemanden zum Tode führen läßt, wo der Kaiser zugegen ist?" Auf diese Weise darf, wer soviel Macht hat, daß er den Zorn aus einer überlegenen Stellung angehen kann, ihm übel mitspielen, doch nur einem von der eben geschilderten Art, einem wilden, bestialischen, blutdürstigen, der schon unheilbar ist, wenn er nicht vor etwas Stärkerem erschrickt.

41 Frieden wollen wir der Seele geben; den geben ihr die unablässige Beschäftigung mit heilsamen Lehren und rechtes Handeln und ein Streben, das einzig nach dem sittlich Guten trachtet. Dem Gewissen geschehe sein Recht; wir wollen nichts mit Blick auf das Urteil der Leute unternehmen; das mag übel ausfallen, wenn wir nur gut gehandelt haben.

„Aber die Masse bewundert kühne Taten, Verwegene genießen Respekt, und Sanftmütige gelten als Versager." – Vielleicht auf den ersten Blick, doch sobald ihre ausgeglichene Lebensweise erwiesen hat, daß dahinter nicht Trägheit, sondern Friedfertigkeit steckt, verehrt sie dieselbe Volksmenge und achtet sie.

Nichts also hat er an Positivem aufzuweisen, dieser abscheuliche, feindselige Trieb, wohl aber auf der anderen Seite Böses, Feuer und Schwert. Die Scham trat er mit Füßen, mit

membra liberorum dispersit, nihil vacuum reliquit a scelere, non gloriae memor, non infamiae metuens, inemendabilis, cum ex ira in odium obcalluit.

42 Careamus hoc malo purgemusque mentem et exstirpemus radicitus, quae, quamvis tenuia undecumque haeserint, renascentur, et iram non temperemus, sed ex toto removeamus (quod enim malae rei temperamentum est?)

Poterimus autem, adnitamur modo. Nec ulla res magis proderit quam cogitatio mortalitatis. Sibi quisque atque alteri dicat: „Quid iuvat tamquam in aeternum genitos iras indicere et brevissimam aetatem dissipare? Quid iuvat dies, quos in voluptatem honestam impendere licet, in dolorem alicuius tormentumque transferre? Non capiunt res istae iacturam nec tempus vacat perdere. Quid ruimus in pugnam? Quid certamina nobis arcessimus? Quid imbecillitatis obliti ingentia odia suscipimus et ad frangendum fragiles consurgimus? Iam istas inimicitias, quas implacabili gerimus animo, febris aut aliquod aliud malum corporis vetabit geri; iam par acerrimum media mors dirimet. Quid tumultuamur et vitam seditiosi conturbamus? Stat supra caput fatum et pereuntis dies imputat propiusque ac propius accedit; istud tempus, quod alienae destinas morti, fortasse circa tuam est."

43 Quin potius vitam brevem colligis placidamque et tibi et ceteris praestas? Quin potius amabilem te, dum vivis, omnibus, desiderabilem, cum excesseris, reddis? Quid illum nimis ex alto tecum agentem detrahere cupis? Quid illum oblatrantem tibi, humilem quidem et contemptum, sed supe-

Mord befleckte er die Hände, verspritzte das Blut der eigenen Kinder, nichts ließ er von Verbrechen unberührt, nicht denkt er an seinen Ruhm, nicht scheut er üblen Ruf und ist unheilbar, wenn sich der Zorn zum Haß verhärtet hat.

42 Frei wollen wir von diesem Übel bleiben, unsere Seele reinigen und mit der Wurzel ausreißen, was, wenn auch noch so wenig da und dort noch haftet, wieder wachsen wird, wollen den Zorn nicht begrenzen, sondern völlig vertreiben – was wäre beim Bösen denn „Begrenzung"?

Wir werden es schaffen, nur Mühe kostet es. Und nichts wird uns mehr helfen als das Bewußtsein unserer Sterblichkeit. Zu sich selbst und zu seinem Nächsten sage jeder: „Was bringt es, wenn man, wie zu ewigem Dasein geboren, aller Welt seinen Zorn zeigt und dabei die kurze Lebenszeit vergeudet? Was bringt es, die Tage, die man einem schicklichen Vergnügen widmen dürfte, zu verwenden, um jemand weh zu tun und ihn zu quälen? Nichts ist bei solchem Treiben zu gewinnen, noch hat man Zeit genug, sie zu verschwenden. Was stürzen wir in die Schlacht? Was halsen wir uns Streitigkeiten auf? Was vergessen wir unsere Schwäche, steigern uns in ungeheuren Haß hinein und gehen los, um, selbst hinfällig, andre anzufallen? Bald wird uns jene Feindschaften, die wir unversöhnlich pflegen, ein Fieberanfall oder eine andere Krankheit nicht mehr pflegen lassen. Bald wird die erbittertsten Kontrahenten der Tod trennen. Was regen wir uns auf und bringen durch Streitsucht Unfrieden in unser Leben? Über uns steht das Schicksal, rechnet uns die Tage, die verloren gehen, an und kommt näher und näher – der Zeitpunkt, für den du eines anderen Ende vorgesehen hast, liegt vielleicht nah an deinem!

43 Warum hältst du die kurze Lebenszeit nicht lieber fest und machst sie ruhevoll für dich und andere? Warum schaffst du es nicht, daß dich im Leben alle lieben und dich nach deinem Scheiden vermissen? Warum willst du dem, der allzu hochfahrend mit dir umgeht, Abbruch tun? Warum versuchst du jenen, der dich anbelfert, einen elenden, verächtlichen Kerl, der aber Höherstehenden entsetzlich lästig

rioribus acidum ac molestum exterere viribus tuis
temptas? Quid servo, quid domino, quid regi,
quid clienti tuo irasceris? Sustine paulum: venit
ecce mors, quae vos pares faciat.

Videre solemus inter matutina harenae spectacula tauri et ursi pugnam inter se colligatorum, quos, cum alter alterum vexarunt, suus confector exspectat: idem facimus, aliquem nobiscum alligatum lacessimus, cum victo victorique finis et quidem maturus immineat. Quieti potius pacatique, quantulumcumque superest, exigamus! Nulli cadaver nostrum iaceat invisum!

Saepe rixam conclamatum in vicinia incendium solvit et interventus ferae latronem viatoremque diducit. Colluctari cum minoribus malis non vacat, ubi metus maior apparuit. Quid nobis cum dimicatione et insidiis? Numquid amplius isti, cui irasceris, quam mortem optas? Etiam te quiescente morietur. Perdis operas: facere vis, quod futurum est.

„Nolo", inquis, „utique occidere, sed exsilio, sed ignominia, sed damno afficere."

Magis ignosco ei, qui vulnus inimici quam qui pusulam concupiscit; hic enim non tantum mali animi est, sed pusilli.

Sive de ultimis suppliciis cogitas sive de levioribus, quantulum est temporis, quo aut ille poena sua torqueatur aut tu malum gaudium ex aliena percipias! Iam istum spiritum exspuimus. Interim, dum trahimus, dum inter homines sumus, colamus humanitatem; non timori cuiquam, non periculo simus; detrimenta, iniurias, convicia, vellicationes contemnamus et magno animo brevia feramus incommoda: dum respicimus, quod aiunt, versamusque nos, iam mortalitas aderit.

fällt, mit deiner Macht zu zermalmen? Warum bist du deinem Sklaven, deinem Herrn, deinem König, deinem Klienten böse? Wart' ein Weilchen! Schau, da kommt der Tod, der macht euch gleich!

Gewöhnlich sehen wir bei der Vormittagsvorstellung in der Arena Stier und Bär kämpfen, aneinander gekettet. Haben diese sich gegenseitig schwer zugesetzt, steht ihr Schlächter bereit. Eben dies tun wir: Jemanden, der an uns gekettet ist, fordern wir heraus, obwohl dem Sieger und dem Besiegten das Ende, und zwar bald, bevorsteht. Wir sollten lieber in Ruhe und Frieden das bißchen Zeit, das uns noch bleibt, hinbringen! Für niemand soll unser Leichnam daliegen als Ärgernis!

Oft beendet es eine Rauferei, daß man in der Nähe „Feuer" schrie, und beim Auftauchen eines wilden Tiers läßt der Straßenräuber vom Wanderer. Um sich mit kleineren Unbilden herumzuschlagen, bleibt keine Zeit, sobald ein größeres Schrecknis erschien. Was ist uns mit Zank und Hinterlist gedient? Wünschst du dem, dem du zürnst, etwa mehr als den Tod? Auch wenn du stille hältst, stirbt er! Du machst dir unnötige Mühe: du willst ihm zufügen, was ihm zustoßen wird.

„Nein", sagst du, „ich will ihn gar nicht töten, ich wünsche ihm nur Verbannung, Schande, Schaden!"

Eher verzeihe ich dem, der seinem Feind eine Wunde, als dem, der ihm ein Eiterbläschen wünscht. Letzterer ist nämlich nicht nur boshaft, sondern auch ein Schwächling.

Doch ob du an die äußerste Bestrafung denkst oder an mildere: Wie wenig Zeit ist's, während der entweder jener seine Qual erleidet oder du schändliche Freude an der Qual eines anderen hast! Bald spucken wir unser bißchen Leben aus. Solange wir noch Atem holen, solange wir noch unter Menschen sind, laß Menschlichkeit uns üben, keinen schrecken, keinen gefährden! Schädigung, Unrecht, Streit und Stichelei laß uns verachten und hochgemut die kurze Unbill tragen. Während wir uns, wie es im Sprichwort heißt, umsehen und umdrehen, ist unsere Stunde schon da.

AD MARCIAM
DE CONSOLATIONE

1   Nisi te, Marcia, scirem tam longe ab infirmitate muliebris animi quam a ceteris vitiis recessisse et mores tuos velut aliquod antiquum exemplar aspici, non auderem obviam ire dolori tuo, cui viri quoque libenter haerent et incubant, nec spem concepissem tam iniquo tempore, tam inimico iudice, tam invidioso crimine posse me efficere, ut fortunam tuam absolveres. Fiduciam mihi dedit exploratum iam robur animi et magno experimento approbata virtus tua. Non est ignotum, qualem te in persona patris tui gesseris, quem non minus quam liberos dilexisti excepto eo, quod non optabas superstitem; nec scio an et optaveris: permittit enim sibi quaedam contra bonum morem magna pietas.

Mortem A. Cremutii Cordi parentis tui, quantum poteras, inhibuisti. Postquam tibi apparuit inter Seianianos satellites illam unam patere servitutis fugam, non favisti consilio eius, sed dedisti manus victa fudistique lacrimas palam et gemitus devorasti quidem, non tamen hilari fronte texisti; et haec illo saeculo, quo magna pietas erat nihil impie facere.

Ut vero aliquam occasionem mutatio temporum dedit, ingenium patris tui, de quo sumptum erat supplicium, in usum hominum reduxisti et a

TROSTSCHRIFT FÜR MARCIA

1 Wenn ich nicht wüßte, Marcia, daß Dir weibliche Schwäche ebenso fern liegt wie sonstige Fehler und daß man auf Deinen Lebenswandel wie auf ein Vorbild aus alter Zeit sieht, würde ich es nicht wagen, Dir den Schmerz zu verwehren, dem selbst Männer gern und lange nachhängen, und auch nicht darauf hoffen, in einem so ungünstigen Zeitpunkt, vor einem so erbitterten Richter und bei einem so empörenden Vorwurf es zu erreichen, daß Du Dein Schicksal lossprichst. Zuversicht verliehen mir Deine bereits erprobte Seelenstärke und Deine in schwerer Prüfung bewährte Tapferkeit. Allgemein bekannt ist, was Du für Deinen Vater getan hast, den Du ebenso lieb hattest wie Deine Kinder – mit der einen Ausnahme, daß Du nicht wünschtest, er solle Dich überleben. Doch vielleicht hast Du auch das gewünscht; es gibt ja manches, wozu sich gegen gute Ordnung innige Liebe hinreißen läßt.

Den Tod Deines Vaters Cremutius Cordus suchtest Du nach Kräften zu verhindern. Als Dir klar geworden war, daß es angesichts der Camarilla Sejans nur jene eine Möglichkeit gab, der Erniedrigung zu entgehen, hast Du sein Vorhaben zwar nicht gebilligt, Dich jedoch geschlagen gegeben und Deinen Tränen freien Lauf gelassen. Deine Seufzer hast Du zwar unterdrückt, jedoch ohne den Schmerz hinter einer heiteren Stirn zu verbergen, und das in jener Zeit, in der es schon von viel Liebe zeugte, in nichts lieblos zu handeln.

Sobald Dir jedoch der Umschwung der Verhältnisse eine Chance bot, hast Du das geistige Vermächtnis Deines Vaters, an dem das Todesurteil vollstreckt worden war, den

vera illum vindicasti morte ac restituisti in publica monumenta libros, quos vir ille fortissimus sanguine suo scripserat. Optime meruisti de Romanis studiis: magna illorum pars arserat; optime de posteris, ad quos veniet incorrupta rerum fides auctori suo magno imputata; optime de ipso, cuius viget vigebitque memoria, quamdiu in pretio fuerit Romana cognosci, quamdiu quisquam erit, qui reverti velit ad acta maiorum, quamdiu quisquam, qui velit scire, quid sit vir Romanus, quid, subactis iam cervicibus omnium et ad Seianum iugum adactis, indomitus, quid sit homo ingenio, animo, manu liber. Magnum mehercules detrimentum res publica ceperat, si illum ob duas res pulcherrimas in oblivionem coniectum, eloquentiam et libertatem, non eruisses.

Legitur, floret: in manus hominum, in pectora receptus vetustatem nullam timet; at illorum carnificum cito scelera quoque, quibus solis memoriam meruerunt, tacebuntur.

Haec magnitudo animi tui vetuit me ad sexum tuum respicere, vetuit ad vultum, quem tot annorum continua tristitia, ut semel obduxit, tenet. Et vide, quam non subrepam tibi nec furtum facere affectibus tuis cogitem: antiqua mala in memoriam reduxi et, ut scires hanc quoque plagam esse sanandam, ostendi tibi aeque magni vulneris cicatricem. Alii itaque molliter agant et blandiantur; ego confligere cum tuo maerore constitui et defessos exhaustosque oculos, si verum vis, magis iam

Menschen wieder vertraut gemacht und ihn vor dem wahren Tod errettet und den öffentlichen Bibliotheken die Bücher wiedergegeben, die jener tapfere Mann mit seinem Blut geschrieben hatte. Höchste Verdienste hast Du Dir um die römische Literatur erworben: Ein großer Teil davon war verbrannt; höchste Verdienste auch um die Nachwelt, zu der unverfälscht die historische Wahrheit gelangen wird, die dem Autor so teuer zu stehen kam; höchste Verdienste auch um ihn selbst, dessen Andenken lebt und leben wird, solange die Kenntnis der römischen Geschichte wichtig ist, solange es jemanden gibt, der sich zurückbesinnen will auf die Leistungen unserer Ahnen, solange jemand wissen möchte, was ein Römer ist, was, während die Nacken aller schon sich ducken und unter Sejans Joch zwingen lassen, ein ungebeugter Mann und was ein Mensch ist, der in Denken, Streben, Schaffen unabhängig bleibt. Groß, bei Gott, wäre der Schaden für den Staat gewesen, wenn Du ihn, der wegen zweier herrlicher Eigenschaften, wegen seiner Wortgewalt und seines Freimuts, dem Vergessen anheimgegeben war, nicht daraus entrissen hättest.

Man liest und schätzt ihn; den Händen, den Herzen der Menschen zurückgewonnen, braucht er um sein Fortleben nicht zu fürchten; doch von jenen Henkersknechten wird man in Kürze sogar die Freveltaten, derentwegen allein sie erwähnenswert wären, mit Schweigen übergehen.

Dein hoher Sinn verbot es mir, auf Dein Geschlecht, verbot es, auf Deine Züge Rücksicht zu nehmen, die ständige Trauer so vieler Jahre, seit sie einmal darüber kam, beherrscht. Doch sieh: ich schleiche mich nicht an und will Dir nicht verstohlen Deinen Kummer nehmen. Altes Leid habe ich in Erinnerung gerufen und, damit Du weißt, daß auch die neue Wunde heilbar ist, Dir von einer gleich schweren Verletzung die Narbe gezeigt. Andere mögen darum behutsam vorgehen und mit Zartgefühl. Ich bin zum Kampf mit Deinem Gram entschlossen, will Deinen müden und erschöpften Augen, die, wenn Du Dir die Wahrheit eingestehen willst, schon eher aus Gewohnheit als aus Verlangen in

ex consuetudine quam ex desiderio fluentes, continebo, si fieri potuerit, favente te remediis tuis, si minus, vel invita, teneas licet et amplexeris dolorem tuum, quem tibi in filii locum superstitem fecisti.

Quis enim erit finis? Omnia in supervacuum tentata sunt: fatigatae allocutiones amicorum, auctoritates magnorum et affinium tibi virorum, studia, hereditarium et paternum bonum, surdas aures irrito et vix ad brevem occupationem proliciente solacio transeunt. Illud ipsum naturale remedium temporis, quod maximas quoque aerumnas componit, in te una vim suam perdidit. Tertius iam praeteriit annus, cum interim nihil ex primo illo impetu cecidit: renovat se et corroborat cotidie luctus et iam sibi ius mora fecit eoque adductus est, ut putet turpe desinere.

Quemadmodum omnia vitia penitus insidunt, nisi, dum surgunt, oppressa sunt, ita haec quoque tristia et misera et in se saevientia ipsa novissime acerbitate pascuntur et fit infelicis animi prava voluptas dolor.

Cupissem itaque primis temporibus ad istam curationem accedere: leniore medicina fuisset oriens adhuc restringenda vis; vehementius contra inveterata pugnandum est. Nam vulnerum quoque sanitas facilis est, dum a sanguine recentia sunt; tunc et uruntur et in altum revocantur et digitos scrutantium recipiunt, ubi corrupta in malum ulcus verterunt.

Non possum nunc per obsequium nec molliter assequi tam durum dolorem: frangendus est.

2   Scio a praeceptis incipere omnes, qui monere aliquem volunt, in exemplis desinere. Mutari hunc

Tränen schwimmen, Einhalt gebieten, sei es, wenn möglich, mit Deiner Zustimmung, sei es gegen Deinen Willen, selbst wenn Du Dich mit aller Kraft an Deinen Schmerz klammerst, den Du Dir statt Deines Sohnes als etwas Bleibendes geschaffen hast.

Wo soll das denn enden? Alles wurde schon umsonst versucht: Bis zur Erschöpfung sprachen Freunde Dir gut zu, suchten bedeutende Männer aus Deiner Verwandtschaft auf Dich einzuwirken. Die Wissenschaft, das schöne Vermächtnis Deines Vaters, stößt auf taube Ohren; sie tröstet Dich nicht und lockt Dich kaum zu kurzer Beschäftigung. Sogar die Zeit, die von Natur aus heilt und auch die größte Trübsal stillt, hat an dir allein ihre Kraft verschwendet. Das dritte Jahr ist schon vorbei, während unterdessen nichts von jener ersten leidenschaftlichen Bewegung geschwunden ist. Es erneuert und kräftigt sich täglich der Schmerz und hat sich im Lauf der Zeit Heimatrecht erworben und es dahin gebracht, daß er es für eine Schande hält zu enden.

Wie jedes Fehlverhalten sich tief einnistet, wenn es nicht bei der Entwicklung unterdrückt wurde, so gibt auch diesem, das schwermütig und elend macht und gegen sich selbst wütet, am Ende die eigene Erbitterung Nahrung, so wird der Schmerz zum perversen Vergnügen einer unglücklichen Seele!

Gern hätte ich mich darum gleich zu Anfang an die Behandlung gemacht; durch mildere Mittel wäre das Übel im Entstehen einzudämmen gewesen; heftiger muß man gegen Eingewurzeltes ankämpfen. Auch Wunden behandelt man leicht, wenn sie noch bluten; erst dann muß man sie ausbrennen und wieder tief aufschneiden und die Finger zur Untersuchung einführen, wenn sie vereitert sind und sich in eine schlimme Geschwulst verwandelt haben.

Unmöglich ist es mir daher, gegen einen so verfestigten Schmerz mit Behutsamkeit und gelinde vorzugehen; er muß gebrochen werden.

2 Ich weiß, mit Ratschlägen beginnen alle, die jemanden beeinflussen wollen, mit Beispielen enden sie. Eine Abkehr

interim morem expedit. Aliter enim cum alio agendum est: quosdam ratio ducit; quibusdam nomina clara opponenda sunt et auctoritas, quae liberum non relinquat animum. Ad speciosa stupenti duo tibi ponam ante oculos maxima et sexus et saeculi tui exempla: alterius feminae, quae se tradidit ferendam dolori; alterius, quae pari affecta casu maiore damno, non tamen dedit longum in se malis suis dominium, sed cito animum in sedem suam reposuit.

Octavia et Livia, altera soror Augusti, altera uxor, amiserunt filios iuvenes, utraque spe futuri principis certa.

Octavia Marcellum, cui et avunculus et socer incumbere coeperat, in quem onus imperii reclinare, adulescentem animo alacrem, ingenio potentem, frugalitatis continentiaeque in illis aut annis aut opibus non mediocriter admirandae, patientem laborum, voluptatibus alienum, quantumcumque imponere illi avunculus et, ut ita dicam, inaedificare voluisset, laturum; bene legerat nulli cessura ponderi fundamenta.

Nullum finem per omne vitae suae tempus flendi gemendique fecit nec ullas admisit voces salutare aliquid afferentes; ne avocari quidem se passa est, intenta in unam rem et toto animo affixa. Talis per omnem vitam fuit, qualis in funere: non dico non est ausa consurgere, sed allevari recusans, secundam orbitatem iudicans lacrimas amittere.

Nullam habere imaginem filii carissimi voluit, nullam sibi de illo fieri mentionem. Oderat omnes

von dieser Gewohnheit ist manchmal von Nutzen. Jeder muß nämlich anders behandelt werden. Manchen überzeugen Vernunftgründe; manch einem muß man berühmte Namen ins Gedächtnis rufen und ein Vorbild, das ihn nicht unbeeindruckt läßt. Da Du Großes bewunderst, werde ich Dir zwei vor Augen halten, die – Frauen wie Du und Deine Zeitgenossinnen – ein besonderes Beispiel gaben: Die eine ließ sich von ihrem Schmerz hinreißen; die andere traf der gleiche Schicksalsschlag, ihr Verlust war sogar größer – und trotzdem erlaubte sie auf die Dauer ihrem Leid nicht, sie zu beherrschen, sondern gewann rasch wieder die rechte Haltung.

Octavia und Livia, die eine die Schwester des Augustus, die andere seine Gattin, verloren jede ihren Sohn, der noch in jugendlichem Alter stand; beide hatten fest von ihm erwarten dürfen, daß er Kaiser werden würde.

Octavia verlor den Marcellus, auf den sein Onkel und Schwiegervater sich schon fest verließ, auf den er die Last der Herrschaft abwälzen wollte, einen jungen Mann mit regem Geist und starkem Charakter, dazu so sparsam und beherrscht, daß man sich angesichts seines Alters und seines Vermögens darüber nicht wenig wundern mußte, arbeitsam, Ausschweifungen abhold, bereit, zu tragen, was immer sein Onkel ihm auferlegen und, um mich so auszudrücken, auf ihm erbauen wollte; gut hatte der ein Fundament gewählt, das unter keiner Last nachgeben würde.

Kein Ende fand Octavia ihr ganzes Leben lang mit Weinen und mit Seufzen und hörte auch nicht auf Worte, die ihr etwas Linderung hätten bringen können. Selbst zerstreuen ließ sie sich nicht, mit einem Gedanken nur beschäftigt und völlig darauf fixiert. So blieb sie während ihres ganzen Lebens, wie sie bei der Bestattung war; ich will nicht sagen, sie habe es nicht gewagt, sich aufzurichten, nein, sie wollte sich nicht aufhelfen lassen, weil sie es für einen weiteren Verlust hielt, das Weinen aufzugeben.

Kein Bild ihres geliebten Sohnes wollte sie haben, kein Wort über ihn hören. Sie haßte alle Mütter, und auf Livia

matres et in Liviam maxime furebat, quia videbatur ad illius filium transisse sibi promissa felicitas. Tenebris et solitudini familiarissima, ne ad fratrem quidem respiciens, carmina celebrandae Marcelli memoriae composita aliosque studiorum honores reiecit et aures suas adversus omne solacium clusit. A sollemnibus officiis seducta et ipsam magnitudinis fraternae nimis circumlucentem fortunam exosa defodit se et abdidit. Assidentibus liberis, nepotibus lugubrem vestem non deposuit, non sine contumelia omnium suorum, quibus salvis orba sibi videbatur.

3 Livia amiserat filium Drusum, magnum futurum principem, iam magnum ducem: intraverat penitus Germaniam et ibi signa Romana fixerat, ubi vix ullos esse Romanos notum erat. In expeditione decesserat ipsis illum hostibus aegrum cum veneratione et pace mutua prosequentibus nec optare, quod expediebat, audentibus. Accedebat ad hanc mortem, quam ille pro re publica obierat, ingens civium provinciarumque et totius Italiae desiderium, per quam effusis in officium lugubre municipiis coloniisque usque in urbem ductum erat funus triumpho simillimum.

Non licuerat matri ultima filii oscula gratumque extremi sermonem oris haurire. Longo itinere reliquias Drusi sui prosecuta tot per omnem Italiam ardentibus rogis, quasi totiens illum amitteret, irritata, ut primum tamen intulit tumulo, simul et illum et dolorem suum posuit nec plus doluit, quam aut honestum erat Caesare aut aequum altero filio salvo. Non desiit denique Drusi sui celebrare nomen, ubique illum sibi privatim publiceque repraesentare, libentissime de illo loqui, de

war sie besonders wütend, weil deren Sohn das Glück zugefallen zu sein schien, das sie sich versprochen hatte. Dunkel und Einsamkeit waren ihr am liebsten, nicht einmal auf ihren Bruder achtete sie; Gedichte, die zum Preise des Marcellus verfaßt waren, und andere Ehrungen durch Künstler wies sie zurück und verschloß sich jedwedem Trost. Von offiziellen Feiern hielt sie sich fern, voll Groll gerade wegen des allzu hell strahlenden Glücks ihres hochgestellten Bruders vergrub sie und verbarg sie sich. Selbst in Gegenwart ihrer Kinder und Enkel legte sie die Trauerkleidung nicht ab, womit sie all die Ihren nicht wenig kränkte: die lebten ja, sie aber kam sich kinderlos vor.

3 Livia hatte ihren Sohn Drusus verloren, der, schon ein großer General, ein großer Kaiser geworden wäre. Tief nach Germanien war er vorgedrungen und hatte dort römische Feldzeichen aufgepflanzt, wo man kaum wußte, daß es Römer gebe. Noch auf dem Feldzug war er gestorben, während sogar die Feinde den Kranken voll Ehrerbietung und nach gegenseitigem Friedensschluß begleiteten und nicht zu wünschen wagten, was für sie von Vorteil war. Es kam bei seinem Tod, den er für den Staat erlitten hatte, hinzu, daß die Bürger, die Provinzen und ganz Italien ihn unsäglich vermißten, Italien, durch das, als Städte sich und Siedlungen zur Trauerfeier leerten, sein Leichenzug bis Rom, einem Triumph sehr ähnlich, geleitet worden war.

Die Mutter hatte nicht die letzten Küsse ihres Sohnes trinken, nicht liebe Abschiedsworte mit ihm wechseln dürfen. Auf langer Fahrt gab sie den sterblichen Überresten ihres Drusus das Geleit, und während in solcher Zahl allenthalben in Italien die Scheiterhaufen brannten, war sie außer sich, als ob sie ebenso viele Male ihn verlöre. Sobald sie ihn aber in die Gruft gebracht hatte, begrub sie zugleich mit ihm auch ihren Schmerz und trauerte nicht mehr als recht und billig war, da ja der Kaiser und ihr zweiter Sohn noch lebten. Unaufhörlich pries sie zudem ihren großen Drusus, stellte sich ihn überall, im Familienkreis und in der Öffentlichkeit, vor Augen, liebte es besonders, von ihm zu sprechen und

illo audire: cum memoria illius vixit, quam nemo potest retinere et frequentare, qui illam tristem sibi reddidit.

Elige itaque, utrum exemplum putes probabilius. Si illud prius sequi vis, eximes te numero vivorum: aversaberis et alienos liberos et tuos ipsumque, quem desideras; triste matribus omen occurres; voluptates honestas, permissas tamquam parum decoras fortunae tuae reicies; invisa haerebis in luce et aetati tuae, quod non praecipitet te quamprimum et finiat, infestissima eris; quod turpissimum alienissimumque est animo tuo in meliore noto parte, ostendes te vivere nolle, mori non posse.

Si ad hoc maximae feminae te exemplum applicueris moderatius, mitius, non eris in aerumnis nec te tormentis macerabis. Quae enim, malum, amentia est poenas a se infelicitatis exigere et mala sua manu augere! Quam in omni vita servasti morum probitatem et verecundiam, in hac quoque re praestabis: est enim quaedam et dolendi modestia. Illum ipsum iuvenem dignissimum, qui te laetam semper nominatus cogitatusque faciat, meliore pones loco, si matri suae, qualis vivus solebat, hilaris et cum gaudio occurret.

4 Nec te ad fortiora ducam praecepta, ut inhumano ferre humana iubeam modo, ut ipso funebri die oculos matris exsiccem. Ad arbitrum tecum veniam: hoc inter nos quaereretur, utrum magnus dolor esse debeat an perpetuus.

von ihm zu hören. Sie lebte mit der Erinnerung an ihn, die niemand bewahren und ständig pflegen kann, der sie sich schmerzlich gemacht hat.

Entscheide Dich also, welches Beispiel Dir nachahmenswerter dünkt! Falls Du Dich an das erste halten willst, scheidest Du Dich selber von den Lebenden. Abwenden wirst Du Dich von fremden und eigenen Kindern, sogar von jenem Sohn, den Du vermißt. Als Unglücksbotin wirst den Müttern Du erscheinen. Schickliche Unterhaltung, die Dir vergönnt wäre, wirst Du, als stünde sie Dir in Deiner Lage nicht an, verschmähen. Voll Unmut wirst Du unter der Sonne weilen und auf Dein Leben, weil es Dich nicht baldmöglichst in die Grube fahren läßt und endet, bitterböse sein. Was aber am schimpflichsten und Deiner Persönlichkeit völlig fremd wäre, die man von einer besseren Seite kennt: Du wirst zeigen, daß Du nicht leben willst, nicht sterben kannst.

Wenn Du dem zweiten Vorbild einer bedeutenden Frau folgen willst, dem besonneneren und ruhigeren, dann wirst Du nicht in Trübsal leben und Dich nicht selbst bis zur Erschöpfung quälen. Was ist es denn, zum Henker, für ein Wahnsinn, sich selber für sein Unglück büßen zu lassen und den Jammer absichtlich noch zu steigern? Was Du in Deinem ganzen Leben bewahrt hast, Deine Lauterkeit und Deine Zurückhaltung, mußt Du auch in diesem Fall beweisen: Es gibt nämlich auch so etwas wie Bescheidenheit im Schmerz. An eben jenem jungen Mann, der es durchaus wert ist, Dich froh zu stimmen, indem Du stets von ihm sprichst und an ihn denkst, wirst Du besser handeln, wenn er seiner Mutter, wie es zu seinen Lebzeiten der Fall war, heiter und zu ihrer Freude vor die Seele treten kann.

4 Ich will Dich nicht mit allzu rigorosen Forderungen konfrontieren, dergestalt, daß ich Dich Menschliches unmenschlich-gefühllos tragen hieße, daß ich schon am Tag der Leichenfeier die Augen der Mutter trocken sehen möchte. Zu einem Schiedsrichter will ich mit Dir gehen: Das soll zwischen uns zu entscheiden sein, ob der Schmerz groß sein müsse oder beständig.

Non dubito, quin Iuliae Augustae, quam familiariter coluisti, magis tibi placeat exemplum: illa te ad suum consilium vocat. Illa in primo fervore, cum maxime impatientes ferocesque sunt miseriae, consolandam se Areo, philosopho viri sui, praebuit et multum eam rem profuisse sibi confessa est: plus quam populum Romanum, quem nolebat tristem tristitia sua facere; plus quam Augustum, qui subducto altero adminiculo titubabat nec luctu suorum inclinandus erat; plus quam Tiberium filium, cuius pietas efficiebat, ut in illo acerbo et defleto gentibus funere nihil sibi nisi numerum deesse sentiret.

Hic, ut opinor, aditus illi fuit, hoc principium apud feminam opinionis suae custodem diligentissimam: „Usque in hunc diem, Iulia, quantum quidem ego sciam, assiduus viri tui comes, cui non tantum, quae in publicum emittuntur, nota, sed omnes sunt secretiores animorum vestrorum motus, dedisti operam, ne quid esset, quod in te quisquam reprehenderet; nec id in maioribus modo observasti, sed in minimis, ne quid faceres, cui famam, liberrimam principum iudicem, velles ignoscere. Nec quicquam pulchrius existimo, quam in summo fastigio collocatos multarum rerum veniam dare, nullius petere. Servandus itaque tibi in hac quoque re tuus mos est, ne quid committas, quod minus aliterve factum velis.

5 Deinde oro atque obsecro, ne te difficilem amicis et intractabilem praestes. Non est enim, quod ignores omnes hos nescire, quemadmodum se gerant, loquantur aliquid coram te de Druso an nihil, ne aut oblivio clarissimi iuvenis illi faciat iniu-

Ich zweifle nicht, daß Dir das Vorbild der Livia, die Du kanntest und verehrtest, eher zusagt. Sie ruft Dich auf, es so wie sie zu halten: Sie ließ sich in der ersten Aufwallung, wenn die Schmerzen besonders schwer zu tragen und heftig sind, von Areus, dem Hausphilosophen ihres Mannes, trösten; dies habe ihr, gestand sie, sehr geholfen – mehr als das römische Volk, das sie mit ihrem Kummer nicht bekümmern wollte, mehr als Augustus, der, da er eine seiner beiden Stützen verloren hatte, erschüttert war und nicht unter dem Leid der Seinen zusammenbrechen durfte, mehr als ihr Sohn Tiberius, der ihr durch seine liebevolle Zuwendung bei jenem herben, von ganzen Völkern beklagten Verlust das Gefühl vermitteln wollte, es fehle ihr an nichts – außer an der vollen Zahl ihrer Söhne.

Folgendes war, so meine ich, der Ausgangspunkt, damit begann Areus bei einer Frau, die stets peinlich auf ihren guten Ruf geachtet hatte: „Bis zum heutigen Tag, Julia, hast du – soweit ich das als ständiger Vertrauter deines Mannes wissen kann, dem nicht nur öffentliche Verlautbarungen bekannt sind, sondern auch alle eure geheimeren Gefühle, – dich darum bemüht, daß niemand an dir etwas zu kritisieren fand; und nicht nur bei Wichtigerem hast du darauf geachtet, sondern auch beim Geringfügigsten, um nichts zu tun, wofür du dir die Nachsicht der öffentlichen Meinung, der freimütigsten Richterin über Mächtige, wünschen müßtest. Ich halte auch nichts für großartiger, als daß die auf dem Gipfel der Menschheit Stehenden in vielem Verzeihung üben, aber niemand darum zu bitten brauchen. Demnach mußt du auch bei diesem Ereignis an deiner Gewohnheit festhalten, um nichts zu tun, wovon du später wünschst, es wäre nicht oder doch anders geschehen.

5 Sodann bitte ich dich eindringlich, dich gegenüber deinen Bekannten nicht schwierig und abweisend zu zeigen. Du darfst dir nämlich ganz sicher sein, daß sie allesamt nicht wissen, wie sie sich benehmen müssen: sollen sie vor dir von Drusus sprechen oder nicht, auf daß nicht entweder Vergessen den hochberühmten jungen Mann kränke oder seine Er-

riam aut mentio tibi. Cum secessimus et in unum convenimus, facta eius dictaque, quanto meruit, suspectu celebramus; coram te altum nobis de illo silentium est. Cares itaque maxima voluptate, filii tui laudibus, quas non dubito, quin vel impendio vitae, si potestas detur, in aevum omne sis prorogatura. Quare patere, immo accerse sermones, quibus ille narretur, et apertas aures praebe ad nomen memoriamque filii tui nec hoc grave duxeris ceterorum more, qui in eiusmodi casu partem mali putant audire solacia. Nunc incubuisti tota in alteram partem et oblita meliorum fortunam tuam, qua deterior est, aspicis. Non convertis te ad convictus filii tui occursusque iucundos, non ad pueriles dulcesque blanditias, non ad incrementa studiorum: ultimam illam faciem rerum premis; illi, tamquam si parum ipsa per se horrida sit, quicquid potes, congeris. Ne, obsecro te, concupieris perversissimam gloriam infelicissima videri! Simul cogita non esse magnum rebus prosperis fortem gerere, ubi secundo cursu vita procedit: ne gubernatoris quidem artem tranquillum mare et obsequens ventus ostendit; adversi aliquid incurrat oportet, quod animum probet. Proinde ne summiseris te; immo contra fige stabilem gradum et, quicquid onerum supra te cecidit, sustine, primo dumtaxat strepitu conterrita. Nulla re maior invidia fortunae fit quam aequo animo." Post haec ostendit illi filium incolumem, ostendit ex amisso nepotes.

6   Tuum illic, Marcia, negotium est actum, tibi Areus assedit. Muta personam: te consolatus est. Sed puta, Marcia, ereptum tibi amplius, quam ulla

wähnung dich? Wenn wir von dir gegangen sind und uns irgendwo treffen, rühmen wir seine Worte und Taten mit großer Bewunderung, wie er sie verdient; in deiner Gegenwart wahren wir tiefes Schweigen über ihn. So entgeht dir etwas ungemein Erfreuliches, der Lobpreis deines Sohnes, den du ohne Zweifel sogar auf Kosten deines Lebens, wenn du die Möglichkeit bekämest, in alle Ewigkeit andauern lassen möchtest. Also laß dir Gespräche gefallen, die ihn zum Gegenstand haben, ja führe sie herbei, habe ein offenes Ohr für den Nachruhm deines Sohnes und halte das nicht für lästig, gleich anderen Leuten, die es bei einem derartigen Schicksalsschlag als Teil ihres Unglücks nehmen, sich Trost anhören zu müssen. Bis jetzt hast du dich ganz der einen Seite zugewandt, hast das Bessere vergessen und nimmst dein Schicksal nur insoweit wahr, als es schlechter ist. Du blickst nicht zurück auf die gemeinsam mit deinem Sohn verlebte Zeit und auf seine liebevollen Besuche, nicht auf die Liebkosungen des Knaben, nicht auf seine Fortschritte in der Schule. Von jenem letzten Anblick willst du nicht lassen; den malst du dir, also ob er nicht an sich schon schrecklich genug wäre, nach Möglichkeit noch aus. Strebe, ich beschwöre dich, doch nicht nach dem abartigen Ruhm, als die unglücklichste Frau zu gelten! Zugleich bedenke, daß es nichts Großes ist, sich im Glück unerschütterlich zu geben, wenn das Leben nach Wunsch verläuft. Auch die Kunst eines Steuermanns zeigt sich nicht bei ruhiger See und günstigem Wind. Widrige Umstände müssen eintreten, das Herz zu prüfen. Also laß dich nicht unterkriegen, stelle dich vielmehr unerschüttert zum Kampf, und was an Schwerem über dich hereinbricht, dem halte stand, auch wenn du beim ersten Lärm erschrickst. Nichts tut der Schicksalsmacht mehr Abbruch als Gelassenheit." Darauf erinnerte er an den Sohn, der noch lebte, erinnerte daran, daß sie von dem Verstorbenen Enkel habe.

6 Deine Situation, Marcia, wurde da besprochen, Dir stand Areus bei. Tausche nur die Person aus: Dich hat er getröstet. Du magst sogar annehmen, Marcia, Dir sei mehr

umquam mater amiserit: non permulceo te nec extenuo calamitatem tuam. Si fletibus fata vincuntur, conqueramur: eat omnis inter luctus dies; noctem sine somno tristitia consumat; ingerantur lacerato pectori manus et in ipsam faciem impetus fiat atque omni se genere saevitiae profecturus maeror exerceat. Sed, si nullis planctibus defuncta revocantur, si sors immota et in aeternum fixa nulla miseria mutatur et mors tenuit, quicquid abstulit, desinat dolor, qui perit. Quare regamur, ne nos ista vis transversos auferat! Turpis est navigii rector, cui gubernacula fluctus eripuit, qui fluitantia vela deseruit, permisit tempestati ratem; at ille vel in naufragio laudandus, quem obruit mare clavum tenentem et obnixum.

7 „At enim naturale desiderium suorum est." Quis negat, quamdiu modicum est? Nam discessu, non solum amissione carissimorum necessarius morsus est et firmissimorum quoque animorum contractio. Sed plus est, quod opinio adicit, quam quod natura imperavit. Aspice, mutorum animalium quam concitata sint desideria et tamen quam brevia: vaccarum uno die alterove mugitus auditur, nec diutius equarum vagus ille amensque discursus est; ferae, cum vestigia catulorum consectatae sunt et silvas pervagatae, cum saepe ad cubilia expilata redierunt, rabiem intra exiguum tempus exstinguunt; aves, cum stridore magno inanes nidos circumfremuerunt, intra momentum tamen quietae volatus suos repetunt. Nec ulli animali longum fetus sui desiderium est nisi homini, qui adest dolori suo nec tantum, quantum sentit, sed, quantum constituit, afficitur. Ut scias autem non esse hoc naturale, luctibus frangi, primum

entrissen, als je eine Mutter verlor: Ich will Dich ja nicht beschwichtigen und spiele Dein Unglück nicht herab. Wenn sich das Schicksal durch Tränen zwingen läßt, laß uns gemeinsam klagen. Es gehe jeder Tag in Trauer hin. Die Nacht verstreiche schlaflos in Betrübnis, man wende die Hände gegen die zerkratzte Brust und falle selbst über das Gesicht her: In jeder Form von Grausamkeit mag sich, wenn er nur etwas nützt, der Gram austoben. Doch wenn man durch keine Totenklage, was dahin ist, wieder heraufrufen kann, wenn das Schicksal, unwandelbar und auf ewig fest, sich durch kein Jammern ändern läßt, und wenn der Tod alles festhält, was er raubte, dann ende der Schmerz, der unnütz ist. Darum wollen wir uns leiten lassen, und diese Drangsal soll uns nicht aus der Bahn werfen. Verächtlich ist der Steuermann, dem die Flut das Ruder entriß, der die flatternden Segel preisgab, dem Sturm sein Boot überließ. Doch der hat, selbst wenn sein Schiff unterging, Lob verdient, den das Meer verschlang, während er das Steuer fest umklammert hielt.

7 „Doch naturgemäß ist es, die Seinen zu vermissen." – Wer bestreitet das, solange es mit Maßen geschieht? Denn schon das Scheiden, nicht nur der dauernde Verlust geliebter Menschen verursacht unvermeidlich Schmerz, und selbst das Herz der Stärksten wird beklommen. Allerdings ist mehr dabei, was auf Einbildung zurückgeht, als was die Natur gebot. Sieh nur auf das stumme Vieh: Wie lebhaft äußert sich da Verlangen, und doch, wie kurze Zeit! Kühe hört man ein, zwei Tage brüllen, und länger laufen auch Stuten nicht sinn- und ziellos herum. Wenn wilde Tiere den Spuren ihrer Jungen gefolgt sind und die Wälder durchstreift haben, wenn sie mehrmals zu ihrem beraubten Schlupfwinkel zurückgekommen sind, vergessen sie in kurzer Zeit ihre Wut. Vögel, die mit lautem Kreischen ihre leeren Nester umschwirrt haben, beruhigen sich dennoch im Nu und fliegen weiter. Kein Wesen sehnt sich lange nach seinem Nachwuchs außer dem Menschen, der seinen Kummer hegt und nicht so elend ist, wie er empfindet, sondern wie er sich vorgenommen hat. Um zu begreifen, daß es nicht natürlich ist, unter Gram

magis feminas quam viros, magis barbaros quam placidae eruditaeque gentis homines, magis indoctos quam doctos eadem orbitas vulnerat. Atqui, quae a natura vim acceperunt, eandem in omnibus servant; apparet non esse naturale, quod varium est. Ignis omnes aetates, omnium urbium cives, tam viros quam feminas uret; ferrum in omni corpore exhibebit secandi potentiam: quare? Quia vires illis a natura datae sunt, quae nihil in personam constituit. Paupertatem, luctum, contemptionem alius aliter sentit, prout illum consuetudo infecit et imbecillum impatientemque reddit praesumpta opinio de non timendis terribilis.

8 Deinde, quod naturale est, non decrescit mora. Dolorem dies longa consumit: licet contumacissimum, cotidie insurgentem et contra remedia effervescentem, tamen illum efficacissimum mitigandae ferociae tempus enervat. Manet quidem tibi, Marcia, etiamnunc ingens tristitia et iam videtur duxisse callum, non illa concitata, qualis initio fuit, sed pertinax et obstinata; tamen hanc quoque tibi aetas minutatim eximet. Quotiens aliud egeris, animus relaxabitur. Nunc te ipsa custodis: multum autem interest, utrum tibi permittas maerere an imperes. Quanto magis hoc morum tuorum elegantiae convenit finem luctus potius facere quam exspectare nec illum opperiri diem, quo te invita dolor desinat! Ipsa illi renuntia!

9 „Unde ergo tanta nobis pertinacia in deploratione nostri, si id non fit naturae iussu?" Quod nihil nobis mali, antequam eveniat, proponimus, sed, ut immunes ipsi et aliis pacatius ingressi iter,

zusammenzubrechen, bedenke erstens: Ein derartiger Verlust trifft Frauen härter als Männer, Wilde härter als Menschen aus einem gesitteten und zivilisierten Volk, Ungebildete härter als Gebildete. Doch was von der Natur seine Macht erhielt, hat sie über alle im gleichen Maße. Offenkundig ist das unnatürlich, was unterschiedlich wirkt. Feuer brennt jung und alt, Leute aus sämtlichen Städten, ebenso Männer wie Frauen; ein Messer zeigt an jeglichem Körper, daß es schneiden kann. Warum? Weil Feuer und Eisen ihr Vermögen von der Natur erhalten haben, die nichts nur für einen einzelnen einrichtet. Armut, Trauer und Verachtung spürt jeder auf andere Weise, je nachdem, wie ihn Gewöhnung abgehärtet hat oder wie ihn das schwach und kraftlos macht, was er im voraus über Dinge, die man nicht fürchten müßte, Furchtbares denkt.

8 Zweitens: Was natürlich ist, schwindet nicht allmählich dahin. Schmerz aber vergeht im Laufe der Jahre, mag er auch hartnäckig sein, täglich aufwallen und, will man ihn lindern, nur noch heißer brennen. Trotzdem schwächt ihn, was sein Ungestüm am wirksamsten brechen kann, die Zeit! Freilich verbleibt Dir, Marcia, auch jetzt noch ein hohes Maß an Trübsinn, und der scheint sich schon verhärtet zu haben: er ist nicht mehr aufbrausend, wie er am Anfang war, sondern beständig und verbissen. Trotzdem wird Dir die Zeit auch ihn nach und nach nehmen. Sooft Du etwas anderes tust, wird sich Deine Spannung lösen. Im Augenblick kontrollierst Du Dich noch. Es ist jedoch ein erheblicher Unterschied, ob Du Dir Gram gestattest oder verordnest. Wieviel eher stünde es Deiner vornehmen Gesinnung an, doch lieber der Trauer ein Ende zu machen als darauf zu warten und nicht vor dem Tag zu bangen, an dem Dich gegen Deinen Willen der Schmerz verläßt! Gib Du selbst ihm den Laufpaß!

9 „Woher kommt es denn nun, daß wir uns so hartnäckig selbst bedauern, wenn es die Natur nicht verlangt?" – Weil wir uns nichts Schlimmes, ehe es uns zustößt, vorstellen können und, als ob wir eine Ausnahme wären und einen

alienis non admonemur casibus illos esse communes. Tot praeter domum nostram ducuntur exsequiae: de morte non cogitamus; tot acerba funera: nos togam nostrorum infantium, nos militiam et paternae hereditatis successionem agitamus animo. Tot divitum subita paupertas in oculos incidit, et nobis numquam in mentem venit nostras quoque opes aeque in lubrico positas. Necesse est itaque magis corruamus, quia ex inopinato ferimur; quae multo ante praevisa sunt, languidius incurrunt. Vis tu scire te ad omnes expositum ictus stare et illa, quae alios tela fixerunt, circa te vibrasse! Velut murum aliquem aut obsessum multo hoste locum et arduum ascensu semermis adeas, exspecta vulnus et illa superne volantia cum sagittis pilisque saxa in tuum puta librata corpus. Quotiens aliquis ad latus aut pone tergum ceciderit, exclama: „Non decipies me, Fortuna, nec securum aut neglegentem opprimes. Scio, quid pares: alium quidem percussisti, sed me petisti."

Quis umquam res quasi perituras aspexit? Quis umquam nostrum de exsilio, de egestate, de luctu cogitare ausus est? Quis non, si admoneatur, ut cogitet, tamquam dirum omen respuat et in capita inimicorum aut ipsius intempestivi monitoris abire illa iubeat? „Non putavi futurum." Quicquam tu putas non futurum quod scis posse fieri, quod multis vides evenisse? Egregium versum et dignum, qui non e pulpito exiret:

Cuivis potest accidere, quod cuiquam potest.

friedlicheren Lebensweg eingeschlagen hätten als andere, uns nicht durch fremdes Unglück daran erinnern lassen, daß es alle treffen kann. So oft zieht an unserem Haus ein Leichenzug vorbei – ans Sterben denken wir nicht; so viele frühe Gräber – wir träumen vom Erwachsenwerden unserer kleinen Kinder, von ihrem Kriegsdienst und der Übernahme des väterlichen Erbes. So viele Reiche sehen wir plötzlich in Armut – und uns kommt nie in den Sinn, daß auch unser Besitz in gleicher Weise gefährdet ist. So müssen wir unweigerlich schwerer stürzen, weil der Schlag unvermutet kommt. Worauf man lange vorher gefaßt war, das trifft weniger hart. Mache Dich mit dem Gedanken vertraut, daß Du, allen Hieben ausgesetzt, im Kampf stehst und daß jene Speere, die sich in andere bohrten, an Dir vorbeischwirrten. Als ob Du gegen irgendeine Stadtmauer oder einen von zahlreichen Feinden besetzten, schwer zugänglichen Platz dürftig gewappnet anstürmtest, sei auf eine Verwundung gefaßt und denke, was da von oben geflogen kommt, Pfeile und Speere zusammen mit Steinen, das werfe man nach Dir. Sooft einer an Deiner Seite oder hinter Dir fällt, rufe laut: „Mich täuschst du nicht, Fortuna, ich bin nicht sorglos und leichtsinnig: du überraschst mich nicht. Ich weiß, was du im Schild führst: Zwar hast du einen anderen getötet, doch mich wolltest du treffen."

Wer hat je seine Habe so, als stünde ihr Verlust bevor, betrachtet? Wer von uns hat je an Verbannung, an Bedürftigkeit, an einen Trauerfall zu denken gewagt? Wer wird nicht, falls einer ihn ermahnt, daran zu denken, das von sich weisen, als wäre es ein böses Omen, und es auf die Häupter seiner Feinde oder des unbequemen Mahners selbst herabwünschen? „Ich hätte nicht gedacht, daß das geschieht!" Irgend etwas, meinst Du, werde nicht geschehen, was, wie Du weißt, geschehen kann, was, wie Du siehst, schon vielen zugestoßen ist? Großartig ist der folgende Spruch und hätte es verdient, nicht von der Schmierenbühne zu kommen.

Jedwedem kann geschehen, was irgendwem geschehen kann.

Ille amisit liberos: et tu amittere potes; ille damnatus est: et tua innocentia sub ictu est. Error decipit hic et effeminat, dum patimur, quae numquam pati nos posse providimus. Aufert vim praesentibus malis, qui futura prospexit.

Quicquid est hoc, Marcia, quod circa nos ex adventicio fulget, liberi, honores, opes, ampla atria et exclusorum clientium turba referta vestibula, clarum nomen, nobilis aut formosa coniux ceteraque ex incerta et mobili sorte pendentia, alieni commodatique apparatus sunt. Nihil horum dono datur. Collaticiis et ad dominos redituris instrumentis scaena adornatur: alia ex his primo die, alia secundo referentur, pauca usque ad finem perseverabunt. Itaque non est, quod nos suspiciamus tamquam inter nostra positi: mutua accepimus. Usus fructusque noster est, cuius tempus ille arbiter muneris sui temperat: nos oportet in promptu habere, quae in incertum diem data sunt, et appellatos sine querella reddere; pessimi debitoris est creditori facere convicium.

Omnes ergo nostros, et quos superstites lege nascendi optamus et quos praecedere iustissimum ipsorum votum est, sic amare debemus, tamquam nihil nobis de perpetuitate, immo nihil de diuturnitate eorum promissum sit. Saepe admonendus est animus, amet ut recessura, immo tamquam recedentia: quicquid a fortuna datum est, tamquam exemptum auctore possideas. Rapite ex liberis voluptates, fruendos vos in vicem liberis date et sine dilatione omne gaudium haurite: nihil de hodierna nocte promittitur. Nimis magnam advocationem dedi: nihil de hac hora. Festinandum est, in-

Jemand verlor seine Kinder; auch Du kannst sie verlieren. Jemand wurde verurteilt; auch Deine Unbescholtenheit ist bedroht. Verblendung wiegt uns in Sicherheit und macht uns schwach, bis uns trifft, wovon wir nie bedachten, es könne uns treffen. Dem Unheil, das da kommt, nimmt der die Macht, der es kommen sah.

10 Alles, Marcia, was bei uns als Gabe des Zufalls Eindruck macht wie Kinder, Ehren, Schätze, weite Säle und Vorhallen, in denen sich die Schar nicht vorgelassener Klienten drängt, dazu ein ruhmreicher Name, eine edle oder schöne Gattin und was sonst den unberechenbaren Launen des Schicksals unterworfen ist, diese ganze Pracht gehört uns nicht, ist nur geliehen. Nichts davon wird uns geschenkt. Mit zusammengeborgtem Mobiliar, das seinen Besitzern wieder zufallen wird, ist unsere Lebensbühne ausstaffiert. Ein Teil davon muß schon am nächsten Tag, ein Teil am übernächsten zurückgegeben werden; nur wenig bleibt bis zum Schluß. Daher haben wir keinen Grund zur Selbstgefälligkeit, gleichsam als Eigentümer unseres Besitzes: leihweise haben wir ihn bekommen! Die Nutznießung ist unser; ihre Dauer bemißt jener, der über seine Gabe verfügen kann. Wir müssen bereit halten, was uns auf unbestimmte Zeit gegeben wurde, und es, wenn wir aufgefordert werden, ohne Murren zurückgeben. Es wirft ein äußerst schlechtes Licht auf einen Schuldner, wenn er seinen Gläubiger beschimpft.

All unsere Angehörigen, sowohl die, von denen wir aufgrund der Generationenfolge wünschen, daß sie uns überleben, als auch jene, deren eigener aufrichtigster Wunsch es ist, voranzugehen, müssen wir so lieben, als sei uns für sie kein ewiges, nein, kein langes Leben zugesichert. Oft sollte man sich ermahnen, so zu lieben, als stünde der Abschied bevor, nein, als sei er schon da. Alles, was das Schicksal gab, besitzt man gleichsam ohne Gewährleistung. Schnell, freut euch eurer Kinder, laßt euererseits die Kinder an euch Freude haben und genießt ohne Zögern jedes Vergnügen! Nichts wird für heute nacht – doch allzulange habe ich Frist gegeben: Nichts wird für diese Stunde garantiert! Eile ist geboten: Man sitzt

statur a tergo: iam disicietur iste comitatus, iam contubernia ista sublato clamore solventur. Rapina rerum omnium est: miseri nescitis in fuga vivere!

Si mortuum tibi filium doles, eius temporis, quo natus est, crimen est: mors enim illi denuntiata nascenti est. In hanc legem erat datus, hoc illum fatum ab utero statim prosequebatur. In regnum fortunae et quidem durum atque invictum pervenimus illius arbitrio digna atque indigna passuri. Corporibus nostris impotenter, contumeliose, crudeliter abutetur: alios ignibus peruret vel in poenam admotis vel in remedium; alios vincet: id nunc hosti licebit, nunc civi; alios per incerta nudos maria iactabit et luctatos cum fluctibus ne in harenam quidem aut litus explodet, sed in alicuius immensae ventrem beluae decondet; alios morborum variis generibus emaceratos diu inter vitam mortemque medios detinebit. Ut varia et libidinosa mancipiorumque suorum neglegens domina, et poenis et muneribus errabit. Quid opus est partes deflere? Tota flebilis vita est: urgebunt nova incommoda, priusquam veteribus satisfeceris. Moderandum est itaque vobis maxime, quae immoderate fertis, et in multos dolores humani pectoris vis dispensanda.

11 Quae deinde ista tuae publicaeque condicionis oblivio est? Mortalis nata es, mortales peperisti: putre ipsa fluidumque corpus, <non sine> causis morbis repetita sperasti tam imbecilla materia solida et aeterna gestasse? Decessit filius tuus: id est decucurrit ad hunc finem, ad quem, quae feliciora

uns im Nacken. Schon wird dieses Gefolge da zersprengt, schon löst sich unter Klagerufen diese kleine Zeltgemeinschaft auf! Raubzüge allenthalben – und ihr Armen könnt nicht leben wie auf der Flucht!

Wenn Du beklagst, daß Dein Sohn sterben mußte, dann liegt beim Tag seiner Geburt die Schuld: Der Tod wurde ihm angekündigt, als er auf die Welt kam. Dieser Bestimmung war er unterworfen, dieses Verhängnis wich schon vom Mutterleib an nicht von seiner Seite. Unter die Herrschaft des Schicksals, eine gar harte und unerschütterliche, sind wir geraten, um nach seinem Willen Verdientes und Unverdientes zu erleiden. Unseren Leib wird es hemmungslos, schimpflich und brutal mißhandeln: die einen wird es mit Feuerbränden versengen, sei es zur Strafe, sei es zur Heilung. Andere wird es bezwingen, und dazu wird bald ein Feind das Mittel sein, bald ein Mitbürger. Andere wird es nackt über unbekannte Meere treiben und nach ihrem Kampf mit den Fluten nicht einmal an eine sandige Küste schleudern, sondern im gewaltigen Bauch irgendeines Ungetüms versenken. Andere wird es durch Krankheiten verschiedener Art zerrütten und lange weder leben noch sterben lassen. Wie eine launenhafte, unbeherrschte und gegen ihre Sklaven rücksichtslose Herrin wird sie es willkürlich strafen und beschenken. Was braucht man über einzelnes zu jammern? Im ganzen jammervoll ist unser Leben! Schon stürmt neues Unglück auf Dich ein, ehe Du Dich mit altem abgefunden hast. Mäßigen müßt Euch daher besonders Ihr Frauen, die Ihr im Leid kein Maß kennt, und für viele Leiden die Kraft eines Menschenherzens sorgsam einteilen.

11 Was hängt weiterhin mit diesem Vergessen Deiner eigenen wie der allgemeinen Lage zusammen? Sterblich bist Du geboren, Sterbliche hast Du geboren. Selbst ein hinfälliges, gebrechliches Wesen und nicht grundlos immer wieder krank, konntest Du hoffen, in einem so vergänglichen Leib Beständiges und Ewiges getragen zu haben? Dahingegangen ist Dein Sohn; das heißt, er ist rasch an das Ziel gelangt, dem alle, die Du für glücklicher hältst als Deinen Jungen, noch entgegeneilen.

partu tuo putas, properant. Huc omnis ista, quae in foro litigat, in theatris spectat, in templis precatur turba dispari gradu vadit: et quae diligis et quae despicis, unus exaequabit cinis. Hoc indicat illa Pythicis oraculis ascripta vox: Nosce te!

Quid est homo? Quolibet quassu vas et quolibet fragile iactatu. Non tempestate magna, ut dissiperis, opus est; ubicumque arietaveris, solveris.

Quid est homo? Imbecillum corpus et fragile, nudum, suapte natura inerme, alienae opis indigens, ad omnes fortunae contumelias proiectum; cum bene lacertos exercuit, cuiuslibet ferae pabulum, cuiuslibet victima; ex infirmis fluidisque contextum et lineamentis exterioribus nitidum; frigoris, aestus, laboris impatiens, ipso rursus situ et otio iturum in tabem; alimenta metuens sua, quorum modo inopia deficit, modo copia rumpitur; anxiae sollicitaeque tutelae, precarii spiritus et male haerentis, quem ex improviso sonus auribus gravis excutit; periculi semper sibi nutrimentum, vitiosum et inutile. Miramur in hoc mortem, quae unius singultus opus est? Numquid enim, ut concidat, magni res molimenti est? Odor illi saporque et lassitudo et vigilia et umor et cibus et, sine quibus vivere non potest, mortifera sunt; quocumque se movit, statim infirmitatis suae conscium; non omne caelum ferens, aquarum novitatibus flatuque non familiaris aurae et tenuissimis casibus atque offensionibus morbidum; putre, causarium, fletu vitam auspicatum, cum interim quantos tumultus hoc tam contemptum animal movet, in quantas cogitationes oblitum condicionis suae venit!

Dorthin geht, was auf dem Forum streitet, in Theatern gafft, in Tempeln betet, der ganze Schwarm – nur unterschiedlich schnell. Was Du liebst und was Du verachtest, macht *ein* Scheiterhaufen gleich. Darauf zielt auch jenes Wort, das am Apollotempel von Delphi steht: Erkenne dich selbst!

Was ist der Mensch? Bei jedem Stoß geht er, ein irdener Topf, bei jedem Schlag in Scherben. Es bedarf keines großen Sturmes, um Dir den Garaus zu machen: Wo Du auch anrennst, zerschellst du!

Was ist der Mensch? Ein schwaches, hinfälliges Wesen, nackt, ohne natürliche Waffen, auf fremde Hilfe angewiesen, allen Launen des Schicksals ausgeliefert. Selbst wenn er seine Muskeln gut trainiert hat, fällt er jedem Raubtier zum Opfer, dient jedem zum Fraß. Aus minderwertigem, vergänglichen Stoff gefügt und nur äußerlich ganz hübsch anzusehen, vermag er Kälte, Hitze und Mühsal nicht zu ertragen; rastet er hinwiederum, so rostet er und verkommt. Seine Ernährung macht ihm Sorgen: leidet er Mangel, so geht er zugrunde, hat er zuviel, dann platzt er gar! Man muß ihn ängstlich hegen und pflegen, denn sein bißchen Leben hängt an einem seidenen Faden; schon ein unerwarteter, für seine Ohren zu lauter Knall kann es beenden. So ist er sich selber die Ursache ständiger Ängste, voller Fehler und zu nichts zu gebrauchen. Muß man sich bei diesem Wesen wundern, wenn es stirbt, da ihm schon ein Schluckauf den Tod bringt? Kostet es denn besondere Mühe, es zu erledigen? Schon was es riecht, was es schmeckt, dazu Erschöpfung und Schlaflosigkeit sowie Speise und Trank und alles, ohne das es nicht leben kann, vermögen es zu töten! Überall, wohin es sich wendet, wird es sich sogleich seiner Schwäche bewußt, verträgt nicht jedes Klima, wird infolge ungewohnten Wassers oder beim Wehen eines fremden Windes, bei den geringfügigsten Anlässen und Unannehmlichkeiten krank und matt und siech. Mit Weinen hat es sein Leben begonnen, und doch – was für Wirbel macht dieses verächtliche Wesen, zu welchen Gedanken versteigt es sich, ohne an seine wirkliche Lage zu denken!

Immortalia, aeterna volutat animo et in nepotes pronepotesque disponit, cum interim longa conantem eum mors opprimit: et hoc, quod senectus vocatur, paucissimorum est circuitus annorum.

12 Dolor tuus, si modo ulla illi ratio est, utrum sua spectat incommoda an eius, qui decessit? Utrum te in amisso filio movet, quod nullas ex illo voluptates cepisti, an, quod maiores, si diutius vixisset, percipere potuisti? Si nullas percepisse te dixeris, tolerabilius efficies detrimentum tuum: minus enim homines desiderant ea, ex quibus nihil gaudii laetitiaeque perceperant. Si confessa fueris percepisse magnas voluptates, oportet te non de eo, quod detractum est, queri, sed de eo gratias agere, quod contigit. Provenerunt enim satis magni fructus laborum tuorum ex ipsa educatione, nisi forte ii, qui catulos avesque et frivola animorum oblectamenta summa diligentia nutriunt, fruuntur aliqua voluptate ex visu tactuque et blanda adulatione mutorum, liberos nutrientibus non fructus educationis ipsa educatio est. Licet itaque nihil tibi industria eius contulerit, nihil diligentia custodierit, nihil prudentia suaserit, ipsum, quod habuisti, quod amasti, fructus est. „At potuit esse maior." Melius tamen tecum actum est quam si omnino non contigisset, quoniam, si ponatur electio, utrum satius sit non diu felicem esse an numquam, melius est discessura nobis bona quam nulla contingere. Utrumne malles degenerem aliquem et numerum tantum nomenque filii expleturum habuisse, an tantae indolis quantae tuus fuit, iuvenis cito prudens, cito pius, cito maritus, cito pater, cito omnis officii curiosus, cito sacerdos, omnia tamquam properans? Nulli fere et ma-

Unsterbliches, Ewiges bewegt es im Herzen und plant für Enkel und Urenkel, während es bei langwierigen Projekten der Tod überrascht. Sogar das, was man als hohes Alter bezeichnet, umfaßt nur ganz wenige Jahre.

12 Gilt Dein Schmerz, sofern er überhaupt einen Grund hat, eigenem Unglück oder dem des Entschlafenen? Betrübt Dich am Verlust Deines Sohnes, daß Du kein Vergnügen an ihm hattest oder daß Du, falls er länger gelebt hätte, mehr hättest haben können? Wenn Du sagst, Du hättest keines gehabt, machst Du Deinen Verlust erträglicher; weniger nämlich vermißt man, woran man keine Freude und keine Wonne empfand. Gibst Du aber zu, Du habest ein großes Vergnügen empfunden, dann wäre es angebracht, nicht über das Entrissene zu klagen, sondern dafür zu danken, was Dir zugefallen ist. Es kam ja hinlänglich großer Lohn für Deine Mühe aus der Erziehung selbst – es sei denn, daß zwar diejenigen, die Hunde und Vögel und, was sonst den Menschen zu läppischem Vergnügen dient, hegen und pflegen, beträchtliche Freude dabei empfinden, Tiere, die keine Sprache haben, anzuschauen, zu berühren und zärtlich mit ihnen zu schmusen, daß aber für jemand, der Kinder aufzieht, der Lohn für die Erziehung nicht eben die Erziehung ist. Gesetzt also, nichts habe Dir Deines Sohnes Eifer gebracht, nichts seine Umsicht erhalten, nichts seine Lebenserfahrung geraten: Gerade daß Du ihn hattest, ihn liebtest, war Dein Lohn. „Doch der hätte größer sein können." Besser erging es Dir auf jeden Fall, als wäre Dir überhaupt keiner zuteil geworden, weil es ja, wenn man entscheiden dürfte, ob es vorzuziehen sei, nicht lange glücklich zu sein oder niemals, wohl besser wäre, wenn uns vergängliche Güter als wenn uns gar keine zufielen. Hättest Du lieber irgendeinen aus der Art geschlagenen Sohn gehabt, der nur dem Verwandtschaftsgrad und dem Namen nach als solcher hätte gelten können, oder einen so begabten wie der Deine war, ein junger Mann, früh verständig, fruh pflichtbewußt, früh verheiratet, früh Vater, früh in jedem Amt gewissenhaft, früh Priester, der alles gewissermaßen in Eile erledigte? Niemandem

gna bona et diuturna contingunt; non durat nec ad ultimum exit nisi lenta felicitas: filium tibi dii immortales non diu daturi statim talem dederunt, qualis diu effici potest.

Ne illud quidem dicere potes electam te a diis, cui frui non liceret filio: circumfer per omnem notorum, ignotorum frequentiam oculos: occurrent tibi passi ubique maiora. Senserunt ista magni duces, senserunt principes; ne deos quidem fabulae immunes reliquerunt, puto, ut nostrorum funerum levamentum esset etiam divina concidere. Circumspice, inquam, omnes: nullam tam miseram nominabis domum, quae non inveniat in miseriore solacium. Non, mehercules, tam male de moribus tuis sentio, ut putem posse te levius pati casum tuum, si tibi ingentem lugentium numerum produxero: malivolum solacii genus est turba miserorum. Quosdam tamen referam, non ut scias hoc solere hominibus accidere (ridiculum est enim mortalitatis exempla colligere), sed ut scias fuisse multos, qui lenirent aspera placide ferendo.

A felicissimo incipiam. L. Sulla filium amisit, nec ea res aut malitiam eius et acerrimam virtutem in hostes civesque contudit aut effecit, ut cognomen illud usurpasse falso videretur, quod amisso filio assumpsit, nec odia hominum veritus, quorum malo illae nimis secundae res constabant, nec invidiam deorum, quorum illud crimen erat, Sulla tam felix. Sed istud inter res nondum iudicatas abeat, qualis Sulla fuerit (etiam inimici fatebuntur bene illum arma sumpsisse, bene posuisse); hoc,

fast werden zugleich große und dauernde Güter zuteil. Glück verweilt nicht und kommt erst am Ende mit Mühe zustande. Deinen Sohn, den Dir die unsterblichen Götter nicht für lange geben wollten, gaben sie Dir so, wie man ihn nur in langer Zeit heranbilden könnte.

Du kannst nicht einmal sagen, die Götter hätten gerade Dich ausgesucht, daß Du an Deinem Sohn keine Freude haben solltest. Laß ringsum in der ganzen Menge der Bekannten und Unbekannten die Augen schweifen: Du stößt allenthalben auf größeres Leid. Das erfuhren große Heerführer, das erfuhren Fürsten. Nicht einmal Götter lassen die Sagen davon unberührt; ich meine, es soll uns bei Todesfällen ein Trost sein, daß selbst Göttliches zugrunde geht. Sieh Dich, ich sag es Dir, bei allen um: Kein Haus wirst Du so elend nennen können, daß es nicht an einem elenderen Trost fände. Ich habe, bei Gott, keine so schlechte Meinung von Deiner Wesensart, daß ich annähme, Du könntest leichter Dein Schicksal tragen, wenn ich Dir die ungeheure Zahl der Betrübten vorführe. Eine böse Art von Trost ist die Menge der Unglücklichen. An einige will ich trotzdem erinnern, nicht, damit dir bewußt wird, daß derlei den Menschen gewöhnlich zustößt – es wäre ja lächerlich, für unser Menschenschicksal Beispiele zu sammeln –, sondern damit Du einsiehst, daß es viele gab, die Herbes linderten, indem sie es geduldig trugen.

Mit dem Glücklichsten will ich beginnen. Lucius Sulla verlor seinen Sohn, doch brach das weder seinen bösen Sinn und seine gewaltige Tatkraft gegenüber Feinden und Mitbürgern noch erweckte es den Anschein, als habe er sich jenen Beinamen zu Unrecht angemaßt, den er erst nach dem Verlust seines Sohnes annahm, ohne Scheu vor der Empörung der Menschen, auf deren Unglück jenes übergroße Glück beruhte, noch vor dem Neid der Götter, deren Schuld es war: ein Sulla so beglückt! Doch mag das eine ungelöste Frage bleiben, was für ein Mensch Sulla war – auch seine Feinde werden ja zugeben, daß er rechtzeitig die Waffen ergriffen, rechtzeitig niedergelegt hat; das, worum es geht,

de quo agitur, constabit non esse maximum malum, quod etiam ad felicissimos pervenit.

13 Ne nimis admiretur Graecia illum patrem, qui in ipso sacrificio nuntiata filii morte tibicinem tantum iussit tacere et coronam capiti detraxit, cetera rite perfecit, Pulvillus effecit pontifex, cui postem tenenti et Capitolium dedicanti mors filii nuntiata est. Quam ille exaudisse dissimulans sollemnia pontificii carminis verba concepit gemitu non interrumpente precationem et ad filii sui nomen Iove propitiato. Putasses eius luctus aliquem finem esse debere, cuius primus dies et primus impetus ab altaribus publicis et fausta nuncupatione non abduxit patrem? Dignus mehercules fuit memorabili dedicatione, dignus amplissimo sacerdotio, qui colere deos ne iratos quidem destitit. Idem tamen, ut rediit domum, et implevit oculos et aliquas voces flebiles misit et peractis, quae mos erat praestare defunctis, ad Capitolinum illum rediit vultum.

Paulus circa illos nobilissimi triumphi dies, quo vinctum ante currum egit Persen, duos filios in adoptionem dedit; quos sibi servaverat, extulit. Quales retentos putas, cum inter commodatos Scipio fuisset? Non sine motu vacuum Pauli currum populus Romanus aspexit. Contionatus est tamen et egit diis gratias, quod compos voti factus esset: precatum enim se, ut, si quid ob ingentem victoriam invidiae dandum esset, id suo potius quam publico damno solveretur. Vides, quam ma-

dürfte klar sein: Das ist nicht das größte Übel, was auch zu den Glücklichsten kommt.

13 Daß Griechenland nicht allzusehr jenen Vater bewundere, der, eben beim Opfer, die Nachricht vom Tode seines Sohnes erhielt und nur den Flötenspieler still sein ließ sowie den Kranz vom Haupt nahm, alles andere aber nach Brauch vollendete, das erreichte der Priester Pulvillus: Ihm wurde, als er eben die Türpfosten hielt und das Kapitol einweihte, der Tod seines Sohnes gemeldet. Er tat so, als habe er nicht hingehört, und sprach feierlich die erhabenen Worte des hohepriesterlichen Gebets. Kein Seufzen unterbrach seine Fürbitte, und während man ihm den Namen seines Sohnes nannte, erflehte er Jupiters Gunst. Man hätte annehmen können, solcher Trauer müßten enge Grenzen gezogen sein, die am ersten Tag und im ersten Ansturm einen Vater vom Opfer für den Staat und glückverheißenden Gelübden nicht abbrachte. Der rechte Mann, bei Gott, war er für diese denkwürdige Weihung, der rechte Mann für das höchste Priesteramt, er, der nicht abließ, die Götter, selbst als sie zürnten, zu verehren. Und doch bekam er, nach Hause zurückgekehrt, nasse Augen und ließ manches Wort der Klage vernehmen. Als er aber verrichtet hatte, was man nach Brauch den Toten schuldig ist, gewann er die Haltung wieder, die er auf dem Kapitol gezeigt hatte.

Aemilius Paulus hatte während der Tage seines herrlichen Triumphs, bei dem er in Fesseln vor seinem Wagen den berühmten König Perseus gehen ließ, zwei Söhne zur Adoption freigeben, zwei weitere, die er für sich behalten hatte, begraben müssen. Von welcher Art sind Deiner Meinung nach wohl die gewesen, die er behalten wollte, da unter den Fortgegebenen ein Scipio war? Nicht ungerührt sah das Volk von Rom, daß kein Sohn auf des Triumphators Wagen stand. Trotzdem hielt Paulus eine Rede und dankte den Göttern, daß sein Wunsch in Erfüllung gegangen sei. Er habe nämlich darum gebetet, falls wegen seines gewaltigen Sieges dem Neid etwas geopfert werden müsse, dann solle die Schuld lieber durch sein persönliches als durch allgemeines

gno animo tulerit: orbitati suae gratulatus est. Et quem magis poterat permovere tanta mutatio? Solacia simul atque auxilia perdidit. Non contigit tamen tristem Paulum Persi videre.

14 Quid nunc te per innumerabilia magnorum virorum exempla ducam et quaeram miseros, quasi non difficilius sit invenire felices? Quota enim quaeque domus usque ad exitum omnibus partibus suis constitit? Unum quemlibet annum occupa et ex eo magistratus cita: Lucium, si vis, Bibulum et C. Caesarem. Videbis inter collegas inimicissimos concordem fortunam. L. Bibuli, melioris quam fortioris viri, duo simul filii interfecti sunt, Aegyptio quidem militi ludibrio habiti, ut non minus ipsa orbitate auctor eius digna res lacrimis esset. Bibulus tamen, qui toto honoris sui anno ob invidiam collegae domi latuerat, postero die, quam geminum funus renuntiatum est, processit ad solita imperii officia. Quis minus potest quam unum diem duobus filiis dare? Tam cito liberorum luctum finivit, qui consulatum anno luxerat. C. Caesar, cum Britanniam peragraret nec Oceano continere felicitatem suam posset, audiit decessisse filiam publica secum fata ducentem: in oculis erat iam Cn. Pompeius non aequo laturus animo quemquam alium esse in re publica magnum et modum impositurus incrementis, quae gravia illi videbantur, etiam cum in commune crescerent. Tamen intra tertium diem imperatoria obiit munia et tam cito dolorem vicit, quam omnia solebat.

Unglück bezahlt werden. Du siehst, wie hochgemut er litt: Er dankte für den Verlust seiner Kinder! Und wer hätte mehr Grund gehabt, bei einer solchen Katastrophe außer Fassung zu geraten? Trost und Beistand hatte er zugleich verloren. Trotzdem war es dem Perseus nicht vergönnt, Paulus traurig zu sehen.

14 Was soll ich mit Dir nun zahllose Beispiele bedeutender Männer durchgehen und Unglückliche suchen, als ob es nicht schwieriger wäre, Glückliche zu finden? Wie wenige Häuser standen bis zu ihrem Untergang völlig unerschüttert? Ein beliebiges Jahr greife Dir heraus und nenne seine Konsuln, Lucius Bibulus etwa und Gaius Caesar. Du wirst sehen, daß Amtskollegen, die Todfeinde waren, eines gemeinsam hatten: das Mißgeschick. Die beiden Söhne des Lucius Bibulus, eines zwar anständigen, aber nicht sonderlich tatkräftigen Mannes, wurden gleichzeitig umgebracht, nachdem Soldaten, und zwar ägyptische, ihren Mutwillen an ihnen ausgelassen hatten, so daß der Verlust nicht minder Tränen verursachte als der Gedanke an die Täter. Doch Bibulus, der sich während seiner ganzen Amtszeit wegen der Anfeindung durch seinen Kollegen daheim verkrochen hatte, ging schon am nächsten Tag, nachdem ihm der Doppelmord gemeldet worden war, wieder seinen üblichen Amtspflichten nach. Wer kann weniger als *einen* Tag zwei Söhnen opfern? So rasch gab der die Trauer um seine Kinder auf, der um sein Konsulat ein Jahr getrauert hatte. Als Gaius Caesar durch Britannien marschierte und es nicht über sich brachte, daß seinem Glück das Weltmeer Grenzen setzte, erfuhr er vom Tod seiner Tochter, der allgemeines Unglück nach sich zog. Augenscheinlich würde es nun Pompeius nicht mehr gelassen hinnehmen, daß irgendein anderer im Staat groß sei, und wachsende Macht, die ihm bedrohlich schien, beschränken wollen, auch wenn sie zu allgemeinem Nutzen wuchs. Trotzdem widmete er sich schon nach zwei Tagen wieder seinen Aufgaben als Feldherr und besiegte den Schmerz so schnell wie er alles zu besiegen pflegte.

15 Quid aliorum tibi funera Caesarum referam? Quos in hoc mihi videtur interim violare fortuna, ut sic quoque generi humano prosint ostendentes ne eos quidem, qui diis geniti deosque genituri dicantur, sic suam fortunam in potestate habere, quemadmodum alienam. Divus Augustus amissis liberis, nepotibus, exhausta Caesarum turba adoptione desertam domum fulsit: tulit tamen tam fortiter, quam cuius iam res agebatur cuiusque maxime intererat de diis neminem queri.

Ti. Caesar et, quem genuerat, et, quem adoptaverat, amisit: ipse tamen pro rostris laudavit filium stetitque in conspectu posito corpore, interiecto tantummodo velamento, quod pontificis oculos a funere arceret, et flente populo Romano non flexit vultum. Experiendum se dedit Seiano ad latus stanti, quam patienter posset suos perdere. Videsne, quanta copia virorum maximorum sit, quos non excepit hic omnia prosternens casus, et quibus tot animi bona, tot ornamenta publice privatimque congesta erant? Sed videlicet it in orbem ista tempestas et sine dilectu vastat omnia agitque ut sua. Iube singulos conferre rationem: nulli contigit impune nasci.

16 Scio, quid dicas: „Oblitus es feminam te consolari, virorum refers exempla." Quis autem dixerit naturam maligne cum mulierum ingeniis egisse et virtutes illarum in artum retraxisse? Par illis, mihi crede, vigor, par ad honesta, dum libeat, facultas est; dolorem laboremque ex aequo, si consuevere, patiuntur. In qua istud urbe, di boni, loquimur? In qua regem Romanis capitibus Lucretia et Brutus deiecerunt: Bruto libertatem debemus, Lucretiae Brutum; in qua Cloeliam contempto hoste et

15 Was soll ich Dir von anderen Todesfällen bei den Caesaren berichten? Die, scheint mir, schlägt bisweilen das Schicksal in der Absicht, daß sie auch so der Menschheit etwas Gutes tun, indem sie ihr offenbaren: Nicht einmal sie, die angeblich von Göttern gezeugt sind und Götter zeugen werden, haben ihr eigenes Schicksal so in der Hand wie fremdes. Als der vergöttlichte Augustus seine Kinder, seine Enkel verloren hatte und alle, die Caesars Namen trugen, dahin waren, mußte er durch Adoption sein verwaistes Haus erhalten. Er trug das so unerschüttert wie einer, dessen Ansehen bereits mit auf dem Spiel stand und dem sehr viel daran gelegen sein mußte, daß sich niemand über die Götter beklagte.

Kaiser Tiberius verlor sowohl seinen leiblichen Sohn wie den, den er adoptiert hatte; gleichwohl hielt er persönlich vorn auf den Rostra die Leichenrede, während der Leichnam aufgebahrt und nur eine Decke darübergebreitet war, um zu verhindern, daß der Priester den Toten erblickte. Während das römische Volk weinte, verzog Tiberius keine Miene; er gab Sejan, der an seiner Seite stand, ein Beispiel dafür, wie gefaßt er Angehörige verlieren könne. Siehst Du, wie groß die Zahl bedeutender Männer ist, die solch ein alles vernichtender Schicksalsschlag nicht verschonte, Männer mit so hohen Geistesgaben, so hoch geehrt vom Volk und von den Ihren? Offensichtlich zieht dieses Unheil einher wie ein Wirbelsturm, verwüstet wahllos alles und reißt es mit sich fort als seine Beute. Laß Dir von jedem einzelnen berichten: Noch jeder mußte es büßen, daß er auf die Welt kam.

16 Ich weiß, was Du einwenden könntest: „Du hast vergessen, daß du eine Frau tröstest: Männer führst du als Beispiele an!" Doch wer wollte behaupten, die Natur habe die Frauen mit Geistesgaben nur kärglich bedacht und ihren Fähigkeiten enge Grenzen gesteckt? Gleich ist, das glaube mir, bei ihnen die Energie, gleich, wenn sie nur wollen, die Kraft, das Rechte zu tun. Leid und Plage ertragen sie gleichermaßen, wenn sie daran gewöhnt sind. In welcher Stadt, ihr gütigen Götter, sprechen wir darüber? Da, wo römische Männer vom Joch eines Königs durch Lucretia und Brutus

flumine ob insignem audaciam tantum non in viros transcripsimus: equestri insidens statuae in Sacra Via, celeberrimo loco, Cloelia exprobrat iuvenibus nostris pulvinum escendentibus in ea illos urbe sic ingredi, in qua etiam feminas equo donavimus. Quod si tibi vis exempla referri feminarum, quae suos fortiter desideraverint, non ostiatim quaeram. Ex una tibi familia duas Cornelias dabo: primam Scipionis filiam, Gracchorum matrem. Duodecim illa partus totidem funeribus recognovit: et de ceteris facile est, quos nec editos nec amissos civitas sensit; Tiberium Gaiumque, quos etiam, qui bonos viros negaverit, magnos fatebitur, et occisos vidit et insepultos. Consolantibus tamen miseramque dicentibus: „Numquam", inquit, „non felicem me dicam, quae Gracchos peperi." Cornelia Livii Drusi clarissimum iuvenem, illustris ingenii, vadentem per Gracchana vestigia imperfectis tot rogationibus intra penates interemptum suos amiserat incerto caedis auctore. Tamen et acerbam mortem filii et inultam tam magno animo tulit quam ipse leges tulerat.

Iam cum fortuna in gratiam, Marcia, reverteris, si tela, quae in Scipiones Scipionumque matres ac filias exegit, quibus Caesares petiit, ne a te quidem continuit. Plena et infesta variis casibus vita est, a quibus nulli longa pax, vix indutiae sunt. Quattuor liberos sustuleras, Marcia. Nullum aiunt frustra cadere telum, quod in confertum agmen

befreit wurden? Dem Brutus danken wir die Freiheit, der Lucretia Brutus! Oder da, wo wir Cloelia, weil sie Feind und Fluß verachtete, wegen ihrer hervorragenden Tapferkeit beinahe zu den Männern gerechnet hätten? Hoch zu Roß, in Stein gehauen, ist sie an der Heiligen Straße, an einem vielbesuchten Ort, ein Vorwurf für unsere jungen Leute, die ihren Sänften entsteigen, daß sie sich in dieser Stadt so fortbewegen, in der wir sogar Frauen mit einem Pferd beschenkten. Willst Du Dir aber Beispiele von Frauen nennen lassen, die sich beim Verlust der Ihren tapfer zeigten, dann will ich nicht von Tür zu Türe suchen. Aus einer Familie werde ich Dir zwei beibringen, Cornelierinnen; die eine war Scipios Tochter, die Mutter der Gracchen. An zwölf Geburten mußte sie sich vor gleich vielen Bahren erinnern. Und bei den übrigen Kindern war das noch leicht, von denen weder Geburt noch Tod der Stadt bewußt geworden waren. Tiberius und Gaius, denen auch, wer sie nicht für gute Männer hält, Größe zugestehen muß, die sah sie erschlagen und unbestattet. Trotzdem entgegnete sie denen, die sie trösten wollten und unglücklich nannten: „Nie werde ich mich selbst unglücklich nennen, mich, die Mutter der Gracchen!" Cornelia, die Frau des Livius Drusus, hatte einen hervorragenden jungen Mann von glänzenden Gaben verloren. Er trat in die Fußstapfen der Gracchen und wurde, ohne so viele Gesetzesvorhaben verwirklicht zu haben, im eigenen Haus ermordet; der Täter blieb unbekannt. Trotzdem trug sie den bitteren und ungerechten Tod des Sohnes mit so edlem Sinn, wie er seine Gesetze beantragt hatte.

Bald wirst Du Dich, Marcia, mit Deinem Schicksal aussöhnen, selbst wenn es die Waffen, die es gegen Scipionen, gegen Scipionenmütter und -töchter erhob und womit es gar auf Kaiserkinder zielte, auch von Dir nicht fernhielt. Völlig unsicher wegen mannigfacher Unglücksfälle ist das Leben; ihnen gegenüber bekommt niemand lange Frieden, kaum Waffenruhe. Vier Kinder hattest Du aufgezogen, Marcia. Wie man sagt, geht kein Speer daneben, der gegen einen geschlossenen Trupp geworfen wird. Ist's da ein Wunder,

immissum est: mirum est tantam turbam non potuisse sine invidia damnove praetervehi?

„At hoc iniquior fortuna fuit, quod non tantum eripuit filios, sed elegit." Numquam tamen iniuriam dixeris ex aequo cum potentiore dividere: duas tibi reliquit filias et harum nepotes; et ipsum, quem maxime luges prioris oblita, non ex toto abstulit: habes ex illo duas filias, si male fers, magna onera, si bene, magna solacia. In hoc te perduc, ut, illas cum videris, admonearis filii, non doloris. Agricola eversis arboribus, quas aut ventus radicitus evulsit aut contortus repentino impetu turbo praefregit, subolem ex illis residuam fovet et amissarum semina statim plantasque disponit, et momento (nam ut ad damna, ita ad incrementa rapidum veloxque tempus est) adolescunt amissis laetiora. Has nunc Metilii tui filias in eius vicem substitue et vacantem locum exple et unum dolorem geminato solacio leva. Est quidem haec natura mortalium, ut nihil magis placeat, quam quod amissum est: iniquiores sumus adversus relicta ereptorum desiderio. Sed, si aestimare volueris, quam valde tibi fortuna, etiam cum saeviret, pepercerit, scies te habere plus quam solacia: respice tot nepotes, duas filias! Dic illud quoque, Marcia: „Moverer, si esset cuique fortuna pro moribus et numquam mala bonos sequerentur; nunc video exempto discrimine eodem modo malos bonosque iactari."

17 „Grave est tamen, quem educaveris iuvenem, iam matri, iam patri praesidium ac decus, amittere." Quis negat grave esse? Sed humanum est: ad hoc genitus es, ut perderes, ut perires, ut sperares, metueres, alios teque inquietares, mortem et time-

daß eine so stattliche Anzahl nicht ohne Anfeindung und Verlust durchkommen konnte?

„Doch darin war das Schicksal allzu ungerecht, daß es die Söhne nicht nur genommen, sondern herausgesucht hat." Trotzdem darfst Du es niemals Unrecht nennen, wenn ein Mächtigerer mit Dir Halbpart macht: Zwei Töchter ließ er Dir, dazu von ihnen die Enkel, und ihn, den Du am heftigsten betrauerst, ohne an den ersten Sohn zu denken, nahm er Dir nicht ganz: Du hast von ihm zwei Töchter, negativ betrachtet: eine große Last, positiv: ein großer Trost. Zwinge Dich dazu, wenn Du sie siehst, an Deinen Sohn, nicht an den Schmerz zu denken! Ein Bauer wird, wenn Bäume umgestürzt sind, weil sie der Sturm entwurzelt oder ein rasender Wirbelwind in jähem Ungestüm geknickt hat, sich sogleich dessen annehmen, was ihm von ihnen blieb, und Samen der vernichteten Bäume und Stecklinge ausbringen, und in Kürze – denn wie zur Verwüstung, so braucht es auch zum Ersatz nur ganz wenig Zeit – wachsen sie prächtiger heran als die verlorenen. Laß nun diese Töchter Deines Metilius seine Stelle einnehmen, fülle die Lücke und lindere *einen* Schmerz durch zwiefachen Trost. Es ist dies freilich eine Eigenart der Menschen, daß sie nichts höher schätzen als Verlorenes; recht unfreundlich sind wir gegenüber dem, was blieb, aus Sehnsucht nach dem, was entrissen wurde. Doch wenn Du abschätzt, in welchem Maße Dich das Schicksal, auch als es wütete, geschont hat, wirst Du einsehen, daß Dir mehr als nur Trost geblieben ist. Schau auf so viele Enkel, auf zwei Töchter, und sprich auch so zu Dir, Marcia: „Ich wäre betroffen, wenn jeder das Schicksal hätte, das seinem Lebenswandel entspräche, und wenn nie Böses die Guten heimsuchte. Nun aber sehe ich, daß unterschiedslos in gleicher Weise Böse und Gute gemartert werden."

17 „Hart ist es trotzdem, einen jungen Menschen, den man erzogen hat und der schon seiner Mutter, schon seines Vaters Stolz und Stütze hätte sein können, zu verlieren." Wer bestreitet, daß das hart ist? Doch es ist Menschenlos. Dazu bist Du geboren, um zu verlieren, um zu vergehen, um

res et optares et, quod est pessimum, numquam scires, cuius esses status.

Si quis Syracusas petenti diceret: „Omnia incommoda, omnes voluptates futurae peregrinationis tuae ante cognosce, deinde ita naviga. Haec sunt, quae mirari possis: videbis primum ipsam insulam ab Italia angusto interscissam freto, quam continenti quondam cohaesisse constat; subitum illo mare irrupit et

> Hesperium Siculo latus abscidit.

Deinde videbis (licebit enim tibi avidissimum maris verticem perstringere) stratam illam fabulosam Charybdin, quamdiu ab Austro vacat, at, si quid inde vehementius spiravit, magno hiatu profundoque navigia sorbentem. Videbis celebratissimum carminibus fontem Arethusam, nitidissimi ac perlucidi ad imum stagni, gelidissimas aquas profundentem, sive illas ibi primum nascentes invenit, sive illapsum terris flumen integrum subter tot maria et a confusione peioris undae servatum reddidit.

Videbis portum quietissimum omnium, quos aut natura posuit in tutelam classium aut adiuvit manus, sic tutum, ut ne maximarum quidem tempestatum furori locus sit. Videbis, ubi Athenarum potentia fracta tot milia captivorum ille excisis in infinitam altitudinem saxis nativus carcer incluserat; ipsam ingentem civitatem et laxius territorium, quam multarum urbium fines sunt; tepidissima hiberna et nullum diem sine interventu solis. Sed, cum omnia ista cognoveris, gravis et insalubris aestas hiberni caeli beneficia corrumpet; erit

zu hoffen, Dich zu ängstigen, anderen und Dir selbst zur Last zu fallen, den Tod zu fürchten und zu wünschen und, was das Ärgste ist, nie zu wissen, wie es um Dich steht.

Wenn jemand zu einem, der nach Syrakus will, sagte: „Alle Beschwernisse, alle Freuden deiner geplanten Reise vernimm zuvor; dann erst segle los! Das ist's, was du bestaunen kannst: Du wirst zuerst eine Insel sehen, die von Italien nur eine schmale Meerenge trennt und von der bekannt ist, daß sie einst mit dem Festland zusammenhing. Plötzlich brach dort das Meer ein und

riß die hesperische Seite von der sizilischen los.

Danach wirst Du – denn Du erhältst Gelegenheit, kurz in den unersättlichsten Strudel des Meeres zu schauen – jene sagenhafte Charybdis sehen, besänftigt, solange sie vom Südwind Ruhe hat, jedoch, falls es von dort kräftiger bläst, wie sie in ihrem riesigen, abgrundtiefen Schlund Schiffe verschlingt. Du wirst den in Liedern hochgepriesenen Quell der Arethusa sehen samt dem wunderschönen, bis auf den Grund klaren Teich, wie er sein eiskaltes Wasser spendet. Entweder fand sie es vor, weil es gerade dort entspringt, oder sie ließ einen in der Erde verschwundenen Fluß, der ungestört unter so vielen Meeren hinfließt und vor der Mischung mit schlechterem Wasser bewahrt wird, wieder ans Licht treten.

Du wirst den sichersten Hafen von all denen sehen, die entweder die Natur zum Schutz der Flotten angelegt oder Menschenhand verbessert hat, so geschützt, daß nicht einmal die heftigsten Stürme dort wüten können. Du wirst sehen, wo nach dem Zusammenbruch der athenischen Streitmacht so viele tausend Gefangene jenes aus unermeßlich tiefen Steinbrüchen entstandene Gefängnis aufnahm, dazu die volkreiche Stadt selber und ihr befestigtes Areal, das sich weiter erstreckt als das ganze Gebiet vieler Gemeinden. Ganz mild sind die Winter und kein Tag ohne Sonnenschein. Doch wenn du, was es da gibt, im ganzen betrachtest, dann macht der drückend heiße und ungesunde Sommer die angenehmen Temperaturen im Winter wett – und es wird dort

Dionysius illic tyrannus, libertatis, iustitiae, legum exitium, dominationis cupidus etiam post Platonem, vitae etiam post exsilium: alios uret, alios verberabit, alios ob levem offensam detruncari iubebit; accerset ad libidinem mares feminasque, et inter foedos regiae intemperantiae greges parum erit simul binis coire. Audisti, quid te invitare possit, quid absterrere: proinde aut naviga aut resiste!"

Post hanc denuntiationem, si quis dixisset intrare se Syracusas velle, satisne iustam querellam de ullo nisi de se habere posset, qui non incidisset in illa, sed prudens sciensque venisset?

Dicit omnibus nobis Natura: „Neminem decipio. Tu si filios sustuleris, poteris habere formosos, et deformes poteris, fortasse mutili nascentur. Esse aliquis ex illis tam servator patriae quam proditor poterit. Non est, quod desperes tantae dignationis futuros, ut nemo tibi propter illos male dicere audeat; propone tamen et tantae futuros turpidinis, ut ipsi maledicta sint. Nihil vetat illos tibi suprema praestare et laudari te a liberis tuis, sed sic te para, tamquam in ignem impositurus vel puerum vel iuvenem vel senem: nihil enim ad rem pertinent anni, quoniam nullum non acerbum funus est, quod parens sequitur." Post has leges propositas, si liberos tollis, omni deos invidia liberas, qui tibi nihil certi spoponderunt.

18 Hanc imaginem agedum ad totius vitae introitum referamus! An Syracusas viseres deliberanti tibi, quicquid delectare poterat, quicquid offende-

ein Dionysius Tyrann sein, für Freiheit, Gerechtigkeit, Gesetze der Untergang, auf Gewaltherrschaft erpicht auch nach Platons Besuchen, auf sein Leben auch nach der Verbannung. Die einen wird er verbrennen, andere auspeitschen, wieder andere wegen geringfügiger Kränkungen köpfen lassen. Zur Wollust wird er sich Männer und Weiber holen, und im schändlichen Gefolge des sittenlosen Despoten wird es nicht genügen, wenn man es gleichzeitig nur mit zweien treibt. Du hast gehört, was Dich locken und was Dich abschrecken kann; segle also los oder bleib da!"

Falls nach dieser Belehrung jemand erklärt, er wolle Syrakus besuchen – könnte der sich mit einiger Berechtigung über irgendwen beklagen, außer über sich selbst? Er wäre ja nicht zufällig in all das geraten, sondern in bester Kenntnis der Verhältnisse.

So spricht zu uns allen die Natur: „Niemanden will ich täuschen. Wenn du Söhne aufziehst, bekommst du vielleicht schöne, auch häßliche vielleicht. Womöglich kommen sie verkrüppelt zur Welt. Irgendeiner von ihnen kann gleichermaßen ein Retter des Vaterlands wie ein Verräter sein. Du brauchst keineswegs die Möglichkeit auszuschließen, sie könnten derart ehrbar werden, daß ihretwegen dich niemand zu schmähen wagte; rechne trotzdem auch damit, sie könnten so schändlich werden, daß sie selbst eine Schmach für dich sind. Nichts spricht dagegen, daß sie dir den letzten Dienst erweisen und daß dir von deinen Kindern die Leichenrede gehalten wird; stelle dich jedoch darauf ein, du müßtest den Scheiterhaufen richten für einen Knaben, einen Jüngling, einen Greis; es kommt ja nicht auf die Zahl der Jahre an, da ein jedes Leichenbegängnis verfrüht ist, dem ein Vater folgt." Sind Dir diese Bedingungen bekanntgemacht und ziehst Du danach Kinder auf, dann sprichst Du die Götter von jedem bösen Vorwurf frei: Sie haben Dir ja nichts Bestimmtes zugesagt.

18 Auf, laß uns dieses Bild auf den Eintritt ins ganze Leben übertragen! Ob Du Syrakus besuchen solltest, überlegtest Du, und ich habe Dir alles, was Dich hätte ergötzen,

re exposui; puta nascenti me tibi venire in consilium: „Intraturus es urbem diis hominibusque communem, omnia complexam, certis legibus aeternisque devinctam, indefatigata caelestium officia volventem. Videbis illic innumerabiles stellas diverse micare, uno sidere omnia impleri. Videbis solem cotidiano cursu diei noctisque spatia signantem, annuo aestates hiemesque aequali vice dividentem. Videbis nocturnam lunae successionem, a fraternis occursibus lene remissumque lumen mutuantem et modo occultam, modo toto ore terris imminentem, accessionibus damnisque mutabilem, semper proximae dissimilem. Videbis quinque sidera diversas agentia vias et in contrarium praecipiti mundo nitentia: ex horum levissimis motibus fortunae populorum dependent et maxima ac minima proinde formantur, prout aequum iniquumve sidus incessit. Miraberis collecta nubila et cadentes aquas et obliqua fulmina et caeli fragorem. Cum satiatus spectaculo supernorum in terram oculos deieceris, excipiet te alia forma rerum aliterque mirabilis: hinc camporum in infinitum patentium fusa planities, hinc montium magnis et nivalibus surgentium iugis erecti in sublime vertices; deiectus fluminum et ex uno fonte in Occidentem Orientemque diffusi amnes et summis cacuminibus nemora nutantia et tantum silvarum cum suis animalibus aviumque concentu dissono; varii urbium situs et seclusae nationes locorum difficultate, quarum aliae se in erectos subtrahunt montes, aliae ripis, lacu<bus>,

was abstoßen können, vorgetragen. Nun stell Dir vor, ich erschiene bei Deiner Geburt, um Dir zu raten: „Du bist im Begriff, in eine große Stadt zu gehen, die Göttern und Menschen gemeinsam gehört, die alles in sich schließt, an feste Gesetze auf ewig gebunden ist und in unermüdlicher Pflichterfüllung die Himmelskörper kreisen läßt. Du wirst sehen, wie dort zahllose Sterne unterschiedlich hell strahlen und ein Gestirn alles mit seinem Licht erfüllt. Du wirst sehen, wie die Sonne auf ihrer täglichen Reise die Zeit des Tages und der Nacht begrenzt, wie sie Jahr für Jahr den Sommern und Wintern im regelmäßigen Wechsel ihre Zeit zuteilt. Du wirst bei Nacht den Mond ihre Stelle einnehmen sehen; er leiht sich bei den Begegnungen mit seiner Schwester ein sanftes und mildes Licht, ist bald verborgen und blickt bald mit dem ganzen Gesicht auf die Lande herab, ist durch Zuwachs und Einbuße veränderlich und immer vom gestrigen Zustand verschieden. Du wirst sehen, wie fünf Gestirne ihren eigenen Weg einschlagen und dem raschen Umlauf des Himmelsgewölbes entgegenstreben. Von deren geringfügigsten Bewegungen hängt das Schicksal ganzer Völker ab, und Größtes wie Kleinstes entwickelt sich genauso, wie günstig oder ungünstig der Planet sich zeigte. Staunen wirst du über zusammengeballtes Gewölk und herabstürzende Wassermassen und zuckende Blitze und das Krachen des Himmels. Wenn Du zur Genüge die höheren Bereiche betrachtet hast und zur Erde hinabblickst, werden Dich andere Schönheiten in ihren Bann schlagen, die in anderer Weise wundersam sind. Da der Fluren weite Fläche, unermeßlich ausgebreitet, da mit gewaltigen, schneebedeckten Rücken emporstrebender Berge hochragende Gipfel, Wasserfälle und aus einer einzigen Quelle nach West und Ost auseinanderströmende Flüsse, Baumgruppen mit schwankenden Wipfeln und so viele Wälder mit ihren Tieren und der Vögel vielstimmigem Chor, dazu verschieden gelegene Städte und in schwer zugänglichen Gegenden weltabgeschiedene Völker, von denen sich die einen auf hohe Berge zurückziehen, andere sich ängstlich durch steile Ufer, Sümpfe und Täler schützen las-

vallibus pavidae circumfunduntur; obruta fructu seges et arbusta sine cultore ferentia et rivorum lenis inter prata discursus et amoeni sinus et litora in portum recedentia; sparsae tot per vastum insulae, quae interventu suo maria distinguunt.

Quid lapidum gemmarumque fulgor et inter rapidorum torrentium aurum harenas interfluens et in mediis terris medioque rursus mari aeriae ignium faces et vinculum terrarum Oceanus continuationem gentium triplici sinu scindens et ingenti licentia exaestuans? Videbis hic inquietis et sine vento fluctuantibus aquis innare excedenti terrentia magnitudine animalia, quaedam gravia et alieno se magisterio moventia, quaedam velocia et concitatis perniciora remigiis, quaedam haurientia undas et magno praenavigantium periculo efflantia; videbis hic navigia, quas non novere, terras quaerentia. Videbis nihil humanae audaciae intentatum erisque et spectator et ipse pars magna conantium: disces docebisque artes alias, quae vitam instruant, alias, quae ornent, alias, quae regant. Sed istic erunt mille corporum, animorum pestes et bella et latrocinia et venena et naufragia et intemperies caeli corporisque et carissimorum acerba desideria et mors, incertum, facilis an per poenam cruciatumque. Delibera tecum et perpende, quid velis: ut ad illa venias, per illa exeundum est." Respondebis velle te vivere: quidni? Immo, puto, ad id non accedes, ex quo tibi aliquid decuti doles. Vive ergo, ut convenit!

„Nemo", inquis, „nos consuluit." Consulti sunt de nobis parentes nostri, qui, cum condicionem

sen. Unter der Last der Ähren beugen sich die Halme, Weinstöcke tragen, für die niemand sorgt, Bäche fließen gemächlich durch Wiesen, Halbinseln locken und Küsten buchten sich ein zum sicheren Hafen. Verstreut über die Wasserwüste sind so viele Inseln, ein Schmuck für die Meere, wo sie sich zeigen.

Vollends der Glanz von Edelsteinen und Perlen, in reißender Gießbäche Kies Gold mitgespült, mitten auf der Erde und umgekehrt mitten auf dem Meer feurige Säulen, dazu der Ozean, der die Lande umschlingt, Völker, die sonst Nachbarn wären, durch drei Meerbusen voneinander trennt und in maßloser Wildheit aufbraust! Du wirst sehen, wie hier auf ruheloser, auch bei Windstille rauher See schon durch gewaltige Größe schreckliche Geschöpfe schwimmen; manche sind schwerfällig und setzen sich nur in Bewegung, wenn andere sie führen, manche gewandte Schwimmer und schneller als Ruderboote in voller Fahrt; manche ziehen Meerwasser ein und – eine große Gefahr für Leute, die vorübersegeln – blasen es wieder aus. Du wirst hier Schiffe nach Ländern, die sie nicht kennen, suchen sehen. Du wirst sehen, daß menschlicher Wagemut nichts unversucht läßt. Du wirst davon Zeuge sein und auch selbst einer von denen, die Großes unternehmen. Erwerben und weitergeben wirst du die Kenntnisse, die teils das Leben sichern, teils bereichern, teils ihm die Richtung weisen. Doch droht dort tausendfach für Leib und Seele Verderben; Kriege, Raubüberfälle, Giftanschläge, Schiffbrüche, übles Wetter und übles Befinden, der liebsten Menschen bitterer Verlust und dann der Tod, vielleicht sanft, vielleicht auch unter Pein und Qualen. Bedenke dich und wäge, was du willst! Um das eine zu erlangen, mußt du das andere durchmachen." Du wirst erwidern, daß Du leben möchtest. Wieso auch nicht? Denn gewiß nicht, glaub' ich, wirst Du auf das nicht erpicht sein, wovon Dir nur zu Deinem Schmerz etwas genommen werden kann. Lebe also, wie vereinbart!

„Niemand", wendest Du ein, „hat von uns eine Entscheidung verlangt!" Die Entscheidung über uns lag bei unseren

vitae nossent, in hanc nos sustulerunt.

19 Sed, ut ad solacia veniam, videamus primum, quid curandum sit, deinde, quemadmodum. Movet lugentem desiderium eius, quem dilexit. Id per se tolerabile esse apparet: absentes enim afuturosque, dum vivent, non flemus, quamvis omnis usus nobis illorum cum aspectu ereptus sit. Opinio est ergo, quae nos cruciat, et tanti quodque malum est, quanti illud taxavimus. In nostra potestate remedium habemus: iudicemus illos abesse et nosmet ipsi fallamus. Dimisimus illos, immo consecuturi praemisimus. Movet et illud lugentem: „Non erit, qui me defendat, qui a contemptu vindicet." Ut minime probabili, sed vero solacio utar, in civitate nostra plus gratiae orbitas confert quam eripit, adeoque senectutem solitudo, quae solebat destruere, ad potentiam ducit, ut quidam odia filiorum simulent et liberos eiurent et orbitatem manu faciant.

Scio, quid dicas: „Non movent me detrimenta mea." Etenim non est dignus solacio, qui filium sibi decessisse sicut mancipium moleste fert, cui quicquam in filio respicere praeter ipsum vacat. Quid igitur te, Marcia, movet? Utrum, quod filius tuus decessit, an, quod non diu vixit? Si, quod decessit, semper debuisti dolere: semper enim scisti moriturum. Cogita nullis defunctum malis affici, illa, quae nobis inferos faciunt terribiles, fabulam esse, nullas imminere mortuis tenebras nec carcerem nec flumina igne flagrantia nec Oblivionem amnem nec tribunalia et reos et in illa

Eltern, die uns, obwohl sie wußten, wie es um das Leben steht, doch aufgezogen haben.

19 Um aber nun zum Trost zu kommen: Laß uns erst sehen, was behandelt werden muß, sodann, auf welche Weise! Es treibt den Trauernden die Sehnsucht nach dem um, den er liebte. Daß diese an sich zu ertragen wäre, ist klar. Um die, die uns fern sind oder fern sein werden, vergießen wir, solange sie leben, keine Tränen, obschon uns jeder Umgang mit ihnen zugleich mit ihrem Anblick versagt ist. Einbildung ist es also, was uns martert, und jedes Leid ist nur so schwer, wie wir es einschätzen. In unserer Hand haben wir, was helfen kann: Denken wir uns, jene seien nur fern, und überlisten wir uns selber. Wir haben sie ziehen lassen, nein, um selber nachzukommen, nur vorausgeschickt. Es treibt den Trauernden auch der Gedanke um: „Niemand wird da sein, um mich zu verteidigen, um mich vor Kränkung zu beschützen." Um auf einen keineswegs löblichen, aber realistischen Trost zurückzugreifen: In unserer Stadt bringt Kinderlosigkeit mehr Wertschätzung als sie nimmt, und in dem Maß eröffnet die Einsamkeit, an der sie früher meist zerbrachen, den alten Leuten neue Möglichkeiten, daß manche Zerwürfnisse mit ihren Söhnen vorgeben, ihr eigen Fleisch und Blut verleugnen und sich künstlich die Kinderlosigkeit verschaffen.

Ich weiß, was Du sagen willst: „Mich bewegen nicht die Einbußen, die ich erleide." Allerdings hat der kein Anrecht auf Trost, den der Tod seines Sohnes so verdrießt wie der eines Sklaven, der an irgend etwas sonst im Zusammenhang mit seinem Sohn denken kann als an ihn selber. Was also bewegt Dich, Marcia? Sein Tod oder sein zu kurzes Leben? Ist's sein Tod, dann hättest Du ständig trauern müssen. Ständig war Dir ja bewußt, daß er sterben würde. Bedenke, daß einem Toten nichts Böses zugefügt wird, daß alles, was uns die Unterwelt entsetzlich macht, nur Fabelei ist, daß die Toten kein finsterer Ort erwartet, kein Kerker, keine flammenden Feuerströme, auch nicht das Wasser des Vergessens, nicht Tribunal und Anklage und – bei jener so schrankenlo-

libertate tam laxa ullos iterum tyrannos: luserunt ista poetae et vanis nos agitavere terroribus. Mors dolorum omnium exsolutio est et finis, ultra quem mala nostra non exeunt; quae nos in illam tranquillitatem, in qua, antequam nasceremur, iacuimus, reponit. Si mortuorum aliquis miseretur, et non natorum misereatur. Mors nec bonum nec malum est. Id enim potest aut bonum aut malum esse, quod aliquid est; quod vero ipsum nihil est et omnia in nihilum redigit, nulli nos fortunae tradit: mala enim bonaque circa aliquam versantur materiam. Non potest id fortuna tenere, quod natura dimisit, nec potest miser esse, qui nullus est. Excessit filius tuus terminos, intra quos servitur, excepit illum magna et aeterna pax. Non paupertatis metu, non divitiarum cura, non libidinis per voluptatem animos corrumpentis stimulis incessitur; non invidia felicitatis alienae tangitur, non suae premitur; ne conviciis quidem ullis verecundae aures verberantur. Nulla publica clades prospicitur, nulla privata. Non sollicitus futuri pendet ex eventu semper incertoria spondente. Tandem ibi constitit, unde nihil eum pellat, ubi nihil terreat.

20 O ignaros malorum suorum, quibus non mors ut optimum inventum naturae laudatur exspectaturque, sive felicitatem includit sive calamitatem repellit sive satietatem ac lassitudinem senis terminat sive iuvenile aevum, dum meliora sperantur, in flore deducit sive pueritiam ante duriores gradus revocat, omnibus finis, multis remedium, quibusdam votum, de nullis melius merita quam de iis, ad quos venit, antequam invocaretur! Haec servitutem invito domino remittit; haec captivorum catenas levat; haec e carcere educit, quos ex-

sen Freiheit – erneut Gewaltherrscher. Zum Spaß ersonnen haben das die Dichter und grundlos uns beunruhigt durch Schreckgespenster. Der Tod ist die Erlösung von allen Schmerzen und die Grenze, die unser Unglück nicht überschreiten kann. Er nimmt uns wieder in jenen Frieden auf, in dem wir vor unserer Geburt ruhten. Wenn die Toten irgend jemand bedauert, muß er auch Ungeborene bedauern. Der Tod ist kein Gut und kein Übel. Nur das kann nämlich entweder gut oder schlecht sein, was überhaupt etwas ist. Was aber selbst nichts ist und alles ins Nichts führt, das liefert uns keinem Schicksal aus. Übel und Güter aber sind an irgend etwas Stoffliches gebunden. Unmöglich kann das Schicksal etwas beherrschen, was die Natur freigab, und unmöglich ist der elend, der nichts mehr ist. Gegangen ist Dein Sohn aus jenen Marken, in denen man dienen muß; empfangen hat ihn tiefer und ewiger Friede. Nicht Angst vor Armut, nicht Sorge um Schätze, nicht Reize der Sinnenlust, die im Genuß die Menschen zugrunde richtet, erreichen ihn; Neid auf fremdes Glück ergreift ihn nicht, der auf sein eigenes drückt ihn nicht. Nicht einmal irgendein Gezänk dringt an sein scheues Ohr. Kein Unglück des Staates sieht er kommen, kein persönliches. Er braucht sich um die Zukunft nicht zu sorgen und ist unabhängig vom Schicksal, das stets allzu unsichere Hoffnungen weckt. Endlich hat er dort Ruhe gefunden, von wo ihn nichts vertreiben, wo ihn nichts schrecken kann.

20 O wie blind sind die für ihr wirkliches Unglück, die den Tod nicht als die beste Erfindung der Natur preisen und seiner harren, ob er nun Erfolge beschließt, ob er Unheil abwehrt, ob er Lebensüberdruß und Mattigkeit eines Greises enden läßt, ob er Jünglinge, während man Besseres hofft, in der Blüte der Jahre davonführt, ob er Knaben vor schwierigeren Schritten zurückruft – für alle ist er das Ende, für viele das Heil, für manche erwünscht, und um niemand erwirbt er sich größere Verdienste als um die, zu denen er kam, ehe man ihn rief. Er schenkt dem Sklaven, gegen den Willen seines Herrn, die Freiheit; er löst die Ketten der Ge-

ire imperium impotens vetuerat; haec exsulibus in patriam semper animum oculosque tendentibus ostendit nihil interesse, infra quos quis iaceat; haec, ubi res communes fortuna male divisit et aequo iure genitos alium alii donavit, exaequat omnia. Haec est, post quam nihil quisquam alieno fecit arbitrio; haec est, in qua nemo humilitatem suam sensit; haec est, quae nulli non patuit; haec est, Marcia, quam pater tuus concupiit. Haec est, inquam, quae efficit, ut nasci non sit supplicium, quae efficit, ut non concidam adversus minas casuum, ut servare animum salvum ac potentem sui possim: habeo, quod appellem. Video istic cruces, non unius quidem generis, sed aliter ab aliis fabricatas: capite quidam conversos in terram suspendere, alii per obscena stipitem egerunt, alii brachia patibulo explicuerunt; video fidiculas, video verbera; et singulis articulis singula texuerunt machinamenta. Sed video et mortem. Sunt istic hostes cruenti, cives superbi; sed video istic et mortem. Non est molestum servire, ubi, si dominii pertaesum est, licet uno gradu ad libertatem transire. Caram te, vita, beneficio mortis habeo!

Cogita, quantum boni opportuna mors habeat, quam multis diutius vixisse nocuerit. Si Gnaeum Pompeium, decus istud firmamentumque imperii, Neapoli valetudo abstulisset, indubitatus populi Romani princeps excesserat. At nunc exigui temporis adiectio fastigio illum suo depulit: vidit legiones in conspectu suo caesas et ex illo proelio, in quo prima acies senatus fuit, quae infelices reli-

fangenen, er geleitet die aus dem Kerker, denen ein Machthaber, machtlos gegen ihn, verboten hatte zu gehen. Er beweist Verbannten, die stets ihre Gedanken und Blicke zum Vaterland senden, daß es nichts ausmacht, inmitten welcher Leute jemand liegt. Er macht, wenn das Schicksal allen gemeinsame Güter übel verteilt und gleichberechtigte Menschenkinder dem und jenem zum Eigentum gegeben hat, alles wieder gleich. Er ist es, nach dessen Eintreten noch niemals einer etwas auf Weisung eines anderen tat; er ist es, bei dem niemand seine Niedrigkeit spürt, er ist es, der jedem freisteht, er ist es, Marcia, den sich Dein Vater wünschte. Er ist es, sag' ich, der es erreicht, daß die Geburt nicht zur Strafe wird, der es erreicht, daß ich nicht zusammenbreche vor drohenden Schicksalsschlägen, daß ich meine Seele unbeschädigt und ihrer selbst gewiß zu bewahren vermag. Ich weiß, was ich zu Hilfe rufen kann. Ich sehe dort Martergeräte, und zwar nicht von einer Art, sondern von denen so, von jenen anders gefertigt. Manche haben Menschen mit dem Kopf zur Erde aufgehängt, andere durch die Lenden einen Pfahl getrieben, andere die Arme am Querholz ausgespannt. Ich sehe Streckbänke, sehe Geißeln – und gesondert für jedes Glied hat man besondere Folterwerkzeuge ersonnen. Aber ich sehe auch den Tod. Dort sind blutdürstige Feinde, übermütige Mitbürger. Aber ich sehe dort auch den Tod. Es ist nicht schwer, als Sklave zu dienen, sobald man, des Gebieters überdrüssig, mit einem einzigen Schritt in die Freiheit gehen kann. Heiß liebe ich dich, Leben, dank dem Tod!

Bedenke, was für ein Segen ein rechtzeitiger Tod ist und für wie viele ein zu langes Leben von Nachteil war! Hätte den Gnaeus Pompeius, diese ruhmreiche Stütze unserer Macht, in Neapel eine Krankheit weggerafft, so wäre er zweifellos als Roms erster Mann dahingegangen. So aber stieß ihn das bißchen Zeit, das noch hinzukam, vom Gipfel seines Ruhms. Er mußte erleben, wie die Legionen vor seinen Augen niedergemacht wurden und aus jener Schlacht, in der Senatoren im ersten Treffen gestanden hatten – ein letztes Aufgebot wie dieses bringt kein Glück –, gerade der

quiae sunt, ipsum imperatorem superfuisse; vidit
Aegyptium carnificem et sacrosanctum victoribus
corpus satelliti praestitit, etiam si incolumis fuisset paenitentiam salutis acturus: quid enim erat
turpius quam Pompeium vivere beneficio regis?

M. Cicero, si illo tempore, quo Catilinae sicas
devitavit, quibus pariter cum patria petitus est,
concidisset, si liberata re publica servator eius, si
denique filiae suae funus secutus esset, etiamtunc
felix mori potuit: non vidisset strictos in civilia
capita mucrones nec divisa percussoribus occisorum bona, ut etiam de suo perirent, non hastam
consularia spolia vendentem nec caedes nec locata
publice latrocinia, bella, rapinas, tantum Catilinarum.

M. Catonem, si a Cypro et hereditatis regiae
dispensatione redeuntem mare devorasset, vel
cum illa ipsa pecunia, quam afferebat civili bello
stipendium, nonne illi bene actum foret? Hoc certe secum tulisset, neminem ausurum coram Catone peccare. Nunc annorum adiectio paucissimorum virum libertati non suae tantum, sed publicae
natum coegit Caesarem fugere, Pompeium sequi.

Nihil ergo illi mali immatura mors attulit: omnium etiam malorum remisit patientiam.

21 „Nimis tamen cito periit et immaturus." Primum puta illi superfuisse! Comprehende, quantum plurimum procedere homini licet: quantum
est? Ad brevissimum tempus editi, cito cessuri loco venienti impacato, hoc prospicimus hospitium.

Feldherr übrig blieb. Er sah den ägyptischen Henkersknecht und mußte sein Leben, das den Siegern heilig war, einem Söldner anvertrauen. So hätte er, auch wenn er unverletzt geblieben wäre, sich seiner Rettung schämen müssen: Was wäre denn schändlicher gewesen, als daß Pompeius weitergelebt hätte – dank der Gnade eines Königs!

Wenn Marcus Cicero damals, als er Catilinas Dolchen entging, die zugleich auf ihn und auf den Staat zielten, tot zusammengebrochen wäre oder, nachdem der Staat befreit war, als dessen Retter, oder wenn er schließlich seiner toten Tochter gefolgt wäre, so hätte er sogar da noch glücklich sterben können. Er hätte nicht gesehen, wie man die Schwerter gegen die Häupter von Bürgern zog, nicht, wie man unter Meuchelmörder die Habe der Ermordeten verteilte, so daß diese gar auf eigene Kosten getötet wurden, auch nicht die Auktion, bei der die Rüstung eines Konsuls versteigert wurde, nicht die Morde, nicht vom Staat konzessionierte Plünderungen, dazu Krieg, Raub und so viele Kerle wie Catilina.

Wenn den Marcus Cato, als er von Zypern und der Verteilung königlichen Erbes zurückfuhr, das Meer verschlungen hätte, und zwar zugleich mit dem Geld, das er brachte, Sold für den Bürgerkrieg, – wäre das nicht gut für ihn gewesen? Die Gewißheit hätte er mit sich nehmen können, daß niemand es wagen würde, sich in Catos Gegenwart zu vergehen. So aber kamen nur ein paar Jahre hinzu und zwangen den Mann, der nicht nur zur eigenen Freiheit, sondern für die des Staates geboren worden war, vor Caesar zu fliehen, Pompeius zu folgen.

Kein Unglück hat also Deinem Sohn der frühe Tod gebracht: Er hat es ihm sogar erspart, alles mögliche Unglück erleiden zu müssen.

21 „Trotzdem ist er allzu rasch und in zu jungen Jahren gestorben." Denk Dir zuerst, ihm wäre ein Rest geblieben; nimm soviel Zeit, wie ein Mensch höchstens durchleben kann. Wieviel ist das? Wir sind nur für einen kurzen Augenblick geboren und werden rasch den friedlosen Ort räumen

De nostris aetatibus loquor, quas incredibili celeritate convolvi constat. Computa urbium saecula: videbis, quam non diu steterint etiam, quae vetustate gloriantur. Omnia humana brevia et caduca sunt et infiniti temporis nullam partem occupantia. Terram hanc cum urbibus populisque et fluminibus et ambitu maris puncti loco ponimus ad universa referentes: minorem portionem aetas nostra quam puncti habet, si omni tempori comparetur, cuius maior est mensura quam mundi, utpote cum ille se intra huius spatium totiens remetiatur. Quid ergo interest id extendere, cuius, quantumcumque fuerit incrementum, non multum aberit a nihilo? Uno modo multum est, quod vivimus: si satis est. Licet mihi vivaces et in memoriam traditae senectutis viros nomines, centenos denosque percenseas annos: cum ad omne tempus dimiseris animum, nulla erit illa brevissimo longissimique aevi differentia, si inspecto, quanto quis vixerit, spatio comparaveris, quanto non vixerit.

Deinde sibi maturus decessit: vixit enim, quantum debuit vivere; nihil illi iam ultra supererat. Non una hominibus senectus est, ut ne animalibus quidem: intra quattuordecim quaedam annos defatigavit, et haec illis longissima aetas est, quae homini prima. Dispar cuique vivendi facultas data est. Nemo nimis cito moritur, quia victurus diutius, quam vixit, non fuit. Fixus est cuique terminus; manebit semper, ubi positus est, nec illum ulterius diligentia aut gratia promovebit. Sic habe te illum aeterno divinae mentis ex consilio perdidisse: tulit suum

metasque dati pervenit ad aevi.

für einen Neuankömmling – so blicken wir auf diese kurze Einkehr hier. Von unseren Lebensaltern spreche ich, die erwiesenermaßen unglaublich schnell aufeinander folgen. Zähle bei großen Städten die Jahrhunderte! Du wirst sehen, wie wenig Zeit selbst die bestanden, die sich ihres hohen Alters rühmen. Alles Irdische ist unbedeutend und vergänglich und beansprucht nicht einmal einen Bruchteil der unermeßlichen Zeit. Die Erde hier mit ihren Städten und Völkern und Flüssen und dem weiten Meer müssen wir als Punkt darstellen im Verhältnis zum Weltall. Kürzer bemißt sich unser Leben als ein Augenblick, wenn man es mit der Zeit insgesamt vergleicht; deren Dauer geht weit über die des Alls hinaus, da dieses sich ja in ihrem Verlauf so oft erneuert. Was bringt es also, das zu verlängern, bei dem der Zuwachs, mag er noch so groß sein, nicht viel mehr als Null sein kann? Nur auf eine Weise wird unser Leben lang: Wenn es uns genügt. Du magst mir langlebige und wegen ihres Alters berühmte Männer nennen, magst auf hundertundzehn Jahre kommen: Sobald Du an die Ewigkeit denkst, besteht kein Unterschied zwischen dem kürzesten und dem längsten Leben, wenn Du ins Auge faßt, wie lange einer gelebt, und damit vergleichst, wie lange er nicht gelebt hat.

Zum zweiten kam für Deinen Sohn der Tod nicht zu früh: Er hat nämlich so lange gelebt wie er leben sollte. Nichts mehr war für ihn weiter vorgesehen. Es gibt ja nicht *ein* „Alter" für die Menschen, genauso wenig wie für Tiere. Von denen hat es manche in vierzehn Jahren erschöpft, und das ist für sie ein sehr langes Leben, was für den Menschen Jugend ist. Einem jeden ist unterschiedlich viel Lebenskraft geschenkt. Niemand stirbt zu früh, weil er nicht länger leben sollte als er lebte. Einem jeden ist ein Ziel gesteckt; das bleibt stets am festgesetzten Platz, und weiter kann es weder Vorsicht noch Gnade verrücken. Sieh es so an, daß Du Deinen Sohn nach Gottes ewigem Ratschluß verloren hast; er hat das Seine bekommen
 und ist bis ans Ende der Zeit gelangt, die ihm vergönnt war.

Non est itaque, quod sic te oneres: „Potuit diutius vivere." Non est interrupta eius vita, nec umquam se annis casus intericit. Solvitur, quod cuique promissum est; eunt via sua fata nec adiciunt quicquam nec ex promisso semel demunt. Frustra vota ac studia sunt: habebit quisque, quantum illi dies primus ascripsit. Ex illo, quo primum lucem vidit, iter mortis ingressus est accessitque fato propior, et illi ipsi, qui adiciebantur, adulescentiae anni vitae, detrahebantur. In hoc omnes errore versamur, ut non putemus ad mortem nisi senes inclinatosque iam vergere, cum illo infantia statim et iuventa et omnis aetas ferat. Agunt opus suum fata: nobis sensum nostrae necis auferunt, quoque facilius obrepat, mors sub ipso vitae nomine latet: infantiam in se pueritia convertit, pueritiam pubertas, iuvenem senex abstulit. Incrementa ipsa, si bene computes, damna sunt.

22 Quereris, Marcia, non tam diu filium tuum vixisse, quam potuisset. Unde enim scis, an diutius illi expedierit vivere, an illi hac morte consultum sit? Quemquam invenire hodie potes, cuius res tam bene positae fundataeque sint, ut nihil illi procedente tempore timendum sit? Labant humana ac fluunt, neque ulla pars vitae nostrae tam obnoxia aut tenera est quam, quae maxime placet; ideoque felicissimis optanda mors est, quia in tanta inconstantia turbaque rerum nihil nisi, quod praeteriit, certum est.

Quis tibi recipit illud filii tui pulcherrimum corpus et summa pudoris custodia inter luxuriosae urbis oculos conservatum potuisse tot morbos ita

Du solltest Dich also nicht damit belasten: „Er hätte länger leben können." Sein Leben wurde ja nicht in der Mitte abgebrochen; niemals spielt bei den Jahren der Zufall mit. Erfüllt wird, was einem jedem zugesichert war. Das Schicksal geht seinen eigenen Gang und legt weder etwas zu noch nimmt es vom einmal Versprochenen etwas fort. Umsonst sind Gelübde und Wünsche: Ein jeder bekommt soviel, wie ihm sein Geburtstag bestimmt hat. Seit jenem Tag, an dem er zum erstenmal das Licht der Welt erblickte, ist er den Weg des Todes gegangen und seinem Ende nähergekommen, und eben die Jahre, die zu seiner Jugend hinzukamen, wurden von seiner Lebenszeit genommen. In dem Wahn sind wir alle befangen, daß wir nicht glauben, es könne bald ans Sterben gehen, außer wenn man alt und hinfällig ist, während uns doch schon die Kindheit und die Jugend und jedes Lebensalter dahin bringen kann. Was ihm obliegt, erfüllt das Schicksal; es entzieht uns die Wahrnehmung unseres Endes, und damit er sich desto leichter anschleichen kann, tarnt sich der Tod gar mit dem Schein des Lebens. Das Säuglingsalter machte der Kindheit, die Kindheit der Jugend Platz, und Manneskraft raubte das Alter. Gerade die Zunahme ist, objektiv betrachtet, ein Verlust.

22 Du beklagst Dich, Marcia, Dein Sohn habe nicht so lange gelebt, wie er vermocht hätte. Woher weißt Du denn, ob ein längeres Leben für ihn gut gewesen wäre, ob ihm nicht durch seinen frühen Tod geholfen wurde? Kannst Du heutzutage auch nur einen finden, dessen Habe so gut angelegt und so gesichert ist, daß er im Lauf der Zeit nichts zu befürchten hätte? Unbeständig sind irdische Güter und vergänglich. Nichts in unserem Leben ist so gefährdet und anfällig wie das, was man am meisten liebt. Deswegen sollten sich die Glücklichsten den Tod wünschen, weil in so wechselhaften und verworrenen Verhältnissen nur das Vergangene sicher ist.

Wer bürgt Dir dafür, daß der wunderschöne Leib Deines Sohnes, dem strenge Obhut mitten in einer lasterhaften Stadt die Unschuld bewahrte, so viele Krankheiten dermaßen hät-

evadere, ut ad senectutem illaesum perferret formae decus? Cogita animi mille labes; neque enim recta ingenia, qualem in adulescentia spem sui fecerant, usque in senectutem pertulerunt, sed interversa plerumque sunt: aut sera eoque foedior luxuria invasit coepitque dehonestare speciosa principia, aut in popinam ventremque procubuerunt toti summaque illis curarum fuit, quid essent, quid biberent. Adice incendia, ruinas, naufragia, lacerationesque medicorum ossa vivis legentium et totas in viscera manus demittentium et non per simplicem dolorem pudenda curantium. Post haec exsilium: non fuit innocentior filius tuus quam Rutilius; carcerem: non fuit sapientior quam Socrates; voluntario vulnere transfixum pectus: non fuit sanctior quam Cato. Cum ista perspexeris, scies optime cum iis agi, quos natura, quia illos hoc manebat vitae stipendium, cito in tutum recepit. Nihil est tam fallax quam vita humana, nihil tam insidiosum; non mehercules quisquam illam accepisset, nisi daretur inscientibus. Itaque, si felicissimum est non nasci, proximum est, puto, brevi aetate defunctos cito in integrum restitui. Propone illud acerbissimum tibi tempus, quo Seianus patrem tuum clienti suo Satrio Secundo congiarium dedit. Irascebatur illi ob unum aut alterum liberius dictum, quod tacitus ferre non potuerat Seianum in cervices nostras ne imponi quidem, sed escendere. Decernebatur illi statua in Pompei theatro ponenda, quod exustum Caesar reficiebat: exclamavit Cordus tunc vere theatrum perire.

te meiden können, daß er bis zum Greisenalter unangefochten seine strahlende Erscheinung bewahrte? Bedenke auch, daß der Geist tausendfach fehlen kann; nicht einmal tugendhafte Menschen haben ja den Erwartungen, die sie in der Jugend weckten, stets bis ins Alter entsprochen. Meist gerieten sie auf Abwege: Entweder überkam sie späte und desto abstoßendere Lüsternheit und machte verheißungsvollen Anfängen ein schimpfliches Ende, oder sie verfielen ganz der Kneipe und der Schlemmerei, und ihre höchste Sorge war, was sie essen, was sie trinken sollten. Nimm dazu noch Brände, den Einsturz von Häusern, Schiffbrüche und die Metzeleien der Ärzte, wenn sie Knochen von Lebenden sammeln und ihre Hände vollständig ins Gekröse stecken und sich, was ungewöhnlich schmerzhaft ist, an den Schamteilen zu schaffen machen. Denk außerdem an Verbannung: nicht schuldloser war Dein Sohn als Rutilius, an Kerkerhaft: nicht weiser war er als Sokrates, an eine aus freien Stücken mit dem Schwert durchbohrte Brust: nicht makelloser war er als Cato. Wenn Du Dir all das vor Augen geführt hast, weißt Du wohl, daß für die am besten gesorgt ist, die die Natur, weil sie im Leben ein so harter Dienst erwartete, rasch in Sicherheit brachte. Nichts ist so voller Fallstricke wie das Menschenleben, nichts so gefährlich; bei Gott, noch niemand hätte es angenommen, würde es nicht Unwissenden gegeben. Wenn es demnach das größte Glück ist, nicht geboren zu werden, so ist es, meine ich, das zweitgrößte, nach kurzem Dasein zu scheiden und schleunigst in den alten Stand zurückversetzt zu werden. Vergegenwärtige Dir jenen für Dich besonders bitteren Augenblick, als Sejan Deinen Vater seinem Klienten Satrius Secundus preisgab. Er war wütend auf ihn wegen des einen oder anderen zu offenen Worts; Dein Vater hatte es nämlich nicht stillschweigend hinnehmen können, daß Sejan nicht etwa über uns gesetzt wurde, sondern sich selbst über uns setzte. Man wollte ihm die Aufstellung einer Statue im Pompeiustheater bewilligen, das der Kaiser nach einem Brand gerade wieder aufbauen ließ. Laut rief Cordus, jetzt sei das Theater wirklich hin. Wie

Quid ergo? Non rumperetur supra cineres Cn. Pompei constitui Seianum et in monumentis maximi imperatoris consecrari perfidum militem? Consignatur subscriptio et acerrimi canes, quos ille, ut sibi uni mansuetos, omnibus feros haberet, sanguine humano pascebat, circumlatrare hominem etiamtum imperturbatum incipiunt. Quid faceret? Si vivere vellet, Seianus rogandus erat, si mori, filia, uterque inexorabilis. Constituit filiam fallere. Usus itaque balineo, quo plus virium poneret, in cubiculum se quasi gustaturus contulit et dimissis pueris quaedam per fenestram, ut videretur edisse, proiecit; a cena deinde, quasi iam satis in cubiculo edisset, abstinuit. Altero quoque die et tertio idem fecit. Quartus ipsa infirmitate corporis faciebat indicium. Complexus itaque te: „Carissima", inquit, „filia et hoc unum tota celata vita, iter mortis ingressus sum et iam medium fere teneo; revocare me nec debes nec potes." Atque ita iussit lumen omne praecludi et se in tenebras condidit. Cognito consilio eius publica voluptas erat, quod e faucibus avidissimorum luporum educeretur praeda. Accusatores auctore Seiano adeunt consulum tribunalia; querentur mori Cordum, ut interpellaret, quod coeperant: adeo illis Cordus videbatur effugere. Magna res erat in quaestione, an mortem rei perderent. Dum deliberatur, dum accusatores iterum adeunt, ille se absolverat.

Videsne, Marcia, quantae iniquorum temporum vices ex inopinato ingruant? Fles, quod alicui tuorum mori necesse fuit: alicui paene non licuit.

denn? Hätte er nicht seine Entrüstung darüber äußern sollen, daß man auf die Asche des Pompeius einen Sejan stellte und im Siegesdenkmal des gewaltigen Feldherrn einen treulosen Kriegsknecht verewigte? Die Anklageschrift wird gesiegelt, und die bissigen Hunde, die er, damit sie nur für ihn harmlos, gegen alle anderen scharf seien, Menschenblut lecken ließ, begannen einen Menschen anzukläffen, der sich auch jetzt nicht aus der Fassung bringen ließ. Was hätte er tun sollen? Wollte er weiterleben, hätte er Sejan anflehen müssen, wollte er sterben, seine Tochter – beide unerbittlich. So entschloß er sich, die Tochter zu täuschen. Er nahm also ein Bad, um sich desto mehr zu entkräften, und zog sich, als wollte er etwas essen, in sein Zimmer zurück. Dann schickte er die Sklaven weg und warf einiges aus dem Fenster, damit es so aussehe, als habe er gespeist. Auf die Abendmahlzeit verzichtete er, als ob er auf dem Zimmer schon genug zu sich genommen hätte. Am zweiten und am dritten Tag tat er dasselbe. Am vierten verriet ihn allein schon seine Schwäche. Deshalb umarmte er Dich und sprach: „Teuerste Tochter, der ich in meinem ganzen Leben nur dies eine verschwieg, ich habe mich auf den Weg in den Tod gemacht und ihn schon fast zur Hälfte hinter mir. Zurückholen darfst und kannst du mich nicht." Und so ließ er jedwedes Licht fernhalten und barg sich im Dunkel. Als seine Absicht bekannt wurde, war die Freude allgemein, daß den Zähnen raubgierigster Wölfe ihre Beute entrissen werde. Seine Ankläger wandten sich auf Drängen Sejans an die Konsuln; sie beschweren sich, Cordus sterbe, um ihr Vorhaben zu hintertreiben: Es sah gar sehr danach aus, als würde ihnen Cordus entwischen. Eine hochwichtige Frage stand zur Debatte: Ob Angeklagte ihre Hinrichtung vereiteln dürften. Während man überlegt, während die Kläger einen neuen Antrag stellen, hatte er sich bereits freigesprochen.

Siehst Du, Marcia, wie schlimme Ereignisse uns unversehens in eine ganz verschiedene Lage versetzen können: Du weinst, weil einer von den Deinen sterben mußte; einem anderen wäre es beinahe nicht gestattet worden.

23 Praeter hoc, quod omne futurum incertum est et ad deteriora certius, facillimum ad superos iter est animis cito ab humana conversatione dimissis: minimum enim faecis pondus traxerunt. Antequam obdurescerent et altius terrena conciperent liberati, leviores ad originem suam revolant et facilius, quicquid est illud obsoleti illitique, eluunt.

Nec umquam magnis ingeniis cara in corpore mora est: exire atque erumpere gestiunt, aegre has angustias ferunt, vagari per omne sublimes et ex alto assueti humana despicere. Inde est, quod Platon clamat: sapientis animum totum in mortem prominere, hoc velle, hoc meditari, hac semper cupidine ferri, in exteriora tendentem.

Quid? Tu, Marcia, cum videres senilem in iuvene prudentiam, victorem omnium voluptatum animum, emendatum, carentem vitio, divitias sine avaritia, honores sine ambitione, voluptates sine luxuria appetentem, diu tibi putabas illum sospitem posse contingere? Quicquid ad summum pervenit, ab exitu prope est. Eripit se aufertque ex oculis perfecta virtus, nec ultimum tempus exspectant, quae in primo maturuerunt. Ignis, quo clarior fulsit, citius exstinguitur; vivacior est, qui cum lenta ac difficili materia commissus fumoque demersus ex sordido lucet: eadem enim detinet causa, quae maligne alit. Sic ingenia, quo illustriora, breviora sunt; nam ubi incremento locus non est, vicinus occasus est.

23 Abgesehen davon, daß die Zukunft insgesamt ungewiß ist und nur zum Schlechteren mit größerer Gewißheit führt, fällt der Weg zu den Überirdischen den Seelen besonders leicht, denen es schon bald erlassen wurde, mit Menschen umzugehen. Sie haben nämlich nur eine ganz geringe Menge an Unreinem abbekommen. Bevor sie dagegen unempfindlich werden und Irdisches tiefer in sich eindringen lassen, wurden sie erlöst und fliegen geschwinder zu ihrem Ursprung zurück und streifen leichter das ab, was immer sie beschmutzt und befleckt haben mag.

Niemals ist großen Geistern der Aufenthalt im Körper etwas wert: auszuziehen, auszubrechen ist ihr sehnlichster Wunsch, nur widerwillig ertragen sie diese Enge, da sie es gewöhnt sind, über alles durch die Lüfte dahinzuziehen und aus der Höhe auf Menschenwerk herabzuschauen. Daraus erklärt sich, was Platon immer wieder hervorhebt: Die Seele des Weisen sei ganz dem Sterben zugewandt; das wolle, das bedenke sie, von diesem Verlangen werde sie stets getrieben, da sie aus der Welt fortstrebe.

Und obwohl Du, Marcia, es gesehen hast – Erfahrung des Alters bei einem jungen Mann, erhaben über jede Lockung seine Seele, die, vollkommen und fehlerfrei, Reichtum ohne Habsucht, Ehre ohne Ehrgeiz, Freuden ohne Gier genießen wollte, – konntest Du dennoch glauben, daß er Dir lange erhalten bleiben werde? Alles, was höchste Vollendung erreicht hat, ist dem Tode nahe. Rasch entzieht sich und entflieht unseren Blicken vollkommene Tugend, und den letzten Augenblick wartet nicht ab, was früh zur Reife gelangte. Ein Feuer muß, je heller es aufleuchtet, desto schneller erlöschen. Eher hält eines vor, das mit schwer entflammbarem, ungeeigneten Material zu kämpfen hat, im Qualm fast erstickt und nur ein trübes Licht gibt. Der gleiche Stoff läßt es ja länger schwelen, der es nur kärglich nährt. So leben Genies, je heller sie strahlen, desto kürzere Zeit; wo nämlich eine Steigerung unmöglich ist, da ist das Ende nicht mehr weit.

Fabianus ait, id quod nostri quoque parentes videre, puerum Romae fuisse staturae ingentis, vi nitentem; sed hic cito decessit, et moriturum brevi nemo non prudens dixit: non poterat enim ad illam aetatem pervenire, quam praeceperat. Ita est: indicium imminentis exitii nimia maturitas est; appetit finis, ubi incrementa consumpta sunt.

24 Incipe virtutibus illum, non annis aestimare: satis diu vixit. Pupillus relictus, sub tutorum cura usque ad quartum decimum annum fuit, sub matris tutela semper. Cum haberet suos penates, relinquere tuos noluit et in materno contubernio, cum vix paternum liberi ferunt, perseveravit adulescens. Statura, pulchritudine, latere castris natus militiam recusavit, ne a te discederet. Computa, Marcia, quam raro liberos videant, quae in diversis domibus habitant; cogita tot illos perire annos matribus et per sollicitudinem exigi, quibus filios in exercitu habent: scies multum patuisse hoc tempus, ex quo nihil perdidisti. Numquam e conspectu tuo recessit; sub oculis tuis studia formavit excellentis ingenii et aequaturi avum, nisi obstitisset verecundia, quae multorum profectus silentio pressit. Adulescens rarissimae formae in tam magna feminarum turba viros corrumpentium nullius se spei praebuit et, cum quarundam usque ad tentandum pervenisset improbitas, erubuit, quasi peccasset, quod placuerat. Hac sanctitate morum effecit, ut puer admodum dignus sacerdotio videretur, materna sine dubio suffragatione, sed ne mater quidem nisi pro bono candidato valuisset.

Fabianus berichtet – was auch unsere Eltern sehen konnten –, ein Junge habe in Rom gelebt von gewaltiger Statur, strotzend vor Kraft. Aber der starb bald, und seinen frühen Tod hat jeder Verständige vorausgesagt. Er konnte ja nicht das Mannesalter erreichen, das er vorweggenommen hatte. Wirklich, ein Zeichen des drohenden Untergangs ist verfrühte Reife; das Ende naht, sobald nichts mehr da ist, was noch dazukommen könnte.

24 Versuche Deinen Sohn nach seinen guten Eigenschaften, nicht nach seinen Jahren zu beurteilen: Hinreichend lang hat er gelebt. Als Kind verlor er den Vater und stand bis zu seinem vierzehnten Lebensjahr unter der Obhut seiner Vormunde, unter der Aufsicht seiner Mutter allezeit! Obgleich er einen eigenen Hausstand hatte, wollte er den Deinen nicht verlassen und blieb mit seiner Mutter zusammen, während andere Söhne es kaum beim Vater aushalten können. Nach Größe, Aussehen und Körperkraft der geborene Soldat, verschmähte er den Kriegsdienst, um nicht von Dir fortgehen zu müssen. Überschlage, Marcia, wie selten Mütter ihre Kinder sehen, wenn sie fern von ihnen wohnen! Bedenke, daß so vielen Müttern die Jahre verloren gehen und in Sorge verstreichen, in denen sie ihre Söhne beim Heer haben. Du wirst einsehen, daß es ein langer Zeitraum war, von dem Dir nichts entzogen ist. Nie hat er sich aus Deinem Umkreis entfernt; unter Deinen Augen entfaltete er hervorragende schriftstellerische Fähigkeiten, die denen seines Großvaters gleichgekommen wären, hätte es ihm nicht die Bescheidenheit verwehrt, die schon viele von ihrer Leistung schweigen ließ. Als junger Mann von seltener Schönheit bewies er trotz der großen Zahl von Frauen, die Männer zu verführen suchten, daß bei ihm keine eine Chance hatte, und wenn manche in ihrer Schlechtigkeit so weit gingen, sich ihm aufzudrängen, wurde er rot, als habe er sich versündigt, weil er gefiel. Durch diesen makellosen Lebenswandel erreichte er, daß man ihn, obwohl er noch sehr jung war, eines Priesteramtes für würdig hielt – zweifellos auf Empfehlung seiner Mutter, doch nicht einmal die Stimme der Mutter hätte

Harum contemplatione virtutum filium gere quasi sinu! Nunc ille tibi magis vacat, nunc nihil habet, quo avocetur; numquam tibi sollicitudini, numquam maerori erit. Quod unum ex tam bono filio poteras dolere, doluisti; cetera exempta casibus, plena voluptatis sunt, si modo uti filio scis, si modo, quid in illo pretiosissimum fuerit, intellegis.

Imago dumtaxat filii tui periit et effigies non simillima; ipse quidem aeternus meliorisque nunc status est, despoliatus oneribus alienis et sibi relictus.

Haec, quae vides circumdata nobis, ossa, nervos et obductam cutem vultumque et ministras manus et cetera, quibus involuti sumus, vincula animorum tenebraeque sunt. Obruitur his, offocatur, inficitur, arcetur a veris et suis in falsa coniectus. Omne illi cum hac gravi carne certamen est, ne abstrahatur et sidat; nititur illo, unde demissus est: ibi illum aeterna requies manet ex confusis crassisque pura et liquida visentem.

25 Proinde non est, quod ad sepulcrum filii tui curras: pessima eius et ipsi molestissima istic iacent, ossa cineresque, non magis illius partes quam vestes aliaque tegimenta corporum. Integer ille nihilque in terris relinquens sui fugit et totus excessit; paulumque supra nos commoratus, dum expurgatur et inhaerentia vitia situmque omnem mortalis aevi excutit, deinde ad excelsa sublatus inter felices currit animas. Excepit illum coetus sacer, Scipiones Catonesque interque contempto-

gezählt, außer bei einem tüchtigen Bewerber. Während Du an solche Vorzüge denkst, trag Deinen Sohn gleichsam im Herzen! Jetzt hat er mehr für Dich Zeit, jetzt hat er nichts, wodurch er Dir entfremdet werden könnte. Nie wird er Dir Unruhe, niemals Gram bereiten. Den einzigen Schmerz, den Du von einem so guten Sohn erleiden konntest, hast Du erlitten; alles andere ist den Wechselfällen des Schicksals entzogen und lusterfüllt, wenn du Dich nur Deines Sohnes zu freuen vermagst, wenn Du nur begreifst, was an ihm das Wertvollste war.

Ein Schatten Deines Sohnes ist, wenn man es recht betrachtet, entschwunden, ein nicht besonders ähnliches Abbild; er selbst aber ist unsterblich und steht nun besser da, weil ihm unangemessene Belastung abgenommen und er sich selber überlassen ist.

Was Du uns beigegeben siehst, Gebeine, Muskeln, die Haut darüber, das Gesicht, die hilfreichen Hände und all das andere um uns herum, das ist ein dunkler Kerker unserer Seele. Erdrückt wird sie darin, erstickt, befleckt und ferngehalten vom Wahren und ihr Gemäßen, da sie in Nichtiges gebannt ist. Nichts als Streit hat sie mit diesem trägen Fleisch, um nicht sich selbst untreu zu werden und abzusinken; sie strebt dorthin, von wo sie herabgesandt wurde; dort wartet ewige Ruhe auf sie, die aus Unreinem und Schwerem zum Klaren und Lichten aufschaut.

25 Somit gibt es keinen Grund dafür, daß Du an das Grab Deines Sohnes eilst: Das Wertloseste von ihm und was ihn selbst am meisten belastete, liegt dort, Gebein und Asche – ebensowenig ein Teil von ihm wie ein Gewand und was sonst den Leib bedeckt. Unversehrt und ohne etwas von sich auf Erden zurückzulassen, ist er entflohen und ganz dahingegangen. Nur eine kleine Weile schwebte er noch über uns, während er geläutert wurde und die Gebrechen, die ihm anhafteten, samt allem Erdenstaub von sich abschüttelte; dann wurde er in lichte Höhen entrückt und weilt nun unter den seligen Geistern. Ihn nahm dort eine ehrwürdige Versammlung auf, Männer wie Scipio und Cato und, als einer

res vitae et beneficio suo liberos parens tuus, Marcia. Ille nepotem suum, quamquam illic omnibus omne cognatum est, applicat sibi nova luce gaudentem et vicinorum siderum meatus docet nec ex coniectura, sed omnium ex vero peritus in arcana naturae libens ducit, utque ignotarum urbium monstrator hospiti gratus est, ita sciscitanti caelestium causas domesticus interpres.

Et in profunda terrarum permittere aciem iubet: iuvat enim ex alto relicta respicere. Sic itaque te, Marcia, gere, tamquam sub oculis patris filiique posita, non illorum, quos noveras, sed tanto excelsiorum et in summo locatorum: erubesce quicquam humile aut vulgare agere et mutatos in melius tuos flere.

Aeternarum rerum per libera et vasta spatia dimissos non illos interfusa maria discludunt nec altitudo montium aut inviae valles aut incertarum vada Syrtium; omnia in plano habent et ex facili mobiles et expediti et in vicem pervii sunt intermixtique sideribus.

26 Puta itaque ex illa arce caelesti patrem tuum, Marcia, cui tantum apud te auctoritatis erat, quantum tibi apud filium tuum, non illo ingenio, quo civilia bella deflevit, quo proscribentes in aeternum ipse proscripsit, sed tanto elatiore, quanto est ipse sublimior, dicere: „Cur te, filia, tam longa tenet aegritudo? Cur in tanta veri ignoratione versaris, ut inique actum cum filio tuo iudices, quod integro domus statu, integer ipse ad maiores se recepit suos? Nescis, quantis fortuna procellis dis-

von denen, die das Leben verachteten und sich selbst die Freiheit schenkten, Dein Vater, Marcia. Er nimmt seinen Enkel – obschon dort jeder mit jedem verwandt ist – zu sich, und während dieser sich des neuen Lichtes freut, zeigt er ihm die Bahnen der nahen Gestirne und führt ihn nicht aufgrund bloßer Mutmaßung, sondern in genauer Kenntnis von allem gern in die Geheimnisse der Natur ein. Und wie ein Führer durch unbekannte Städte dem Fremdling willkommen ist, so ist es für ihn, der nach den Gründen der Himmelserscheinungen fragt, ein Erklärer, der dort zu Hause ist.

Und er gebietet ihm, den Blick tief hinunter zur Erde zu senden: Es macht ja Freude, aus der Ferne auf das Zurückgelassene zurückzuschauen. Deswegen verhalte Du Dich, Marcia, so, als blickten Dein Vater und Dein Sohn stets auf Dich, und zwar nicht die, die Du kanntest, sondern weit Erhabenere und in höchste Höhen Versetzte. Schäme Dich, etwas Kleinmütiges oder Gewöhnliches zu tun und einen Wandel zum Besseren bei den Deinen zu beklagen!

In des ewigen Universums grenzenlose und unermeßliche Weiten sind sie entlassen, es trennen sie keine Meeresarme und keine himmelhohen Berge oder weglose Schluchten oder die unberechenbaren Syrten mit ihren Untiefen. Alles steht ihnen offen, sie bewegen sich mit Leichtigkeit und ungehindert, und wechselweise nahen ihnen, treffen sie auf Sterne.

26 Glaube also, daß aus jenen Himmelshöhen Dein Vater, Marcia, der auf Dich ebenso großen Einfluß hatte wie Du auf Deinen Sohn, nicht in der Haltung, in der er unter Tränen die Bürgerkriege beschrieb, in der er die für Ächtungen Verantwortlichen selbst auf ewige Zeit ächtete, sondern in einer um soviel hehreren, wie er nun selbst erhabener ist, zu Dir spricht: „Warum läßt dich, Tochter, so lange dein Kummer nicht los? Warum verschließt du dich so hartnäckig der Wahrheit, dergestalt, daß du meinst, deinem Sohn sei Unrecht widerfahren, weil er, ohne daß der Bestand seines Hauses, ohne daß er selbst Schaden nahm, zu seinen Ahnen heimgekehrt ist? Weißt du nicht, in wie großen Stürmen das

turbet omnia? Quam nullis benignam facilemque se praestiterit, nisi qui minimum cum illa contraxerant? Regesne tibi nominem felicissimos futuros, si maturius illos mors instantibus subtraxisset malis? An Romanos duces, quorum nihil magnitudini deerit, si aliquid aetati detraxeris? An nobilissimos viros clarissimosque ad ictum militaris gladii composita cervice servatos? Respice patrem atque avum tuum: ille in alieni percussoris venit arbitrium; ego nihil in me cuiquam permisi et cibo prohibitus ostendi tam magno me, quam vivebam, animo scripsisse.

Cur in domo nostra diutissime lugetur, qui felicissime moritur? Coimus omnes in unum videmusque, non alta nocte circumdati, nihil apud vos, ut putatis, optabile, nihil excelsum, nihil splendidum, sed humilia cuncta et gravia et anxia et quotam partem luminis nostri cernentia!

Quid dicam nulla hic arma mutuis furere concursibus nec classes classibus frangi nec parricidia aut fingi aut cogitari nec fora litibus strepere dies perpetuos, nihil in obscuro, detectas mentes et aperta praecordia et in publico medioque vitam et omnis aevi prospectum notitiamque? Iuvabat unius me saeculi facta componere, in parte ultima mundi et inter paucissimos gesta: tot saecula, tot aetatum contextam seriem, quicquid annorum est, licet visere; licet surrectura, licet ruitura regna prospicere et magnarum urbium lapsus et maris novos cursus.

Schicksal alles verheert? Wie es sich noch keinem gnädig und gefällig zeigte außer demjenigen, der am wenigsten von ihm haben wollte? Soll ich dir Könige nennen, die überglücklich gewesen wären, hätte sie ein wenig früher der Tod vor drohendem Unheil in Sicherheit gebracht? Oder römische Heerführer, deren Größe nichts mehr Abbruch tut, wenn man von ihrem Alter ein ganz klein wenig abzieht? Oder edle, hochberühmte Männer, dafür aufgespart, dem Schwertstreich eines Soldaten ihren Nacken hinzuhalten? Denke an deinen Vater und deinen Großvater: Mit diesem kam es dahin, daß ein Fremder die Macht hatte, ihn zu töten. Ich habe mich in keiner Hinsicht jemandem ausgeliefert und, indem ich der Speise entsagte, bewiesen, daß ich so hochgesinnt, wie ich lebte, auch geschrieben habe.

Weshalb wird in unserem Haus der am längsten betrauert, der am glücklichsten stirbt? Wir versammeln uns alle an einem Ort und sehen, nimmer in tiefes Dunkel gehüllt, daß bei euch nichts, wie ihr glaubt, erstrebenswert, nichts großartig, nichts herrlich ist, sondern alles armselig und beschwerlich und sorgenvoll – und wie wenig ahnt ihr von unserer Herrlichkeit!

Was brauche ich zu erwähnen, daß hier keine Kämpfe toben im wechselseitigen Zusammenstoß, keine Flotten an Flotten zerschellen, keine Morde erdacht oder ersonnen werden, keine Plätze von Prozessen widerhallen ganze Tage lang, daß nichts im Dunkel bleibt, alle Gedanken offen sind, Gefühle frei geäußert werden und das Leben sich vor aller Augen abspielt, daß man alles, was kommt, vorhersieht, was vorbei ist, weiß? Es freute mich, die Geschichte eines Jahrhunderts niederzuschreiben, die sich im fernsten Teil des Weltalls und unter ganz wenigen zugetragen hat. Nun kann ich so viele Jahrhunderte, so vieler Generationen unablässige Folge überblicken, mögen die Jahre noch so zahlreich sein; ich kann den Aufstieg, kann den Untergang von Königreichen vorhersehen, den Verfall großer Städte, und wie das Meer sich ein neues Bett sucht.

Nam, si tibi potest solacio esse desiderii tui commune fatum, nihil, quo stat loco, stabit, omnia sternet abducetque secum vetustas. Nec hominibus solum (quota enim ista fortuitae potentiae portio est?), sed locis, sed regionibus, sed mundi partibus ludet. Totos supprimet montes et alibi rupes in altum novas exprimet; maria sorbebit, flumina avertet et commercio gentium rupto societatem generis humani coetumque dissolvet; alibi hiatibus vastis subducet urbes, tremoribus quatiet et ex infimo pestilentiae halitus mittet et inundationibus, quicquid habitatur, obducet necabitque omne animal orbe submerso et ignibus vastis torrebit incendetque mortalia. Et, cum tempus advenerit, quo se mundus renovaturus exstinguat, viribus ista se suis caedent et sidera sideribus incurrent et omni flagrante materia uno igne, quicquid nunc ex disposito lucet, ardebit. Nos quoque, felices animae et aeterna sortitae, cum deo visum erit iterum ista moliri, labentibus cunctis et ipsae, parva ruinae ingentis accessio, in antiqua elementa vertemur.

Felicem filium tuum, Marcia, qui ista iam novit!"

Denn wenn dich in deinem Schmerz das allgemeine Verhängnis trösten kann: Nichts bleibt an dem Ort stehen, wo es steht, alles wird das Alter niederzwingen und mit sich reißen. Und nicht mit den Menschen allein – denn einen wie kleinen Teil seines Machtbereichs machen die aus –, sondern auch mit Örtlichkeiten, Landschaften, Erdteilen wird das Schicksal sein Spiel treiben. Ganze Berge wird es einebnen und anderswo Felsen hoch auftürmen, Meere austrinken, Flüsse in ein anderes Bett lenken, den Verkehr zwischen den Völkern unterbrechen und die Gemeinschaft und Einheit des Menschengeschlechts spalten. Anderswo wird es in unermeßlichen Abgründen Städte verschwinden lassen, andere durch Erdbeben erschüttern und aus der Tiefe verderbliche Dämpfe senden, mit einer Sintflut alles bewohnte Land bedecken und jegliches Wesen töten, weil die ganze Erde im Meer versinkt. Auch in riesigen Feuersbrünsten wird es verbrennen und einäschern, was vergänglich ist. Und wenn die Zeit kommt, daß die Welt, um neu zu werden, sich vernichtet, dann wird aus eigener Kraft dies alles sich zerschmettern, Sterne werden gegen Sterne rasen und, weil jeglicher Stoff brennt, wird in einem Feuer alles, was nun in schöner Ordnung leuchtet, verglühen. Auch wir seligen Geister, die Ewigkeit erlosten, werden dann, wenn es Gott gefällt, das große Werk neu zu beginnen, und wenn alles vergeht, als winzige Funken im ungeheuren Weltenbrand wieder zu dem werden, was wir anfänglich waren.

Wie glücklich, Marcia, ist dein Sohn, der das schon weiß!"

DE VITA BEATA

1 Vivere, Gallio frater, omnes beate volunt, sed ad pervidendum, quid sit, quod beatam vitam efficiat, caligant; adeoque non est facile consequi beatam vitam, ut eo quisque ab ea longius recedat, quo ad illam concitatius fertur, si via lapsus est; quae ubi in contrarium ducit, ipsa velocitas maioris intervalli causa fit.

Proponendum est itaque primum, quid sit, quod appetamus; tunc circumspiciendum, qua contendere illo celerrime possimus intellecturi in ipso itinere, si modo rectum erit, quantum cotidie profligetur quantoque propius ab eo simus, ad quod nos cupiditas naturalis impellit. Quamdiu quidem passim vagamur non ducem secuti, sed fremitum et clamorem dissonum in diversa vocantium, conteretur vita inter errores brevis, etiam si dies noctesque bonae menti laboremus. Decernatur itaque, et quo tendamus et qua, non sine perito aliquo, cui explorata sint ea, in quae procedimus, quoniam quidem non eadem hic, quae in ceteris peregrinationibus, condicio est: in illis comprensus aliquis limes et interrogati incolae non patiuntur errare, at hic tritissima quaeque via et celeberrima maxime decipit.

DAS GLÜCKLICHE LEBEN

1 Leben, mein Bruder Gallio, wollen alle im Glück, doch um zu erkennen, was das Leben glücklich macht, dafür sind sie blind. Und es ist derart schwierig, ein glückliches Leben zu erlangen, daß jedermann sich von diesem Ziel desto weiter entfernt, je leidenschaftlicher er es verfolgt – wenn er den falschen Weg eingeschlagen hat. Sobald ihn dieser in die entgegengesetzte Richtung führt, ist gerade seine Hast die Ursache dafür, daß der Abstand immer größer wird.

Daher müssen wir uns zunächst darüber klar werden, was überhaupt unser Ziel ist, und uns dann Gedanken machen, wie wir am raschesten dorthin gelangen können. Sind wir erst einmal auf dem rechten Weg, werden wir merken, wieviel davon täglich zu schaffen ist und um wieviel wir dem nähergekommen sind, dem uns ein natürliches Verlangen entgegentreibt. Solange wir aber in alle Richtungen schweifen und keinem Führer folgen, sondern dem Geflüster und verworrenen Geschrei von Leuten, die uns da- und dorthin rufen, verrinnt unser Leben, kurz wie es ist, auf Irrwegen, selbst wenn wir uns Tag und Nacht um die rechte innere Einstellung bemühen. Demnach muß eine Entscheidung darüber fallen, wohin wir eilen und auf welchem Weg, und zwar nicht ohne irgendeinen Ortskundigen, der das, was wir vor uns haben, gründlich erforscht hat. Die Dinge liegen hier ja nicht so wie bei sonstigen Reisen: auf ihnen lassen uns der eingeschlagene Pfad und die Einheimischen, die wir fragen, nicht fehlgehen; hier aber führt uns gerade ein ausgetretener, vielbegangener Weg am ehesten in die Irre.

Nihil ergo magis praestandum est quam, ne pecorum ritu sequamur antecedentium gregem pergentes non, quo eundum est, sed, quo itur. Atqui nulla res nos maioribus malis implicat quam, quod ad rumorem componimur optima rati ea, quae magno assensu recepta sunt, quodque exempla nobis multa sunt nec ad rationem, sed ad similitudinem vivimus.

Inde ista tanta coacervatio aliorum super alios ruentium. Quod in strage hominum magna evenit, cum ipse se populus premit (nemo ita cadit, ut non et alium in se attrahat, primique exitio sequentibus sunt), hoc in omni vita accidere videas licet: nemo sibi tantummodo errat, sed alieni erroris et causa et auctor est; nocet enim applicari antecedentibus et, dum unusquisque mavult credere quam iudicare, numquam de vita iudicatur, semper creditur, versatque nos et praecipitat traditus per manus error.

Alienis perimus exemplis; sanabimur, si separemur modo a coetu. Nunc vero stat contra rationem defensor mali sui populus. Itaque id evenit, quod in comitiis, in quibus eos factos esse praetores idem, qui fecere, mirantur, cum se mobilis favor circumegit: eadem probamus, eadem reprehendimus; hic exitus est omnis iudicii, in quo secundum plures datur.

2 Cum de beata vita agetur, non est, quod mihi illud discessionum more respondeas: „Haec pars maior esse videtur"; ideo enim peior est. Non tam bene cum rebus humanis agitur, ut meliora pluribus placeant: argumentum pessimi turba est.

Vor nichts sollten wir uns folglich mehr in acht nehmen als davor, wie Schafe der Herde zu folgen, die vor uns dahinzieht, und nicht die Richtung einzuschlagen, in die man gehen müßte, sondern die, in die man geht. Nichts läßt uns ja in größeres Unheil geraten, als daß wir uns nach dem Gerede der Leute richten und für das Beste halten, was mit lauter Zustimmung aufgenommen wird, daß wir viele Vorbilder haben und nicht nach der Vernunft, sondern in der Bereitschaft leben, uns anzupassen.

Daher stürzen wir auch zuhauf ins Verderben, einer über den anderen. Was bei einem großen Menschenauflauf geschieht, wo die Leute sich gegenseitig voranstoßen – keiner stürzt, ohne zugleich einen anderen mit sich zu reißen, und die Vordersten bringen die Nachdrängenden zu Fall –, das kann man im Leben allenthalben beobachten: Niemands Fehltritt schadet nur ihm allein, sondern verursacht und bewirkt fremde Verfehlung. In der Tat ist es schädlich, sich eng an die zu halten, die vorangehen, und solange es ein jeder vorzieht, zu glauben statt zu entscheiden, fällt nie eine Lebensentscheidung, man glaubt nur immer, und es treibt uns ins jähe Verderben der von Geschlecht zu Geschlecht sich forterbende Wahn.

Das Beispiel anderer ist unser Verhängnis; wir werden gerettet, wenn wir uns nur von der Masse absondern. Heutzutage stellt sich in der Tat der Vernunft als Verteidiger seiner Fehler der große Haufe entgegen. So geht es ebenso zu wie bei Wahlen, wo sich dieselben Leute darüber wundern, daß einer Prätor wurde, die ihn gewählt haben, sobald die wetterwendische Volksgunst umgeschlagen ist. Einunddasselbe finden wir gut und finden wir schlecht – das ist das Resultat jeder Entscheidung, bei der man sich der Mehrheit fügt.

2 Wenn es um das Lebensglück geht, darfst du mir nicht, gleich wie beim Hammelsprung im Senat, entgegenhalten: „Das scheint mir die größere Hälfte zu sein." Eben deshalb ist es nämlich die schlechtere. Nein, so gut ist's im Menschenleben nicht bestellt, daß das Bessere der Mehrheit zusagt. Als ganz schlecht erweist sich, worum man sich drängt.

Quaeramus ergo, quid optimum factu sit, non quid usitatissimum, et quid nos in possessione felicitatis aeternae constituat, non quid vulgo, veritatis pessimo interpreti, probatum sit. Vulgum autem tam chlamydatos quam coronatos voco; non enim colorem vestium, quibus praetexta sunt corpora, aspicio; oculis de homine non credo, habeo melius et certius lumen, quo a falsis vera diiudicem; animi bonum animus inveniat.

Hic, si umquam respirare illi et recedere in se vacaverit, o quam sibi ipse verum tortus a se fatebitur ac dicet: „Quicquid feci adhuc infectum esse mallem, quicquid dixi, cum recogito, mutis invideo, quicquid optavi, inimicorum exsecrationem puto, quicquid timui, di boni, quanto levius fuit, quam quod concupii! Cum multis inimicitias gessi et in gratiam ex odio (si modo ulla inter malos gratia est) redii: mihi ipsi nondum amicus sum. Omnem operam dedi, ut me multitudini educerem et aliqua dote notabilem facerem: quid aliud quam telis me opposui et malevolentiae, quod morderet, ostendi? Vides istos, qui eloquentiam laudant, qui opes sequuntur, qui gratiae adulantur, qui potentiam extollunt? Omnes aut sunt hostes aut, quod in aequo est, esse possunt: quam magnus mirantium, tam magnus invidentium populus est. Quin potius quaero aliquod usu bonum, quod sentiam, non quod ostendam? Ista, quae spectantur, ad quae consistitur, quae alter alteri stupens monstrat, foris nitent, introrsus misera sunt."

3 Quaeramus aliquod non in speciem bonum, sed solidum et aequale et a secretiore parte formosius;

Fragen wir uns also, was am besten zu tun sei, nicht, was allgemein üblich ist, und was uns zum Besitz beständigen Glücks verhilft, nicht, was dem Pöbel zusagt, der über das Rechte die abwegigsten Vorstellungen hat. Pöbel aber nenne ich auch Leute im Krönungsornat. Denn nicht auf das Äußere, auf die Gewänder, die sie umhüllen, schaue ich. Den Augen mag ich bei einem Menschen nicht trauen. Ich habe ein besseres und zuverlässigeres Organ, um Falsches vom Echten zu unterscheiden: Geistige Gaben entdecke der Geist!

Wenn dieser je die Möglichkeit zur Entspannung und zum Rückzug auf sich selbst erhält, wie wird er sich dann gründlich prüfen, die Wahrheit eingestehen und sagen: „Alles, was ich bisher tat, hätte ich lieber nicht getan. Wenn ich all mein Reden bedenke, dann beneide ich die Stummen. All meine Wünsche kommen mir wie Verwünschungen meiner Feinde vor. Alles, was ich fürchtete, ihr guten Götter, um wieviel harmloser war es als was ich begehrte! Mit vielen war ich verfeindet und habe nach dem Zerwürfnis mit ihnen wieder Freundschaft geschlossen – sofern es unter Schlechten so etwas wie Freundschaft geben kann. Mir selbst bin ich noch kein Freund. Ich habe mir alle Mühe gegeben, mich über die Masse zu erheben und durch irgendein Talent aufzufallen – doch damit habe ich mich nur zur Zielscheibe gemacht und dem Neid gezeigt, wo er mich verwunden kann. Du siehst die Leute da, die meine Rednergabe loben, die hinter meinem Reichtum her sind, die um meine Gunst buhlen, die meinen Einfluß rühmen. Sie alle sind entweder meine Feinde oder, was auf dasselbe hinausläuft, könnten es sein. Ebenso groß wie die Schar der Bewunderer ist die der Neider. Wieso strebe ich nicht nach etwas, das erwiesenermaßen ein Gut ist, dessen ich gewiß sein kann und das ich nicht herzuzeigen brauche? Das, was ins Auge fällt, wovor man stehen bleibt, was man einander staunend zeigt, glänzt nur äußerlich; inwendig ist's jämmerlich."

3 Wir wollen also etwas suchen, das nicht dem Anschein nach gut ist, sondern wahrhaftig und insgesamt gut und da,

hoc eruamus. Nec longe positum est: invenietur; scire tantum opus est, quo manum porrigas; nunc velut in tenebris vicina transimus offensantes ea ipsa, quae desideramus.

Sed ne te per circumitus traham, aliorum quidem opiniones praeteribo (nam et enumerare illas longum est et coarguere): nostram accipe! Nostram autem cum dico, non alligo me ad unum aliquem ex Stoicis proceribus: est et mihi censendi ius. Itaque aliquem sequar, aliquem iubebo sententiam dividere, fortasse et post omnes citatus nihil improbabo ex iis, quae priores decreverint, et dicam: „Hoc amplius censeo." Interim, quod inter omnis Stoicos convenit, rerum naturae assentior; ab illa non deerrare et ad illius legem exemplumque formari sapientia est.

Beata est ergo vita conveniens naturae suae, quae non aliter contingere potest quam, si primum sana mens est et in perpetua possessione sanitatis suae, deinde fortis ac vehemens, tunc pulcherrime patiens, apta temporibus, corporis sui pertinentiumque ad id curiosa non anxie, tum aliarum rerum, quae vitam instruunt, diligens sine admiratione cuiusquam, usura fortunae muneribus, non servitura.

Intellegis, etiam si non adiciam, sequi perpetuam tranquillitatem libertatem depulsis iis, quae aut irritant nos aut territant; nam voluptatibus et pro illis, quae parva ac fragilia sunt et ipsis flagitiis noxia, ingens gaudium subit inconcussum et

wo man es kaum wahrnimmt, noch schöner. Das laß uns entdecken! Es ist nicht weit weg, es läßt sich finden; man muß nur wissen, wohin man die Hand ausstrecken soll. Noch gehen wir wie im Finstern an etwas vorbei, das doch nahe ist, selbst wenn wir uns immer wieder an dem Gesuchten stoßen.

Um dich nun nicht auf Umwegen da- und dorthin zu führen, werde ich die Ansichten anderer übergehen, denn sie aufzuzählen wäre ebenso langwierig wie sie zu widerlegen. Vernimm die unsere! Doch wenn ich von der unsrigen spreche, halte ich mich nicht sklavisch an einen der großen Stoiker. Auch ich habe das Recht, mir eine eigene Meinung zu bilden. Daher werde ich manchem folgen, manchem nahelegen, seine Gedanken zu differenzieren, und vielleicht auch, wenn man mich nach ihnen allen zur Stellungnahme auffordert, keine von den Aussagen meiner Vorgänger mißbilligen und nur sagen: „Das meine ich außerdem noch." Bei alledem – darin sind sich ja sämtliche Stoiker einig – folge ich der Natur. Von ihr nicht abzuweichen und sich von ihrem Gesetz, von ihrem Vorbild leiten zu lassen, das ist Weisheit.

Glücklich ist also ein Leben, das seiner natürlichen Bestimmung entspricht. Das kann uns aber nur zuteil werden, wenn zuerst der Geist gesund und sich dieser Gesundheit auf Dauer sicher, wenn er ferner tapfer und dynamisch, sodann in edelster Weise leidensfähig und mißlichen Umständen gewachsen ist, wenn er sich um den Leib und was damit zu tun hat, sorgt, doch nicht angstvoll, und wenn er die anderen Dinge, die das Leben angenehm machen, zu schätzen weiß, ohne doch sein Herz an etwas zu hängen, und wenn er bereit ist, die Gaben des Glücks zu genießen, ohne ihnen zu frönen.

Du siehst ein, auch wenn ich dich nicht darauf hinweise, daß beständiger Seelenfrieden auf solche Freiheit folgt, sobald wir uns dessen entledigt haben, was uns lockt oder schreckt. Denn statt jener Lustgefühle, die nichtig und flüchtig sind und gerade durch ihre Verwerflichkeit schaden, stellt sich eine ungeheure stille Freude ein, die völlig uner-

aequale, tum pax et concordia animi et magnitudo cum mansuetudine; omnis enim ex infirmitate feritas est.

4 Potest aliter quoque definiri bonum nostrum, id est eadem sententia non eisdem comprendi verbis. Quemadmodum idem exercitus modo latius panditur, modo in angustum coartatur et aut in cornua sinuata media parte curvatur aut recta fronte explicatur, vis illi, utcumque ordinatus est, eadem est et voluntas pro eisdem partibus standi: ita finitio summi boni alias diffundi potest et exporrigi, alias colligi et in se cogi.

Idem itaque erit, si dixero: „Summum bonum est animus fortuita despiciens virtute laetus" aut „Invicta vis animi, perita rerum, placida in actu cum humanitate multa et conversantium cura." Licet et ita finire, ut beatum dicamus hominem eum, cui nullum bonum malumque sit nisi bonus malusque animus, honesti cultorem, virtute contentum, quem nec extollant fortuita nec frangant, qui nullum maius bonum eo, quod sibi ipse dare potest, noverit, cui vera voluptas erit voluptatum contemptio.

Licet, si evagari velis, idem in aliam atque aliam faciem salva et integra potestate transferre; quid enim prohibet nos beatam vitam dicere liberum animum et erectum et interritum ac stabilem, extra metum, extra cupiditatem positum, cui unum bonum sit honestas, unum malum turpitudo, cetera vilis turba rerum nec detrahens quicquam beatae vitae nec adiciens, sine auctu ac detrimento summi boni veniens ac recedens?

schütterlich ist, dazu Gemütsruhe, innere Ausgeglichenheit und Seelengröße zusammen mit Sanftmut. Nur der Schwäche entstammt nämlich jede Gewalttätigkeit.

4 Man kann auch auf andere Weise umreißen, was in unseren Augen ein Gut ist, also dieselbe Aussage formulieren, aber nicht mit denselben Worten. So, wie das gleiche Heer bald weiter ausschwärmt, bald fest die Reihen schließt und entweder, während die Flügel einschwenken, sein Zentrum im Halbkreis formiert oder sich in gerader Linie entfaltet und doch seine Kampfkraft, wie immer es sich aufstellt, dieselbe bleibt, dazu die Bereitschaft, für dieselbe Sache einzutreten: Ebenso kann die Begriffsbestimmung des höchsten Gutes bald weitausholend und in aller Breite, bald zusammenfassend und gestrafft erfolgen.

Es bleibt sich also gleich, ob ich nun sage: „Das höchste Gut ist ein Geist, der über das Schicksal erhaben ist und sich an seinen Vorzügen freut" oder „es ist ein unbesiegbarer, starker Geist, der die Welt kennt, friedfertig in seinem Wirken, voll Menschlichkeit und Fürsorge für die, die ihm nahestehen." Man kann bei der Definition auch so vorgehen, daß wir den Menschen glücklich nennen, für den nichts gut oder schlecht ist als die gute oder schlechte innere Einstellung, der das, was recht ist, liebt, an der Tugend genug hat, den Glück nicht stolz macht und Unglück nicht zerschmettert, der kein größeres Gut kennt als jenes, das er sich selbst geben kann, und für den die wahre Lust darin besteht, Sinnenlust zu verachten.

Man kann, falls man in die Breite gehen möchte, eben dies immer neu formulieren, wenn nur der Sinn unbeeinträchtigt erhalten bleibt. Was hindert uns denn daran, glückliches Leben so zu umschreiben: Frei ist der Geist und erhaben und unerschrocken, dazu standhaft, der Furcht und dem Verlangen entrückt, so daß es für ihn nur *ein* Gut gibt, das Rechte, und nur *ein* Übel, die Schande; das übrige, eine Vielzahl von Dingen, gilt ihm nichts, denn es kann sein Lebensglück weder schmälern noch vergrößern; ohne Mehrung und Minderung des höchsten Gutes kommt es und geht es.

Hoc ita fundatum necesse est, velit, nolit, sequatur hilaritas continua et laetitia alta atque ex alto veniens, ut quae suis gaudeat nec maiora domesticis cupiat. Quidni ista bene penset cum minutis et frivolis et non perseverantibus corpusculi motibus? Quo die infra voluptatem fuerit, et infra dolorem erit; vides autem, quam malam et noxiosam servitutem serviturus sit, quem voluptates doloresque, incertissima dominia impotentissimaque, alternis possidebunt: ergo exeundum ad libertatem est. Hanc non alia res tribuit quam fortunae neglegentia: tum illud orietur inaestimabile bonum, quies mentis in tuto collocatae et sublimitas expulsisque terroribus ex cognitione veri gaudium grande et immotum comitasque et diffusio animi, quibus delectabitur non ut bonis, sed ut ex bono suo ortis.

5   Quoniam liberaliter agere coepi, potest beatus dici, qui nec cupit nec timet beneficio rationis, quoniam et saxa timore et tristitia carent nec minus pecudes; non ideo tamen quisquam felicia dixerit, quibus non est felicitatis intellectus. Eodem loco pone homines, quos in numerum pecorum et inanimalium redegit hebes natura et ignoratio sui. Nihil interest inter hos et illa, quoniam illis nulla ratio est, his prava et malo suo atque in perversum sollers; beatus enim dici nemo potest extra veritatem proiectus.

Beata ergo vita est in recto certoque iudicio stabilita et immutabilis. Tunc enim pura mens est et

Ist ein so fester Grund gelegt, dann muß sich unweigerlich fortwährende Heiterkeit und eine innige Freude einstellen, die aus dem Innersten kommt, da sie an dem Vergnügen findet, was ihr eigen ist, und darüber hinaus nichts Höheres verlangt. Warum sollte diese nicht reichlich die dürftigen und albernen und auch nicht lange anhaltenden Leidenschaften des armseligen Leibes aufwiegen? An dem Tag, an dem man der Lust unterliegt, unterliegt man auch dem Schmerz. Du begreifst aber, wie schlimme und verderbliche Sklaverei ein Sklave ertragen muß, über den Sinnenlust und Schmerzen ihre völlig unberechenbare und zügellose Herrschaft ausüben. Also muß man sich losmachen, um zur Freiheit zu gelangen. Dazu verhilft aber nur Verachtung des Schicksals. Erst dann wird uns jenes unschätzbare Gut zuteil, die sicher gegründete Ruhe des Geistes, der über den Dingen steht und, wenn erst die Ängste vertrieben sind, dank der Erkenntnis der Wahrheit große, unerschütterliche Freude und Freundlichkeit und ein heiterer Sinn, woran einer sich nicht wie an guten Gaben freut, sondern wie an Früchten des ihm eigenen Gutes.

5 Und da ich mich auf eine ausführliche Darstellung eingelassen habe, mag auch der glücklich genannt werden, der weder begehrt noch fürchtet, und zwar dank seiner Vernunft – empfinden doch auch Steine keine Furcht und Trauer, ebensowenig wie die Tiere. Und doch kann sie deswegen wohl niemand glücklich nennen: sie haben ja keine Vorstellung von Glück. Dazu rechne auch die Menschen, die auf dieselbe Stufe wie Tiere und leblose Materie ihr Stumpfsinn und die Unfähigkeit zur Selbsterkenntnis absinken ließen. Kein Unterschied ist zwischen diesen und jenen, denn jene besitzen keine Vernunft, diese aber eine entartete und nur zum eigenen Verderben und zur Torheit geschickte. Glücklich kann man ja keinen nennen, der von der Wahrheit weit abgekommen ist.

Glücklich ist also ein Leben, das sich auf eine richtige und zuverlässige Entscheidung unabänderlich gründet. Dann nämlich ist der Geist heiter und aller Übel ledig, wenn ihn

soluta omnibus malis, quae non tantum lacerationes, sed etiam vellicationes effugerit, statura semper, ubi constitit, ac sedem suam etiam irata et infestante fortuna vindicatura. Nam quod ad voluptatem pertinet, licet cirumfundatur undique et per omnes vias influat animumque blandimentis suis leniat aliaque ex aliis admoveat, quibus totos partesque nostri sollicitet: quis mortalium, cui ullum superest hominis vestigium, per diem noctemque titillari velit et deserto animo corpori operam dare?

6 „Sed animus quoque", inquit, „voluptates habebit suas." Habeat sane sedeatque luxuriae et voluptatum arbiter; impleat se eis omnibus, quae oblectare sensus solent, deinde praeterita respiciat et exoletarum voluptatum memor exultet prioribus futurisque iam immineat ac spes suas ordinet et, dum corpus in praesenti sagina iacet, cogitationes ad futuram praemittat: hoc mihi videbitur miserior, quoniam mala pro bonis legere dementia est. Nec sine sanitate quisquam beatus est nec sanus, cui obfutura pro optimis appetuntur.

Beatus ergo est iudicii rectus; beatus est praesentibus, qualiacumque sunt, contentus amicusque rebus suis; beatus est is, cui omnem habitum rerum suarum ratio commendat.

7 Videant, in illis qui summum bonum dixerunt, quam turpi illud loco posuerint. Itaque negant posse voluptatem a virtute diduci et aiunt nec honeste quemquam vivere, ut non iucunde vivat, nec iucunde, ut non honeste quoque.

nichts mehr verletzen, ja nicht einmal mehr unangenehm berühren kann, wenn er fest zu seinen Entscheidungen steht und selbst dann, wenn das Schicksal zürnt und droht, sich behauptet. Denn was die Sinnenfreuden angeht, so dürfen sie sich uns allenthalben anbieten, sich auf jede Art und Weise heranschleichen, uns durch ihre Lockungen zur Nachgiebigkeit reizen und ein Mittel nach dem andern anwenden, um uns insgesamt oder bestimmte Körperteile zu erregen: Welcher Sterbliche, dem auch nur eine Spur seines Menschseins geblieben ist, möchte sich Tag und Nacht kitzeln lassen, seinen Geist vernachlässigen und nur dem Körper frönen?

6 „Aber auch der Geist", wendet einer ein, „wird doch wohl die Sinnenfreuden als seine eigenen empfinden!" Mag er's nur tun und sich als die entscheidende Instanz über Lebensgenuß und Lustgefühle einsetzen. Mag er sich an allem sättigen, was gewöhnlich angenehme Empfindungen auslöst, dann das Vergangene überdenken, in Erinnerung an ausgekostete Genüsse sich an dem berauschen, was war, und bereits nach Künftigem gieren, seine Wunschträume Revue passieren lassen und, während sich der Wanst noch beim jetzigen Schmaus mästet, seine Phantasie schon zum nächsten schweifen lassen! Deswegen kommt er mir nur noch elender vor, da die Wahl des Schlechten statt des Guten Torheit ist. Weder ist einer ohne gesunden Verstand glücklich noch bei gesundem Verstand, wenn er, was ihm schaden wird, statt des Besten begehrt.

Glücklich also ist, wer recht zu entscheiden weiß; glücklich ist, wer mit seiner Lage, gleich wie sie sich darstellt, zufrieden und für seine Habe dankbar ist; glücklich ist der, dem alle Lebensumstände die Vernunft erträglich macht.

7 Es dürften auch diejenigen, die erklärten, in jenen Lebensumständen liege das höchste Gut beschlossen, erkennen, welch schmählichen Platz sie ihm damit zugewiesen haben. Jedenfalls versichern sie, die Lust lasse sich nicht von der Vollkommenheit trennen, und sagen, niemand lebe gut und nicht zugleich genußvoll und auch nicht genußvoll, ohne zugleich gut.

Non video, quomodo ista tam diversa in eandem copulam coiciantur. Quid est, oro vos, cur separari voluptas a virtute non possit? Videlicet, quia omne bonis ex virtute principium est, ex huius radicibus etiam ea, quae vos et amatis et expetitis, oriuntur? Sed si ista indiscreta essent, non videremus quaedam iucunda, sed inhonesta, quaedam vero honestissima, sed aspera, per dolores exigenda. Adice nunc, quod voluptas etiam ad vitam turpissimam venit, at virtus malam vitam non admittit, et infelices quidam non sine voluptate, immo ob ipsam voluptatem sunt, quod non eveniret, si virtuti se voluptas immiscuisset, qua virtus saepe caret, numquam indiget.

Quid dissimilia, immo diversa componitis? Altum quiddam est virtus, excelsum et regale, invictum, infatigabile: voluptas humile, servile, imbecillum, caducum, cuius statio ac domicilium fornices et popinae sunt. Virtutem in templo convenies, in foro, in curia, pro muris stantem, pulverulentam, coloratam, callosas habentem manus; voluptatem latitantem saepius ac tenebras captantem circa balinea ac sudatoria ac loca aedilem metuentia, mollem, enervem, mero atque unguento madentem, pallidam aut fucatam et medicamentis pollinctam.

Summum bonum immortale est, nescit exire nec satietatem habet nec paenitentiam: numquam enim recta mens vertitur nec sibi odio est nec quicquam mutavit a vita optima; at voluptas tunc, cum maxime delectat, exstinguitur; non multum loci habet, itaque cito implet et taedio est et post

Ich begreife nicht, wie man so Gegensätzliches unter einen Hut bringen kann. Was spricht, ich bitte euch, dagegen, die Lust von der Vollkommenheit zu trennen? Na freilich, weil alles Gute aus der Vollkommenheit hervorgeht, sprießen aus dieser Wurzel auch die Dinge, die ihr liebt und erstrebt! Doch gäbe es da keinen Unterschied, dann müßten wir nicht feststellen, daß manches zwar angenehm, aber nicht sittlich gut, und manches hochanständig, aber beschwerlich und nur unter Schmerzen ausführbar ist. Nimm dazu, daß Genuß sich selbst bei einem ganz verwerflichen Leben einstellt, die Tugend aber ein schlechtes Leben nicht erlaubt, und daß manche Leute unglücklich sind, nicht weil es ihnen an Sinnenlust fehlt, sondern gerade wegen dieser Sinnenlust. Dazu käme es nicht, wenn sich der Tugend in enger Verbindung die Lust beigesellt hätte, auf die die Tugend oft verzichten muß, ohne sie freilich zu vermissen.

Was bringt ihr ganz Unähnliches, ja Gegensätzliches zusammen? Etwas Erhabenes ist die Tugend, herrlich und eines Königs würdig, unbezwinglich und unerschöpflich; die Lust dagegen etwas Gemeines, Sklavisches, Schwaches, Hinfälliges, dessen Aufenthaltsort Bordelle und Kneipen sind. Tugend wirst du im Tempel antreffen, auf dem Forum, im Rathaus; sie steht draußen vor den Mauern, staubbedeckt, braungebrannt, hat schwielige Hände. Die Lust hält sich die meiste Zeit versteckt und sucht den Schutz der Dunkelheit, etwa in Badehäusern und Schwitzkammern und an Orten, die das Amt für öffentliche Ordnung zu fürchten haben. Sie ist schlaff, kraftlos, patschnaß von schwerem Wein und Pomade, blaß oder grellrot geschminkt und mit Kosmetika hergerichtet wie eine Leiche.

Das höchste Gut ist unsterblich, kann nicht entschwinden; bei ihm gibt es weder Überdruß noch Reue. Niemals nämlich wandelt sich die rechte innere Einstellung oder ist sich selbst zuwider oder hatte je etwas an einem rundum guten Leben zu ändern. Doch die Lust muß dann, wenn sie den höchsten Genuß schenkt, erlöschen; sie hat nicht viel Spielraum, daher sättigt sie schnell und erregt Überdruß und

primum impetum marcet. Nec id umquam certum est, cuius in motu natura est: ita ne potest quidem ulla eius esse substantia, quod venit transitque celerrime in ipso usu sui periturum; eo enim pervenit, ubi desinat, et, dum incipit, spectat ad finem.

8 Quid, quod tam bonis quam malis voluptas inest nec minus turpes dedecus suum quam honestos egregia delectant? Ideoque praeceperunt veteres optimam sequi vitam, non iucundissimam, ut rectae ac bonae voluntatis non dux, sed comes sit voluptas. Natura enim duce utendum est: hanc ratio observat, hanc consulit. Idem est ergo beate vivere et secundum naturam. Hoc quid sit, iam aperiam: si corporis dotes et apta naturae conservabimus diligenter et impavide, tamquam in diem data et fugacia, si non subierimus eorum servitutem nec nos aliena possederint, si corpori grata et adventicia eo nobis loco fuerint, quo sunt in castris auxilia et armaturae leves (serviant ista, non imperent), ita demum utilia sunt menti.

Incorruptus vir sit externis et insuperabilis miratorque tantum sui, fidens animo atque in utrumque paratus, artifex vitae; fiducia eius non sine scientia sit, scientia non sine constantia: maneant illi semel placita nec ulla in decretis eius litura sit. Intellegitur, etiam si non adiecero, compositum ordinatumque fore talem virum et in iis, quae aget, cum comitate magnificum.

wird nach dem ersten Überschwang schal. Nie ist ja Verlaß auf etwas, das seinem Wesen nach unbeständig ist; demnach kann das auch nichts Erhebliches sein, was so rasch kommt und geht, was gerade dann, wenn man es genießt, bereits schwindet; es erreicht nämlich seinen Höhepunkt, wo es nachlassen muß, und im Entstehen zielt es schon auf ein Ende.

8 Doch wieso empfinden sowohl Gute als auch Schlechte Vergnügen, erfreut schändliche Menschen ihr schimpfliches Tun ebenso wie anständige das Edle? Gerade deshalb verlangten die alten Philosophen, man solle nach dem besten und nicht nach dem angenehmsten Leben trachten, damit ein Mensch, der das Rechte und Gute will, sich von der Lust nicht leiten, sondern begleiten lasse. Die Natur nämlich muß man als Führerin haben; auf sie achtet die Vernunft, von ihr holt sie sich Rat. Dasselbe ist also ein glückliches und ein naturgemäßes Leben. Was damit gemeint ist, will ich gleich erklären: Wenn wir unsere körperlichen Anlagen und, was uns die Natur sonst mitgegeben hat, bewahren – sorgsam, aber nicht ängstlich, eben wie etwas, das uns auf Zeit geschenkt und vergänglich ist, wenn wir uns nicht in Abhängigkeit davon begeben und uns nicht etwas beherrscht, was außerhalb von uns ist, wenn das, was dem Leib lieb ist und uns zufällt, bei uns denselben Stellenwert hat wie im Heer Hilfstruppen und Leichtbewaffnete – sie sollen ihren Dienst tun, nicht befehlen –, dann erst sind sie für den Geist von Nutzen.

Nicht verführen lasse sich ein Mann von Äußerlichem und nicht bezwingen; er sehe nur auf sich selbst, vertraue auf sich und sei auf beides, auf Gutes und Schlechtes, vorbereitet – kurz, er soll sein Leben meistern; sein Selbstvertrauen sei nicht ohne Einsicht, seine Einsicht nicht ohne Beständigkeit. Von Dauer sei, wofür er sich einmal entschied, und bei seinen Entscheidungen darf es keine Retuschen geben. Es versteht sich, auch wenn ich es nicht noch hinzufüge, daß ein solcher Mann mit sich völlig im reinen ist und in allem, was er tut, zugleich freundlich und großmütig.

Ratio quaerat sensibus irritata et capiens inde principia (nec enim habet aliud, unde conetur aut unde ad verum impetum capiat) in se revertatur.

Nam mundus quoque cuncta complectens rectorque universi deus in exteriora quidem tendit, sed tamen introsum undique in se redit. Idem nostra mens faciat: cum secuta sensus suos per illos se ad externa porrexerit, et illorum et sui potens sit.

Hoc modo una efficietur vis ac potestas concors sibi et ratio illa certa nascetur non dissidens nec haesitans in opinionibus comprensionibusque nec in persuasione, quae, cum se disposuit et partibus suis consensit et, ut ita dicam, concinuit, summum bonum tetigit. Nihil enim pravi, nihil lubrici superest, nihil, in quo arietet aut labet; omnia faciet ex imperio suo nihilque inopinatum accidet, sed, quicquid agetur, in bonum exibit facile et parate et sine tergiversatione agentis; nam pigritia et haesitatio pugnam et inconstantiam ostendit. Quare audaciter licet profitearis summum bonum esse animi concordiam.

Virtutes enim ibi esse debebunt, ubi consensus atque unitas erit; dissident vitia.

9 „Sed tu quoque", inquit, „virtutem non ob aliud colis, quam quia aliquam ex illa speras voluptatem." Primum non, si voluptatem praestatura virtus est, ideo propter hanc petitur: non enim hanc praestat, sed et hanc, nec huic laborat, sed

Die Vernunft untersuche die Sinneswahrnehmungen, und wenn sie da einen Ausgangspunkt findet – sie hat ja sonst nichts, wo sie ansetzen und von wo aus sie um die Erkenntnis des Wahren ringen könnte –, dann kehre sie zu sich selbst zurück.

Auch das Weltall, das alles umfaßt, und der Lenker des Universums, Gott, neigt dazu, sich weiter zu entfalten, und findet doch von überall her nach innen, zu sich selbst, zurück. Dasselbe muß unser Geist tun: Wenn er sich von seinen Wahrnehmungen leiten ließ und mit ihrer Hilfe in die Außenwelt vorstieß, sollte er die Kontrolle über jene Wahrnehmungen und sich selbst behalten.

Auf diese Weise entsteht eine starke einheitliche Kraft, und jene verläßliche Denkweise entwickelt sich, die sich nicht in Zweifel zieht und nicht in Vermutungen und Annahmen verheddert, auch nicht im Vorurteil. Wenn diese erst Gestalt gewonnen, in ihren Teilbereichen Übereinstimmung erzielt und, wenn ich so sagen darf, zur Harmonie gefunden hat, dann hat sie das höchste Gut erreicht. Nichts Falsches, nichts Unberechenbares bleibt mehr übrig, nichts, woran sie Anstoß nehmen oder wo sie straucheln könnte. Alles wird sie tun nach eigener Weisung, und nichts Unverhofftes wird ihr begegnen. Was immer geschieht, wird zum Guten ausschlagen, und zwar leicht und schnell und ohne daß der handelnde Mensch unschlüssig würde; denn Entschlußlosigkeit und Zaudern weisen auf innere Konflikte und Inkonsequenz. Darum darf man unumwunden erklären, das höchste Gut sei die seelische Harmonie.

Gute Eigenschaften sind nämlich notwendigerweise dort daheim, wo Übereinstimmung und Einigkeit herrschen; im Widerstreit liegen die Laster.

9 „Doch auch du", wendet jemand ein, „hältst die Tugend aus keinem anderen Grund hoch, als weil du dir von ihr irgendeinen Genuß erhoffst." Erstens: Wenn die Tugend einen Genuß verschaffen sollte, strebt man doch nicht deshalb nach ihr. Nicht ihn allein verschafft sie uns, sondern *auch* ihn, und sie bemüht sich nicht darum, sondern ihr

labor eius, quamvis aliud petat, hoc quoque assequetur. Sicut in arvo, quod segeti proscissum est, aliqui flores internascuntur, non tamen huic herbulae, quamvis delectet oculos, tantum operis insumptum est (aliud fuit sereni propositum, hoc supervenit), sic et voluptas non est merces nec causa virtutis, sed accessio, nec quia delectat placet, sed si placet, et delectat.

Summum bonum in ipso iudicio est et habitu optimae mentis, quae cum suum implevit et finibus se suis cinxit, consummatum est summum bonum nec quicquam amplius desiderat; nihil enim extra totum est, non magis quam ultra finem. Itaque erras, cum interrogas, quid sit illud, propter quod virtutem petam; quaeris enim aliquid supra summum. Interrogas, quid petam ex virtute? Ipsam. Nihil enim habet melius, enim ipsa pretium sui. An hoc parum magnum est? Cum tibi dicam: „Summum bonum est infragilis animi rigor et providentia et sublimitas et sanitas et libertas et concordia et decor", aliquid etiamnunc exigis maius, ad quod ista referantur? Quid mihi voluptatem nominas? Hominis bonum quaero, non ventris, qui pecudibus ac beluis laxior est.

10 „Dissimulas", inquit, „quid a me dicatur; ego enim nego quemquam posse iucunde vivere, nisi simul et honeste vivit, quod non potest mutis contingere animalibus nec bonum suum cibo metientibus. Clare", inquit, „ac palam testor hanc vitam quam ego iucundam voco non nisi adiecta virtute contingere."

Mühen bringt, auch wenn es ein anderes Ziel hat, ihn mit sich. Wie auf einem Feld, das für die Aussaat umgebrochen wurde, allerlei Blumen mit aufgehen, jedoch nicht auf dieses Unkraut, mag es auch das Auge erfreuen, soviel Mühe verwandt wurde – ganz anderes hatte der Sämann im Sinn, das kam von sich aus dazu –, so ist auch die Freude an ihr nicht Lohn und auch nicht Anlaß der Tugend, sondern eine Dreingabe, und nicht, weil sie Freude schenkt, findet sie Beifall, sondern wenn sie Beifall findet, schenkt sie auch Freude.

Das höchste Gut liegt eben im Urteilsvermögen und in der bestmöglichen inneren Einstellung. Hat der Geist seine Bestimmung erfüllt und sich feste Grenzen gesetzt, dann ist das höchste Gut völlig erreicht, und er verlangt nichts weiter. Es gibt nämlich nichts außerhalb des Ganzen, ebensowenig wie jenseits des Letzten. Daher bist du auf dem falschen Weg, wenn du danach fragst, weswegen ich nach Vollkommenheit trachte. Du fragst nämlich nach etwas oberhalb des Höchsten. Du willst wissen, was ich mir von der Vollkommenheit wünsche? Sie selbst! Sie hat nichts Besseres zu bieten, sie ist ja selbst ihr eigener Lohn. Ist der etwa nicht groß genug? Wenn ich dir sage: „Das höchste Gut ist unbeugsame Seelenstärke, Voraussicht, Erhabenheit, geistige Gesundheit und innere Freiheit, Ausgeglichenheit und wahrer Adel", forderst du selbst dann noch etwas Größeres, wovon das alles abhängen könnte? Was sprichst du mir von der Lust? Ich suche nach dem, was für den Menschen gut ist, nicht für den Bauch – der ist beim Herdenvieh und bei wilden Tieren größer!

10 „Du willst nicht zur Kenntnis nehmen", wirft wer ein, „was ich meine: Ich behaupte nämlich, niemand könne angenehm leben, sofern er nicht gleichzeitig auch anständig lebt. Das ist beim stummen Vieh nicht möglich, und auch nicht bei denen, die ihr Wohlergehen an ihrer Kost messen. Ich gestehe klar und offen, daß ein nach meiner Meinung angenehmes Leben nur in Verbindung mit der Tugend verwirklicht werden kann."

Atqui quis ignorat plenissimos esse voluptatibus vestris stultissimos quosque et nequitiam abundare iucundis animumque ipsum genera voluptatis prava et multa suggerere? In primis insolentiam et nimiam aestimationem sui tumoremque elatum super ceteros et amorem rerum suarum caecum et improvidum, delicias fluentis et ex minimis ac puerilibus causis exsultationem, iam dicacitatem ac superbiam contumeliis gaudentem, desidiam dissolutionemque segnis animi indormientis sibi.

Haec omnia virtus discutit et aurem pervellit et voluptates aestimat, antequam admittat; nec si quas probavit, magni pendit: caute utique enim admittit nec usu earum, sed temperantia laeta est. Temperantia autem cum voluptates minuat, tibi summi boni iniuria est. Tu voluptatem complecteris, ego compesco; tu voluptate frueris, ego utor; tu illam summum bonum putas, ego nec bonum; tu omnia voluptatis causa facis, ego nihil.

11 Cum dico me nihil voluptatis causa, de illo loquor sapiente, cui soli concedis voluptatem. Non voco autem sapientem, supra quem quicquam est, nedum voluptas: atqui ab hac occupatus quomodo resistet labori et periculo, egestati et tot humanam vitam circumstrepentibus minis? Quomodo conspectum mortis, quomodo dolores feret, quomodo mundi fragores et tantum acerrimorum hostium, a tam molli adversario citus? „Quicquid voluptas suaserit, faciet." Age, non vides, quam multa suasura sit? „Nihil", inquit, „poterit turpiter suadere, quia adiuncta virtuti est." Non vides

Gleichwohl: Wer weiß nicht, daß sich diesen euren Lustempfindungen am hemmungslosesten gerade die größten Toren hingeben, daß das Laster überreich ist an Lockungen und daß gar unsere Seele uns mancherlei Vergnügen, abartig und vielfältig, nahelegt, besonders Zügellosigkeit, überhöhte Selbsteinschätzung, Aufgeblasenheit, in der man sich hoch über andere stellt, blinde, unüberlegte Eigenliebe, überschwappenden Luxus und bei den geringfügigsten und kindischen Anlässen lauten Jubel, dazu Redseligkeit und Dünkel, der sich freut, wenn er andere kränken kann, Trägheit und Gleichgültigkeit einer matten, vor sich hindösenden Seele.

Das alles vertreibt die Tugend, zupft dich am Ohr und prüft die Sinnenfreuden, ehe sie sie an dich heranläßt. Und selbst wenn sie welche gutheißt, veranschlagt sie diese nicht hoch. Und nur mit Vorsicht läßt sie sie in jedem Fall zu und freut sich nicht an ihrem Genuß, sondern an ihrer Begrenzung. Da aber Begrenzung die Lust verringert, ist das in deinen Augen eine Beeinträchtigung des höchsten Gutes: Du liebst die Lust, ich habe sie unter Kontrolle, du kostest sie aus, ich nehme sie an, du hältst sie für das höchste Gut, ich nicht einmal für ein Gut, du tust alles um ihretwillen, ich nichts.

11 Wenn ich erkläre, nichts um der Lust willen zu tun, äußere ich mich zugleich über jenen weisen Mann, dem du allein den Vollbesitz der Lust zusprichst. Allerdings kann ich den nicht weise nennen, über dem noch irgend etwas steht – und nun gar die Lust! Ist er ihr aber doch verfallen, wie wird er der Not, der Gefahr, der Armut und so vielen Schreckgestalten trotzen, die den Menschen im Leben lärmend umdrängen? Wie wird er den Anblick des Todes, wie Schmerzen ertragen, wie einen Weltuntergang und eine solche Menge erbittertster Feinde, wenn er einem so schlappen Widerpart unterlegen ist? „Er wird alles tun, was die Lust ihm rät." Geh! Siehst du nicht, wieviel sie ihm raten wird? „Nichts Schimpfliches", sagt er, „wird sie raten, da sie mit der Vollkommenheit verbunden ist." Siehst du wieder nicht,

iterum, quale sit summum bonum, cui custode opus est, ut bonum sit? Virtus autem quomodo voluptatem reget, quam sequitur, cum sequi parentis sit, regere imperantis? A tergo ponis, quod imperat. Egregium autem habet virtus apud vos officium voluptates praegustare!

Sed videbimus, an, apud quos tam contumeliose tractata virtus est, adhuc virtus sit, quae habere nomen suum non potest, si loco cessit; interim, de quo agitur, multos ostendam voluptatibus obsessos, in quos fortuna omnia munera sua effudit, quos fatearis necesse est malos. Aspice Nomentanum et Apicium, terrarum ac maris, ut isti vocant, bona concoquentis et super mensam recognoscentis omnium gentium animalia, vide hos eosdem in suggestu rosae despectantis popinam suam, aures vocum sono, spectaculis oculos, saporibus palatum suum delectantes; mollibus lenibusque fomentis totum lacessitur eorum corpus et, ne nares interim cessent, odoribus variis inficitur locus ipse, in quo luxuriae parentatur. Hosce esse in voluptatibus dices, nec tamen illis bene erit, quia non bono gaudent.

12   „Male", inquit, „illis erit, quia multa interveniunt, quae perturbent animum, et opiniones inter se contrariae mentem inquietabunt." Quod ita esse concedo; sed nihilo minus illi ipsi stulti et inaequales et sub ictu paenitentiae positi magnas percipient voluptates, ut fatendum sit tam longe tum illos ab omni molestia abesse quam a bona mente

was für ein „höchstes Gut" das ist, das, um gut zu sein, eine Kontrollinstanz braucht? Und wie wird die Vollkommenheit die Lust kontrollieren, wenn sie ihr nachgeht, da doch Nachfolge auf Gehorsam, Kontrolle auf Beherrschung hinweist? Hintangestellt hast du, was gebietet! Eine großartige Aufgabe hat aber auch die Tugend bei euch: sie darf Genüsse vorkosten!

Wir wollen noch untersuchen, ob die Tugend bei denen, wo sie so schändlich behandelt wird, überhaupt noch eine Tugend ist; denn sie kann diesen guten Namen nicht behalten, wenn sie ihren Platz räumt. Für den Augenblick will ich, worum es ja geht, viele Revue passieren lassen, die den Leibesfreuden verfallen waren, die das Glück mit all seinen Gaben überschüttet hat und von denen du unweigerlich zugeben mußt, daß sie nichtswürdige Menschen waren. Sieh nur Nomentanus und Apicius an, wie sie sich „der Länder und des Meeres Schätze" (so drücken sie sich doch aus) schmecken lassen, wie sie auf ihrer Tafel Tiere aus aller Welt prüfend betrachten, schau sie dir an auf hohem Rosenlager, wie sie auf ihre Schlemmermahlzeit starren, wie sie ihre Ohren an Sang und Klang, an Theaterspiel die Augen, an Leckerbissen den Gaumen erfreuen! Weiche, leichte Decken machen ihnen prickelnd warm, und damit währenddessen die Nase nicht zu kurz kommt, erfüllt man mit verschiedenen Wohlgerüchen eben den Ort, wo sie der Schwelgerei huldigen. Daß diese Leute ihr Leben im Genuß verbringen, wirst du zugeben; trotzdem geht es ihnen nicht gut, denn sie freuen sich nicht an Gutem.

12 „Schlecht", so sagt man, „wird es ihnen ergehen, weil vieles vorkommt, was ihr seelisches Gleichgewicht erschüttert und widerstreitende Erwartungen für innere Unruhe sorgen." Daß dem so ist, räume ich ein; doch dessenungeachtet werden gerade diese Narren, diese schwankenden Charaktere, die bald den Stachel der Reue spüren werden, große Sinneslust empfinden, so daß man gestehen muß, sie seien im Augenblick ebensoweit von jedem Unbehagen entfernt wie von der rechten Geisteshaltung und – das ist ja bei

et, quod plerisque contingit, hilarem insaniam insanire ac per risum furere.

At contra sapientium remissae voluptates et modestae ac paene languidae sunt compressaeque et vix notabiles, ut quae neque accersitae veniant nec, quamvis per se accesserint, in honore sint neque ullo gaudio percipientium exceptae; miscent enim illas et interponunt vitae ut ludum iocumque inter seria.

13 Desinant ergo inconvenientia iungere et virtuti voluptatem implicare, per quod vitium pessimis quibusque adulantur. Ille effusus in voluptates, ructabundus semper atque ebrius, quia scit se cum voluptate vivere, credit et cum virtute; audit enim voluptatem separari a virtute non posse, deinde vitiis suis sapientiam inscribit et abscondenda profitetur. Itaque non ab Epicuro impulsi luxuriantur, sed vitiis dediti luxuriam suam in philosophiae sinu abscondunt et eo concurrunt, ubi audiant laudari voluptatem. Nec aestimant, voluptas illa Epicuri (ita enim, me hercules, sentio) quam sobria ac sicca sit, sed ad nomen ipsum advolant quaerentes libidinibus suis patrocinium aliquod ac velamentum. Itaque, quod unum habebant in malis, bonum perdunt, peccandi verecundiam: laudant enim ea, quibus erubescebant, et vitio gloriantur ideoque ne resurgere quidem adulescentia licet, cum honestus turpi desidiae titulus accessit. Hoc est, cur ista voluptatis laudatio perniciosa sit, quia honesta praecepta intra latent, quod corrumpit, apparet.

den meisten so – sie wiegten sich in einem heiteren Wahn und trieben unter Lachen ihre Tollheit.

Demgegenüber sind die Lustempfindungen der Weisen eingeschränkt, beherrscht und beinahe gleichgültig, sogar unterdrückt und kaum zu bemerken, da sie sich weder auf Geheiß einstellen noch, wenn sie ungebeten kommen, geschätzt sind, und von denen, die sie erfahren, ohne jede innere Freude empfunden werden. Diese gewähren ihnen dann und wann ein Plätzchen in ihrem Leben, gleich wie Spiel und Spaß unter ernsten Dingen.

13 Man unterlasse es daher, Unvereinbares unter ein Joch zu zwingen und mit der Tugend die Lust zu verbinden, ein Laster, womit man sich gerade den Schlechtesten andient. Jener hemmungslose Genießer, der ständig rülpsende Säufer, meint – weil er ja weiß, daß er im Genuß lebt – ein Leben in Vollkommenheit zu führen. Er hört nämlich, daß sich die Lust von der Vollkommenheit nicht trennen läßt, gibt demnach seine Laster als Lebensweisheit aus und bekennt sich zu dem, was er lieber verschweigen sollte. So haben sich diese Leute auch nicht von Epikur zu einem ausschweifenden Leben verführen lassen, sondern suchen, während sie ihren Lastern frönen, der Ausschweifung ein philosophisches Mäntelchen umzuhängen und sammeln sich dort zuhauf, wo man dem Vernehmen nach die Lust preist. Sie nehmen auch nicht zur Kenntnis, wie stocknüchtern (bei Gott, ich empfinde das so!) jene Lust ist, von der Epikur spricht, sie kommen nur auf das Wort hin gerannt und suchen für ihre Lüste einen Schutzpatron. Daher geht ihnen das einzige, was bei ihrem üblen Treiben noch gut war, verloren, das Schamgefühl bei Fehltritten; denn nun loben sie das, dessentwegen sie bislang erröteten, und rühmen sich ihrer Lasterhaftigkeit, und so kann selbst ein noch junger Mensch nicht mehr davon loskommen, weil die Bezeichnung für sein Luderleben respektabel klingt. Dies ist auch der Grund, weswegen dieses euer Loblied auf die Lust so verhängnisvoll ist, weil die respektablen Lehren unter der Oberfläche bleiben und, was verdirbt, ins Auge fällt.

In ea quidem ipse sententia sum (invitis hoc nostris popularibus dicam) sancta Epicurum et recta praecipere et, si propius accesseris, tristia; voluptas enim illa ad parvum et exile revocatur et, quam nos virtuti legem dicimus, eam ille dicit voluptati: iubet illam parere naturae; parum est autem luxuriae, quod naturae satis est. Quid ergo est? Ille quisquis desidiosum otium et gulae ac libidinis vices felicitatem vocat, bonum malae rei quaerit auctorem et, dum illo venit blando nomine inductus, sequitur voluptatem, non quam audit, sed quam attulit, et vitia sua cum coepit putare similia praeceptis, indulget illis non timide nec obscure, luxuriatur etiam inde aperto capite.

Itaque non, quod dicunt plerique nostrorum, sectam Epicuri flagitiorum magistram esse, sed illud dico: male audit, infamis est, et immerito. Hoc scire qui potest, nisi interius admissus? Frons eius ipsa dat locum fabulae et ad malam spem irritat. Hoc tale est, quale vir fortis stolam indutus: constat tibi pudicitia, virilitas salva est, nulli corpus tuum turpi patientiae vacat, sed in manu tympanum est. Titulus itaque honestus eligatur et inscriptio ipsa excitans animum: quae stat, invenerunt vitia.

Quisquis ad virtutem accessit, dedit generosae indolis specimen; qui voluptatem sequitur, videtur enervis, fractus, degenerans viro, perventurus

Ich vertrete nämlich persönlich die Ansicht und sage das wohl zum Mißvergnügen meiner stoischen Gesinnungsgenossen, daß Respekt verdient, was Epikur lehrt, und daß es richtig ist, ja, wenn man es näher angeht, sogar hart. Jene seine Lust muß sich auf Weniges und Dürftiges beschränken, und was wir als die Vorbedingung der sittlichen Vollkommenheit bezeichnen, das gilt bei ihm für die Lust. Er verlangt, daß sie der Natur folge. Der Schwelgerei aber ist das zu wenig, was der Natur genügt. Was folgt nun daraus? Ein jeder solcher Mensch, der trägen Müßiggang und das Pendeln zwischen Suff und Sex für Glück hält, sucht sich eine Autorität, die sein übles Treiben billigt, und sobald er die, angelockt von dem verheißungsvollen Begriff, gefunden hat, geht er der Lust nach, doch nicht der, von der er hört, sondern der, die er schon mitbrachte, und wenn er mit der Zeit zu der Ansicht gelangt ist, seine Laster paßten ganz gut zu der Lehre, gibt er sich ihnen nicht ängstlich und heimlich hin, sondern überläßt sich von nun an ganz unverhohlen der Ausschweifung.

Ich will daher nicht, wie die meisten unserer Leute, die Schule Epikurs als eine Lehranstalt für Laster bezeichnen, sondern erkläre folgendes: Sie hat einen üblen Ruf und bringt in Verruf, doch zu Unrecht. Aber wer kann das wissen? Doch nur ein Eingeweihter! So, wie sie sich nach außen darstellt, gibt sie Anlaß zu Gemunkel und weckt böse Wünsche. Es ist mit ihr dasselbe wie mit einem Helden im Weiberrock: Auf dein Schamgefühl kannst du dich verlassen, hast immer noch dein männliches Wesen, gibst deinen Leib nicht schimpflicher Lust preis – aber deine Hand hält ein Tamburin! Die Epikureer müßten sich eine schickliche Devise suchen, einen Wahlspruch, der allein schon das Herz erhebt. Das gegenwärtige Etikett hat die Lasterhaftigkeit erfunden!

Denn wer sich der Tugend geweiht hat, der bewies damit einen edlen Charakter; wer der Lust nachgeht, erweckt den Eindruck, er sei haltlos, schwach, kein Mann mehr und auf dem besten Weg, in Schande zu geraten, falls ihn nicht je-

in turpia, nisi aliquis distinxerit illi voluptates, ut sciat, quae ex eis intra naturale desiderium desistant, quae praeceps ferantur infinitaque sint et, quo magis implentur, eo magis inexplebiles.

14 Agedum, virtus antecedat, tutum erit omne vestigium. Et voluptas nocet nimia: in virtute non est verendum, ne quid nimium sit, quia in ipsa est modus; non est bonum, quod magnitudine laborat sua. Rationalem porro sortitis naturam quae melius res quam ratio proponitur? Et si placet ista iunctura, si hoc placet ad beatam vitam ire comitatu, virtus antecedat, comitetur voluptas et circa corpus ut umbra versetur: virtutem quidem, excelsissimum omnium, voluptati tradere ancillam nihil magnum animo capientis est.

Prima virtus eat, haec ferat signa; habebimus nihilo minus voluptatem, sed domini eius et temperatores erimus; aliquid nos exorabit, nihil coget. At ei, qui voluptati tradidere principia, utroque caruere: virtutem enim amittunt, ceterum non ipsi voluptatem, sed ipsos voluptas habet, cuius aut inopia torquentur aut copia strangulantur, miseri, si deseruntur ab illa, miseriores, si obruuntur; sicut deprensi mari Syrtico modo in sicco relinquuntur, modo torrente unda fluctuantur.

Evenit autem hoc nimia intemperantia et amore caeco rei; nam mala pro bonis petenti periculosum est assequi. Ut feras cum labore periculoque venamur et captarum quoque illarum sollicita possessio est (saepe enim laniant dominos), ita ha-

mand die Sinnenfreuden unterscheiden lehrt, damit er weiß, welche davon sich in den Grenzen natürlichen Verlangens halten und welche sich hemmungslos hinreißen lassen und kein Ende finden und, je mehr man sie zu befriedigen sucht, nur desto unersättlicher sind.

14 Wohlan, so laß die Tugend vorangehen – sicher ist dann jeder Schritt! Außerdem schadet Lust, im Übermaß genossen. Bei der Tugend ist nicht zu befürchten, daß etwas zu viel sei, weil in ihr selbst das Maß gesetzt ist. Kein Gut ist, was an seiner Größe kranken kann. Zudem: Was können vernunftbegabte Wesen sich eher zum Leitstern nehmen als die Vernunft? Und wenn man daran Gefallen findet, sich ihr anzuschließen, wenn man an solcher Begleitung Gefallen findet auf dem Weg in ein glückliches Leben, dann muß die Tugend vorangehen, die Lust sie begleiten und nahe am Körper bleiben wie ein Schatten. Die Tugend aber, das Herrlichste von allem, in den Dienst der Lust stellen, das kann nur einer, der Großes nicht begreift.

Zuerst komme die Tugend, sie trage das Panier; wir werden trotzdem Lust empfinden, doch werden wir sie beherrschen und dämpfen; manches wird sie uns abbetteln, doch nichts erzwingen. Die aber, die der Lust den Vortritt lassen, müssen beidem entsagen, denn die Tugend verlieren sie, und ansonsten haben nicht sie die Lust, sondern die Lust hat sie im Griff: fehlt diese, leiden sie Qualen, kommt sie im Überfluß, nimmt sie ihnen den Atem. Elend sind sie, wenn sie ihnen untreu wird, noch elender, wenn sie in ihr versinken, Leuten gleich, die, im Syrtenmeer vom Sturm überrascht, bald auf Sandbänken stranden, bald im Wogenschwall treiben.

So geht's, wenn man sich zu sehr gehen läßt und etwas blind begehrt; denn für jemanden, der nach Schlechtem statt nach Gutem trachtet, ist es gefährlich, wenn er sein Ziel erreicht. Wie wir wilde Tiere unter Anstrengung und Gefahr jagen und, selbst wenn wir sie gefangen haben, uns dieses Besitzes nicht recht freuen können – oft zerreißen sie ja ihre Besitzer –, so gerieten oft die, die große Lust genossen, in

bentes magnas voluptates in magnum malum eva-
sere captaeque cepere; quae quo plures maioresque sunt, eo ille minor ac plurium servus est,
quem felicem vulgus appellat.

Permanere libet in hac etiamnunc huius rei imagine. Quemadmodum, qui bestiarum cubilia inda-
gat et
> laqueo captare feras

magno aestimat et
> latos canibus cirumdare saltus,

ut illarum vestigia premat, potiora deserit multis-
que officiis renuntiat: ita, qui sectatur voluptatem,
omnia postponit et primam libertatem neglegit ac
pro ventre dependit nec voluptates sibi emit, sed
se voluptatibus vendit.

¹⁵ „Quid tamen", inquit, „prohibet in unum virtu-
tem voluptatemque confundi et ita effici summum
bonum, ut idem et honestum et iucundum sit?"
Quia pars honesti non potest esse nisi honestum,
nec summum bonum habebit sinceritatem suam,
si aliquid in se viderit dissimile meliori. Ne gaudium quidem, quod ex virtute oritur, quamvis
bonum sit, absoluti tamen boni pars est, non magis quam laetitia et tranquillitas, quamvis ex pul-
cherrimis causis nascantur; sunt enim ista bona,
sed consequentia summum bonum, non consum-
mantia.

Qui vero virtutis voluptatisque societatem facit
et ne ex aequo quidem, fragilitate alterius boni,
quicquid in altero vigoris est, hebetat libertatemque illam, ita demum, si nihil se pretiosius novit,
invictam, sub iugum mittit. Nam (quae maxima
servitus est) incipit illi opus esse fortuna; sequitur
vita anxia, suspiciosa, trepida, casum pavens, temporum suspensa momentis.

großes Unheil: wonach sie griffen, das griff nach ihnen! Und je zahlreicher und mächtiger die Lüste sind, um so ohnmächtiger und zahlreicheren Gebietern dienstbar ist der, den die Masse glücklich nennt.

Ich verweile gern noch etwas bei diesem Vergleich: Wie einer, der die Verstecke der wilden Tiere aufspürt, ebensoviel darauf gibt,

> das Wild mit der Schlinge zu fangen

wie

> den Bergwald mit Hunden zu umstellen, den weiten,

und, um der Spur jener Tiere zu folgen, Wichtigeres unterläßt und sich vielen Pflichten versagt, so stellt einer, der hinter der Lust her ist, alles andre hintan, schätzt als erstes die Freiheit gering, gibt sie hin für seine Schlemmerei und kauft sich nicht etwa die Genüsse, sondern verkauft sich ihnen.

15 „Doch was", mag man einwerfen, „spricht dagegen, daß sich Tugend und Lust vereinen und dergestalt das höchste Gut sich vollendet, daß ein und dasselbe sowohl sittlich gut wie angenehm ist?" Weil nur sittlich Gutes ein Teil des sittlich Guten sein kann und weil das höchste Gut seine Reinheit einbüßt, wenn sich an ihm etwas zeigt, das dem Besseren nicht gleich ist. Nicht einmal die innerliche Freude, die aus der Tugend erwächst, mag sie auch gut sein, ist ein Teil des absolut Guten, ebensowenig wie Heiterkeit und Seelenfrieden, selbst wenn diese den anerkennenswertesten Anlaß haben. Beide sind zwar gut, aber als Ausfluß des höchsten Gutes, nicht als Teile davon.

Wer nun Tugend und Lust – und sei es auch nicht zu gleichen Teilen – vermischt, nimmt angesichts der mangelnden Beständigkeit des einen Gutes dem anderen all seine Stärke, und jene Freiheit, die nur dann unüberwindlich ist, wenn sie nichts Höheres kennt als sich selbst, schickt er unters Joch. Denn sie gerät, was die schlimmste Form der Knechtschaft ist, in Abhängigkeit vom Schicksal – und es folgt ein Leben voll Unruhe, Argwohn und Zittern, in Angst vor dem Zufall und in Ungewißheit angesichts des ständigen Auf und Ab.

Non das virtuti fundamentum grave, immobile, sed iubes illam in loco volubili stare; quid autem tam volubile est quam fortuitorum exspectatio et corporis rerumque corpus afficientium varietas? Quomodo hic potest deo parere et, quicquid evenit, bono animo excipere nec de fato queri casuum suorum benignus interpres, si ad voluptatum dolorumque punctiunculas concutitur? Sed ne patriae quidem bonus tutor aut vindex est nec amicorum propugnator, si ad voluptates vergit.

Illo ergo summum bonum escendat, unde nulla vi detrahitur, quo neque dolori neque spei nec timori sit aditus nec ulli rei, quae deterius summi boni ius faciat; escendere autem illo sola virtus potest. Illius gradu clivus iste frangendus est; illa fortiter stabit et, quicquid evenerit, feret non patiens tantum, sed etiam volens, omnemque temporum difficultatem sciet legem esse naturae et, ut bonus miles feret vulnera, enumerabit cicatrices et transverberatus telis moriens amabit eum, pro quo cadet, imperatorem; habebit illud in animo vetus praeceptum: deum sequere.

Quisquis autem queritur et plorat et gemit imperata facere, vi cogitur et invitus rapitur ad iussa nihilo minus. Quae autem dementia est, potius trahi quam sequi! Tam, me hercules, quam stultitia et ignoratio condicionis est suae dolere, quod deest aliquid tibi aut incidit durius, aeque mirari aut indigne ferre ea, quae tam bonis accidunt quam malis, morbos dico, funera, debilitates et cetera ex transverso in vitam humanam incurren-

Du gibst der Tugend kein Fundament, das gewichtig und unerschütterlich ist, sondern verlangst, sie solle sich auf schwankendem Grund halten. Welcher Grund aber ist so schwankend wie das unberechenbare Schicksal und unsere allen möglichen Wechselfällen ausgesetzte körperliche Existenz? Wie kann einer in dieser Lage Gott gehorchen und alles, was geschieht, frohgemut hinnehmen und nicht über das Schicksal jammern, sondern auch in seinem Mißgeschick willig das Positive erkennen, wenn er beim leisesten Stich der Lust und der Schmerzen die Fassung verliert? Aber auch für sein Vaterland ist der kein guter Hüter und Beschützer und für seine Freunde kein wackerer Streiter, wenn er sich der Lust ergibt.

Zu solcher Höhe muß sich das höchste Gut erheben, daß es keine Macht von dort herabziehen kann, wohin weder Schmerz noch Hoffnung noch Furcht gelangen noch irgend etwas sonst, das die Herrlichkeit des höchsten Gutes schmälern könnte. Jene Höhe erreichen kann aber nur die Tugend. Nur auf ihrer Spur ist jener Steilhang zu bezwingen; sie wird festen Stand finden und alles, was geschieht, nicht nur geduldig, sondern willig tragen in der Gewißheit, daß jede zeitweilige Schwierigkeit naturgesetzt ist. Wie ein guter Soldat wird sie Wunden hinnehmen, ihre Narben zählen und, von Speeren durchbohrt, noch im Sterben dem ergeben sein, für den sie fällt, ihrem Feldherrn, denn sie wird jenen alten Spruch im Herzen tragen: Folge dem Gott!

Wer aber jammert und heult und stöhnt, den wird man mit roher Gewalt zum Gehorsam zwingen, und wenn er sich auch sträubt, fortschleppen, damit er nichtsdestoweniger dem Befehl folgt. Was ist es aber für eine Torheit, sich lieber fortzerren zu lassen als zu folgen! Ebenso, bei Gott, wie es von Dummheit und mangelnder Einsicht in unsere Lage zeugt, wenn man sich grämt, weil einem etwas fehlt oder etwas Ärgeres zustößt, so auch, wenn man sich darüber wundert oder empört, was Guten wie Schlechten widerfährt – ich meine Krankheiten, Verlust von Angehörigen, Gebrechlichkeit und all die anderen unvermuteten Störungen

tia. Quicquid ex universi constitutione patiendum est, magno suscipiatur animo: ad hoc sacramentum adacti sumus, ferre mortalia nec perturbari iis, quae vitare non est nostrae potestatis. In regno nati sumus: deo parere libertas est.

16 Ergo in virtute posita est vera felicitas. Quid haec tibi virtus suadebit? Ne quid aut bonum aut malum existimes, quod nec virtute nec malitia continget. Deinde, ut sis immobilis et contra malum et ex bono, ut, qua fas est, deum effingas. Quid tibi pro hac expeditione promittit? Ingentia et aequa divinis: nihil cogeris, nullo indigebis; liber eris, tutus, indemnis; nihil frustra temptabis, nihil prohibeberis; omnia tibi ex sententia cedent, nihil adversum accidet, nihil contra opinionem ac voluntatem.

„Quid ergo? Virtus ad beate vivendum sufficit?" Perfecta illa et divina quidni sufficiat, immo superfluat? Quid enim deesse potest extra desiderium omnium posito? Quid extrinsecus opus est ei, qui omnia sua in se collegit? Sed ei, qui ad virtutem tendit, etiam si multum processit, opus est aliqua fortunae indulgentia adhuc inter humana luctanti, dum nodum illum exsolvit et omne vinculum mortale. Quid ergo interest? Quod arte alligati sunt alii, adstricti, alii districti quoque; hic, qui ad superiora progressus est et se altius extulit, laxam catenam trahit nondum liber, iam tamen pro libero.

im Menschenleben. Alles, was man, weil die Welt nun einmal so eingerichtet ist, zu tragen hat, sollte man wie ein Held auf sich nehmen, denn diesen Fahneneid mußten wir schwören: fertig zu werden mit unserem Menschenlos und uns nicht verstören zu lassen durch das, dem zu entfliehen nicht in unserer Macht steht. Unter der Herrschaft eines Königs sind wir geboren: Gott zu gehorchen ist unsere Freiheit.

16 Wie gesagt: In der Tugend liegt das wahre Glück beschlossen. Wozu wird dir diese Tugend raten? Daß du nichts als gut oder schlecht ansiehst, was sich nicht aus der Tugend beziehungsweise der Schlechtigkeit ergibt. Ferner, daß du dich standfest zeigst, sowohl gegen das Schlechte wie für das Gute, damit du, soweit es verstattet ist, Gott ähnlich wirst. Und was verspricht sie dir als Lohn bei diesem Streit? Gewaltiges und Gottgleiches: Zu nichts wirst du gezwungen, nichts wirst du entbehren; frei wirst du sein, sicher, unversehrt; nichts wirst du vergeblich in Angriff nehmen, an nichts wird man dich hindern; alles soll nach deinem Willen gehen, nichts Widriges wird dir zustoßen, nichts unvermutet und unerwünscht.

„Wie soll ich das verstehen? Genügt die Tugend zum glücklichen Leben?" Vollkommen und göttlich ist sie, wie sollte sie nicht genügen, ja vielmehr nicht übergenug sein? Was kann denn dem fehlen, der von jedem Verlangen weit entfernt ist? Was braucht der noch an Äußerem, der all das Seine in sich geborgen hat? Wer aber noch nach der Vollkommenheit strebt, der braucht, auch wenn er schon weit vorangekommen ist, doch noch etwas Nachsicht seitens des Schicksals, da er noch mit menschlichen Schwächen zu kämpfen hat, solange bis er jenen Knoten gelöst hat samt allem, was ihn noch an Sterbliches bindet. Und wo liegt nun der Unterschied? Daß andere vielfach gefesselt sind, mit straff angezogenen, oft verschlungenen Stricken. Er aber, der sich schon darüber erhoben und zu Höherem aufgeschwungen hat, zieht nur noch eine gelockerte Fessel hinter sich her und ist zwar noch nicht frei, aber schon so gut wie frei.

17 Si quis itaque ex istis, qui philosophiam collatrant, quod solent, dixerit: "Quare ergo tu fortius loqueris quam vivis? Quare et superiori verba summittis et pecuniam necessarium tibi instrumentum existimas et damno moveris et lacrimas audita coniugis aut amici morte demittis et respicis famam et malignis sermonibus tangeris? Quare cultius rus tibi est quam naturalis usus desiderat? Cur non ad praescriptum tuum cenas? Cur tibi nitidior supellex est? Cur apud te vinum aetate tua vetustius bibitur? Cur aviarium disponitur? Cur arbores nihil praeter umbram daturae conseruntur? Quare uxor tua locupletis domus censum auribus gerit? Quare paedagogium pretiosa veste succingitur? Quare ars est apud te ministrare nec temere et, ut libet, collocatur argentum, sed perite servitur et est aliquis scindendi obsonii magister?" Adice, si vis: "Cur trans mare possides? Cur plura quam nosti? Turpiter aut tam neglegens es, ut non noveris pauculos servos, aut tam luxuriosus, ut plures habeas, quam quorum notitiae memoria sufficiat!"

Adiuvabo postmodo convicia et plura mihi quam putas obiciam, nunc hoc respondeo tibi: "Non sum sapiens et, ut malivolentiam tuam pascam, nec ero. Exige itaque a me, non ut optimis par sim, sed ut malis melior: hoc mihi satis est, cotidie aliquid ex vitiis meis demere et errores meos obiurgare. Non perveni ad sanitatem, ne perveniam quidem; delenimenta magis quam remedia podagrae meae compono contentus, si ra-

17 Wenn daher jemand von denen, die gegen die Philosophie losbelfern, mit dem üblichen Einwand kommt: „Warum bist du im Reden stärker als im Leben? Warum machst du dich klein, wenn du mit einem Höhergestellten sprichst, und hältst Geld für ein unverzichtbares Ding und erregst dich über einen Verlust und läßt, wenn du vom Tod deiner Frau oder deines Freundes erfährst, die Tränen fließen und siehst auf deinen guten Ruf und bist betroffen, wenn man böse von dir spricht? Warum ist dein Landgut besser gepflegt, als es eine naturgemäße Nutzung erfordert? Warum ißt du nicht so zu Abend, wie du selbst es vorschreibst? Warum hast du gar so blitzblankes Geschirr? Warum trinkt man bei dir Wein, der älter ist als du selber? Warum läßt du ein Vogelhaus aufstellen, warum Bäume pflanzen, die nichts als Schatten spenden können? Warum trägt deine Frau ein ganzes Vermögen an den Ohren? Warum bekommen deine Pagen so wertvolle Kleidung? Warum ist's eine eigene Kunst, bei dir den Tisch zu decken, warum wird nicht aufs Geratewohl und nach Belieben das Tafelsilber verteilt, sondern von geschulten Dienern, und wieso ist ein Spezialist für das Filettieren der Fische zuständig?" Frage, wenn du willst, noch weiter: „Warum hast du jenseits des Meeres Grundbesitz? Warum mehr als du weißt? Du solltest dich schämen, wenn du entweder so gleichgültig bist, daß du deine paar Sklaven nicht kennst, oder so verschwendungssüchtig, daß du mehr angeschafft hast, als daß du sie dir noch merken könntest."

Ich werde dir später helfen bei deiner Strafpredigt und mir mehr, als du dir vorstellen kannst, an den Kopf werfen; jetzt will ich nur dies erwidern: „Ich bin nicht weise und – um deine Entrüstung noch zu steigern – ich werde es nie sein. Verlange also nicht von mir, daß ich den Besten gleich, sondern daß ich im Vergleich zu den Schlechten besser sei. Das genügt mir, täglich ein wenig von meinen Fehlern abzulegen und mir meine Mißgriffe vorzuhalten. Ich hab' es nicht geschafft, von Schwächen frei zu sein, und werde es auch nicht schaffen; eher lindern als heilen will ich meine Gicht und

rius accedit et si minus verminatur; vestris quidem pedibus comparatus debilis, cursor sum." Haec non pro me loquor (enim ego in alto vitiorum omnium sum), sed pro illo, cui aliquid acti est.

18 "Aliter", inquis, "loqueris, aliter vivis." Hoc, malignissima capita et optimo cuique inimicissima, Platoni obiectum est, obiectum Epicuro, obiectum Zenoni, omnes enim isti dicebant, non quemadmodum ipsi viverent, sed quemadmodum esset ipsis vivendum. De virtute, non de me loquor, et cum vitiis convicium facio, in primis meis facio: cum potuero, vivam, quomodo oportet. Nec malignitas me ista multo veneno tincta deterrebit ab optimis; ne virus quidem istud, quo alios spargitis, quo vos necatis, me impediet, quo minus perseverem laudare vitam, non quam ago, sed quam agendam scio, quo minus virtutem adorem et ex intervallo ingenti reptabundus sequar. Exspectabo scilicet, ut quicquam malivolentiae inviolatum sit, cui sacer nec Rutilius fuit nec Cato? Curet aliquis, an istis nimis dives videatur, quibus Demetrius Cynicus parum pauper est? Virum acerrimum et contra omnia naturae desideria pugnantem, hoc pauperiorem quam ceteros Cynicos, quod, cum sibi interdixerint habere, interdixit et poscere, negant satis egere! Vides enim: non virtutis scientiam, sed egestatis professus est.

19 Diodorum, Epicureum philosophum, qui intra paucos dies finem vitae suae manu sua imposuit,

bin's zufrieden, wenn sie mich seltener anfällt und weniger zwackt. Doch wenn ich zum Vergleich auf eure Beine schaue, dann bin ich kranker Mann noch ein Wettläufer. Das sage ich nicht zu meiner eigenen Rechtfertigung – ich stecke ja noch tief in allen möglichen Lastern –, sondern mit Blick auf einen anderen, der etwas weitergekommen ist.

18 „Im Widerspruch", so meinst du, „steht bei dir Lehre und Leben." Das, ihr boshaften Menschen, die ihr gerade die Besten am ärgsten anfeindet, hat man auch Platon vorgeworfen; man warf es Epikur, warf es Zenon vor. Alle diese sprachen ja nicht davon, wie sie selbst lebten, sondern wie sie selbst leben sollten. Ich rede von der Tugend, nicht von mir, und wenn ich gegen die Laster vom Leder ziehe, ziehe ich vor allem gegen meine eigenen los. Sobald ich kann, will ich leben, wie man sollte. Nein, eure Gehässigkeit, mag sie auch noch so sehr von Gift triefen, wird mich nicht von den Besten fernhalten, und auch der giftige Geifer, womit ihr andere besudelt, womit ihr euch umbringt, wird mich nicht daran hindern, weiterhin solch ein Leben zu preisen – nicht das, wie ich es führe, sondern wie man es meiner Meinung nach führen sollte –, und auch nicht daran, die Tugend zu verehren und ihr, wenn auch in ungeheurem Abstand und schleppenden Schritts, zu folgen. Darf ich wohl erwarten, daß die Bosheit irgend etwas unangetastet läßt, da ihr doch weder Rutilius heilig war noch Cato? Und muß man sich etwas daraus machen, wenn man den Leuten allzu reich erscheint, denen sogar der Kyniker Demetrios noch zu wenig arm ist? Einen Eiferer, der gegen alle natürlichen Bedürfnisse ankämpfte und insofern noch bedürfnisloser war als die übrigen Kyniker, als er im Gegensatz zu ihnen, die sich Besitz verboten, selbst den Gedanken daran verbot, den nennen sie nicht arm genug! Und dabei sieht man doch: nicht das Wissen um die Tugend, Bedürfnislosigkeit war sein Spezialgebiet!

19 Von dem epikureischen Philosophen Diodor, der, noch ehe seine wenigen Tage abgelaufen waren, seinem Leben mit eigener Hand ein Ende setzte, sagt man, er habe

negant ex decreto Epicuri fecisse, quod sibi gulam praesecuit. Alii dementiam videri volunt factum eius, alii temeritatem; ille interim beatus ac plenus bona conscientia reddidit sibi testimonium vita excedens laudavitque aetatis in portu et ad ancoram actae quietem et dixit, quod vos inviti audistis, quasi vobis quoque faciendum sit:

Vixi et, quem dederat cursum, fortuna peregi.

De alterius vita, de alterius morte disputatis et ad nomen magnorum ob aliquam eximiam laudem virorum, sicut ad occursum ignotorum hominum minuti canes, latratis; expedit enim vobis neminem videri bonum, quasi aliena virtus exprobratio delictorum vestrum omnium sit. Invidi splendida cum sordibus vestris confertis nec intellegitis, quanto id vestro detrimento audeatis. Nam si illi, qui virtutem sequuntur, avari, libidinosi ambitiosique sunt, quid vos estis, quibus ipsum nomen virtutis odio est?

Negatis quemquam praestare, quae loquitur, nec ad exemplar orationis suae vivere; quid mirum, cum loquantur fortia, ingentia, omnis humanas tempestates evadentia? Cum refigere se crucibus conentur, in quos unusquisque vestrum clavos suos ipse adigit, ad supplicium tamen acti stipitibus singulis pendent; hi, qui in se ipsi animum advertunt, quot cupiditatibus, tot crucibus distrahuntur. At ii maledici et in alienam contumeliam venusti sunt. Crederem illis hoc vacare, nisi quidam ex patibulo suos spectatores conspuerent.

nicht nach der Lehre Epikurs gehandelt, als er sich die Kehle durchschnitt. Die einen möchten seine Tat als Wahnsinnstat hinstellen, andere als Kurzschlußreaktion. Er indessen hat beglückt und völlig ruhigen Gewissens für sich ein Zeugnis abgelegt, als er aus dem Dasein schied, hat die Ruhe gepriesen, die sich einstellt, wenn das Lebensschiff im Hafen vor Anker liegt, und gesprochen, was ihr nur ungern hört – ganz so, als müßtet ihr es ihm gleichtun:

Ich habe gelebt und die Bahn, die das Schicksal mir zeigte, vollendet.

Über des einen Leben, des anderen Tod debattiert ihr, und bei der Erwähnung von Männern, die wegen irgendeiner herausragenden Leistung verehrenswert sind, fangt ihr so, wie beim Auftauchen Unbekannter kleine Hunde, zu kläffen an. Es ist euch nämlich recht, wenn es so aussieht, als sei niemand gut, gleich als ob fremde Leistung ein Vorwurf für all eure Schändlichkeiten wäre. Gehässig bringt ihr Strahlendes mit eurem Dreck zusammen und merkt nicht, welchen Schaden ihr euch durch solche Dreistigkeit zufügt. Denn wenn die, die nach Vollkommenheit streben, habgierig, geil und ehrgeizig sind, was seid dann erst ihr, denen schon das Wort Vollkommenheit widerwärtig ist?

Ihr behauptet, keiner stelle das unter Beweis, wovon er rede, und lebe nach der Norm, die er verkünde. Was Wunder? Reden sie doch von Heldenhaftem, Ungeheurem, über alles, was Menschen beunruhigt, hoch Erhabenem. Wenn sie sich auch vergebens von jenen Kreuzesbalken loszumachen suchen, in die ein jeder von euch für sich selbst die Nägel schlägt, hängt man sie, wenn man sie zum Richtplatz treibt, wenigstens nur an einen einzigen Pfahl. Die aber, die sich selbst zur Strafe leben, müssen sich, je nach der Zahl ihrer Leidenschaften, an vielen Kreuzen quälen lassen. Und doch ist's diesen Lästermäulern noch eine Lust, andere zu schmähen. Man sollte meinen, der Spaß daran würde ihnen vergehen, wenn nicht manche noch vom Marterholz aus die bespuckten, die sie anstarren.

20 "Non praestant philosophi, quae loquuntur." Multum tamen praestant, quod loquuntur, quod honesta mente concipiunt: nam quidem, si et paria dictis agerent, quid esset illis beatius? Interim non est, quod contemnas bona verba et bonis cogitationibus plena praecordia. Studiorum salutarium etiam citra effectum laudanda tractatio est.

Quid mirum, si non escendunt in altum ardua aggressi? Sed si vir es, suspice, etiam si decidunt, magna conantis. Generosa res est respicientem non ad suas, sed ad naturae suae vires conari, alta temptare et mente maiora concipere, quam quae etiam ingenti animo adornatis effici possunt.

Qui sibi hoc proposuit: "Ego mortem eodem vultu, quo, cum audiam, videbo. Ego laboribus, quanticumque illi erunt, parebo animo fulciens corpus. Ego divitias et praesentis et absentis aeque contemnam nec, si aliubi iacebunt, tristior nec, si circa me fulgebunt, animosior. Ego fortunam nec venientem sentiam nec recedentem. Ego terras omnis tamquam meas videbo, meas tamquam omnium.

Ego sic vivam, quasi sciam aliis esse me natum, et naturae rerum hoc nomine gratias agam: quo enim melius genere negotium meum agere potuit? Unum me donavit omnibus, uni mihi omnis. Quicquid habebo, nec sordide custodiam nec prodige spargam. Nihil magis possidere me credam quam bene donata. Non numero nec pondere beneficia nec ulla nisi accipientis aestimatione perpendam; numquam id mihi multum erit, quod dignus accipiet. Nihil opinionis causa, omnia con-

20 „Die Philosophen erreichen nicht, wovon sie ständig reden." Vieles erreichen sie doch, weil sie reden, weil sie vom Guten eine Vorstellung haben. Freilich, wenn sie entsprechend ihren Worten handelten, wer wäre glücklicher als sie? Indessen gibt es keinen Grund, sich geringschätzig über schöne Worte zu äußern und über ein von schönen Gedanken übervolles Herz. Geistige Tätigkeit, die uns gesunden läßt, ist, auch wenn sie ihr Ziel nicht ganz erreicht, zu loben.

Was ist daran erstaunlich, daß Leute nicht zum Gipfel gelangen, die in eine Steilwand eingestiegen sind? Doch wenn du ein Mann bist, dann bewundere sie, selbst wenn sie abstürzen, da sie Großes versucht haben. Es zeugt von edler Art, wenn man nicht auf die eigene Kraft, sondern auf die göttliche in uns vertraut und sich anstrengt, nach Hohem strebt und sich im Herzen Größeres vornimmt, als selbst gewaltige Geister schaffen könnten.

Wer sich solche Ziele setzt: „Ich will dem Tod genauso ruhig, wie ich von ihm reden höre, auch ins Auge sehen! Ich will Beschwerden, mögen sie auch noch so groß sein, auf mich nehmen, und meinem Leib wird Geisteskraft als Stütze dienen! Ich will Reichtum, ob ich ihn besitze oder nicht, unterschiedslos verachten und werde weder, wenn er anderswo sich häuft, bedrückter, noch, wenn er rings um mich funkelt, stolzer sein! Ich werde auf das Glück nicht achten, wenn es kommt, und auch nicht, wenn es mich verläßt! Ich werde die ganze Welt als mein, und was davon mein ist, als aller Eigentum ansehen! Ich will so leben, als wüßte ich, daß ich für andere geboren bin, und der Natur dafür dankbar sein. Auf welche Weise hätte sie auch meine Angelegenheiten besser regeln können? Mich einen hat sie allen geschenkt, mir einem alle. All meine Habe will ich nicht in schmutziger Habsucht hüten noch mutwillig vergeuden. Nichts werde ich eher als meinen Besitz ansehen als sinnvoll Verschenktes. Nicht nach der Zahl noch nach ihrem Umfang will ich meine guten Taten beurteilen; für mich zählt nur die Einschätzung des Empfängers. Niemals wird mir das als viel erscheinen, was ein Würdiger erhält. Nichts will ich um meines Rufes

scientiae faciam; populo spectante fieri credam, quicquid me conscio faciam. Edendi mihi erit bibendique finis desideria naturae restinguere, non implere alvum et exinanire. Ego amicis iucundus, inimicis mitis et facilis exorabor, antequam roger, et honestis precibus occurram. Patriam meam esse mundum sciam et praesides deos; hos supra me circaque me stare factorum dictorumque censores. Quandoque aut natura spiritum repetet aut ratio dimittet, testatus exibo bonam me conscientiam amasse, bona studia, nullius per me libertatem deminutam, minime meam", – qui haec facere proponet, volet, temptabit, ad deos iter faciet, ne ille, etiam si non tenuerit,

magnis tamen excidit ausis.

Vos quidem, quod virtutem cultoremque eius odistis, nihil novi facitis. Nam et solem lumina aegra formidant et aversantur diem splendidum nocturna animalia, quae ad primum eius ortum stupent et latibula sua passim petunt, abduntur in aliquas rimas timida lucis. Gemite et infelicem linguam bonorum exercete convicio! Hiate, commordete: citius multo frangetis dentes quam imprimetis!

21 „Quare ille philosophiae studiosus est et tam dives vitam agit? Quare opes contemnendas dicit et habet? Vitam contemnendam putat et tamen vivit? Valetudinem contemnendam et tamen illam diligentissime tuetur atque optimam mavult? Et exsilium vanum nomen putat et ait: ‚Quid enim est mali mutare regiones?‘ Et tamen, si licet, se-

willen tun, alles um den Preis eines guten Gewissens. Vor den Augen des Volks, so will ich glauben, geschehe alles, was ich tue, auch wenn nur ich davon weiß. Beim Essen und Trinken wird es mein Ziel sein, das natürliche Bedürfnis zu stillen, nicht mir den Bauch vollzuschlagen und zu entleeren. Ich will, bei Freunden beliebt und gegenüber Feinden milde und versöhnlich, mich erweichen lassen, ehe man mich bittet, und berechtigten Wünschen zuvorkommen. Meine Heimat ist die Welt, das soll mir klar sein, und deren Beschützer die Götter; die stehen über mir und rings um mich, meine Taten und Worte zu richten. Und wenn entweder die Natur mein Leben von mir zurückfordert oder sich ein Grund ergibt, davon zu lassen, will ich mit dem Bekenntnis aus ihm scheiden, daß ich mein gutes Gewissen liebte, gute Bücher, und niemands Freiheit von mir beschnitten wurde, am wenigsten meine eigene –" wer sich das zu tun vornimmt, das wünscht und versucht, begibt sich zu den Göttern auf den Weg; ja, selbst wenn er sein Ziel nicht erreicht,

> fiel er doch bei gewaltigem Wagnis.

Daß gerade ihr die Tugend und den, der sie hochhält, haßt, das ist nichts Ungewöhnliches. Die Sonne nämlich müssen kranke Augen fürchten, und Abscheu vor dem hellen Tag fühlt Nachtgetier, das schon beim ersten Morgengrauen unruhig wird, seine Verstecke allenthalben aufsucht und sich verkriecht in irgendwelchen Löchern, lichtscheu, wie es ist. Knurrt nur und übt eure unselige Zunge, um Gute zu schmähen! Reißt euer Maul auf, beißt zu! Weit eher brecht ihr euch die Zähne, als daß ihr sie in euer Opfer schlagt!

21 „Warum ist dieser Mensch an Philosophie interessiert und geht so reich durchs Leben? Warum sagt er, man solle den Reichtum verachten, und behält ihn? Das Leben dünkt ihn verachtenswert – und trotzdem lebt er! Auf die Gesundheit sei nicht zu achten – und trotzdem hütet er sie höchst umsichtig und hat's lieber, wenn sie ausgezeichnet ist! Und „Verbannung" hält er für eine hohle Phrase und meint: ‚Was ist schon Schlimmes an einem Ortswechsel?' Aber trotzdem,

nescit in patria? Et inter longius tempus et brevius nihil interesse iudicat, tamen, si nihil prohibet, extendit aetatem et in multa senectute placidus viret?"

Ait ista debere contemni, non ne habeat, sed ne sollicitus habeat, non abigit illa a se, sed abeuntia securus prosequitur. Divitias quidem ubi tutius fortuna deponet quam ibi, unde sine querela reddentis receptura est?

M. Cato, cum laudaret Curium et Coruncanium et illud saeculum, in quo censorium crimen erat paucae argenti lamellae, possidebat ipse quadragies sestertium, minus sine dubio quam Crassus, plus quam Censorius Cato. Maiore spatio, si comparentur, proavom vicerat quam a Crasso vinceretur, et si maiores illi obvenissent opes, non sprevisset.

Nec enim se sapiens indignum ullis muneribus fortuitis putat: non amat divitias, sed mavult; non in animum illas, sed in domum recipit nec respuit possessas, sed continet et maiorem virtuti suae materiam sumministrari vult.

22 Quid autem dubii est, quin haec maior materia sapienti viro sit animum explicandi suum in divitiis quam in paupertate, cum in hac unum genus virtutis sit non inclinari nec deprimi, in divitiis et temperantia et liberalitas et diligentia et dispositio et magnificentia campum habeat patentem?

Non contemnet se sapiens, etiam si fuerit minimae staturae, esse tamen se procerum volet. Et

wenn's geht, wird er in der Heimat alt. Und zwischen einer längeren Lebenszeit und einer kürzeren ist seiner Meinung nach kein Unterschied. Trotzdem sucht er, wenn nichts dagegen spricht, sein Dasein zu verlängern, und ist, schon hochbetagt, noch heiter und gut bei Kräften."

Nun, er sagt, das alles solle man verachten, aber nicht, um sich den Besitz zu versagen, sondern um es nicht in Sorge zu besitzen. Er weist jene Dinge nicht von sich, sondern sagt ihnen, wenn sie von ihm gehen, unbekümmert Lebewohl. Und den Reichtum, ja, wo könnte den das Schicksal sicherer verwahren als dort, wo es ihn ohne Widerspruch dessen, der ihn erstattet, zurückbekommen wird?

Als Marcus Cato einen Curius und Coruncanius pries und jene Zeiten, in denen man sich eine Rüge durch den Zensor wegen ein paar dünner Silberblättchen zuzog, besaß er selbst vier Millionen Sesterzen, weniger zweifellos als Crassus, aber mehr als Cato der Zensor. In weiterem Abstand – falls man einen Vergleich anstellen wollte – hatte er seinen Urgroßvater hinter sich gelassen als ihn Crassus hinter sich ließ, und wäre ihm noch größeres Vermögen zugefallen, hätte er es nicht zurückgewiesen.

Es ist ja nicht so, daß der Weise irgendwelcher Gaben des Glücks unwürdig zu sein glaubt. Er liebt den Reichtum nicht, sondern gibt ihm den Vorzug. Er nimmt ihn nicht in sein Herz, sondern in sein Haus auf, er verschmäht ihn nicht, wenn er ihn besitzt, sondern behält ihn und läßt es sich gefallen, daß ihm für hohe Leistung größere Mittel zu Gebote stehen.

22 Was kann es aber für einen Zweifel daran geben, daß ein weiser Mann mehr Möglichkeiten geistiger Entfaltung im Reichtum als in der Armut hat, da es in dieser nur eine Art von Tugend gibt, nämlich die, sich nicht unterkriegen und entmutigen zu lassen, im Reichtum aber Selbstbeherrschung und Freigebigkeit und Umsicht und Ordnungssinn und Großzügigkeit ein weites Betätigungsfeld finden.

Seine Selbstachtung wird der Weise nicht verlieren, auch wenn er von winziger Statur ist – doch groß zu sein wird er

exilis corpore aut amisso oculo valebit, malet tamen sibi esse corporis robur et hoc ita, ut sciat esse aliud in se valentius. Malam valetudinem tolerabit, bonam optabit. Quaedam enim, etiam si in summam rei parva sunt et subduci sine ruina principalis boni possunt, adiciunt tamen aliquid ad perpetuam laetitiam et ex virtute nascentem: sic illum afficiunt divitiae et exhilarant, ut navigantem secundus et ferens ventus, ut dies bonus et in bruma ac frigore apricus locus.

Quis porro sapientium (nostrorum dico, quibus unum est bonum virtus) negat etiam haec, quae indifferentia vocamus, habere aliquid in se pretii et alia aliis esse potiora? Quibusdam ex iis tribuitur aliquid honoris, quibusdam multum. Ne erres itaque, inter potiora divitiae sunt.

„Quid ergo", inquis, „me derides, cum eundem apud te locum habeant quem apud me?" Vis scire, quam non eundem habeant locum? Mihi divitiae si effluxerint, nihil auferent nisi semet ipsas, tu stupebis et videberis tibi sine te relictus, si illae a te recesserint; apud me divitiae aliquem locum habent, apud te summum; ad postremum divitiae meae sunt, tu divitiarum es.

23 Desine ergo philosophis pecunia interdicere: nemo sapientiam paupertate damnavit. Habebit philosophus amplas opes, sed nulli detractas nec alieno sanguine cruentas, sine cuiusquam iniuria partas, sine sordidis quaestibus, quarum tam honestus sit exitus quam introitus, quibus nemo ingemescat nisi malignus. In quantum vis exaggera illas: honestae sunt, in quibus, cum multa sint,

sich wünschen. Auch mit schwächlichem Körperbau und nach dem Verlust eines Auges ist er etwas wert – doch wäre ihm Körperkraft lieber, und das in der Gewißheit, daß etwas anderes an ihm wertvoller ist. Einen schlechten Gesundheitszustand wird er ertragen, einen guten sich wünschen, denn bestimmte Dinge, auch wenn sie aufs Ganze gesehen unerheblich sind und entfallen können, ohne daß das höchste Gut eine Einbuße erfährt, tragen doch etwas zur beständigen Heiterkeit bei, die aus der Vollkommenheit erwächst. In solche Stimmung versetzt ihn der Reichtum und stimmt ihn heiter wie einen Seefahrer günstiger Fahrtwind, wie ein schöner Tag und wie im kalten Winter ein sonniger Platz.

Wer von den Weisen – ich spreche von den unsrigen, für die das einzige Gut die Tugend ist, – würde bestreiten, daß auch die Dinge, die wir weder als gut noch als schlecht ansehen, einen gewissen Wert haben und die einen den anderen vorzuziehen sind? Einige davon stehen in geringem Ansehen, andere in großem. Täusche dich also nicht: Unter dem, was den Vorzug hat, ist der Reichtum!

„Wieso also", wendest du ein, „spottest du über mich, da er doch dieselbe Bedeutung für dich hat wie für mich?" Willst du wissen, inwiefern er nicht dieselbe Bedeutung hat? Wenn *mir* der Reichtum entschwindet, dann nimmt er mir nichts als sich selber; *du* wirst verstört sein und dir so vorkommen, als hättest du dich selbst verloren, wenn er dich verlassen hat. Für mich hat der Reichtum eine gewisse Bedeutung, für dich die größte – kurz: den Reichtum besitze ich, dich besitzt dein Reichtum.

23 Unterlaß es daher, den Philosophen das Geld zu verbieten! Niemand hat die Weisheit zur Armut verdammt. Besitzen darf ein Philosoph beträchtlichen Reichtum, aber solchen, der niemandem entwendet wurde, nicht mit fremdem Blut befleckt ist, ohne Unrecht gegenüber irgendwem erworben wurde und nicht mit schmutzigen Geschäften, der ebenso korrekt ausgegeben wird wie er hereinkam und über den sich niemand ereifern kann als ein Neider. So hoch, wie du willst, darfst du solchen Reichtum häufen, denn sittlich

quae sua quisque dici velit, nihil est, quod quisquam suum possit dicere.

Ille vero fortunae benignitatem a se non summovebit et patrimonio per honesta quaesito nec gloriabitur nec erubescet. Habebit tamen etiam, quo glorietur, si aperta domo et admissa in res suas civitate poterit dicere: „Quod quisque agnoverit, tollat." O magnum virum optime divitem, si post hanc vocem tantundem habuerit! Ita dico: si tuto et securus scrutationem populo praebuerit, si nihil quisquam apud illum invenerit, quoi manus iniciat, audaciter et propalam erit dives.

Sapiens nullum denarium intra limen suum admittet male intrantem; idem magnas opes, munus fortunae fructumque virtutis, non repudiabit nec excludet. Quid enim est, quare illis bono loco invideat? Veniant, hospitentur. Nec iactabit illas nec abscondet (alterum infruniti animi est, alterum timidi et pusilli, velut magnum bonum intra sinum continentis) nec, ut dixi, eiciet illas e domo. Quid enim dicet? Utrumne „inutiles estis" an „ego uti divitiis nescio"? Quemadmodum etiam pedibus suis poterit iter conficere, escendere tamen vehiculum malet, sic pauper, si poterit esse dives, volet. Et habebit itaque opes, sed tamquam leves et avolaturas, nec ulli alii eas nec sibi graves esse patietur.

Donabit... quid erexistis aures? Quid expeditis sinum? Donabit aut bonis aut eis, quos facere poterit bonos, donabit cum summo consilio di-

gerechtfertigt ist er, wenn zwar viel dabei ist, was jedermann sein nennen möchte, aber nichts, was jemand sein nennen könnte.

Der Weise wird also sein gütiges Geschick nicht von sich weisen und sich eines Vermögens, das mit Anstand erworben wurde, weder rühmen noch schämen. Und dabei hat er etwas, dessen er sich rühmen könnte, wenn er sein Haus öffnen, seine Mitbürger in sein Besitztum eintreten lassen und sagen kann: „Alles, was einer als sein erkennt, trage er fort!" Was für ein großer Mann und im besten Sinne reich ist, wer nach diesen Worten noch genausoviel besitzt! Ich meine das so: Wenn er ohne jedes Risiko die Hausdurchsuchung aller Welt gestattet und wenn keiner etwas bei ihm entdeckt, worauf er seine Hand legen kann, dann mag er furchtlos und ganz unverhohlen reich sein!

Ein Weiser wird keinen einzigen Silberling in sein Haus lassen, der nicht ehrbar hereinkommt, aber er wird selbst gewaltige Schätze, ob Gabe des Glücks oder Frucht eigener Leistung, weder abweisen noch aussperren. Was hätte er auch für einen Grund, ihnen eine schöne Bleibe zu mißgönnen? Sollen sie nur kommen und einkehren! Er wird mit ihnen nicht prahlen noch sie verstecken – denn das eine erwiese ihn als unausstehlich, das andere als ängstlich und kleinmütig, so, als ob er ein herrliches Schmuckstück in der Tasche verwahrte, – aber er wird sie auch, wie ich schon sagte, nicht aus seinem Haus werfen. Was könnte er denn auch sagen? Etwa: „Ihr seid zu nichts nütze" oder „ich kann nicht mit Geld umgehen"? So, wie er eine Reise zwar auch zu Fuß machen kann, es aber vorzieht, einen Wagen zu besteigen, so wird er als Armer, wenn er reich werden kann, damit einverstanden sein. Also wird er Reichtum besitzen, doch als etwas Unerhebliches und Vergängliches, und es nicht dahin kommen lassen, daß dieser für irgendeinen anderen oder für ihn selbst eine Last wird.

Er wird ihn verschenken – was spitzt ihr die Ohren? Was macht ihr den Geldbeutel auf? –, verschenken an Gute oder an solche, die er zu guten Menschen machen kann, verschen-

gnissimos eligens, ut qui meminerit tam expenso-
rum quam acceptorum rationem esse reddendam,
donabit ex recta et probabili causa, nam inter turpes iacturas malum munus est, habebit sinum facilem, non perforatum, ex quo multa exeant et nihil
excidat.

24 Errat, si quis existimat facilem rem esse donare:
plurimum ista res habet difficultatis, si modo consilio tribuitur, non casu et impetu spargitur. Hunc
promereor, illi reddo: huic succurro, huius mise-
reor; illum instruo dignum, quem non deducat
paupertas nec occupatum teneat; quibusdam non
dabo, quamvis desit, quia etiam, si dedero, erit
defuturum; quibusdam offeram, quibusdam etiam
inculcabo. Non possum in hac esse re neglegens;
numquam magis nomina facio quam cum dono.
„Quid tu", inquis, „recepturus donas?" Immo
non perditurus: eo loco sit donatio, unde repeti
non debeat, reddi possit. Beneficium collocetur,
quemadmodum thesaurus alte obrutus, quem non
eruas, nisi fuerit necesse.

Quid? Domus ipsa divitis viri, quantam habet
bene faciendi materiam! Quis enim liberalitatem
tantum ad togatos vocat? Hominibus prodesse
natura me iubet, et servi liberine sint hi, ingenui
an libertini, iustae libertatis an inter amicos datae,
quid refert? Ubicumque homo est, ibi beneficii
locus est. Potest itaque pecunia etiam intra limen
suum diffundi et liberalitatem exercere, quae non,
quia liberis debetur, sed quia a libero animo profi-

ken, indem er wohlüberlegt die Würdigsten auswählt, da er sich ja bewußt ist, daß er sowohl über seine Ausgaben wie über seine Einnahmen Rechenschaft schuldig ist, verschenken beim rechten, lobenswerten Anlaß, denn schimpflicher Verlust ist's, wenn man den Falschen gibt. So wird sein Beutel leicht zu öffnen sein, aber keine Löcher haben, so daß viel herausspringt und nichts herausfällt.

24 Der irrt, der Schenken für eine leichte Sache hält: In Menge stellen sich die Schwierigkeiten ein, wenn man nur mit Überlegung gibt und nicht nach Lust und Laune austeilt. Dem einen erweise ich einen Dienst, dem anderen bezahle ich eine Schuld; dem greife ich unter die Arme, des anderen erbarme ich mich, und bei jenem lege ich zu, weil er's verdient, daß ihn die Armut nicht herunterzieht und hart bedrückt. Manchen gebe ich nicht, obschon nichts da ist, denn selbst wenn ich gebe, wird bald nichts mehr da sein. Manchen werde ich etwas anbieten, anderen es sogar aufnötigen. Ich kann bei solchem Tun nicht unbedacht vorgehen. Nie führe ich das Schuldbuch genauer als wenn ich schenke. „Was?" wirfst du ein, „du willst etwas zurückbekommen, wenn du schenkst?" Nein, ich will nur nichts verlieren. Da ist ein Geschenk gut aufgehoben, von wo es nicht wieder verlangt werden darf, jedoch wieder vergolten werden kann. Eine Wohltat sei eine sichere Anlage, gleich einem tief vergrabenen Schatz, den man nur dann ausgräbt, wenn es nötig ist.

Und weiter: Allein der Hausstand eines Reichen, was bietet er für Möglichkeiten, Gutes zu tun! Wer verlangt denn, daß man nur gegenüber Leuten in der Toga großzügig sei? Den Menschen zu nützen befiehlt mir die Natur, ob sie nun Sklaven sind oder Freie, von hoher Abkunft oder freigelassen, nach dem Gesetz frei oder durch Entgegenkommen unter Freunden – was macht das schon? Überall, wo ein Mensch ist, da ist für einen Freundschaftsdienst Gelegenheit. Man kann also sein Geld auch im eigenen Haus mit vollen Händen austeilen und Freigebigkeit üben, die nicht, weil man sie Freien schuldig ist, sondern weil sie aus einem freien

ciscitur, ita nominata est. Haec apud sapientem nec umquam in turpes indignosque impingitur nec umquam ita defetigata errat, ut non, quotiens dignum invenerit, quasi ex pleno fluat.

Non est ergo, quod perperam exaudiatis, quae honeste, fortiter, animose a studiosis sapientiae dicuntur. Et hoc primum attendite: aliud est studiosus sapientiae, aliud iam adeptus sapientiam. Ille tibi dicet: „Optime loquor, sed adhuc inter mala voluto plurima. Non est, quod me ad formulam meam exigas: cum maxime facio me et formo et ad exemplar ingens attollo; si processero, quantumcumque proposui, exige, ut dictis facta respondeant."

Assecutus vero humani boni summam aliter tecum aget et dicet: „Primum non est, quod tibi permittas de melioribus ferre sententiam; mihi iam, quod argumentum est recti, contingit malis displicere. Sed ut tibi rationem reddam, qua nulli mortalium invideo, audi, quid promittam et quanti quaeque aestimem! Divitias nego bonum esse: nam si essent, bonos facerent; nunc, quoniam, quod apud malos deprenditur, dici bonum non potest, hoc illis nomen nego. Ceterum et habendas esse et utiles et magna commoda vitae afferentis fateor.

25 Quid ergo est? Quare illas non in bonis numerem et quid praestem in illis aliud quam vos, quoniam inter utrosque convenit habendas, audite! Pone in opulentissima me domo, aurum argentumque in promiscuo usu sit: non suspiciam me ob ista, quae, etiam si apud me, extra me tamen

Herzen kommt, so heißt. Sie drängt sich bei einem Weisen, nie Schlechten und Unwürdigen auf, noch hat sie sich auf Irrwegen so verausgabt, daß sie nicht, sooft sie einen würdigen Empfänger findet, sozusagen aus dem vollen strömen könnte.

Ihr habt also keinen Anlaß, das mißzuverstehen, was würdevoll, entschieden und leidenschaftlich die verkünden, die nach Weisheit streben. Und darauf seht vor allem: Etwas anderes ist, wer nach Weisheit strebt, etwas anderes, wer Weisheit schon errungen hat. Jener wird dir sagen: Ich rede wunderbar, aber bin immer noch in zahllose Laster verstrickt. Du darfst mich also nicht an meiner eigenen Latte messen: Gerade jetzt bilde und forme und richte ich mich nach einem gewaltigen Idealbild. Wenn ich so weit fortgeschritten bin, wie ich mir vorgenommen habe, dann verlange, daß meinem Reden das Handeln entspreche!

Wer aber das höchste Gut, das ein Mensch haben kann, errungen hat, wird anders mit dir umspringen und sagen: „Zunächst darfst du dir nicht herausnehmen, über Bessere ein Urteil abzugeben. Mir ist es – und das zeigt, daß ich auf dem rechten Weg bin, – bereits gelungen, den Schlechten zu mißfallen. Doch um dir Rechenschaft zu geben, die ich keinem Menschen vorenthalte, vernimm, was ich für Prinzipien habe und wie hoch ich jedes Ding einschätze! Der Reichtum, erkläre ich, ist kein Gut; wäre er es, würde er Menschen gut machen. Weil man nun aber, was sich bei Schlechten findet, nicht als gut bezeichnen kann, spreche ich ihm diese Qualität ab. Im übrigen gebe ich zu, daß man ihn haben darf, daß er nützlich ist und daß er ein sehr angenehmes Leben ermöglicht.

25 So hört euch nur an, weshalb ich ihn nicht zu den Gütern rechne und inwiefern ich ihm gegenüber eine andere Haltung einnehme als ihr, nachdem sich beide Seiten doch darüber einig sind, daß man ihn haben darf. Versetze mich in ein überreich ausgestattetes Haus; Gold und Silber diene dort zu ganz gewöhnlichen Dingen! Ich werde mir nichts einbilden auf dergleichen, was, wenn es auch bei mir ist,

sunt. In Sublicium pontem me transfer et inter egentes abige: non ideo tamen me despiciam, quod in illorum numero consedero, qui manum ad stipem porrigunt. Quid enim ad rem, an frustum panis desit, cui non deest mori posse? Quid ergo est? Domum illam splendidam malo quam pontem.

Pone in instrumentis splendentibus et delicato apparatu: nihilo me feliciorem credam, quod mihi molle erit adminiculum, quod purpura convivis meis substernatur. Muta stragula mea: nihilo miserius ero, si lassa cervix mea in maniculo faeni adquiescet, si super Circense tomentum per sarturas veteris lintei effluens incubabo. Quid ergo est? Malo, quid mihi animi sit, ostendere praetextatus et chlamydatus quam nudis scapulis aut semitectis.

Omnes mihi ex voto dies cedant, novae gratulationes prioribus subtexantur: non ob hoc mihi placebo. Muta in contrarium hanc indulgentiam temporis, hinc illinc percutiatur animus damno, luctu, incursionibus variis, nulla hora sine aliqua querela sit: non ideo me dicam inter miserrima miserum, non ideo aliquem exsecrabor diem: provisum est enim a me, ne quis mihi ater dies esset. Quid ergo est? Malo gaudia temperare quam dolores compescere."

Hoc tibi ille Socrates dicet: „Fac me victorem universarum gentium, delicatus ille Liberi currus triumphantem usque ad Thebas a solis ortu vehat, iura reges petant a me: hominem esse maxime co-

dennoch außerhalb von mir bleibt. Auf die Hölzerne Brücke bringe mich und stecke mich unter das Lumpengesindel; ich werde meine Selbstachtung nicht deshalb verlieren, weil ich in deren Mitte hocke, die ihre Hand nach einem Almosen ausstrecken. Was macht es schon, ob dem ein Stückchen Brot abgeht, dem nicht die Fähigkeit abgeht zu sterben? Doch was soll ich sagen? Jenes prächtige Haus ist mir lieber als die Brücke.

Umgib mich mit prachtvollem Hausrat und erlesenem Prunk – um nichts glücklicher werde ich mir deshalb vorkommen, weil ich mir ein weiches Kissen unterlegen, weil ich meine Gäste auf Purpur betten kann. Wechsle nur mein Bettzeug! Um nichts ärmer werde ich sein, wenn mein müder Nacken auf einem Bündelchen Heu ruht, wenn ich auf einer Sitzauflage aus dem Circus schlafe, deren Füllung aus den Nähten des alten Sacktuchs quillt. Doch was soll ich sagen? Ich ziehe es vor, meine Gedanken zu entwickeln, während ich die Toga mit dem Purpursaum und einen weiten Mantel trage, als mit nackten oder halbbedeckten Schultern.

Gesetzt, daß alle meine Tage so vergehen, wie ich es wünsche, daß neue Jubelfeste sich an die vorangegangenen anschließen – ich werde mir darauf nichts einbilden! Laß diese günstige Lage ins Gegenteil umschlagen, mögen mich von da und von dort Schicksalsschläge treffen durch Verlust, Trauerfälle und unterschiedliche Anfechtungen, mag keine Stunde frei von Jammer sein – trotzdem werde ich mich im höchsten Elend nicht elend nennen und werde deswegen keinen einzigen Tag verwünschen; ich habe nämlich vorgesorgt, daß es für mich keinen schwarzen Tag gibt. Wie soll ich's noch sagen? Ich ziehe es vor, meine Freuden zu begrenzen, statt meine Schmerzen zu beschwichtigen."

Das folgende wird dir der große Sokrates sagen: „Mache mich zum Sieger über alle Völker, und jener prächtige Wagen des Bacchus führe mich im Triumph vom Sonnenaufgang bis nach Theben! Könige sollen vor meinem Richterstuhl erscheinen – ich werde mir dann besonders meines Menschentums bewußt sein, wenn mich alle Welt jauchzend

gitabo, cum deus undique consalutabor. Huic tam sublimi fastigio coniunge protinus praecipitem mutationem; in alienum imponar fericulum exornaturus victoris superbi ac feri pompam: non humilior sub alieno curru agar quam in meo steteram. Quid ergo est? Vincere tamen quam capi malo. Totum fortunae regnum despiciam, sed ex illo, si dabitur electio, meliora sumam. Quicquid ad me venerit, bonum fiet, sed malo faciliora ac iucundiora veniant et minus vexatura tractantem.

Non est enim, quod existimes ullam esse sine labore virtutem, sed quaedam virtutes stimulis, quaedam frenis egent. Quemadmodum corpus in proclivi retineri debet, adversus ardua impelli, ita quaedam virtutes in proclivi sunt, quaedam clivum subeunt. An dubium sit, quin escendat, nitatur, obluctetur patientia, fortitudo, perseverantia et quaecumque alia duris opposita virtus est et fortunam subigit? Quid ergo? Non aeque manifestum est per devexum ire liberalitatem, temperantiam, mansuetudinem? In his continemus animum, ne prolabatur, in illis exhortamur incitamusque acerrime. Ergo paupertati adhibebimus illas, quae pugnare sciunt, fortiores, divitiis illas diligentiores, quae suspensum gradum ponunt et pondus suum sustinent. Cum hoc ita divisum sit, malo has in usu mihi esse, quae exercendae tranquillius sunt quam eas, quarum experimentum sanguis et sudor est. Ergo non ego aliter", inquit sapiens, „vivo quam loquor, sed vos aliter auditis; sonus tantummodo verborum ad aures vestras pervenit: quid significet, non quaeritis."

als Gott grüßt. Auf einen solchen Gipfelpunkt des Glücks laß unvermittelt jähen Wechsel folgen: Man setze mich auf ein Traggestell, das einem anderen gehört, um den Triumphzug eines stolzen, rohen Siegers aufzuwerten. Man wird mich nicht demütiger hinter einem fremden Wagen hertragen, als ich auf dem meinen stand. Und trotzdem: Ich möchte lieber siegen als in Gefangenschaft geraten. Was dem Schicksal unterworfen ist, will ich insgesamt verachten, aber davon, wenn man mir schon die Wahl läßt, das Bessere nehmen. Alles, was mir zufällt, wird gut werden, doch ziehe ich es vor, wenn das kommt, was mir leichter fällt, was mir mehr Freude macht und was mir weniger zusetzt, während ich damit zu tun habe.

Du brauchst nicht zu glauben, irgendeine Tugend sei ohne Anstrengung zu haben; aber manche Tugenden bedürfen des Ansporns, andre der Zügel. Wie man einen schweren Gegenstand, wo es bergab geht, festhalten, bergan aber schieben muß, so ist's mit den Tugenden: Einige drängen nach Betätigung, andere müssen erst eine Anhöhe bezwingen. Gibt es aber einen Zweifel, daß nach oben, in mühsamem Ringen, die Geduld, die Tapferkeit, die Beharrlichkeit streben, dazu jede andere Tugend, die sich Widrigem entgegenstellt und über das Schicksal siegt? Und dann: Ist es nicht ebenso offenkundig, daß sich auf abschüssiger Bahn die Freigebigkeit, die Zurückhaltung und die Milde bewegen? Bei diesen müssen wir uns bremsen, um nicht zu weit zu gehen, bei jenen aber ins Gewissen reden und kräftig die Sporen geben. Sind wir arm, werden wir uns derer bedienen müssen, die sich aufs Kämpfen verstehen, der heldenhafteren also, sind wir aber reich, jener bedachtsameren, die den Tritt vorsichtig setzen und ihren eigenen Schwung hemmen. Da es nun einmal diesen Unterschied gibt, übe ich lieber die, die man geruhsamer betätigen kann, als jene, deren Ausübung Blut und Schweiß kostet. Nicht anders also", spricht der Weise, „lebe ich als ich rede, sondern ihr versteht es anders. Nur Worte sind's, die euer Ohr erreichen. Was sie bedeuten, danach fragt ihr nicht."

26 „Quid ergo inter me stultum et te sapientem interest, si uterque habere volumus?" Plurimum: divitiae enim apud sapientem virum in servitute sunt, apud stultum in imperio; sapiens divitiis nihil permittit, vobis divitiae omnia; vos, tamquam aliquis vobis aeternam possessionem earum promiserit, assuescitis illis et cohaeretis, sapiens tunc maxime paupertatem meditatur, cum in mediis divitiis constitit. Numquam imperator ita paci credit, ut non se praeparet bello, quod, etiam si non geritur, indictum est: vos domus formosa, tamquam nec ardere nec ruere possit, insolentes, vos opes, tamquam periculum omne transcenderint maioresque sint vobis, quam quibus consumendis satis virium habeat fortuna, obstupefaciunt. Otiosi divitiis luditis nec providetis illarum periculum, sicut barbari plerumque inclusi et ignari machinarum segnes laborem obsidentium spectant nec, quo illa pertineant, quae ex longinquo struuntur, intellegunt. Idem vobis evenit: marcetis in vestris rebus nec cogitatis, quot casus undique immineant iam iamque pretiosa spolia laturi. Sapientis quisquis abstulerit divitias, omnia illi sua relinquet; vivit enim praesentibus laetus, futuri securus.

„Nihil magis", inquit ille Socrates aut aliquis alius, ius cui idem adversus humana atque eadem potestas est, „persuasi mihi, quam ne ad opiniones vestras actum vitae meae flecterem. Solita conferte undique verba: non conviciari vos putabo, sed vagire velut infantes miserrimos." Haec dicet ille, cui sapientia contigit, quem animus vitiorum im-

26 „Was ist also zwischen mir Toren und dir, dem Weisen, für ein Unterschied, wenn wir beide nach Besitz streben?" Ein ungeheurer! Reichtum spielt nämlich bei einem Weisen eine ganz untergeordnete Rolle, bei einem Toren eine beherrschende. Der Weise gestattet dem Reichtum nichts, euch aber der Reichtum alles. Als hätte euch jemand dessen ewigen Besitz versprochen, so schätzt ihr ihn und hängt euch daran. Der Weise jedoch denkt gerade dann über Armut nach, wenn er im Geld schwimmt. Niemals traut ein General dem Frieden so, daß er sich nicht für den Krieg rüstete, der, wenn er auch noch nicht geführt wird, doch erklärt ist. Euch versetzt ein schönes Haus, als ob es weder abbrennen noch einstürzen könnte, in fassungsloses Staunen, euch auch der Reichtum, als wäre er über alle Gefährdung erhaben und euer Besitz größer, als daß das Schicksal genug Macht hätte, ihn zu vernichten. Sorglos spielt ihr mit euren Schätzen und könnt euch nicht vorstellen, was ihnen droht, so wie in der Regel Wilde, wenn sie umzingelt sind und noch keine Erfahrung mit Belagerungsgerät haben, untätig den Belagerern bei ihrer Arbeit zusehen und nicht begreifen, wozu das taugen soll, was da in ziemlicher Entfernung errichtet wird. Ebenso ergeht es euch: Ihr döst dahin inmitten eurer schönen Sachen und bedenkt nicht, wieviel Unheil euch von allen Seiten droht und schon im nächsten Augenblick Wertvolles entreißen kann. Wer immer einem Weisen seinen Reichtum wegnimmt, der läßt ihm all das Seine. Er lebt nämlich so, daß er sich des Heute freut und um Künftiges nicht sorgt.

„Zu nichts", sagt der große Sokrates oder irgendwer sonst, der ebenso hoch über Irdischem steht, „bin ich fester entschlossen, als dazu, nicht an euren Vorurteilen mein Tun und Leben auszurichten. Kratzt nur eure üblichen Sprüche zusammen! Ihr überhäuft mich, so will ich glauben, nicht mit Vorwürfen, sondern quengelt wie arme kleine Kinder." Das wird der sagen, dem Weisheit zuteil geworden ist, dem sein von allem Bösen reines Herz gebietet, andere zurechtzuweisen, nicht weil er sie haßt, sondern zu ihrer Heilung.

munis increpare alios, non quia odit, sed in remedium iubet. Adiciet his illa: „Existimatio me vestra non meo nomine, sed vestro movet, quia clamitantis odisse et lacessere virtutem bonae spei eiuratio est. Nullam mihi iniuriam facitis, sed ne dis quidem hi, qui aras evertunt. Sed malum propositum apparet malumque consilium etiam ibi, ubi nocere non potuit. Sic vestras halucinationes fero, quemadmodum Iuppiter optimus maximus ineptias poetarum, quorum alius illi alas imposuit, alius cornua, alius adulterum illum induxit et abnoctantem, alius saevum in deos, alius iniquum in homines, alius raptorem ingenuorum et cognatorum quidem, alius parricidam et regni alieni paternique expugnatorem: quibus nihil aliud actum est, quam ut pudor hominibus peccandi demeretur, si tales deos credidissent.

Sed quamquam ista me nihil laedant, vestra tamen vos moneo causa: suspicite virtutem, credite iis, qui illam diu secuti magnum quiddam ipsos et, quod in dies maius appareat, sequi clamant, et ipsam ut deos ac professores eius ut antistites colite, et quotiens mentio sacrarum litterarum intervenerit, favete linguis. Hoc verbum non, ut plerique existimant, a favore trahitur, sed imperat silentium, ut rite peragi possit sacrum nulla voce mala obstrepente: quod multo magis necessarium est imperari vobis, ut, quotiens aliquid ex illo proferetur oraculo, intenti et compressa voce audiatis. Cum sistrum aliquis concutiens ex imperio mentitur, cum aliquis secandi lacertos suos artifex brachia atque umeros suspensa manu cruentat, cum aliqua genibus per viam repens ululat lau-

Und dem fügt er noch folgendes hinzu: „Was ihr von mir denkt, macht mich nicht um mich selbst, sondern um euch besorgt, weil ihr durch lautstarke Anfeindung und Ausfälle gegen die Tugend der Möglichkeit entsagt, euch zu bessern. Mir fügt ihr keinen Schaden zu, so wenig wie den Göttern die Leute, die Altäre umstürzen. Doch der böse Vorsatz ist offenkundig und die böse Absicht, und zwar auch da, wo sie nicht schaden konnte. So nehme ich euer Gerede hin wie der beste und größte Jupiter die albernen Ansichten der Dichter, von denen der eine ihm Flügel zulegte, der andere Hörner, wieder ein anderer ihn als Ehebrecher auftreten ließ und als Nachtschwärmer, der eine als grausam gegen die Götter, der andere als ungerecht gegen Menschen, der nächste als Verführer edler Wesen, die noch dazu mit ihm verwandt sind, der übernächste als Vatermörder und Räuber eines Throns, der einem anderen, seinem Vater, gehörte. Dadurch erreichte man nur, daß die Menschen jede Scheu vor Verfehlungen verloren, wenn sie an solche Götter glaubten.

Doch wiewohl diese eure Worte keineswegs kränken, ermahne ich euch doch um euretwillen: Blickt empor zur Tugend, glaubt denen, die schon lange nach ihr getrachtet haben und euch zurufen, daß sie nach etwas Großem trachten, das sich von Tag zu Tag als größer erweist. Sie selbst aber ehrt gleich den Göttern, und die sich zu ihr bekennen, wie Priester, und immer wenn die Rede ist von erhabener Wissenschaft, seid andächtig. Dieses Wort ist nicht, wie die meisten glauben, von der „Andacht" her zu verstehen, sondern befiehlt Schweigen, damit die heilige Handlung nach Vorschrift ausgeführt werden kann, ohne daß ein Wort von übler Bedeutung sie unterbricht. Es ist in weit höherem Maße vonnöten, euch das zu befehlen, damit ihr jedesmal, wenn dieses Orakel etwas verkündet, aufmerksam zuhört und eure Zunge im Zaum haltet. Wenn jemand eine Klapper schwingt und befehlsgemäß Lügen verbreitet, wenn jemand, der es gelernt hat, sich in den Bizeps zu schneiden, die Hände erhebt und über Arme und Schultern das Blut fließen läßt, wenn irgendein Weib auf den Knien über die Straße rutscht

rumque linteatus senex et medio lucernam die praeferens conclamat iratum aliquem deorum, concurritis et auditis ac divinum esse eum, invicem mutuum alentes stuporem, affirmatis."

27 Ecce Socrates ex illo carcere, quem intrando purgavit omnique honestiorem curia reddidit, proclamat: „Quis iste furor, quae ista inimica dis hominibusque natura est infamare virtutes et malignis sermonibus sancta violare? Si potestis, bonos laudate, si minus, transite; quod si vobis exercere taetram istam licentiam placet, alter in alterum incursitate: nam cum in caelum insanitis, non dico sacrilegium facitis, sed operam perditis. Praebui ego aliquando Aristophani materiam iocorum, tota illa comicorum poetarum manus in me venenatos sales suos effudit: illustrata est virtus mea per ea ipsa, per quae petebatur; produci enim illi et temptari expedit, nec ulli magis intellegunt, quanta sit, quam qui vires eius lacessendo senserunt: duritia silicis nullis magis quam ferientibus nota est. Praebeo me non aliter quam rupes aliqua in vadoso mari destituta, quam fluctus non desinunt, undecumque moti sunt, verberare, nec ideo aut loco eam movent aut per tot aetates crebro incursu suo consumunt; assilite, facite impetum: ferendo vos vincam. In ea, quae firma et inexsuperabilia sunt, quicquid incurrit, malo suo vim suam exercet: proinde quaerite aliquam mollem cedentemque materiam, in qua tela vestra figantur!

Vobis autem vacat aliena scrutari mala et sententias ferre de quoquam: „Quare hic philosophus laxius habitat? Quare hic lautius cenat?"

und heult, wenn ein Alter im Linnengewand am hellen Mittag einen Lorbeerzweig sowie eine Lampe herumträgt und schreit, einer der Götter sei ergrimmt, dann eilt ihr zusammen und horcht und beteuert, der Mann sei gottbegeistert, und steigert gegenseitig Stufe um Stufe eure Verstörung."

27 Seht nur, Sokrates ruft laut aus jenem Kerker, den er bei seinem Eintritt rein und ehrwürdiger als jeden Ratssaal gemacht hat: „Was ist das für ein Wahnsinn, was ist das für ein Göttern und Menschen feindliches Wesen, Tugenden zu verunglimpfen und mit böswilligem Gerede Heiliges zu beleidigen? Falls ihr es könnt, lobt die Tüchtigen, andernfalls entfernt euch! Wenn es euch jedoch Spaß macht, eurem schändlichen Übermut die Zügel schießen zu lassen, dann geht doch aufeinander los! Denn wenn ihr gegen den Himmel wütet, dann lästert ihr, meine ich, nicht die Götter, sondern strengt euch umsonst an. Ich lieferte einst dem Aristophanes Stoff für seine Witze. Der ganze Schwarm komischer Dichter hat mich mit einer Lauge giftigen Spotts übergossen. Da offenbarte sich meine Vollkommenheit gerade in diesen Anfeindungen. Denn wenn man sie vor dem Volk zeigt und attackiert, ist das ein Gewinn für sie, und niemand erfaßt ihre Größe eher als wer ihre Kraft im Kampf kennenlernte. Die Härte eines Kieselsteins kennt niemand besser als wer dagegen schlägt. Ich bin wie ein einzelner Fels in einem Meer voller Untiefen: unablässig branden von überall her die aufgewühlten Wogen gegen ihn an, und trotzdem bringen sie ihn weder von der Stelle noch können sie ihn im Lauf so vieler Generationen durch häufigen Anprall zerstören. Stürmt los, unternehmt einen Angriff: Indem ich standhalte, überwinde ich euch! Was immer gegen Festes und Unbezwingliches anrennt, erprobt zum eigenen Schaden seine Kraft. Sucht euch daher ein weiches, nachgiebiges Material, um eure Speere hineinzubohren!

Ihr aber versteift euch darauf, nach den Schwächen anderer zu spähen und Urteile über den ersten besten abzugeben: „Warum hat dieser Philosoph ein gar so geräumiges Haus? Warum speist der gar so fein?" Pusteln nehmt ihr bei ande-

Papulas observatis alienas obsiti plurimis ulceribus. Hoc tale est, quale si quis pulcherrimorum corporum naevos aut verrucas derideat, quem fera scabies depascitur. Obicite Platoni, quod petierit pecuniam, Aristoteli, quod acceperit, Democrito, quod neglexerit, Epicuro, quod consumpserit; mihi ipsi Alcibiadem et Phaedrum obiectate evasuri maxime felices, cum primum vobis imitari vitia nostra contigerit! Quin potius mala vestra circumspicitis, quae vos ab omni parte confodiunt, alia grassantia extrinsecus, alia in visceribus ipsis ardentia? Non eo loco res humanae sunt, etiam si statum vestrum parum nostis, ut vobis tantum otii supersit, ut in probra meliorum agitare linguam vacet.

28 Hoc vos non intellegitis et alienum fortunae vestrae vultum geritis sicut plurimi, quibus in circo aut theatro desidentibus iam funesta domus est nec annuntiatum malum. At ego ex alto prospiciens video, quae tempestates aut immineant vobis paulo tardius rupturae nimbum suum aut iam vicinae vos ac vestra rapturae propius accesserint. Quid porro? Nonne nunc quoque, etiam si parum sentitis, turbo quidam animos vestros rotat et involvit fugientes petentesque eadem et nunc in sublime allevatos, nunc in infima allisos?"

ren wahr, selbst übersät von zahllosen Geschwüren! Das ist ebenso, wie wenn jemand über Muttermale und Warzen wohlgebauter Menschen spottete, während ihn selbst eine gräßliche Krätze zerfrißt. Werft dem Platon vor, daß er auf Geld aus war, dem Aristoteles, daß er's nahm, dem Demokrit, daß er sich nicht darum scherte, dem Epikur, daß er's ausgab, und mir selbst dürft ihr Alkibiades und Phaidros vorhalten – dabei wäret ihr wohl überglücklich, wenn es euch gelänge, unsere Schwächen nachzuahmen! Warum seht ihr nicht lieber auf eure eigenen Gebrechen, mit denen ihr am ganzen Leib geschlagen seid, da die einen euch äußerlich verunstalten und andere tief in euren Eingeweiden wüten? So ist es um den Menschen nicht bestellt, daß ihr, auch wenn ihr euch über die eigene Situation nicht recht klar seid, derart viel Zeit zur Verfügung habt, um bei Angriffen auf Bessere eure Zunge wetzen zu dürfen.

28 Da fehlt es euch an Einblick, und ihr macht ein fröhliches Gesicht, das zu eurer Lage gar nicht paßt, ebenso wie die meisten Leute, die ruhig im Circus oder im Theater sitzen, weil sie noch nicht erfahren haben, daß sie daheim ein Trauerfall erwartet. Aber ich von meinem höheren Standort aus sehe, welche Stürme euch entweder drohen und wenig später ihre Wetterwolken platzen lassen oder schon ganz nahe herangezogen sind und euch gleich samt eurer Habe fortreißen werden! Was weiter? Jagt nicht auch jetzt, selbst wenn ihr es nicht spürt, geradezu ein Tornado in wildem Wirbel eure Seelen, die dasselbe zu meiden suchen und erstreben und bald nach oben getragen, bald in die Tiefe geschmettert werden?"

DE OTIO

1 ...cit, nobis magno consensu vitia commendant. Licet nihil aliud, quod sit salutare, tentemus, proderit tamen per se ipsum secedere: meliores erimus singuli. Quid, quod secedere ad optimos viros et aliquod exemplum eligere, ad quod vitam derigamus, licet? Quod sine otio non fit.

Tunc potest obtineri, quod semel placuit, ubi nemo intervenit, qui iudicium adhuc imbecillum populo adiutore detorqueat; tunc potest vita aequali et uno tenore procedere, quam propositis diversissimis scindimus.

Nam inter cetera mala illud pessimum est, quod vitia ipsa mutamus. Sic ne hoc quidem nobis contingit, permanere in malo iam familiari: aliud ex alio placet vexatque nos hoc quoque, quod iudicia nostra non tantum prava, sed etiam levia sunt. Fluctuamur aliudque ex alio comprehendimus; petita relinquimus, relicta repetimus: alternae inter cupiditatem nostram et paenitentiam vices sunt. Pendemus enim toti ex alienis iudiciis, et id optimum nobis videtur, quod petitores laudatoresque multos habet, non id, quod laudandum pe-

DIE ZURÜCKGEZOGENHEIT

1 ... (die andern) machen uns in großer Einhelligkeit ihre Fehler schmackhaft. So ist es, wenn wir sonst nichts unternehmen, was für uns heilsam wäre, schon um seiner selbst willen von Nutzen, daß wir uns zurückziehen. Nur wenn wir allein sind, werden wir bessere Menschen. Und wenn wir uns gar zu hervorragenden Männern zurückziehen und uns irgendein Vorbild wählen können, an dem wir unser Leben ausrichten? Auch das ist ohne Muße unmöglich.

Nur dann nämlich können wir an dem festhalten, was wir einmal als richtig erkannt haben, wenn niemand daherkommt, der unser noch ungefestigtes Urteil, gestützt auf die üblichen Auffassungen, ins Wanken bringt. Nur dann kann unser Leben ununterbrochen den gleichen Gang gehen, das wir sonst durch die widersprüchlichsten Zielsetzungen zerschleißen.

Denn unter unseren sonstigen üblen Eigenschaften ist jene die schlimmste, daß wir selbst in unseren Fehlern inkonsequent sind. So gelingt es uns nicht einmal, eine an uns schon vertraute Schwäche beizubehalten. Bald dies, bald jenes sagt uns zu, und auch das macht uns Beschwer, daß unsere Urteile nicht nur verkehrt sind, sondern daß obendrein kein Verlaß auf sie ist. Wir treiben dahin und greifen jetzt hiernach, dann danach, lassen von dem, wonach wir strebten, und streben nach dem, wovon wir ließen: So schwanken wir zwischen Verlangen und Ablehnung hin und her – wir sind ja völlig von fremden Urteilen abhängig –, und das scheint uns besonders gut, was viele begehren und loben, nicht jedoch das, was tatsächlich lobens- und begehrenswert ist; ein

tendumque est, nec viam bonam ac malam per se aestimamus, sed turba vestigiorum, in quibus nulla sunt redeuntium.

Dices mihi: „Quid agis, Seneca? Deseris partes! Certe Stoici vestri dicunt: ‚Usque ad ultimum vitae finem in actu erimus, non desinemus communi bono operam dare, adiuvare singulos, opem ferre etiam inimicis, eniti manu. Nos sumus, qui nullis annis vacationem damus et, quod ait ille vir disertissimus,

canitiem galea premimus;

nos sumus, apud quos usque eo nihil ante mortem otiosum est, ut, si res patitur, non si ipsa mors otiosa.' Quid nobis Epicuri praecepta in ipsis Zenonis principiis loqueris? Quin tu bene gnaviter, si partium piget, transfugis potius quam prodis?" Hoc tibi in praesentia respondebo: „Num quid vis amplius, quam ut me similem ducibus meis praestem? Quid ergo est? Non quo miserint me illi, sed, quo duxerint, ibo."

2 Nunc probabo tibi non desciscere me a praeceptis Stoicorum, nam ne ipsi quidem a suis desciverunt, et tamen excusatissimus essem, etiam si non praecepta illorum sequerer, sed exempla.

Hoc, quod dico, in duas dividam partes: primum, ut possit aliquis vel a prima aetate contemplationi veritatis totum se tradere, rationem vivendi quaerere atque exercere secreto; deinde, ut possit hoc aliquis emeritis iam stipendiis, profligatae aetatis, iure optimo facere et ad alios occupationes referre, virginum Vestalium more, quae annis inter officia divisis discunt facere sacra et, cum didicerunt, docent.

Weg gilt für uns nicht an sich als gut oder schlecht, sondern nach der Zahl der Fußspuren, unter denen keine von Rückkehrern sind.

Nun wirst du sagen: „Was machst du, Seneca? Du wirst deiner Lehre untreu! Jedenfalls erklären eure Leute von der Stoa: ‚Bis zum letzten Atemzug werden wir aktiv sein, wir werden unaufhörlich dem Gemeinwohl dienen, jedem einzelnen helfen, sogar unseren Feinden Beistand leisten und kräftig zupacken. Wir sind es, die keinen seiner Jahre wegen von der Dienstpflicht entbinden und, wie jener wortgewaltige Mann sagte, sogar

> aufs Grauhaar den Helm drücken.

Wir sind es, bei denen es vor dem Tod so wenig Ruhepausen gibt, daß sogar der Tod, sofern das angeht, keine Ruhepause ist.‘ Was bringst du uns also Epikurs Empfehlungen gerade angesichts solcher Maximen Zenons nahe? Warum wechselst du nicht lieber ganz offen die Partei, wenn dir die Richtung nicht mehr paßt, statt insgeheim zum Verräter zu werden?" Zunächst will ich darauf nur so viel erwidern: „Erwartest du noch mehr von mir, als daß ich mich meinen Leitbildern ähnlich zeige? Nun denn! Ich gehe nicht dahin, wohin sie mich schicken, sondern wohin sie mich führen!"

2 Und jetzt will ich dir beweisen, daß ich der Lehre der Stoiker nicht untreu werde – sie sind ihr ja auch selbst nicht untreu geworden. Und doch wäre ich schon voll gerechtfertigt, wenn ich nicht ihren Vorschriften, wohl aber ihrem Vorbild folgte.

Meine Beweisführung will ich in zwei Abschnitte gliedern; zunächst geht es darum, daß jemand sich von Jugend auf ganz dem Streben nach Wahrheit widmen, eine Lebensform suchen und dann in aller Stille verwirklichen kann, sodann, daß jemand, wenn er von seinen Verpflichtungen entbunden und hochbetagt ist, mit vollem Recht so handeln und seine Pflichten anderen übertragen kann, gleich wie die Vestalinnen je nach ihrem Alter verschiedene Aufgaben erfüllen: Erst erlernen sie den Vollzug der heiligen Bräuche, und wenn sie ihn erlernt haben, lehren sie ihn.

3 Hoc Stoicis quoque placere ostendam, non quia mihi legem dixerim nihil contra dictum Zenonis Chrysippive committere, sed quia res ipsa patitur me ire in illorum sententiam: quam si quis semper unius sequitur, non in curia, sed in factione est. Utinam quidem iam tenerentur omnia et in aperto confessa veritas esset nihilque ex decretis mutaremus! Nunc veritatem cum iis ipsis, qui docent, quaerimus.

Duae maxime et in hac re dissident sectae Epicureorum et Stoicorum, sed utraque ad otium diversa via mittit. Epicurus ait: „Non accedet ad rem publicam sapiens, nisi si quid intervenerit." Zenon ait: „Accedet ad rem publicam, nisi si quid impedierit."

Alter otium ex proposito petit, alter ex causa. Causa autem illa late patet: si res publica corruptior est, quam ut adiuvari possit, si obscurata est malis, non nitetur sapiens in supervacuum nec se nihil profuturus impendet; si parum habebit auctoritatis aut virium nec illum erit admissura res publica, si valetudo illum impediet, quomodo navem quassam non deduceret in mare, quomodo nomen in militiam non daret debilis, sic ad iter, quod inhabile sciet, non accedet.

Potest ergo et ille, cui omnia adhuc in integro sunt, antequam ullas experiatur tempestates, in tuto subsistere et protinus commendare se bonis

3 Daß dies auch im Sinne der Stoiker ist, will ich zeigen, und zwar nicht, weil ich es mir zum Grundsatz gemacht hätte, keinesfalls gegen ein Wort des Zenon oder Chrysipp aufzumucken, sondern weil es mir die Sache erlaubt, mich ihrer Ansicht anzuschließen. Wenn jemand immerzu die Meinung eines einzigen übernimmt, dann paßt er nicht ins Rathaus, sondern nur in eine politische Clique. Ja, wenn man bereits alles genau wüßte, wenn die Wahrheit offenkundig und allgemein anerkannt wäre und wir nichts an unseren Entscheidungen zu ändern brauchten! So aber sind wir auf der Suche nach der Wahrheit, gemeinsam mit denen, die sie verkünden.

Die beiden Schulen, die Epikureer und Stoiker, sind auch über unser Problem ganz verschiedener Meinung; immerhin empfehlen uns beide, wenn auch auf verschiedenen Wegen, den Rückzug auf uns selbst. Epikur sagt: „Ins politische Leben wird ein weiser Mann nicht eintreten, falls sich nicht irgendein triftiger Grund ergibt." Zenon aber sagt: „Ins politische Leben wird er eintreten, falls ihn nicht etwas davon abhält."

Der eine sucht die Zurückgezogenheit in voller Absicht, der andere, wenn er einen Grund dafür hat. Ein Grund aber kann sehr vieles sein: Wenn der Staat zu verdorben ist, als daß ihm noch zu helfen wäre, wenn er vor lauter Mängeln kaum mehr zu erkennen ist, dann wird ein vernünftiger Mensch sich nicht umsonst abmühen noch sich, ohne dadurch etwas zu erreichen, für ihn einsetzen; ebenso wird er sich, wenn er zu wenig Einfluß oder Durchsetzungsvermögen besitzt, wenn der Staat ihm keine Chance bietet, sich zu bewähren, und wenn es sein Gesundheitszustand nicht erlaubt, nicht auf einen Weg begeben, dessen Schwierigkeiten er kennt. Er würde ja auch kein angeschlagenes Schiff ins Meer ziehen lassen, würde sich ja auch nicht als Invalide zum Kriegsdienst melden!

Demnach kann aber auch jemand, der sich noch auf nichts eingelassen hat, ehe er irgendwelche Schicksalsschläge hinnehmen mußte, einen sicheren Rastplatz suchen, sich so-

artibus et illibatum otium exigere virtutum cultor, quae exerceri etiam quietissimis possunt. Hoc nempe ab homine exigitur, ut prosit hominibus: si fieri potest, multis; si minus, paucis; si minus, proximis; si minus, sibi. Nam, cum se utilem ceteris efficit, commune agit negotium: quomodo, qui se deteriorem facit, non sibi tantummodo nocet, sed etiam omnibus iis, quibus melior factus prodesse potuisset, sic, quisquis bene de se meretur, hoc ipso aliis prodest, quod illis profuturum parat.

4 Duas res publicas animo complectamur: alteram magnam et vere publicam, qua dii atque homines continentur, in qua non ad hunc angulum respicimus aut ad illum, sed terminos civitatis nostrae cum sole metimur; alteram, cui nos ascripsit condicio nascendi (haec aut Atheniensium erit aut Carthaginiensium aut alterius alicuius urbis), quae non ad omnes pertineat homines, sed ad certos. Quidam eodem tempore utrique rei publicae dant operam, maiori minorique; quidam tantum minori, quidam tantum maiori.

Huic maiori rei publicae et in otio deservire possumus, immo vero nescio an in otio melius, ut quaeramus, quid sit virtus, una pluresne sint, natura an ars bonos viros faciat; unum sit hoc, quod maria terrasque et mari ac terris inserta complectitur, an multa eiusmodi corpora deus sparserit; continua sit omnis et plena materia, ex qua cuncta gignuntur, an diducta et solidis inane permixtum;

gleich wissenschaftlich betätigen und seine Zeit in ungeschmälerter Muße verbringen als ein Verehrer des Guten und Schönen, womit man sich auch in größter Zurückgezogenheit befassen kann. Allerdings darf man von einem Menschen verlangen, daß er Menschen nützt – womöglich vielen, oder wenigstens einigen, oder wenigstens seinen nächsten Angehörigen, oder wenigstens sich selbst. Denn wer sich den anderen als nützlich erweist, dient dem allgemeinen Wohl. Und wie jemand, der sich schlechter macht, nicht nur sich selbst schadet, sondern auch allen, denen er als besserer Mensch hätte nützen können, so ist ein jeder, der an sich selbst Gutes tut, gerade dadurch den anderen von Nutzen, daß er sich darauf vorbereitet, jenen nützen zu können.

4 Zwei Gemeinwesen wollen wir nun vor unseren Geist treten lassen: Das eine ist groß und wahrhaft allgemein, in dem Götter und Menschen ihren Platz haben und in dem wir nicht dieses oder jenes Eckchen beachten müssen, sondern die Grenzen unseres Staatsgebiets am Umlauf der Sonne messen. Das andere ist jenes, zu dessen Bürgern uns der zufällige Geburtsort machte – es mag entweder das der Athener oder der Karthager oder irgendeiner anderen großen Stadt sein – und das somit ja wohl nicht alle Menschen angeht, sondern nur bestimmte. Manche Leute widmen sich gleichzeitig beiden Gemeinwesen, dem größeren und dem kleineren, manche nur dem größeren, manche nur dem kleineren.

Diesem größeren Gemeinwesen aber können wir uns auch in der Zurückgezogenheit ganz hingeben, ja vermutlich in der Zurückgezogenheit sogar besser, um zu ergründen, was Tugend ist, ob es nur eine oder mehrere davon gibt, ob Anlage oder Unterweisung aus Männern gute Männer macht, ob das in seiner Art einmalig ist, was Meere und Länder und die Geschöpfe des Meers und der Länder trägt, oder ob Gott viele solche Himmelskörper im Weltraum verstreut hat, ob die Materie, aus der alles entsteht, lückenlos den Raum erfüllt oder ob sie verteilt ist und unter das Feste sich das Leere mischt; was Gottes Wohnung ist, ob er sein

quae sit dei sedes, opus suum spectet an tractet, utrumne extrinsecus illi circumfusus sit an toti inditus; immortalis sit mundus an inter caduca et ad tempus nata numerandus. Haec qui contemplatur, quid deo praestat? Ne tanta eius opera sine teste sit.

Solemus dicere summum bonum esse secundum naturam vivere: natura nos ad utrumque genuit, et contemplationi rerum et actioni.

5 Nunc id probemus, quod prius diximus. Quid porro? Hoc non erit probatum, si se unusquisque consuluerit, quantam cupidinem habeat ignota noscendi, quam ad omnes fabulas excitetur? Navigant quidam et labores peregrinationis longissimae una mercede perpetiuntur cognoscendi aliquid abditum remotumque. Haec res ad spectacula populos contrahit, haec cogit praeclusa rimari, secretiora exquirere, antiquitates evolvere, mores barbararum audire gentium. Curiosum nobis natura ingenium dedit et, artis sibi ac pulchritudinis suae conscia, spectatores nos tantis rerum spectaculis genuit perditura fructum sui, si tam magna, tam clara, tam subtiliter ducta, tam nitida et non uno genere formosa solitudini ostenderet.

Ut scias illam spectari voluisse, non tantum aspici, vide, quem nobis locum dederit: in media nos sui parte constituit et circumspectum omnium nobis dedit; nec erexit tantummodo hominem, sed etiam habilem contemplationem factura, ut ab ortu sidera in occasum labentia prosequi posset et vultum suum circumferre cum toto, sublime fecit illi caput et collo flexili imposuit. Deinde sena per diem, sena per noctem signa perducens nullam

Werk nur beschaut oder noch an ihm baut, ob er es rings umfängt oder ob er in allen seinen Teilen vorhanden ist und ob die Welt unvergänglich oder als etwas Vergängliches, nur für begrenzte Zeit Entstandenes anzusehen ist. Was tut, wer dies bedenkt, für Gott? Er erreicht, daß dessen gewaltige Werke nicht unbezeugt bleiben.

Wir sagen gewöhnlich, das höchste Gut sei ein naturgemäßes Leben. Die Natur aber hat uns zu zweierlei erschaffen: zum Betrachten von allem, was da ist, und zum Handeln.

5 Wir wollen nun den Beweis für das eben Gesagte führen – doch wozu? Ist er nicht schon geführt, wenn ein jeder bedenkt, wie sehr es ihn danach verlangt, Unbekanntes kennenzulernen, und wie sehr ihn sogar jede erfundene Geschichte fesselt? Manche fahren zur See und nehmen die Strapazen einer weiten Reise nur deshalb auf sich, weil sie zum Lohn etwas Entlegenes und Fernes sehen dürfen. Das ist es auch, was Menschenmassen bei Schaustellungen zusammenführt, das zwingt dazu, durch Schlüssellöcher zu spähen, Geheimnisse zu enthüllen, Altes auszugraben und von den Bräuchen unzivilisierter Völker zu hören. Einen wißbegierigen Geist hat uns die Natur gegeben und uns im Bewußtsein ihrer Kunstfertigkeit und Schönheit als Zuschauer bei ihrem gewaltigen Schauspiel erschaffen – sie hätte ja sonst nichts von ihrer Mühe, wenn sie so Großes, so Herrliches, so fein Geformtes, so Reizvolles und auf mancherlei Weise Schönes in der Verlassenheit zur Schau stellte.

Und damit du begreifst, daß sie genau betrachtet, nicht nur eines kurzen Blicks gewürdigt werden will, nimm zur Kenntnis, welchen Platz sie uns zugewiesen hat: Sie hat uns in ihr Zentrum gestellt und uns erlaubt, alles um uns herum in Augenschein zu nehmen. Sie ließ den Menschen nicht nur aufrecht stehen, sondern wollte ihm auch die Umsicht erleichtern, damit er die Gestirne auf ihrer Bahn vom Aufgang bis zum Niedergang begleiten und mit seinen Blicken der Drehung des Weltalls folgen könne; daher gab sie ihm ein hocherhobenes Haupt und setzte es auf den beweglichen Hals. Sodann läßt sie am Tage sechs Sternbilder und sechs in

non partem sui explicuit, ut per haec, quae obtulerat oculis eius, cupiditatem faceret etiam ceterorum.

Nec enim omnia nec tanta visimus, quanta sunt, sed acies nostra aperit sibi investigandi viam et fundamenta vero iacit, ut inquisitio transeat ex apertis in obscura et aliquid ipso mundo inveniat antiquius: unde ista sidera exierint; quis fuerit universi status, antequam singula in partes discederent; quae ratio mersa et confusa diduxerit; quis loca rebus assignaverit; suapte natura gravia descenderint, evolaverint levia, an praeter nisum pondusque corporum altior aliqua vis legem singulis dixerit; an illud verum sit, quo maxime probatur homines divini esse spiritus, partem ac veluti scintillas quasdam astrorum in terram desiluisse atque alieno loco haesisse.

Cogitatio nostra caeli munimenta perrumpit nec contenta est id, quod ostenditur, scire: „Illud", inquit, „scrutor, quod ultra mundum iacet, utrumne profunda vastitas sit, an et hoc ipsum terminis suis cludatur; qualis sit habitus exclusis, informia et confusa sint, an in omnem partem tantundem loci obtinentia et illa in aliquem cultum discripta sint; huic cohaereant mundo, an longe ab hoc secesserint et hic in vacuo volutetur; individua sint, per quae struitur omne, quod natum futurumque est, an continua eorum materia sit et per totum mutabilis; utrum contraria inter se elementa sint, an non pugnent, sed per diversa conspirent."

der Nacht vorüberziehen und gewährte so Einblick in alle ihre Bereiche, um durch das, was sie unseren Augen bot, das Verlangen nach allem anderen zu wecken.

Wir sehen ja nicht alles, sehen es auch nicht in seiner wahren Größe, doch unser Auge erschließt sich einen Weg zum Weiterforschen und legt den Grund für die Erkenntnis der Wahrheit, so daß unsere Wißbegier sich von dem, was klar am Tage liegt, dem Geheimnisvollen zuwenden und etwas finden kann, das älter ist als die Welt selber. Woraus sind die Gestirne dort hervorgegangen? In welchem Zustand befand sich das All, ehe seine einzelnen Bestandteile sich trennten? Welche geistige Kraft schuf Ordnung im Dunkel des Chaos? Wer wies einem jedem Ding seinen Platz? Sank aufgrund seiner eigenen Beschaffenheit das Schwere in die Tiefe, erhob sich das Leichte – oder hat, ohne Rücksicht auf die Schwerkraft, irgendeine höhere Macht allem seine Regel gegeben? Ist das wahr, was vor allem die Annahme stützt, der Mensch habe einen göttlichen Geist, daß nämlich irgendwelche Teilchen, gewissermaßen Sternenfunken, auf die Erde gefallen und an diesem himmelsfernen Ort verblieben seien?

Unser Denken stößt vor hinter das Himmelsgewölbe, begnügt sich nicht mit der Kenntnis des Sichtbaren und spricht: „Das will ich ergründen, was in den Weiten jenseits des Weltalls ist: Ist es nur bodenlose Leere? Sind auch ihm bestimmte Grenzen gesetzt? Von welcher Beschaffenheit ist das da draußen: gestaltlos und chaotisch – oder erfüllt es in jeder Richtung gleich viel Raum und erfuhr somit eine gewisse Formung? Steht es mit dieser unserer Welt in Verbindung oder ist es weit von ihr entrückt und bewegt sie sich daher im Leeren? Sind unteilbare Teilchen die Bausteine von allem, was da ist und da sein wird, oder ist die Materie insgesamt in fließendem Übergang wandelbar? Liegen die Elemente miteinander im Streit oder bekämpfen sie sich nicht, sondern wirken über alles Trennende hinweg zusammen?"

Ad haec quaerenda natus aestima, quam non multum acceperit temporis, etiam si illud totum sibi vindicat: cui licet nihil facilitate eripi, nihil neglegentia patiatur excidere, licet horas suas avarissime servet et usque in ultimum aetatis humanae terminum procedat nec quicquam illi ex eo, quod natura constituit, fortuna concutiat, tamen homo ad immortalium cognitionem nimis mortalis est.

Ergo secundum naturam vivo, si totum me illi dedi, si illius admirator cultorque sum. Natura autem utrumque facere me voluit, et agere et contemplationi vacare: utrumque facio, quoniam ne contemplatio quidem sine actione est.

6 „Sed refert", inquis, „an ad illam voluptatis causa accesseris nihil aliud ex illa petens quam assiduam contemplationem sine exitu: est enim dulcis et habet illecebras suas." Adversus hoc tibi respondeo: aeque refert, quo animo civilem agas vitam, an semper inquietus sis nec tibi umquam sumas ullum tempus, quo ab humanis ad divina respicias. Quomodo res appetere sine ullo virtutum amore et sine cultu ingenii ac nudas edere operas minime probabile est (misceri enim ista inter se et conseri debent), sic imperfectum ac languidum bonum est in otium sine actu proiecta virtus numquam id, quod didicit, ostendens. Quis negat illam debere profectus suos in opere tentare nec tantum, quid faciendum sit, cogitare, sed etiam aliquando manum exercere et ea, quae meditata sunt, ad verum perducere?

„Quid, si per ipsum sapientem non est mora, si non actor deest, sed agenda desunt? Ecquid illi secum esse permittes?" Quo animo ad otium sa-

Da der Mensch, um dies zu ergründen, geboren ist, bedenke, wie wenig Zeit ihm dafür zur Verfügung steht, auch wenn er sie ganz für sich selbst beansprucht. Selbst wenn er sich davon nichts aus Gutmütigkeit stehlen, nichts aus Nachlässigkeit entgehen läßt, selbst wenn er aufs äußerste mit seinen Stunden geizt, das höchste von einem Menschen erreichbare Alter erreicht und ihm nichts von dem, was die Natur ihm bestimmt hat, das Schicksal vereitelt – der Mensch ist trotzdem für die Erkenntnis des Unsterblichen allzu sterblich.

Also lebe ich der Natur gemäß, wenn ich mich ihr ganz hingebe, wenn ich ihr Bewunderer und Verehrer bin. Die Natur wollte ja, daß ich beides tue: daß ich tätig bin und mir Muße für die Betrachtung gönne. Ich aber tue beides, denn selbst die reine Betrachtung ist nicht gleichzusetzen mit Untätigkeit.

6 „Es macht aber", so meinst du, „viel aus, ob man sich ihr nur widmet, um dabei einen Lustgewinn zu erzielen, und nichts anderes im Sinn hat als ständige Betrachtung ohne Ende. Dergleichen ist ja verlockend und hat seinen Reiz." Dagegen erwidere ich dir: Es macht gleichermaßen viel aus, in welcher Einstellung man sein Leben als Staatsbürger verbringt, ob man stets gehetzt ist und sich nie Zeit nimmt, den Blick vom Irdischen zum Göttlichen zu erheben. Besitzstreben ohne Verlangen nach höheren Werten und ohne Pflege des Geistigen sowie bloßer Tätigkeitsdrang sind ganz und gar nicht zu billigen (beides muß sich nämlich verbinden und durchdringen); andererseits ist es aber ein unvollkommenes und fragwürdiges Glück, wenn sich Tüchtigkeit träger Muße hingibt und nie zeigt, was sie gelernt hat. Wer will bestreiten, daß sie ihre Fortschritte im Handeln erproben und nicht nur darüber nachdenken sollte, was zu tun sei, sondern gelegentlich auch Hand anlegen und das Überdachte verwirklichen muß?

Wie aber, wenn es nicht am Weisen selbst liegt, wenn es nicht am Vollbringen fehlt, sondern an dem, was er vollbringen könnte? Wirst du ihm dann nicht den Rückzug auf sich

piens secedit? Ut sciat se tum quoque ea acturum, per quae posteris prosit. Nos certe sumus, qui dicimus et Zenonem et Chrysippum maiora egisse, quam si duxissent exercitus, gessissent honores, leges tulissent; quas non uni civitati, sed toti humano generi tulerunt. Quid est ergo, quare tale otium non conveniat viro bono, per quod futura saecula ordinet nec apud paucos contionetur, sed apud omnes omnium gentium homines, quique sunt quique erunt?

Ad summam quaero, an ex praeceptis suis vixerint Cleanthes et Chrysippus et Zenon. Non dubie respondebis sic illos vixisse, quemadmodum dixerant esse vivendum. Atqui nemo illorum rem publicam administravit. „Non fuit", inquis, „illis aut ea fortuna aut ea dignitas, quae admitti ad publicarum rerum tractationem solet." Sed iidem nihilo minus non segnem egere vitam: invenerunt, quemadmodum plus quies illorum hominibus prodesset quam aliorum discursus et sudor. Ergo nihilo minus hi multum egisse visi sunt, quamvis nihil publice agerent.

7 Praeterea tria genera sunt vitae, inter quae, quod sit optimum, quaeri solet: unum voluptati vacat, alterum contemplationi, tertium actioni. Primum deposita contentione depositoque odio, quod implacabile diversa sequentibus indiximus, videamus, an haec omnia ad idem sub alio atque alio titulo perveniant. Nec ille, qui voluptatem probat, sine contemplatione est nec ille, qui contemplationi inservit, sine voluptate est nec ille, cuius vita actionibus destinata est, sine contemplatione est.

selbst gestatten? Doch in welcher Einstellung zieht sich der Weise aus der Welt zurück? In der Gewißheit, daß er auch dann noch zum Nutzen der Nachwelt tätig sein wird. Ich jedenfalls wage die Behauptung, daß sowohl Zenon wie Chrysipp Größeres vollbracht haben als wenn sie Heere geführt, Ehrenämter innegehabt und Gesetze eingebracht hätten. Letztere haben sie übrigens nicht für einen einzelnen Staat, sondern für die ganze Menschheit erlassen. Warum sollte also solche Zurückgezogenheit einem tüchtigen Menschen nicht anstehen, wenn er dabei die Ordnung für künftige Jahrhunderte schafft und seine Erklärungen nicht vor einer kleinen Versammlung abgibt, sondern vor Menschen aller Völker, den lebenden und denen, die einst leben werden?

Kurz und gut, ich stelle die Frage, ob Kleanthes und Chrysipp und Zenon ihren Prinzipien gemäß gelebt haben. Zweifellos erwiderst du mir, sie hätten so gelebt, wie man nach ihren Worten leben solle. Doch keiner von ihnen hat ein Staatsamt bekleidet! „Sie hatten", meinst du, „entweder nicht die Mittel oder die soziale Stellung, die gewöhnlich für den Eintritt in den Staatsdienst erforderlich sind." Dessenungeachtet haben sie ihr Leben nicht in Untätigkeit hingebracht: Sie fanden heraus, wie ihr ruhiges Dasein der Menschheit mehr nützen konnte als anderer Leute Rennerei und Schweiß. Offenbar haben sie nichtsdestoweniger Großes vollbracht, obwohl sie keine politische Tätigkeit entfalteten.

7 Es gibt zudem drei Lebensformen, unter denen man gewöhnlich die beste sucht: Die eine ergibt sich der Lust, die andere der Betrachtung, die dritte dem Tätigsein. Lassen wir zunächst den Richtungsstreit, lassen wir auch die unversöhnliche Feindschaft auf sich beruhen, die wir den Anhängern der anderen Lehre angesagt haben, und sehen wir zu, ob all dies, wenngleich unter jeweils verschiedenen Etiketten, auf dasselbe hinausläuft. Weder der, für den die Lust ein Gut ist, verzichtet auf wissenschaftliche Betrachtung, noch genießt der keine Lust, der sich der Betrachtung ergibt, noch kennt der, dessen Leben dem Tätigsein gewidmet ist, die Betrachtung nicht.

„Plurimum", inquis, „discriminis est, utrum aliqua res propositum sit an propositi alterius accessio sit." Sane grande discrimen; tamen alterum sine altero non est: nec ille sine actione contemplatur nec hic sine contemplatione agit nec ille tertius, de quo male existimare consensimus, voluptatem inertem probat, sed eam, quam ratione efficit firmam sibi. Ita et haec ipsa voluptaria secta in actu est. Quidni in actu sit, cum ipse dicat Epicurus aliquando se recessurum a voluptate, dolorem etiam appetiturum, si aut voluptati imminebit paenitentia aut dolor minor pro graviore sumetur?

Quo pertinet haec dicere? Ut appareat contemplationem placere omnibus: alii petunt illam; nobis haec statio, non portus est.

8 Adice nunc, quod e lege Chrysippi vivere otioso licet: non dico, ut otium patiatur, sed ut eligat. Negant nostri sapientem ad quamlibet rem publicam accessurum: quid autem interest, quomodo sapiens ad otium veniat, utrum, quia res publica illi deest an quia ipse rei publicae, si omnibus defutura res publica est? Semper autem deerit fastidiose quaerentibus.

Interrogo, ad quam rem publicam sapiens sit accessurus. Ad Atheniensium, in qua Socrates damnatur, Aristoteles, ne damnetur, fugit, in qua opprimit invidia virtutes? Negabis mihi accessurum ad hanc rem publicam sapientem. Ad Carthaginiensium ergo rem publicam sapiens accedet, in qua assidua seditio et optimo cuique infesta liber-

„Es ist aber ein sehr großer Unterschied", wendest du ein, „ob irgend etwas selbst Lebensziel ist oder ob es sich zufällig einstellt, wenn man ein anderes Ziel verfolgt." Gewiß, der Unterschied ist groß, und doch ist das eine nicht ohne das andere denkbar: Jener ergibt sich nicht untätig dem Nachdenken noch handelt jener unbedacht noch findet jener dritte, von dem wir einhellig eine schlechte Meinung haben, Gefallen an einer Lust, um die er sich nicht bemüht hat, sondern vielmehr an einer solchen, der sein Verstand Beständigkeit verlieh. So ist sogar der Anhang Epikurs in seinem Luststreben nicht untätig. Und wieso sollte er das auch sein, da doch Epikur selbst sagt, dann und wann werde er die Lust meiden und den Schmerz sogar bewußt suchen, wenn entweder der Lust Reue drohe oder wenn man einen geringeren Schmerz an Stelle eines größeren haben könne.

Worauf zielen diese meine Worte? Daß klar wird, wie positiv alle der wissenschaftlichen Betrachtung gegenüberstehen. Andere streben nach ihr; für uns ist sie ein Ankerplatz, kein Heimathafen.

8 Bedenke dabei, daß man nach der Lehre Chrysipps zurückgezogen leben darf, freilich, das muß ich sagen, nicht so, daß man die Zeit der Ruhe über sich ergehen läßt, sondern daß man sich bewußt für sie entscheidet. Unsere Leute von der Stoa erklären nämlich, der Weise werde nicht in den Dienst eines *jeden* Staates treten. Was macht es aber aus, weshalb der Weise sich zurückzieht – weil es ihm an einem Staat fehlt oder weil er sich dem Staat versagt, da der Staat sich allen versagt? Wer kritische Fragen stellt, dem wird es immer an einem geeigneten Staat fehlen.

Ich möchte gern wissen, für welchen Staat sich ein Weiser einsetzen wird. Für den der Athener, in dem man Sokrates verurteilt, in dem Aristoteles, um nicht verurteilt zu werden, in die Verbannung gehen muß, in dem Neid über Tüchtigkeit triumphiert? Du wirst zugeben, daß in den Dienst dieses Staats kein Weiser treten will. So wird er sich denn für den Staat der Karthager einsetzen, wo ständiger Aufruhr herrscht und eine Willkür, die gerade die Besten in Gefahr

tas est, summa aequi ac boni vilitas, adversus hostes inhumana crudelitas etiam adversus suos hostilis? Et hanc fugiet.

Si percensere singulas voluero, nullam inveniam, quae sapientem aut quam sapiens pati possit. Quod si non invenitur illa res publica, quam nobis fingimus, incipit omnibus esse otium necessarium, quia, quod unum praeferri poterat otio, nusquam est. Si quis dicit optimum esse navigare, deinde negat navigandum in eo mari, in quo naufragia fieri soleant et frequenter subitae tempestates sint, quae rectorem in contrarium rapiant, puto, hic me vetat navem solvere, cum laudet navigationem.

bringt, wo Recht und Billigkeit überhaupt nichts gelten, wo man gegen Feinde unmenschliche Grausamkeit zeigt und auch gegen die eigenen Leute feindselig vorgeht? Er wird auch diesen Staat meiden!

Wenn ich einen Staat nach dem anderen kritisch betrachte, so werde ich keinen finden, der mit einem Weisen oder mit dem ein Weiser auskommen könnte. Doch wenn sich ein Staat nach unseren Vorstellungen nicht findet, dann ist der Punkt erreicht, an dem der Rückzug für alle unausweichlich ist, weil es das, was man allein dem zurückgezogenen Leben hätte vorziehen können, nirgends gibt. Falls jemand sagt, Seefahrt sei das Beste, und dann erklärt, man solle kein Meer befahren, auf dem man leicht Schiffbruch erleide und wo oft plötzliche Stürme aufkämen, die das Ruder in die andere Richtung rissen, dann verbietet er mir, meine ich, den Anker zu lichten, obgleich er die Seefahrt lobt.

DE TRANQUILLITATE ANIMI

1 „Inquirenti mihi in me quaedam vitia apparebant, Seneca, in aperto posita, quae manu prehenderem, quaedam obscuriora et in recussu, quaedam non continua, sed ex intervallis redeuntia, quae vel molestissima dixerim, ut hostes vagos et ex occasionibus assilientes, per quos neutrum licet, nec tamquam in bello paratum esse nec tamquam in pace securum. Illum tamen habitum in me maxime deprehendo (quare enim non verum ut medico fatear?) nec bona fide liberatum me iis, quae timebam et oderam, nec rursus obnoxium. In statu ut non pessimo, ita maxime querulo et moroso positus sum: nec aegroto nec valeo.

Non est, quod dicas omnium virtutum tenera esse principia, tempore illis duramentum et robur accedere. Non ignoro etiam, quae in speciem laborant, dignitatem dico et eloquentiae famam et, quicquid ad alienum suffragium venit, mora convalescere: et quae veras vires parant et quae ad placendum fuco quodam subornantur, exspectant annos, donec paulatim colorem diuturnitas ducat. Sed ego vereor, ne consuetudo, quae rebus affert constantiam, hoc vitium mihi altius figat: tam ma-

DIE RUHE DER SEELE

1 (Serenus an Seneca:) „Immer, wenn ich mich selbst gewissenhaft prüfte, Seneca, zeigten sich manche Schwächen ganz offen, so daß ich sie mit Händen greifen konnte, manche nur recht undeutlich und im Verborgenen, manche nicht ständig. Diese stellen sich nur von Zeit zu Zeit ein und sind meines Erachtens besonders lästig, gleich unberechenbaren Feinden, die nur bei Gelegenheit anstürmen und derentwegen man keine Alternative hat: Man kann weder wie im Krieg stets abwehrbereit sein noch wie im Frieden sicher. In dieser Lage sehe ich mich nun besonders oft – warum sollte ich dir denn nicht wie einem Arzt die Wahrheit gestehen? –: nicht zuverlässig frei von dem, was ich fürchtete und haßte, und andererseits dem auch nicht verfallen. Ich befinde mich also in einem Zustand, der zwar nicht der schlechteste, aber doch äußerst kläglich und verdrießlich ist, und bin weder krank noch gesund.

Du brauchst nicht darauf hinzuweisen, daß alle guten Eigenschaften am Anfang nur schwach ausgeprägt seien, aber im Lauf der Zeit an Festigkeit und Stärke zunähmen. Ich weiß auch sehr wohl, daß die Fähigkeiten, die man an Äußerliches wendet, zum Beispiel an seine Karriere, an seinen Ruhm als Redner und alles, was sich fremdem Urteil stellt, im Lauf der Zeit wachsen. Aber sowohl, was echte Kraft verschafft, als auch das, was, um Anerkennung zu finden, gewissermaßen Nachhilfe durch Schminke nötig hat, braucht Jahre, bis ihm allmählich die lange Übung Farbe gibt. Ich wiederum muß fürchten, daß die Gewohnheit, die alles verfestigt, mir diese meine Schwäche nur noch tiefer

lorum quam bonorum longa conversatio amorem induit.

Haec animi inter utrumque dubii nec ad recta fortiter nec ad prava vergentis infirmitas qualis sit, non tam semel tibi possum quam per partes ostendere. Dicam, quae accidant mihi; tu morbo nomen invenies.

Tenet me summus amor parsimoniae, fateor: placet non in ambitionem cubile compositum, non ex arcula prolata vestis, non ponderibus ac mille tormentis splendere cogentibus expressa, sed domestica et vilis nec servata nec sumenda sollicite.

Placet cibus, quem nec parent familiae nec spectent, non ante multos imperatus dies nec multorum manibus ministratus, sed parabilis facilisque, nihil habens arcessiti pretiosive, ubilibet non defuturus, nec patrimonio nec corpori gravis, non rediturus, qua intraverit.

Placet minister incultus et rudis vernula, argentum grave rustici patris sine ullo nomine artificis et mensa non varietate macularum conspicua nec per multas dominorum elegantium successiones civitati nota, sed in usum posita, quae nullius convivae oculos nec voluptate moretur nec accendat invidia.

Cum bene ista placuerunt, praestringit animum apparatus alicuius paedagogii, diligentius quam in tralatu vestita et auro culta mancipia et agmen servorum nitentium, iam domus etiam, qua calcatur,

einprägt. Beim Schlechten wie beim Guten führt lange Vertrautheit dazu, daß man es liebt.

Diese Schwäche meines Charakters, der zwischen den Extremen schwankt und sich weder entschieden zum Rechten noch zum Schlechten wendet, kann ich, so wie sie ist, nicht in einem Satz, sondern nur stückweise beschreiben. Ich sage, was mit mir los ist, und du wirst für das Leiden einen Namen finden.

Ich lasse mich von einem ausgeprägten Hang zur Sparsamkeit leiten, das gestehe ich gern. Mir gefällt kein prunkvoll eingerichtetes Schlafzimmer, kein Kleid, das man erst aus der Truhe hervorholen muß und das ein schwerer Behang von tausend kleinen Marterinstrumenten funkeln läßt, sondern eins fürs Haus, ein billiges, das man weder unter Ängsten aufhebt noch anzieht.

Mir gefällt kein Essen, an dem ganze Sklavenscharen arbeiten – und bei dem sie dann zusehen müssen –, keines, das man schon viele Tage vorher bestellt und das von vielen Händen aufgetragen wird, sondern eines, das leicht zu bekommen und zu bereiten ist, nichts Exquisites und Aufwendiges, ein Essen, auf das man nirgends zu verzichten braucht, das weder für den Geldbeutel noch für den Magen eine Last ist und das nicht da wieder hochkommt, wo es hereinkam.

Mir gefällt ein schlichter Diener ohne Livree und ein natürliches Sklavenkind, das einfache Silbergeschirr meines Vaters, eines Landmanns, auf das kein Künstlername graviert ist, dazu ein Tisch, der nicht durch reiche Maserung ins Auge sticht, der auch nicht stadtbekannt ist, weil ihn nacheinander viele feine Leute besaßen, sondern einer für den täglichen Gebrauch, der keinen Gast als Augenweide fesselt und auch nicht seinen Neid erregt.

Doch wenn ich darauf mit Wohlgefallen gesehen habe, dann schnüren mir das Herz der schmucke Aufzug irgendwelcher Pagen zu, Diener, die prächtiger als bei einer Prozession gekleidet und goldgeschmückt sind, ein Schwarm von wohlgenährten Sklaven, bald auch ein Haus, wo man

pretiosa et divitiis per omnes angulos dissipatis tecta ipsa fulgentia et assectator comesque patrimoniorum pereuntium populus. Quid perlucentes ad imum aquas et circumfluentes ipsa convivia, quid epulas loquar scaena sua dignas?

Circumfudit me ex longo frugalitatis situ venientem multo splendore luxuria et undique circumsonuit: paulum titubat acies, facilius adversus illam animum quam oculos attollo; recedo itaque non peior, sed tristior, nec inter illa frivola mea tam altus incedo, tacitusque morsus subit et dubitatio, numquid illa meliora sint. Nihil horum me mutat, nihil tamen non concutit.

Placet vim praeceptorum sequi et in mediam ire rem publicam; placet honores fascesque non scilicet purpura aut virgis abductum capessere, sed ut amicis propinquisque et omnibus civibus, omnibus deinde mortalibus paratior utiliorque sim: promptus, imperitus sequor Zenona, Cleanthen, Chrysippum, quorum tamen nemo ad rem publicam accessit et nemo non misit.

Ubi aliquid animum insolitum arietari percussit, ubi aliquid occurrit aut indignum, ut in omni vita humana multa sunt, aut parum ex facili fluens aut multum temporis res non magno aestimandae poposcerunt, ad otium convertor, et quemadmodum pecoribus fatigatis quoque velocior domum gradus est. Placet intra parietes rursus vitam coercere: nemo ullum auferat diem nihil dignum tanto impendio redditurus; sibi ipse animus haereat, se colat, nihil alieni agat, nihil, quod ad iudicem spectet; ametur expers publicae privataeque curae tranquillitas.

auf Kostbarkeiten tritt, wo sich der Reichtum in alle Ecken verteilt und sogar die Decken funkeln, dazu die Schar der Schnorrer, die dabei sind, wo ein Vermögen durchgebracht wird. Was soll ich reden von Wasserbecken, klar bis auf den Grund, die sogar den Speisesaal umgeben, was von den Gerichten, die der Szenerie entsprechen?

Über mich, der ich aus der Langeweile eines soliden Lebens komme, hat sich mit viel Prunk der Luxus ergossen und mich rings umtost. Ein bißchen unsicher wird mein Blick: leichter kann ich dem allen mein Herz als meine Augen verschließen; also entferne ich mich, nicht schlechter, aber trauriger; ich gehe in meinem armseligen Haus nicht mehr so stolz einher, und stillschweigend beschleicht mich die quälende Frage, ob nicht das andere besser wäre. All das stimmt mich zwar nicht um, doch all das verunsichert mich.

Es gefällt mir, energischer Weisung zu folgen und mich in die Politik zu stürzen; es gefällt mir, nach hohen Ehrenämtern zu streben, nicht weil mich der Purpur oder die Rutenbündel locken, sondern um mich für meine Freunde und Verwandten und alle Mitbürger, ja für alle Mitmenschen noch mehr einzusetzen und ihnen nützlich zu sein. Willig füge ich mich in meiner Unerfahrenheit dem Zenon, Kleanthes und Chrysipp, von denen allerdings keiner die politische Laufbahn eingeschlagen, keiner sie nicht empfohlen hat.

Doch sobald mir, der ich nicht auf Mißhelligkeiten gefaßt bin, entweder etwas Unverdientes widerfährt, wie es im Leben jedes Menschen häufig geschieht, oder etwas nicht gleich nach Wunsch geht oder unwichtige Dinge viel Zeit erfordern, ziehe ich mich ins Privatleben zurück, und ebenso wie Schafe, selbst wenn sie müde sind, lege ich auf dem Heimweg einen Schritt zu. Es gefällt mir, meinen Lebenskreis wieder auf vier Wände zu beschränken; niemand soll mir auch nur einen Tag stehlen, wenn er mir dafür nichts bieten kann, das ein solches Opfer wert ist. Ich will ganz mir selbst gehören, an mir arbeiten, nichts Unangemessenes tun, nichts, was nach fremdem Urteil schielt, ich will, von öffentlichen und privaten Sorgen frei, die Ruhe lieben.

Sed, ubi lectio fortior erexit animum et aculeos subdiderunt exempla nobilia, prosilire libet in forum, commodare alteri vocem, alteri operam, etiam si nihil profuturam, tamen conaturam prodesse, alicuius coercere in foro superbiam male secundis rebus elati.

In studiis puto, mehercules, melius esse res ipsas intueri et harum causa loqui, ceterum verba rebus permittere, ut, qua duxerint, hac inelaborata sequatur oratio. Quid opus est saeculis duratura componere? Vis tu non id agere, ne te posteri taceant? Morti natus es: minus molestiarum habet funus tacitum. Itaque occupandi temporis causa in usum tuum, non in praeconium, aliquid simplici stilo scribe: minore labore opus est studentibus in diem.

Rursus, ubi se animus cogitationum magnitudine levavit, ambitiosus in verba est altiusque ut spirare, ita eloqui gestit, et ad dignitatem rerum exit oratio. Oblitus tum legis pressiorisque iudicii sublimius feror et ore iam non meo.

Ne singula diutius persequar, in omnibus rebus haec me sequitur bonae mentis infirmitas, cui ne paulatim defluam, vereor aut, quod est sollicitius, ne semper casuro similis pendeam et plus fortasse sit, quam quod ipse pervideo.

Familiariter enim domestica aspicimus, et semper iudicio favor officit. Puto multos potuisse ad sapientiam pervenire, nisi putassent se pervenisse,

Doch sobald mir ein bedeutsameres Buch wieder Mut gemacht hat und ich den Stachel berühmter Vorbilder fühle, wünsche ich auf das Forum zu stürmen und dem einen meinen Mund, dem andern meine Hand zu leihen, die, selbst wenn sie nicht helfen kann, doch zu helfen versucht. Es verlangt mich, irgend jemands Stolz auf dem Forum zu dämpfen, wenn ihm Erfolg zu sehr die Brust geschwellt hat.

Bei meinen literarischen Bemühungen meine ich wahrhaftig, es wäre besser, auf die Sache zu achten und sich dazu zu äußern, ansonsten aber sich die Worte von der Sache eingeben zu lassen, so daß sich aus deren Erfordernissen eine uneinstudierte Darstellung entwickelt. Wozu braucht man Schriften zu verfassen, die Jahrhunderte überdauern sollen? Strebe nicht danach, daß die Nachwelt nicht von dir schweigt! Zum Sterben bist du geboren. Weniger strapaziös ist ein stilles Begräbnis. Daher schreibe, um deine Zeit sinnvoll zu verwenden, etwas zu deinem Nutzen, nicht zu deinem Ruhm, in schlichtem Stil. Es kostet weniger Mühe, wenn man nur für die Gegenwart schreibt.

Wenn ich mich andererseits zu großen Gedanken aufgeschwungen habe, suche ich nach gewähltEren Worten und wünsche sehnlich, daß dem Höhenflug meines Geistes auch der Stil entspricht. So orientiert sich meine Darstellung an der Erhabenheit des Gegenstands, ich setze mich über meine strenge Art und meine allzu große Zurückhaltung hinweg, lasse mich immer höher emportragen und spreche schon nicht mehr wie ich selbst.

Um nicht noch länger Einzelnes aufzuzählen: In allem hängt mir diese Unfähigkeit an, die rechte innere Einstellung zu finden, und ich muß fürchten, daß ich ihr allmählich nachgebe oder, was noch beunruhigender wäre, daß ich auf Dauer in diesem Schwebezustand bleibe, gleich einem, der bald stürzen wird, und daß da noch mehr ist, als ich selbst überschauen kann.

Wir blicken ja freundlich auf die eigenen Verhältnisse, und stets wird unser Urteil von diesem Wohlwollen beeinflußt. Ich glaube, viele hätten zum Besitz der Weisheit gelangen

nisi quaedam in se dissimulassent, quaedam opertis oculis transiluissent. Non est enim, quod magis aliena iudices adulatione nos perire quam nostra. Quis sibi verum dicere ausus est? Quis non inter laudantium blandientiumque positus greges plurimum tamen sibi ipse assentatus est?

Rogo itaque, si quod habes remedium, quo hanc fluctuationem meam sistas, dignum me putes, qui tibi tranquillitatem debeam. Non esse periculosos hos motus animi nec quicquam tumultuosi afferentes scio; ut vera tibi similitudine id, de quo queror exprimam, non tempestate vexor, sed nausea: detrahe ergo, quicquid hoc est mali, et succurre in conspectu terrarum laboranti!"

2 Quaero mehercules iamdudum, Serene, ipse tacitus, cui talem affectum animi similem putem, nec ulli propius admoverim exemplo quam eorum, qui ex longa et gravi valetudine expliciti motiunculis levibusque interim offensis perstringuntur et, cum reliquias effugerunt, suspicionibus tamen inquietantur medicisque iam sani manum porrigunt et omnem calorem corporis sui calumniantur. Horum, Serene, non parum sanum est corpus, sed sanitati parum assuevit, sicut est quidam tremor etiam tranquilli maris motusque, cum ex tempestate requievit.

Opus est itaque non illis durioribus, quae iam transcucurrimus, ut alicubi obstes tibi, alicubi

können, wenn sie sich nicht bereits in ihrem Besitz geglaubt hätten, wenn sie nicht bestimmte Dinge geflissentlich übersehen und vor andern die Augen verschlossen hätten. Du darfst nämlich nicht glauben, wir würden eher durch fremde Schmeichelei verdorben als durch eigene. Wer hätte es je gewagt, sich die Wahrheit einzugestehen? Wer hätte nicht inmitten ganzer Scharen von Lobhudlern und Kriechern doch sich selbst am meisten geschmeichelt?

Darum meine Bitte: Wenn du irgendein Mittel hast, womit du diese meine Stimmungsschwankungen zur Ruhe bringen kannst, sollte ich es dir wert sein, dir meinen inneren Frieden danken zu dürfen. Daß diese Erregungszustände nicht gefährlich sind und nichts Bedrohliches an sich haben, weiß ich; mir setzt, um dir meine Beschwerden durch einen recht passenden Vergleich zu veranschaulichen, kein Sturm zu, sondern nur die Seekrankheit. Behebe also dieses Übel, was es auch sein mag, und hilf mir, dem es, obwohl er schon Land sieht, noch schlecht geht!"

2 (Seneca:) Ich stelle mir selbst, Serenus, wahrhaftig schon lange im stillen die Frage, womit ich eine solche Stimmungslage wohl für vergleichbar halten soll, und sehe zu keiner anderen Situation eine engere Verbindung als zu der von Leuten, die ein langes und schweres Leiden zwar glücklich überstanden haben, dann aber von leichtem Fieber und recht geringfügigen Unpäßlichkeiten heimgesucht werden, die sich, auch wenn sie diese Spätfolgen der Krankheit überwunden haben, doch durch Besorgnisse verunsichern lassen, die dem Arzt, wiewohl schon kerngesund, die Hand hinstrecken, und jede Erwärmung ihres Körpers zu Unrecht verdächtig finden. Ihr Leib, mein Serenus, ist keineswegs noch nicht gesund, sondern hat sich an seine Gesundheit noch nicht gewöhnt, so wie es noch etwas Seegang und Dünung auch bei Windstille gibt, wenn sich das Meer nach einem Sturm wieder beruhigt.

Du bedarfst also nicht jener herberen Mittel, die wir schon kennengelernt haben, daß du dir irgendwo etwas versagst, irgendwo auf dich böse wirst, irgendwo dich hart her-

irascaris, alicubi instes gravis, sed illo, quod ultimum venit, ut fidem tibi habeas et recta ire te via credas nihil avocatus transversis multorum vestigiis passim discurrentium, quorundam circa ipsam errantium viam.

Quod desideras autem, magnum et summum est deoque vicinum, non concuti. Hanc stabilem animi sedem Graeci euthymian vocant, de qua Democriti volumen egregium est, ego tranquillitatem voco: nec enim imitari et transferre verba ad illorum formam necesse est; res ipsa, de qua agitur, aliquo signanda nomine est, quod appellationis Graecae vim debet habere, non faciem.

Ergo quaerimus, quomodo animus semper aequali secundoque cursu eat propitiusque sibi sit et sua laetus aspiciat et hoc gaudium non interrumpat, sed placido statu maneat nec attollens se umquam nec deprimens. Id tranquillitas erit.

Quomodo ad hanc perveniri possit, in universum quaeramus; sumes tu ex publico remedio, quantum voles. Totum interim vitium in medium protrahendum est, ex quo agnoscet quisque partem suam. Simul tu intelleges, quanto minus negotii habeas cum fastidio tui quam ii, quos ad professionem speciosam alligatos et sub ingenti titulo laborantes in sua simulatione pudor magis quam voluntas tenet.

Omnes in eadem causa sunt, et hi, qui levitate vexantur ac taedio assiduaque mutatione propositi, quibus semper magis placet, quod reliquerunt, et illi, qui marcent et oscitantur. Adice eos, qui non aliter, quam quibus difficilis somnus est, versant se et hoc atque illo modo componunt, donec

nimmst, sondern dessen, das als letztes kommt, daß du nämlich Vertrauen zu dir selbst hast und sicher bist, auf dem rechten Weg zu sein, und dich unter keinen Umständen ablenken läßt von den verworrenen Spuren derer, die nach allen Seiten rennen, oder gar von Leuten, die gleich neben dem Weg in die Irre gehen.

Wonach du aber verlangst, das ist etwas Großes, Hocherhabenes, Gottähnliches: Unerschütterlichkeit. Diesen festgegründeten Geisteszustand nennen die Griechen *euthymia* (worüber es von Demokrit ein ausgezeichnetes Buch gibt); ich nenne sie Seelenruhe. Denn eine Übersetzung, die sogar die griechische Wortgestalt nachbildet, ist unnötig; man braucht nur den fraglichen Begriff durch ein Wort wiederzugeben, das dem griechischen Ausdruck nach seiner Bedeutung entsprechen sollte, nicht in der Bildungsweise.

Wir fragen also, wie es möglich ist, daß die Seele stets gelassen und glücklich ihren Weg geht, mit sich selbst im reinen bleibt und froh auf ihren Besitz schaut, daß diese stille Freude auch keine Unterbrechung erfährt, sondern gleichmäßig erhalten bleibt, weder je überschwappt noch gedrückter Stimmung weicht. Das ist dann Seelenruhe.

Wie man sie erreichen kann, wollen wir im ganzen untersuchen. Du kannst dir von den allen zugedachten Mitteln nach Belieben nehmen. Dabei müssen wir das ganze Übel ans Licht bringen, damit an ihm jeder das erkennt, was ihn angeht. Zugleich wirst du begreifen, wieviel weniger Probleme du mit deinem Unbehagen hast als Leute, die, an eine glänzende Aufgabe gefesselt, unter ihrer ungeheuren Prominenz leiden und das verheimlichen müssen, und zwar eher aus Scham als aus freien Stücken.

Alle sind in derselben Lage, sowohl die, die ihre Oberflächlichkeit umtreibt, so daß sie rasch Unlust empfinden und oft ihre Absichten ändern, und denen stets das mehr entspricht, was sie eben aufgegeben haben, als auch jene, die schlaff und teilnahmslos sind. Nimm noch die hinzu, die sich gleich Leuten, die nur schwer einschlafen können, herumwälzen und bald so, bald anders betten, bis sie Ruhe

quietem lassitudine inveniant: statum vitae suae reformando subinde in eo novissime manent, in quo illos non mutandi odium, sed senectus ad novandum pigra deprehendit. Adice et illos, qui non constantiae vitio parum leves sunt, sed inertiae, et vivunt, non quomodo volunt, sed quomodo coeperunt.

Innumerabiles deinceps proprietates sunt, sed unus effectus vitii, sibi displicere. Hoc oritur ab intemperie animi et cupiditatibus timidis aut parum prosperis, ubi aut non audent, quantum concupiscunt, aut non consequuntur et in spem toti prominent. Semper instabiles mobilesque sunt, quod necesse est accidere pendentibus.

Ad vota sua omni via tendunt et inhonesta se ac difficilia docent coguntque et, ubi sine praemio labor est, torquet illos irritum dedecus, nec dolent prava, sed frustra voluisse. Tunc illos et paenitentia coepti tenet et incipiendi timor subrepitque illa animi iactatio non invenientis exitum, quia nec imperare cupiditatibus suis nec obsequi possunt, et cunctatio vitae parum se explicantis et inter destituta vota torpentis animi situs.

Quae omnia graviora sunt, ubi odio infelicitatis operosae ad otium perfugerunt ac secreta studia, quae pati non potest animus ad civilia erectus agendique cupidus et natura inquies, parum scilicet in se solaciorum habens. Ideo detractis oblectationibus, quas ipsae occupationes discurrentibus praebent, domum, solitudinem, parietes non fert; invitus aspicit se sibi relictum.

durch Ermüdung finden. Während sie ihre Lebensweise immer wieder ändern, bleiben sie schließlich der treu, bei der sie nicht etwa eine plötzliche Abneigung gegen Veränderungen überkam, sondern das Alter, das zu weiterem Wechsel keine Lust hat. Nimm noch die hinzu, die keineswegs dank ihrer Charakterstärke nicht besonders flatterhaft sind, sondern aus Trägheit, und nicht so leben, wie sie möchten, sondern, wie sie es einmal angefangen haben.

Zahllos sind die weiteren Erscheinungsformen des Leidens, doch das Ergebnis ist das gleiche: Unzufriedenheit mit sich selbst. Diese ist die Folge innerer Unbeständigkeit sowie verdrängter oder unerfüllter Wünsche, sooft jemand entweder nicht zu einem Wagnis bereit ist, das seinen Wünschen entspricht, oder diese verfehlt und nun ganz seinen Hoffnungen nachhängt. Solche Leute sind immer unausgeglichen und umtriebig, wie es bei ihrem Schwanken unvermeidlich ist.

Ihre Ziele suchen sie auf jede Weise zu erreichen, selbst zu Unanständigem und Gefährlichem halten sie sich an und überwinden sich, und wenn ihre Anstrengung unbelohnt bleibt, grämt sie die unnütze Schandtat. Allerdings tut ihnen nicht das Böse leid, sondern die vergebliche Bereitschaft dazu. Dann erfüllt sie wegen des Unternommenen Reue und Angst vor weiteren Unternehmungen, sie fühlen sich insgeheim hin- und hergerissen und sind in einer ausweglosen Lage, weil sie ihren Wünschen weder gebieten noch nachgeben können, bringen sich entschlußlos um ihr Lebensglück und lassen ihre Seele inmitten enttäuschter Hoffnungen verkümmern.

Das alles wird noch schlimmer, sobald sie sich, fruchtloser Plage müde, in die Muße flüchten und in einsame Studien, wozu ein Mensch nicht taugt, den es in die Politik drängt, der sich betätigen will und von Natur ruhelos ist, weil er zu wenig in sich trägt, was ihn trösten könnte. Fehlt ihm nun die Unterhaltung, die gerade ihre vielen Abhaltungen geschäftigen Menschen verschaffen, findet er sein Haus, das Alleinsein, die eigenen vier Wände unerträglich. Widerwillig sieht er, daß er sich selber überlassen ist.

Hinc illud est taedium et displicentia sui et nusquam residentis animi volutatio et otii sui tristis atque aegra patientia, utique ubi causas fateri pudet et tormenta introrsus egit verecundia, in angusto inclusae cupiditates sine exitu se ipsae strangulant; inde maeror marcorque et mille fluctus mentis incertae, quam spes inchoatae suspensam habent, deploratae tristem; inde ille affectus otium suum detestantium querentiumque nihil ipsos habere, quod agant, et alienis incrementis inimicissima invidia (alit enim livorem infelix inertia et omnes destrui cupiunt, quia se non potuere provehere); ex hac deinde aversatione alienorum processuum et suorum desperatione obirascens fortunae animus et de saeculo querens et in angulos se retrahens et poenae incubans suae, dum illum taedet sui pigetque.

Natura enim humanus animus agilis est et pronus ad motus. Grata omnis illi excitandi se abstrahendique materia est, gratior pessimis quibusque ingeniis, quae occupationibus libenter deteruntur: ut ulcera quaedam nocituras manus appetunt et tactu gaudent et foedam corporum scabiem delectat, quicquid exasperat, non aliter dixerim his mentibus, in quas cupiditates velut mala ulcera eruperunt, voluptati esse laborem vexationemque. Sunt enim quaedam, quae corpus quoque nostrum cum quodam dolore delectent, ut versare se et mutare nondum fessum latus et alio atque alio positu ventilari: qualis ille Homericus Achilles est, modo pronus, modo supinus, in varios habitus se ipse componens, quod pro-

Daher kommt jene Unlust und Unzufriedenheit mit sich selbst und die Unbeständigkeit einer Seele, die nirgends Ruhe findet, und die mürrische und verdrießliche Hinnahme der Muße, die einem gewährt ist, – besonders, wenn man sich scheut, die Gründe zuzugeben und aus Scham seine Qual in sich hineinfrißt: Dann sind die Triebwünsche in ein enges Gefängnis ohne Ausgang gesperrt und strangulieren sich gegenseitig. Daher kommen Trauer und Trägheit und tausend Erschütterungen eines verstörten Gemüts, das hochgestimmt ist, wenn es Hoffnung schöpft, und verbittert, wenn es davon lassen muß, daher auch die leidenschaftliche Erregung derer, die ihre Muße verwünschen und sich beklagen, daß sie nichts zu tun hätten, und bei Erfolgen anderer der bitterböse Neid – denn die Mißgunst wächst durch Rückschläge und Untätigkeit, und derartige Menschen möchten alle zugrunde richten, da sie sich selbst nicht nach oben bringen konnten. Weil sie nun fremdes Glück empört und sie am eigenen verzweifeln, hadern sie im Herzen mit dem Geschick, schimpfen über die böse Welt, ziehen sich ins Abseits zurück, hängen ihrem Jammer nach und empfinden dabei tiefsten Abscheu vor sich selbst.

Von Natur ist der Mensch ja aktiv und leicht zu motivieren. Lieb ist ihm jeder Anlaß, um sich eifrig Neuem zu widmen, lieber noch den allerschlechtesten Naturen, die sich gern in Geschäftigkeit verschleißen. So wie bestimmte Geschwüre nach der Hand verlangen, die sie ausdrücken wird, und sich über die Berührung freuen, so wie der garstigen Krätze alles behagt, was kratzt, ebenso, darf ich wohl sagen, ist es für ein Herz, in dem Leidenschaften wie schlimme Geschwüre aufgebrochen sind, eine Lust, sich abzurackern und zu quälen. Es gibt ja bestimmte Dinge, die unserem Körper trotz einem leichten Unbehagen wohltun, wenn man sich beispielsweise im Bett umdreht, sich zur Abwechslung auf die noch nicht ermattete Seite legt und eine Ruhestellung nach der anderen ausprobiert – so, wie sich Achilles bei Homer nun aufs Gesicht, nun auf den Rücken legt und sich auf immer neue Weise bettet. Das ist typisch für einen Kran-

prium aegri est, nihil diu pati et mutationibus ut remediis uti.

Inde peregrinationes suscipiuntur vagae et litora pererrantur et modo mari se, modo terra experitur semper praesentibus infesta levitas: "Nunc Campaniam petamus." "Iam delicata fastidio sunt." "Inculta videantur, Bruttios et Lucaniae saltus persequamur." "Aliquid tamen inter deserta amoeni requiritur, in quo luxuriosi oculi longo locorum horrentium squalore releventur." "Tarentum petatur laudatusque portus et hiberna caeli mitioris et regio vel antiquae satis opulenta turbae." "Iam flectamus cursum ad urbem: nimis diu plausu et fragore aures vacaverunt, iuvat iam et humano sanguine frui." Aliud ex alio iter suscipitur et spectacula spectaculis mutantur. Ut ait Lucretius:

> Hoc se quisque modo semper fugit.

Sed quid prodest, si non effugit? Sequitur se ipse et urget gravissimus comes.

Itaque scire debemus non locorum vitium esse, quo laboramus, sed nostrum: infirmi sumus ad omne tolerandum nec laboris patientes nec voluptatis nec nostri nec ullius rei diutius. Hoc quosdam egit ad mortem: quod proposita saepe mutando in eadem revolvebantur et non reliquerant novitati locum, fastidio esse illis coepit vita et ipse mundus et subiit illud tabidarum deliciarum: "Quousque eadem?"

ken, nichts lange leiden zu können und die Veränderung als heilsam zu empfinden.

Deshalb unternimmt man ziellose Reisen, treibt sich an der Küste herum, und bald auf dem Meer, bald auf dem Land zeigt sich die Unrast, die stets das Gegenwärtige verabscheut. „Fahren wir nun nach Kampanien!" „Das Luxusleben ödet mich schon an." „Dann sehen wir uns in der Wildnis um und suchen Bruttium und Lukaniens Schluchten auf!" „Etwas wird man allerdings in der wüsten Gegend vermissen, etwas Hübsches, bei dessen Anblick sich ein kultivierter Mensch von der endlosen Öde rauher Gegenden erholen kann." „Gehen wir doch nach Tarent, zu dem berühmten Hafen, zur Winterfrische mit dem milderen Klima, in eine Landschaft, die schon in alten Zeiten dicht besiedelt war." „Kehren wir doch gleich um, nach Rom; allzulange haben meine Ohren keinen Beifall und kein Schwerterklirren gehört. Schon macht es wieder Freude, sich am Anblick von Menschenblut zu weiden." Eine Reise nach der andern unternimmt man, ein Spektakel läßt man dem andern folgen – wie es bei Lukrez heißt:

> so sucht jeder beständig, sich selbst zu entfliehen.

Doch was hilft's, wenn er sich nicht entflieht? Er begleitet sich selber und fällt sich zur Last als unangenehmster Gefährte.

Darum sollten wir wissen, daß nicht die Gegenden schuld sind an unserem Unbehagen, sondern wir selbst: Schwach sind wir gegenüber allem, wo es standzuhalten gilt: Wir können weder Leid noch Lust noch uns selbst noch irgend etwas sonst ertragen – jedenfalls nicht längere Zeit. Das hat manche schon in den Tod getrieben: Da sie infolge häufigen Wechsels ihrer Vorsätze stets auf den Ausgangspunkt zurückgeworfen wurden und sich nicht die Möglichkeit neuer Erfahrungen offengehalten hatten, ekelte sie mit der Zeit ihr Leben und die ganze Welt an, und es überkam sie das Gefühl von Leuten, die aller Genüsse überdrüssig sind: „Wie lange noch dasselbe?"

3 Adversus hoc taedium quo auxilio putem utendum, quaeris. Optimum erat, ut ait Athenodorus, actione rerum et rei publicae tractatione et officiis civilibus se detinere. Nam, ut quidam sole atque exercitatione et cura corporis diem educunt athletisque longe utilissimum est lacertos suos roburque, cui se uni dicaverunt, maiore temporis parte nutrire, ita nobis animum ad rerum civilium certamen parantibus in opere esse nostro longe pulcherrimum est: nam, cum utilem se efficere civibus mortalibusque propositum habeat, simul et exercetur et proficit, qui in mediis se officiis posuit communia privataque pro facultate administrans.

„Sed quia in hac", inquit, „tam insana hominum ambitione, tot calumniatoribus in deterius recta torquentibus parum tuta simplicitas est et plus futurum semper est, quod obstet, quam quod succedat, a foro quidem et publico recedendum est. Sed habet, ubi se etiam in privato laxe explicet, magnus animus nec, ut leonum animaliumque impetus caveis coercetur, sic hominum, quorum maximae in seducto actiones sunt. Ita tamen delituerit, ut, ubicumque otium suum absconderit, prodesse velit singulis universisque ingenio, voce, consilio.

Nec enim is solus rei publicae prodest, qui candidatos extrahit et tuetur reos et de pace belloque censet; sed qui iuventutem exhortatur, qui in tanta bonorum praeceptorum inopia virtutem insinuat animis, qui ad pecuniam luxuriamque cursu ruentes prensat ac retrahit et, si nihil aliud, certe moratur, in privato publicum negotium agit. An

3 Wie man solchem Überdruß nach meiner Meinung abhelfen könne, fragst du? Am besten wäre es, wie Athenodoros sagt, sich einer Tätigkeit als Sachwalter und der Staatsverwaltung und öffentlichen Aufgaben zu widmen. Denn wie manche in der prallen Sonne trainieren und mit körperlicher Ertüchtigung den Tag verbringen, und wie es für Athleten mit Abstand am nützlichsten ist, sich um ihren Bizeps und ihre Schlagfertigkeit – worauf es ihnen einzig ankommt, – den größeren Teil ihrer Zeit zu kümmern, so ist es für uns, wenn wir uns seelisch auf politische Auseinandersetzungen vorbereiten, bei weitem am rühmlichsten, unsere Pflicht zu tun, denn wenn einer das Ziel verfolgt, sich seinen Mitbürgern und Mitmenschen nützlich zu erweisen, übt er sich und hat, wenn er in seinen Pflichten aufgeht, Gewinn davon, indem er öffentliche und private Angelegenheiten seinen Gaben entsprechend regelt.

„Doch", sagt Athenodor, „weil angesichts dieses verrückten Ehrgeizes der Menschen und so vieler Verleumder, die auch das Gute herabzuziehen suchen, selbst ein ehrlicher Mensch nicht sicher ist und sich stets mehr Widrigkeiten als Erfolge einstellen werden, sollte man sich vom Forum und aus der Öffentlichkeit zurückziehen. Doch gibt es auch in der Zurückgezogenheit reiche Entfaltungsmöglichkeiten für einen großen Geist; zwar wird die Energie von Löwen und anderen Tieren im Käfig gehemmt, nicht aber die der Menschen; sie leisten in der Einsamkeit Größtes. Allerdings soll ein Mensch in der Weise verborgen leben, daß er, wo er auch sein ruhiges Dasein den Blicken anderer entzieht, einzelnen und der Allgemeinheit zu nützen bereit ist durch sein Talent, sein Wort, seinen Rat.

Denn nicht der allein nützt dem Staat, der Kandidaten vorstellt und Angeklagten beisteht und über Krieg und Frieden seine Meinung sagt, nein, wer die Jugend mahnt, wer in ihre Seelen bei einem derart großen Mangel an guten Lehrern Wertbewußtsein einpflanzt, wer diejenigen, die nach Geld und Genuß um die Wette rennen, packt und fortzieht und, wenn ihm sonst nichts gelingt, wenigstens aufhält, han-

ille plus praestat, qui inter peregrinos et cives aut urbanus praetor adeuntibus assessoris verba pronuntiat, quam qui, quid sit iustitia, quid pietas, quid patientia, quid fortitudo, quid mortis contemptus, quid deorum intellectus, quam gratuitum bonum sit bona conscientia?

Ergo, si tempus in studia conferas, quod subduxeris officiis, non deserueris nec munus detractaveris: neque enim ille solus militat, qui in acie stat et cornu dextrum laevumque defendit, sed et, qui portas tuetur et statione minus periculosa, non otiosa tamen fungitur vigiliasque servat et armamentario praeest; quae ministeria, quamvis incruenta sint, in numerum stipendiorum veniunt.

Si te ad studia revocaveris, omne vitae fastidium effugeris nec noctem fieri optabis taedio lucis nec tibi gravis eris nec aliis supervacuus; multos in amicitiam attrahes affluetque ad te optimus quisque. Numquam enim quamvis obscura virtus latet, sed mittit sui signa: quisquis dignus fuerit, vestigiis illam colliget.

Nam si omnem conversationem tollimus et generi humano renuntiamus vivimusque in nos tantum conversi, sequetur hanc solitudinem omni studio carentem inopia rerum agendarum: incipiemus aedificia alia ponere, alia subvertere et mare summovere et aquas contra difficultatem locorum educere et male dispensare tempus, quod nobis natura consumendum dedit. Alii parce illo utimur, alii prodige; alii sic impendimus, ut possimus rationem reddere, alii, ut nullas habeamus

delt als Privatmann in öffentlicher Sache. Oder leistet jener mehr, der vor Fremden und Bürgern oder als Stadtprätor den Klägern die Worte vorspricht, die ihm sein Beisitzer zuflüstert, als einer, der erklärt, was Gerechtigkeit, was Nächstenliebe, was Tapferkeit, was Todesverachtung, was Gotterkenntnis sei und daß es *ein* Gut umsonst gebe: das gute Gewissen.

Wenn du also die Zeit auf Philosophie verwenden solltest, die du von deinen Verpflichtungen abzweigen konntest, bist du gewiß kein Deserteur und auch kein Befehlsverweigerer. Nicht der allein leistet Kriegsdienst, der an der Front steht und den rechten oder linken Flügel deckt, sondern auch, wer die Stadttore schützt und an einem weniger gefährlichen, aber doch nicht erholsamen Ort Posten steht und Wache hält und die Waffenkammer verwaltet. Solche Aufgaben zählen, auch wenn dabei kein Blut fließt, zu den Soldatenpflichten.

Wenn du dich zur Philosophie zurückziehst, meidest du jeden Lebensüberdruß; du wirst nicht wünschen, daß es Nacht wird, weil dir der Tag verhaßt ist, noch wirst du dir auf die Nerven gehen noch anderen überflüssig vorkommen. Viele wirst du in deinen Freundeskreis ziehen, und zuströmen werden dir gerade die Besten. Denn nie, auch nicht im Schatten, bleibt ein wertvoller Mensch unerkannt; er sendet seine Signale aus, und jeder, der es verdient, wird ihn an seinen Spuren erkennen.

Wenn wir nämlich alle Kontakte unterbrechen, uns der Menschheit versagen und ganz auf uns selbst beschränkt leben, führt eine derartige Isolation ohne höhere Interessen dazu, daß es uns an Betätigungsmöglichkeiten fehlt. Dann werden wir damit beginnen, Häuser bald zu errichten, bald einzureißen, das Meer einzudämmen und Wasserleitungen selbst durch schwierigstes Gelände zu führen und übel mit der Zeit zu wirtschaften, die uns die Natur gegeben hat, um sie auszufüllen. Teils gehen wir knausrig mit ihr um, teils verschwenderisch, teils verwenden wir sie so, daß wir darüber Rechenschaft geben können, teils so, daß keine Spur

reliquias, qua re nihil turpius est. Saepe grandis natu senex nullum aliud habet argumentum, quo se probet diu vixisse, praeter aetatem."

4 Mihi, carissime Serene, nimis videtur summisisse temporibus se Athenodorus, nimis cito refugisse. Nec ego negaverim aliquando cedendum, sed sensim relato gradu et salvis signis, salva militari dignitate: sanctiores tutioresque sunt hostibus suis, qui in fidem cum armis veniunt. Hoc puto virtuti faciendum studiosoque virtutis: si praevalebit fortuna et praecidet agendi facultatem, non statim aversus inermisque fugiat latebras quaerens, quasi ullus locus sit, quo non possit fortuna persequi, sed parcius se inferat officiis et cum dilectu inveniat aliquid, in quo utilis civitati sit. Militare non licet: honores petat. Privato vivendum est: sit orator. Silentium indictum est: tacita advocatione cives iuvet. Periculosum etiam ingressu forum est: in domibus, in spectaculis, in conviviis bonum contubernalem, fidelem amicum, temperantem convivam agat. Officia civis amisit: hominis exerceat.

Ideo magno animo nos non unius urbis moenibus clusimus, sed in totius orbis commercium emisimus patriamque nobis mundum professi sumus, ut liceret latiorem virtuti campum dare. Praeclusum tibi tribunal est et rostris prohiberis aut comitiis: respice post te, quantum latissimarum regionum pateat, quantum populorum. Numquam ita tibi magna pars obstruetur, ut non maior relinquatur.

davon bleibt – und das ist das Allerschändlichste. Oft hat ein hochbetagter Greis keine anderen Beweismittel für sein langes Leben als sein Alter!"

4 Mir persönlich, mein liebster Serenus, scheint sich Athenodor allzusehr den Umständen gefügt und allzu rasch resigniert zu haben. Auch ich will nicht bestreiten, daß man bisweilen der Übermacht weichen muß, doch der Rückzug sollte allmählich erfolgen, ohne Verlust der Feldzeichen, ohne Verlust der Soldatenehre. Höher geachtet bei den Feinden und sicherer sind die, die zur Kapitulation in Waffen kommen. So, meine ich, muß es ein vorbildlicher Mann halten und einer, der vorbildlich werden will: Wenn das Schicksal übermächtig ist und seinen Handlungsspielraum beschneidet, soll er nicht gleich den Rücken kehren und ohne Waffen fliehen, auf der Suche nach einem Versteck – als ob es irgendeinen Platz gäbe, wohin ihn das Schicksal nicht verfolgen könnte! Nein, er widme sich zurückhaltender seinen Pflichten und finde mit Augenmaß irgendeinen Bereich, wo er seinen Mitbürgern nützen kann. Kriegsdienst ist unmöglich. Er schlage die Ämterlaufbahn ein! Ohne Staatsamt muß er leben. Er werde Redner! Schweigen hat man ihm auferlegt. Durch stillen Beistand helfe er den Bürgern! Gefährlich ist's sogar, das Forum zu betreten. In den Häusern, bei Schaustellungen, bei Gelagen zeige er sich als guter Gesellschafter, treuer Freund, beherrschter Gast! Seinen Wirkungskreis als Bürger hat er verloren; den eines Menschen fülle er aus!

Darum haben wir Stoiker uns ein Herz gefaßt und uns nicht in die Mauern *einer* Stadt gesperrt, sondern uns die Freiheit zum Gedankenaustausch mit dem ganzen Erdkreis genommen und erklärt, unsere Heimat sei die Welt, daß sich der Kampfplatz für den Tapferen noch weiter dehnen könne. Verwehrt ist dir der Richtersitz, von der Rednerbühne hält man dich fern und von der Volksversammlung. Sieh hinter dich, zu wieviel endlos weiten Ländern du Zugang hast, zu wieviel Völkern! Niemals wird man dir einen großen Teil der Welt so versperren, daß dir nicht noch ein größerer bliebe.

Sed vide, ne totum istud tuum vitium sit. Non vis enim nisi consul aut prytanis aut ceryx aut sufes administrare rem publicam. Quid, si militare nolis nisi imperator aut tribunus? Etiam si alii primam frontem tenebunt, te sors inter triarios posuerit, inde voce, adhortatione, exemplo, animo milita: praecisis quoque manibus ille in proelio invenit, quod partibus conferat, qui stat tamen et clamore iuvat. Tale quiddam facias: si a prima te rei publicae parte fortuna summoverit, stes tamen et clamore iuves et, si quis fauces oppresserit, stes tamen et silentio iuves. Numquam inutilis est opera civis boni: auditus est visusque. Vultu, nutu, obstinatione tacita incessuque ipso prodest.

Ut salutaria quaedam citra gustum tactumque odore proficiunt, ita virtus utilitatem etiam ex longinquo et latens fundit: sive spatiatur et se utitur suo iure sive precarios habet excessus cogiturque vela contrahere sive otiosa mutaque est et anguste circumsaepta sive adaperta, in quocumque habitu est, proficit. Quid tu parum utile putas exemplum bene quiescentis?

Longe itaque optimum est miscere otium rebus, quotiens actuosa vita impedimentis fortuitis aut civitatis condicione prohibebitur; numquam enim usque eo interclusa sunt omnia, ut nulli actioni locus honestae sit.

5 Numquid potes invenire urbem miseriorem quam Atheniensium fuit, cum illam triginta tyranni divellerent? Mille trecentos cives, optimum quemque, occiderant nec finem ideo faciebant, sed irritabat se ipsa saevitia. In qua civitate erat

Doch gib acht, daß an dem allen nicht du die Schuld trägst. Du willst nämlich nur als Konsul oder Prytane oder Keryx oder Suffet den Staat leiten. Das wäre wohl so, wie wenn du im Feld nur General oder Obrist sein wolltest. Auch wenn andere in vorderster Front ihren Platz behaupten und dich das Los ins dritte Glied gestellt hat, sei dort durch Zuruf, Mahnung, Vorbild, Mut Soldat! Auch wenn man ihm die Hände abgehauen hat, kann derjenige im Kampf den eigenen Leuten noch nützlich sein, der trotzdem standhält und durch seinen Kriegsruf hilft. Etwas dergleichen solltest du tun: Hält dich von der ersten Stelle im Staat das Schicksal fern, so wanke nicht und hilf durch dein Geschrei, und drückt dir einer die Kehle zu, so wanke nicht und hilf durch dein Schweigen. Niemals ist der Einsatz eines tüchtigen Bürgers umsonst. Stets hört und schaut man auf ihn. Durch Mienenspiel, ein Nicken, unerschütterliches Schweigen, sogar durch stolzen Gang kann er Gutes wirken.

Wie manche Heilmittel, ohne daß man sie zu sich nimmt oder auch nur anrührt, durch ihren Duft wirken, so teilt ein edler Mann selbst aus der Ferne und im Verborgenen Segen aus. Ob er frei einhergeht und ganz sich selbst gehört, ob er sich nur selten zeigen darf und gezwungen ist, die Segel einzuholen, ob er kaltgestellt und mundtot und auf engen Raum beschränkt ist oder ob ihn alle sehen können: In jeder denkbaren Lage tut er Gutes. Wieso meinst du, recht wenig Nutzen bringe das Vorbild eines Menschen, der rechte Muße hat?

Es ist, wie schon gesagt, bei weitem das beste, eine Ruhepause im Leben einzulegen, sobald Betätigung infolge zufälliger Hindernisse oder der politischen Lage verwehrt ist. Niemals geht ja die Behinderung in allen Dingen so weit, daß keine schickliche Tätigkeit mehr möglich ist.

5 Kannst du dir eine beklagenswertere Stadt denken als Athen zu der Zeit, da es die Dreißig Tyrannen in ihren Klauen hatten? 1300 Bürger, gerade die besten, hatten sie umgebracht, doch machten sie deshalb dem Morden kein Ende, nein, gerade ihre Grausamkeit steigerte sich noch! In

Areos pagos, religiosissimum iudicium, in qua senatus populusque senatui similis, coibat cotidie carnificum triste collegium et infelix curia tyrannis angusta.

Poteratne illa civitas conquiescere, in qua tot tyranni erant, quot satellites essent? Ne spes quidem ulla recipiendae libertatis animis poterat offerri nec ulli remedio locus apparebat contra tantam vim malorum: unde enim miserae civitati tot Harmodios? Socrates tamen in medio erat et lugentes patres consolabatur et desperantes de re publica exhortabatur et divitibus opes suas metuentibus exprobrabat seram periculosae avaritiae paenitentiam et imitari volentibus magnum circumferebat exemplar, cum inter triginta dominos liber incederet.

Hunc tamen Athenae ipsae in carcere occiderunt, et qui tuto insultaverat agmini tyrannorum, eius libertatem libertas non tulit: ut scias et in afflicta re publica esse occasionem sapienti viro ad se proferendum et in florenti ac beata saevitiam, invidiam, mille alia inermia vitia regnare. Utcumque ergo se res publica dabit, utcumque fortuna permittet, ita aut explicabimus nos aut contrahemus, utique movebimus nec alligati metu torpebimus. Immo ille vir fuerit, qui periculis undique imminentibus, armis circa et catenis frementibus non alliserit virtutem nec absconderit; non est enim servare se obruere. Ut opinor, Curius Dentatus aiebat malle esse se mortuum quam vivere: ultimum malorum est e vivorum numero exire, antequam moriaris. Sed faciendum erit, si in rei publicae tempus minus tractabile incideris, ut plus otio ac litteris vindices nec aliter quam in pericu-

der Stadt, in der es den Areopag gab, den hochheiligen Gerichtshof, in der ein Rat der Alten und ein Volk war, dem Rat der Alten gleichgestellt, trat täglich die herzlose Zunft der Henker zusammen und ein unseliger Stadtrat, voll Kleinmut gegenüber den Tyrannen.

Konnte jene Stadt Ruhe finden, in der es so viele Tyrannen wie Helfershelfer gab? Nicht die geringste Hoffnung auf Wiedergewinn der Freiheit konnte man den Menschen machen, noch bot sich die Chance, so schwerem Unheil irgendwie zu steuern. Woher hätten der bedauernswerten Stadt so viele Tyrannenmörder erwachsen können? Sokrates aber war mitten in Athen, er tröstete trauernde Väter und machte denen Mut, die am Staat verzweifelten, er hielt den Reichen, die sich um ihre Schätze sorgten, späte Reue wegen ihrer verhängnisvollen Habsucht vor, und wer ihm nachleben wollte, dem gab er ein großes Vorbild, da er unter der Herrschaft von dreißig Tyrannen frei einherging.

Trotzdem haben ihn die Athener selbst im Gefängnis gemordet, und er, der ungefährdet eines ganzen Tyrannenhaufens gespottet hatte, der freie Mann, war freien Bürgern unerträglich. Dies nur, damit du weißt, daß auch in einem schwergeprüften Staat ein Weiser die Möglichkeit hat, öffentlich zu wirken, und daß in einem blühenden und reichen Grausamkeit, Haß und tausend andere Laster ohne Waffen herrschen. Wie auch immer die politische Lage sich ergibt, wie auch immer das Schicksal es erlaubt, so werden wir uns entfalten oder den Kopf einziehen, aber jedenfalls uns rühren und nicht in den Fesseln der Angst erstarren. Vielmehr wird wohl der ein Mann sein, der, von Gefahren rings bedroht, von Waffen rings und von Ketten umklirrt, an seinen Vorzügen weder Schaden nimmt noch sie verbirgt. Man rettet sich nicht, wenn man sich vergräbt. Wie ich meine, sagte Curius Dentatus, er ziehe es vor, tot zu sein, statt tot weiterzuleben: Das höchste Übel ist es, aus dem Kreis der Lebenden zu verschwinden, bevor man stirbt. Doch wird man es hinnehmen müssen, wenn man in eine Zeit politischer Wirren gerät, daß man sich mehr der Muße und den Studien

losa navigatione subinde portum petas nec exspectes, donec res te dimittant, sed ab illis te ipse diiungas.

6 Inspicere autem debebimus primum nosmet ipsos, deinde ea, quae aggrediemur negotia, deinde eos, quorum causa aut cum quibus.

Ante omnia necesse est se ipsum aestimare, quia fere plus nobis videmur posse quam possumus: alius eloquentiae fiducia prolabitur, alius patrimonio suo plus imperavit, quam ferre posset, alius infirmum corpus laborioso pressit officio.

Quorundam parum idonea est verecundia rebus civilibus, quae firmam frontem desiderant; quorundam contumacia non facit ad aulam; quidam non habent iram in potestate, et illos ad temeraria verba quaelibet indignatio effert; quidam urbanitatem nesciunt continere nec periculosis abstinent salibus: omnibus his utilior negotio quies est. Ferox impatiensque natura irritamenta nociturae libertatis evitet.

Considerandum est, utrum natura tua agendis rebus an otioso studio contemplationique aptior sit, et eo inclinandum, quo te vis ingenii feret: Isocrates Ephorum iniecta manu a foro subduxit utiliorem componendis monumentis historiarum ratus. Male enim respondent coacta ingenia; reluctante natura irritus labor est.

Aestimanda sunt deinde ipsa, quae aggredimur, et vires nostrae cum rebus, quas tentaturi sumus, comparandae. Debet enim semper plus esse virium in actore quam in opere: necesse est opprimant onera, quae ferente maiora sunt. Quaedam

widmet, ebenso wie man bei einer gefährlichen Seereise immer wieder einen Hafen anläuft, und man sollte nicht warten, bis einem der Staat den Abschied gibt, sondern sich selbst von ihm lösen.

6 Gründlich prüfen müssen wir aber zuerst uns selbst, dann die Aufgaben, die wir übernehmen, und dann die Menschen, derentwegen oder mit denen wir das tun.

Vor allem ist es nötig, sich selbst richtig einzuschätzen, da wir uns in der Regel einbilden, mehr zu können als wir können. Der eine übernimmt sich im Vertrauen auf seine Fähigkeiten als Redner, der andere hat sich finanziell mehr zugemutet als er leisten konnte, der dritte seine schwächliche Konstitution durch eine anstrengende Aufgabe überfordert.

Manche eignen sich wegen ihres Feingefühls weniger für die politische Laufbahn, die einen harten Schädel verlangt, manche macht ihr edler Stolz nicht zum Höfling, manche können ihren Zorn nicht beherrschen, und andere lassen sich, wenn sie irgendetwas empört, zu unbedachten Worten hinreißen. Manche können ihre Spottlust nicht unterdrücken und sich gefährliche Stichelei nicht verkneifen. Für alle diese ist ein ruhiges Leben zuträglicher als der Staatsdienst. Ein aufbrausender, jähzorniger Charakter sollte es nicht dahin kommen lassen, daß ihm sein Freimut schadet.

Es gilt zu bedenken, ob du bei deinem Naturell eher für den aktiven Dienst oder zu stiller Gelehrsamkeit und Betrachtung taugst, und dann den Weg zu gehen, auf den dich eine ausgeprägte Fähigkeit verweist. Isokrates packte den Ephoros und zog ihn vom Marktplatz fort, da er sich seiner Meinung nach eher zum Historiker eignete. Zu wenig leistet ein gezwungenes Talent. Wehrt die Natur sich, ist umsonst die Arbeit.

Zweitens sollten wir das abschätzen, was wir in Angriff nehmen, und unsere Kräfte an den Aufgaben messen, denen wir uns stellen wollen. Es ist nämlich unerläßlich, daß der handelnde Mensch über mehr Energie verfügt als seine Aufgabe verlangt. Notwendigerweise drücken Lasten nieder, die für den Träger zu schwer sind. Manches ist zudem weniger

praeterea non tam magna sunt quam fecunda multumque negotiorum ferunt: et haec refugienda sunt, ex quibus nova occupatio multiplexque nascetur. Nec accedendum eo, unde liber regressus non sit: iis admovenda manus est, quorum finem aut facere aut certe sperare possis; relinquenda, quae latius actu procedunt nec, ubi proposueris, desinunt.

Hominum utique dilectus habendus est, an digni sint, quibus partem vitae nostrae impendamus, an ad illos temporis nostri iactura perveniat: quidam enim ultro officia nobis nostra imputant. Athenodorus ait ne ad cenam quidem se iturum ad eum, qui sibi nihil pro hoc debiturus sit. Puto, intellegis multo minus ad eos iturum, qui cum amicorum officiis paria mensa faciunt, qui fericula pro congiariis numerant, quasi in alienum honorem intemperantes sint. Deme illis testes spectatoresque, non delectabit popina secreta...

7 Nihil tamen aeque oblectaverit animum quam amicitia fidelis et dulcis. Quantum bonum est, ubi praeparata sunt pectora, in quae tuto secretum omne descendat, quorum conscientiam minus quam tuam timeas, quorum sermo sollicitudinem leniat, sententia consilium expediat, hilaritas tristitiam dissipet, conspectus ipse delectet!

Quos scilicet vacuos, quantum fieri poterit, a cupiditatibus eligemus: serpunt enim vitia et in proximum quemque transiliunt et contactu nocent. Itaque, ut in pestilentia curandum est, ne correptis iam corporibus et morbo flagrantibus assideamus, quia pericula trahemus afflatuque ip-

bedeutend als problemträchtig und bringt nur eine Menge Arbeit ein – und solchen Aufgaben sollte man aus dem Weg gehen, aus denen weitere, vielfältige Beanspruchung erwächst. Auch darf man sich nicht auf etwas einlassen, woraus nicht ohne weiteres ein Rückzug möglich ist. An das sollte man Hand legen, was man sofort oder wenigstens in absehbarer Zeit zu Ende bringen kann, und die Finger davon lassen, was im Lauf der Tätigkeit sich ausweitet und nicht da, wo man es sich vorgenommen hatte, endet.

Unter den Menschen muß man unbedingt auswählen, ob sie es verdienen, daß wir ihnen einen Teil unseres Lebens widmen, ob ihnen unser Opfer an Zeit zugute kommt. Manche setzen ihrerseits das, was wir für sie taten, auf unser Schuldkonto. Athenodoros meint, er werde nicht einmal zum Abendessen zu jemandem gehen, der sich ihm dafür nicht verpflichtet fühle. Ich glaube, du begreifst, daß er noch weit weniger zu solchen Leuten gehen würde, die die Gefälligkeiten ihrer Freunde durch eine Einladung abgelten, die jedes Gericht als Spende verbuchen, gleich als ob sie für andere Leute übermäßige Opfer brächten. Nimm ihnen nur die Augenzeugen; sie werden keinen Spaß haben an einem Essen ohne Publikum!

7 Trotzdem wird wohl nichts das Herz in gleicher Weise ergötzen wie die Freundschaft, wenn sie aufrichtig und innig ist. Was für ein Glück ist es, wenn man Menschen hat, denen man sorglos jedes Geheimnis anvertrauen kann, deren Mitwissen man weniger fürchten muß als das eigene, deren Worte den Kummer lindern, deren Vorschlag Rat schafft, deren Heiterkeit üble Laune schwinden läßt, deren bloßer Anblick erfreut!

Dazu suchen wir uns, soweit das möglich ist, Menschen ohne schlechte Neigungen, denn die Laster verbreiten sich unmerklich, springen auf den jeweils Nächsten über und schaden durch ihr böses Beispiel. Wie wir uns daher bei einer Seuche vorsehen müssen, daß wir uns nicht zu schon Erkrankten, Fieberglühenden setzen, weil wir uns gefährden und uns durch den bloßen Anhauch das Leiden zuziehen

so laborabimus, ita in amicorum legendis ingeniis dabimus operam, ut quam minime inquinatos assumamus: initium morbi est aegris sana miscere. Nec hoc praeceperim tibi, ut neminem nisi sapientem sequaris aut attrahas: ubi enim istum invenies, quem tot saeculis quaerimus? Pro optimo est minime malus.

Vix tibi esset facultas dilectus felicioris, si inter Platonas et Xenophontas et illum Socratici fetus proventum bonos quaereres, aut si tibi potestas Catonianae fieret aetatis, quae plerosque dignos tulit, qui Catonis saeculo nascerentur, sicut multos peiores quam umquam alias maximorumque molitores scelerum; utraque enim turba opus erat, ut Cato posset intellegi: habere debuit et bonos, quibus se approbaret, et malos, in quibus vim suam experiretur. Nunc vero, in tanta bonorum egestate, minus fastidiosa fiat electio.

Praecipue tamen vitentur tristes et omnia deplorantes, quibus nulla non causa in querellas placet. Constet illi licet fides et benevolentia, tranquillitati tamen inimicus est comes perturbatus et omnia gemens.

8 Transeamus ad patrimonia, maximam humanarum aerumnarum materiam. Nam si omnia alia, quibus angimur, compares, mortes, aegrotationes, metus, desideria, dolorum laborumque patientiam, cum iis, quae nobis mala pecunia nostra exhibet, haec pars multum praegravabit.

Itaque cogitandum est, quanto levior dolor sit non habere quam perdere, et intellegemus paupertati eo minorem tormentorum, quo minorem damnorum esse materiam. Erras enim, si putas

können, so werden wir bei der Auswahl unserer Freunde auf ihr Wesen achten, um möglichst unverdorbene zu erhalten. Anfang der Krankheit ist es, wenn dem Kranken Gesundes nahekommt. Ich will dir aber nicht dazu raten, nur einem Weisen nachzujagen und ihn zu gewinnen: Wo kannst du den finden, nach dem wir schon so viele hundert Jahre suchen? Als Bester darf der gelten, der am wenigsten schlecht ist.

Du könntest wohl auch keine bessere Wahl treffen, wenn du unter Männern wie Platon und Xenophon und allem, was der Saat des Sokrates entsproßte, nach Guten suchtest, oder wenn du über Catos Jahrhundert verfügen dürftest, das sehr viele hervorbrachte, die die Geburt zu Catos Zeit verdienten, genau wie viele Schlechtere als jemals sonst und solche, die furchtbare Frevel planten. Beider bedurfte es in Menge, damit man Cato richtig würdigen konnte. Er hatte die Guten nötig, um ihnen seine Vorzüge zu zeigen, und die Schlechten, um an ihnen seine Kraft zu messen. Jetzt freilich, angesichts eines derartigen Mangels an Guten, sollte man bei der Wahl weniger kritisch sein.

Ganz besonders sollte man jedoch die Verdrießlichen meiden, die alles bejammern und denen jeder Anlaß hochwillkommen ist zum Lamentieren. Mag ein solcher Mensch auch Treue und guten Willen besitzen, für die Seelenruhe ist er abträglich als ein verstörter Weggefährte, der über alles ächzt.

8 Wenden wir uns nun dem Hab und Gut zu, das den Menschen am meisten zu Kümmernissen Anlaß gibt. Denn wenn du alles, was uns bedrückt, die Todesfälle, Erkrankungen, Ängste, Sehnsüchte, das Ertragen von Schmerz und Mühsal, mit den Unannehmlichkeiten vergleichen wolltest, die uns das Geld bereitet, werden die letzteren bei weitem überwiegen.

Man sollte darum bedenken, wieviel weniger es schmerzt, kein Geld zu haben, als es zu verlieren, dann werden wir begreifen, daß Armut desto weniger zu Betrübnis Anlaß gibt, je weniger Einbußen sie erlaubt. Du täuschst dich näm-

animosius detrimenta divites ferre: maximis minimisque corporibus par est dolor vulneris. Bion eleganter ait non minus molestum esse calvis quam comatis pilos velli. Idem scias licet de pauperibus locupletibusque, par illis esse tormentum: utrique enim pecunia sua obhaesit nec sine sensu revelli potest.

Tolerabilius autem est, ut dixi, faciliusque non adquirere quam amittere, ideoque laetiores videbis, quos numquam fortuna respexit, quam quos deseruit. Vidit hoc Diogenes, vir ingentis animi, et effecit, ne quid sibi eripi posset. Tu istud paupertatem, inopiam, egestatem voca; quod voles, ignominiosum securitati nomen impone: putabo hunc non esse felicem, si quem mihi alium inveneris, cui nihil pereat. Aut ego fallor, aut regnum est inter avaros, circumscriptores, latrones, plagiarios unum esse, cui noceri non possit.

Si quis de felicitate Diogenis dubitat, potest idem dubitare et de deorum immortalium statu, an parum beate degant, quod illis nec praedia nec horti sint nec alieno colono rura pretiosa nec grande in foro faenus. Non te pudet, quisquis divitiis astupes? Respice, agedum, mundum: nudos videbis deos, omnia dantes, nihil habentes. Hunc tu pauperem putas an diis immortalibus similem, qui se fortuitis omnibus exuit?

Feliciorem tu Demetrium Pompeianum vocas, quem non puduit locupletiorem esse Pompeio? Numerus illi cotidie servorum velut imperatori exercitus referebatur, cui iamdudum divitiae esse debuerant duo vicarii et cella laxior. At Diogeni

lich, wenn du meinst, gelassener könnten einen Verlust die Reichen ertragen. Dem größten und dem kleinsten Wesen tut eine Wunde gleichermaßen weh. Bion sagte treffend, gleich lästig sei es für Männer mit Glatze wie für solche mit vollem Schopf, wenn ihnen Haare ausgerissen werden. Dasselbe darfst du von Armen und Wohlhabenden annehmen: Die Qual ist gleich; beiden ist ihr Geld ans Herz gewachsen und kann ihnen nicht, ohne daß sie es spüren, entrissen werden.

Erträglicher ist es aber, wie schon gesagt, und auch bequemer, nichts zu erwerben statt es zu verlieren, und daher sieht man die heiterer, auf die nie das Glück geachtet hat, als die, die es verließ. Das wußte Diogenes, ein Mann von ungeheurer Geistesgröße, und erreichte, daß man ihm nichts entreißen konnte. Du magst das Dürftigkeit, Not, bittere Armut nennen, magst nach Belieben eine abschätzige Bezeichnung für ‚Sicherheit' finden. Ich will Diogenes nicht mehr für glücklich halten, falls du mir einen anderen ausfindig machst, der nichts verlieren kann. Wenn ich mich nicht irre, ist es soviel wert wie ein Königreich, inmitten von Habgierigen, Gaunern, Banditen und Kidnappern der einzige zu sein, dem man nicht zu schaden vermag.

Falls wer am Glück des Diogenes zweifelt, kann er auch an der Erhabenheit der unsterblichen Götter zweifeln und sich fragen, ob sie vielleicht nicht ganz glücklich sind, weil sie weder Landgüter noch Gärten besitzen noch Pächtern anvertrautes, gutes Ackerland noch beträchtliche Einlagen bei den Banken. Schämst du dich nicht, wer du auch bist, Reichtümer anzustaunen? Los, sieh die Welt an! Nackt siehst du die Götter, die alles geben, nichts besitzen. Hältst du den nun für arm oder gottähnlich, der sich aller Zufallsgaben entäußert hat?

Glücklicher nennst du Demetrios, den Freigelassenen des Pompeius, der sich nicht schämte, noch reicher zu sein als dieser? Die Zahl seiner Sklaven ließ er sich täglich, so wie ein General die Truppenstärke, melden, er, für den zwei Untersklaven und eine etwas größere Kammer längst schon Wohl-

servus unicus fugit nec eum reducere, cum monstraretur, tanti putavit: „Turpe est", inquit, „Manen sine Diogene posse vivere, Diogenen sine Mane non posse." Videtur mihi dixisse: „Age tuum negotium, Fortuna, nihil apud Diogenen iam tui est: fugit mihi servus, immo liber abii." Familia petit vestiarium victumque; tot ventres avidissimorum animalium tuendi sunt, emenda vestis et custodiendae rapacissimae manus et flentium detestantiumque ministeriis utendum. Quanto ille felicior, qui nihil ulli debet, nisi cui facillime negat, sibi!

Sed quoniam non est nobis tantum roboris, angustanda certe sunt patrimonia, ut minus ad iniurias fortunae simus expositi. Habiliora sunt corpora in bello, quae in arma sua contrahi possunt, quam quae superfunduntur et undique magnitudo sua vulneribus obicit; optimus pecuniae modus est, qui nec in paupertatem cadit nec procul a paupertate discedit.

9 Placebit autem haec nobis mensura, si prius parsimonia placuerit, sine qua nec ullae opes sufficiunt nec ullae non satis patent, praesertim cum in vicino remedium sit et possit ipsa paupertas in divitias se advocata frugalitate convertere.

Assuescamus a nobis removere pompam et usus rerum, non ornamenta metiri. Cibus famem domet, potio sitim, libido, qua necesse est, fluat. Discamus membris nostris inniti, cultum victumque non ad nova exempla componere, sed ut maiorum mores suadent. Discamus continentiam augere, luxuriam coercere, gloriam temperare, ira-

stand hätten bedeuten müssen! Dem Diogenes hingegen lief sein einziger Sklave weg, und er fand es, als man ihn darauf aufmerksam machte, nicht der Mühe wert, ihn wiederzubekommen. „Es wäre eine Schande", meinte er, „wenn Manes ohne Diogenes leben könnte, aber nicht Diogenes ohne den Manes." Damit, so scheint es, wollte er sagen: „Kehr nur vor deiner Tür, Fortuna, denn bei Diogenes hast du nichts mehr verloren. Entkommen ist mir der Sklave, nein, ich bin freigekommen!" Sklaven brauchen Kleidung und Kost; so viele Bäuche heißhungriger Geschöpfe mußt du versorgen, mußt Kittel kaufen, auf ihre raffgierigen Hände achten und dich von ihnen unter Flüchen und Tränen bedienen lassen. Um wieviel glücklicher ist, wer keinem etwas schuldet außer dem, dem er's am leichtesten verweigern kann – sich selbst!

Doch weil wir nicht soviel Festigkeit besitzen, gilt es auf jeden Fall die Habe zu begrenzen, damit wir weniger den Schlägen des Schicksals ausgesetzt sind. Leichter haben es im Krieg Soldaten, die sich hinter ihren Schild ducken können, als solche, die dafür zu breit gebaut sind und die von allen Seiten wegen ihrer Größe verwundbar sind. Am besten bemessen ist Geldbesitz, wenn er nicht eben an Armut grenzt, sich aber von der Armut auch nicht weit entfernt.

9 Gefallen finden wir an diesem Maßstab, wenn wir vorher an der Genügsamkeit Gefallen fanden. Wie ohne diese kein Besitz ausreicht, so ist im andern Fall keiner zu wenig, zumal Abhilfe leicht zu schaffen ist und sogar Armut sich, ruft man die Sparsamkeit zu Hilfe, in Reichtum verwandeln kann.

Gewöhnen wir uns an, auf Luxus zu verzichten und die Dinge nach ihrem Nutzen, nicht nach dem äußeren Glanz zu bewerten. Essen soll nur den Hunger stillen, ein Trank den Durst, dem Liebesverlangen gebe man nur, soweit nötig, nach. Wir wollen lernen, auf eigenen Füßen zu stehen, Kleidung und Nahrung nicht nach modernen Vorbildern zusammenzustellen, sondern so, wie es der Brauch der Alten nahelegt. Wir wollen lernen, unsere Enthaltsamkeit zu steigern, die Schwelgerei einzuschränken, den Ehrgeiz zu dämpfen,

cundiam lenire, paupertatem aequis oculis aspicere, frugalitatem colere, etiam si multos pudebit rei eius, desideriis naturalibus parvo parata remedia adhibere, spes effrenatas et animum in futura imminentem velut sub vinculis habere, id agere, ut divitias a nobis potius quam a fortuna petamus.

Non potest umquam tanta varietas et iniquitas casuum ita depelli, ut non multum procellarum irruat magna armamenta pandentibus. Cogendae in artum res sunt, ut tela in vanum cadant, ideoque exsilia interim calamitatesque in remedium cessere et levioribus incommodis graviora sanata sunt. Ubi parum audit praecepta animus nec curari mollius potest, quidni consulatur, si et paupertas et ignominia et rerum eversio adhibetur? Malo malum opponitur.

Assuescamus ergo cenare posse sine populo et servis paucioribus servire et vestes parare, in quod inventae sunt, et habitare contractius. Non in cursu tantum circique certamine, sed in his spatiis vitae interius flectendum est.

Studiorum quoque, quae liberalissima impensa est, tamdiu rationem habet, quamdiu modum. Quo innumerabiles libros et bibliothecas, quarum dominus vix tota vita indices perlegit? Onerat discentem turba, non instruit, multoque satius est paucis te auctoribus tradere quam errare per multos. Quadraginta milia librorum Alexandriae arserunt. Pulcherrimum regiae opulentiae monumentum alius laudaverit, sicut et Livius, qui elegantiae regum curaeque egregium id opus ait fuisse. Non fuit elegantia illud aut cura, sed studiosa

den Jähzorn zu besänftigen, auf die Armut gelassenen Blicks zu schauen, Sparsamkeit zu üben, auch wenn sich viele ihrer schämen, die natürlichen Bedürfnisse mit wenig Aufwand zu befriedigen, maßlose Hoffnungen und Wünsche, die auf Künftiges gerichtet sind, sozusagen an die Kette zu legen und danach zu trachten, daß wir Schätze eher von uns als vom Schicksal begehren.

Niemals kann man so mannigfache, harte Schicksalsschläge derart abwehren, daß nicht heftige Stürme auf die eindringen, die weit die Segel spannen. Auf engem Raum muß man das Seine bergen, daß die Geschosse ins Leere gehen. Darum haben sich auch manchmal Verbannung und Unglück als heilsam erwiesen, und durch leichtere Unbill wurde größere behoben. Sobald der Mensch nicht auf gute Lehren hört und nicht mit sanfteren Mitteln zu kurieren ist, warum sollte es ihm nicht helfen, wenn man ihm Armut, Schande und völligen Ruin verschreibt? Gegen sein Leiden setzt man Leiden ein.

Gewöhnen wir uns also an, ohne Publikum essen zu können und weniger Dienerschaft dienstbar zu sein und Kleider zu dem Zweck zu kaufen, wozu man sie erfand, und beengter zu wohnen. Nicht nur beim Wettlauf und beim Wagenrennen im Circus, sondern auch auf dieser unserer Lebensbahn muß man die Kurven enger nehmen.

Auch bei der Beschäftigung mit Literatur und Kunst, wofür Ausgaben am vertretbarsten sind, haben sie nur solange Berechtigung, wie sie sich in Grenzen halten. Was bringen zahllose Bücher und Regale, wenn ihr Besitzer in seinem ganzen Leben kaum die Titel überflogen hat? Belastend für den Lernenden ist Überfülle, nicht belehrend, und viel vernünftiger ist es, sich wenigen Autoren zu widmen als ziellos in vielen herzuschmökern. Vierzigtausend Bücher brannten in der Bibliothek von Alexandria. Dieses großartige Denkmal königlicher Prachtentfaltung mag ein anderer loben, wie es auch Livius tat, der erklärte, dem Kunstsinn der Könige und ihrer Fürsorge habe man dieses hervorragende Bauwerk verdankt. Aber das war nicht Kunstsinn und Fürsorge, son-

luxuria, immo ne studiosa quidem, quoniam non in studium, sed in spectaculum comparaverant, sicut plerisque ignaris etiam puerilium litterarum libri non studiorum instrumenta, sed cenationum ornamenta sunt. Paretur itaque librorum, quantum satis sit, nihil in apparatum. „Honestius", inquis, „huc se impensae quam in Corinthia pictasque tabulas effuderint." Vitiosum est ubique, quod nimium est. Quid habes, cur ignoscas homini armaria e citro atque ebore captanti, corpora conquirenti aut ignotorum auctorum aut improbatorum et inter tot milia librorum oscitanti, cui voluminum suorum frontes maxime placent titulique?

Apud desidiosissimos ergo videbis, quicquid orationum historiarumque est, tecto tenus exstructa loculamenta: iam enim inter balnearia et thermas bibliotheca quoque ut necessarium domus ornamentum expolitur. Ignoscerem plane, si studiorum nimia cupidine erraretur; nunc ista conquisita, cum imaginibus suis discripta, sacrorum opera ingeniorum in speciem et cultum parietum comparantur.

At in aliquod genus vitae difficile incidisti et tibi ignoranti vel publica fortuna vel privata laqueum impegit, quem nec solvere possis nec rumpere. Cogita compeditos primo aegre ferre onera et impedimenta crurum; deinde, ubi non indignari illa, sed pati proposuerunt, necessitas fortiter ferre docet, consuetudo facile. Invenies in quolibet genere vitae oblectamenta et remissiones et voluptates, si volueris mala putare levia potius quam invidiosa facere.

dern Verschwendung im Dienst der Wissenschaft, ja nicht einmal im Dienst der Wissenschaft, weil sie es ja nicht für die Forschung, sondern nur, um zu imponieren, errichtet haben – so wie auch sehr vielen Leuten, die kaum das ABC kennen, Bücher nicht als Mittel zur Information, sondern für ihre Speisesäle als Dekoration dienen. Man kaufe also soviele Bücher, wie genug ist, und keine, um damit zu prunken. „Schicklicher", meinst du, „ist's, sein Geld dafür auszugeben als für korinthisches Geschirr." Verkehrt ist in jedem Falle, was zuviel ist. Was solltest du für einen Menschen Verständnis aufbringen, der auf Schränke aus Zitrusbaum und Elfenbein versessen ist, der Gesamtausgaben sammelt – von unbekannten Autoren oder von nicht anerkannten –, und inmitten von soviel tausend Büchern das Gähnen kriegt, er, dem die Ränder seiner Bücherrollen am wichtigsten sind und die Titel?

So kannst du bei den größten Müßiggängern alles sehen, was es an Reden und Geschichtswerken gibt, Bücherwände bis hinauf zur Decke. Mittlerweile legt man nämlich zwischen Wannenbad und Sauna sich auch noch eine hübsche Bibliothek als unverzichtbare Zierde des Hauses an. Ich hätte dafür volles Verständnis, wenn man aus übergroßer Wißbegierde übers Ziel hinausschösse; heutzutage aber erwirbt man diese exquisiten, illustrierten Werke erhabener Geister zum Herzeigen und als Wandschmuck.

10 Doch du bist im Leben in irgendeine mißliche Situation geraten, und ohne daß du's merktest, hat dir allgemeines oder persönliches Unglück eine Fessel angelegt, die du nicht lösen oder sprengen kannst. Denk daran, Sklaven in Beinschellen leiden zuerst unter dem Gewicht und der Behinderung; dann, wenn sie sich dazu durchgerungen haben, sich nicht mehr aufzuregen, sondern sie zu dulden, lernen sie durch Zwang, sie standhaft, durch Gewöhnung, sie leicht zu tragen. Du wirst in jeder Lebenslage Vergnügen, Erholung und Genuß finden, wenn du nur bereit bist, Schlimmes leicht zu nehmen, statt deinen ganzen Haß darauf zu lenken.

Nullo melius nomine de nobis natura meruit, quae, cum sciret, quibus aerumnis nasceremur, calamitatum mollimentum consuetudinem invenit cito in familiaritatem gravissima adducens. Nemo duraret, si rerum adversarum eandem vim assiduitas haberet quam primus ictus.

Omnes cum fortuna copulati sumus: aliorum aurea catena est ac laxa, aliorum arta et sordida, sed quid refert? Eadem custodia universos circumdedit alligatique sunt etiam, qui alligaverunt, nisi forte tu leviorem in sinistra catenam putas. Alium honores, alium opes vinciunt; quosdam nobilitas, quosdam humilitas premit; quibusdam aliena supra caput imperia sunt, quibusdam sua; quosdam exsilia uno loco tenent, quosdam sacerdotia. Omnis vita servitium est. Assuescendum est itaque condicioni suae et quam minimum de illa querendum et, quicquid habet circa se commodi, apprehendendum: nihil tam acerbum est, in quo non aequus animus solacium inveniat. Exiguae saepe areae in multos usus discribentis arte patuerunt, et quamvis angustum pedem dispositio fecit habitabilem. Adhibe rationem difficultatibus: possunt et dura molliri et angusta laxari et gravia scite ferentes minus premere.

Non sunt praeterea cupiditates in longinquum mittendae, sed in vicinum illis egredi permittamus, quoniam includi ex toto non patiuntur. Relictis iis, quae aut non possunt fieri aut difficulter possunt, prope posita speique nostrae alludentia sequamur, sed sciamus omnia aeque levia esse extrinsecus diversas facies habentia, introrsus pariter vana.

Nirgends hat es die Natur besser mit uns gemeint: da sie ja wußte, zu welchen Leiden wir geboren werden, erfand sie zur Linderung der Unbill die Gewohnheit, die rasch das Allerschwerste alltäglich werden läßt. Niemand hielte stand, wenn dauerndes Unglück die gleiche Wucht hätte wie der erste Schlag.

Alle sind wir an unser Schicksal gebunden; nur ist die Fessel der einen golden und locker, die der anderen straff und schmutzig – doch was macht's? Die gleichen Gefängnismauern umschließen alle, und gebunden sind auch die, die andere gebunden haben, denn du wirst ja wohl nicht glauben, leichter sei die Handschelle an der Linken, beim Gefangenenwärter. Den einen fesseln hohe Ehren, den anderen seine Schätze; manchen ist ihr Adel beschwerlich, anderen ihre Niedrigkeit. Manche müssen das Haupt fremden Befehlen beugen, andere eigenen. Manche bannt das Exil an einen bestimmten Platz, manche ihr Priestertum. Das ganze Leben ist nur Sklaverei. Daher muß man sich an seine Situation gewöhnen und möglichst wenig darüber klagen und alles, was sie an Annehmlichkeiten mit sich bringt, sich zu eigen machen. Nichts ist so bitter, daß darin ein gelassener Mensch keinen Trost fände. Winzige Grundstücke haben schon oft durch geschickte Aufteilung für vielfache Nutzung Platz geboten, und einen noch so engen, nur fußbreiten Gang macht rechte Einteilung bewohnbar. Geh mit Überlegung an Schwierigkeiten heran: Es kann Hartes weich und Enges weit werden und Schweres, wenn man es richtig trägt, weniger drücken.

Man darf außerdem sein Verlangen nicht auf Entferntes richten; nur in der Umgebung wollen wir ihm Ausgang gestatten, da es sich ja nicht ganz einsperren läßt. Unter Verzicht auf das Unmögliche oder Schwierige wollen wir nach dem Naheliegenden trachten, das unseren Hoffnungen entgegenkommt, doch uns bewußt sein, daß alles gleichermaßen leichtgewichtig ist, äußerlich zwar verschieden anzusehen, innen unterschiedslos hohl.

Nec invideamus altius stantibus: quae excelsa videbantur, praerupta sunt. Illi rursus, quos sors iniqua in ancipiti posuit, tutiores erunt superbiam detrahendo rebus per se superbis et fortunam suam, quam maxime poterunt, in planum deferendo. Multi quidem sunt, quibus necessario haerendum sit in fastigio suo, ex quo non possunt nisi cadendo descendere; sed hoc ipsum testentur maximum onus suum esse, quod aliis graves esse cogantur, nec sublevatos se, sed suffixos.

Iustitia, mansuetudine, humanitate, larga et benigna manu praeparent multa ad secundos casus praesidia, quorum spe securius pendeant. Nihil tamen aeque nos ab his animi fluctibus vindicaverit quam semper aliquem incrementis terminum figere nec fortunae arbitrium desinendi dare; sed ipsos multo quidem citra exempla hortentur consistere. Sic et aliquae cupiditates animum acuent et finitae non in immensum incertumque producent.

11 Ad imperfectos et mediocres et male sanos hic meus sermo pertinet, non ad sapientem. Huic non timide nec pedetentim ambulandum est: tanta enim fiducia sui est, ut obviam fortunae ire non dubitet nec umquam loco illi cessurus sit. Nec habet, ubi illam timeat, quia non mancipia tantum possessionesque et dignitatem, sed corpus quoque suum et oculos et manum et, quicquid cariorem vitam facit, seque ipsum inter precaria numerat vivitque ut commodatus sibi et reposcentibus sine tristitia redditurus.

Nec ideo vilis est sibi, quia scit se suum non esse, sed omnia tam diligenter faciet, tam circum-

Auch wollen wir Höherstehende nicht beneiden: Was hochragend schien, ist abschüssig! Jene hinwiederum, die ein unfreundliches Geschick in eine so prekäre Lage versetzt hat, sind weniger gefährdet, wenn sie ihrem an sich schon herausfordernden Besitz das Herausfordernde nehmen und ihr Glück, so weit sie es vermögen, auf ein bescheidenes Maß herabdrücken. Es gibt freilich viele, die sich unweigerlich an ihre Spitzenstellung klammern müssen, von der sie nicht herabkommen können, ohne zu stürzen. Doch eben dies, so werden sie wohl bezeugen, belastet sie am meisten, daß sie zwangsläufig anderen lästig fallen und dabei selbst nicht hocherhaben, sondern ans Kreuz geschlagen sind.

Durch Gerechtigkeit, Sanftmut, Menschlichkeit und eine offene, gütige Hand sollten sie sich für einen glimpflichen Sturz viele Matten verschaffen, im Vertrauen auf die sie in ihrer Höhe furchtloser sein können. Nichts wird uns jedoch vor solchen seelischen Erschütterungen ebenso schützen wie eine stete Begrenzung dessen, was uns zufällt, und indem wir es nicht dem Glück anheimstellen, wann es endet. Vielmehr sollten uns selbst lange vorher warnende Beispiele Einhalt gebieten. So werden auch bestimmte Wünsche unseren Argwohn wecken und uns, da wir sie begrenzen, nicht zu Maßlosem und Riskantem verführen.

11 An sittlich Ungefestigte, an Durchschnittsmenschen und an noch Anfällige richten sich diese meine Worte, nicht an den Weisen. Der braucht nicht ängstlich und behutsam seinen Weg zu gehen. So groß ist nämlich seine Selbstgewißheit, daß er ohne Zögern dem Schicksal entgegentritt und vor ihm nie zurückweicht. Bei ihm gibt es keinen schwachen Punkt, weswegen er es fürchten müßte, da er nicht nur Sklaven, Vermögen und Stellung, sondern auch seinen Leib, seine Augen, seine Hand und alles, was das Dasein schöner macht, ja sogar die eigene Existenz als geborgt ansieht und lebt, als sei er sich selbst auf Widerruf gegeben und bereit, der Rückforderung ohne Murren nachzukommen.

Doch kommt er sich deshalb nicht wertlos vor, weil er weiß, daß er nicht sich selbst gehört, sondern geht mit allem

specte, quam religiosus homo sanctusque solet
tueri fidei commissa. Quandoque autem reddere
iubebitur, non queretur cum fortuna, sed dicet:
„Gratias ago pro eo, quod possedi habuique. Magna quidem res tuas mercede colui, sed, quia ita
imperas, do, cedo gratus libensque. Si quod habere me tui volueris etiamnunc, servabo; si aliud
placet, ego vero factum signatumque argentum,
domum familiamque meam reddo, restituo." Ap-
pellaverit natura, quae prior nobis credidit, et huic
dicemus: „Recipe animum meliorem, quam dedisti; non tergiversor nec refugio. Paratum habes a
volente, quod non sentienti dedisti: aufer!"

Reverti, unde veneris, quid grave est? Male vivet, quisquis nesciet bene mori. Huic itaque primum rei pretium detrahendum est et spiritus inter
vilia numerandus. Gladiatores, ut ait Cicero, invisos habemus, si omni modo vitam impetrare cupiunt; favemus, si contemptum eius prae se ferunt. Idem evenire nobis scias: saepe enim causa
moriendi est timide mori. Fortuna illa, quae ludos
sibi facit: „Quo", inquit, „te reservem, malum et
trepidum animal? Eo magis convulneraberis et
confodieris, quia nescis praebere iugulum. At tu
et vives diutius et morieris expeditius, qui ferrum
non subducta cervice nec manibus oppositis, sed
animose recipis."

Qui mortem timebit, nihil umquam pro homine
vivo faciet; at qui sciet hoc sibi, cum conciperetur,
statim condictum, vivet ad formulam et simul illud quoque eodem animi robore praestabit, ne
quid ex iis, quae eveniunt, subitum sit. Quicquid

so gewissenhaft, so überlegt um, wie ein gottesfürchtiger und frommer Mensch in der Regel anvertrautes Gut bewahrt. Sobald er aber zur Rückgabe aufgefordert wird, rechtet er nicht mit dem Schicksal, sondern spricht: „Ich danke für das, was ich in Besitz haben durfte. Zwar habe ich dein Kapital mit hohem Ertrag verwaltet, doch weil du es so verlangst, gebe ich es her und verzichte dankbar und gern. Falls du mich etwas von dem Deinen auch ferner behalten läßt, werde ich es hüten. Andernfalls gebe ich Silbergerät und Geld, mein Haus und das Gesinde zurück und zahle meine Schuld." Mahnt uns aber die Natur, unsere erste Gläubigerin, so sagen wir auch zu ihr: „Nimm meine Seele besser, als du sie gabst, zurück; ich sträube mich nicht und will nicht flüchten. Dargeboten siehst du aus freien Stücken, was du unvermerkt gegeben hast. Nimm es fort!"

Dorthin zurückzukehren, von wo man kam – was ist daran schwer? Übel lebt ein jeder, der nicht gut zu sterben weiß. Daher gilt es zunächst, den Wert des Lebens niedriger anzusetzen und, daß man noch atmet, nur gering zu achten. Gladiatoren sind uns, wie Cicero sagt, verhaßt, wenn sie mit allen Mitteln ihr Leben erbetteln wollen; denen gehört unsere Sympathie, die es offensichtlich verachten. Sei dir bewußt, daß es mit uns ebenso zugeht: Oft ist's der Grund für unser Sterben, daß wir in Ängsten sterben. Das Schicksal, das zu seinem Vergnügen ein Kampfspiel gibt, sagt sich: „Wofür soll ich dich aufsparen, du jämmerliches, schlotterndes Geschöpf? Desto schlimmer sollst du zerhauen und zerstochen werden, weil du es nicht über dich bringst, die Kehle hinzuhalten! Du dagegen wirst länger leben und leichter sterben, der du beim Schwertstreich nicht den Kopf einziehst und die Arme vorhältst, sondern ihn mutig leidest."

Wer den Tod fürchtet, wird nie etwas so wie ein lebensfroher Mensch tun. Wer aber weiß, daß ihm dieses Los schon seit dem Augenblick, als er empfangen wurde, bestimmt ist, wird entsprechend dieser Bestimmung leben und eben durch seine Seelenstärke auch das erreichen, daß ihn kein Ereignis unvermutet trifft. Indem er nämlich auf alles,

enim fieri potest, quasi futurum sit, prospiciendo
malorum omnium impetus molliet, qui ad praepa-
ratos exspectantesque nihil afferunt novi, securis
et beata tantum spectantibus graves veniunt.

Morbus est, captivitas, ruina, ignis: nihil horum
repentinum est. Sciebam, in quam tumultuosum
me contubernium natura clusisset. Totiens in vicinia mea conclamatum est; totiens praeter limen
immaturas exsequias fax cereusque praecessit;
saepe a latere ruentis aedificii fragor sonuit; multos ex iis, quos forum, curia, sermo mecum con-
traxerat, nox abstulit et iunctas sodalium manus
copulatas interscidit: mirer ad me aliquando pericula accessisse, quae circa me semper erraverint?
Magna pars hominum est, quae navigatura de
tempestate non cogitat.

Numquam me in re bona mali pudebit auctoris:
Publilius, tragicis comicisque vehementior ingeniis, quotiens mimicas ineptias et verba ad summam
caveam spectantia reliquit, inter multa alia cothur-
no, non tantum sipario fortiora et hoc ait:

Cuivis potest accidere, quod cuiquam potest.

Hoc si quis in medullas demiserit et omnia aliena
mala, quorum ingens cotidie copia est, sic aspexe-
rit, tamquam liberum illis et ad se iter sit, multo
ante se armabit quam petatur. Sero animus ad periculorum patientiam post pericula instruitur.

„Non putavi hoc futurum" et: „Umquam tu
hoc eventurum credidisses?" Quare autem non?
Quae sunt divitiae, quas non egestas et fames et

was geschehen kann, gefaßt ist, als würde es geschehen, lindert er die Wucht aller Schicksalsschläge, die jemandem, der auf sie vorbereitet ist und sie erwartet, nichts Unverhofftes bringen, aber Menschen, die sich geborgen glauben und nur nach Glück ausschauen, schwer heimsuchen.

Krankheit, Gefangenschaft, Zerstörung, Feuer – nichts davon kommt unvermutet. Ich wußte längst, in welch ungemütliches Quartier mich die Natur gesteckt hat. So oft hat man in meiner Nachbarschaft die Totenklage angestimmt; so oft trug man an meiner Schwelle einem zu früh Verstorbenen Fackeln und Kerzen voraus; oft war aus der Umgebung das Krachen eines Hauseinsturzes zu hören. Viele von denen, die das Forum, das Rathaus, das gelehrte Gespräch mir nahegebracht hatte, hat mir die Todesnacht geraubt und die eng verschlungenen Hände der Gefährten auseinandergerissen. Sollte ich mich wundern, daß auch ich irgendwann von den Gefahren bedroht bin, die sich stets rings um mich allgegenwärtig zeigten? Ein Großteil der Menschen denkt vor einer Seefahrt nicht an den Sturm.

Niemals will ich mich in einer guten Sache eines schlechten Gewährsmanns schämen: Publilius Syrus, wortgewaltiger als die großen Tragiker und Komiker, sobald er auf die Albernheiten der Posse und auf Späße für die Galerie verzichtete, sagte unter anderem, was selbst im Trauerspiel, nicht nur in einer Farce, ganz starken Eindruck hätte machen können, auch folgendes:

Jedweden kann das treffen, was überhaupt wen treffen kann.

Wenn einer diesen Satz beherzigt und alles fremde Unglück, wovon es ja täglich eine ganze Menge gibt, so betrachtet, als könnte es ohne weiteres auch über ihn kommen, wird er sich weit eher rüsten, als er heimgesucht wird. Zu spät wappnet sich die Seele, Gefahren zu ertragen, im Anblick der Gefahr.

„Ich hätte nicht geglaubt, daß das geschehen würde", und: „Hättest du je vermutet, daß das vorkommen könnte?" Warum denn nicht? Was ist das für ein Reichtum, hinter

mendicitas a tergo sequatur? Quae dignitas, cuius non praetextam et augurale et lora patricia sordes comitentur et exprobratio notae et mille maculae et extrema contemptio? Quod regnum est, cui non parata sit ruina et proculcatio et dominus et carnifex? Nec magnis ista intervallis divisa, sed horae momentum interest inter solium et aliena genua.

Scito ergo omnem condicionem versabilem esse et, quicquid in ullum incurrit, posse in te quoque incurrere. Locuples es: numquid divitior Pompeio? Cui cum Gaius, vetus cognatus, hospes novus, aperuisset Caesaris domum, ut suam cluderet, defuit panis, aqua. Cum tot flumina possideret in suo orientia, in suo cadentia, mendicavit stillicidia; fame ac siti periit in palatio cognati, dum illi heres publicum funus esurienti locat.

Honoribus summis functus es: numquid aut tam magnis aut tam insperatis aut tam universis quam Seianus? Quo die illum senatus deduxerat, populus in frusta divisit. In quem, quicquid congeri poterat, dii hominesque contulerant, ex eo nihil superfuit, quod carnifex traheret.

Rex es: non ad Croesum te mittam, qui rogum suum et escendit iussus et exstingui vidit, factus non regno tantum, etiam morti suae superstes; non ad Iugurtham, quem populus Romanus intra annum, quam timuerat, spectavit: Ptolemaeum Africae regem, Armeniae Mithridaten inter Gaianas custodias vidimus; alter in exsilium missus est, alter, ut meliore fide mitteretur, optabat.

dem nicht bittere Armut und Hunger und Bettlerelend herschlichen? Was ist das für eine hohe Stellung, bei der nicht zum Staatsgewand und Feldherrnzelt und Schnürschuh des Patriziers auch schmutziger Vorwurf und schimpfliche Brandmarkung und tausend Makel und äußerste Verachtung kommen könnten? Was ist das für ein König, dem nicht sein Sturz, seine Erniedrigung, sein Gebieter und sein Henker schon bestimmt wären? Und das alles trennen keine gewaltigen Zeiträume: Nur eine kurze Stunde liegt zwischen Thron und Fußfall.

Sei dir daher bewußt, daß jede Lage wandelbar ist und alles, was irgend jemandem zustößt, auch dir zustoßen kann. Du bist reich – etwa reicher als Pompeius? Als diesem Caligula, bisher sein Verwandter, sein Wirt erst neuerdings, das Haus des Kaisers aufschloß, damit er das seine abschließen konnte, da hatte er kein Brot, kein Wasser. Obwohl er so viele Flüsse besaß, die auf seinem Grund und Boden entsprangen und dort auch mündeten, bettelte er um einige Tropfen. Vor Durst und Hunger ging er zugrunde im Palast seines Verwandten, während ihm dieser als sein Erbe ein Staatsbegräbnis – dem Verschmachtenden! – ausrichten ließ.

Höchste Ehrenämter hast du bekleidet. Etwa so hohe oder so unerhoffte oder so allumfassende wie Sejan? Am gleichen Tag, an dem ihm noch der Senat das Geleit gegeben hatte, riß ihn das Volk in Stücke. Von ihm, den Götter und Menschen mit allen möglichen Gaben überhäuft hatten, blieb nichts übrig, was der Henker hätte am Haken fortzerren können.

Ein König bist du. Ich will dich nicht zu Krösus schicken, der seinen eigenen Scheiterhaufen besteigen mußte und ihn erlöschen sah, so daß er nicht nur sein Königtum, sondern sogar seinen Tod überlebte, nicht zu Jugurtha, den das römische Volk noch im gleichen Jahr, in dem es ihn gefürchtet hatte, im Triumphzug begaffte. Ptolemäus, den König Mauretaniens, und Armeniens Mithridates erblickten wir unter den Gefangenen Caligulas. Der eine wurde ins Exil geschickt, der andere bat immer wieder, man solle ihn nur recht entschieden dahin schicken.

In tanta rerum sursum ac deorsum euntium versatione si non, quicquid fieri potest, pro futuro habes, das in te vires rebus adversis, quas infregit, quisquis prior vidit.

12 Proximum ab his erit, ne aut in supervacuis aut ex supervacuo laboremus, id est, ne, quae aut non possumus consequi, concupiscamus aut adepti vanitatem cupiditatum nostrarum sero post multum sudorem intellegamus, id est, ne aut labor irritus sit sine effectu aut effectus labore indignus. Fere enim ex his tristitia sequitur, si aut non successit aut successus pudet.

Circumcidenda concursatio, qualis est magnae parti hominum domos et theatra et fora pererrantium: alienis se negotiis offerunt, semper aliquid agentibus similes. Horum si aliquem exeuntem e domo interrogaveris: „Quo tu? Quid cogitas?" respondebit tibi: „Non, mehercules, scio, sed aliquos videbo, aliquid agam." Sine proposito vagantur quaerentes negotia nec, quae destinaverunt, agunt, sed in quae incurrerunt. Inconsultus illis vanusque cursus est, qualis formicis per arbusta repentibus, quae in summum cacumen et inde in imum inanes aguntur. His plerique similem vitam agunt, quorum non immerito quis inquietam inertiam dixerit.

Quorundam quasi ad incendium currentium misereberis: usque eo impellunt obvios et se aliosque praecipitant, cum interim cucurrerunt aut salutaturi aliquem non resalutaturum aut funus ignoti hominis prosecuturi aut ad iudicium saepe litigantis aut ad sponsalia saepe nubentis et lecticam assectati quibusdam locis etiam tulerunt.

Wenn du bei solchem Auf und Nieder im Wandel der Verhältnisse nicht alles, was geschehen kann, bestimmt erwartest, gibst du dem Unglück Kräfte gegen dich, die ein jeder bricht, der sich vorsah.

12 In engem Zusammenhang damit steht, daß wir uns weder bei Unnötigem noch unnötigerweise plagen, das heißt, daß wir weder Unerreichbares begehren noch, am Ziel unserer Wünsche, die Eitelkeit unseres Begehrens zu spät und nach viel Schweiß erkennen; das heißt auch, daß weder unsere Mühe verschwendet und ergebnislos sein soll noch das Ergebnis unserer Mühe unwert. In der Regel ist Enttäuschung die Folge, wenn man erfolglos war oder sich des Erfolges schämen muß.

Energisch beschränken muß man die Hektik, wie man sie bei einem großen Teil der Leute findet, die durch Häuser und Theater und Märkte rennen. Fremden bieten sie ihre Dienste an, und stets scheint es, sie hätten etwas zu tun. Wenn du einen von denen beim Verlassen seines Hauses fragst: „Wohin willst du? Was hast du im Sinn?", wird er dir erwidern: „Bei Gott, ich weiß es nicht, doch irgendwelche Leute werd' ich treffen, irgendwas erledigen." Ziellos streifen sie herum auf der Suche nach Beschäftigung und tun nicht, was sie sich vorgenommen haben, sondern worauf sie eben stoßen. Unüberlegt und sinnlos ist ihr Gerenne, wie bei Ameisen, die im Geäst krabbeln, die es hoch in den Wipfel und von dort nach drunten unnütz treibt. Ähnlich diesen bringen die meisten ihr Leben hin, deren Treiben man mit vollem Recht ein ruheloses Nichtstun nennen könnte.

Mit manchen, die losstürmen, als ob es brennt, kann man gar Mitleid haben, derart heftig rempeln sie Entgegenkommende an und bringen sich und andere zu Fall, während sie rennen, um jemand zu grüßen, der sie nicht wiedergrüßen wird, oder um einem Unbekannten das Totengeleit zu geben, oder zum Prozeß eines Menschen, der oft prozessiert, oder zur Verlobung eines anderen, der oft heiratet, und wenn sie eine Sänfte aufgegabelt haben, helfen sie dann und wann sogar beim Tragen. Wenn sie danach erschöpft heim-

Dein domum cum supervacua redeuntes lassitudine iurant nescire se ipsos, quare exierint, ubi fuerint, postero die erraturi per eadem illa vestigia.

Omnis itaque labor aliquo referatur, aliquo respiciat. Non industria inquietos, ut insanos falsae rerum imagines agitant: nam ne illi quidem sine aliqua spe moventur; proritat illos alicuius rei species, cuius vanitatem capta mens non coarguit.

Eodem modo unumquemque ex his, qui ad augendam turbam exeunt, inanes et leves causae per urbem circumducunt, nihilque habentem, in quod laboret, lux orta expellit et, cum multorum frustra liminibus illisus nomenclatores persalutavit a multis exclusus, neminem ex omnibus difficilius domi quam se convenit. Ex hoc malo dependet illud taeterrimum vitium, auscultatio et publicorum secretorumque inquisitio et multarum rerum scientia, quae nec tuto narrantur nec tuto audiuntur.

13 Hoc secutum puto Democritum ita coepisse: „Qui tranquille volet vivere, nec privatim agat multa nec publice", ad supervacua scilicet referentem: nam, si necessaria sunt, et privatim et publice non tantum multa, sed innumerabilia agenda sunt, ubi vero nullum officium sollemne nos citat, inhibendae actiones. Nam qui multa agit, saepe fortunae potestatem sui facit; quam tutissimum est raro experiri, ceterum semper de illa cogitare et nihil sibi de fide eius promittere:

„Navigabo, nisi si quid inciderit" et: „Praetor fiam, nisi si quid obstiterit" et: „Negotiatio mihi

kommen nach der unnötigen Plage, schwören sie, sie wüßten selbst nicht, warum sie ausgegangen, wo sie gewesen seien – und dabei werden sie sich am nächsten Tag genau an den gleichen Orten herumtreiben.

Jede Mühe sollte also irgendeinen Anlaß haben, irgendein Ziel. Es ist nicht ihr Fleiß, der die Ruhelosen umtreibt, so wie Verrückte ihre Wahngebilde; nicht einmal solche Menschen setzen sich ja ohne den geringsten Anlaß in Bewegung. Es lockt sie die Vorstellung von irgend etwas, was ihr verwirrter Geist nicht als Hirngespinst erweisen kann.

Ebenso führen jeden einzelnen von denen, die ausgehen, um das Gedränge in der Stadt noch zu vergrößern, nichtige und unwichtige Gründe im Kreis herum, und selbst wer gar nichts hat, worauf er Mühe verwenden könnte, den treibt das Morgenlicht davon, und wenn er nach vergeblichem Pochen an den Türen vieler nur ihre Sekretäre begrüßen konnte und von vielen gar ausgesperrt wurde, dann war von all den Leuten keiner schwerer daheim anzutreffen als er selbst. Mit diesem Fehlverhalten eng zusammen hängt jenes ganz abscheuliche Laster des Aushorchens und des Ausspionierens von Hochpolitischem und Geheimem; schließlich weiß man viele Dinge, die gefährlich zu berichten und gefährlich anzuhören sind.

13 Als er diesem Problem nachging, hat, wie ich meine, Demokrit so begonnen: „Wer ruhig leben will, der mache sich weder privat noch in der Politik viel zu schaffen." Natürlich zielte er damit auf Unnötiges, denn wenn es sich um Notwendiges handelt, gibt es sowohl im privaten wie im öffentlichen Bereich nicht nur viel, sondern unübersehbar viel zu tun. Wenn jedoch keine der üblichen Pflichten uns ruft, müssen wir unsere Aktivitäten einschränken. Denn wer viel in Gang bringt, gibt sich oft in die Hand des Schicksals, während es doch am sichersten ist, sich nur selten darauf einzulassen, im übrigen aber stets mit ihm zu rechnen und nicht auf seine Beständigkeit zu bauen.

„Ich werde zur See verreisen, wenn nichts vorfällt", und „Ich werde Prätor, wenn mich nichts hindert", dazu: „Das

respondebit, nisi si quid intervenerit." Hoc est, quare sapienti nihil contra opinionem dicamus accidere: non illum casibus hominum excerpimus, sed erroribus, nec illi omnia, ut voluit, cedunt, sed ut cogitavit. Imprimis autem cogitavit aliquid posse propositis suis resistere. Necesse est autem levius ad animum pervenire destitutae cupiditatis dolorem, cui successum non utique promiseris.

14 Faciles etiam nos facere debemus, ne nimis destinatis rebus indulgeamus transeamusque in ea, in quae nos casus deduxerit, nec mutationem aut consilii aut status pertimescamus, dummodo nos levitas, inimicissimum quieti vitium, non excipiat. Nam et pertinacia necesse est anxia et misera sit, cui fortuna saepe aliquid extorquet, et levitas multo gravior nusquam se continens. Utrumque infestum est tranquillitati, et nihil mutare posse et nihil pati.

Utique animus ab omnibus externis in se revocandus est: sibi confidat, se gaudeat, sua suspiciat, recedat, quantum potest, ab alienis, et se sibi applicet; damna non sentiat, etiam adversa benigne interpretetur. Nuntiato naufragio Zenon noster, cum omnia sua audiret submersa: „Iubet", inquit, „me fortuna expeditius philosophari."

Minabatur Theodoro philosopho tyrannus mortem, et quidem insepultam: „Habes", inquit, „cur tibi placeas, hemina sanguinis in tua potestate est; nam quod ad sepulturam pertinet, o te ineptum, si putas mea interesse, supra terram an infra putrescam."

Geschäft läuft günstig für mich, wenn nichts dazwischenkommt." Das ist der Grund für unsere Behauptung, den Weisen könne nichts unverhofft treffen. Wir erheben ihn nicht über die Schicksale der Menschen, sondern über ihre Irrtümer; es geht ihm auch nicht alles so, wie er es wollte, wohl aber so, wie er es dachte. Besonders jedoch dachte er daran, daß etwas seinen Absichten entgegenstehen könne. Unweigerlich trifft uns der Schmerz über ein gescheitertes Unternehmen gelinder, wenn wir nicht unbedingt mit seinem Erfolg gerechnet haben.

14 An unserer Wendigkeit müssen wir auch arbeiten, damit wir uns nicht allzusehr an einmal gefaßte Entscheidungen klammern, sondern uns in das schicken, wohin uns der Zufall leitet, und auch nicht davor zurückschrecken, unsere Pläne und unsere Einstellung zu ändern, wenn wir uns nur nicht der Oberflächlichkeit ergeben, einem Fehler, der dem Seelenfrieden besonders abträglich ist. Natürlich ist auch ein starrsinniger Mensch notwendigerweise in Unruhe und übel dran: Ihm nötigt das Schicksal oft etwas ab. Aber der Unbeständige hat es noch viel schwerer, da er nirgends Halt findet. Beides ist für die innere Ausgeglichenheit schädlich: Wenn man nichts anders machen und wenn man bei nichts aushalten kann.

Auf jeden Fall sollte man sich, weg von allen Äußerlichkeiten, auf sich selbst zurückziehen, sich vertrauen, auf sich mit Freude, auf das Seine mit Stolz schauen, sich nach Möglichkeit der Fremdbestimmung entziehen und sich der eigenen Person zuwenden, Verluste nicht spüren und auch dem Widrigen eine gute Seite abgewinnen. Als ihm ein Schiffsuntergang gemeldet wurde, sagte unser großer Zenon, wiewohl er vernehmen mußte, daß all seine Habe versunken sei: „Das Schicksal gebietet mir, weniger bepackt zu philosophieren!"

Da drohte dem Philosophen Theodoros ein Tyrann, er werde ihn töten und nicht begraben lassen. „Du darfst dir", entgegnete jener, „etwas auf dich einbilden: über mein Viertelchen Blut kannst du verfügen. Was aber die Bestattung angeht: Welch ein Narr bist du, wenn du meinst, es interessiere mich, ob ich über der Erde vermodere oder darunter."

Canus Iulius, vir in primis magnus, cuius admirationi ne hoc quidem obstat, quod nostro saeculo natus est, cum Gaio diu altercatus, postquam abeunti Phalaris ille dixit: "Ne forte inepta spe tibi blandiaris, duci te iussi." "Gratias", inquit, "ago, optime princeps."

Quid senserit, dubito; multa enim mihi occurrunt. Contumeliosus esse voluit et ostendere, quanta crudelitas esset, in qua mors beneficium erat? An exprobravit illi cotidianam dementiam? Agebant enim gratias et, quorum liberi occisi, et, quorum bona ablata erant. An tamquam libertatem libenter accepit? Quicquid est, magno animo respondit. Dicet aliquis: potuit post hoc iubere illum Gaius vivere. Non timuit hoc Canus: nota erat Gaii in talibus imperiis fides.

Credisne illum decem medios usque ad supplicium dies sine ulla sollicitudine exegisse? Verisimile non est, quae vir ille dixerit, quae fecerit, quam in tranquillo fuerit. Ludebat latrunculis. Cum centurio agmen periturorum trahens illum quoque excitari iuberet, vocatus numeravit calculos et sodali suo: "Vide", inquit, "ne post mortem meam mentiaris te vicisse." Tum annuens centurioni: "Testis", inquit, "eris uno me antecedere." Lusisse tu Canum illa tabula putas? Illusit. Tristes erant amici talem amissuri virum: "Quid maesti", inquit, "estis? Vos quaeritis, an immortales animae sint; ego iam sciam." Nec desiit veritatem in ipso fine scrutari et ex morte sua quaestionem habere. Prosequebatur illum philosophus suus, nec iam procul erat tumulus, in quo Caesari deo nos-

Canus Julius, ein ausnehmend bedeutender Mann, den zu bewundern nicht einmal der Umstand verwehren kann, daß er in unserem Jahrhundert geboren wurde, hatte einen langen Wortwechsel mit Caligula. Als ihm nun beim Weggehen jener blutdürstige Tyrann zurief: „Daß du dich nicht etwa in törichten Hoffnungen wiegst: Deine Hinrichtung ist schon angeordnet!", entgegnete er: „Ich bedanke mich, bester Kaiser!"

Was er damit meinte, weiß ich nicht; mir fällt nämlich viel dazu ein: Zynisch wollte er sein und zum Ausdruck bringen, wie groß die Grausamkeit sei, bei der das Sterben zur Wohltat werde. Oder hielt er ihm die allgemeine Geistesverwirrung vor? Es bedankten sich ja auch die, deren Kinder ermordet und deren Güter geraubt worden waren! Oder ließ er sich gewissermaßen die Freiheit gerne schenken? Was es auch sein mag, es war eine stolze Erwiderung. Nun mag jemand einwenden: Daraufhin hätte ihn Caligula am Leben lassen können. Das brauchte Canus nicht zu befürchten. Man wußte: bei solchen Befehlen war auf Caligula Verlaß!

Kannst du dir vorstellen, daß Canus die zehn Tage bis zu seiner Hinrichtung ohne jedes Zeichen von Unruhe verbrachte? Kaum glaublich ist, was dieser Mann sprach, was er tat, wie geborgen er sich fühlte. Er saß gerade am Spielbrett. Als der Zenturio, der einen Trupp Todgeweihter hinter sich herzog, auch ihn rufen ließ, zählte er noch die Steine und sprach zu seinem Zellengenossen: „Sieh zu, daß du nach meinem Tod nicht schwindelst, du hättest gewonnen!" Dann sagte er, dem Zenturio zugewandt: „Du kannst bezeugen, daß ich einen Stein mehr habe." Ein Spiel, meinst du, habe Canus auf jenem Brett gespielt? Er hat sein Spiel getrieben! Betrübt waren seine Freunde, weil sie einen solchen Mann verlieren sollten. Er meinte: „Was seid ihr traurig? Ihr geht der Frage nach, ob die Seelen unsterblich sind; ich werde es gleich wissen." Unablässig forschte er, das Ende vor Augen, nach der Wahrheit und machte auch aus seinem Tod ein wissenschaftliches Problem. Ihn begleitete sein Hausphilosoph, und nicht mehr fern war der Hügel, wo man dem

tro fiebat cotidianum sacrum. Is: „Quid", inquit, „Cane, nunc cogitas? Aut quae tibi mens est?" „Observare", inquit Canus, „proposui illo velocissimo momento, an sensurus sit animus exire se." Promisitque, si quid explorasset, circumiturum amicos et indicaturum, quis esset animarum status. Ecce in media tempestate tranquillitas, ecce animus aeternitate dignus, qui fatum suum in argumentum veri vocat, qui in ultimo illo gradu positus exeuntem animam percontatur nec usque ad mortem tantum, sed aliquid etiam ex ipsa morte discit: nemo diutius philosophatus est.

Non raptim relinquetur magnus vir et cum cura dicendus: dabimus te in omnem memoriam, clarissimum caput, Gaianae cladis magna portio!

15 Sed nihil prodest privatae tristitiae causas abiecisse: occupat enim nonnumquam odium generis humani et occurrit tot scelerum felicium turba. Cum cogitaveris, quam sit rara simplicitas et quam ignota innocentia et vix umquam, nisi cum expedit, fides et libidinis lucra damnaque pariter invisa et ambitio usque eo iam se suis non continens terminis, ut per turpitudinem splendeat, agitur animus in noctem et velut eversis virtutibus, quas nec sperare licet nec habere prodest, tenebrae oboriuntur. In hoc itaque flectendi sumus, ut omnia vulgi vitia non invisa nobis, sed ridicula videantur, et Democritum potius imitemur quam Heraclitum: hic enim, quotiens in publicum processerat, flebat, ille ridebat; huic omnia, quae agimus, miseriae, illi ineptiae videbantur. Elevanda ergo omnia et facili animo ferenda: humanius est deri-

Kaiser, unserem Gott, täglich opferte. Da fragte jener: „Was denkst du gerade, Canus? Und wie ist dir zumute?" „Ich habe mir fest vorgenommen, in jenem ganz kurzen Augenblick darauf zu achten, ob die Seele es fühlt, daß sie scheidet." Er versprach auch, wenn er etwas herausbekommen habe, seinen Freunden nacheinander zu erscheinen und ihnen anzuzeigen, wie es um die Seelen stehe. Seht diese Ruhe mitten im Sturm, seht einen Menschen, ewigen Lebens würdig, der sein eigenes Unglück dazu nützt, die Wahrheit zu ergründen, der, auf jener allerletzten Stufe, das Scheiden seiner Seele untersucht, und nicht nur bis zum Tod, sondern einiges sogar aus dem Tod selbst lernt. Niemand hat länger philosophiert!

Nicht in Eile wollen wir den großen Mann verlassen, über den man nur voll Verehrung sprechen darf. Wir weihen dich dem allgemeinen Angedenken, erhabenstes Haupt; unter Caligulas Opfern zählst du viel!

15 Es nützt freilich nichts, nur die Gründe für Unzufriedenheit mit sich selbst beseitigt zu haben. Manchmal erfüllt uns Haß gegen die ganze Menschheit, und es wird uns bewußt, welche Unzahl von Verbrechen schon erfolgreich war. Wenn du überlegst, wie selten Aufrichtigkeit, wie unbekannt Rechtschaffenheit ist und daß man kaum je, sofern sie sich nicht auszahlt, Treue findet, und daß, was die Sinnenlust gibt und nimmt, gleich abscheulich ist, und die Prunksucht so sehr schon die ihr gesetzten Grenzen überschreitet, daß sie durch Sittenlosigkeit auffallen will, dann wird es dir Nacht im Herzen, und – gleich als wären alle Tugenden ausgetilgt, mit denen man nicht mehr rechnen kann und deren Besitz nichts nützt – schwarz vor den Augen. Wir müssen uns deshalb zu der Haltung durchringen, daß wir all die Laster des Pöbels nicht abstoßend, sondern lächerlich finden, und es eher mit Demokrit halten als mit Heraklit: der nämlich mußte, sooft er sich unter Menschen begab, weinen, jener lachte. Dem kam unser ganzes Treiben jämmerlich, jenem närrisch vor. So sollte man denn alles auf die leichte Schulter nehmen und frohgemut ertragen.

dere vitam quam deplorare. Adice, quod de humano quoque genere melius meretur, qui ridet illud quam qui luget: ille et spei bonae aliquid relinquit, hic autem stulte deflet, quae corrigi posse desperat; et universa contemplanti maioris animi est, qui risum non tenet quam qui lacrimas, quando levissimum affectum animi movet et nihil magnum, nihil severum, ne miserum quidem ex tanto paratu putat. Singula, propter quae laeti ac tristes sumus, sibi quisque proponat et sciet verum esse, quod Bion dixit, omnia hominum negotia simillima initiis esse nec vitam illorum magis sanctam aut severam esse quam conceptum. Sed satius est publicos mores et humana vitia placide accipere nec in risum nec in lacrimas excidentem; nam alienis malis torqueri aeterna miseria est, alienis delectari malis voluptas inhumana.

Sicut est illa inutilis humanitas, flere, quia aliquis filium efferat, et frontem suam fingere, in suis quoque malis ita gerere se oportet, ut dolori tantum des, quantum natura poscit, non quantum consuetudo. Plerique enim lacrimas fundunt, ut ostendant, et totiens siccos oculos habent, quotiens spectator defuit, turpe iudicantes non flere, cum omnes faciant: adeo penitus hoc se malum fixit, ex aliena opinione pendere, ut in simulationem etiam res simplicissima, dolor, veniat.

16 Sequetur pars, quae solet non immerito contristare et in sollicitudinem adducere. Ubi bonorum exitus mali sunt, ubi Socrates cogitur in carcere mori, Rutilius in exsilio vivere, Pompeius et Cicero clientibus suis praebere cervicem, Cato ille, virtutum viva imago, incumbens gladio simul de se

Menschlicher ist es, über das Leben zu lachen als zu klagen. Bedenke auch, daß sich derjenige eher um die Menschheit verdient macht, der über sie spottet, als wer sie betrauert. Jener gibt ihr immerhin noch eine Chance, dieser aber jammert töricht über das, was er in seiner Verzweiflung für unverbesserlich hält, und sieht man es im ganzen, ist der größere Geist, wer das Lachen, und nicht, wer seine Tränen nicht unterdrücken kann, weil er der sanftesten Gemütsbewegung nachgibt und nichts für bedeutend, nichts für ernsthaft, auch nichts für jammervoll hält im großen Weltgebäude. Weswegen wir froh und traurig sind, das halte sich ein jeder einzeln vor Augen; dann wird ihm klar, daß Bions Wort zutrifft, alle Geschäfte der Menschen glichen aufs Haar jenem, dem sie ihre Entstehung verdankten, und ihr Leben sei nicht makelloser und ernsthafter als ihre Empfängnis. Doch noch besser ist es, die allgemeine Unmoral und die menschlichen Verkehrtheiten gelassen hinzunehmen und weder in Gelächter noch in Tränen auszubrechen, denn sich mit fremden Fehlern abzuquälen, ist endlose Mühsal, Freude über fremde Fehler dagegen eine unmenschliche Lust.

Wie es eine unnütze Höflichkeit ist, zu weinen, weil jemand seinen Sohn begraben muß, und die Stirn in Falten zu legen, so sollte man sich auch bei eigenem Unglück so benehmen, daß man seinem Schmerz nur soweit nachgibt, wie es die Natur verlangt, nicht, wie es Brauch ist. Die meisten vergießen nämlich Tränen, um sie zu zeigen, und haben immer dann trockene Augen, wenn niemand sie beobachtet. Sie halten es für eine Schande, nicht zu weinen, wenn es alle tun. Und so tief ist diese Unsitte bereits verwurzelt, daß zur Verstellungskunst sogar die unverstellteste Empfindung, der Schmerz, kommt.

16 Nun folgt einiges, was in der Regel mit Recht betrübt macht und Sorge bereitet. Wo es mit Guten ein schlimmes Ende nimmt, wo Sokrates, dazu gezwungen, im Kerker stirbt, Rutilius in der Verbannung lebt, Pompeius und Cicero Leuten den Nacken hinhalten, die einst von ihnen abhängig waren, und jener Cato, das fleischgewordene Inbild aller

ac de re publica palam facere, necesse est torqueri tam iniqua praemia fortunam persolvere.

Et quid sibi quisque tunc speret, cum videat pessima optimos pati? Quid ergo est? Vide, quomodo quisque illorum tulerit et, si fortes fuerunt, ipsorum illos animo desidera; si muliebriter et ignave perierunt, nihil periit. Aut digni sunt, quorum virtus tibi placeat, aut indigni, quorum desideretur ignavia.

Quid enim est turpius, quam si maximi viri timidos fortiter moriendo faciunt? Laudemus totiens dignum laudibus et dicamus: „Tanto fortior, tanto felicior! Omnes effugisti casus, livorem, morbum; existi ex custodia; non tu dignus mala fortuna diis visus es, sed indignus, in quem iam aliquid fortuna posset."

Subducentibus vero se et in ipsa morte ad vitam respectantibus manus iniciendae sunt. Neminem flebo laetum, neminem flentem: ille lacrimas meas ipse abstersit, hic suis lacrimis effecit, ne ullis dignus sit. Ego Herculem fleam, quod vivus uritur, aut Regulum, quod tot clavis configitur, aut Catonem, quod vulnera iterat sua? Omnes isti levi temporis impensa invenerunt, quomodo aeterni fierent, et ad immortalitatem moriendo venerunt.

17 Est et illa sollicitudinum non mediocris materia, si te anxie componas nec ullis simpliciter ostendas, qualis multorum vita est, ficta, ostentationi parata.

Torquet enim assidua observatio sui et deprehendi aliter ac solet metuit. Nec umquam cura

Tugenden, als er sich ins Schwert stürzt, zugleich zeigt, wie es um ihn, wie um den Staat steht, muß man sich grämen, daß so unbilligen Lohn das Schicksal zahlt.

Und was soll da einer für sich selbst erwarten, wenn er sieht, daß das Schlimmste die Besten leiden müssen? Was soll man tun? Schau nur, *wie* es ein jeder von ihnen trug, und, wenn sie tapfer waren, dann traure ihnen nach, beherrscht wie sie, doch wenn sie unmännlich und feige ihr Leben verloren, ging nichts verloren. Entweder sind sie es wert, daß ihr Mut deinen Beifall findet, oder unwert, daß man ihrer Feigheit nachweint.

Was nämlich wäre eine größere Schande, als wenn uns große Männer durch ihr tapferes Sterben ängstlich machten? Preisen wollen wir den, der soviel Preis verdient, und sprechen: „Soviel heldenhafter, soviel glücklicher! Allem Unheil bist du entflohen, dem blassen Neid, der Krankheit! Entkommen bist du aus dem Gefängnis; kein schlimmes Schicksal hattest du verdient nach dem Willen der Götter, vielmehr nicht verdient, daß dir das Schicksal noch etwas anhaben konnte."

Die aber, die sich davonmachen wollen und noch im Sterben nach dem Leben schielen, die muß man zurückhalten. Bei keinem Frohen werde ich weinen, bei keinem Weinenden: Jener hat meine Tränen sogleich getrocknet, dieser durch die seinen erreicht, daß er keine verdient. Sollte ich über Herkules weinen, weil er sich lebendig verbrennt, oder über Regulus, daß sich soviele Nägel in ihn bohren, oder über Cato, weil er seine Wunden wieder aufreißt? Alle diese hat es nur wenig Zeit gekostet, das ewige Leben zu finden, und zur Unsterblichkeit kamen sie durch ihr Sterben.

17 Auch das gibt zur Unruhe ganz erheblichen Anlaß, wenn man sich ängstlich verstellt und niemandem offen entgegentritt, so, wie viele leben: verlogen, nur auf den Schein bedacht.

Aber das ständige Achtgeben auf sich selbst wird zur Qual, und man muß zudem fürchten, ertappt zu werden, wenn man sich einmal anders gibt als üblich. Auch kommen

solvimur, ubi totiens nos aestimari putamus, quotiens aspici. Nam et multa incidunt, quae invitos denudent, et, ut bene cedat tanta sui diligentia, non tamen iucunda vita aut secura est semper sub persona viventium.

At illa quantum habet voluptatis sincera et per se inornata simplicitas nihil obtendens moribus suis! Subit tamen et haec vita contemptus periculum, si omnia omnibus patent: sunt enim, qui fastidiant, quicquid propius adierunt. Sed nec virtuti periculum est, ne admota oculis revilescat, et satius est simplicitate contemni quam perpetua simulatione torqueri. Modum tamen rei adhibeamus: multum interest, simpliciter vivas an neglegenter.

Multum et in se recedendum est: conversatio enim dissimilium bene composita disturbat et renovat affectus et, quicquid imbecillum in animo nec percuratum est, exulcerat.

Miscenda tamen ista et alternanda sunt, solitudo et frequentia. Illa nobis faciet hominum desiderium, haec nostri, et erit altera alterius remedium: odium turbae sanabit solitudo, taedium solitudinis turba.

Nec in eadem intentione aequaliter retinenda mens est, sed ad iocos devocanda. Cum puerulis Socrates ludere non erubescebat et Cato vino laxabat animum curis publicis fatigatum et Scipio triumphale illud ac militare corpus movebat ad numeros non molliter se infringens, ut nunc mos est etiam incessu ipso ultra muliebrem mollitiam fluentibus, sed ut antiqui illi viri solebant inter

wir nie von diesem Hemmnis los, solange wir glauben, wir würden so oft beurteilt wie betrachtet, denn es kommt vieles vor, was uns ungewollt entlarvt, und selbst wenn so strenge Selbstkontrolle erfolgreich ist, ist doch das Leben derer weder angenehm noch sorgenfrei, die stets mit einer Maske leben.

Welche Lust liegt dagegen in echter, ganz ungekünstelter Offenheit, die ihre Art hinter nichts verbirgt! Doch auch eine solche Lebenshaltung gerät in Gefahr, abschätzig beurteilt zu werden, wenn allen alles offenliegt. Es gibt ja Leute, die alles widerwärtig finden, dem sie zu nahe gekommen sind. Doch für einen wertvollen Menschen besteht keine Gefahr, daß er bei näherer Betrachtung an Wert verliert, und es ist jedenfalls besser, wegen seines natürlichen Wesens mißachtet zu werden, als sich mit ständiger Verstellung zu quälen. Allerdings sollten wir auf das rechte Maß achten: Es ist ein großer Unterschied, ob man natürlich lebt oder nachlässig.

Häufig sollte man sich auch in sich selbst zurückziehen: Der Umgang mit nicht gleichgestimmten Menschen stört die Harmonie und weckt die Leidenschaften aufs neue, und alles, was im Herzen anfällig und noch nicht auskuriert ist, läßt er wieder schwären.

Doch muß man dabei auf die rechte Mischung und auf Abwechslung zwischen Einsamkeit und Trubel achten. Jene läßt uns Verlangen nach Menschen, dieser nach uns selbst verspüren, und eins hilft gegen das andere: Den Abscheu vor dem Trubel heil die Einsamkeit, den Widerwillen gegen Einsamkeit der Trubel.

Auch darf man sich nicht unablässig angespannter Tätigkeit widmen, sondern sollte sich etwas Unterhaltung gönnen. Sokrates schämte sich nicht, mit kleinen Kindern zu spielen, Cato erheiterte beim Wein sein von der Sorge um den Staat gequältes Herz, und Scipio regte seine triumphgewohnten, kampferprobten Glieder im Takt, wobei er sich nicht sanft wiegte, wie es heutzutage Brauch ist bei Leuten, die schon beim Laufen ärger als eine lockere Weibsperson die Hüften schwingen, sondern so, wie jene Männer der

lusum ac festa tempora virilem in modum tripudiare non facturi detrimentum, etiam si ab hostibus suis spectarentur.

Danda est animis remissio: meliores acrioresque requieti surgent. Ut fertilibus agris non est imperandum (cito enim illos exhauriet numquam intermissa fecunditas), ita animorum impetus assiduus labor franget; vires recipient paulum resoluti et remissi. Nascitur ex assiduitate laborum animorum hebetatio quaedam et languor.

Nec ad hoc tanta hominum cupiditas tenderet, nisi naturalem quandam voluptatem haberet lusus iocusque. Quorum frequens usus omne animis pondus omnemque vim eripiet: nam et somnus refectioni necessarius est, hunc tamen si per diem noctemque continues, mors erit. Multum interest, remittas aliquid an solvas.

Legum conditores festos instituerunt dies, ut ad hilaritatem homines publice cogerentur, tamquam necessarium laboribus interponentes temperamentum, et magni iudicii viri quidam sibi menstruas certis diebus ferias dabant, quidam nullum non diem inter otium et curas dividebant. Qualem Pollionem Asinium oratorem magnum meminimus, quem nulla res ultra decumam detinuit: ne epistulas quidem post eam horam legebat, ne quid novae curae nasceretur, sed totius diei lassitudinem duabus illis horis ponebat. Quidam medio die interiunxerunt et in postmeridianas horas aliquid levioris operae distulerunt. Maiores quoque nostri novam relationem post horam decumam in senatu fieri vetabant. Miles vigilias dividit, et nox immunis est ab expeditione redeuntium.

Frühzeit gewöhnlich beim Zeitvertreib und an Festtagen nach Männerweise im Dreischritt den Waffentanz aufführten, wobei ihnen kein Zacken aus der Krone fiel, selbst wenn der Feind zusah.

Man sollte sich Entspannung gönnen; leistungsfähiger und lebhafter werden wir uns nach einer Ruhepause erheben. Wie man fruchtbare Felder nicht überfordern darf – rasch nämlich erschöpft sie eine ununterbrochene Fruchtfolge –, so schwächt die geistigen Energien ständige Anstrengung. Sie erstarken wieder nach ein wenig Erholung und Lockerung. Die Folge unablässiger Arbeit ist eine gewisse Abstumpfung und Erschöpfung.

Auch wären die Menschen nicht so leidenschaftlich darauf erpicht, wenn nicht ein geradezu natürliches Vergnügen mit Spiel und Scherz verbunden wäre. Überläßt man sich dem häufig, befreit es die Seele von allem Schweren, allem Zwang. Auch der Schlaf ist ja zur Erholung nötig, doch schläft man Tag und Nacht ununterbrochen, ist's der Tod. Es besteht nämlich ein großer Unterschied, ob man etwas lockert oder löst.

Die Gesetzgeber richteten Festtage ein, um die Menschen im öffentlichen Interesse zu Frohsinn anzuhalten, und unterbrachen das Tagewerk durch ein geradezu unerläßliches Regulativ; Männer von großer Einsicht gönnten sich monatlich an bestimmten Tagen Ruhe, manche teilten sich einen jeden Tag zwischen Muße und Obliegenheiten. So einer war, wie wir uns erinnern, der große Redner Asinius Pollio, der sich mit keiner Aufgabe über die zehnte Stunde hinaus befaßte. Nicht einmal Briefe las er danach, damit ihm keine neue Sorge erwachse, – er ließ vielmehr die Anstrengungen des ganzen Tages in den zwei letzten Tagesstunden hinter sich. Manche ruhten sich zur Mittagszeit aus und schoben etwas leichtere Arbeit auf den Nachmittag. Auch unsere Vorfahren untersagten es, nach der zehnten Stunde noch einen neuen Antrag im Senat zu stellen. Soldaten teilen sich ihre Wachen ein, und in der Nacht hat dienstfrei, wer von einem Streifzug kommt.

Indulgendum est animo dandumque subinde otium, quod alimenti ac virium loco sit. Et in ambulationibus apertis vagandum, ut caelo libero et multo spiritu augeat attollatque se animus; aliquando vectatio iterque et mutata regio vigorem dabunt convictusque et liberalior potio. Nonnumquam et usque ad ebrietatem veniendum, non ut mergat nos, sed ut deprimat: eluit enim curas et ab imo animum movet et, ut morbis quibusdam, ita tristitiae medetur, Liberque non ob licentiam linguae dictus est inventor vini, sed quia liberat servitio curarum animum et asserit vegetatque et audaciorem in omnes conatus facit. Sed, ut libertatis, ita vini salubris moderatio est. Solonem Arcesilanque indulsisse vino credunt; Catoni ebrietas obiecta est: facilius efficient crimen honestum quam turpem Catonem. Sed nec saepe faciendum est, ne animus malam consuetudinem ducat, et aliquando tamen in exsultationem libertatemque extrahendus tristisque sobrietas removenda paulisper.

Nam, sive Graeco poetae credimus,

> aliquando et insanire iucundum est;

sive Platoni,

> frustra poeticas fores compos sui pepulit;

sive Aristoteli,

> nullum magnum ingenium sine mixtura dementiae fuit –

non potest grande aliquid et super ceteros loqui nisi mota mens. Cum vulgaria et solita contempsit

Man sollte nachsichtig mit sich selbst sein und sich häufig Muße gönnen, die wie ein Stärkungsmittel wirkt. Auch weite Spaziergänge im offenen Gelände sollte man unternehmen, damit sich unter freiem Himmel und bei kräftigem Durchatmen der Geist erholen kann. Bisweilen werden ein Ausritt, eine Reise und eine Ortsveränderung neue Frische schenken, ein Gelage und ein kräftigerer Schluck. Hin und wieder mag es bis zum Rausch kommen, aber nicht so, daß wir in ihm versinken, sondern daß wir in ihn eintauchen. Er spült ja unsere Sorgen fort und begeistert das Herz von Grund auf, und wie gegen bestimmte Krankheiten, so hilft er auch bei Traurigkeit. *Liber,* „Freier", wurde der Entdecker des Weins nicht deshalb genannt, weil er die Zunge löst, sondern weil er das Herz aus der Knechtschaft der Sorgen befreit und entläßt und belebt und verwegener macht zu jedem Beginnen. Doch wie bei der Freiheit, so ist auch beim Wein Mäßigung segensreich. Solon und Arkesilaos sprachen angeblich dem Wein gern zu; Cato warf man Trunkenheit vor; damit bringt man jedoch leichter das Laster zu Ehren als Cato in Unehre. Man sollte es aber nicht oft dazu kommen lassen, damit man keine schlechte Gewohnheit annimmt; mitunter allerdings sollte man sich zu schrankenloser Ausgelassenheit hinreißen lassen und die freudlose Nüchternheit für ein Weilchen verbannen.
Denn ob wir einem griechischen Dichter glauben wollen, daß es

manchmal ein Vergnügen ist, sich auszutoben,

oder dem Platon, daß noch jeder

umsonst ans Tor der Poesie bei vollem Bewußtsein geklopft hat,

oder dem Aristoteles, daß

es kein Genie gab ohne eine Spur von Wahnsinn,

– von etwas Großem und über die Masse Erhabenen sprechen kann nur ein erschütterter Geist. Wenn er voll Verach-

instinctuque sacro surrexit excelsior, tunc demum aliquid cecinit grandius ore mortali. Non potest sublime quicquam et in arduo positum contingere, quamdiu apud se est: desciscat oportet a solito et efferatur et mordeat frenos et rectorem rapiat suum eoque ferat, quo per se timuisset escendere.

Habes, Serene carissime, quae possint tranquillitatem tueri, quae restituere, quae subrepentibus vitiis resistant. Illud tamen scito nihil horum satis esse validum rem imbecillam servantibus, nisi intenta et assidua cura circumit animum labentem.

tung für das Gemeine und Gewöhnliche aus göttlichem Antrieb sich höher erhob, dann erst verkündete er etwas Größeres, als es der Mund eines Sterblichen kann. Nichts Hehres in steilen Höhen kann er erreichen, solange er bei sich selbst ist. Er muß sich vom Alltag lösen und nach oben streben und in die Zügel beißen und seinen Lenker mit sich dorthin entführen, wohin der in seiner Furcht aus freien Stücken nie gestiegen wäre.

Nun hast du erfahren, mein teuerster Serenus, was die Seelenruhe bewahrt, was sie zurückbringt und was Fehler, die sich einschleichen wollen, zurückweist. Dessen aber sei dir bewußt, daß nichts davon stark genug ist, wenn man sich etwas so Labiles erhalten will, falls man nicht in wacher, beständiger Sorge acht hat auf seine gefährdete Seele.

DE BREVITATE VITAE

1 Maior pars mortalium, Pauline, de naturae malignitate conqueritur, quod in exiguum aevi gignimur, quod haec tam velociter, tam rapide dati nobis temporis spatia decurrant, adeo ut exceptis admodum paucis ceteros in ipso vitae apparatu vita destituat. Nec huic publico, ut opinantur, malo turba tantum et imprudens vulgus ingemuit; clarorum quoque virorum hic affectus querellas evocavit. Inde illa maximi medicorum exclamatio est vitam brevem esse, longam artem. Inde Aristotelis cum rerum natura exigentis minime conveniens sapienti viro lis aetatis illam animalibus tantum indulsisse, ut quina aut dena saecula educerent, homini in tam multa ac magna genito tanto citeriorem terminum stare.

Non exiguum temporis habemus, sed multum perdidimus. Satis longa vita et in maximarum rerum consummationem large data est, si tota bene collocaretur; sed ubi per luxum ac neglegentiam diffluit, ubi nulli bonae rei impenditur, ultima demum necessitate cogente, quam ire non intelleximus, transisse sentimus.

Ita est: non accipimus brevem vitam, sed fecimus, nec inopes eius, sed prodigi sumus. Sicut amplae et regiae opes, ubi ad malum dominum

DIE KÜRZE DES LEBENS

1 Zum größeren Teil, mein Paulinus, beklagen sich die Menschen heftig über die Mißgunst der Natur, weil wir nur für ein kurzes Leben geboren werden und weil so rasch, so ungestüm die uns gewährte Zeitspanne entflieht, dergestalt, daß mit Ausnahme von ganz wenigen für alle anderen inmitten der Vorbereitung auf das Leben das Leben endet. Und über solches Unglück, das angeblich alle ereilt, jammert nicht nur die große Masse und der unverständige Pöbel: Auch berühmten Persönlichkeiten hat dieses Gefühl schon Klagen entlockt. Daher stammt jener Ausspruch des unvergleichlichen Arztes: „Das Leben ist kurz, weitläufig die Wissenschaft", daher auch kam von Aristoteles, als er mit der Weltordnung ins Gericht ging, der für einen Weisen ganz unpassende Vorwurf, sie habe Tieren eine derart lange Lebenszeit zugebilligt, daß sie es bis auf fünf oder zehn Jahrhunderte brächten, dem Menschen aber, der doch zu so vielen großen Aufgaben geschaffen wurde, sei ein desto früheres Ende bestimmt.

Wir haben aber nicht wenig Zeit, wir haben viel vergeudet. Hinreichend lang ist das Leben und großzügig bemessen, um Gewaltiges zu vollbringen, würde man es im Ganzen nur richtig investieren. Doch wenn es uns in Genuß und Nichtstun verrinnt, wenn wir es keinem guten Zweck widmen, dann wird uns erst in unserer letzten Not bewußt, daß, was von uns unbemerkt verging, vorbei ist!

So ist's: Wir erhalten kein kurzes Leben, sondern haben es dazu gemacht, und es mangelt uns nicht an Zeit, sondern wir verschwenden sie. So wie gewaltige, königliche Schätze, sobald sie in die Hände eines schlechten Herrn kommen, im

pervenerunt, momento dissipantur, at quamvis
modicae, si bono custodi traditae sunt, usu crescunt: ita aetas nostra bene disponenti multum patet.

2   Quid de rerum natura querimur? Illa se benigne
gessit: vita, si uti scias, longa est. Alium insatiabilis tenet avaritia; alium in supervacuis laboribus
operosa sedulitas; alius vino madet, alius inertia
torpet; alium defetigat ex alienis iudiciis suspensa
semper ambitio, alium mercandi praeceps cupiditas circa omnis terras, omnia maria spe lucri ducit;
quosdam torquet cupido militiae numquam non
aut alienis periculis intentos aut suis anxios; sunt,
quos ingratus superiorum cultus voluntaria servitute consumat; multos aut affectatio alienae formae aut suae cura detinuit; plerosque nihil certum
sequentis vaga et inconstans et sibi displicens levitas per nova consilia iactavit; quibusdam nihil,
quo cursum derigant, placet, sed marcentis osci-
tantisque fata deprendunt, adeo ut, quod apud
maximum poetarum more oraculi dictum est, verum esse non dubitem:

Exigua pars est vitae, qua vivimus.

Ceterum quidem omne spatium non vita, sed
tempus est. Urgent et circumstant vitia undique
nec resurgere aut in dispectum veri attollere oculos sinunt. Et immersos et in cupiditatem infixos
premunt, numquam illis recurrere ad se licet. Si
quando aliqua fortuito quies contigit, velut pro-
fundo mari, in quo post ventum quoque volutatio
est, fluctuantur nec umquam illis a cupiditatibus
suis otium stat.

Augenblick verschleudert werden, während auch ein noch so bescheidenes Vermögen, falls man es einem guten Verwalter anvertraute, arbeitet und wächst, so steht auch dem, der sie gut einzuteilen weiß, viel Lebenszeit zu Gebote.

2 Was klagen wir über die Natur? Sie hat sich freigebig gezeigt: Das Leben ist, wenn man es zu nutzen versteht, lang. Doch unersättlich hat den einen die Habsucht im Griff, den anderen bei überflüssiger Anstrengung rastlose Geschäftigkeit, der eine ist voll von Wein, der andere döst stumpfsinnig vor sich hin, den treibt sein ewig nach dem Urteil anderer schielender Ehrgeiz bis zur Erschöpfung, jenen führt der verderbliche Drang, Handel zu treiben, durch alle Länder, alle Meere – immer in der Hoffnung auf Gewinn. Manchen läßt ihre Leidenschaft für den Krieg keine Ruhe, und stets sind sie entweder auf die Bedrohung anderer aus oder angesichts eigener in Sorge. Es gibt auch Leute, die undankbare Kriecherei bei Höhergestellten sich in selbstgewählter Sklaverei aufreiben läßt. Schon viele schlug die Begeisterung für fremde Schönheit oder die Sorge um die eigene in ihren Bann. Die meisten aber, die kein bestimmtes Ziel verfolgen, hat ihre flatterhafte und prinzipienlose und sich selbst verhaßte Oberflächlichkeit schon von einem Vorhaben zum anderen getrieben. Manche können sich nicht entscheiden, worauf sie Kurs halten sollen, und so ereilt sie im trägen Dahindämmern der Tod, dergestalt, daß ich, was ein großer Dichter gleich einem Orakel verkündet hat, ohne Zweifel für wahr halte:

> Ein kleiner Teil des Lebens ist's, in dem wir leben.

Die restliche ganze Lebenszeit ist nicht Leben, sondern nur Zeit. Es bedrängen und umringen Laster von allen Seiten die Menschen und erlauben es ihnen nicht, sich aufzurichten und den Blick zu erheben, um die Wahrheit ganz zu erfassen. Sie halten sie nieder und ketten sie an ihre Leidenschaften, und nie erlauben sie ihnen, zu sich selbst zurückzufinden. Wenn sich aber irgendwann zufällig etwas Ruhe einstellt, dann werden sie wie auf hoher See, wo auch nach dem Sturm der Wellengang noch anhält, umhergetrieben, und nie lassen sie die Begierden in Frieden.

De istis me putas dicere, quorum in confesso mala sunt? Aspice illos, ad quorum felicitatem concurritur: bonis suis effocantur. Quam multis divitiae graves sunt! Quam multorum eloquentia et cotidiana ostentandi ingenii sollicitatio sanguinem educit! Quam multi continuis voluptatibus pallent! Quam multis nihil liberi relinquit circumfusus clientium populus!

Omnis denique istos ab infimis usque ad summos pererra: hic advocat, hic adest, ille periclitatur, ille defendit, ille iudicat, nemo se sibi vindicat, alius in alium consumitur. Interroga de istis, quorum nomina ediscuntur, his illos dinosci videbis notis: ille illius cultor est, hic illius; suus nemo est.

Deinde dementissima quorundam indignatio est: queruntur de superiorum fastidio, quod ipsis adire volentibus non vacaverint! Audet quisquam de alterius superbia queri, qui sibi ipse numquam vacat? Ille tamen te, quisquis es, insolenti quidem vultu, sed aliquando respexit, ille aures suas ad tua verba demisit, ille te ad latus suum recepit: tu non inspicere te umquam, non audire dignatus es. Non est itaque, quod ista officia cuiquam imputes, quoniam quidem, cum illa faceres, non esse cum alio volebas, sed tecum esse non poteras.

3 Omnia licet, quae umquam ingenia fulserunt, in hoc unum consentiant, numquam satis hanc humanarum mentium caliginem mirabuntur: praedia sua occupari a nullo patiuntur et, si exigua contentio est de modo finium, ad lapides et arma dis-

Von denen, meinst du, rede ich, deren schlimme Lage außer Zweifel steht? Schau die an, um deren Glück man sich drängt! Sie ersticken an ihren Schätzen! Wie vielen ist ihr Reichtum eine Last! Wie viele kosten ihre Redekunst und der krankhafte Drang, sich täglich als Talent zu produzieren, den letzten Blutstropfen? Wie viele sind blaß von dauernden Ausschweifungen? Wie viele haben keine freie Minute mehr, weil sie Klienten in Scharen umringen!

Ja, nimm sie dir nur alle vor, von den Geringsten bis zu den Prominentesten! Der sucht Rechtsbeistand, der gewährt ihn, der hat einen Prozeß am Hals, der ist sein Verteidiger, jener der Richter, keiner macht sich frei für sich selbst, der eine reibt sich auf für den anderen. Erkundige dich nach denen, deren Namen man sich merken muß: Du wirst sehen, sie lassen sich folgendermaßen herauskennen: Der kümmert sich rührend um diesen, der um jenen, aber keiner um sich selbst.

Ganz töricht ist sodann die Entrüstung bestimmter Leute: Sie klagen über den Dünkel der Höhergestellten, weil diese, als sie ihnen ihre Aufwartung machen wollten, keine Zeit gehabt hätten. Da wagt einer sich über die Arroganz eines anderen zu beschweren, einer, der für sich selbst nie Zeit hat! Immerhin hat dich jener andere, so wie du bist, zwar mit blasierter Miene, aber doch irgendwann einmal zur Kenntnis genommen, hat geruht, deinen Worten sein Ohr zu leihen und dich an seine Seite gelassen. Du aber fandest es unter deiner Würde, einmal auf dich zu sehen, auf dich zu hören. Also gibt es keinen Grund, aus deiner Anhänglichkeit für irgend jemand eine Verpflichtung abzuleiten, weil du ja, als du sie zeigtest, nicht etwa mit einem anderen zusammensein wolltest, sondern es mit dir zusammen nicht aushieltest.

3 Mögen sich alle großen Geister, die je ihr Licht leuchten ließen, in diesem Punkte einig sein – sie werden sich nie genug über eine derartige Verblendung der Menschen wundern können: Ihren Grundbesitz lassen sie sich von niemandem wegnehmen; wenn es einen geringfügigen Streit über die Art der Grenzziehung gibt, stürzen sie auseinander nach

currunt; in vitam suam incedere alios sinunt, immo vero ipsi etiam possessores eius futuros inducunt; nemo invenitur, qui pecuniam suam dividere velit, vitam unusquisque quam multis distribuit! Adstricti sunt in continendo patrimonio, simul ad iacturam temporis ventum est, profusissimi in eo, cuius unius honesta avaritia est.

Libet itaque ex seniorum turba comprendere aliquem: „Pervenisse te ad ultimum aetatis humanae videmus, centesimus tibi vel supra premitur annus: agedum, ad computationem aetatem tuam revoca! Duc, quantum ex isto tempore creditor, quantum amica, quantum rex, quantum cliens abstulerit, quantum lis uxoria, quantum servorum coercitio, quantum officiosa per urbem discursatio; adice morbos, quos manu fecimus, adice, quod et sine usu iacuit: videbis te pauciores annos habere quam numeras.

Repete memoria tecum, quando certus consilii fueris, quotus quisque dies, ut destinaveras, recesserit, quando tibi usus tui fuerit, quando in statu suo vultus, quando animus intrepidus, quid tibi in tam longo aevo facti operis sit, quam multi vitam tuam diripuerint te non sentiente, quid perderes, quantum vanus dolor, stulta laetitia, avida cupiditas, blanda conversatio abstulerit, quam exiguum tibi de tuo relictum sit: intelleges te immaturum mori."

Quid ergo est in causa? Tamquam semper victuri vivitis, numquam vobis fragilitas vestra succurrit, non observatis, quantum iam temporis transierit; velut ex pleno et abundanti perditis, cum interim fortasse ille ipse, qui alicui vel homini vel rei donatur dies, ultimus sit. Omnia tamquam

Steinen und Waffen. In ihr Leben aber lassen sie andere sich einmischen, ja, sie holen sich selbst die Leute, die künftig darüber verfügen sollen. Niemand findet sich, der sein Geld verteilen möchte – doch sein Leben, an wie viele verteilt das ein jeder! Sie nehmen es genau damit, ihr Vermögen zusammenzuhalten; sobald es dahin kommt, Zeitopfer zu bringen, verschleudern sie mit vollen Händen das einzige Gut, mit dem zu geizen Ehre bringt.

So will ich mir denn aus der großen Zahl der Betagteren einen herausgreifen: „Daß du bis an die äußerste Grenze eines Menschenlebens gelangt bist, sehen wir; du gehst auf die hundert zu – oder darüber. Nun denn, laß zur Schlußabrechnung dein Leben an dir vorüberziehen! Schätze, wieviel von deiner Zeit dich ein Gläubiger, wieviel eine Geliebte, wieviel ein Mächtiger, wieviel ein Klient gekostet hat, wieviel der Streit mit deiner Frau, wieviel die Zurechtweisung der Sklaven, wieviel dienststeifriges Herumlaufen in der Stadt! Rechne die Krankheiten dazu, die wir uns selbst aufgeladen haben, rechne dazu auch, was ungenützt brachlag! Du wirst sehen, daß du weniger Lebensjahre vorzuweisen hast als du zählst.

Überdenke, wann du ein klares Ziel vor Augen hattest, wie wenige Tage so vergingen, wie du es dir vorgenommen hattest, wann du dich mit dir selbst beschäftigt hast, wann deine Miene ausgeglichen, dein Herz unerschüttert war, was du in einem so langen Dasein ausgerichtet hast, wie viele sich Stücke aus deinem Leben gerissen haben, ohne daß du den Verlust bemerktest, wieviel grundloser Ärger, törichte Freude, heißes Verlangen und nette Gesellschaft dir weggenommen haben und wie wenig dir von dem Deinen geblieben ist – du wirst merken, daß du zu früh stirbst."

Wie sieht die Sache also aus? Als solltet ihr ewig leben, so lebt ihr dahin; nie wird euch eure Vergänglichkeit bewußt, ihr achtet nicht darauf, wieviel Zeit schon vergangen ist, wie aus dem Vollen, aus dem Überfluß verschwendet ihr sie, während vielleicht gerade der Tag, den ihr an einen Menschen oder eine Sache verschenkt, euer letzter ist. Vor allem

mortales timetis, omnia tamquam immortales concupiscitis.

Audies plerosque dicentes: „A quinquagesimo anno in otium secedam, sexagesimus me annus ab officiis dimittet." Et quem tandem longioris vitae praedem accipis? Quis ista, sicut disponis, ire patietur?

Non pudet te reliquias vitae tibi reservare et id solum tempus bonae menti destinare, quod in nullam rem conferri possit? Quam serum est tunc vivere incipere, cum desinendum est! Quae tam stulta mortalitatis oblivio in quinquagesimum et sexagesimum annum differre sana consilia et inde velle vitam inchoare, quo pauci perduxerunt!

4 Potentissimis et in altum sublatis hominibus excidere voces videbis, quibus otium optent, laudent, omnibus bonis suis praeferant. Cupiunt interim ex illo fastigio suo, si tuto liceat, descendere; nam ut nihil extra lacessat aut quatiat, in se ipsa fortuna ruit.

Divus Augustus, cui dii plura quam ulli praestiterunt, non desiit quietem sibi precari et vacationem a re publica petere; omnis eius sermo ad hoc semper revolutus est, ut speraret otium: hoc labores suos, etiam si falso, dulci tamen oblectabat solacio aliquando se victurum sibi.

In quadam ad senatum missa epistula, cum requiem suam non vacuam fore dignitatis nec a priore gloria discrepantem pollicitus esset, haec verba inveni: „Sed ista fieri speciosius quam promitti possunt. Me tamen cupido temporis optatissimi mihi provexit, ut, quoniam rerum laetitia

habt ihr Angst gleich Sterblichen, nach allem verlangt ihr wie Unsterbliche.

Man hört viele sagen: „Mit dem fünfzigsten Jahr will ich mich ins Privatleben zurückziehen, das sechzigste wird mich aus allen Bindungen entlassen." Und wen nimmst du dir zum Bürgen für ein längeres Leben? Wer wird's erlauben, daß das so, wie du es dir zurechtlegst, vonstatten geht?

Schämst du dich nicht, nur einen Lebensrest für dich zu reservieren und lediglich die Zeit für deine innere Vervollkommnung vorzusehen, die man für nichts sonst gebrauchen kann? Es ist doch zu spät, dann mit dem Leben anzufangen, wenn es aufzuhören gilt! Wie kann man so töricht seine Sterblichkeit vergessen, daß man bis ins fünfzigste und sechzigste Lebensjahr vernünftige Vorhaben aufschiebt und an einem Punkt sein Leben beginnen will, den nur wenige erlebt haben?

4 Großmächtigen, hocherhabenen Personen entschlüpfen, wie du feststellen kannst, Bemerkungen der Art, daß sie sich Muße wünschen, sie preisen und über all ihre Güter stellen. Sie möchten manchmal aus jener Höhe, wenn es nur ohne Risiko ginge, herabsteigen, denn mag auch nichts von außen daran kratzen oder stoßen: Glück kann an sich selbst zugrunde gehen.

Der vergöttlichte Augustus, dem die Götter mehr als sonst einem gaben, betete unablässig um Ruhe und Entlastung von den Staatsgeschäften. Bei allem, was er sagte, kam er stets darauf zurück, daß er auf Muße hoffte. Damit – und wenn es falsch war, war es doch angenehm – tröstete er sich über seine Belastungen hinweg, daß er irgendwann sich selber leben könne.

In einem Brief an den Senat finde ich nach der Zusage, sein Ruhestand werde nicht frei sein von Autorität und nicht im Widerspruch stehen zu seinen früheren Ruhmestaten, die folgenden Worte: „Doch es kann sein, daß die Verwirklichung eher eine Illusion bleibt als die Ankündigung. Mich aber hat die Sehnsucht nach dieser hocherwünschten Zeit hingerissen, daß ich, da die erfreulichen Verhältnisse noch

moratur adhuc, praeciperem aliquid voluptatis ex verborum dulcedine." Tanta visa est res otium, ut illam, quia usu non poterat, cogitatione praesumeret.

Qui omnia videbat ex se uno pendentia, qui hominibus gentibusque fortunam dabat, illum diem laetissimus cogitabat, quo magnitudinem suam exueret. Expertus erat, quantum illa bona per omnis terras fulgentia sudoris exprimerent, quantum occultarum sollicitudinum tegerent: cum civibus primum, deinde cum collegis, novissime cum affinibus coactus armis decernere mari terraque sanguinem fudit. Per Macedoniam, Siciliam, Aegyptum, Syriam Asiamque et omnis prope oras bello circumactus Romana caede lassos exercitus ad externa bella convertit. Dum Alpes pacat immixtosque mediae paci et imperio hostes perdomat, dum ultra Rhenum et Euphraten et Danuvium terminos movet, in ipsa urbe Murenae, Caepionis, Lepidi, Egnati, aliorum in eum mucrones acuebantur. Nondum horum effugerat insidias: filia et tot nobiles iuvenes adulterio velut sacramento adacti iam infractam aetatem territabant Iullusque et iterum timenda cum Antonio mulier.

Haec ulcera cum ipsis membris absciderat: alia subnascebantur; velut grave multo sanguine corpus parte semper aliqua rumpebatur. Itaque otium optabat, in huius spe et cogitatione labores eius residebant, hoc votum erat eius, qui voti compotes facere poterat.

5 M. Cicero inter Catilinas, Clodios iactatus Pompeiosque et Crassos, partim manifestos ini-

auf sich warten lassen, mir vorweg ein wenig Vergnügen aus den angenehmen Worten verschaffte." Als etwas so Bedeutendes erschien ihm die Muße, daß er sie, weil er sie nicht wirklich genießen konnte, wenigstens in seinen Gedanken vorwegnahm.

Er, der sah, daß alles von ihm allein abhing, der über das Schicksal von Menschen und Völkern entschied, dachte in höchster Freude an jenen Tag, an dem er sich seiner Größe entkleiden würde. Er hatte erfahren, wieviel Schweiß jenes Glück kostete, das über alle Lande hin strahlte, wieviel geheime Ängste sich darunter verbargen. Erst gegen seine Mitbürger, dann gegen seine Amtskollegen, zuletzt gegen Verwandte hatte er gezwungenermaßen mit den Waffen um die Entscheidung gekämpft und zu Wasser und zu Lande Blut vergossen. Durch Makedonien, Sizilien, Ägypten, Syrien, Kleinasien und fast an allen Küsten entlang war er im Krieg gezogen und hatte die des Römermordens müden Heere wieder in Kämpfe mit fremden Völkern geführt. Während er die Alpen befriedete und Feinde, die sich mitten in einem Friedensreich breitmachten, niederzwang, während er über Rhein und Euphrat und Donau die Grenzen vorschob, wetzten in der Hauptstadt selbst ein Murena, Caepio, Lepidus und Egnatius die Dolche gegen ihn. Noch war er ihren Anschlägen nicht entronnen, da versetzten seine Tochter und so viele junge Männer aus dem Adel, die sich zum Ehebruch geradezu verschworen hatten, den vom Alter Gebeugten in Schrecken, dazu Iullus und abermals die Frau, die man im Bund mit einem Antonius fürchten mußte.

Diese Geschwüre hatte er samt den Gliedmaßen abgeschnitten; andere wuchsen nach. Wie an einem Leib, den zu viel Blut belastet, brach immer wieder irgendwo etwas auf. Daher wünschte er sich Muße; während er sie erwartete und sich ausmalte, wurden ihm seine Lasten leichter. Das war der Wunschtraum dessen, der Wunschträume erfüllen konnte.

5 Während Marcus Cicero, zwischen Leuten wie Catilina und Clodius hin- und hergestoßen, dazu solchen wie Pompeius und Crassus, teils seinen erklärten Feinden, teils unzu-

micos, partim dubios amicos, dum fluctuatur cum re publica et illam pessum euntem tenet novissime abductus nec secundis rebus quietus nec adversarum patiens, quotiens illum ipsum consulatum suum non sine causa, sed sine fine laudatum detestatur!

Quam flebiles voces exprimit in quadam ad Atticum epistula iam victo patre Pompeio, adhuc filio in Hispania fracta arma refovente! „Quid agam", inquit, „hic, quaeris? Moror in Tusculano meo semiliber." Alia deinceps adicit, quibus et priorem aetatem complorat et de praesenti queritur et de futura desperat. Semiliberum se dixit Cicero: at, me hercules, numquam sapiens in tam humile nomen procedet, numquam semiliber erit integrae semper libertatis et solidae, solutus et sui iuris et altior ceteris. Quid enim supra eum potest esse, qui supra fortunam est?

6   Livius Drusus, vir acer et vehemens, cum leges novas et mala Gracchana movisset stipatus ingenti totius Italiae coetu, exitum rerum non pervidens, quas nec agere licebat nec iam liberum erat semel incohatas relinquere, exsecratus inquietam a primordiis vitam dicitur dixisse uni sibi ne puero quidem umquam ferias contigisse.

Ausus est enim et pupillus adhuc et praetextatus iudicibus reos commendare et gratiam suam foro interponere tam efficaciter quidem, ut quaedam iudicia constet ab illo rapta.

Quo non erumperet tam immatura ambitio? Scires in malum ingens et privatum et publicum evasuram tam praecoquem audaciam. Sero itaque

verlässigen Freunden, zusammen mit dem Staat dahintrieb, ihn vor dem Untergang zu bewahren suchte und zuletzt doch fortgespült wurde, er, der weder im Glück gelassen blieb noch Unglück ertragen konnte – wie oft hat er da nicht sogar sein Konsulat, das er zwar nicht ohne Grund, doch ohne Ende pries, zur Hölle gewünscht!

Wie kläglich äußert er sich in einem Brief an Atticus, bereits nach der Niederlage des älteren Pompeius, während dessen Sohn noch in Spanien die zerschlagene Streitmacht sammelte: „Was ich hier treibe, fragst du mich?" schrieb er, „Ich sitze in meinem Gut bei Tusculum, nur noch halb frei." Anderes fügt er noch hinzu, wobei er sein bisheriges Leben bedauert, über das gegenwärtige jammert und an seiner Zukunft verzweifelt. ‚Halb frei' nannte sich Cicero. Aber, bei Gott, ein Weiser wird sich nie zu einer so verzagten Äußerung hinreißen lassen, wird nie ‚halb frei' sein, sondern stets in voller, unantastbarer Freiheit, unabhängig, selbständig und über alle anderen erhaben. Was kann nämlich über dem stehen, der über dem Schicksal steht?

6 Als Livius Drusus, ein energischer und unbeherrschter Mann, neue Gesetze beantragt und die üblen Pläne der Gracchen wieder aufgegriffen hatte, soll er inmitten einer gewaltigen Volksmenge aus ganz Italien, noch ungewiß über den Ausgang des Unternehmens, das er nicht hätte beginnen dürfen und nun, da es einmal in Gang gesetzt war, von sich aus nicht mehr abbrechen konnte, sein von frühester Jugend an unruhiges Leben verflucht und erklärt haben, er allein habe nicht einmal als Kind Ferien gehabt.

Er hatte sich nämlich erkühnt, als Unmündiger, noch in der Knabentoga, vor Gericht zugunsten von Angeklagten einzutreten und seinen Charme auf dem Forum auszuspielen, und zwar derart erfolgreich, daß er, wie man weiß, einige Richterkollegien ganz auf seine Seite zog.

Wozu hätte sich ein so unzeitiger Ehrgeiz nicht versteigen sollen? Man hätte sich denken können, daß derart früh bewiesene Dreistigkeit unermeßliches Unglück sowohl über Drusus persönlich wie über den Staat bringen werde. Zu

querebatur nullas sibi ferias contigisse a puero seditiosus et foro gravis. Disputatur, an ipse sibi manus attulerit; subito enim vulnere per inguen accepto collapsus est aliquo dubitante, an mors eius voluntaria esset, nullo, an tempestiva. Supervacuum est commemorare plures, qui, cum aliis felicissimi viderentur, ipsi in se verum testimonium dixerunt perosi omnem actum annorum suorum; sed his querellis nec alios mutaverunt nec se ipsos: nam cum verba eruperunt, affectus ad consuetudinem relabuntur.

Vestra, me hercules, vita, licet supra mille annos exeat, in artissimum contrahetur: ista vitia nullum non saeculum devorabunt; hoc vero spatium, quod, quamvis natura currit, ratio dilatat, cito vos effugiat necesse est; non enim apprenditis nec retinetis vel ocissimae omnium rei moram facitis, sed abire ut rem supervacuam ac reparabilem sinitis.

7   In primis autem et illos numero, qui nulli rei nisi vino ac libidini vacant; nulli enim turpius occupati sunt. Ceteri, etiam si vana gloriae imagine teneantur, speciose tamen errant; licet avaros mihi, licet iracundos enumeres vel odia exercentes iniusta vel bella, omnes isti virilius peccant: in ventrem ac libidinem proiectorum inhonesta tabes est.

Omnia istorum tempora excute, aspice, quam diu computent, quam diu insidientur, quam diu timeant, quam diu colant, quam diu colantur,

spät beklagte er sich also, daß er keine Ferien gehabt habe, er, der von Kindheit an aufmüpfig war und den Richtern lästig fiel. Man ist sich nicht sicher, ob er Hand an sich gelegt hat, denn unversehens brach er mit einer Wunde im Unterleib zusammen. Manch einer fragte sich da, ob er dieses Ende gewollt habe, niemand, ob es zu früh gekommen sei. Es erübrigt sich, noch mehr Leute anzuführen, die, während sie anderen überglücklich schienen, über sich selbst wahres Zeugnis ablegten und voll Abscheu auf all die hinter ihnen liegenden Jahre blickten. Doch durch solche Klagen haben sie weder andere gebessert noch sich selbst. Denn kaum sind die Worte herausgesprudelt, da verfällt ein von Leidenschaften beherrschter Mensch wieder seinen alten Gewohnheiten.

Bei Gott, euer Leben mag mehr als tausend Jahre dauern: Es wird dennoch auf engste Grenzen zusammenschrumpfen, denn eure Fehler werden manches Jahrhundert schlucken. Die übliche Zeitspanne aber, die, mag es auch die Natur eilig haben, Vernunft zu strecken weiß, die muß euch natürlich wie im Flug vergehen. Ihr greift ja nicht nach ihr und haltet sie nicht fest oder bringt das Flüchtigste, das es gibt, zum Verweilen, sondern laßt es wie etwas Entbehrliches und Ersetzbares entschwinden.

7 Besonders muß ich aber auch jene nennen, die nur für Suff und Sex etwas übrig haben. Sie lassen sich nämlich von den schändlichsten Trieben beherrschen. Denn wenn die anderen auch von den trügerischen Vorspiegelungen ihres Ehrgeizes nicht loskommen, befinden sie sich doch in einem schönen Wahn. Man mag mir nun die Habgierigen, mag mir die Jähzornigen anführen oder solche, die ohne rechten Anlaß ihren Gehässigkeiten und ihrer Streitsucht freien Lauf lassen – all deren Fehler stehen einem Mann noch eher an. Wer sich seinem Bauch und seiner Geilheit überläßt, der entehrt und besudelt sich.

Untersuche nun, wie all diese Leute ihre Zeit verbringen, sieh nach, wie lange sie ihr Geld zusammenzählen, wie lange sie Intrigen spinnen, wie lange sie in Angst sind, wie lang sie

quantum vadimonia sua atque aliena occupent, quantum convivia, quae iam ipsa officia sunt: videbis, quemadmodum illos respirare non sinant vel mala sua vel bona.

Denique inter omnes convenit nullam rem bene exerceri posse ab homine occupato, non eloquentiam, non liberales disciplinas, quando districtus animus nihil altius recipit, sed omnia velut inculcata respuit. Nihil minus est hominis occupati quam vivere: nullius rei difficilior scientia est.

Professores aliarum artium vulgo multique sunt, quasdam vero ex his pueri admodum ita percepisse visi sunt, ut etiam praecipere possent: vivere tota vita discendum est et, quod magis fortasse miraberis, tota vita discendum est mori.

Tot maximi viri relictis omnibus impedimentis, cum divitiis, officiis, voluptatibus renuntiassent, hoc unum in extremam usque aetatem egerunt, ut vivere scirent; plures tamen ex his nondum se scire confessi vita abierunt, nedum ut isti sciant.

Magni, mihi crede, et supra humanos errores eminentis viri est nihil ex suo tempore delibari sinere, et ideo eius vita longissima est, quia, quantumcumque patuit, totum ipsi vacavit. Nihil inde incultum otiosumque iacuit, nihil sub alio fuit, neque enim quicquam repperit dignum, quod cum tempore suo permutaret custos eius parcissimus. Itaque satis illi fuit: iis vero necesse est defuisse, ex quorum vita multum populus tulit.

jemandem schmeicheln und wie lang sie sich umschmeicheln lassen, wieviel Zeit ihre eigenen und fremde Gerichtstermine in Anspruch nehmen, wieviel die Gelage, die ihrerseits gesellschaftliche Verpflichtungen darstellen! Du wirst mitansehen, wie nichts sie zu Atem kommen läßt, weder das Schlechte noch das Gute, das ihnen zuteil wird.

Alle Welt ist sich ja darin einig, daß ein Mensch nichts vernünftig ausüben kann, wenn er gestreßt ist, nicht die Kunst der Rede, nicht die anerkannten Fachwissenschaften, da er bei seiner Zerfahrenheit nichts tiefer in sich aufnehmen kann, sondern alles, als hätte man es ihm eingetrichtert, wieder von sich gibt. Nichts versteht ein gestreßter Mensch weniger als zu leben, nichts ist schwerer zu erlernen.

Lehrer für andere Wissensgebiete gibt es allenthalben in großer Zahl, und manche von ihren Lehren scheinen tatsächlich bereits Kinder so in sich aufgenommen zu haben, daß sie sie weitergeben könnten. Leben muß man das ganze Leben lang lernen, und, worüber du vielleicht noch mehr staunst, das ganze Leben lang muß man lernen zu sterben.

So viele große Männer haben alles, was sie abhielt, hinter sich gelassen, indem sie dem Reichtum, den Verpflichtungen, den Vergnügungen entsagten und sich bis ans Ende ihres Lebens darum bemühten, mit Verstand zu leben. In ihrer Mehrheit aber schieden sie mit dem Geständnis aus dem Leben, sie könnten es noch nicht. Wie sollten sich dann diese Durchschnittsmenschen darauf verstehen!

Von Größe, das glaube mir, und einem über menschliche Irrtümer erhabenen Sinn zeugt es, wenn ein Mensch sich nichts von seiner Zeit wegnehmen läßt; deshalb ist sein Leben auch sehr lang, weil es in seiner ganzen Ausdehnung ihm selbst zur Verfügung stand. Nichts davon wurde vernachlässigt oder blieb unbeachtet, nichts unterlag fremder Bestimmung; er fand nämlich nichts so Wertvolles, daß er es gegen seine Zeit eingetauscht hätte, über die er höchst sorgsam wachte. So hat sie ihm auch gereicht. Denen aber muß sie zwangsläufig fehlen, aus deren Leben alle Welt viel fortgenommen hat.

Nec est, quod putes hinc illos aliquando non intellegere damnum suum: plerosque certe audies ex iis, quos magna felicitas gravat, inter clientium greges aut causarum actiones aut ceteras honestas miserias exclamare interdum: „Vivere mihi non licet". Quidni non liceat? Omnes illi, qui te sibi advocant, tibi abducunt. Ille reus, quot dies abstulit? Quot ille candidatus? Quot illa anus efferendis heredibus lassa? Quot ille ad irritandam avaritiam captantium simulatus aeger? Quot ille potentior amicus, qui vos non in amicitiam, sed in apparatum habet? Dispunge, inquam, et recense vitae tuae dies: videbis paucos admodum et reiculos apud te resedisse.

Assecutus ille, quos optaverat fasces, cupit ponere et subinde dicit: „Quando hic annus praeteribit?" Facit ille ludos, quorum sortem sibi obtingere magno aestimavit: „Quando", inquit, „istos effugiam?" Diripitur ille toto foro patronus et magno concursu omnia ultra, quam audiri potest, complet: „Quando", inquit, „res proferentur?" Praecipitat quisque vitam suam et futuri desiderio laborat, praesentium taedio.

At ille, qui nullum non tempus in usus suos confert, qui omnes dies tamquam vitam ordinat, nec optat crastinum nec timet.

Quid enim est, quod iam ulla hora novae voluptatis possit afferre? Omnia nota, omnia ad satietatem percepta sunt. De cetero fors, fortuna, ut volet, ordinet: vita iam in tuto est. Huic adici potest, detrahi nihil, et adici sic, quemadmodum saturo iam ac pleno aliquid cibi: quod nec desiderat, capit.

DIE KÜRZE DES LEBENS

Und du brauchst jetzt nicht zu glauben, daß jene Leute nicht irgendwann ihren Verlust begreifen: Jedenfalls kannst du die meisten, die großes Glück bedrückt, inmitten ihrer Klientenscharen oder Gerichtsverfahren oder sonstigen ehrenvollen Plagen bisweilen rufen hören: „Ich komme nicht zum Leben!" Warum sollte man nicht dazu kommen? Alle jene, die dich als ihren Beistand anrufen, entführen dich dir selbst. Jener Angeklagte – wie viele Tage hat er dir geraubt? Wie viele jener Amtsbewerber? Wie viele jene Alte, die erschöpft ist von den Begräbnissen ihrer Erben? Wieviel jener Mensch, der, um die Gier der Erbschleicher zu reizen, den Kranken spielt? Wieviel jener höhergestellte Freund, der euch nicht als Freunde um sich hat, sondern als Raumausstattung? Rechne nach, sag' ich dir, und überprüfe deine Lebenstage! Du wirst sehen, daß dir nur wenige, und zwar unnütz verbrachte, verblieben sind.

Kaum hat jener bekommen, was er wollte, nämlich die heißersehnten Abzeichen seines Amts, möchte er sie wieder ablegen und sagt ständig: „Wann ist dieses Jahr endlich vorüber?" Der veranstaltet Spiele, und daß ihm dieser Auftrag erteilt wurde, galt ihm viel. „Wann", sagt er, „komme ich davon los?" Man reißt sich überall auf dem Forum um jenen Anwalt, er hat gewaltigen Zulauf und füllt damit alles, viel weiter, als man ihn hören kann. „Wann", spricht er, „sind endlich Gerichtsferien?" Ein jeder übereilt sein Leben und quält sich in Erwartung der Zukunft, während ihm die Gegenwart zuwider ist.

Aber jener, der jegliche Zeit für sich zu nützen weiß, der alle Tage gleich wie das ganze Leben einrichtet, der wünscht sich das Morgen nicht und hat auch keine Angst davor.

Was gibt es denn für ein unerhörtes Vergnügen, das ihm irgendeine Stunde bringen könnte? Alles ist ihm bekannt, alles hat er zu Genüge in sich aufgenommen. Über den Rest mag der blinde Zufall nach Laune walten: sein Leben ist ihm bereits sicher. Es kann noch etwas zugegeben, aber nichts mehr weggenommen werden, und bei der Zugabe ist's, als ob man einem schon vollständig Gesättigten noch etwas zu essen anböte: Was er gar nicht verlangt, bekommt er.

Non est itaque, quod quemquam propter canos aut rugas putes diu vixisse: non ille diu vixit, sed diu fuit. Quid enim, si illum multum putes navigasse, quem saeva tempestas a portu exceptum huc et illuc tulit ac vicibus ventorum ex diverso furentium per eadem spatia in orbem egit? Non ille multum navigavit, sed multum iactatus est.

8   Mirari soleo, cum video aliquos tempus petentes et eos, qui rogantur, facillimos; illud uterque spectat, propter quod tempus petitum est, ipsum quidem neuter: quasi nihil petitur, quasi nihil datur. Re omnium pretiosissima luditur; fallit autem illos, quia res incorporalis est, quia sub oculos non venit ideoque vilissima aestimatur, immo paene nullum eius pretium est.

Annua, congiaria homines carissime accipiunt et illis aut laborem aut operam aut diligentiam suam locant: nemo aestimat tempus; utuntur illo laxius quasi gratuito. At eosdem aegros vide, si mortis periculum propius admotum est, medicorum genua tangentes, si metuunt capitale supplicium, omnia sua, ut vivant, paratos impendere! Tanta in illis discordia affectuum est!

Quodsi posset, quemadmodum praeteritorum annorum cuiusque numerus proponi, sic futurorum, quomodo illi, qui paucos viderent superesse, trepidarent, quomodo illis parcerent! Atqui facile est quamvis exiguum dispensare, quod certum est; id debet servari diligentius, quod nescias, quando deficiat.

Du hast also keinen Grund, von jemand wegen seiner grauen Haare oder Runzeln anzunehmen, er habe lange gelebt. Nicht lange gelebt hat er, sondern er war lange vorhanden. Das wäre so, als ob du von jemandem glaubtest, er habe eine lange Seereise unternommen, den ein wütender Sturm gleich nach der Ausfahrt aus dem Hafen erfaßte, da- und dorthin verschlug und im Wechselspiel der Winde, die sich von verschiedenen Seiten auf ihn stürzten, stets auf derselben Bahn im Kreise jagte. Der Mann ist nicht viel gefahren, sondern viel herumgetrieben worden.

8 Ich wundere mich regelmäßig, wenn ich irgendwelche Leute sehe, die um ein Zeitopfer bitten, und wenn die darum Gebetenen es willig bringen. Darauf achten beide, warum man es will, auf die Zeit selbst aber keiner, gleich als würde nichts erbeten, als würde nichts gegeben. Mit dem Allerkostbarsten geht man leichtfertig um und merkt es nicht einmal, weil es nichts Gegenständliches ist, weil es nicht ins Auge fällt und deshalb als ganz wohlfeil gilt, ja fast wertlos ist.

Regelmäßige Einkünfte und außerordentliche Spenden beziehen die Leute sehr gern und verwenden darauf Mühe, Anstrengung und Sorgfalt. Doch niemand weiß die Zeit zu schätzen; sie gehen mit ihr ziemlich großzügig um, gleich als gäbe es sie umsonst. Aber sieh dir dieselben Leute nur an, wenn sie krank sind, wenn ihr Zustand bedrohlich und der Tod ganz nahe ist, wie sie da die Kniee der Ärzte umklammern, wenn es sie vor dem letzten Gang graut, und sie all ihre Habe, nur um am Leben zu bleiben, zu opfern bereit sind! Derart widersprüchlich ist ihre Gemütsverfassung!

Könnte man aber so, wie sich bei einem jeden die Zahl der vergangenen Lebensjahre angeben läßt, auch die der noch vergönnten nennen, wie würden dann diejenigen, die nur wenige übrig sähen, in Panik geraten, wie würden sie sparsam mit ihnen umgehen! Allerdings ist es leicht, mit noch so geringen Mengen hauszuhalten, wenn man sich ihrer sicher sein darf. Das muß noch peinlicher bewahrt werden, von dem man nicht weiß, wann es zu Ende geht.

Nec est tamen, quod putes illos ignorare, quam cara res sit: dicere solent eis, quos valdissime diligunt, paratos se partem annorum suorum dare: dant nec intellegunt: dant autem ita, ut sine illorum incremento sibi detrahant. Sed hoc ipsum, an detrahant, nesciunt; ideo tolerabilis est illis iactura detrimenti latentis.

Nemo restituet annos, nemo iterum te tibi reddet. Ibit, qua coepit, aetas nec cursum suum aut revocabit aut supprimet.

Nihil tumultuabitur, nihil admonebit velocitatis suae: tacita labetur. Non illa se regis imperio, non favore populi longius proferet: sicut missa est a primo die, curret, nusquam devertetur, nusquam remorabitur. Quid fiet? Tu occupatus es, vita festinat; mors interim aderit, cui velis, nolis vacandum est.

9 Potestne quicquam stultius esse quam quorundam sensus, hominum eorum dico, qui prudentiam iactant? Operosius occupati sunt. Ut melius possint vivere, impendio vitae vitam instruunt. Cogitationes suas in longum ordinant; maxima porro vitae iactura dilatio est: illa primum quemque extrahit diem, illa eripit praesentia, dum ulteriora promittit. Maximum vivendi impedimentum est exspectatio, quae pendet ex crastino, perdit hodiernum. Quod in manu fortunae positum est, disponis, quod in tua, dimittis. Quo spectas? Quo te extendis? Omnia, quae ventura sunt, in incerto iacent: protinus vive.

Clamat ecce maximus vates et velut divino horrore instinctus salutare carmen canit:

Du brauchst aber nicht zu glauben, daß ihnen unklar sei, wie wertvoll das ist: Gewöhnlich sagen sie zu denen, die sie am leidenschaftlichsten lieben, sie seien bereit, ihnen einen Teil ihrer Jahre zu geben. Sie geben wirklich – und bemerken es nicht. Auch geben sie so, daß sie, ohne Gewinn für den anderen, sich selbst etwas nehmen. Doch gerade, ob sie sich etwas nehmen, das wissen sie nicht. So können sie den Verlust verschmerzen, der unbemerkt bleibt.

Niemand gibt dir deine Jahre zurück, niemand bringt dich wieder zu dir selber. Dein Leben eilt dahin, wie es begonnen hat, und wird seinen raschen Lauf nicht zurückrufen oder hemmen.

Es macht keinen Wirbel, macht nicht darauf aufmerksam, wie schnell es vergeht: Schweigend entgleitet es. Nicht durch das Gebot eines Königs, nicht durch die Volksgunst läßt es sich verlängern. So, wie es am ersten Tage auf die Bahn geschickt wurde, läuft es dahin, kehrt nirgends ein und rastet nirgends. Was wird geschehen? Du bist beschäftigt; das Leben entflieht, der Tod ist schon zur Stelle, für den du, ob du nun willst oder nicht, dir Zeit nehmen mußt.

9 Vermag denn der Verstand der Menschen etwas – ich spreche von denen, die sich mit ihrer Klugheit brüsten? Die sind nur noch hingebungsvoller beschäftigt. Um besser leben zu können, richten sie ihr Leben auf Kosten ihres Lebens ein. Sie denken und planen auf lange Sicht; doch man verliert am meisten von seinem Leben durch Aufschub. Der nimmt einen Tag nach dem andern weg, der raubt uns die Gegenwart, indem er uns Hoffnung auf Künftiges macht. Das größte Lebenshemmnis ist das Warten, das sich ans Morgen klammert und das Heute verliert. Was in der Hand des Schicksals liegt, das verplanst du, was du selbst in der Hand hast, das läßt du fahren! Worauf starrst du? Wonach reckst du dich? Alles, was kommen soll, liegt im Ungewissen. Los, lebe sogleich!

Siehe, laut erhebt der größte Dichter seine Stimme, und, wie von göttlichem Schauer erfaßt, verkündet er Worte des Heils:

Optima quaeque dies miseris mortalibus aevi Prima fugit.

„Quid cunctaris?" inquit, „Quid cessas? Nisi occupas, fugit." Et cum occupaveris, tamen fugiet: itaque cum celeritate temporis utendi velocitate certandum est et velut ex torrenti rapido nec semper ituro cito hauriendum.

Hoc quoque pulcherrime ad exprobrandam infinitam cogitationem, quod non optimam quamque aetatem, sed diem dicit. Quid securus et in tanta temporum fuga lentus menses tibi et annos in longam seriem, utcumque aviditati tuae visum est, exporrigis? De die tecum loquitur et de hoc ipso fugiente. Num dubium est ergo, quin prima quaeque optima dies fugiat mortalibus miseris, id est occupatis? Quorum puerilis adhuc animos senectus opprimit, ad quam imparati inermesque perveniunt; nihil enim provisum est: subito in illam necopinantes inciderunt, accedere eam cotidie non sentiebant.

Quemadmodum aut sermo aut lectio aut aliqua intentior cogitatio iter facientis decipit et pervenisse ante sciunt quam appropinquasse, sic hoc iter vitae assiduum et citatissimum, quod vigilantes dormientesque eodem gradu facimus, occupatis non apparet nisi in fine.

10 Quod proposui, si in partes velim et argumenta diducere, multa mihi occurrent, per quae probem brevissimam esse occupatorum vitam. Solebat dicere Fabianus, non ex his cathedrariis philosophis, sed ex veris et antiquis, contra affectus impetu, non subtilitate pugnandum, nec minutis vulneribus, sed incursu avertendam aciem. Non probabat

Stets die schönsten Tage im Leben entfliehen den armen Sterblichen zuerst.

„Warum zauderst du?" fragt er, „warum tust du nichts? Wenn du sie nicht festhältst, entfliehen sie!" Doch auch wenn du sie festhältst, werden sie trotzdem entfliehen. Daher muß man gegen den schnellen Lauf der Zeit durch raschen Gebrauch ankämpfen und wie aus einem reißenden Gießbach, der nicht ständig fließen wird, geschwind trinken.

Auch das paßt herrlich, um endloses Plänemachen anzuprangern, wenn der Dichter nicht von der schönsten Lebenszeit, sondern vom schönsten Tag spricht. Was läßt du sorglos und, obschon die Zeit so rasch enteilt, gemächlich die Monate und Jahre in langer Reihe vor dir ausschwärmen, wie immer es dir in deiner Begehrlichkeit gut dünkt? Von einem Tag spricht mit dir der Dichter, und zwar von einem, der entflieht. Ist es etwa zu bezweifeln, daß stets die schönsten Tage den Sterblichen entfliehen, den armen – das heißt, den Vielbeschäftigten, deren noch kindliche Gemüter das Alter überrascht, in das sie unvorbereitet und ungerüstet gelangen; sie haben ja dafür nicht vorgesorgt! Plötzlich und unversehens sind sie hineingeraten – daß es täglich näher kam, spürten sie nicht.

Wie entweder eine Unterhaltung oder Lektüre oder etwa intensiveres Nachdenken Reisende die Zeit vergessen läßt und sie erst ihre Ankunft, nicht schon die Nähe ihres Ziels bemerken, so wird diese ständige, atemberaubend rasche Lebensreise, die wir im Wachen wie im Schlafen im gleichen Schritt und Tritt zurücklegen, den Vielbeschäftigten erst an ihrem Ende bewußt.

10 Wollte ich, was ich behauptet habe, weiter aufgliedern und durch Beispiele absichern, so bieten sich viele an, die mir den Nachweis erlauben, daß das Leben der Vielbeschäftigten sehr kurz ist. Fabianus, keiner von diesen Kathederphilosophen, sondern einer von den echten und alten, sagte gewöhnlich: „Gegen die Leidenschaften muß man mit Ungestüm, nicht mit Zartgefühl kämpfen und ihre Front nicht mit Nadelstichen, sondern im Sturmangriff zurückwerfen."

cavillationes; enim contundi debere, non vellicari. Tamen, ut illis error exprobretur suus, docendi, non tantum deplorandi sunt.

In tria tempora vita dividitur: quod fuit, quod est, quod futurum est. Ex his, quod agimus, breve est, quod acturi sumus, dubium, quod egimus, certum. Hoc est enim, in quod fortuna ius perdidit, quod in nullius arbitrium reduci potest.

Hoc amittunt occupati; nec enim illis vacat praeterita respicere, et si vacet, iniucunda est paenitendae rei recordatio. Inviti itaque ad tempora male exacta animum revocant nec audent ea retemptare, quorum vitia, etiam quae aliquo praesentis voluptatis lenocinio surripiebantur, retractando patescunt. Nemo, nisi quoi omnia acta sunt sub censura sua, quae numquam fallitur, libenter se in praeteritum retorquet; ille, qui multa ambitiose concupiit, superbe contempsit, impotenter vicit, insidiose decepit, avare rapuit, prodige effudit, necesse est memoriam suam timeat.

Atqui haec est pars temporis nostri sacra ac dedicata, omnis humanos casus supergressa, extra regnum fortunae subducta, quam non inopia, non metus, non morborum incursus exagitet; haec nec turbari nec eripi potest; perpetua eius et intrepida possessio est. Singuli tantum dies, et hi per momenta, praesentes sunt; at praeteriti temporis omnes, cum iusseritis, aderunt, ad arbitrium tuum inspici se ac detineri patientur, quod facere occupatis non vacat.

Er hatte für Scheinargumente nichts übrig und meinte, jene müßten zerschmettert, nicht gezaust werden. Gleichwohl, damit solchen Leuten ihr Irrtum vor Augen geführt wird, muß man sie belehren und darf sie nicht nur beklagen.

In drei Zeitspannen zerfällt das Leben, in Vergangenheit, Gegenwart und Zukunft. Davon ist die Zeit, die wir gerade durchleben, vergänglich, die, die wir noch zu leben haben, ungewiß und nur die, die wir durchlebt haben, uns sicher. Sie ist es nämlich, über die das Schicksal seine Macht verloren hat, die nie wieder in jemands Ermessen gestellt werden kann.

Die verlieren beschäftigte Menschen, denn sie haben nicht die Zeit, auf Vergangenes zurückzublicken, und sollten sie sie haben, dann ist ihnen die Erinnerung an das unangenehm, was sie bereuen müßten. Nur ungern denken sie also an schlecht verlebte Zeiten zurück und haben nicht den Mut, sich noch einmal mit dem zu befassen, dessen Mängel – und zwar auch die, die irgendein verführerischer Reiz im Augenblick des Genusses unbemerkt bleiben ließ – bei erneuter Betrachtung ans Licht kommen. Nur wer all sein Tun mit der kritischen Selbstkontrolle verfolgt hat, die sich nie täuschen läßt, wendet sich gern wieder Vergangenem zu. Der aber, der vieles ehrgeizig erstrebt, stolz verachtet, leidenschaftlich durchgesetzt, listig erschlichen, gierig an sich gerissen, leichtfertig verschleudert hat, muß zwangsläufig sein eigenes Gedächtnis fürchten.

Und doch hat dieser Teil unserer Lebenszeit eine heilige Weihe, ist erhaben über alles, was Menschen widerfahren kann und der Macht des Schicksals entzogen, da ihn nicht Not, nicht Angst, nicht der Ansturm der Krankheiten berührt. Er kann nicht verwirrt und nicht entrissen werden. Er ist unser bleibender Besitz, um den wir nicht bangen müssen. Gegenwärtig ist jeweils ein Tag, und der nur von Augenblick zu Augenblick; doch die Tage der Vergangenheit werden sich, wenn du es verlangst, allesamt einstellen und von dir nach Belieben betrachten und festhalten lassen. Dazu haben Beschäftigte freilich keine Zeit.

Securae et quietae mentis est in omnes vitae suae partes discurrere; occupatorum animi, velut sub iugo sint, flectere se ac respicere non possunt. Abit igitur vita eorum in profundum; et ut nihil prodest, licet quantumlibet ingeras, si non subest, quod excipiat ac servet, sic nihil refert, quantum temporis detur, si non est, ubi subsidat: per quassos foratosque animos transmittitur.

Praesens tempus brevissimum est, adeo quidem, ut quibusdam nullum videatur; in cursu enim semper est, fluit et praecipitatur; ante desinit esse, quam venit, nec magis moram patitur quam mundus aut sidera, quorum irrequieta semper agitatio numquam in eodem vestigio manet. Solum igitur ad occupatos praesens pertinet tempus, quod tam breve est, ut arripi non possit, et id ipsum illis districtis in multa subducitur.

11 Denique vis scire, quam non diu vivant? Vide, quam cupiant diu vivere. Decrepiti senes paucorum annorum accessionem votis mendicant: minores natu se ipsos esse fingunt; mendacio sibi blandiuntur et tam libenter se fallunt, quam si una fata decipiant. Iam vero, cum illos aliqua imbecillitas mortalitatis admonuit, quemadmodum paventes moriuntur, non tamquam exeant de vita, sed tamquam extrahantur. Stultos se fuisse, ut non vixerint, clamitant et, si modo evaserint ex illa valetudine, in otio victuros; tunc, quam frustra paraverint, quibus non fruerentur, quam in cassum omnis ceciderit labor, cogitant.

At quibus vita procul ab omni negotio agitur, quidni spatiosa sit? Nihil ex illa delegatur, nihil alio atque alio spargitur, nihil inde fortunae traditur, nihil neglegentia interit, nihil largitione detra-

Es zeugt von einem sorgenfreien, ruhevollen Geist, wenn er all seine Lebensabschnitte durchwandert. Vielbeschäftigte Gemüter können sich, als wären sie ins Joch gespannt, nicht umwenden und zurückblicken. So sinkt denn ihr Leben ins Bodenlose, und so, wie es nichts hilft, wenn du auch noch so viel nachschüttest, falls drunten nichts ist, was es halten und bewahren könnte, so spielt es keine Rolle, wieviel Zeit man erhält, wenn es nichts gibt, wo sie bleiben könnte. Durch ein zerrüttetes, durchlöchertes Gemüt rinnt sie hindurch.

Die Gegenwart ist ganz flüchtig, und zwar in dem Maße, daß manche sie für nicht vorhanden halten. Sie ist ja immer im Fluß und strömt reißend dahin, vergeht, ehe sie noch ganz da ist, und gönnt sich ebensowenig Rast wie das Himmelsgewölbe und die Gestirne, die bei ihrem ewig ruhelosen Umlauf nie am gleichen Ort bleiben. Nur sie ist also für die Beschäftigten von Bedeutung, die Gegenwart, die so flüchtig ist, daß man sie nicht ergreifen kann – und gerade sie entzieht sich ihnen, während sie sich mit vielem verzetteln.

11 Schließlich möchtest du wissen, in welchem Maße sie nicht lange leben? Schau, wie sie sich sehnen, lang zu leben! Tattergreise bitten und betteln um eine Zulage weniger Jahre. Sie tun, als wären sie jünger, sie lügen sich in die eigene Tasche und machen sich so gern etwas vor, als wenn sie gleichzeitig das Schicksal austricksen könnten. Dann aber, wenn sie irgendein Schwächeanfall an ihre Vergänglichkeit erinnert, wie angstvoll sterben sie da, als ob sie nicht aus dem Leben schieden, sondern herausgerissen würden. Dumm seien sie gewesen, daß sie nicht gelebt hätten, jammern sie, und falls sie diese Krankheit überstünden, würden sie in Muße leben. Dann denken sie daran, wie sie umsonst herangeschafft hätten, was sie nicht mehr genießen könnten, wie ihre ganze Mühe vergebens gewesen sei.

Doch jenen, die ihr Leben fern von jeder Obliegenheit verbringen, wie sollte es denen nicht lang sein? Nichts davon wird anderen überlassen, nichts da- und dorthin verschleudert, nichts davon dem Schicksal ausgeliefert, nichts geht durch Gedankenlosigkeit verloren, nichts wird großzügig

hitur, nihil supervacuum est: tota, ut ita dicam, in reditu est. Quantulacumque itaque abunde sufficit et ideo, quandoque ultimus dies venerit, non cunctabitur sapiens ire ad mortem certo gradu.

12 Quaeris fortasse, quos occupatos vocem? Non est, quod me solos putes dicere, quos a basilica immissi demum canes eiciunt, quos aut in sua vides turba speciosius elidi aut in aliena contemptius, quos officia domibus suis evocant, ut alienis foribus illidant, aut hasta praetoris infami lucro et quandoque suppuraturo exercet. Quorundam otium occupatum est: in villa aut in lecto suo, in media solitudine, quamvis ab omnibus recesserint, sibi ipsi molesti sunt: quorum non otiosa vita dicenda est, sed desidiosa occupatio.

Illum tu otiosum vocas, qui Corinthia paucorum furore pretiosa anxia subtilitate concinnat et maiorem dierum partem in aeruginosis lamellis consumit? Qui in ceromate (nam, pro facinus, ne Romanis quidem vitiis laboramus) spectator puerorum rixantium sedet? Qui unctorum suorum greges in aetatum et colorum paria diducit? Qui athletas novissimos pascit?

Quid? Illos otiosos vocas, quibus apud tonsorem multae horae transmittuntur, dum decerpitur, si quid proxima nocte succrevit, dum de singulis capillis in consilium itur, dum aut disiecta coma restituitur aut deficiens hinc atque illinc in

verschenkt, nichts ist überflüssig. Als Ganzes, wenn ich so sagen darf, steht es auf der Habenseite. Mag es auch noch so kurz sein, es ist genug und übergenug, und deshalb wird der Weise, wann immer der letzte Tag da ist, ohne Zögern dem Tod mit festem Schritt entgegengehen.

12 Vermutlich möchtest du wissen, wen ich als ‚vielbeschäftigt' bezeichne. Nun, du brauchst nicht zu glauben, daß ich nur die so nenne, die man aus dem Gerichtssaal erst hinauswerfen kann, wenn man Hunde auf sie hetzt, die entweder inmitten ihres eigenen Klientenschwarms fortgedrängt werden, was immerhin Aufsehen macht, oder im Gefolge eines anderen, was eher Schande bringt, dazu Leute, die ihre Verpflichtungen aus dem Haus treiben, damit sie an fremde Türen klopfen, und solche, die eine vom Prätor anberaumte Auktion in Atem hält, aus schnöder Profitgier, die sie eines Tages zerfrißt – nein: Bei manchen Leuten ist auch die Freizeit von Geschäftigkeit erfüllt. Auf ihrem Landgut oder gar im Bett, in tiefster Einsamkeit, lassen sie, obwohl sie sich von allem zurückgezogen haben, sich selbst keine Ruhe. Ihr Leben kann man nicht ‚müßig' nennen, sondern nur ‚müßige Betriebsamkeit'.

Oder nennst du den müßig, der Bronzen aus Korinth, die nur wegen der Verrücktheit von ein paar Leuten wertvoll sind, mit peinlicher Genauigkeit restauriert und den größeren Teil des Tags über ein paar Blechstückchen voller Grünspan verbringt? Oder den, der in der Ringschule herumsitzt – zu unserer Schande plagen uns ja nicht einmal nur typisch römische Laster – und zuschaut, wie kleine Jungen sich balgen? Oder den, der aus seiner eigenen ölglänzenden Ringertruppe nach Alter und Hautfarbe passende Paare heraussucht? Oder den, der die jämmerlichsten Sportler durchfüttert?

Und weiter: Nennst du die müßig, die viele Stunden beim Friseur verbringen, während sie sich ausrupfen lassen, was etwa in der letzten Nacht nachwuchs, während man über jedes einzelne Haar eine Debatte eröffnet, während man entweder zerzaustes Haar in Ordnung bringt oder schütteres

frontem compellitur? Quomodo irascuntur, si tonsor paulo neglegentior fuit, tamquam virum tonderet! Quomodo excandescunt, si quid ex iuba sua decisum est, si quid extra ordinem iacuit, nisi omnia in anulos suos reciderunt! Quis est istorum, qui non malit rem publicam turbari quam comam suam? Qui non sollicitior sit de capitis sui decore quam de salute? Qui non comptior esse malit quam honestior? Hos tu otiosos vocas inter pectinem speculumque occupatos?

Quid illi, qui in componendis, audiendis, discendis canticis operati sunt, dum vocem, cuius rectum cursum natura et optimum et simplicissimum fecit, in flexus modulationis inertissimae torquent, quorum digiti aliquod intra se carmen metientes semper sonant, quorum, cum ad res serias, etiam saepe tristes adhibiti sunt, exauditur tacita modulatio? Non habent isti otium, sed iners negotium.

Convivia, me hercules, horum non posuerim inter vacantia tempora, cum videam, quam solliciti argentum ordinent, quam diligenter exoletorum suorum tunicas succingant, quam suspensi sint, quomodo aper a coco exeat, qua celeritate signo dato glabri ad ministeria discurrant, quanta arte scindantur aves in frusta non enormia, quam curiose infelices pueruli ebriorum sputa detergeant: ex his elegantiae lautitiaeque fama captatur et usque eo in omnes vitae secessus mala sua illos sequuntur, ut nec bibant sine ambitione nec edant.

Ne illos quidem inter otiosos numeraveris, qui sella se et lectica huc et illuc ferunt et ad gestationum suarum, quasi deserere illas non liceat, horas

von da und dort in die Stirn kämmt? Wie werden sie wütend, wenn der Meister etwas nachlässig war, des Glaubens, daß er einen Mann rasierte! Wie erhitzen sie sich, wenn ein wenig von ihrer Mähne abgeschnitten wurde, wenn etwas nicht ordentlich liegen will, wenn nicht alles schön in Ringellöckchen fällt! Wer von diesen Leuten möchte nicht lieber den Staat in Unordnung sehen als seine Frisur? Wer ist nicht ängstlicher auf seine Haarpracht bedacht als auf seine Gesundheit? Wer wäre nicht lieber fein herausgeputzt als anständig? Und die nennst du müßig, die immerzu mit Kamm und Spiegel beschäftigt sind?

Doch wie steht's um jene, die sich mit dem Dichten, Anhören und Auswendiglernen von Liedern abgeben, wobei sie die Sprache, deren rechten Fluß die Natur so schön und schlicht gestaltet hat, zu den abartigsten Koloraturen zwingen, Leute, deren Finger den Takt eines Lieds, das ihnen gerade durch den Kopf geht, ständig mitklopfen, Leute, die selbst bei ernsten, ja oft gar bei traurigen Anlässen eine leise Melodie vor sich hinsummen? Die kennen keine Muße, nur müßige Geschäftigkeit.

Auch ihre Gelage möchte ich bei Gott nicht ihrer Freizeit zuschlagen, da ich ja sehe, wie penibel sie das Tafelsilber aufstellen, wie sorgsam sie die Hemdchen ihrer Lustknaben hochgürten lassen, wie gespannt sie darauf sind, in welchem Zustand der Eber aus der Küche kommt, mit welchem Tempo auf ihr Kommando die glattrasierten Bürschchen zum Servieren lospurten, mit welchem Raffinement das Geflügel in nicht zu große Stücke zerlegt wird und wie sorgsam bedauernswerte junge Sklaven abwischen, was Betrunkene von sich gegeben haben. Mit all dem möchten sie in den Geruch von Feinheit und Lebensart kommen, und das hängt ihnen derart bis in die intimsten Lebensbereiche an, daß sie weder trinken noch essen können, ohne dabei anzugeben.

Nicht einmal jene solltest du zu den Geruhsamen zählen, die sich in einem Tragstuhl oder einer Sänfte da- und dorthin bringen lassen und für ihre Ausflüge, als ob sie davon nicht abgehen dürften, eine bestimmte Tageszeit abwarten, Leute,

occurrunt, quos, quando lavari debeant, quando natare, quando cenare alius admonet: et usque eo nimio delicati animi languore solvuntur, ut per se scire non possint, an esuriant.

Audio quendam ex delicatis (si modo deliciae vocandae sunt vitam et consuetudinem humanam dediscere), cum ex balneo inter manus elatus et in sella positus esset, dixisse interrogando: „Iam sedeo?" Hunc tu ignorantem, an sedeat, putas scire, an vivat, an videat, an otiosus sit? Non facile dixerim, utrum magis miserear, si hoc ignoravit, an si ignorare se finxit.

Multarum quidem rerum oblivionem sentiunt, sed multarum et imitantur; quaedam vitia illos quasi felicitatis argumenta delectant; nimis humilis et contempti hominis videtur scire, quid facias.

I nunc et mimos multa mentiri ad exprobrandam luxuriam puta! Plura, me hercules, praetereunt quam fingunt et tanta incredibilium vitiorum copia ingenioso in hoc unum saeculo processit, ut iam mimorum arguere possimus neglegentiam.

Esse aliquem, qui usque eo deliciis interierit, ut, an sedeat, alteri credat! Non est ergo hic otiosus, aliud illi nomen imponas; aeger est, immo mortuus est; ille otiosus est, cui otii sui et sensus est. Hic vero semivivus, cui ad intellegendos corporis sui habitus indice opus est, quomodo potest hic ullius temporis dominus esse?

13 Persequi singulos longum est, quorum aut latrunculi aut pila aut excoquendi in sole corporis cura consumpsere vitam. Non sunt otiosi, quo-

die dann, wenn sie sich waschen, wenn sie schwimmen, wenn sie essen sollen, ein anderer darauf hinweist. Derart abgeschlafft sind solche Snobs, daß sie von sich aus nicht feststellen können, ob es sie hungert.

Da höre ich von einem dieser Genießer – sofern man es einen Genuß nennen darf, sich normaler Lebensgewohnheiten zu entäußern, – er habe, als man ihn aus der Badewanne hob und in einen Sessel setzte, mit Nachdruck gefragt: „Sitze ich schon?" Was meinst du: Kann so einem, der nicht weiß, ob er sitzt, bewußt sein, ob er lebt, ob er was sieht, ob er Muße hat? Es fällt mir nicht leicht zu entscheiden, ob ich ihn mehr bedauern soll, wenn er's wirklich nicht weiß oder wenn er nur so tut.

Bei vielen Dingen verspüren diese Leute ihre Vergeßlichkeit, doch bei vielen schützen sie sie auch nur vor; bestimmte Schwächen freuen sie, als bewiesen sie ihr Glück: nur zu einem ganz unbedeutenden und verächtlichen Menschen paßt es ihrer Ansicht nach, zu wissen, was er tut.

Geh nur und bilde dir ein, die Komödianten ließen sich lauter Lügen einfallen, um den Luxus anprangern zu können. Bei Gott, sie lassen mehr unerwähnt als sie erfinden, und eine solche Fülle unglaublicher Entgleisungen ist in unserem nur dazu talentierten Jahrhundert vorgekommen, daß wir den Komödianten bereits ihre Gleichgültigkeit vorwerfen können.

Da gibt's doch einen, der in seinem Lotterleben so tief gesunken ist, daß er es sich von einem anderen sagen lassen muß, ob er sitzt. Ein solcher Mensch lebt wirklich nicht geruhsam; für seinen Zustand braucht man eine andere Bezeichnung: Krank ist er, oder besser: tot ist er! Geruhsam lebt nur, wer seine Ruhe auch empfindet. Unser Halbtoter aber, der einen Informanten nötig hat, um sich über seine körperliche Lage klar zu werden, wie kann der je Herr seiner Zeit sein?

13 Die einzeln aufzuzahlen ginge zu weit, denen entweder der Spieltisch oder der Sportplatz oder das Bedürfnis, in der Sonne zu schmoren, das Leben unnütz verrinnen ließen!

rum voluptates multum negotii habent. Nam de
illis nemo dubitabit, quin operose nihil agant, qui
litterarum inutilium studiis detinentur, quae iam
apud Romanos quoque magna manus est. Graecorum iste morbus fuit quaerere, quem numerum
Ulixes remigum habuisset, prior scripta esset Ilias
an Odyssia, praeterea, an eiusdem esset auctoris,
alia deinceps huius notae, quae, sive contineas,
nihil tacitam conscientiam iuvant, sive proferas,
non doctior videaris, sed molestior.

Ecce Romanos quoque invasit inane studium
supervacua discendi; his diebus audivi quendam
referentem, quae primus quisque ex Romanis ducibus fecisset: primus navali proelio Duilius vicit,
primus Curius Dentatus in triumpho duxit elephantos. Etiamnunc ista, etsi ad veram gloriam
non tendunt, circa civilium tamen operum exempla versantur; non est profutura talis scientia, est
tamen, quae nos speciosa rerum vanitate detineat.

Hoc quoque quaerentibus remittamus, quis Romanis primus persuaserit navem conscendere.
Claudius is fuit, Caudex ob hoc ipsum appellatus,
quia plurium tabularum contextus caudex apud
antiquos vocatur, unde publicae tabulae codices
dicuntur et naves nunc quoque ex antiqua consuetudine, quae commeatus per Tiberim subvehunt,
codicariae vocantur.

Sane et hoc ad rem pertineat, quod Valerius
Corvinus primus Messanam vicit et primus ex familia Valeriorum urbis captae in se translato nomine Messana appellatus est paulatimque vulgo
permutante litteras Messala dictus.

Auch die leben nicht in Muße, deren Vergnügen viel Unmuße mit sich bringt. Denn bei denen hat niemand Zweifel daran, daß sie mit Anstrengung nichts tun, die sich mit nutzloser Gelehrsamkeit abgeben – und das sind auch in Rom schon eine ganze Menge. Aus Griechenland stammt dieser abartige Drang zu ergründen, wieviele Ruderer Odysseus gehabt habe, ob die Ilias oder die Odyssee früher abgefaßt worden sei, ob beide vom gleichen Dichter stammten und noch mehr von der Art, das, sofern du es still für dich behältst, dein Selbstbewußtsein nicht hebt, sofern du es aber unter die Leute bringst, dich nicht gescheiter erscheinen läßt, sondern nur ziemlich lästig.

Sieh nur, auch über die Römer ist das närrische Bedürfnis gekommen, Unnötiges zu erlernen. Erst in den letzten Tagen hörte ich, wie einer darüber referierte, welcher römische Heerführer jeweils etwas zuerst getan habe. Als erster siegte in einer Seeschlacht Duilius, als erster führte Curius Dentatus im Triumph Elefanten mit. Immerhin hat dergleichen, wenn es auch keinen wahren Ruhm bringt, noch etwas mit den herausragenden Leistungen unserer Mitbürger zu tun. Nutzen bringt solches Wissen nicht, doch kann es unser Interesse wecken, und es beeindruckt, obwohl es wertlos ist.

So wollen wir den Forschern denn auch die Frage gestatten, wer die Römer als erster dazu beredete, ein Schiff zu besteigen. Claudius war es, Caudex gerade deshalb zubenannt, weil ein Gefüge aus mehreren Brettern bei den Alten *caudex* hieß. Daher nennt man auch die in der Öffentlichkeit aufgestellten Gesetzestafeln *codices* und bezeichnet nach altem Brauch die Schiffe, die auf dem Tiber Lebensmittel heranschaffen, als *codicariae*.

Gewiß gehört auch das hierher, daß Valerius Corvinus als erster Messina bezwang und als erster aus der Familie der Valerier, weil er sich den Namen der eroberten Stadt beilegte, Messana hieß, aber im Lauf der Zeit Messalla genannt wurde, da das einfache Volk die Buchstaben durcheinanderbrachte.

Num et hoc cuiquam curare permittes, quod primus L. Sulla in circo leones solutos dedit, cum alioquin alligati darentur, ad conficiendos eos missis a rege Boccho iaculatoribus?

Et hoc sane remittatur: num et Pompeium primum in circo elephantorum duodeviginti pugnam edidisse commissis more proelii noxiis hominibus, ad ullam rem bonam pertinet? Princeps civitatis et inter antiquos principes, ut fama tradidit, bonitatis eximiae memorabile putavit spectaculi genus novo more perdere homines. Depugnant? Parum est. Lancinantur? Parum est: ingenti mole animalium exterantur! Satius erat ista in oblivionem ire, ne quis postea potens disceret invideretque rei minime humanae. O quantum caliginis mentibus nostris obicit magna felicitas! Ille se supra rerum naturam esse tunc credidit, cum tot miserorum hominum catervas sub alio caelo natis beluis obiceret, cum bellum inter tam disparia animalia committeret, cum in conspectu populi Romani multum sanguinis funderet mox plus ipsum fundere coacturus; at idem postea Alexandrina perfidia deceptus ultimo mancipio transfodiendum se praebuit tum demum intellecta inani iactatione cognominis sui.

Sed, ut illo revertar, unde decessi, et in eadem materia ostendam supervacuam quorundam diligentiam, idem narrabat Metellum victis in Sicilia Poenis triumphantem, unum omnium Romanorum ante currum centum et viginti captivos elephantos duxisse; Sullam ultimum Romanorum protulisse pomerium, quod numquam provinciali, sed Italico agro adquisito proferre moris apud an-

Man wird wohl auch Verständnis dafür haben, wenn sich einer dafür interessiert, daß Lucius Sulla als erster im Circus Löwen losließ, während man sie sonst nur angekettet zeigte, da ihm König Bocchus Speerwerfer geschickt hatte, um sie zu erlegen.

Sogar dies mag noch hingehen. Aber daß Pompeius als erster im Circus einen Kampf gegen achtzehn Elefanten zeigte und dazu, wie in einer Schlacht, Verbrecher antreten ließ, ist das noch zu etwas gut? Der erste Mann im Staat, der unter den Großen von einst, wie die Rede geht, durch besondere Qualitäten herausragte, hielt es für ein denkwürdiges Schauspiel, Menschen auf unerhörte Weise umzubringen. Sie kämpfen um ihr Leben. Zu wenig! Sie werden zerfleischt. Zu wenig! Sie sollen von den tonnenschweren Kolossen zertrampelt werden! Besser wäre es gewesen, das in Vergessenheit geraten zu lassen, damit nicht später ein Mächtiger davon erfährt und es Pompeius mißgönnt, daß nur er so Unmenschliches ausführte. Ach, wie schwer verblendet uns doch großes Glück! Jener glaubte sich damals über die Weltordnung stellen zu dürfen, als er scharenweise unglückliche Menschen den unter einem anderen Himmelsstrich geborenen Ungetümen vorwarf, als er Krieg zwischen so grundverschiedenen Wesen entfesselte, als er vor den Augen der Römer viel Blut vergoß, er, der sie selbst bald zwingen sollte, noch mehr zu vergießen! Doch derselbe Mann wurde später in Alexandria treulos hintergangen und ließ sich von einem ganz erbärmlichen Sklaven erstechen. Da wurde ihm endlich bewußt, wie grundlos er den stolzen Beinamen „der Große" führte.

Um aber darauf zurückzukommen, wovon ich abgeschweift bin, und um am gleichen Gegenstand die völlig überflüssige Gründlichkeit mancher Forscher zu erweisen: Der eben zitierte Autor berichtete, Metellus habe im Triumph über die auf Sizilien besiegten Karthager hundertzwanzig erbeutete Elefanten mitgeführt, Sulla habe als letzter Römer die heilige Stadtgrenze vorgeschoben, was nach altem Brauch nur geschah, wenn in Italien, aber nicht an-

tiquos fuit. Hoc scire magis prodest quam Aventinum montem extra pomerium esse, ut ille affirmabat, propter alteram ex duabus causis, aut quod plebs eo secessisset aut quod Remo auspicante illo loco aves non addixissent.

Alia deinceps innumerabilia, quae aut farta sunt mendaciis aut similia. Nam ut concedas omnia eos fide bona dicere, ut ad praestationem scribant, tamen cuius ista errores minuent? Cuius cupiditates prement? Quem fortiorem, quem iustiorem, quem liberaliorem facient? Dubitare se interim Fabianus noster aiebat, an satius esset nullis studiis admoveri quam his implicari.

14 Soli omnium otiosi sunt, qui sapientiae vacant, soli vivunt; nec enim suam tantum aetatem bene tuentur: omne aevum suo adiciunt; quicquid annorum ante illos actum est, illis adquisitum est. Nisi ingratissimi sumus, illi clarissimi sacrarum opinionum conditores nobis nati sunt, nobis vitam praeparaverunt. Ad res pulcherrimas ex tenebris ad lucem erutas alieno labore deducimur:

Nullo nobis saeculo interdictum est, in omnia admittimur et, si magnitudine animi egredi humanae imbecillitatis angustias libet, multum, per quod spatiemur, temporis est.

Disputare cum Socrate licet, dubitare cum Carneade, cum Epicuro quiescere, hominis naturam cum Stoicis vincere, cum Cynicis excedere. Cum rerum natura in consortium omnis aevi patiatur incedere, quidni ab hoc exiguo et caduco temporis transitu in illa toto nos demus animo, quae im-

derswo, Land gewonnen worden war. Das zu wissen, ist nützlicher als daß der Aventin sich außerhalb des Stadtgebiets befindet, was derselbe Mann versichert, und zwar entweder aus dem Grund, weil sich dorthin die Plebs abgesetzt habe, oder aber deshalb, weil damals, als Remus an jenem Ort Vogelschau hielt, die Zeichen ungünstig waren.

Darauf folgt gleich noch eine Unzahl weiterer Nachrichten, die entweder voll von Lügen sind oder zumindest so klingen. Denn gesetzt, daß diese Leute das alles in gutem Glauben erzählen, gesetzt, daß sie sich für die Richtigkeit des Geschriebenen verbürgen – wessen Irrtümer wird denn dergleichen verringern? Wessen Begierden wird es unterdrücken? Wen wird es tapferer, wen gerechter, wen freigiebiger machen? Er sei noch im Zweifel, sagte oft unser lieber Fabianus, ob es nicht besser sei, sich überhaupt nicht wissenschaftlich zu betätigen, als sich in derlei Studien zu verheddern.

14 Ganz allein die haben Muße, die ihre Zeit der Philosophie widmen. Sie allein leben. Denn nicht nur auf ihre eigene Lebenszeit haben sie wohl acht, sondern sie schlagen ihr noch die ganze Ewigkeit hinzu. Alle Jahre, die vergingen, bevor sie auf die Welt kamen, gehören ihnen. Wenn wir nicht ganz undankbar sind, so sind jene hochberühmten Begründer heiliger Lehren für uns geboren, haben unseren Lebensweg vorgezeichnet. Zu den herrlichsten Dingen, die aus tiefem Dunkel ans Licht geholt wurden, führt uns die Mühe anderer.

Von keinem Jahrhundert sind wir ausgeschlossen, zu allen haben wir Zutritt, und wenn wir uns ein Herz fassen und die engen Grenzen menschlicher Schwäche hinter uns lassen wollen, so haben wir reichlich, um uns darin zu ergehen, Zeit.

Debattieren darf man mit Sokrates, in Frage stellen mit Karneades, mit Epikur ein ruhiges Leben führen, Menschenlos mit den Stoikern überwinden, mit den Kynikern Grenzen überschreiten. Da die Natur uns an der ganzen Vergangenheit Anteil gibt, warum sollten wir uns da nicht von der nichtigen und flüchtigen Spanne unseres kurzen Lebens aus

mensa, quae aeterna sunt, quae cum melioribus communia?

Isti, qui per officia discursant, qui se aliosque inquietant, cum bene insanierint, cum omnium limina cotidie perambulaverint nec ullas apertas fores praeterierint, cum per diversissimas domos meritoriam salutationem circumtulerint, quotum quemque ex tam immensa et variis cupiditatibus districta urbe poterunt videre? Quam multi erunt, quorum illos aut somnus aut luxuria aut inhumanitas summoveat! Quam multi, qui illos, cum diu torserint, simulata festinatione transcurrant! Quam multi per refertum clientibus atrium prodire vitabunt et per obscuros aedium aditus profugient, quasi non inhumanius sit decipere quam excludere! Quam multi hesterna crapula semisomnes et graves illis miseris suum somnum rumpentibus, ut alienum exspectent, vix allevatis labris insusurratum miliens nomen oscitatione superbissima reddent!

Hos in veris officiis morari putamus, licet dicamus, qui Zenonem, qui Pythagoran cotidie et Democritum ceterosque antistites bonarum artium, qui Aristotelen et Theophrastum volent habere quam familiarissimos. Nemo horum non vacabit, nemo non venientem ad se beatiorem, amantiorem sui dimittet, nemo quemquam vacuis a se manibus abire patietur; nocte conveniri, interdiu, ab omnibus mortalibus possunt.

15 Horum te mori nemo coget, omnes docebunt; horum nemo annos tuos conterit, suos tibi contribuit; nullius ex his sermo periculosus erit, nullius

mit ganzem Herzen in das versenken, was unermeßlich, was ewig, was uns mit Besseren gemeinsam ist?

Die Narren, die von Verpflichtung zu Verpflichtung hetzen, die sich und anderen die Ruhe rauben – wenn die es so richtig toll getrieben, wenn sie durch aller möglichen Leute Vorzimmer täglich die Runde gemacht und keine offene Tür ausgelassen, wenn sie den unterschiedlichsten Häusern ihre bezahlte Morgenvisite abgestattet haben: Wie viele Leute aus der unermeßlichen, in vielerlei Begierden verstrickten Stadt konnten sie sehen? Wie viele wird's geben, bei denen man sie abweist, weil sie entweder schlafen oder schlemmen oder Knauser sind? Wie viele, die an ihnen, wenn sie sie lange haben warten lassen, in gespielter Hast vorbeirennen? Wie viele werden sich den Gang durch das von Klienten verstopfte Atrium ersparen und durch eine versteckte Tür entwischen, als ob es nicht noch unhöflicher wäre, jemanden zu täuschen als ihn auszusperren? Wie viele werden vom gestrigen Rausch noch schlaftrunken und verkatert sein und für jene armen Kerle, die auf ihren Schlaf verzichteten, nur um zu warten, bis ein anderer ausgeschlafen hat, kaum die Lippen regen? Erst wenn man ihnen ihren Namen tausendmal zugeflüstert hat, werden sie ihn mit unglaublicher Arroganz tonlos wiederholen.

Die Leute haben sich unseres Erachtens die rechte Beschäftigung gesucht, und wir dürfen es ruhig sagen, die täglich mit Zenon, mit Pythagoras, Demokrit und den übrigen großen Gelehrten wie Aristoteles und Theophrast möglichst vertrauten Umgang pflegen möchten. Keiner von diesen wird unabkömmlich sein, keiner wird den, der zu ihm kommt, nicht glücklicher und mit sich selbst zufriedener ziehen lassen, keiner wird es hinnehmen, daß jemand von ihm mit leeren Händen fortgeht. In der Nacht, am Tag und für jedermann sind sie zu sprechen.

15 Von diesen wird dich keiner zwingen zu sterben, aber alle werden es dich lehren; von diesen wird dich keiner um Jahre deines Lebens bringen, sondern die seinen dazugeben. Keiner ist darunter, mit dem zu reden riskant ist, keiner,

amicitia capitalis, nullius sumptuosa observatio.
Feres ex illis, quicquid voles; per illos non stabit,
quominus, quantum plurimum cupieris, haurias.

Quae illum felicitas, quam pulchra senectus manet, qui se in horum clientelam contulit! Habebit,
cum quibus de minimis maximisque rebus deliberet, quos de se cotidie consulat, a quibus audiat
verum sine contumelia, laudetur sine adulatione,
ad quorum se similitudinem effingat.

Solemus dicere non fuisse in nostra potestate,
quos sortiremur parentes, forte nobis datos: nobis
vero ad nostrum arbitrium nasci licet. Nobilissimorum ingeniorum familiae sunt: elige, in quam
adscisci velis; non in nomen tantum adoptaberis,
sed in ipsa bona, quae non erunt sordide nec maligne custodienda: maiora fient, quo illa pluribus
diviseris.

Hi tibi dabunt ad aeternitatem iter et te in illum
locum, ex quo nemo deicitur, sublevabunt. Haec
una ratio est extendendae mortalitatis, immo in
immortalitatem vertendae. Honores, monumenta,
quicquid aut decretis ambitio iussit aut operibus
exstruxit, cito subruitur, nihil non longa demolitur vetustas et movet; at iis, quae consecravit sapientia, nocere non potest; nulla abolebit aetas,
nulla deminuet; sequens ac deinde semper ulterior
aliquid ad venerationem conferet, quoniam quidem in vicino versatur invidia, simplicius longe
posita miramur.

Sapientis ergo multum patet vita; non idem illum qui ceteros terminus cludit; solus generis humani legibus solvitur; omnia illi saecula ut deo

dessen Freundschaft dich ins Verderben stürzt, keiner, den zu ehren viel Geld kostet. Du kannst von ihnen alles mitnehmen, was du willst; es ist nicht ihre Schuld, wenn sich dein höchster Wunsch nicht erfüllt.

Welche Seligkeit, welch herrliches Alter erwartet den, der sich unter ihren Schutz gestellt hat! Er hat Gesprächspartner, mit denen er Kleinigkeiten ebenso wie Hochwichtigem nachgehen und die er in eigener Sache täglich um Rat fragen kann, von denen er die Wahrheit ohne kränkende Schärfe, Lob ohne Schmeichelei hört und nach deren Vorbild er sich formen kann.

Gewöhnlich sagen wir, wir hätten uns unsere Eltern nicht aussuchen können; der Zufall habe sie uns gegeben. In Wirklichkeit ist unsere Abkunft unserer freien Entscheidung überlassen. Die edelsten Geister haben Familien: Such dir heraus, in welche du aufgenommen werden willst. Du bekommst durch die Adoption nicht nur einen neuen Namen, sondern gerade die Güter, die man nicht wie ein schmutziger Geizhals und Knauser zu hüten braucht: Sie werden mehr, an je mehr Leute man sie austeilt.

Sie machen dir zur Ewigkeit den Weg frei und erheben dich an jenen Ort, von wo niemand herabgestoßen werden kann. Das ist die einzige Möglichkeit, das Leben eines Sterblichen zu verlängern, ja ihn unsterblich zu machen. Alle Ruhmestitel und Denkmäler, die ein ehrgeiziger Mensch sich zuerkennen ließ oder aus Stein errichtete, sind schnell dahin; alles vernichtet und beseitigt in ihrem Lauf die Zeit. Aber den unsterblichen Schöpfungen der Philosophie kann sie nicht schaden. Keine Generation wird sie abschaffen, keine ihnen Abbruch tun. Die folgende und jede weitere wird etwas zu ihrer Hochschätzung beitragen, da sich ja die Mißgunst gegen das kehrt, was nahe liegt, während wir das Ferne uneingeschränkt bewundern.

Eines weisen Mannes Leben währt also lang; nicht die gleiche Grenze wie anderen ist ihm gesetzt. Er allein ist frei von dem, was die Menschheit bindet. Alle Jahrhunderte stehen ihm wie einem Gott zu Gebote. Vorbei ist irgendeine

serviunt. Transiit tempus aliquod? Hoc recordatione comprendit; instat? Hoc utitur; venturum est? Hoc praecipit. Longam illi vitam facit omnium temporum in unum collatio.

16 Illorum brevissima ac sollicitissima aetas est, qui praeteritorum obliviscuntur, praesentia neglegunt, de futuro timent: cum ad extrema venerunt, sero intellegunt miseri tam diu se, dum nihil agunt, occupatos fuisse.

Nec est, quod hoc argumento probari putes longam illos agere vitam, quia interdum mortem invocant: vexat illos imprudentia incertis affectibus et incurrentibus in ipsa, quae metuunt; mortem saepe ideo optant, quia timent.

Illud quoque argumentum non est, quod putes diu viventium, quod saepe illis longus videtur dies, quod, dum veniat condictum tempus cenae, tarde ire horas queruntur; nam si quando illos deseruerunt occupationes, in otio relicti aestuant nec, quomodo id disponant, ut extrahant, sciunt. Itaque ad occupationem aliquam tendunt et, quod interiacet, omne tempus grave est, tam, me hercules, quam cum dies muneris gladiatorii edictus est aut cum alicuius alterius vel spectaculi vel voluptatis exspectatur constitutum, transilire medios dies volunt.

Omnis illis speratae rei longa dilatio est; at illud tempus, quod amant, breve est et praeceps breviusque multo suo vitio; aliunde enim alio transfugiunt et consistere in una cupiditate non possunt. Non sunt illis longi dies, sed invisi; at contra, quam exiguae noctes videntur, quas in complexu scortorum aut vino exigunt! Inde etiam poetarum furor fabulis humanos errores alentium,

Zeit? Er ruft sie sich in Erinnerung. Sie ist da? Er weiß sie zu nutzen. Sie will erst kommen? Er nimmt sie in Gedanken schon vorweg. Lang wird sein Leben dadurch, daß er alle Zeit in eins zusammenfaßt.

16 Dagegen ist deren Leben äußerst kurz und unruhig, die Vergangenes vergessen, sich um die Gegenwart nicht kümmern und vor der Zukunft fürchten. Wenn ihr letztes Stündchen kommt, erkennen die Bedauernswerten zu spät, daß sie so lange, ohne etwas zu tun, geschäftig waren.

Übrigens brauchst du nicht zu glauben, es lasse sich daraus schlüssig erweisen, daß sie ein langes Leben führen, weil sie manchmal nach dem Tod rufen. In ihrer Unwissenheit sind sie das Opfer von Stimmungsschwankungen, die sie gerade dem entgegentreiben, was sie fürchten. Den Tod wünschen sie sich oft deshalb, weil sie Angst vor ihm haben.

Auch das erlaubt nicht den Schluß, sie lebten lange, weil ihnen ein Tag oft lang erscheint, so daß sie sich, bis die verabredete Zeit der Abendeinladung kommt, über den trägen Gang der Stunden beklagen. Denn wenn ihnen einmal die Beschäftigungen ausgegangen und sie der Muße überlassen sind, dann werden sie nervös und verstehen es nicht, sie einzuteilen, um möglichst viel davon zu haben. Daher trachten sie nach irgendeiner Ablenkung, und alle Zeit, die inzwischen noch vergeht, ist ihnen zuwider – bei Gott, genauso, wie sie, wenn der Tag für einen Gladiatorenkampf bekanntgegeben ist oder sie bei irgendeinem anderen Spektakel oder Vergnügen den verabredeten Zeitpunkt erwarten, die Tage dazwischen überspringen möchten.

Wenn sie sich auf etwas Hoffnungen machen, ist jeder Aufschub lang. Aber die Zeit, an der sie Gefallen finden, ist kurz, vergeht rasch und wird noch beträchtlich kürzer durch ihre eigene Schuld. Sie jagen nämlich von einem zum andern und können es bei einer einzigen Vergnügung nicht lange aushalten. Die Tage sind ihnen nicht lang, sondern verhaßt; doch wie kurz kommen ihnen dagegen die Nächte vor, die sie in den Armen von Huren oder beim Wein hinbringen. Daher kommt auch der verrückte Einfall der Dichter, die

quibus visus est Iuppiter voluptate concubitus delenitus duplicasse noctem; quid aliud est vitia nostra incendere quam auctores illis inscribere deos et dare morbo exemplo divinitatis excusatam licentiam? Possunt istis non brevissimae videri noctes, quas tam care mercantur? Diem noctis exspectatione perdunt, noctem lucis metu.

17   Ipsae voluptates eorum trepidae et variis terroribus inquietae sunt subitque cum maxime exsultantis sollicita cogitatio: „Haec quam diu?" Ab hoc affectu reges suam flevere potentiam, nec illos magnitudo fortunae suae delectavit, sed venturus aliquando finis exterruit.

Cum per magna camporum spatia porrigeret exercitum nec numerum eius, sed mensuram comprenderet Persarum rex insolentissimus, lacrimas profudit, quod intra centum annos nemo ex tanta iuventute superfuturus esset; at illis admoturus erat fatum ipse, qui flebat, perditurusque alios in mari, alios in terra, alios proelio, alios fuga et intra exiguum tempus consumpturus illos, quibus centesimum annum timebat.

Quid, quod gaudia quoque eorum trepida sunt? Non enim solidis causis innituntur, sed eadem, qua oriuntur vanitate, turbantur. Qualia autem putas esse tempora etiam ipsorum confessione misera, cum haec quoque, quibus se attollunt et super hominem efferunt, parum sincera sint?

Maxima quaeque bona sollicita sunt nec ulli fortunae minus bene quam optimae creditur; alia felicitate ad tuendam felicitatem opus est et pro ip-

mit ihren Fabeleien dem Wahn der Menschen noch Vorschub leisten: Sie bilden sich ein, Jupiter habe, von Liebeslust gelockt, einer Nacht die doppelte Länge gegeben. Was ist das anderes als ein Ansporn für unsere Ausschweifungen, wenn man als deren Erfinder die Götter nennt und eine krankhafte Leidenschaft durch göttliches Vorbild entschuldigt und entfesselt? Müssen diesen Leuten nicht ihre Nächte äußerst kurz vorkommen, für die sie einen so hohen Preis zahlen? Den Tag verlieren sie im Warten auf die Nacht, die Nacht in Angst vor dem Tageslicht.

17 Gerade im Genuß sind sie hektisch und wegen unterschiedlicher Ängste voll Unruhe, und auf dem Höhepunkt der Lust drängt sich ihnen die bange Frage auf: „Wie lange noch?" Aus einer solchen Stimmung heraus haben Könige über ihre Macht geweint, und nicht die Größe ihres Glücks machte sie froh, sondern dessen irgendwann bevorstehendes Ende entsetzte sie.

Als er in der gewaltigen Weite des Blachfelds sein Heer sich lagern ließ und sich nicht seine Zahl, sondern sein Ausmaß vor Augen führte, vergoß der übermütige Perserkönig Tränen, weil in hundert Jahren von so vielen jungen Männern keiner mehr am Leben sein werde. Dabei war eben er, der weinte, im Begriff, sie ins Verhängnis zu führen und die einen auf dem Meer, die anderen auf dem Lande, wieder andere im Kampf oder auf der Flucht zu verlieren und innerhalb ganz kurzer Zeit die zu verderben, um deren hundertstes Jahr er sich sorgte.

Ja, sogar die Freuden derartiger Leute sind angsterfüllt! Sie haben nämlich keinen festen Grund, sondern werden infolge derselben Einbildungen, aus denen sie erwachsen, auch getrübt. Wie beschaffen sind dann aber erst die Zeiten, die nach ihrem eigenen Eingeständnis leidvoll sind, wenn schon auf die, in denen sie sich brüsten und über Menschenmaß erheben, zu wenig Verlaß ist?

Gerade die herrlichsten Gaben des Schicksals schaffen Unruhe, und keinem Glück darf man weniger fest trauen als dem allergrößten. Weitere Erfolge sind nötig, um den Erfolg

sis, quae successere votis, vota facienda sunt. Omne enim, quod fortuito obvenit, instabile est: quod altius surrexerit, opportunius est in occasum. Neminem porro casura delectant; miserrimam ergo necesse est, non tantum brevissimam vitam esse eorum, qui magno parant labore, quod maiore possideant. Operose assequuntur, quae volunt, anxii tenent, quae assecuti sunt.

Nulla interim numquam amplius redituri temporis ratio est: novae occupationes veteribus substituuntur, spes spem excitat, ambitionem ambitio. Miseriarum non finis quaeritur, sed materia mutatur. Nostri nos honores torserunt? Plus temporis alieni auferunt; candidati laborare desiimus? Suffragatores incipimus; accusandi deposuimus molestiam? Iudicandi nanciscimur; iudex desiit esse? Quaesitor est; alienorum bonorum mercennaria procuratione consenuit? Suis opibus distinetur.

Marium caliga dimisit? Consulatus exercet; Quintius dictaturam properat pervadere? Ab aratro revocabitur. Ibit in Poenos nondum tantae maturus rei Scipio; victor Hannibalis, victor Antiochi, sui consulatus decus, fraterni sponsor.

Ni per ipsum mora esset, cum Iove reponeretur: civiles servatorem agitabunt seditiones et post fastiditos a iuvene diis aequos honores iam senem contumacis exilii delectabit ambitio.

Numquam derunt vel felices vel miserae sollicitudinis causae; per occupationes vita trudetur; otium numquam agetur, semper optabitur.

zu sichern, und gerade wenn Gebete erhört wurden, muß man beten. Alles nämlich, was von ungefähr kommt, hat keinen Bestand; je höher es sich erhebt, um so näher ist es seinem Untergang. Nun freut aber niemanden, was vergehen wird; demnach müssen zwangsläufig die ein ganz beklagenswertes, nicht nur ein äußerst kurzes Leben führen, die sich mit großer Plage das verschaffen, was sie sich mit noch größerer erhalten. Mühsam erlangen sie, was sie sich wünschen; ängstlich umklammern sie, was sie erlangten.

Währenddessen achten sie nicht auf die unwiderbringlich vergehende Zeit; neue Beanspruchungen treten an die Stelle der alten, Hoffnung weckt Hoffnung, Ehrgeiz der Ehrgeiz. Man sucht nicht dem Elend ein Ende zu machen, es wechseln nur seine Gründe. Unsere Karriere hat uns keine Ruhe gelassen? Noch mehr Zeit kostet uns die anderer Leute. Die anstrengende Bewerbung um Staatsämter haben wir aufgegeben? Dafür versuchen wir uns nun als Wahlhelfer. Dem lästigen Geschäft des Anklägers haben wir entsagt? Das des Richters fällt uns zu. Aus der Rechtsprechung hat der sich zurückgezogen? Untersuchungsrichter ist er jetzt. Bei der gewerbsmäßigen Verwaltung fremden Vermögens ist jener alt geworden? Jetzt läßt ihn sein eigener Besitz nicht los.

Den Marius drückt der Soldatenstiefel nicht mehr? Nun bringt ihn das Konsulat auf Trab. Cincinnatus will seine Amtszeit als Diktator rasch hinter sich bringen? Man wird ihn vom Pflug zurückrufen. Gegen die Punier zieht, noch zu jung für ein solches Unternehmen, Cornelius Scipio, besiegt Hannibal, besiegt Antiochos, führt ruhmreich sein eigenes Konsulat und bürgt für das seines Bruders.

Würde er nicht selbst Einhalt gebieten, stellte man ihn neben Jupiter! Die eigenen Bürger werden ihren Retter im Parteienkampf zermürben, und nachdem er als Jüngling göttergleiche Ehren von sich wies, wird im Alter das freiwillige Exil sein Stolz und seine Freude sein.

Niemals wird es im Glück oder im Unglück keinen Grund zur Besorgnis geben. Unter Belastungen wird man durchs Leben gestoßen, nie hat man Muße, immer wünscht man sie.

18 Excerpe itaque te vulgo, Pauline carissime, et in tranquilliorem portum non pro aetatis spatio iactatus tandem recede! Cogita, quot fluctus subieris, quot tempestates partim privatas sustinueris, partim publicas in te converteris; satis iam per laboriosa et inquieta documenta exhibita virtus est; experire, quid in otio faciat! Maior pars aetatis, certe melior, rei publicae datast: aliquid temporis tui sume etiam tibi.

Nec te ad segnem aut inertem quietem voco, non ut somno et caris turbae voluptatibus, quicquid est in te indolis vividae, mergas; non est istud adquiescere: invenies maiora omnibus adhuc strenue tractatis operibus, quae repositus et securus agites.

Tu quidem orbis terrarum rationes administras tam abstinenter quam alienas, tam diligenter quam tuas, tam religiose quam publicas. In officio amorem consequeris, in quo odium vitare difficile est; sed tamen, mihi crede, satius est vitae suae rationem quam frumenti publici nosse.

Istum animi vigorem rerum maximarum capacissimum a ministerio honorifico quidem, sed parum ad beatam vitam apto revoca et cogita non id egisse te ab aetate prima omni cultu studiorum liberalium, ut tibi multa milia frumenti bene committerentur; maius quiddam et altius de te promiseras. Non derunt et frugalitatis exactae homines et laboriosae operae; tanto aptiora exportandis oneribus tarda iumenta sunt quam nobiles equi, quorum generosam pernicitatem quis umquam gravi sarcina pressit?

18 Trenne dich also von der Masse, mein lieber Paulinus, und zieh dich, schon ärger umgetrieben, als es der Zahl deiner Jahre entspräche, endlich in einen ruhigeren Hafen zurück! Denk daran, mit welchen Fluten du schon gerungen, welche Stürme du teils im eigenen Haus bestanden, teils in der Öffentlichkeit auf dich gezogen hast. Hinreichend hat sich in leiderfüllten, unruhevollen Zeiten deine Kraft erwiesen und bewährt. Erprobe nun, was sie in der Muße leistet! Der größere Teil deines Lebens und gewiß der bessere war der Politik gewidmet. Etwas von deiner Zeit nimm auch für dich!

Ich will dich nicht zu träger, tatenloser Ruhe verlocken, nicht dazu, daß du im Schlaf und bei den Genüssen, die die Masse liebt, alle deine Energien erlöschen läßt. ‚Ausruhen‘ ist das nicht! Du wirst größere Aufgaben finden als die, die du schon tatkräftig erledigt hast. Mit ihnen kannst du dich in sicherer Zurückgezogenheit beschäftigen.

Du freilich führst die Rechnungsbücher eines Weltreichs so uneigennützig wie die eines anderen, so gewissenhaft wie deine eigenen, so penibel, als ob sie jedem offen lägen. In einem Amt erwirbst du dir Zuneigung, in dem es schwerfällt, Anfeindungen zu meiden, aber trotzdem, das darfst du mir glauben, ist's noch besser, über sein eigenes Leben Rechenschaft ablegen zu können als über die staatliche Getreideversorgung.

Diese deine geistige Spannkraft, die den größten Aufgaben gewachsen ist, widme nicht weiter einem Amt, das zwar ehrenvoll ist, aber für ein glückliches Leben nicht die rechten Voraussetzungen schafft, und bedenke, daß du nicht deshalb von frühester Jugend an alle möglichen Studien getrieben hast, damit dir eine Unmenge Getreide guten Gewissens anvertraut werden kann. Etwas Größeres und Hervorragenderes hatte man sich von dir erhoffen dürfen. Es wird nicht fehlen an Leuten, die sparsam wirtschaften und hart arbeiten können. Erheblich besser geeignet, um Lasten zu schleppen, sind dumme Ochsen als stolze Pferde. Wer hat diesen edlen Rennern je eine schwere Bürde aufgelegt?

Cogita praeterea, quantum sollicitudinis sit ad tantam te molem obicere: cum ventre tibi humano negotium est; nec rationem patitur nec aequitate mitigatur nec ulla prece flectitur populus esuriens.

Modo modo intra paucos illos dies, quibus C. Caesar periit, si quis inferis sensus est, hoc gravissime ferens, quod decedebat populo Romano superstite, septem aut octo certe dierum cibaria superesse! Dum ille pontes navibus iungit et viribus imperi ludit, aderat ultimum malorum obsessis quoque, alimentorum egestas; exitio paene ac fame constitit et, quae famem sequitur, rerum omnium ruina furiosi et externi et infeliciter superbi regis imitatio.

Quem tunc animum habuerunt illi, quibus erat mandata frumenti publici cura, saxa, ferrum, ignes, Gaium excepturi? Summa dissimulatione tantum inter viscera latentis mali tegebant, cum ratione scilicet: quaedam enim ignorantibus aegris curanda sunt; causa multis moriendi fuit morbum suum nosse.

19 Recipe te ad haec tranquilliora, tutiora, maiora! Simile tu putas esse, utrum cures, ut incorruptum et a fraude advehentium et a neglegentia frumentum transfundatur in horrea, ne concepto umore vitietur et concalescat, ut ad mensuram pondusque respondeat, an ad haec sacra et sublimia accedas sciturus, quae materia sit dei, quae voluptas, quae condicio, quae forma; quis animum tuum casus exspectet; ubi nos a corporibus dimissos natura componat; quid sit, quod huius mundi gravissima quaeque in medio sustineat, supra levia

Bedenke ferner, wieviel Unmuße es mit sich bringt, wenn du dich einer so gewaltigen Aufgabe stellst. Du hast es mit dem Magen der Leute zu tun, und kein Argument beeindruckt, keine gerechte Entscheidung besänftigt, keine Bitte bestimmt das Volk, wenn es hungert.

Vor ganz kurzer Zeit, in jenen paar Tagen, als Caligula umkam und – wenn es in der Unterwelt noch so etwas wie Bewußtsein gibt – sich darüber maßlos ärgerte, daß er abtreten mußte, während das römische Volk am Leben blieb, war noch für höchstens sieben oder acht Tage Getreide vorhanden. Während er Schiffsbrücken baute und die Staatsfinanzen verjubelte, war das eingetreten, was selbst für Belagerte das ärgste Unheil ist: Nahrungsmangel! Fast mit dem Hungertod der Bevölkerung und mit dem einer Hungersnot folgenden allgemeinen Zusammenbruch endete Caligulas Versuch, den wahnsinnigen, barbarischen, zu seinem Unglück überheblichen König Xerxes nachzuahmen.

Was empfanden damals die Leute, denen die staatliche Getreideversorgung anvertraut war, als sie auf Steinwürfe, Schwertstreiche, Brandstiftung und auf Caligula gefaßt sein mußten? Mit äußerster Verstellungskunst suchten sie die nur Eingeweihten bekannte üble Lage geheimzuhalten, und zwar mit gutem Grund: Manche Krankheiten müssen nämlich ohne Wissen des Patienten behandelt werden. Für viele war es die Todesursache, daß sie ihr Leiden kannten.

19 Zieh dich also zu diesen ruhigeren, sichereren, wichtigeren Tätigkeiten zurück! Meinst du, es sei dasselbe, ob du dafür sorgst, daß ohne Einbuße durch Betrug oder Schlamperei der Lieferanten das Getreide in die Speicher kommt, daß es nicht durch Nässe Schaden nimmt und sich erhitzt, daß Maß und Gewicht stimmt, oder ob du dich den folgenden metaphysischen Fragen zuwendest: Woraus besteht Gott, was ist sein Vergnügen, was sein Beruf, wie seine Gestalt? Welches Schicksal erwartet deinen Geist? Wohin wird die Natur uns, wenn wir aus dem Leib entlassen sind, versetzen? Was ist es, das in dieser Welt gerade das Schwerste in der Mitte hält, es über Leichtem schweben und das Feuer

suspendat, in summum ignem ferat, sidera vicibus suis excitet; cetera deinceps ingentibus plena miraculis? Vis tu relicto solo mente ad ista respicere? Nunc, dum calet sanguis, vigentibus ad meliora eundum est.

Exspectat te in hoc genere vitae multum bonarum artium, amor virtutum atque usus, cupiditatum oblivio, vivendi ac moriendi scientia, alta rerum quies.

Omnium quidem occupatorum condicio misera est, eorum tamen miserrima, qui ne suis quidem laborant occupationibus, ad alienum dormiunt somnum, ad alienum ambulant gradum, amare et odisse, res omnium liberrimas, iubentur. Hi si volent scire, quam brevis ipsorum vita sit, cogitent, ex quota parte sua sit.

Cum videris itaque praetextam saepe iam sumptam, cum celebre in foro nomen, ne invideris: ista vitae damno parantur. Ut unus ab illis numeretur annus, omnis annos suos conterent. Quosdam, antequam in summum ambitionis eniterentur, inter prima luctantis aetas reliquit; quosdam, cum in consummationem dignitatis per mille indignitates erepsissent, misera subiit cogitatio laborasse ipsos in titulum sepulcri; quorundam ultima senectus, dum in novas spes ut iuventa disponitur, inter conatus magnos et improbos invalida defecit. Foedus ille, quem in iudicio pro ignotissimis litigatoribus grandem natu et imperitae coronae assensiones captantem spiritus liquit; turpis ille, qui vivendo lassus citius quam laborando inter ipsa officia collapsus est; turpis, quem accipiendis immorientem rationibus diu tractus risit heres.

ganz hoch hinauf steigen läßt? Was lenkt die Gestirne auf ihrer Bahn? Dazu noch alles andere, unsagbar wundervoll.

Willst du die Erde hinter dir lassen und das im Geiste schauen? Jetzt, solange das Blut noch warm und man noch frisch ist, muß man sich auf den Weg zum Besseren machen.

Dir steht bei solcher Lebensweise eine Fülle edler Betätigungen bevor, du wirst Vollkommenheit erstreben und erfahren, Leidenschaften vergessen, zu leben und zu sterben wissen und in allem tiefe Ruhe finden.

20 Alle Geschäftigen befinden sich demgegenüber in einer üblen Lage, und am übelsten sind die dran, die sich nicht einmal mit eigenen Geschäften plagen, sondern nur, wenn ein anderer schläft, auch schlafen und nach eines anderen Tritt die Füße setzen. Sogar Liebe und Haß, was sich am allerwenigsten erzwingen läßt, wird ihnen anbefohlen. Sollten solche Leute wissen wollen, wie kurz ihr eigenes Leben sei, müssen sie überlegen, zu welchem Teil es das ihre ist.

Siehst du also, daß einer schon oft die Amtstracht angelegt hat, daß auf dem Forum sein Name in aller Munde ist, so neide es ihm nicht: Dergleichen gewinnt man unter Verlust an Lebenszeit. Damit ein einziges Jahr – als ihr Konsulatsjahr – unter ihrem Namen läuft, opfern sie alle ihre Jahre auf. Manche mußten, ehe sie das letzte Ziel ihres Ehrgeizes erreichten, noch während sie sich auf den ersten Stufen abmühten, das Leben lassen, manchen wurde, als sie sich zu höchster Würde unter tausendfacher Entwürdigung hochgearbeitet hatten, deprimierend bewußt, daß sie sich nur für ihre Grabschrift geplagt hatten. Manche ließ ihr hohes Alter, während sie es, als wären sie noch jung, für neue Hoffnungen verplanten, bei großen und maßlosen Vorhaben kraftlos im Stich. Ein garstiges Bild gibt der ab, dem, während er vor Gericht für ihm ganz unbekannte Kontrahenten hochbetagt eintritt und es auf den Beifall einfältiger Zuhörer abgesehen hat, die Luft wegblieb, ein trauriges jener, der – vom Leben rascher als von der Arbeit erschöpft – mitten unter seinen Verpflichtungen zusammenbrach, ein trauriges auch einer, den, während er sich auf dem Sterbebett noch Abrechnun-

Praeterire, quod mihi occurrit, exemplum non possum: Turannius fuit exactae diligentiae senex, qui post annum nonagesimum, cum vacationem procurationis ab C. Caesare ultro accepisset, componi se in lecto et velut exanimem a circumstante familia plangi iussit. Lugebat domus otium domini senis nec finivit ante tristitiam, quam labor illi suus restitutus est. Adeone iuvat occupatum mori?

Idem plerisque animus est; diutius cupiditas illis laboris quam facultas est; cum imbecillitate corporis pugnant, senectutem ipsam nullo alio nomine gravem iudicant, quam quod illos seponit. Lex a quinquagesimo anno militem non legit, a sexagesimo senatorem non citat: difficilius homines a se otium impetrant quam a lege. Interim, dum rapiuntur et rapiunt, dum alter alterius quietem rumpit, dum mutuo miseri sunt, vita est sine fructu, sine voluptate, sine ullo profectu animi:

Nemo in conspicuo mortem habet, nemo non procul spes intendit, quidam vero disponunt etiam illa, quae ultra vitam sunt, magnas moles sepulcrorum et operum publicorum dedicationes et ad rogum munera et ambitiosas exsequias. At, me hercules, istorum funera, tamquam minimum vixerint, ad faces et cereos ducenda sunt.

gen vorlegen ließ, sein lang hingehaltener Erbe auslachte. Ich bringe es nicht fertig, ein Beispiel, das mir eben in den Sinn kommt, auszulassen: Turannius war ein ungewöhnlich gewissenhafter alter Mann. Als dieser nach Vollendung des neunzigsten Lebensjahrs von seinem Amt als Prokurator durch Caligula entbunden worden war, ohne daß er darum gebeten hätte, ließ er sich aufbahren und wie einen Toten von seinem Gesinde, das ihn umstand, beklagen. Da bejammerte das ganze Haus den Ruhestand seines greisen Herrn und beendete die Trauer erst dann, als ihm sein aufreibendes Amt zurückgegeben war. Ist's eine solche Freude, im Dienst zu sterben?

Dieselbe Einstellung findet man bei den meisten. Länger haben sie Verlangen nach Arbeit als die Befähigung dazu. Sie kämpfen gegen ihre physische Schwäche an und halten das Alter nur aus dem einen Grund für beschwerlich, weil es sie in Pension schickt. Nach dem Gesetz wird man vom fünfzigsten Lebensjahr an nicht mehr zum Militär eingezogen, ab dem sechzigsten nicht mehr in den Senat berufen. Schwerer erwirken die Menschen von sich selbst den Ruhestand als vom Gesetz. Mittlerweile, während sie fortgerissen werden und fortreißen, während einer des anderen Ruhe stört, während sie im Wechsel unglücklich sind, bleibt ihr Leben ohne Ertrag, ohne Freude, ohne irgendeine Form von geistigem Fortschritt.

Niemand hat den Tod vor Augen, niemand macht sich keine weitreichenden Hoffnungen; manche planen sogar für die Zeit nach ihrem Tod: gewaltige Gebirge von Grabmälern, Stiftungen von Bauten für die Allgemeinheit, am Scheiterhaufen Gladiatorenkämpfe, ein aufwendiges Leichenbegängnis. Dabei sollte ihre Bestattung, da sie ja nur ganz kurze Zeit gelebt haben, wahrhaftig wie ein Kinderbegräbnis im Schein von Fackeln und Kerzen erfolgen.

AD POLYBIUM
DE CONSOLATIONE

1 ... nostrae compares, firma sunt; si redigas ad condicionem naturae omnia destruentis et, unde edidit, eodem revocantis, caduca sunt. Quid enim immortale manus mortales fecerunt? Septem illa miracula et, si qua his multo mirabiliora sequentium annorum exstruxit ambitio, aliquando solo aequata visentur. Ita est: nihil perpetuum, pauca diuturna sunt; aliud alio modo fragile est, rerum exitus variantur, ceterum, quicquid coepit, et desinit. Mundo quidam minantur interitum, et hoc universum, quod omnia divina humanaque complectitur, si fas putas credere, dies aliquis dissipabit et in confusionem veterem tenebrasque demerget. Eat nunc aliquis et singulas comploret animas; Carthaginis ac Numantiae Corinthique cinerem et, si quid aliud altius cecidit, lamentetur, cum etiam hoc, quod non habet, quo cadat, sit interiturum. Eat aliquis et fata tantum aliquando nefas ausura sibi non pepercisse conqueratur!

Quis tam superbae impotentisque arrogantiae est, ut in hac naturae necessitate omnia ad eundem finem revocantis se unum ac suos seponi velit ruinaeque etiam ipsi mundo imminenti aliquam domum subtrahat? Maximum ergo solacium est co-

TROSTSCHRIFT FÜR POLYBIUS

1 ... vergleicht man sie mit unserer (Lebenszeit), sind (unsere Bauwerke) dauerhaft; wenn man sie aber an den Möglichkeiten der Natur mißt, die alles vernichtet und wieder zu dem werden läßt, woraus sie es erschuf, sind sie vergänglich. Was haben denn Unsterbliches die Hände von Sterblichen geschaffen? Jene Sieben Weltwunder und was, noch wunderbarer als diese, die Prunksucht späterer Jahre aufgetürmt hat, wird man dereinst dem Erdboden gleichgemacht sehen. Ja, nichts ist ewig, weniges steht lange; ein jedes Ding ist in anderer Weise zerstörbar, die Formen der Vernichtung sind verschieden; im übrigen muß alles, was begann, auch enden. Der Erde prophezeien bestimmte Leute den Untergang, und dieses Weltall, das alles Menschliche und Übermenschliche umschließt, wird, wenn man es glauben darf, ein Schicksalstag zerschmettern und in die einstige Wirrnis und Dunkelheit versenken. Da gehe nun einer hin und jammere über jeden einzelnen Verstorbenen! Karthagos, Numantias und Korinths Zerstörung beklage er und wenn sonst etwas noch Stolzeres gestürzt ist, wo doch auch das, was nirgendwohin stürzen kann, vergehen wird! Da gehe einer hin und beschwere sich, daß das Schicksal, das sich dereinst zu solchem Frevel erkühnen wird, ihn nicht schonte!

Wer ist so hochfahrend und vermessen in seinem Dünkel, daß er angesichts des unentrinnbaren Weltgesetzes, das alles dem gleichen Ende zuführt, sich selber und die Seinen ausgenommen wissen möchte und vor dem Untergang, der auch dem All selbst bevorsteht, irgendeine Familie zu bewahren suchte? Äußerst tröstlich ist somit der Gedanke, daß einem

gitare id sibi accidisse, quod omnes ante se passi sunt omnesque passuri, et ideo mihi videtur rerum natura, quod gravissimum fecerat, commune fecisse, ut crudelitatem fati consolaretur aequalitas.

2 Illud quoque te non minimum adiuverit, si cogitaveris nihil profuturum dolorem tuum, nec illi, quem desideras, nec tibi: noles enim longum esse, quod irritum est. Nam, si quicquam tristitia profecturi sumus, non recuso, quicquid lacrimarum fortunae meae superfuit, tuae fundere; inveniam etiamnunc per hos exhaustos iam fletibus domesticis oculos, quod effluat, si modo id tibi futurum bono est. Quid cessas? Conqueramur, atque adeo ipse hanc litem meam faciam: „Iniquissima omnium iudicio Fortuna, adhuc videbaris eum hominem continuo fovisse, qui munere tuo tantam venerationem receperat, ut, quod raro ulli contigit, felicitas eius effugeret invidiam: ecce eum dolorem illi, quem salvo Caesare accipere maximum poterat, impressisti et, cum bene illum undique circumisses, intellexisti hac parte tantummodo patere ictibus tuis.

Quid enim illi aliud faceres? Pecuniam eriperes? Numquam illi obnoxius fuit; nunc quoque, quantum potest, illam a se abigit et in tanta facilitate adquirendi nullum maiorem ex ea fructum quam contemptum eius petit.

Eriperes illi amicos? Sciebas tam amabilem esse, ut facile in locum amissorum posset alios substituere: unum enim hunc ex iis, quos in principali domo potentes vidi, cognovisse videor, quem omnibus amicum habere cum expediat, magis tamen etiam libet.

das widerfuhr, was alle vor uns traf und alle treffen wird, und darum scheint mir die Natur, was sie als Schwerstes bestimmt hatte, allen gemeinsam bestimmt zu haben, damit man sich angesichts der Härte des Schicksals mit dem Gedanken trösten kann, daß es uns gleich behandelt.

2 Auch das mag Dir nicht wenig helfen, wenn Du daran denkst, daß Dein Schmerz überhaupt nichts nützt, weder ihm, den Du vermißt, noch Dir. Du wirst ja nicht wollen, daß lange währt, was sinnlos ist. Denn wenn wir irgend etwas durch Trauer erreichen können, weigere ich mich nicht, alle Tränen, die mir mein eigenes Unglück übrig ließ, bei Deinem zu vergießen. Ich werde selbst jetzt noch irgendwo in diesen bei eigenem Jammer leergeweinten Augen etwas finden, was fließen kann, wenn es nur für Dich gut ist. Was zögerst Du? Klagen wir zusammen – oder besser: Ich will Deine Sache zu der meinen machen: „Du schlimmste Feindin nach dem Urteil aller, Fortuna, bisher hast du scheinbar diesen Mann fortwährend gefördert, der sich durch deine Gunst so große Achtung erworben hatte, daß, was selten einem gelingt, sein Glück dem Neid entging. Nun auf einmal hast du ihm den größten Schmerz zugefügt, den er, solange der Kaiser wohlauf ist, erfahren konnte, und, nachdem du ihn so recht von allen Seiten ausgespäht hattest, entdeckt, daß er deinen Schlägen nur diese einzige Blöße bot.

Was hättest du ihm denn sonst antun können? Hättest du ihm sein Geld rauben sollen? Nie war er davon abhängig; selbst jetzt weist er es nach Möglichkeit von sich, und obwohl er es so leicht bekommen könnte, wünscht er sich davon keinen größeren Gewinn als den, es zu verachten.

Hättest du ihm seine Freunde rauben sollen? Du kanntest ihn als so liebenswürdig, daß er leicht die Verlorenen durch andere hätte ersetzen können. Wohl als einzigen von denen, die ich im kaiserlichen Palast mächtig sah, kenne ich ihn als einen Mann, dessen Freundschaft zwar allen Nutzen bringt, aber noch mehr Freude.

Eriperes illi bonam opinionem? Solidior est haec apud eum, quam ut a te quoque ipsa concuti possit.

Eriperes bonam valetudinem? Sciebas animum eius liberalibus disciplinis, quibus non innutritus tantum, sed innatus est, sic esse fundatum, ut supra omnes corporis dolores emineret.

Eriperes spiritum? Quantulum nocuisses! Longissimum illi ingenii aevum fama promisit; id egit ipse, ut meliore sui parte duraret et compositis eloquentiae praeclaris operibus a mortalitate se vindicaret. Quamdiu fuerit ullus litteris honor, quamdiu steterit aut Latinae linguae potentia aut Graecae gratia, vigebit cum maximis viris, quorum se ingeniis vel contulit vel, si hoc verecundia eius recusat, applicuit.

Hoc ergo unum excogitasti, quomodo maxime illi posses nocere. Quo melior est enim quisque, hoc saepius ferre te consuevit sine ullo dilectu furentem et inter ipsa beneficia metuendam. Quantulum erat tibi immunem ab hac iniuria praestare eum hominem, in quem videbatur indulgentia tua ratione certa pervenisse et non ex tuo more temere incidisse!"

3 Adiciamus, si vis, ad has querellas ipsius adulescentis interceptam inter prima incrementa indolem: dignus fuit ille te fratre. Tu certe eras dignissimus, qui ne ex indigno quidem quicquam doleres fratre: redditur illi testimonium aequale omnium hominum; desideratur in tuum honorem, laudatur in suum. Nihil in illo fuit, quod non libenter agnosceres. Tu quidem etiam minus bono fratri fuisses bonus, sed in illo pietas tua idoneam

Hättest du ihm seinen guten Ruf rauben sollen? Der ist bei ihm fester gegründet, als daß er selbst von dir erschüttert werden könnte.

Hättest du ihm seine Gesundheit rauben sollen? Du wußtest, daß er durch edle Bildung, die ihm nicht bloß anerzogen, sondern angeboren ist, solche Festigkeit gewonnen hat, daß er über alle körperlichen Schmerzen erhaben ist.

Hättest du ihm sein Leben rauben sollen? Wie wenig hättest du ihm geschadet! Ewiges Angedenken versprach ihm der Ruhm seines Genies. Er selbst strebte danach, in seinem besseren Teil fortzuleben und dadurch, daß er herrliche Werke der Dichtkunst schuf, sich von der Sterblichkeit loszukaufen. Solange man überhaupt Bücher schätzt, solange die Kraft der lateinischen Sprache und die Anmut der griechischen Beifall finden, wird er in Ehren stehen zugleich mit den bedeutendsten Männern, an deren geistiger Leistung er sich entweder gemessen oder, sofern ihm das seine Bescheidenheit verwehrt, orientiert hat.

Einzig darüber also hast du gebrütet, wie du ihm am meisten schaden könntest. Je tugendhafter nämlich einer ist, desto öfter muß er dir in der Regel standhalten, die du wahllos wütest und selbst, wenn du dich gefällig zeigst, unheimlich bist. Was hätte es schon ausgemacht, den Mann mit solchem Unrecht zu verschonen, dem deine Gnade scheinbar wohlerwogen zuteil wurde und nicht, wie es sonst deine Art ist, grundlos zufiel!"

3 Fügen wir, wenn es Dir recht ist, diesen Vorwürfen noch hinzu, daß der hochbegabte junge Mann, als seine Fähigkeiten sich eben zeigten, dahingerafft wurde. Er hatte es verdient, Dein Bruder zu sein. Du freilich hättest es am ehesten verdient, nicht einmal von einem Bruder, wie Du ihn nicht verdient hättest, irgendeinen Schmerz zu erfahren. Ihm wird von aller Welt ein gleich gutes Zeugnis ausgestellt, man betrauert ihn, um Dich, man preist ihn, um ihn selbst zu ehren. Nichts fand sich an ihm, was Du nicht gerne hättest gelten lassen. Du wärest freilich auch zu einem weniger guten Bruder gut gewesen, doch an ihm fand Dein Familien-

nacta materiam multo se liberius exercuit. Nemo potentiam eius iniuria sensit, numquam ille te fratrem ulli minatus est; ad exemplum se modestiae tuae formaverat cogitabatque, quantum tu et ornamentum tuorum esses et onus: suffecit ille huic sarcinae. O dura fata et nullis aequa virtutibus! Antequam felicitatem suam nosset frater tuus, exemptus est. Parum autem me indignari scio; nihil est enim difficilius, quam magno dolori paria verba reperire. Iam nunc tamen, si quid proficere possumus, conqueramur: „Quid tibi voluisti, tam iniusta et tam violenta Fortuna? Tam cito te indulgentiae tuae paenituit? Quae ista crudelitas est, in medios fratres impetum facere et tam cruenta rapina concordissimam turbam imminuere? Tam bene stipatam optimorum adulescentium domum in nullo fratre degenerantem turbare et sine ulla causa delibare voluisti! Nihil ergo prodest innocentia ad omnem legem exacta, nihil antiqua frugalitas, nihil felicitatis summae potentia summa conservata abstinentia, nihil sincerus et rectus litterarum amor, nihil ab omni labe mens vacans? Luget Polybius et in uno fratre, quid de reliquis possit metuere, admonitus etiam de ipsis doloris sui solaciis timet! Facinus indignum! Luget Polybius et aliquid propitio dolet Caesare! Hoc sine dubio, impotens Fortuna, captasti, ut ostenderes neminem contra te ne a Caesare quidem posse defendi."

4   Diutius accusare fata possumus, mutare non possumus: stant dura et inexorabilia. Nemo illa convicio, nemo fletu, nemo causa movet; nihil umquam ulli parcunt nec remittunt. Proinde parcamus lacrimis nihil proficientibus; facilius enim

sinn das rechte Betätigungsfeld und konnte sich noch viel freier entfalten. Niemand bekam seinen Einfluß ungerechterweise zu spüren, nie drohte er jemandem mit Dir, seinem Bruder. Er hatte sich an Deiner Zurückhaltung ein Beispiel genommen und dachte daran, welch eine Ehre Du für die Deinen seist und welche Verpflichtung. Dieser Bürde war er gewachsen! O hartes Verhängnis, das auf keine Leistung Rücksicht nimmt! Ehe Dein Bruder sein Glück erfassen konnte, wurde er fortgenommen. Doch zeige ich meine Entrüstung noch zu wenig, ich weiß es; nichts ist ja schwerer, als für großen Schmerz die passenden Worte zu finden. Dennoch wollen wir jetzt gleich, wenn wir etwas ausrichten können, gemeinsam klagen: „Was hattest du vor, du ungerechtes und so gewalttätiges Schicksal? Hast du so rasch deine Güte bereut? Was ist das für eine Roheit, sich mitten zwischen Brüder zu werfen und durch so blutigen Raub der einträchtigsten Runde Abbruch zu tun? Eine so festgeschlossene Gemeinschaft bester junger Männer, in der kein Bruder aus der Art schlug, wolltest du stören und ohne jeden Anlaß verkleinern. Nichts also hilft Rechtschaffenheit, die sich an jedes Gesetz hält, nichts die alte Biederkeit, nichts die bei aller Macht, die höchstes Glück verschafft, bewahrte höchste Unbestechlichkeit, nichts die wahre und rechte Liebe zur Wissenschaft, nichts ein von jedem Makel freier Sinn? Traurig ist Polybius, und da ihm bei einem Bruder bewußt wurde, was er bei den übrigen fürchten müsse, sorgt er sich auch um die, die ihn in seinem Schmerz trösten. Welch schändliche Untat! Traurig ist Polybius und leidet schwer, obwohl ihm der Kaiser gnädig ist. Darauf hattest du es, rasendes Schicksal, ohne Zweifel abgesehen: Zu zeigen, daß niemand vor dir, nicht einmal vom Kaiser, beschützt werden könne."

4 Anklagen können wir das Geschick noch länger, ändern können wir es nicht; es bleibt hart und unerbittlich. Niemand beeindruckt es durch lauten Vorwurf, niemand durch Weinen, niemand durch Vernunftgründe. In keiner Hinsicht schont es jemals einen oder gibt ihm nach. Sparen wir uns also die Tränen, die nichts nützen. Eher wird uns nämlich dieser

nos illis dolor iste adiciet quam illos nobis reducet. Qui, si nos torquet, non adiuvat, primo quoque tempore deponendus est, et ab inanibus solaciis atque amara quadam libidine dolendi animus recipiendus est. Nam lacrimis nostris nisi ratio finem fecerit, fortuna non faciet. Omnes agedum mortales circumspice, larga ubique flendi et assidua materia est: alium ad cotidianum opus laboriosa egestas vocat, alium ambitio numquam quieta sollicitat; alius divitias, quas optaverat, metuit et voto laborat suo; alium solitudo, alium favor torquet, alium semper vestibulum obsidens turba; hic habere se dolet liberos, hic perdidisse. Lacrimae nobis deerunt ante quam causae dolendi. Non vides, qualem nobis vitam rerum natura promiserit, quae primum nascentium hominum fletum esse voluit? Hoc principio edimur, huic omnis sequentium annorum ordo consentit. Sic vitam agimus, ideoque moderate id fieri debet a nobis, quod saepe faciendum est, et respicientes, quantum a tergo rerum tristium immineat, si non finire lacrimas, at certe reservare debemus. Nulli parcendum est rei magis quam huic, cuius tam frequens usus est.

5   Illud quoque te non minimum adiuverit, si cogitaveris nulli minus gratum esse dolorem tuum quam ei, cui praestari videtur. Torqueri ille te aut non vult aut non intellegit. Nulla itaque eius officii ratio est, quod ei, cui praestatur, si nihil sentit, supervacuum est, si sentit, ingratum est. Neminem esse toto orbe terrarum, qui delectetur lacrimis tuis, audacter dixerim. Quid ergo? Quem nemo adversus te animum gerit, eum esse tu credis fratris tui, ut cruciatu tui noceat tibi, ut te velit abducere ab occupationibus tuis, id est a studio et

Kummer zu denen dort drüben bringen als uns jene zurückführen. Wenn er uns peinigt, nicht guttut, dann müssen wir so früh wie möglich von ihm lassen und uns armseligen Trostworten und einer bitteren Lust am Schmerz versagen. Denn wenn nicht die Vernunft unseren Tränen ein Ende macht – das Schicksal tut es nicht. Auf! Sieh Dich bei allen Menschen um! Überall gibt es reichlich und ständig Anlaß, zu weinen. Den einen ruft zum Tagewerk quälende Armut, den anderen treibt sein stets reger Ehrgeiz um. Wieder ein anderer hat vor dem Reichtum, den er sich wünschte, Angst und leidet unter der Erfüllung seines Wunsches; dem einen setzt die Einsamkeit zu, dem anderen die Menge, die stets die Tür zu seinem Haus belagert. Den schmerzt es, daß er Kinder hat, den, daß er sie verlor. Die Tränen gehen uns eher aus als die Ursachen des Kummers. Siehst du nicht, was für ein Leben uns die Natur in Aussicht stellte, nach deren Willen die Menschen gleich, wenn sie geboren werden, weinen? Unter diesem Zeichen kommen wir zur Welt, und dazu paßt die ganze Reihe der folgenden Jahre. So bringen wir unser Leben hin, und daher sollten wir das maßvoll tun, was wir oft tun müssen, sollten bedenken, was uns künftig an Betrüblichem bevorsteht und, wenn wir unsere Tränen schon nicht stillen können, sie wenigstens aufsparen. Mit nichts muß man sparsamer umgehen als mit dem, was man so häufig braucht.

5 Auch das wird Dir nicht wenig helfen, wenn Du bedenkst, daß niemandem Deine Trauer weniger willkommen ist als ihm, dem sie anscheinend gilt. Daß Du Dich abquälst, will er entweder nicht oder nimmt es nicht wahr. Es gibt keinen Anlaß zu dieser Form von Pietät, weil sie für den, dem sie erwiesen wird, falls er nichts wahrnimmt, überflüssig, und falls er sie wahrnimmt, unwillkommen ist. Daß es auf der ganzen Welt niemanden gibt, der an Deinen Tränen Freude hat, darf ich wohl unbesorgt sagen. Nun denn: Eine Haltung, die niemand Dir gegenüber einnimmt, die traust Du Deinem Bruder zu, daß er Dir dadurch, daß Du Dich quälst, übel mitspielt und Dich abbringen möchte von dem, was Dich in Anspruch nimmt, das heißt von Deiner Schrift-

a Caesare? Non est hoc simile veri. Ille enim indulgentiam tibi tamquam fratri praestitit, venerationem tamquam parenti, cultum tamquam superiori. Ille enim indulgentiam tibi esse vult, tormento esse non vult. Quid itaque iuvat dolori intabescere, quem, si quis defunctis sensus est, finiri frater tuus cupit? De alio fratre, cuius incerta posset voluntas videri, omnia haec in dubio ponerem et dicerem: „Sive te torqueri lacrimis numquam desinentibus frater tuus cupit, indignus hoc affectu tuo est; sive non vult, utrique vestrum inhaerentem dolorem dimitte: nec impius frater sic desiderari debet nec pius sic velit."

In hoc vero, cuius tam explorata pietas est, pro certo habendum est nihil esse illi posse acerbius, quam si tibi hic casus eius acerbus est, si te ullo modo torquet, si oculos tuos, indignissimos hoc malo, sine ullo flendi fine et conturbat idem et exhaurit. Pietatem tamen tuam nihil aeque a lacrimis tam inutilibus abducet, quam si cogitaveris fratribus te tuis exemplo esse debere fortiter hanc fortunae iniuriam sustinendi. Quod duces magni faciunt rebus affectis, ut hilaritatem de industria simulent et adversas res adumbrata laetitia abscondant, ne militum animi, si fractam ducis sui mentem viderint, et ipsi collabantur, id nunc tibi quoque faciendum est. Indue dissimilem animo tuo vultum et, si potes, proice omnem ex toto dolorem, si minus, introrsus abde et contine, ne appareat, et da operam, ut fratres tui te imitentur, qui honestum putabunt, quodcumque te facientem viderint, animumque ex vultu tuo sument. Et solacium debes esse illorum et consolator; non poteris autem horum maerori obstare, si tuo indulseris.

stellerei und vom Kaiser. Das ist unwahrscheinlich. Er hat Dir nämlich Zärtlichkeit erwiesen wie einem Bruder, Verehrung wie einem Vater, Respekt wie einem Vorgesetzten. Er will ja, daß Du zärtliches Verlangen empfindest, aber nicht, daß es Dir zur Pein wird. Was hilft es also, sich im Schmerz zu verzehren, den Dein Bruder, wenn Verstorbene noch etwas empfinden, gestillt sehen möchte? Bei einem anderen Bruder, dessen Haltung fraglich scheinen könnte, würde ich das alles in Zweifel ziehen und sagen: „Wenn dein Bruder will, daß deine Tränen nie versiegen und du leidest, dann verdient er deine Liebe nicht; will er es aber nicht, dann laß den Schmerz, der euch beide belastet: Weder darf man einen lieblosen Bruder so vermissen noch kann ein liebevoller es so wollen."

Bei ihm aber, dessen Bruderliebe so erwiesen ist, darf man mit Sicherheit annehmen, daß nichts für ihn schmerzlicher sein kann, als wenn sein Schicksal für Dich schmerzlich ist, wenn es Dich irgendwie bedrückt, wenn es Deine Augen, die solche Qual am wenigsten verdient haben, mit endlosem Weinen martert und erschöpft. Einen liebevollen Menschen wie Dich wird indes nichts so zuverlässig von derart unnützen Tränen abbringen wie der Gedanke, Du müßtest für Deine Brüder ein Vorbild sein, wie man tapfer einen solchen Schicksalsschlag erträgt. Was große Heerführer tun, wenn ihre Sache schlecht steht, daß sie sich nämlich bewußt heiter geben und ihre Schwierigkeiten mit aufgesetzter Fröhlichkeit überspielen, damit nicht die Soldaten angesichts der Niedergeschlagenheit ihres Anführers auch ihrerseits den Mut sinken lassen, – das mußt Du jetzt tun. Setze eine frohe Miene auf, auch wenn Dir ganz anders zumute ist, und lege, wenn möglich, allen Kummer völlig ab; wo nicht, verbirg ihn in Deinem Innersten und unterdrücke ihn, damit er nicht sichtbar wird, und sorge dafür, daß Deine Brüder es Dir gleichtun, die alles für schicklich halten, was sie Dich tun sehen, und dank Deiner heiteren Stirn ihre Fassung wiederfinden. Du solltest ihr Trost sein und ihr Tröster, doch wirst Du ihrem Gram nicht wehren können, wenn Du Dich dem Deinen hingibst.

6 Potest et illa res a luctu te prohibere nimio, si tibi ipse renuntiaveris nihil horum, quae facis, posse subduci. Magnam tibi personam hominum consensus imposuit: haec tibi tuenda est. Circumstat te omnis ista consolantium frequentia et in animum tuum inquirit ac perspicit, quantum roboris ille adversus dolorem habeat et utrumne tu tantum rebus secundis uti dextere scias an et adversas possis viriliter ferre; observantur oculi tui. Liberiora sunt omnia iis, quorum affectus tegi possunt; tibi nullum secretum liberum est: in multa luce fortuna te posuit. Omnes scient, quomodo te in isto tuo gesseris vulnere, utrumne statim percussus arma summiseris an in gradu steteris. Olim te in altiorem ordinem et amor Caesaris extulit et tua studia eduxerunt. Nihil te plebeium decet, nihil humile. Quid autem tam humile ac muliebre est quam consumendum se dolori committere? Non idem tibi in luctu pari quod tuis fratribus licet. Multa tibi non permittit opinio de studiis ac moribus tuis recepta: multum a te homines exigunt, multum exspectant. Si volebas tibi omnia licere, ne convertisses in te ora omnium; nunc tantum tibi praestandum est, quantum promisisti. Omnes illi, qui opera ingenii tui laudant, qui describunt, quibus, cum fortuna tua opus non sit, ingenio opus est, custodes animi tui sunt. Nihil umquam ita potes indignum facere perfecti et eruditi viri professione, ut non multos admirationis de te suae paeniteat. Non licet tibi flere immodice, nec hoc tantummodo non licet: ne somnum quidem extendere in partem diei licet aut a tumultu rerum in otium ruris quieti confugere aut

6 Auch das kann Dich von allzu großer Trauer abhalten, wenn Du Dir selbst vor Augen hältst, daß sich nichts von dem, was Du tust, geheimhalten läßt. Eine bedeutende Persönlichkeit bist Du nach dem einhelligen Urteil der Menschen; dieser Rolle mußt Du gerecht werden. Dich umdrängt dieser ganze Schwarm von Kondolierenden und sucht in Dein Herz zu blicken und herauszufinden, wieviel Stärke es gegen den Schmerz besitzt und ob Du nur das Glück recht zu genießen oder auch Unglück wie ein Mann zu tragen weißt: Man sucht in Deinen Augen zu lesen. Mehr Freiheit haben die in allem, deren Gefühlsausbrüche sich verbergen lassen. Ins helle Licht hat Dich das Schicksal gestellt. Alle werden wissen, wie Du diesen Schlag, der Dich traf, hingenommen und ob Du, gleich aus der Fassung gebracht, die Waffen gestreckt oder standgehalten hast. Vor langer Zeit schon haben Dich zu höheren Ehren die Zuneigung des Kaisers erhoben und Deine literarischen Leistungen emporgeführt. Nichts Ordinäres paßt zu Dir, nichts Schwächliches. Was aber ist so schwächlich und weibisch wie die Bereitschaft, sich von seinem Schmerz verzehren zu lassen? Nicht dasselbe ist Dir bei gleicher Trauer gestattet wie Deinen Brüdern. Vieles erlaubt Dir nicht die hohe Meinung, die man von Deinen Fähigkeiten als Literat und von Deinem Charakter hat. Viel fordern von Dir die Menschen, viel erwarten sie. Wenn es Dein Wunsch war, alles tun zu dürfen, hättest Du nur ja nicht die Blicke aller auf Dich lenken sollen. Nun mußt Du so viel leisten, wie Du versprochen hast. All jene, die die Schöpfungen Deines Genies preisen, die sie sich abschreiben lassen, die, selbst wenn sie Deiner hohen Stellung nicht bedürfen, Deines Genies bedürfen, haben auf Deine Gefühle Acht. Nichts kannst Du somit je tun, was sich mit der Stellung eines beispielhaften und gebildeten Mannes nicht vertrüge, ohne daß viele ihre Bewunderung für Dich bereuen müßten. Du darfst nicht hemmungslos weinen, und das ist nicht das einzige, was Du nicht darfst: Nicht einmal lang schlafen darfst Du, bis in den Tag hinein, oder Dich vor dem ganzen Trubel in den Frieden

assidua laboriosi officii statione fatigatum corpus voluptaria peregrinatione recreare aut spectaculorum varietate animum detinere aut ex tuo arbitrio diem disponere. Multa tibi non licent, quae humillimis et in angulo iacentibus licent: magna servitus est magna fortuna. Non licet tibi quicquam arbitrio tuo facere: audienda sunt tot hominum milia, tot disponendi libelli; tantus rerum ex orbe toto coeuntium congestus, ut possit per ordinem suum principis maximi animo subici, extricandus est. Non licet tibi, inquam, flere: ut multos flentes audire possis, ut periclitantium et ad misericordiam mitissimi Caesaris pervenire cupientium lacrimae tibi sint curae, tuae assiccandae sunt.

7 Haec tamen etiamnunc levioribus te remediis adiuvabunt. Cum voles omnium rerum oblivisci, Caesarem cogita: vide, quantam huius in te indulgentiae fidem, quantam industriam debeas; intelleges non magis tibi incurvari licere quam illi, si quis modo est fabulis creditus, cuius umeris mundus innititur. Caesari quoque ipsi, cui omnia licent, propter hoc ipsum multa non licent: omnium somnos illius vigilia defendit, omnium otium illius labor, omnium delicias illius industria, omnium vacationem illius occupatio. Ex quo se Caesar orbi terrarum dedicavit, sibi eripuit, et siderum modo, quae irrequieta semper cursus suos explicant, numquam illi licet subsistere nec quicquam suum facere. Ad quendam itaque modum tibi quoque eadem necessitas iniungitur. Non licet tibi ad utilitates tuas, ad studia tua respicere: Caesare orbem terrarum possidente impertire te nec voluptati nec dolori nec ulli alii rei

Deines stillen Landguts flüchten oder Deine in der ständigen
Belastung durch ein schweres Amt angeschlagene Gesundheit auf einer Vergnügungsreise erholen oder Dich durch
abwechslungsreiche Vorführungen zerstreuen oder nach eigenem Geschmack den Tag einteilen. Vieles darfst Du nicht,
was die Allergeringsten, die sich in irgendeinen Winkel
drücken, dürfen. Große Unfreiheit bringt großes Glück mit
sich. Du darfst nichts nach eigenem Gutdünken tun; anhören mußt Du Dir so viele tausend Leute, so viele Bittschriften bearbeiten und einen solchen Haufen von Nachrichten,
die aus der ganzen Welt einlaufen, um sie in rechter Ordnung dem großen Kaiser unterbreiten zu können, erst auswerten. Du darfst, ich sagte es, nicht weinen. Damit Du
vielen Weinenden zuhören kannst, damit Dir die Tränen
derer, die in Gefahr sind und das Erbarmen des allermildesten Kaisers zu erlangen trachten, nicht gleichgültig sind,
muß Du die Deinen trocknen.

7 Folgendes wird Dir außerdem helfen – und diese Arznei
wirkt noch rascher: Wenn Du alles vergessen willst, denk' an
den Kaiser! Überlege, wieviel Du seiner Güte Dir gegenüber
an Treue, wieviel an Einsatz schuldig bist. Du wirst einsehen, daß Du ebensowenig in die Knie gehen darfst wie jener,
auf dessen Schultern – wenn man den Sagen glauben will –
die Welt ruht. Auch der Kaiser selbst, der alles darf, darf
eben darum vieles nicht. Jedermanns Schlaf beschützt sein
Wachen, jedermanns Ruhe sein Ungemach, jedermanns
Freuden sein Arbeitseifer, jedermanns Entspannung seine
Inanspruchnahme. Seit sich der Kaiser der ganzen Welt geschenkt hat, hat er sich seiner selbst beraubt, und den Gestirnen gleich, die ewig ruhelos ihre Bahnen durchlaufen, darf er
nie rasten und nichts von sich aus tun. In gewissem Maße
unterliegst darum auch Du demselben Zwang. Du darfst
nicht auf Deinen Nutzen, auf Deine Interessen achten. Da
dem Kaiser die ganze Welt gehört, kannst Du Dich weder
der Lust noch dem Schmerz noch etwas anderem hingeben.
Ganz schuldest Du Dich dem Kaiser. Bedenke somit auch
dies: Da Du stets beteuerst, der Kaiser sei Dir lieber als Dein

potes; totum te Caesari debes. Adice nunc, quod, cum semper praedices cariorem tibi spiritu tuo Caesarem esse, fas tibi non est salvo Caesare de fortuna queri. Hoc incolumi salvi tibi sunt tui, nihil perdidisti; non tantum siccos oculos tuos esse, sed etiam laetos oportet. In hoc tibi omnia sunt, hic pro omnibus est. Quod longe a sensibus tuis prudentissimis piissimisque abest, adversus felicitatem tuam parum gratus es, si tibi quicquam hoc salvo flere permittis.

8 Monstrabo etiamnunc non quidem firmius remedium, sed familiarius. Si quando te domum receperis, tunc erit tibi metuenda tristitia: nam, quamdiu numen tuum intueberis, nullum illa ad te inveniet accessum, omnia in te Caesar tenebit; cum ab illo discesseris, tunc velut occasione data insidiabitur solitudini tuae dolor et requiescenti animo tuo paulatim irrepet. Itaque non est, quod ullum tempus vacare patiaris a studiis. Tunc tibi litterae tuae tam diu ac tam fideliter amatae gratiam referant, tunc te illae antistitem et cultorem suum vindicent; tunc Homerus et Vergilius, tam bene de humano genere meriti quam tu et de illis et de omnibus meruisti, quos pluribus notos esse voluisti quam scripserant, multum tecum morentur; tutum id erit omne tempus, quod illis tuendum commiseris. Tunc Caesaris tui opera, ut per omnia saecula domestico narrentur praeconio, quantum potes, compone; nam ipse tibi optime formandi condendique res gestas et materiam dabit et exemplum. Non audeo te eo usque producere, ut fabellas quoque et Aesopeos logos, intentatum Romanis ingeniis opus, solita tibi venustate conectas: difficile est quidem, ut ad haec hilariora

Leben, ist es Dir nicht gestattet, solange der Kaiser gesund ist, über das Schicksal zu klagen. Ist er wohlauf, dann ist es um die Deinen gut bestellt: Nichts hast Du verloren! Darum sollten Deine Augen nicht nur trocken, sondern sogar fröhlich sein. In seiner Person hast Du alles, er steht Dir für alles. Und was sich mit Deiner großen Lebenserfahrung und Deiner grundanständigen Gesinnung überhaupt nicht vertrüge: Du wärest angesichts Deines Glücks nicht sehr dankbar, wenn Du Dir, solange er gesund ist, über irgend etwas zu weinen erlaubtest.

8 Ich will Dir außerdem ein zwar nicht stärkeres, aber für Dich recht naheliegendes Mittel zeigen: Wenn Du Dich irgendwann in Dein Haus zurückziehst, dann wirst Du den Trübsinn fürchten müssen. Denn solange Du Seine Majestät vor Augen hast, findet er keinen Zugang zu Dir. Alles in Dir füllt der Kaiser aus. Wenn Du den verläßt, dann wird, als biete sich nun die Gelegenheit, der Schmerz Dich in der Einsamkeit belauern und, während es Ruhe sucht, allmählich in Dein Herz kriechen. Darum darfst Du es nicht dahin kommen lassen, daß irgendwelche Zeit von geistiger Betätigung frei bleibt. Nun werden es Dir Deine Musen wohl danken, daß Du sie so lange und so treu geliebt hast; nun werden sie Dich, ihren Priester und Verehrer, schützen; nun werden Homer und Vergil, die sich um das Menschengeschlecht ebenso große Verdienste erworben haben wie Du um sie und alle anderen und die Du einem größeren Leserkreis vertraut machen wolltest als dem, für den sie schrieben, oft bei Dir weilen. Gut behütet wird all die Zeit sein, die Du ihrer Obhut anvertraust. Dann schreibe Deines Kaisers Taten nieder, damit sie in alle Ewigkeit mit den Lobesworten eines Vertrauten weitergegeben werden, so gut Du es nur kannst! Er selber wird Dir ja für die bestmögliche Gliederung und Abfassung eines Tatenberichts sowohl den Stoff als auch das Vorbild geben. Ich wage es nicht, Dich auch noch dahin zu bringen, daß Du kleine Geschichten und äsopische Fabeln, eine Materie, an der sich römische Talente noch nicht versuchten, feinsinnig, wie man es von Dir ge-

studia tam vehementer perculsus animus tam cito possit accedere. Hoc tamen argumentum habeto iam corroborati eius et redditi sibi, si poterit a severioribus scriptis ad haec solutiora procedere. In illis enim quamvis aegrum eum adhuc et secum reluctantem avocabit ipsa rerum, quas tractabit, austeritas; haec, quae remissa fronte commentanda sunt, non feret, nisi cum iam sibi ab omni parte constiterit. Itaque debebis eum severiore materia primum exercere, deinde hilariore temperare.

9 Illud quoque magno tibi erit levamento, si saepe te sic interrogaveris: „Utrumne meo nomine doleo an eius, qui decessit? Si meo, perit indulgentiae iactatio et incipit dolor hoc uno excusatus, quod honestus est, cum ad utilitatem respicit, a pietate desciscere; nihil autem minus bono viro convenit quam in fratris luctu calculos ponere. Si illius nomine doleo, necesse est alterutrum ex his duobus esse iudicem: nam, si nullus defunctis sensus superest, evasit omnia frater meus vitae incommoda et in eum restitutus est locum, in quo fuerat, antequam nasceretur, et expers omnis mali nihil timet, nihil cupit, nihil patitur: quis iste furor est pro eo me numquam dolere desinere, qui numquam doliturus est? Si est aliquis defunctis sensus, nunc animus fratris mei velut ex diutino carcere emissus tandem sui iuris et arbitrii gestit et rerum naturae spectaculo fruitur et humana omnia ex loco superiore despicit, divina vero, quorum rationem tam diu frustra quaesierat, propius

wöhnt ist, zusammenstellst. Es kostet jedenfalls Mühe, sich dieser doch recht lockeren Gattung nach einer so schweren seelischen Erschütterung so rasch wieder zuwenden zu können. Trotzdem solltest Du es als Beweis dafür nehmen, daß Du innerlich wieder gefestigt und Dir selbst zurückgegeben bist, wenn Du Dich von ernsteren Gegenständen zu diesen fröhlicheren vorwagen kannst. Denn bei jenen werden Dich, auch wenn Du noch betrübt und mit Dir zerfallen bist, gerade die tragischen Ereignisse ablenken, mit denen Du Dich befaßt; was man mit heiterem Sinn darstellen muß, dem wirst Du nur genügen, wenn Du schon wieder völlig ausgeglichen bist. Daher solltest Du Dich erst an ernsteren Stoffen versuchen und dann mit leichteren die rechte Mitte finden.

9 Auch das wird eine starke Hilfe für Dich sein, wenn Du Dir oft die folgende Frage stellst: „Traure ich mit Rücksicht auf mich selbst oder um dessentwillen, der dahingegangen ist? Geht es um mich, dann fällt die liebevolle Regung weg, und der Schmerz, der dadurch allein gerechtfertigt wird, daß er moralisch vertretbar ist, übt, wenn er auf einen Vorteil aus ist, an der Pietät Verrat. Nichts aber steht einem anständigen Menschen weniger an, als an die Trauer um den Bruder Berechnungen zu knüpfen. Wenn ich um seinetwillen traurig bin, muß ich eins von beiden als gegeben ansehen: Wenn nämlich die Verstorbenen keine Empfindung mehr haben, dann ist mein Bruder allen Mißlichkeiten des Lebens entronnen und in den Stand zurückversetzt, in dem er sich vor seiner Geburt befand; er braucht, allen Übels ledig, nichts zu fürchten, nichts zu begehren, nichts zu erleiden. Was ist das aber für ein Wahnsinn, daß ich um ihn unaufhörlich Schmerz empfinde, der nie mehr Schmerz empfinden wird? Wenn jedoch Verstorbene irgend etwas empfinden, dann ist jetzt die Seele meines Bruders, gleichsam aus langer Kerkerhaft entlassen, endlich ganz ihr eigener Herr, ist vor Freude außer sich und genießt es, die Welt zu betrachten. Alles Irdische sieht sie von einer höheren Warte aus, das Überirdische aber, nach dessen Beschaffenheit sie so lange vergeblich gefragt hatte,

intuetur. Quid itaque eius desiderio maceror, qui aut beatus aut nullus est? Beatum deflere invidia est, nullum dementia."

An hoc te movet, quod videtur ingentibus et cum maxime circumfusis bonis caruisse? Cum cogitaveris multa esse, quae perdidit, cogita plura esse, quae non timet! Non ira eum torquebit, non morbus affliget, non suspicio lacesset, non edax et inimica semper alienis processibus invidia consectabitur, non metus sollicitabit, non levitas fortunae cito munera sua transferentis inquietabit. Si bene computes, plus illi remissum quam ereptum est. Non opibus fruetur, non tua simul ac sua gratia; non accipiet beneficia, non dabit: miserum putas, quod ista amisit, an beatum, quod non desiderat? Mihi crede, is beatior est, cui fortuna supervacua est quam is, cui parata est. Omnia ista bona, quae nos speciosa, sed fallaci voluptate delectant, pecunia, dignitas, potentia aliaque complura, ad quae generis humani caeca cupiditas obstupescit, cum labore possidentur, cum invidia conspiciuntur, eos denique ipsos, quos exornant, et premunt; plus minantur quam prosunt; lubrica et incerta sunt, numquam bene tenentur: nam, ut nihil de tempore futuro timeatur, ipsa tamen magnae felicitatis tutela sollicita est. Si velis credere altius veritatem intuentibus, omnis vita supplicium est. In hoc profundum inquietumque proiecti mare, alternis aestibus reciprocum et modo allevans nos subitis incrementis, modo maioribus damnis deferens assidueque iactans, numquam stabili consistimus loco: pendemus et fluctuamur et alter in alterum illidimur et aliquando naufragium facimus, semper timemus. In hoc tam pro-

betrachtet sie nun aus größerer Nähe. Was verzehre ich mich also im Verlangen nach ihm, der entweder glücklich oder nicht mehr ist? Einen Glücklichen zu beweinen, zeugte von Neid, einen, der nicht mehr ist, von Wahnsinn."

Oder bedrückt Dich vielleicht dies, daß er anscheinend auf gewaltige und ihm gerade erst zugefallene Güter verzichten mußte? Wenn Du denkst, es sei viel, was er verlor, bedenke, daß es noch mehr gibt, was er nicht fürchten muß: Nicht Wut wird ihn packen, nicht Siechtum heimsuchen, nicht Argwohn quälen, nicht verzehrender und über fremdes Glück stets erbitterter Neid verfolgen, nicht Furcht beunruhigen, nicht das launische Schicksal, das rasch seine Gaben weiterverschenkt, ihn stören. Wenn Du es recht überschlägst, ist ihm mehr erlassen als geraubt. Nicht seiner Schätze kann er sich freuen, nicht zugleich Deiner wie seiner Beliebtheit, nicht Freundlichkeiten erfahren, nicht erweisen. Hältst Du ihn für bedauernswert, daß ihm das entging, oder für glücklich, weil er es nicht vermißt? Glaube mir, der ist glücklicher, der kein Glück nötig hat, als der, dem es zur Hand ist! All die Güter, die uns mit augenfälliger, doch trügerischer Lust ergötzen, Geld, Ansehen, Macht und anderes mehr, was die Menschheit in blinder Gier anstarrt, besitzt man leidvoll, sieht man neidvoll. Sogar die selber, denen sie Glanz verleihen, belasten sie. Mehr Unheil verheißen sie als Nutzen. Vergänglich und unzuverlässig sind sie und lassen sich nie auf gute Art erhalten. Denn, selbst wenn man nichts für die Zukunft befürchten müßte, so ist es doch aufreibend, großes Glück zu sichern. Wenn Du denen glauben willst, die tiefere Einsichten über die Welt gewonnen haben, so ist das ganze Leben eine Strafe. In dieses abgrundtiefe und ruhelose Meer sind wir gestürzt, das hin und wieder flutet und uns bald emporspült, wenn es plötzlich anschwillt, bald uns größerem Unheil entgegenträgt und ständig umherwirft. So setzen wir den Fuß nie auf festen Grund; wir treiben haltlos dahin und stoßen aneinander, erleiden manchmal einen Schiffbruch, fürchten ihn stets. Wer auf diesem stürmischen, allen Orkanen preisgegebenen Meer se-

celloso et ad omnes tempestates exposito mari navigantibus nullus portus nisi mortis est. Ne itaque invideris fratri tuo: quiescit. Tandem liber, tandem tutus, tandem aeternus est. Superstitem Caesarem omnemque eius prolem, superstitem te cum communibus habet fratribus; antequam quicquam ex suo favore fortuna mutaret, stantem adhuc illam et munera plena manu congerentem reliquit. Fruitur nunc aperto et libero caelo: ex humili atque depresso in eum emicuit locum, quisquis ille est, qui solutas vinculis animas beato recipit sinu, et nunc libere illic vagatur omniaque rerum naturae bona cum summa voluptate perspicit. Erras: non perdidit lucem frater tuus, sed puriorem sortitus est. Omnibus illo nobis commune est iter. Quid fata deflemus? Non reliquit ille nos, sed antecessit. Est, mihi crede, magna felicitas in ipsa felicitate moriendi. Nihil ne in totum quidem diem certi est: quis in tam obscura et involuta veritate divinat, utrumne fratri tuo mors inviderit an consuluerit?

Illud quoque, qua iustitia in omnibus rebus es, necesse est te adiuvet cogitantem non iniuriam tibi factam, quod talem fratrem amisisti, sed beneficium datum, quod tam diu tibi pietate eius uti fruique licuit. Iniquus est, qui muneris sui arbitrium danti non relinquit, avidus, qui non lucri loco habet, quod accepit, sed damni, quod reddidit. Ingratus est, qui iniuriam vocat finem voluptatis, stultus, qui nullum fructum esse putat bonorum nisi praesentium, qui non et in praeteritis adquiescit et ea iudicat certiora, quae abierunt, quia de illis, ne desinant, non est timendum. Nimis angustat gaudia sua, qui iis tantummodo, quae habet ac videt, frui se putat et habuisse eadem pro nihilo ducit; cito enim nos omnis volup-

gelt, für den gibt es nur einen Hafen: den Tod. Sei also nicht neidisch auf Deinen Bruder! Er hat Frieden! Endlich ist er frei, endlich geborgen, endlich unvergänglich. Am Leben sieht er den Kaiser und dessen ganze Nachkommenschaft, am Leben Dich zugleich mit Euer beider Brüdern. Ehe das Schicksal ihm irgendworin seine Gunst hätte entziehen können, als es ihm noch zur Seite stand und seine Gaben mit vollen Händen spendete, verließ er es. Er freut sich nun an einem heiteren, wolkenlosen Himmel; von einem armseligen Platz tief unten hat er sich aufgeschwungen zu dem, der – sei er, wie er wolle, – aus ihren Banden erlöste Seelen in seine beglückende Obhut nimmt, schweift dort nun frei umher und betrachtet alle Schönheit der Welt mit höchster Lust. Du irrst Dich: Nicht mußte Dein Bruder dem Licht entsagen: klareres ward ihm zuteil. Uns alle miteinander führt der Weg dahin. Was klagen wir über das Schicksal? Er hat uns nicht verlassen, sondern ging voraus. Es ist auch, glaube mir, ein großes Glück, mitten im Glück zu sterben. Nichts ist, nicht einmal für einen ganzen Tag, gewiß. Wer wollte, da die Wahrheit so tief verborgen ist, erahnen, ob es der Tod mit Deinem Bruder böse oder gut gemeint hat?

10 Auch der Gedanke muß Dich bei Deinem Gespür für Recht und Billigkeit aufrichten, daß Dir kein Unrecht widerfuhr, weil Du einen solchen Bruder verloren hast, sondern Dir eine Gnade erwiesen wurde, weil Du seine Liebe so lange genießen und Dich daran freuen durftest. Ungerecht ist, wer den Geber mit seiner Gabe nicht frei schalten läßt, habgierig, wer nicht als Gewinn betrachtet, was er empfing, jedoch als Verlust, was er zurückgeben mußte. Undankbar ist, wer es Unrecht nennt, wenn eine Freude endet; töricht, wer glaubt, man könne nur gegenwärtiges Glück genießen, wer nicht auch über verflossenes froh sein kann und das für beständiger hält, das vorbei ist, weil er bei ihm kein Ende mehr zu fürchten braucht. Allzusehr schränkt seine Freuden ein, wer sich nur an dem, was er hat und sieht, ergötzen zu können meint, und dem es nichts gilt, daß er dasselbe einmal hatte. Schnell klingt ja bei uns jede Lust ab, die flüchtig ist,

tas relinquit, quae fluit et transit et paene, antequam veniat, aufertur.

Itaque in praeteritum tempus animus mittendus est et, quicquid nos umquam delectavit, reducendum ac frequenti cogitatione pertractandum est: longior fideliorque est memoria voluptatum quam praesentia.

Quod habuisti ergo optimum fratrem, in summis bonis pone! Non est, quod cogites, quanto diutius habere potueris, sed quamdiu habueris. Rerum natura illum tibi, sicut ceteris fratribus suos, non mancipio dedit, sed commodavit; cum visum est, deinde repetiit nec tuam in eo satietatem secuta est, sed suam legem.

Si quis pecuniam creditam solvisse se moleste ferat, eam praesertim, cuius usum gratuitum acceperit, nonne iniustus vir habeatur? Dedit natura fratri tuo vitam, dedit et tibi: quae suo iure usa, si, a quo voluit, debitum suum citius exegit, non illa in culpa est, cuius nota erat condicio, sed mortalis animi spes avida, quae subinde, quid rerum natura sit, obliviscitur nec umquam sortis suae meminit, nisi cum admonetur.

Gaude itaque habuisse te tam bonum fratrem et usum fructumque eius, quamvis brevior voto tuo fuerit, boni consule! Cogita iucundissimum esse, quod habuisti, humanum, quod perdidisti!

Nec enim quicquam minus inter se consentaneum est quam aliquem moveri, quod sibi talis frater parum diu contigerit, non gaudere, quod tamen contigerit.

11 „At inopinanti ereptus est." Sua quemque credulitas decipit et in iis, quae diligit, voluntaria mortalitatis oblivio; natura nulli se necessitatis

vorübergeht und uns fast schon, bevor sie sich einstellt, wieder genommen wird.

Daher sollte man sich der Vergangenheit zuwenden und alles, was uns je erfreute, ins Gedächtnis rufen und sich im Geiste oft damit befassen. Dauerhafter und verläßlicher ist die Erinnerung an Freuden als die augenblickliche Empfindung.

Daß Du einen ausgezeichneten Bruder hattest, das betrachte als höchstes Glück! Du mußt nicht daran denken, wieviel länger Du ihn hättest haben können, sondern daran, wie lange Du ihn hattest. Die Natur hat ihn Dir – genau wie anderen Brüdern die ihren – nicht zum Eigentum gegeben, sondern ihn nur geliehen. Als es ihr gut schien, verlangte sie ihn nachher zurück und achtete dabei nicht darauf, ob Du genug von ihm hättest, sondern auf ihre eigene Ordnung.

Wenn jemand es etwa übelnimmt, daß er geborgtes Geld zurückzahlen mußte, zumal, wenn es ihm noch zinslos überlassen worden war, darf man ihn wohl für einen Menschen ohne Rechtsempfinden halten. Die Natur gab Deinem Bruder das Leben, gab es Dir. Wenn sie nun ihr Recht ausübt und, von wem sie will, ihr Darlehen rascher zurückverlangt, liegt die Schuld nicht bei ihr, deren Vorbehalt bekannt ist, sondern beim maßlosen Hoffen der Sterblichen, das immer wieder vergißt, was der Weltenlauf ist, und nie an seine Bestimmung denkt, wenn es nicht daran erinnert wird.

Freue Dich also, daß Du einen so guten Bruder hattest, und sieh die Zeit, in der er Dein war, als Gewinn an, mag sie auch kürzer gewesen sein als Du Dir wünschtest. Bedenke: wunderschön war, was Du hattest, menschlich, was Du verlorst!

Nichts ist nämlich weniger miteinander zu vereinbaren, als wenn sich jemand betrübte, weil ihm ein solcher Bruder zu kurze Zeit beschieden gewesen sei, und sich nicht freute, weil er ihm doch immerhin beschieden war.

11 „Er wurde mir aber unvermutet entrissen!" Eigene Leichtgläubigkeit tauscht einen jeden und das Bestreben, bei dem, was man liebt, nicht an dessen Vergänglichkeit zu denken. Die Natur hat stets bekundet, daß sie niemandem das

suae gratiam facturam esse testata est. Cotidie praeter oculos nostros transeunt notorum ignotorumque funera: nos tamen aliud agimus et subitum id putamus esse, quod nobis tota vita denuntiatur futurum. Non est itaque ista fatorum iniquitas, sed mentis humanae pravitas insatiabilis rerum omnium, quae indignatur inde excidere, quo admissa est precario.

Quanto ille iustior, qui nuntiata filii morte dignam magno viro vocem emisit:

> Ego cum genui, tum moriturum scivi.

Prorsus non mireris ex hoc natum esse, qui fortiter mori posset.
Non accepit tamquam novum nuntium filii mortem; quid enim est novi hominem mori, cuius tota vita nihil aliud quam ad mortem iter est?

> Ego cum genui, tum moriturum scivi.

Deinde adiecit rem maioris et prudentiae et animi:

> et huic rei sustuli.

Omnes huic rei tollimur: quisquis ad vitam editur, ad mortem destinatur. Gaudeamus eo, quod dabitur, reddamusque id, cum reposcemur. Alium alio tempore fata comprehendent; neminem praeteribunt: in procinctu stet animus et id, quod necesse est, numquam timeat, quod incertum est, semper exspectet. Quid dicam duces ducumque progeniem et multis aut consulatibus conspicuos

Unvermeidliche erlassen werde. Täglich ziehen vor unseren Augen Leichenbegängnisse Bekannter und Unbekannter vorüber. Trotzdem achten wir nicht darauf und halten das für etwas Überraschendes, was uns während des ganzen Lebens als künftig angekündigt wird. Es geht also dabei nicht um eine Ungerechtigkeit des Schicksals, sondern um eine Schwäche des Menschenherzens, das in allem unersättlich ist, das sich entrüstet, wenn es das verliert, was ihm auf Widerruf gewährt worden war.

Wieviel gerechter war jener, der auf die Nachricht vom Tode seines Sohnes hin das eines großen Mannes würdige Wort sprach:

„Als ich ihn zeugte, da wußte ich schon, daß er sterben werde."

So brauchst Du Dich überhaupt nicht zu wundern, daß er einen Sohn hatte, der tapfer sterben konnte.

Jener nahm den Tod des Sohnes nicht so auf, als wäre das eine unerhörte Kunde — was ist schon Unerhörtes daran, wenn ein Mensch stirbt, dessen ganzes Leben nichts anderes ist als ein Weg in den Tod?

„Als ich ihn zeugte, da wußte ich schon, daß er sterben werde."

Und dann fügte er etwas hinzu, was noch größere Weisheit und Seelenstärke verriet:

„... und dafür habe ich ihn aufgezogen!"

Uns alle zieht man dafür auf; ein jeder, der ins Leben entlassen wird, ist dem Tod bestimmt. Freuen wir uns also über das, was wir bekommen, und geben wir es zurück, wenn es uns abverlangt wird! Jeden ereilt sein Geschick zu einer anderen Zeit, niemanden läßt es aus. Für den Ernstfall sei das Herz gerüstet; es fürchte nie, was unvermeidlich, und sei stets auf das gefaßt, was ungewiß ist. Was soll ich von Feldherrn und Feldherrnsöhnen sprechen, dazu von Männern, die, obgleich sie sich in vielen Konsulaten ausgezeich-

aut triumphis sorte defunctos inexorabili? Tota cum regibus regna populique cum gentibus tulere fatum suum. Omnes, immo omnia in ultimum diem spectant. Non idem universis finis est: alium in medio cursu vita deserit, alium in ipso aditu relinquit, alium in extrema senectute fatigatum iam et exire cupientem vix emittit; alio quidem atque alio tempore, omnes tamen in eundem locum tendimus. Utrumne stultius sit, nescio, mortalitatis legem ignorare an impudentius recusare. Agedum, illa, quae multo ingenii tui labore celebrata sunt, in manus sume utriuslibet auctoris carmina, quae tu ita resolvisti, ut, quamvis structura illorum recesserit, permaneat tamen gratia; sic enim illa ex alia lingua in aliam transtulisti, ut, quod difficillimum erat, omnes virtutes in alienam te orationem secutae sint. Nullus erit in illis scriptis liber, qui non plurima varietatis humanae incertorumque casuum et lacrimarum ex alia atque alia causa fluentium exempla tibi suggerat. Lege, quanto spiritu ingentibus intonueris verbis: pudebit te subito deficere et ex tanta orationis magnitudine desciscere. Ne commiseris, ut, quisquis exempto modo scripta tua mirabitur, quaerat, quomodo tam grandia tamque solida tam fragilis animus conceperit.

12 Potius ab istis te, quae torquent, ad haec tot et tanta, quae consolantur, converte ac respice optimos fratres, respice uxorem, filium respice. Pro omnium horum salute hac tecum portione fortuna decidit; multos habes, in quibus adquiescas. Ab hac te infamia vindica, ne videatur omnibus plus apud te valere unus dolor quam haec tam multa solacia. Omnes istos una tecum perculsos vides nec posse tibi subvenire, immo etiam ultro ex-

net hatten oder durch Triumphe, ihr Schicksal fortrief, unerbittlich? Ganze Reiche samt ihren Königen und Staaten mit ihren Völkern mußten ihr Los erfüllen. Alle, nein, alles blickt auf den letzten Tag. Doch nicht dasselbe Ende erwartet jedermann: Den einen verläßt das Leben mitten in der Bahn, den andern gleich zu Beginn, den nächsten gibt es zögernd im höchsten Alter frei, wenn er schon matt ist und zu sterben wünscht. Zwar bald zu dieser, bald zu jener Zeit, doch ohne Ausnahme eilen wir an denselben Ort. Ob es eher töricht ist, vor der Bestimmung der Sterblichen die Augen zu verschließen, oder frech, dagegen aufzubegehren, das weiß ich nicht. Auf, nimm sie zur Hand, mit denen sich Dein Genie in langer Arbeit befaßte, der beiden Dichter Gesänge, die Du so in Prosa umgesetzt hast, daß, obwohl das Versmaß wegfiel, ihr Reiz doch blieb. Du hast sie nämlich in der Weise aus der einen Sprache in die andere übertragen, daß – was äußerst schwierig war – all ihre Vorzüge auch bei Dir, in anderer Gestaltung, hervortraten. Keinen Abschnitt wird es in diesen Schriften geben, der Dir nicht sehr viele Beispiele für den wechselvollen Lauf der Welt, für die Unberechenbarkeit des Geschicks und für Tränen böte, die aus immer neuem Anlaß flossen. Lies, in welcher Begeisterung Du Dich mit Donnerstimme hast vernehmen lassen! Schämen wirst Du Dich, plötzlich klein beizugeben und so hohem Anspruch Deiner Worte untreu zu werden. Laß es nicht zu, daß ein jeder, der Deine Schriften vorbehaltlos bewundert, sich fragen muß, wie so Erhabenes und so Gediegenes ein so schwacher Mensch in Worte fassen konnte!

12 Wende Dich lieber von dem, was Dich martert, ab und all dem vielen zu, was Dich trösten kann, und sieh Deine wunderbaren Brüder, sieh die Gattin, den Sohn sieh an! Um derer aller Wohlergehen willen hat Dir das Schicksal diesen Teil abverlangt: viele hast Du, bei denen Du glücklich sein kannst. Hüte Dich vor dem Makel, daß es nicht allen so vorkommt, als wiege bei Dir der eine Schmerz schwerer als so viel Tröstliches! Sie alle sind, wie Du siehst, zugleich mit Dir erschüttert und können Dir nicht beistehen, sondern

spectare, ut a te subleventur, intellegis; et ideo, quanto minus in illis doctrinae minusque ingenii est, tanto magis obsistere te necesse est communi malo. Est autem hoc ipsum solacii loco, inter multos dolorem suum dividere: qui, quia dispensatur inter plures, exigua debet apud te parte subsidere. Non desinam totiens tibi offerre Caesarem. Illo moderante terras et ostendente, quanto melius beneficiis imperium custodiatur quam armis, illo rebus humanis praesidente non est periculum, ne quid perdidisse te sentias: in hoc uno tibi satis praesidii, satis solacii est. Attolle te et, quotiens lacrimae suboriuntur oculis tuis, totiens illos in Caesarem dirige: siccabuntur maximi et clarissimi conspectu numinis; fulgor eius illos, ut nihil aliud possint aspicere, praestringet et in se haerentes detinebit. Hic tibi, quem tu diebus intueris ac noctibus, a quo numquam deicis animum, cogitandus est, hic contra fortunam advocandus. Nec dubito, cum tanta illi adversus omnes suos sit mansuetudo tantaque indulgentia, quin iam multis solaciis tuum istud vulnus obduxerit, iam multa, quae dolori obstarent tuo, congesserit. Quid porro? Ut nihil horum fecerit, nonne protinus ipse conspectus per se tantummodo cogitatusque Caesar maximo solacio tibi est? Dii illum deaeque terris diu commodent! Acta hic Divi Augusti aequet, annos vincat! Quamdiu inter mortales erit, nihil ex domo sua mortale esse sentiat! Rectorem Romano imperio filium longa fide approbet et ante illum consortem patris quam successorem aspiciat! Sera et nepotibus demum nostris dies nota sit, qua illum gens sua caelo asserat!

erwarten ihrerseits, daß Du sie wieder aufrichtest; Du spürst es. Und darum mußt Du, je weniger philosophische Grundsätze und je weniger Seelenstärke jene haben, um so energischer gegen das gemeinsame Leid ankämpfen. Gerade das aber ist ein Trost für Dich, daß Du mit vielen Deinen Schmerz teilen kannst. Und da er auf mehr Menschen verteilt wird, darf bei Dir nur ganz wenig davon bleiben. Ich kann es nicht lassen, Dich so oft auf den Kaiser hinzuweisen. Solange er die Welt regiert und dabei zeigt, um wieviel besser Macht durch Wohltun bewahrt wird als durch Waffen, solange er die Geschicke der Menschen lenkt, ist keine Gefahr, daß irgendein Verlust Dich schmerzen müßte. Bei ihm allein findest Du genügend Beistand, genügend Trost. Erhebe dich, und sooft Dir Tränen in die Augen treten, richte sie auf den Kaiser. Sie werden trocknen beim Anblick seiner gewaltigen und erhabenen Majestät. Sein Glanz wird sie, so daß sie nichts anderes mehr wahrnehmen können, blenden und, während sie an ihm hängen, ganz gefangen nehmen. An ihn, zu dem Du alle Tage aufschaust, alle Nächte, von dem Dein Herz sich niemals wendet, mußt Du denken, ihn mußt Du gegen Dein Geschick zu Hilfe rufen! Ich bezweifle auch nicht, daß er, da er gegenüber all den Seinen so große Güte und so große Gnade zeigt, dieser Deiner Wunde schon vielfache Linderung zukommen ließ, schon viel Gutes tat, was Deinem Kummer wehren sollte. Was willst Du noch mehr? Und sollte er nichts davon getan haben, ist nicht auf der Stelle schon ein einziger Blick auf ihn, schon der Gedanke an den Kaiser ein gewaltiger Trost für Dich? Die Götter mögen ihn und auch die Göttinnen der Welt lange lassen! An Taten komme er dem göttlichen Augustus gleich, an Jahren übertreffe er ihn! Solange er unter Sterblichen weilt, soll er nichts in seinem Haus als sterblich kennenlernen. Als fähigen Führer zeige er dem römischen Reich in langer Pflichterfüllung seinen Sohn und sehe ihn eher als Teilhaber an der Macht des Vaters denn als Nachfolger. Spät, erst unseren Enkeln, sei der Tag bekannt, an dem ihn sein Haus den Himmlischen zuzählt!

13 Abstine ab hoc manus tuas, Fortuna, nec in isto potentiam tuam nisi ea parte, qua prodes, ostenderis! Patere illum generi humano iam diu aegro et affecto mederi, patere, quicquid prioris principis furor concussit, in suum locum restituere ac reponere! Sidus hoc, quod praecipitato in profundum et demerso in tenebras orbi refulsit, semper luceat! Hic Germaniam pacet, Britanniam aperiat; et patrios triumphos ducat et novos! Quorum me quoque spectatorem futurum, quae ex virtutibus eius primum obtinet locum, promittit clementia. Nec enim sic me deiecit, ut nollet erigere, immo ne deiecit quidem, sed impulsum a fortuna et cadentem sustinuit et in praeceps euntem leniter divinae manus usus moderatione deposuit: deprecatus est pro me senatum et vitam mihi non tantum dedit, sed etiam petiit. Viderit: qualem volet esse, existimet causam meam; vel iustitia eius bonam perspiciat vel clementia faciat bonam. Utrumque in aequo mihi eius beneficium erit, sive innocentem me scierit esse sive voluerit. Interim magnum miseriarum mearum solacium est videre misericordiam eius totum orbem pervagantem: quae cum ex ipso angulo, quo ego defixus sum, complures multorum iam annorum ruina obrutos effoderit et in lucem reduxerit, non vereor, ne me unum transeat. Ipse autem optime novit tempus, quo cuique debeat succurrere; ego omnem operam dabo, ne pervenire ad me erubescat. O felicem clementiam tuam, Caesar, quae efficit, ut quietiorem sub te agant vitam exsules quam nuper sub Gaio egere principes! Non trepidant nec per singulas horas gladium exspectant nec ad omnem navium conspectum pavent; per te habent ut fortunae saevientis modum, ita spem quoque

13 Halte von ihm deine Hände fern, Fortuna, und zeige an ihm deine Macht nur von ihrer guten Seite! Laß ihn die schon lange kranke und erschöpfte Menschheit heilen, laß ihn alles, was des früheren Führers Rasen erschüttert hat, wieder völlig in den alten Stand versetzen! Diese Sonne, die einer in den Abgrund gestürzten und im Dunkel versunkenen Welt neu erstrahlte, soll ewig scheinen! Er soll Germanien befrieden, Britannien erschließen! Triumphe wie seine Väter soll er feiern und unerhörte! Daß auch ich als Zuschauer dabei sein werde, verheißt mir die erste unter seinen Tugenden, die Milde. Er hat mich ja nicht so tief hinabgestoßen, daß er mich nicht wieder aufrichten wollte, im Gegenteil, er hat mich nicht einmal hinabgestoßen, sondern, als ich vom Schicksal geschlagen war und strauchelte, zu halten versucht, und während ich in die Tiefe stürzte, ließ seine göttliche Hand Milde walten und setzte mich sanft nieder. Um Gnade bat er für mich den Senat und schenkte mir nicht nur das Leben, sondern erflehte es. Er mag entscheiden; wie es ihm beliebt, entscheide er in meiner Sache. Entweder erkenne sie seine Rechtlichkeit als gut oder mache seine Milde sie zu einer guten. Beides wird für mich gleichermaßen eine Auszeichnung durch ihn sein, ob er nun erkennt, daß ich unschuldig bin, oder es will. Bis dahin ist es für mein Mißgeschick ein mächtiger Trost zu sehen, wie sich sein Mitleid über die ganze Welt erstreckt. Da es sogar aus dem Winkel, wohin ich verbannt bin, schon mehrere im Laufe vieler Jahre Vergessene herausgeholt und zum Licht zurückgeführt hat, brauche ich nicht zu fürchten, daß es mich allein unbeachtet läßt. Er selber aber kennt die Zeit am besten, zu der er einem jeden helfen muß. Ich werde mir alle Mühe geben, daß er sich nicht schämt, zu mir zu kommen. Gesegnet sei deine Milde, Kaiser, die es erreicht, daß ruhiger unter deiner Herrschaft die Verbannten leben als kürzlich unter Gaius die Bekannten lebten! Sie bangen nicht, sie warten nicht von Stunde zu Stunde auf das Richtschwert, sie beben nicht, sooft sie Schiffe sehen. Dank deiner Güte wissen sie sowohl, daß dem Rasen des Schicksals eine Grenze gesetzt ist, als

melioris eiusdem ac praesentis quietem. Scias licet ea demum fulmina esse iustissima, quae etiam percussi colunt.

14 Hic itaque princeps, qui publicum omnium hominum solacium est, aut me omnia fallunt, aut iam recreavit animum tuum et tam magno vulneri maiora adhibuit remedia. Iam te omni confirmavit modo, iam omnia exempla, quibus ad animi aequitatem compellereris, tenacissima memoria rettulit, iam omnium praecepta sapientum assueta sibi facundia explicuit. Nullus itaque melius has alloquendi partes occupaverit: aliud habebunt hoc dicente pondus verba velut ab oraculo missa; omnem vim doloris tui divina eius contundet auctoritas. Hunc itaque tibi puta dicere: „Non te solum fortuna desumpsit sibi, quem tam gravi afficeret iniuria; nulla domus in toto orbe terrarum aut est aut fuit sine aliqua comploratione. Transibo exempla vulgaria, quae, etiam si minora, tamen mira sunt; ad fastus te et annales perducam publicos. Vides omnes has imagines, quae implevere Caesarum atrium? Nulla non harum aliquo suorum incommodo insignis est; nemo non ex istis in ornamentum saeculorum refulgentibus viris aut desiderio suorum tortus est aut a suis cum maximo animi cruciatu desideratus est. Quid tibi referam Scipionem Africanum, cui mors fratris in exsilio nuntiata est? Is frater, qui eripuit fratrem carceri, non potuit eripere fato; et quam impatiens iuris et aequi pietas Africani fuerit, cunctis apparuit: eodem enim die Scipio Africanus, quo viatoris manibus fratrem abstulerat, tribuno quoque plebis privatus intercessit. Tam magno tamen fratrem desi-

auch, daß sie auf ein besseres hoffen dürfen und sich um ihr gegenwärtiges nicht zu sorgen brauchen. Du magst wissen, daß nur die Strafen ganz gerecht sind, auf die selbst die Betroffenen nichts kommen lassen.

14 Dieser Kaiser also, der täglich aller Menschen Tröster ist, hat, wenn mich nicht alles täuscht, Dich bereits wieder aufgerichtet und gegen einen so starken Schmerz schon stärkere Mittel verabreicht. Schon hat er Dich auf jede Weise ermutigt, schon hat er alle möglichen Beispiele, die Dir Deine Ausgeglichenheit wiedergeben könnten, aus seinem überaus dienstbaren Gedächtnis vorgetragen, schon hat er die Lehren aller weisen Männer mit der ihm eigenen Beredsamkeit erläutert. So konnte wohl niemand besser als er die Pflicht des Mahners erfüllen. Wenn er spricht, haben die Worte ein ganz anderes Gewicht, gleich als kämen sie von einem Orakel. Alle Macht Deines Schmerzes wird seine göttergleiche Persönlichkeit zerschmettern. Denke also, er spräche so zu Dir: „Nicht dich allein hat sich das Schicksal ausersehen, um dir so schweres Unrecht anzutun; kein Haus auf der weiten Welt ist oder war ganz ohne Wehgeschrei. Beiseite lassen will ich alltägliche Fälle, die, auch wenn sie weniger bedeutend, doch bemerkenswert wären. Mit der Historie und den Annalen unseres Volkes werde ich dich konfrontieren. Du siehst all diese Bilder, die die kaiserliche Halle füllten. Darunter ist keines, für das nicht irgendein Verlust von Angehörigen kennzeichnend wäre. Keiner ist unter diesen Männern, deren Ruhm jahrhundertelang hell erstrahlen wird, den nicht schmerzliches Verlangen nach seinen Lieben gequält hätte oder den die Seinen nicht unter größten Qualen schmerzlich vermißt hätten. Was soll ich dir von Scipio Africanus sagen, dem der Tod des Bruders in der Verbannung gemeldet wurde? Dieser Bruder, der seinen Bruder dem Kerker entriß, vermochte ihn dem Schicksal nicht zu entreißen. Und wie wenig Africanus in seiner Liebe willens war, sich an Recht und Billigkeit zu halten, wurde allen klar. Denn am gleichen Tag, an dem er seinen Bruder aus der Gewalt eines Vollzugsbeamten befreit hatte, trat er

deravit hic animo, quam defenderat. Quid referam Aemilianum Scipionem, qui uno paene eodemque tempore spectavit patris triumphum duorumque fratrum funera? Adulescentulus tamen ac propemodum puer tanto animo tulit illam familiae suae super ipsum Pauli triumphum concidentis subitam vastitatem, quanto debuit ferre vir in hoc natus, ne urbi Romanae aut Scipio deesset aut Carthago superesset.

15 Quid referam duorum Lucullorum diremptam morte concordiam? Quid Pompeios, quibus ne hoc quidem saeviens reliquit fortuna, ut una eademque conciderent ruina? Vixit Sextus Pompeius primum sorori superstes, cuius morte optime cohaerentis Romanae pacis vincula resoluta sunt, idemque hic vixit superstes optimo fratri, quem fortuna in hoc evexerat, ne minus alte eum deiceret quam patrem deiecerat; et post hunc tamen casum Sextus Pompeius non tantum dolori, sed etiam bello suffecit. Innumerabilia undique exempla separatorum morte fratrum succurrunt, immo contra vix ulla umquam horum paria conspecta sunt una senescentia. Sed contentus nostrae domus exemplis ero: nemo enim tam expers erit sensus ac sanitatis, ut fortunam ulli queratur luctum intulisse, quam sciet etiam Caesarum lacrimas concupisse.

Divus Augustus amisit Octaviam sororem carissimam, et ne ei quidem rerum natura lugendi necessitatem abstulit, cui caelum destinaverat. Immo vero idem omni genere orbitatis vexatus sororis filium successioni praeparatum suae perdidit, denique, ne singulos eius luctus enumerem, et ge-

auch einem Volkstribunen, und zwar als Privatmann, entgegen. Doch trug er den Verlust des Bruders mit derselben Seelengröße, mit der er ihn beschützt hatte. Was soll ich von Scipio Aemilianus sagen, der fast zu ein und derselben Zeit beim Triumph seines Vaters zugegen war und beim Begräbnis seiner beiden Brüder? Doch als ganz junger Mann, fast noch ein Knabe, trug er so gefaßt das Aussterben seiner Familie, die gerade, während Paulus triumphierte, zugrunde ging, wie es ein Mann ertragen mußte, dazu geboren, daß weder der Stadt Rom ein Scipio fehle noch daß Karthago überlebe.

15 Was soll ich von den beiden Lucullus reden und ihrer durch den Tod zerrissenen Herzensfreundschaft? Was von den Pompeiussöhnen, denen des Schicksals Wüten nicht einmal dies als letztes gönnte, daß sie gemeinsam bei der gleichen Niederlage fielen? Überleben mußte Sextus Pompeius seine Schwester, durch deren Tod die Klammern eines zum Glück für Rom geschlossenen Friedens sich lösten, desgleichen überlebte er seinen ausgezeichneten Bruder, den sein Geschick nur deshalb emporgetragen hatte, um ihn nicht weniger tief zu stürzen, als es seinen Vater gestürzt hatte. Und doch war nach diesem Schicksalsschlag Sextus Pompeius nicht nur seinem Schmerz, sondern auch dem Krieg gewachsen. Zahllose Beispiele aus aller Welt finden sich, daß Brüder der Tod auseinanderriß, ja, man sah andererseits kaum jemals zwei von ihnen, die gemeinsam alt wurden. Doch will ich mich mit Fällen aus unserem eigenen Haus begnügen, denn niemand wird so gedankenlos und unvernünftig sein, daß er sich beklagte, weil das Schicksal irgendwem Anlaß zur Trauer gab, wenn er erst weiß, daß es sogar Kaisertränen sehen wollte.

Der göttliche Augustus verlor Octavia, seine teure Schwester; und nicht einmal ihm ersparte es die Natur, trauern zu müssen, ihm, dem sie den Himmel auserkoren hatte. Im Gegenteil, gerade er wurde schwer heimgesucht und auf jede Weise seiner Erben beraubt. So starb ihm der Sohn seiner Schwester, der schon auf die Nachfolge vorbereitet war, und schließlich – um nicht einzeln die Trauerfälle aufzuzählen –

neros ille amisit et liberos et nepotes, ac nemo magis ex omnibus mortalibus hominem esse se, dum inter homines erat, sensit. Tamen tot tantosque luctus cepit rerum omnium capacissimum eius pectus, victorque Divus Augustus non gentium tantummodo externarum, sed etiam dolorum fuit. Gaius Caesar, Divi Augusti, avunculi mei magni, nepos, circa primos iuventae suae annos Lucium fratrem carissimum sibi, princeps iuventutis principem eiusdem iuventutis, amisit in apparatu Parthici belli et graviore multo animi vulnere quam postea corporis ictus est; quod utrumque et piissime idem et fortissime tulit. Ti. Caesar patruus meus Drusum Germanicum patrem meum, minorem natu, quam ipse erat, fratrem, intima Germaniae recludentem et gentes ferocissimas Romano subicientem imperio in complexu et in osculis suis amisit: modum tamen lugendi non sibi tantum, sed etiam aliis fecit ac totum exercitum non solum maestum, sed etiam attonitum, corpus Drusi sui sibi vindicantem ad morem Romani luctus redegit iudicavitque non militandi tantum disciplinam esse servandam, sed etiam dolendi. Non potuisset ille lacrimas alienas compescere, nisi prius pressisset suas.

16 M. Antonius avus meus, nullo minor nisi eo, a quo victus est, tunc, cum rem publicam constitueret et triumvirali potestate praeditus nihil supra se videret, exceptis vero duobus collegis omnia infra se cerneret, fratrem interfectum audivit. Fortuna impotens, quales ex humanis malis tibi ipsa ludos facis! Eo ipso tempore, quo M. Antonius civium suorum vitae sedebat mortisque arbiter, M. Antonii frater duci iubebatur ad supplicium! Tulit hoc tamen tam triste vulnus eadem magnitudine animi M. Antonius, qua omnia alia adversa toleraverat,

verlor er auch seine Schwiegersöhne und Kinder und Enkel, und niemand von allen Sterblichen empfand es schmerzlicher als er, daß er ein Mensch sei, solange er unter den Menschen weilte. Dennoch hat so vielem schweren Kummer sein in allem standhafter Sinn standgehalten, und Sieger blieb der göttliche Augustus nicht nur über auswärtige Völker, sondern auch über sein Leid. Gaius, der Enkel des göttlichen Augustus, meines Großoheims, verlor in den ersten Jünglingsjahren seinen heißgeliebten Bruder Lucius, als Führer der jungen Ritter den Führer eben dieser Ritter, während man gerade den Partherkrieg vorbereitete. Weit schwerer wurde da sein Herz getroffen als späterhin sein Leib, doch beide Wunden ertrug er ebenso pflichtbewußt wie heldenhaft. Kaiser Tiberius, mein Onkel väterlicherseits, hat meinen Vater Drusus Germanicus, seinen jüngeren Bruder, während dieser tief nach Germanien vordrang und wilde Stämme der römischen Herrschaft unterwarf, in seinen Armen, unter seinen Küssen verloren; trotzdem setzte er der Trauer nicht nur bei sich, sondern auch bei anderen das rechte Maß und brachte das ganze Heer, das nicht nur betrübt, sondern bestürzt war und sich die Leiche seines Drusus ausbat, dazu, nach Römerart zu trauern, und erklärte, nicht allein im Dienst sei Disziplin zu wahren, sondern auch im Schmerz. Er hätte fremde Tränen nicht stillen können, hätte er nicht erst die seinen unterdrückt.

16 Marcus Antonius, mein Großvater, der keinem nachstand als dem, der ihn bezwang, mußte damals, als er die staatliche Ordnung wiederherstellte und, mächtig als einer der Großen Drei, nichts mehr über sich sah, dagegen mit Ausnahme seiner beiden Kollegen alles tief unter sich erblickte, von der Hinrichtung seines Bruders hören. Maßloses Schicksal, wie treibst du mit menschlichem Leid dein Spiel! Eben zu der Zeit, als Marcus Antonius über Tod und Leben seiner Mitbürger zu Gericht saß, ließ man den Bruder Mark Antons zum Tode führen! Doch trug diesen so schmerzlichen Verlust mit gleicher Seelengröße Mark Anton, wie er alles andere Mißgeschick ertragen hatte, und das war eine Trauer-

et hoc fuit eius lugere, viginti legionum sanguine
fratri parentare. Sed, ut omnia alia exempla prae-
teream, ut in me quoque ipso alia taceam funera,
bis me fraterno luctu aggressa fortuna est, bis intellexit laedi me posse, vinci non posse. Amisi
Germanicum fratrem, quem quomodo amaverim,
intellegit profecto, quisquis cogitat, quomodo
suos fratres pii fratres ament; sic tamen affectum
meum rexi, ut nec relinquerem quicquam, quod
exigi deberet a bono fratre, nec facerem, quod
reprehendi posset in principe."

Haec ergo puta tibi parentem publicum referre
exempla, eundem ostendere, quam nihil sacrum
intactumque sit fortunae, quae ex iis penatibus
ausa est funera ducere, ex quibus erat deos peti-
tura. Nemo itaque miretur aliquid ab illa aut crudeliter fieri aut inique: potest enim haec adversus
privatas domos ullam aequitatem nosse aut ullam
modestiam, cuius implacabilis saevitia totiens ipsa
funestavit pulvinaria? Faciamus licet illi convicium, non nostro tantum ore, sed etiam publico,
non tamen mutabitur; adversus omnes se preces
omnesque querimonias eriget. Haec fuit in rebus
humanis fortuna, haec erit: nihil inausum sibi reliquit, nihil intactum relinquet, ibit violentior per
omnia, sicut solita est semper, eas quoque domos
ausa iniuriae causa intrare, in quas per templa aditur, et atram laureatis foribus induet vestem.

Hoc unum obtineamus ab illa votis ac precibus
publicis, si nondum illi genus humanum placuit
consumere, si Romanum adhuc nomen propitia
respicit: hunc principem lapsis hominum rebus
datum, sicut omnibus mortalibus, sibi esse sacra-

feier nach seinem Herzen, von zwanzig Legionen das Blut dem Bruder als Totenopfer darzubringen. Um aber alle weiteren Beispiele zu übergehen und auch bei mir selber von anderen Todesfällen zu schweigen: zweimal suchte mich durch den Verlust eines Bruders das Schicksal heim; zweimal erkannte es, daß es mir weh tun, mich aber nicht überwinden kann. Ich verlor meinen Bruder Germanicus, von dem ein jeder weiß, wie ich ihn liebte, wer sich vorstellen kann, wie ihre Brüder zärtliche Brüder lieben. Trotzdem wußte ich meinen heißen Schmerz so zu beherrschen, daß ich nichts unterließ, was man verlangen darf von einem guten Bruder, und nichts tat, was man tadeln könnte bei einem Kaiser."

Das, denke Dir, bringt der Vater des Vaterlands als Beispiele vor; zugleich erweist er, wie ganz und gar nichts heilig und unantastbar für das Schicksal ist, das aus dem Hause Leichenzüge zu führen wagte, aus dem es sich Götter holen wollte. Niemand sollte sich darum wundern, daß es in manchem grausam handelt und auch unbillig: Kann es denn gegenüber den Familien gewöhnlicher Bürger irgendwelche Gerechtigkeit üben und irgendwelche Mäßigung, wenn es in seiner unerbittlichen Grausamkeit derart oft sogar Kaiserthrone mit Blut besudelt? Mögen wir es auch mit Vorwürfen überhäufen, nicht nur wir allein, sondern alle wie aus einem Munde: es wird sich trotzdem nicht ändern. Über alle Bitten und alle Klagen wird es sich hinwegsetzen. So war im Menschenleben stets das Schicksal, so bleibt es: Nichts ließ es unversucht, nichts läßt es unberührt. Gar ungestüm wird es auf alles losgehen, wie es das immer tat, wird verwegen selbst in die Häuser dringen, um Gewalt zu üben, in die man nur durch Tempelhallen kommt, und schwarz über lorbeerbekränzte Türen den Trauerflor ziehen.

Das eine wollen wir ihm abringen durch Gelübde und allgemeines Gebet: Wenn es noch nicht zur Vernichtung des Menschengeschlechts entschlossen ist, wenn es noch gnädig auf das Römervolk blickt, dann wolle es diesen Kaiser, der den Menschen in tiefer Not geschenkt ward, auch selbst so heilig halten, wie er es allen Sterblichen ist! Es lerne von ihm

tum velit! Discat ab illo clementiam fiatque mitissimo omnium principum mitis!

17 Debes itaque eos intueri omnes, quos paulo ante rettuli, aut ascitos caelo aut proximos, et ferre aequo animo fortunam ad te quoque porrigentem manus, quas ne ab iis quidem, per quos iuramus, abstinet. Debes illorum imitari firmitatem in perferendis et evincendis doloribus, in quantum modo homini fas est per divina ire vestigia. Quamvis in aliis rebus dignitatum ac nobilitatum magna sint discrimina, virtus in medio posita est: neminem dedignatur, qui modo dignum se illa iudicat. Optime certe illos imitaberis, qui, cum indignari possent non esse ipsos exsortes huius mali, tamen in hoc uno se ceteris exaequari hominibus non iniuriam, sed ius mortalitatis iudicaverunt tuleruntque nec nimis acerbe et aspere, quod acciderat, nec molliter et effeminate. Nam et non sentire mala sua non est hominis, et non ferre non est viri.

Non possum tamen, cum omnes circumierim Caesares, quibus fortuna fratres sororesque eripuit, hunc praeterire ex omni Caesarum numero excerpendum, quem rerum natura in exitium opprobriumque humani generis edidit, a quo imperium exustum atque eversum funditus principis mitissimi recreat clementia.

C. Caesar amissa sorore Drusilla, is homo, qui non magis dolere quam gaudere principaliter posset, conspectum conversationemque civium suorum profugit, exsequiis sororis suae non interfuit, iusta sorori non praestitit, sed in Albano suo tesseris ac foro et personatus et huiusmodi aliis occu-

Sanftmut und werde gegenüber dem mildesten aller Herrscher milde!

17 Du solltest also auf alle die schauen, von denen ich vor kurzem sprach, die entweder in den Himmel aufgenommen wurden oder ihm nahe sind, und gegenüber dem Schicksal Gleichmut zeigen, wenn es auch nach Dir die Hand ausstreckt, die es nicht einmal von jenen, bei denen wir schwören, zurückhält. Du solltest ihrer Standhaftigkeit nacheifern, Schmerzen zu ertragen und zu bezwingen, soweit es eben einem Menschen möglich ist, in göttliche Fußstapfen zu treten. Doch wenn es auch in anderen Bereichen noch so große Unterschiede nach Rang und Stand gibt – die Tugend kann jedermann erreichen. Niemanden weist sie als unwürdig ab, wenn er nur sich ihrer würdig erweist. Gewiß wirst Du es sehr wohl denen gleichtun, die, obschon sie es unwürdig finden könnten, solchem Unglück nicht enthoben zu sein, trotzdem ihre Gleichstellung mit den übrigen Menschen in diesem einen Punkt nicht für ein Unrecht, sondern für ihren Anteil an der Sterblichkeit hielten und, was ihnen zustieß, weder allzu verbittert und ergrimmt ertrugen noch weichlich und weibisch. Denn sein Unglück nicht zu empfinden, ist unmenschlich, es nicht zu ertragen, unmännlich.

Unmöglich kann ich aber, da ich die Runde bei sämtlichen Kaisern machte, denen das Schicksal Brüder und Schwestern entriß, den übergehen, den man aus der Gesamtzahl der Kaiser entfernen mußte, ihn, den die Natur zum Verderben und zur Schande der Menschheit sandte, von dem das Reich verheert und gründlich zerstört wurde, das der gütigste Herrscher in seiner Milde neu erschafft.

Als Kaiser Caligula seine Schwester Drusilla verloren hatte, da floh dieser Mensch, der ebensowenig Schmerz wie Freude nach Art eines Fürsten zu äußern vermochte, den Anblick und die Gegenwart seiner Untertanen, nahm an der Leichenfeier seiner Schwester nicht teil, erwies der Schwester nicht die letzte Ehre, sondern suchte auf seinem Landsitz in den Albanerbergen bei Würfel- und Brettspiel und verkleidet und bei anderer Unterhaltung von der Art seinen

pationibus acerbissimi funeris elevabat mala. Pro pudor imperii! Principis Romani lugentis sororem alea solacium fuit! Idem ille Gaius furiosa inconstantia modo barbam capillumque summittens, modo Italiae ac Siciliae oras errabundus permetiens et numquam satis certus, utrum lugeri vellet an coli sororem, eodem omni tempore, quo templa illi constituebat ac pulvinaria, eos, qui parum maesti fuerant, crudelissima afficiebat animadversione. Eadem enim intemperie animi adversarum rerum ictus ferebat, qua secundarum elatus eventu super humanum intumescebat modum. Procul istud exemplum ab omni Romano sit viro, luctum suum aut intempestivis avocare lusibus aut sordium ac squaloris foeditate irritare aut alienis malis oblectare minime humano solacio.

18 Tibi vero nihil ex consuetudine mutandum est tua, quoniam quidem ea instituisti amare studia, quae et optime felicitatem extollunt et facillime minuunt calamitatem; eademque et ornamenta maxima homini sunt et solacia. Nunc itaque te studiis tuis immerge acrius, nunc illa tibi velut munimenta animi circumda, ne ex ulla tui parte inveniat introitum dolor. Fratris quoque tui produc memoriam aliquo scriptorum monumento tuorum: hoc enim unum est e rebus humanis opus, cui nulla tempestas noceat, quod nulla consumat vetustas. Cetera, quae per constructionem lapidum et marmoreas moles aut terrenos tumulos in magnam eductos altitudinem constant, non propagant longam diem, quippe et ipsa intereunt; immortalis est ingenii memoria. Hanc tu fratri tuo largire, in hac eum colloca: melius duraturo semper consecrabis ingenio, quam irrito dolore lugebis. Quod ad ipsam fortunam pertinet, etiam si nunc agi apud te causa eius non potest (omnia

Gram über den bitteren Todesfall zu lindern. Welch eine Schande für das Kaisertum! Der Herrscher Roms, der seine Schwester betrauerte, fand beim Würfeln Trost! Derselbe Caligula ließ mit der Sprunghaftigkeit eines Verrückten bald Bart und Haar lang wachsen, bald fuhr er an Italiens und Siziliens Küsten ziellos dahin und gab nie deutlich genug zu verstehen, ob er nun Trauer oder göttliche Verehrung für seine Schwester wünschte: immer, wenn er ihr Tempel und Heiligtümer errichten ließ, ging er gleichzeitig gegen Leute, die zu wenig betrübt gewesen waren, mit brutalsten Strafen vor. In der gleichen Unbeherrschtheit, die er bei Schicksalsschlägen zeigte, erhob er sich, stolz auf Erfolge, über Menschenmaß. Fern bleibe dieses sein Beispiel jedem Römer, sich im Kummer entweder mit unzeitigen Spielereien abzulenken oder durch Schmutz und scheußliche Verwahrlosung Anstoß zu erregen oder sich bei fremdem Leiden zu belustigen, einer ganz unmenschlichen Art von Trost.

18 Du jedoch brauchst Deinen Lebensstil nicht zu ändern, da Du Dich ja gerade für diejenige Lieblingsbeschäftigung entschieden hast, die am ehesten das Glücksgefühl erhöht und am leichtesten Unglück lindert. Sie ist zugleich der schönste Schmuck und Trost für einen Menschen. Nun vertiefe Dich darum noch eifriger in Deine Bücher, nun stelle sie um Dich wie eine Schutzwehr für Dein Herz, damit sich bei Dir nirgendwo der Schmerz einschleichen kann. Auch das Andenken an Deinen Bruder halte wach, verewigt in einer Deiner Schriften; das ist ja das einzige Werk von Menschenhand, dem die Zeit nicht schaden kann, das durch kein Alter zerstört wird. Was sonst fest steht, weil man Steine auftürmte und mächtige Marmorblöcke oder Erdhügel gewaltig hoch aufschüttete, das schiebt den Schicksalstag nicht weit hinaus: Es geht ja selbst zugrunde. Unsterblich ist, was ein großer Geist niederschrieb. Das mache Deinem Bruder zum Geschenk, darin gib ihm einen Platz. Besser ist's, ihn durch Dein unvergängliches Genie zu verewigen als ihn mit unnützem Schmerz zu betrauern. Was das Schicksal selbst angeht, so wird es – auch wenn man es jetzt vor Dir nicht in

enim illa, quae nobis dedit, ob hoc ipsum, quod
aliquid eripuit, invisa sunt), tunc tamen erit agenda, cum primum aequiorem te illi iudicem dies
fecerit; tunc enim poteris in gratiam cum illa red-
ire. Nam multa providit, quibus hanc emendaret
iniuriam, multa etiamnunc dabit, quibus redimat;
denique ipsum hoc, quod abstulit, ipsa dederat
tibi.

Noli ergo contra te ingenio uti tuo, noli adesse
dolori tuo! Potest quidem eloquentia tua, quae
parva sunt, approbare pro magnis, rursus magna
attenuare et ad minima deducere; sed alio istas
vires servet suas, nunc tota se in solacium tuum
conferat. Et tamen dispice, ne hoc iam quoque
ipsum sit supervacuum: aliquid enim a nobis natura exigit, plus vanitate contrahitur. Numquam
autem ego a te, ne ex toto maereas, exigam. Et scio
inveniri quosdam durae magis quam fortis prudentiae viros, qui negent doliturum esse sapientem: hi non videntur mihi umquam in eiusmodi
casum incidisse, alioquin excussisset illis fortuna
superbam sapientiam et ad confessionem eos veri
etiam invitos compulisset. Satis praestiterit ratio,
si id unum ex dolore, quod et superest et abundat,
exciderit; ut quidem nullum omnino esse eum patiatur, nec sperandum ulli nec concupiscendum
est. Hunc potius modum servet, qui nec impieta-
tem imitetur nec insaniam et nos in eo teneat habitu, qui et piae mentis est nec motae. Fluant lacrimae, sed eaedem et desinant; trahantur ex imo
gemitus pectore, sed iidem et finiantur: sic rege
animum tuum, ut et sapientibus te approbare possis et fratribus! Effice, ut frequenter fratris tui memoriam tibi velis occurrere, ut illum et sermoni-

Schutz nehmen kann (denn alles, was es uns gab, ist uns eben deswegen, weil es uns etwas nahm, verleidet) – jedenfalls dann in Schutz zu nehmen sein, wenn Dich die Zeit zu einem gerechteren Richter gemacht hat. Dann wirst Du Dich nämlich mit ihm aussöhnen können. Es hat ja viel Gutes getan, um diesem Unrecht seinen Stachel zu nehmen, und wird Dir auch jetzt viel geben, um es wiedergutzumachen. Außerdem hatte es Dir genau das, was es Dir nahm, selber gegeben.

Gebrauche also Dein Talent nicht gegen Dich, steh Deinem Schmerz nicht bei! Gewiß kann Deine Wortgewalt, was klein ist, als groß erweisen und umgekehrt Großes herabsetzen und ganz unbedeutend machen, doch sollte sie zu anderem Zweck sich diese ihre Fähigkeit bewahren: Nun widme sie sich ganz Deinem Trost! Doch sieh zu, ob nicht selbst das schon überflüssig ist! Einiges verlangt nämlich die Natur von uns, mehr erzwingt der Wahn. Niemals werde ich aber von Dir fordern, daß Du überhaupt nicht traurig bist. Und dabei weiß ich, daß sich manche eher gefühllose als heldenhafte Denker finden, die erklären, der Weise werde keinen Schmerz erleiden. Die, so scheint mir, sind nie in ein solches Unglück geraten; andernfalls hätte ihnen das Schicksal ihre anmaßende Weisheit ausgetrieben und sie, auch gegen ihren Willen, dazu gebracht, die Wahrheit zu gestehen. Hinreichend wirksam ist wohl die Vernunft, wenn sie den Schmerz genau um das beschneidet, was überflüssig und unnötig ist. Daß sie freilich sein Auftreten überhaupt nicht zuließe, darf niemand hoffen oder wünschen. Sie sollte eher das rechte Maß wahren, so daß man weder den Anschein der Pflichtvergessenheit erweckt noch den der Raserei, und uns die Einstellung erhalten, die ein liebendes, aber kein erschüttertes Herz verrät. Rinnen sollen die Tränen, aber auch versiegen; aus tiefster Brust stoße man Seufzer aus, doch lasse man sie auch wieder enden. Beherrsche Deine Gefühle so, daß Du sowohl den Ansprüchen der Weisen als auch denen Deiner Brüder entsprichst! Sorge dafür, daß Dir häufig die Erinnerung an Deinen Bruder wiederkehrt, daß Du immer wie-

bus celebres et assidua recordatione repraesentes
tibi, quod ita demum consequi poteris, si tibi memoriam eius iucundam magis quam flebilem feceris.

Naturale est enim, ut semper animus ab eo refu-
giat, ad quod cum tristitia revertitur. Cogita modestiam eius, cogita in rebus agendis sollertiam, in
exsequendis industriam, in promissis constantiam! Omnia dicta eius ac facta et aliis expone et
tibimet ipse commemora!

Qualis fuerit, cogita, qualisque sperari potuerit:
quid enim de illo non tuto sponderi fratre posset?

Haec, utcumque potui, longo iam situ obsoleto
et hebetato animo composui. Quae si aut parum
respondere ingenio tuo aut parum mederi dolori
videbuntur, cogita, quam non possit is alienae vacare consolationi, quem sua mala occupatum tenent, et quam non facile Latina ei homini verba
succurrant, quem barbarorum inconditus et barbaris quoque humanioribus gravis fremitus cir-
cumsonat.

der von ihm erzählst und ihn Dir in dauerndem Gedenken vergegenwärtigst; das wird Dir erst dann gelingen, wenn Du es schaffst, daß Dir die Erinnerung an ihn eher erfreulich als schmerzlich ist.

Natürlich ist es nämlich, daß unser Gedächtnis das verdrängt, dessen es sich nur mit Betrübnis wieder entsinnt. Denke an seine Bescheidenheit, denke beim Reden über ein Vorhaben an seine Klugheit, bei dessen Verwirklichung an seine Beharrlichkeit, bei Versprechen an seine Zuverlässigkeit! All seine Worte und Taten führe anderen vor Augen und rufe sie Dir selber in Erinnerung!

Bedenke, wie er war und wie man ihn sich später hätte vorstellen können! Was hätte man denn bei einem solchen Bruder nicht unbesorgt vorhersagen können? –

Das habe ich, so gut ich konnte, niedergeschrieben, wiewohl mein Talent durch lange Untätigkeit an Glanz verloren hat und matt geworden ist. Wenn es Deinem hohen geistigen Anspruch entweder nicht recht zu entsprechen oder Deinen Schmerz nicht recht zu heilen scheint, dann bedenke, wie wenig Zeit zur Tröstung anderer einer hat, den sein persönliches Unglück ganz erfüllt, und wie schwer sich lateinische Worte bei einem Menschen einstellen, um den herum der Barbaren wüstes und selbst zivilisierteren Barbaren widerwärtiges Gebrumm erschallt!

AD HELVIAM MATREM
DE CONSOLATIONE

1   Saepe iam, mater optima, impetum cepi consolandi te, saepe continui. Ut auderem, multa me impellebant: primum videbar depositurus omnia incommoda, cum lacrimas tuas, etiam si supprimere non potuissem, interim certe abstersissem; deinde plus habiturum me auctoritatis non dubitabam ad excitandam te, si prior ipse consurrexissem; praeterea timebam, ne a me victa fortuna aliquem meorum vinceret. Itaque utcumque conabar manu super plagam meam imposita ad obliganda vulnera vestra reptare.

Hoc propositum meum erant rursus, quae retardarent. Dolori tuo, dum recens saeviret, sciebam occurrendum non esse, ne illum ipsa solacia irritarent et accenderent: nam in morbis quoque nihil est perniciosius quam immatura medicina. Exspectabam itaque, dum ipse vires suas frangeret, et ad sustinenda remedia mora mitigatus tangi se ac tractari pateretur. Praeterea, cum omnia clarissimorum ingeniorum monumenta ad compescendos moderandosque luctus composita evolverem, non inveniebam exemplum eius, qui consolatus suos esset, cum ipse ab illis comploraretur. Ita in re nova haesitabam verebarque, ne haec non consolatio esset, sed exulceratio. Quid, quod no-

TROSTSCHRIFT FÜR
MUTTER HELVIA

1 Oft schon, beste Mutter, ergriff mich das Verlangen, Dich zu trösten, oft unterdrückte ich es. Daß ich's wagte, dazu wollte mich vieles bestimmen: Zum einen hoffte ich, all mein Unglück zu vergessen, sobald ich Deine Tränen – auch wenn ich sie nicht hätte stillen können – wenigstens abgetrocknet hätte; zum andern zweifelte ich nicht daran, mehr Überzeugungskraft zu haben, um Dich wieder aufzurichten, wenn ich mich vorher selbst aufgerafft hätte. Daneben war ich in Sorge, das Schicksal könne, von mir bezwungen, irgendwen von den Meinen bezwingen. Deshalb versuchte ich, so gut es eben ging, die Hand auf meine Verletzung zu pressen und auf Dich zuzukriechen, um Deine Wunden zu verbinden.

Dieser meiner Absicht stand andererseits manches im Wege: Gegen Deinen Schmerz, solange er ungebrochen raste, glaubte ich nicht angehen zu dürfen, damit nicht gerade mein Trost ihn erregte und entflammte. Auch bei Krankheiten ist ja nichts schädlicher als wenn man vorschnell Medizin verabreicht. Ich wollte also zuwarten, bis das eigene Ungestüm ihn bräche und er, allmählich beruhigt genug, um Arznei zu vertragen, an sich rühren und sich behandeln ließe. Außerdem fand ich, obwohl ich alle von hochbedeutenden Persönlichkeiten zur Stillung oder Linderung des Kummers verfaßten Werke durchlas, den Fall nicht vor, daß jemand die Seinen getröstet hätte, während er selbst von jenen beklagt wurde. So war ich in meiner beispiellosen Lage unschlüssig und befürchtete, das sei kein Trost, sondern ein Aufreißen von Wunden. Und weiter: Unerhörter Worte,

vis verbis nec ex vulgari et cotidiana sumptis allocutione opus erat homini ad consolandos suos ex ipso rogo caput allevanti? Omnis autem magnitudo doloris modum excedentis necesse est dilectum verborum eripiat, cum saepe vocem quoque ipsam intercludat. Utcumque conitar non fiducia ingenii, sed quia possum instar efficacissimae consolationis esse ipse consolator. Cui nihil negares, huic hoc utique te non esse negaturam, licet omnis maeror contumax sit, spero, ut desiderio tuo velis a me modum statui.

2 Vide, quantum de indulgentia tua promiserim mihi: potentiorem me futurum apud te non dubito quam dolorem tuum, quo nihil est apud miseros potentius. Itaque nec statim cum eo concurram. Adero prius illi et, quibus excitetur, ingeram: omnia proferam et rescindam, quae iam obducta sunt. Dicet aliquis: „Quod hoc genus est consolandi, obliterata mala revocare et animum in omnium aerumnarum suarum conspectu collocare vix unius patientem?" Sed is cogitet, quaecumque usque eo perniciosa sunt, ut contra remedium convaluerint, plerumque contrariis curari. Omnes itaque luctus illi suos, omnia lugubria admovebo: hoc erit non molli via mederi, sed urere ac secare. Quid consequar? Ut pudeat animum tot miseriarum victorem aegre ferre unum vulnus in corpore tam cicatricoso. Fleant itaque diutius et gemant, quorum delicatas mentes enervavit longa felicitas, et ad levissimarum iniuriarum motus collabantur; at quorum omnes anni per calamitates transierunt, gravissima quoque forti et immobili constantia perferant. Unum habet assidua infelicitas bonum, quod, quos semper vexat, novissime indurat.

nicht solcher, die man bei gewöhnlichem, alltäglichem Zuspruch mitbekommt, bedarf ein Mensch zum Trost der Seinen, wenn er mitten auf dem Scheiterhaufen sein Haupt erhebt. Doch jeder ungeheure, maßlose Schmerz verhindert es unweigerlich, die Worte recht zu wählen, zumal er oft sogar die Sprache raubt. Wie dem auch sei, ich will mir alle Mühe geben, nicht im Vertrauen auf mein Talent, sondern weil es so gut wie der wirksamste Trost sein kann, wenn ich selbst der Tröster bin. Mir, dem Du nichts abschlagen würdest, wirst Du, so hoffe ich, zumindest das nicht abschlagen – auch wenn jeder Trauernde starrsinnig ist –, Deinem Sehnsuchtsschmerz von mir ein Maß setzen zu lassen.

2 Gibt acht, wieviel ich mir von Deiner liebevollen Nachsicht verspreche: Mehr Einfluß werde ich ohne Zweifel auf Dich haben als Dein Kummer, demgegenüber auf Elende nichts mehr Einfluß hat. Darum will ich auch nicht gleich mit ihm aneinandergeraten. Aufhelfen will ich ihm erst und ihm den Stachel geben. Alles will ich anführen und wieder aufreißen, was schon verharscht ist. Jemand mag einwenden: „Was ist das für eine Art Trost, verwundenen Jammer zu erneuern und sich alle seine Kümmernisse vor Augen zu führen, wenn man kaum eine einzige erträgt?" Man bedenke aber, daß alles, was sich derart bedrohlich entwickelt hat, daß es auf Medikamente nicht mehr anspricht, meist durch Gegensätzliches geheilt wird. All ihre Trauer, all ihre Betrübnis will ich also der Seele vorhalten, das heißt, nicht auf behutsame Art helfen, sondern schneiden und brennen. Was erreiche ich damit? Daß sie, die soviel Unglück besiegt hat, sich schämt, Schmerz zu empfinden wegen einer einzigen Wunde – an einem Leib, der so voll Narben ist. Länger weinen sollen daher die und stöhnen, deren verzärtelte Gemüter erschlafft sind in langem Glück, und, wenn sie das geringste Unrecht trifft, zusammenbrechen. Die aber, deren Jahre allesamt in Drangsal vergingen, sollten auch das Schwerste mit heldenhafter, unerschütterlicher Festigkeit ertragen. Ein Gutes hat beständiges Unglück: die es stets heimsucht, härtet es schließlich ab.

Nullam tibi fortuna vacationem dedit a gravissimis luctibus. Ne natalem quidem tuum excepit: amisisti matrem statim nata, immo dum nasceris, et ad vitam quodammodo exposita es. Crevisti sub noverca: quam tu quidem omni obsequio et pietate, quanta vel in filia conspici potest, matrem fieri coegisti; nulli tamen non magno constitit etiam bona noverca. Avunculum indulgentissimum, optimum ac fortissimum virum, cum adventum eius exspectares, amisisti et, ne saevitiam suam fortuna leviorem diducendo faceret, intra tricesimum diem carissimum virum, ex quo mater trium liberorum eras, extulisti: lugenti tibi luctus nuntiatus est omnibus quidem absentibus liberis, quasi de industria in id tempus coniectis malis tuis, ut nihil esset, ubi se dolor tuus reclinaret. Transeo tot pericula, tot metus, quos sine intervallo in te incursantes pertulisti. Modo modo in eundem sinum, ex quo tres nepotes emiseras, ossa trium nepotum recepisti. Intra vicesimum diem, quam filium meum in manibus et in osculis tuis mortuum funeraveras, raptum me audisti. Hoc adhuc defuerat tibi, lugere vivos.

3   Gravissimum est ex omnibus, quae umquam in corpus tuum descenderunt, recens vulnus, fateor. Non summam cutem rupit; pectus et viscera ipsa divisit. Sed, quemadmodum tirones leviter saucii tamen vociferantur et manus medicorum magis quam ferrum horrent, at veterani, quamvis confossi, patienter ac sine gemitu velut aliena corpora exsaniari patiuntur, ita tu nunc debes fortiter praebere te curationi. Lamentationes quidem et

Keine Atempause hat Dir das Schicksal von schwerster Trübsal gewährt: Nicht einmal den Tag Deiner Geburt nahm es aus: Du verlorst die Mutter gleich nach der Geburt, nein, bei der Geburt, und wurdest ins Leben gewissermaßen ausgesetzt. Herangewachsen bist Du bei einer Stiefmutter; die hast Du zwar durch jede Art von Fügsamkeit und Liebe, wie sie sogar bei einer leiblichen Tochter auffallen könnte, dazu genötigt, Dir eine Mutter zu werden; noch niemand aber hat keinen hohen Preis bezahlt für eine gütige Stiefmutter. Deinen liebevollen Onkel, einen sehr tüchtigen und ehrenfesten Mann, hast Du, während Du seiner Ankunft entgegensahst, verloren und, damit das Schicksal seine Härte durch Unterbrechung nicht erträglicher mache, mußtest Du nach kaum dreißig Tagen Deinen heißgeliebten Mann, von dem Du Mutter dreier Kinder warst, bestatten. Während Deiner Trauer wurde Dir ein Trauerfall gemeldet, und alle Deine Kinder waren fort, als ob mit Absicht all Dein Leid zu diesem Zeitpunkt hereinbrechen sollte, damit nichts vorhanden sei, worauf Du Dich in Deinem Schmerz hättest stützen können. Unerwähnt lasse ich so viele Gefahren, so viele Ängste, denen Du, wiewohl sie Dich ohne Unterlaß bedrängten, standgehalten hast. Gerade eben hast Du an die gleiche Brust, von der Du drei Söhne in die Welt entließest, die Gebeine von drei Enkelkindern gedrückt. Kaum zwanzig Tage, nachdem Du meinen toten Sohn in Deinen Armen und unter Deinen Küssen zu Grabe getragen hattest, hörtest Du, ich sei Dir entrissen. Das hatte Dir bislang noch gefehlt: Trauer um Lebende!

3 Am schlimmsten von allen Hieben, die Dich jemals trafen, ist, ich gestehe es, der letzte. Er hat nicht nur oberflächlich die Haut geritzt; Dein Herz, Dein Innerstes hat er zerrissen. Doch wie junge, nur leichtverletzte Soldaten trotzdem schreien und die Hände der Ärzte mehr fürchten als das Schwert, altgediente dagegen, obwohl schwer getroffen, geduldig und ohne Stöhnen, als wäre es nicht ihr Leib, den Eiter auspressen lassen, so mußt Du Dich jetzt tapfer der Behandlung stellen. Jammern und Wehgeschrei und womit

heiulatus et alia, per quae fere muliebris dolor tumultuatur, amove: perdidisti enim tot mala, si nondum misera esse didicisti.

Ecquid videor non timide tecum egisse? Nihil tibi subduxi ex malis tuis, sed omnia coacervata ante te posui.

4 Magno id animo feci: constitui enim vincere dolorem tuum, non circumscribere. Vincam autem, puto, primum si ostendero nihil me pati, propter quod ipse dici possim miser, nedum propter quod miseros etiam, quos contingo, faciam; deinde, si ad te transiero et probavero ne tuam quidem gravem esse fortunam, quae tota ex mea pendet. Hoc prius aggrediar, quod pietas tua audire gestit, nihil mihi mali esse. Si potuero, ipsas res, quibus me putas premi, non esse intolerabiles faciam manifestum. Sin id credi non potuerit, at ego mihi ipse magis placebo, quod inter eas res beatus ero, quae miseros solent facere. Non est, quod de me aliis credas: ipse tibi, ne quid incertis opinionibus perturberis, indico me non esse miserum. Adiciam, quo securior sis, ne fieri quidem me posse miserum.

5 Bona condicione geniti sumus, si eam non deseruerimus. Id egit rerum natura, ut ad bene vivendum non magno apparatu opus esset; unusquisque facere se beatum potest. Leve momentum in adventiciis rebus est et, quod in neutram partem magnas vires habeat: nec secunda sapientem evehunt nec adversa demittunt. Laboravit enim semper, ut in se plurimum poneret, ut a se omne gau-

sonst bei Frauen der Schmerz gewöhnlich wütet, laß bleiben! Du hast nämlich soviel Leid umsonst erlitten, wenn Du noch nicht gelernt hast, unglücklich zu sein.

Na, nun hab' ich Dich ja wohl nicht mit Samthandschuhen angefaßt. Nichts von Deinem Kummer habe ich Dir vorenthalten, sondern alles zusammengetragen und vor Dir aufgehäuft.

4 Mit großer Zuversicht tat ich das: Ich bin nämlich entschlossen, Deinen Schmerz zu besiegen, nicht nur zu überlisten. Besiegen werde ich ihn aber, so meine ich, wenn ich erstens beweise, daß ich nichts ertragen muß, weswegen man mich selbst unglücklich nennen könnte, und erst recht nichts, wodurch ich auch die, denen ich nahestehe, unglücklich machen müßte, und zweitens, wenn ich mich Dir zuwende und darlege, daß auch Deine Situation nicht bedrükkend ist, die sich ganz aus der meinen ergibt. Das will ich zuerst in Angriff nehmen, was Du in Deiner Mutterliebe vor allem hören möchtest: daß mir nichts Schlimmes widerfährt. Wenn möglich, werde ich gerade die Umstände, die mich nach Deiner Meinung bedrücken, als keineswegs untragbar erweisen. Sofern man das nicht glauben kann, darf ich doch wenigstens mit mir selber ganz zufrieden sein, weil ich in einer Lage glücklich bin, die Menschen in der Regel unglücklich macht. Du brauchst, was mich angeht, nicht anderen zu glauben. Ich selbst versichere Dir, damit Du Dich nicht von unbestätigten Vermutungen beunruhigen läßt, daß ich nicht unglücklich bin. Damit Du desto unbesorgter sein kannst, setze ich noch hinzu, daß ich auch nicht unglücklich werden kann.

5 Unter günstigen Voraussetzungen sind wir ins Leben getreten, sofern wir diese nicht ungenutzt lassen: Die Natur hat es so eingerichtet, daß man, um gut zu leben, keinen großen Aufwand treiben muß. Ein jeder kann sich glücklich machen. Äußere Umstände haben nur geringe Bedeutung und fallen im Guten und im Schlechten nicht sehr ins Gewicht: Weder macht das Glück einen Weisen überheblich noch bedrückt ihn Mißgeschick. Sein Bestreben war es ja

dium peteret. Quid ergo? Sapientem esse me dico? Minime. Nam, id quidem si profiteri possem, non tantum negarem miserum esse me, sed omnium fortunatissimum et in vicinum deo perductum praedicarem. Nunc, quod satis est ad omnes miserias leniendas, sapientibus me viris dedi et nondum in auxilium mei validus in aliena castra confugi, eorum scilicet, qui facile se ac suos tuentur. Illi me iusserunt stare assidue velut in praesidio positum et omnes conatus fortunae, omnes impetus prospicere multo ante, quam incurrant. Illis gravis est, quibus repentina est; facile eam sustinet, qui semper exspectavit. Nam et hostium adventus eos prosternit, quos inopinantes occupavit; at qui futuro se bello ante bellum paraverunt compositi et aptati, primum, qui tumultuosissimus est, ictum facile excipiunt. Numquam ego fortunae credidi, etiam cum videretur pacem agere; omnia illa, quae in me indulgentissime conferebat, pecuniam, honores, gratiam, eo loco posui, unde posset sine motu meo repetere. Intervallum inter illa et me magnum habui: itaque abstulit illa, non avulsit. Neminem adversa fortuna comminuit, nisi quem secunda decepit. Illi, qui munera eius velut sua et perpetua amaverunt, qui se suspici propter illa voluerunt, iacent et maerent, cum vanos et pueriles animos omnis solidae voluptatis ignaros falsa et mobilia oblectamenta destituunt. At ille, qui se laetis rebus non inflavit, nec mutatis contrahit. Adversus utrumque statum invictum animum tenet exploratae iam firmitatis; nam in ipsa felicitate, quid contra infelicitatem valeret, expertus est. Itaque ego in illis, quae omnes optant, existimavi semper nihil veri boni inesse; tum

stets, am meisten auf sich selbst zu bauen und alle Freude aus sich selbst zu schöpfen. Wie? Einen Weisen nenne ich mich? Keineswegs! Denn wenn ich das von mir sagen könnte, dann würde ich damit nicht nur ausschließen, daß ich unglücklich bin, sondern mich als den Allerglücklichsten, in die Nähe Gottes Erhobenen preisen. So aber habe ich mich, was genügt, um alles Leid zu lindern, in die Obhut weiser Männer begeben und, da ich mir selber noch nicht helfen kann, unter fremden Fahnen Zuflucht gesucht – den Fahnen derer natürlich, die mühelos sich und die Ihren beschützen. Die geboten mir, mich unermüdlich in acht zu nehmen, als stünde ich Posten, und auf alle Angriffe des Schicksals, auf alle Überfälle gefaßt zu sein, und zwar viel eher, als sie erfolgen. Die nur trifft es hart, für die es plötzlich kommt. Leicht hält ihm stand, wer stets damit gerechnet hat. Denn auch ein feindlicher Angriff ist nur für die verheerend, die er nichtsahnend überraschte. Die aber, die sich für ein bevorstehendes Treffen vor dem Treffen bereit machten, wehren wohlgeordnet und gewappnet den ersten und damit wildesten Ansturm ohne Mühe ab. Niemals habe ich dem Schicksal getraut, auch wenn es anscheinend Frieden hielt. All das, was es mir gnädigst zufallen ließ, Geld, Auszeichnungen, Beliebtheit, wies ich an eine Stelle, von der es sich das, ohne daß es mich gestört hätte, wieder holen konnte. Den Abstand zwischen dem allen und mir hielt ich groß; daher brauchte es das Schicksal nur wegzunehmen, nicht loszureißen. Niemanden hat das Unglück je zerschmettert außer einem, den sein Glück getäuscht hat. Jene Leute, die dessen Gaben wie ihr ewiges Eigentum liebten, die derentwegen bewundert werden wollten, sind niedergeschlagen und traurig, weil ihrem eitlen, kindischen Sinn, der nicht weiß, was wahre Lust ist, ein nichtiges und flüchtiges Vergnügen entgeht. Der aber, der sich in erfreulichen Verhältnissen nicht bläht, gibt auch, wenn sie sich ändern, nicht klein bei. Für jede Lage hat er ein unerschütterliches Herz von schon erwiesener Stärke, denn mitten im Glück hat er, was gegen Unglück helfen kann, erprobt. Darum habe ich von dem, was sich alle wünschen,

inania et specioso ac deceptorio fuco circumlita
inveni intra nihil habentia fronti suae simile; nunc
in his, quae mala vocantur, nihil tam terribile ac
durum invenio, quam opinio vulgi minabatur.
Verbum quidem ipsum persuasione quadam et
consensu iam asperius ad aures venit et audientes
tamquam triste et exsecrabile ferit: ita enim populus iussit; sed populi scita ex magna parte sapientes abrogant.

6   Remoto ergo iudicio plurium, quos prima rerum species, utcumque credita est, aufert, videamus, quid sit exsilium. Nempe loci commutatio.
Ne angustare videar vim eius et, quicquid pessimum in se habet, subtrahere, hanc commutationem loci sequuntur incommoda: paupertas, ignominia, contemptus. Adversus ista postea confligam; interim primum illud intueri volo, quid
acerbi afferat ipsa loci commutatio.

„Carere patria intolerabile est." Aspice, agedum, hanc frequentiam, cui vix urbis immensae
tecta sufficiunt: maxima pars istius turbae patria
caret. Ex municipiis et coloniis suis, ex toto denique orbe terrarum confluxerunt. Alios adduxit
ambitio, alios necessitas officii publici, alios imposita legatio, alios luxuria opportunum et opulentum vitiis locum quaerens, alios liberalium studiorum cupiditas, alios spectacula; quosdam traxit
amicitia, quosdam industria laxam ostendendae
virtuti nancta materiam; quidam venalem formam
attulerunt, quidam venalem eloquentiam. Nullum
non hominum genus concucurrit in urbem et virtutibus et vitiis magna pretia ponentem. Iube istos
omnes ad nomen citari et, „unde domo" quisque

immer gedacht, daß nichts wirklich Gutes daran sei. Damals fand ich es wertlos und nur in schönen, trügerischen Schein gehüllt; nun finde ich bei dem, was man Übel nennt, nichts so entsetzlich und hart wie es die Einbildung der Leute erwarten ließ. Das Wort als solches freilich klingt uns aufgrund eines allgemein verbreiteten Vorurteils recht widerwärtig im Ohr, und wer es hört, den trifft's wie etwas Schmerzliches, Fluchwürdiges. So hat das Volk es nun einmal festgesetzt. Doch Volksbeschlüsse setzen die Weisen zum großen Teil außer Kraft.

6 Geben wir also nichts auf die Meinung der Mehrheit, die sich vom ersten Eindruck, wie immer er aufgenommen wurde, leiten läßt, und sehen zu, was „Verbannung" ist. Doch wohl ein Ortswechsel. Um nicht anscheinend dessen Auswirkungen zu verniedlichen und alles Schlimme, was er mit sich bringt, zu verschweigen: Auf einen solchen Ortswechsel folgen Unannehmlichkeiten, Armut, Ehrlosigkeit, Verachtung. Damit werde ich mich später auseinandersetzen; doch zunächst will ich die Frage untersuchen, was der bloße Ortswechsel Schmerzliches bewirkt.

„Heimatlos zu sein ist unerträglich." – Wohlan, sieh Dir genau die Menschenmenge an, für die kaum der ungeheuren Hauptstadt Häuser reichen: Der größte Teil dieser Menge ist heimatlos. Aus ihren Kleinstädten und Siedlungen, ja, aus der ganzen Welt sind sie zusammengeströmt. Die einen führte ihr Ehrgeiz her, andere der unumgängliche Dienst an der Allgemeinheit, andere ein erteilter Auftrag, wieder andere die Ausschweifung auf der Suche nach einem günstigen und glanzvollen Betätigungsfeld für ihre Laster, andere ihr Bildungsdurst, andere die Spiele. Manche bewog Freundschaft, manche ihr Unternehmungsgeist, der vielfältige Möglichkeiten fand, um ihre Vorzüge herauszustellen. Manche brachten käufliche Schönheit mit, manche käufliche Beredsamkeit. Jede Sorte Menschen ist von allen Seiten in die Stadt geströmt, die sowohl für Leistungen wie für Laster hohe Preise aussetzt. Laß die da alle namentlich aufrufen und frage jeden, ‚woher er stammt, wo er daheim ist, von wo er

sit, quaere: videbis maiorem partem esse, quae relictis sedibus suis venerit in maximam quidem ac pulcherrimam urbem, non tamen suam. Deinde ab hac civitate discede, quae veluti communis potest dici; omnes urbes circumi: nulla non magnam partem peregrinae multitudinis habet. Transi ab iis, quarum amoena positio et opportunitas regionis plures allicit; deserta loca et asperrimas insulas, Sciathum et Seriphum, Gyarum et Cossuran, percense: nullum invenies exsilium, in quo non aliquis animi causa moretur. Quid tam nudum inveniri potest, quid tam abruptum undique quam hoc saxum? Quid ad copias respicienti ieiunius? Quid ad homines immansuetius? Quid ad ipsum loci situm horridius? Quid ad caeli naturam intemperantius? Plures tamen hic peregrini quam cives consistunt. Usque eo ergo commutatio ipsa locorum gravis non est, ut hic quoque locus a patria quosdam abduxerit. Invenio, qui dicant inesse naturalem quandam irritationem animis commutandi sedes et transferendi domicilia: mobilis enim et inquieta homini mens data est; nusquam se tenet, spargitur et cogitationes suas in omnia nota atque ignota dimittit vaga et quietis impatiens et novitate rerum laetissima. Quod non miraberis, si primam eius originem aspexeris. Non est ex terreno et gravi concreta corpore: ex illo caelesti spiritu descendit; caelestium autem natura semper in motu est, fugit et velocissimo cursu agitur. Aspice sidera mundum illustrantia: nullum eorum perstat. Sol labitur assidue et locum ex loco mutat et, quamvis cum universo vertatur, in contrarium nihilo minus ipsi mundo refertur; per omnes signorum partes discurrit, num-

kommt'. Du wirst sehen, daß die in der Mehrheit sind, die ihre Heimat verließen und sich einfanden in einer gewiß riesigen und wunderschönen Stadt – doch nicht der ihren! Danach begib Dich fort aus dieser Gemeinde, von der man sagen kann, sie stehe gewissermaßen allen offen, und suche alle großen Städte auf. Keine gibt es, die nicht einen erheblichen Anteil an Fremden aufweist. Verlasse nun die, deren reizvolle Lage und angenehme Umgebung recht viele anlockt: Öde Plätze und die unwirtlichsten Inseln, Skiathos und Seriphos, Gyaros und Cossura, nimm Dir vor! Keinen Verbannungsort wirst Du finden, wo sich nicht jemand aus Neigung aufhielte. Was kann man sich so kahl vorstellen, so ganz und gar zerklüftet wie diese Felseninsel? Was, sieht man auf die Erträge, ist karger, was im Hinblick auf die Menschen wilder, was hinsichtlich der Landschaft selbst abstoßender, was, so wie das Wetter hier ist, ungesünder? Trotzdem halten sich da mehr Fremde als Einheimische auf. Derart leicht ist also der Ortswechsel an sich zu ertragen, daß sogar ein solcher Ort bestimmte Leute aus ihrer Heimat fortgelockt hat. In Büchern finde ich die Ansicht vertreten, man habe ein ganz natürliches Bedürfnis, seinen Aufenthaltsort zu verändern und die Wohnung zu wechseln. Dem Menschen wurde ja ein lebhafter, ruheloser Geist zuteil. Nirgends verweilt er, sondern schweift umher und richtet seine Gedanken auf alles Neue und Unbekannte, unstet, zur Ruhe unfähig und über ungewöhnliche Erlebnisse besonders froh. Darüber brauchst Du Dich nicht zu wundern, wenn Du an seinen Ursprung denkst: Er besteht nicht aus irdischer, schwerfälliger Materie. Von jenem himmlischen Geist ist er herabgekommen; doch das Wesen des Himmlischen liegt in der Bewegung; es eilt dahin und nimmt seinen Weg mit unvorstellbarer Geschwindigkeit. Sieh die Gestirne, die die Welt erhellen! Keines von ihnen steht still. Die Sonne rückt beständig weiter und wandelt von einem Ort zum andern, und obwohl sie mit dem All sich dreht, zieht sie nichtsdestoweniger dem Himmelsgewölbe selbst entgegen, durchmißt die Bereiche aller Sternbilder und kommt nie zur

quam resistit: perpetua eius agitatio et aliunde alio commigratio est. Omnia volvuntur semper et in transitu sunt: ut lex et naturae necessitas ordinavit, aliunde alio deferuntur; cum per certa annorum spatia orbes suos explicuerint, iterum ibunt, per quae venerant. I nunc et humanum animum ex iisdem, quibus divina constant, seminibus compositum moleste ferre transitum et migrationem puta, cum dei natura assidua et citatissima commutatione vel delectet se vel conservet.

7 A caelestibus, agedum, te ad humana converte: videbis gentes populosque universos mutasse sedem. Quid sibi volunt in mediis barbarorum regionibus Graecae urbes? Quid inter Indos Persasque Macedonicus sermo? Scythia et totus ille ferarum indomitarumque gentium tractus civitates Achaiae Ponticis impositas litoribus ostentat: non perpetuae hiemis saevitia, non hominum ingenia ad similitudinem caeli sui horrentia transferentibus domos suas obstiterunt. Atheniensis in Asia turba est; Miletus quinque et septuaginta urbium populum in diversa effudit; totum Italiae latus, quod Infero mari alluitur, Maior Graecia fuit. Tuscos Asia sibi vindicat; Tyrii Africam incolunt, Hispaniam Poeni; Graeci se in Galliam immiserunt, in Graeciam Galli; Pyrenaeus Germanorum transitus non inhibuit. Per invia, per incognita versavit se humana levitas. Liberos coniugesque et graves senio parentes traxerunt.

Alii longo errore iactati non iudicio elegerunt locum, sed lassitudine proximum occupaverunt; alii armis sibi ius in aliena terra fecerunt. Quasdam gentes, cum ignota peterent, mare hausit;

Ruhe. Ewig ist ihre Unrast und von einem Ort zum anderen ihr Wandern. Alle Sterne kreisen beständig und kennen keine Rast: Wie es das unabänderliche Naturgesetz bestimmt hat, so treibt es sie von einem Ort zum andern. Wenn sie dann in der festgesetzten Zahl von Jahren ihren Umlauf vollendet haben, ziehen sie erneut die Bahn, auf der sie kamen. Geh nun und glaube von der Menschenseele, die doch aus den gleichen Samenkörnern geschaffen ist, aus denen Göttliches besteht, sie gräme sich über Wanderschaft und Ortswechsel, während Gott seinem Wesen nach bei ständigem und raschesten Wechsel sich entweder freut oder erhält.

7 Wohlan, so wende Dich von Himmlischem dem Irdischen zu: Du wirst sehen, daß Stämme und ganze Völker sich eine neue Heimat suchten. Was sollen inmitten von Barbarenländern griechische Ansiedlungen? Was unter Indern und Persern die makedonische Sprache? Das Skythenland und jenes ganze Gebiet der wilden und unbändigen Völker kann sich hellenischer Städte rühmen, die an der Küste des Schwarzen Meers errichtet wurden. Nicht der grimmige ewige Winter, nicht das Wesen der Menschen, das gleich dem Klima abstoßend ist, hielten die Leute ab, ihren Wohnsitz zu wechseln. Athener gibt es in Kleinasien die Menge. Milet hat die Bevölkerung von 75 Städten in die Ferne entsandt. Die ganze Flanke Italiens, die das Tyrrhenische Meer bespült, war einst Großgriechenland! Die Etrusker nimmt Kleinasien für sich in Anspruch; Tyrier siedeln in Afrika, in Spanien Karthager; Griechen sind in Gallien eingedrungen, ins Land der Griechen Gallier. Die Pyrenäen konnten den Durchmarsch der Germanen nicht aufhalten. Durch weglose, durch unbekannte Gegenden zogen Menschen ganz unbekümmert. Ihre Kinder und Frauen und hochbetagten Eltern schleppten sie mit.

Die einen Völker hatten auf langer Irrfahrt schwer zu leiden und suchten sich ihren Wohnsitz nicht nach reiflicher Überlegung aus, sondern nahmen in ihrer Erschöpfung den ersten besten; andere verschafften sich mit den Waffen Gastrecht in fremdem Land. Manche verschlang auf ihrem Weg ins Unbekannte das Meer, manche siedelten sich da an, wo

quaedam ibi consederunt, ubi illas rerum omnium inopia deposuit. Nec omnibus eadem causa relinquendi quaerendique patriam fuit: alios excidia urbium suarum hostilibus armis elapsos in aliena spoliatos suis expulerunt; alios domestica seditio summovit; alios nimia superfluentis populi frequentia ad exonerandas vires emisit; alios pestilentia aut frequentes terrarum hiatus aut aliqua intoleranda infelicis soli vitia eiecerunt; quosdam fertilis orae et in maius laudatae fama corrupit. Alios alia causa excivit domibus suis; illud utique manifestum est, nihil eodem loco mansisse, quo genitum est. Assiduus generis humani discursus est. Cotidie aliquid in tam magno orbe mutatur: nova urbium fundamenta iaciuntur, nova gentium nomina exstinctis prioribus aut in accessionem validioris conversis oriuntur. Omnes autem istae populorum transportationes quid aliud quam publica exsilia sunt?

Quid te tam longo circumitu traho? Quid interest enumerare Antenorem Patavii conditorem et Euandrum in ripa Tiberis regna Arcadum collocantem? Quid Diomeden aliosque, quos Troianum bellum, victos simul victoresque, per alienas terras dissipavit? Romanum imperium nempe auctorem exsulem respicit, quem profugum, capta patria exiguas reliquias trahentem necessitas et victoris metus longinqua quaerentem in Italiam detulit. Hic deinde populus quot colonias in omnem provinciam misit! Ubicumque vicit Romanus, habitat. Ad hanc commutationem locorum libentes nomina dabant et relictis aris suis trans maria sequebatur colonos senex.

Res quidem non desiderat plurium enumerationem; unum tamen adiciam, quod in oculos se ingerit. Haec ipsa insula saepe iam cultores mutavit.

sie der Mangel an allem Nötigen stranden ließ. Sie hatten auch nicht alle denselben Grund, eine Heimstatt aufzugeben und zu suchen: Die einen stieß Zerstörung ihrer Städte, wenn sie den Schwertern der Feinde entronnen waren, in die Fremde, ihres Eigentums beraubt, andere vertrieb innerer Zwist, wieder andere ließ allzugroßer Bevölkerungsüberschuß fortziehen, um den Druck zu mildern, andere zwangen eine Seuche oder häufige Erdbeben oder irgendwelche unerträglichen Mängel eines kargen Bodens zur Flucht; manche verführte auch die Kunde von einer furchtbaren, über die Maßen gepriesenen Küste. Die einen riefen diese, die anderen jene Gründe aus ihrer Heimat fort; das jedenfalls ist klar, daß nichts an eben dem Ort blieb, an dem es entstand. Ununterbrochen zieht die Menschheit hin und her. Jeden Tag verändert sich etwas in dieser weiten Welt. Die Grundsteine neuer Städte werden gelegt, neue Nationen entstehen, weil ältere ausgerottet oder genötigt wurden, sich einer mächtigeren anzuschließen. Und all diese Völkerbewegungen – was sind sie anderes als massenweises Exil?

Doch wozu führe ich Dich so weit im Kreise herum? Was bringt es, Antenor zu erwähnen, den Gründer Paduas, und Euander, der am Tiberufer ein Königreich der Arkader errichtete? Wozu den Diomedes und die anderen, die der Trojanische Krieg – Besiegte ebenso wie Sieger – in fremde Länder zerstreute? Das römische Reich betrachtet ja doch als seinen Gründer einen Vertriebenen, der flüchten mußte, weil seine Vaterstadt erobert war, der nur klägliche Reste seines Volkes mit sich führte und den sein Schicksal und Furcht vor den Siegern, als er das Weite suchte, nach Italien verschlug. Dieses unser Volk, wie viele Kolonisten hat es später in jede Provinz gesandt! Wo immer ein Römer siegte, ist er daheim! Zu solchem Ortswechsel meldet man sich gern freiwillig, und oft verließ seine Altäre und folgte den Siedlern übers Meer – ein Greis!

Es ist zwar nicht erforderlich, weitere Beispiele aufzuzählen. Eines will ich trotzdem noch anbringen, weil es sich mir aufdrängt: Sogar diese Insel hier sah schon oft ihre Bewoh-

Ut antiquiora, quae vetustas obduxit, transeam, Phocide relicta Graii, qui nunc Massiliam incolunt, prius in hac insula consederunt, ex qua, quid eos fugaverit, incertum est, utrum caeli gravitas an praepotentis Italiae conspectus an natura importuosi maris; nam in causa non fuisse feritatem accolarum eo apparet, quod maxime tunc trucibus et inconditis Galliae populis se interposuerunt. Transierunt deinde Ligures in eam, transierunt et Hispani, quod ex similitudine ritus apparet: eadem enim tegimenta capitum idemque genus calceamenti quod Cantabris est, et verba quaedam; nam totus sermo conversatione Graecorum Ligurumque a patrio descivit.

Deductae deinde sunt duae civium Romanorum coloniae, altera a Mario, altera a Sulla. Totiens huius aridi et spinosi saxi mutatus est populus!

Vix denique invenies ullam terram, quam etiamnunc indigenae colant. Permixta omnia et insitiva sunt. Alius alii successit: hic concupivit, quod illi fastidio fuit; ille, unde expulerat, eiectus est. Ita fato placuit nullius rei eodem semper loco stare fortunam.

8 Adversus ipsam commutationem locorum detractis ceteris incommodis, quae exsilio adhaerent, satis hoc remedii putat Varro, doctissimus Romanorum, quod, quocumque venimus, eadem rerum natura utendum est; M. Brutus satis hoc putat, quod licet in exsilium euntibus virtutes suas secum ferre. Haec etiam, si quis singula parum iudicat efficacia ad consolandum exsulem, utraque in unum collata fatebitur plurimum posse. Quantulum enim est, quod perdidimus! Duo, quae pul-

ner wechseln. Um Früheres, worüber die Zeit den Schleier des Vergessens senkte, zu übergehen: Phokis verließen die Griechen, die jetzt Massilia bewohnen, und setzten sich zuerst auf dieser Insel fest. Was sie von ihr vertrieb, ist ungewiß: War es das ungesunde Klima oder die Nähe des übermächtigen Italien oder der Umstand, daß es keine Seehäfen gibt? Keine Rolle spielte die Wildheit der Mitbewohner; das geht daraus hervor, daß jene Griechen sich später mitten unter den damals besonders rohen und unzivilisierten Völkern Galliens niederließen. Es kamen danach Ligurer herüber, es kamen Hispanier, was aus Ähnlichkeiten in der Tracht hervorgeht: Die Korsen haben nämlich dieselben Kopfbedeckungen und dieselbe Art von Schuhwerk wie die Kantabrer. Auch manche Wörter stimmen überein; im ganzen freilich verlor die Sprache durch den Umgang mit Griechen und Ligurern ihre ursprüngliche Gestalt.

Später wurden zwei Ansiedlungen römischer Bürger gegründet, die eine von Marius, die andere von Sulla. So oft hat auf diesem wasserlosen, dornenreichen Felsblock die Bevölkerung gewechselt!

Mit einem Wort, kaum ein Land wirst Du finden, in dem noch heute die Ureinwohner ansässig sind. Vermischt ist alles und aufgepfropft. Einer folgte auf den anderen. Der begehrte, was jenem zuwider war; jener wurde von da, wo er vertrieben hatte, selbst verdrängt. So war es der Wille des Schicksals, daß kein Ding stets an derselben Stelle gedeiht.

8 Über den Ortswechsel an sich – also ohne die sonstigen Unannehmlichkeiten, die eine Verbannung mit sich bringt, – hilft nach Ansicht des größten römischen Gelehrten, Varro, der Gedanke recht gut hinweg, daß wir uns, wohin wir auch kommen, an der gleichen Welt erfreuen können. Marcus Brutus hält das für ausreichend, daß Menschen auf dem Weg ins Exil ihre Vorzüge mit sich nehmen dürfen. Wenn jemand auch jedem dieser Mittel für sich allein zu wenig Wirksamkeit zutraut, um einen Verbannten zu trösten, wird er doch eingestehen, daß beide zusammengenommen äußerst kräftig sind. Wie wenig ist es doch, was wir verloren haben! Zwei

cherrima sunt, quocumque nos moverimus, sequentur: natura communis et propria virtus. Id actum est, mihi crede, ab illo, quisquis formator universi fuit, sive ille deus est potens omnium sive incorporalis ratio ingentium operum artifex sive divinus spiritus per omnia maxima ac minima aequali intentione diffusus sive fatum et immutabilis causarum inter se cohaerentium series; id, inquam, actum est, ut in alienum arbitrium nisi vilissima quaeque non caderent. Quicquid optimum homini est, id extra humanam potentiam iacet; nec dari nec eripi potest. Mundus hic, quo nihil neque maius neque ornatius rerum natura genuit, animus, contemplator admiratorque mundi, pars eius magnificentissima, propria nobis et perpetua et tam diu nobiscum mansura sunt, quam diu ipsi manebimus. Alacres itaque et erecti, quocumque res tulerit, intrepido gradu properemus! Emetiamur quascumque terras: nullum inveniri exsilium potest; nihil enim, quod intra mundum est, alienum homini est. Undecumque ex aequo ad caelum erigitur acies; paribus intervallis omnia divina ab omnibus humanis distant. Proinde, dum oculi mei ab illo spectaculo, cuius insatiabiles sunt, non abducantur, dum mihi solem lunamque intueri liceat, dum ceteris inhaerere sideribus, dum ortus eorum occasusque et intervalla et causas investigare vel ocius meandi vel tardius, spectare tot per noctem stellas micantes et alias immobiles, alias non in magnum spatium exeuntes, sed intra suum se circumagentes vestigium, quasdam subito erumpentes, quasdam igne fuso praestringentes aciem, quasi decidant, vel longo tractu cum luce multa praetervolantes; dum cum his sim et caelestibus, qua homini fas est, immiscear, dum animum ad cognatarum rerum conspectum tendentem in sublimi semper habeam, quantum refert mea, quid calcem?

wunderschöne Dinge werden, wohin wir uns auch begeben, um uns sein: Die allen gemeinsame Welt und die eigene Tüchtigkeit. Darum, glaube mir, ging es dem Schöpfer des Alls, wer es auch war, sei es ein allmächtiger Gott oder die reine Vernunft, geschickt zu ungeheuren Werken, oder der göttliche Geist, der sich in alles, Größtes und Kleinstes, in gleicher Fürsorge ergoß, oder das Schicksal und die unabänderliche Folge von Ursachen und Wirkungen – darum, so sagte ich, ging es, daß fremder Entscheidung nur das Allerunwichtigste unterliegt. Alles, was für den Menschen am besten ist, steht nicht in menschlicher Macht. Man kann es uns weder geben noch entreißen. Das Weltall hier, die größte und herrlichste Schöpfung der Natur, und der Geist, der das All betrachtet und bewundert als sein großartigster Teil, sind unser beständiges Eigentum und werden solange für uns da sein, wie wir selbst da sind. Froh und mutig wollen wir deshalb, wohin auch immer das Geschick uns führt, mit festen Schritten eilen. Ziehen wir durch alle möglichen Länder: Kein Ort für die Verbannung ist zu finden, denn nichts, was in der Welt ist, ist dem Menschen fremd. Von überall erhebt er gleichermaßen den Blick zum Himmel; stets gleich weit ist alles Göttliche von allem Irdischen entfernt. Solange also meinen Augen jener Anblick, an dem sie sich nie satt sehen können, nicht entzogen wird, solange ich Sonne und Mond anschauen, solange ich auf die übrigen Gestirne die Blicke heften, solange ich ihren Auf- und Untergang, ihre Entfernungen und die Gründe dafür, daß sie teils schneller, teils langsamer wandeln, erforschen und sehen darf, wie nachts so viele Sterne funkeln und die einen still stehen, andere sich auf keinen weiten Weg begeben, sondern die ihnen zugewiesene Bahn durchlaufen, manche plötzlich erscheinen, manche nach ihrem Aufleuchten nur kurz zu sehen sind, als stürzten sie herab, oder im weiten Himmelsraum mit hellem Licht vorüberziehen – solange ich damit beschäftigt bin und, soweit es dem Menschen vergönnt ist, in himmlische Bereiche vordringe, solange ich meinen Geist, der in die Nähe von Verwandtem strebt, stets in der Höhe weiß, ist es mir gleichgültig, worauf ich den Fuß setze.

9 „At non est haec terra frugiferarum aut laetarum arborum ferax; non magnis nec navigabilibus fluminum alveis irrigatur; nihil gignit, quod aliae gentes petant, vix ad tutelam incolentium fertilis; non pretiosus hic lapis caeditur, non auri argentique venae eruuntur."

Angustus animus est, quem terrena delectant; ad illa abducendus est, quae ubique aeque apparent, ubique aeque splendent. Et hoc cogitandum est ista veris bonis per falsa et prave credita obstare. Quo longiores porticus expedierint, quo altius turres sustulerint, quo latius vicos porrexerint, quo depressius aestivos specus foderint, quo maiore mole fastigia cenationum subduxerint, hoc plus erit, quod illis caelum abscondat. In eam te regionem casus eiecit, in qua lautissimum receptaculum casa est: ne tu pusilli animi es et sordide se consolantis, si ideo id fortiter pateris, quia Romuli casam nosti. Dic illud potius: „Istud humile tugurium nempe virtutes recipit? Iam omnibus templis formosius erit, cum illic iustitia conspecta fuerit, cum continentia, cum prudentia, pietas, omnium officiorum recte dispensandorum ratio, humanorum divinorumque scientia. Nullus angustus est locus, qui hanc tam magnarum virtutum turbam capit; nullum exsilium grave est, in quo licet cum hoc ire comitatu."

Brutus in eo libro, quem de virtute composuit, ait se Marcellum vidisse Mytilenis exsulantem et, quantum modo natura hominis pateretur, beatissime viventem neque umquam cupidiorem bonarum artium quam illo tempore. Itaque adicit visum sibi se magis in exsilium ire, qui sine illo rediturus esset, quam illum in exsilio relinqui.

9 „Doch dieses Land ist nicht reich an Bäumen, die Obst tragen oder wenigstens üppig grünen; durch keine großen und schiffbaren Wasserläufe wird es befeuchtet; nichts bringt es hervor, was andere Völker begehren könnten, da es kaum die eigene Bevölkerung zu ernähren vermag; keinen teuren Marmor kann man hier brechen, keine Gold- und Silberadern ergraben."

Arm ist der Geist, den Irdisches erfreut; dem sollte man ihn zuwenden, was sich überall gleichermaßen zeigt, was überall gleichermaßen leuchtet. Auch gilt es zu bedenken, daß so Unwichtiges infolge von Irrtümern und Fehleinschätzungen den Blick auf die wahren Güter versperrt. Je längere Säulengänge manche Leute anlegen, je höher sie ihre Paläste bauen, je weiter sie ihre Gutshöfe ausdehnen, je tiefer sie ihre Sommerkeller ausschachten, mit je größerem Aufwand sie die Giebel ihrer Speisesäle hochziehen, desto mehr ist da, was ihnen den Himmel verbirgt. In einen solchen Landstrich hat dich der Zufall verstoßen, wo die feinste Unterkunft eine Hütte ist. Wahrlich, du denkst niedrig und findest gemeinen Trost, wenn du das nur deshalb erträgst, weil du die Hütte des Romulus kennst. Sprich lieber folgendes: „Die kleine Klitsche da hat doch wohl Raum für Tugenden? Gleich wird sie schöner als alle Tempel sein, wenn Gerechtigkeit, wenn Selbstbeherrschung, wenn Klugheit, Pflichtgefühl, Verstand, um alle Aufgaben richtig zu erfüllen, und Wissen von Gott und der Welt darin zu finden sind. Kein Raum ist zu klein, der eine solche Menge großer Tugenden faßt; kein Verbannungsort ist hart, an dem man sich in solcher Gesellschaft einfinden kann."

Brutus berichtet in dem Buch, das er über die Tugend schrieb, er habe Marcellus besucht, als dieser nach Mytilene verbannt war und doch, soweit es eben die menschliche Natur erlaubt, ganz glücklich lebte und auch nie größeres Interesse an Kunst und Wissenschaft zeigte als zu jener Zeit. Daher, fügt er hinzu, habe er den Eindruck gehabt, daß vielmehr er selber in die Verbannung gehe, da er ohne jenen zurückkehren sollte, als daß jener in der Verbannung zurückbleibe.

O fortunatiorem Marcellum eo tempore, quo exsilium suum Bruto approbavit, quam quo rei publicae consulatum! Quantus ille vir fuit, qui effecit, ut aliquis exsul sibi videretur, quod ab exsule recederet! Quantus vir fuit, qui in admirationem sui adduxit hominem etiam Catoni suo mirandum! Idem Brutus ait C. Caesarem Mytilenas praetervectum, quia non sustineret videre deformatum virum. Illi quidem reditum impetravit senatus publicis precibus tam sollicitus ac maestus, ut omnes illo die Bruti habere animum viderentur et non pro Marcello, sed pro se deprecari, ne exsules essent, si sine illo fuissent; sed plus multo consecutus est, quo die illum exsulem Brutus relinquere non potuit, Caesar videre. Contigit enim illi testimonium utriusque: Brutus sine Marcello revertisse doluit, Caesar erubuit. Num dubitas, quin se ille tantus vir sic ad tolerandum aequo animo exsilium saepe adhortatus sit: „Quod patria cares, non est miserum. Ita te disciplinis imbuisti, ut scires omnem locum sapienti viro patriam esse. Quid porro? Hic, qui te expulit, non ipse per annos decem continuos patria caruit? Propagandi sine dubio imperii causa; sed nempe caruit. Nunc ecce trahit illum ad se Africa resurgentis belli minis plena, trahit Hispania, quae fractas et afflictas partes refovet, trahit Aegyptus infida, totus denique orbis, qui ad occasionem concussi imperii intentus est. Cui primum rei occurret? Cui parti se opponet? Aget illum per omnes terras victoria sua. Illum suspiciant et colant gentes; tu vive Bruto miratore contentus!"

Ach, glücklicher war Marcellus zu der Zeit, da er durch sein Leben in der Verbannung den Beifall des Brutus, als da er durch sein Konsulat den des Staates fand! Ein wie großer Mann war jener, der es erreichte, daß einer sich als Verbannter fühlte, weil er von einem Verbannten scheiden mußte! Ein wie großer Mann war er, der es dahin brachte, daß ihn ein Mensch bewunderte, den sogar sein Freund Cato bewundernswert fand! Derselbe Brutus berichtet, daß Caesar an Mytilene vorbeigefahren sei, weil er es nicht über sich brachte, den Mann entehrt zu sehen. Für diesen freilich erwirkte der Senat die Rückberufung durch allgemeine Fürbitte, in solcher Erregung und Betroffenheit, daß alle an jenem Tag mit Brutus zu fühlen und nicht für Marcellus, sondern für sich selbst zu bitten schienen, um nicht verbannt zu sein, wenn sie ohne ihn sein müßten. Doch bei weitem mehr erreichte er an dem Tag, da ihn als Verbannten Brutus nicht zurücklassen, Caesar nicht ansehen konnte. Da wurde ihm nämlich von beiden ein Zeugnis ausgestellt: Brutus empfand über die Heimkehr ohne Marcellus Schmerz, Caesar Scham. Zweifelst Du etwa daran, daß jener große Mann, um gelassen die Verbannung zu ertragen, oft so zu sich gesprochen hat: „Daß du der Heimat fern bist, ist nicht schlimm. Du hast dich so mit Philosophie vertraut gemacht, daß du wissen müßtest: Jeglicher Ort ist für den Weisen Heimatland. Was sonst noch? Er, der dich verbannt hat, war der nicht selber zehn volle Jahre seiner Heimat fern? Unstreitig, um das Reich auszudehnen, doch offensichtlich ihr fern! Schau, nun holt ihn sich Afrika, erfüllt von den Schrecken eines wieder aufflackernden Kriegs, holt ihn Spanien, das der geschwächten und geschlagenen Partei neue Kraft schenkt, holt ihn das tückische Ägypten und schließlich die ganze Welt, die für einen Schlag gegen das erschütterte Imperium gerüstet ist. Was wehrt er zuerst ab? Wogegen stellt er sich? Ihn hetzt durch alle Lande sein Siegesruhm. Bewundern und verehren sollen ihn die Völker. Du lebe glücklich und sei mit Brutus als Bewunderer zufrieden!"

10 Bene ergo exsilium tulit Marcellus, nec quicquam in animo eius mutavit loci mutatio, quamvis eam paupertas sequeretur. In qua nihil mali esse, quisquis modo nondum pervenit in insaniam omnia subvertentis avaritiae atque luxuriae, intellegit. Quantulum enim est, quod in tutelam hominis necessarium sit! Et cui deesse hoc potest ullam modo virtutem habenti? Quod ad me quidem pertinet, intellego me non opes, sed occupationes perdidisse. Corporis exigua desideria sunt: frigus summoveri vult, alimentis famem ac sitim exstingui; quicquid extra concupiscitur vitiis, non usibus laboratur. Non est necesse omne perscrutari profundum nec strage animalium ventrem onerare nec conchylia ultimi maris ex ignoto litore eruere. Dii istos deaeque perdant, quorum luxuria tam invidiosi imperii fines transcendit! Ultra Phasin capi volunt, quod ambitiosam popinam instruat, nec piget a Parthis, a quibus nondum poenas repetiimus, aves petere.

Undique convehunt omnia nota fastidienti gulae; quod dissolutus deliciis stomachus vix admittat, ab ultimo portatur Oceano. Vomunt, ut edant, edunt, ut vomant, et epulas, quas toto orbe conquirunt, nec concoquere dignantur. Ista si quis despicit, quid illi paupertas nocet? Si quis concupiscit, illi paupertas etiam prodest: invitus enim sanatur; etsi remedia ne coactus quidem recipit, interim certe, dum non potest velle, nolenti similis est.

10 Rühmlich hat also Marcellus seine Verbannung ertragen, und nichts an seinem Wesen veränderte die Ortsveränderung, obwohl sie Armut zur Folge hatte. Daß daran nichts Schlimmes ist, sieht jeder ein, wenn er nur noch nicht dem Wahnsinn einer alles verderbenden Habgier und Verschwendungssucht verfallen ist. Wie wenig ist es doch, was zur Erhaltung eines Menschen nötig ist! Und wem kann das fehlen, wenn er auch nur eine gute Eigenschaft hat? Was jedenfalls mich angeht, so merke ich, daß ich nicht Besitz eingebüßt habe, sondern Behinderungen. Der Leib stellt nur geringe Ansprüche: Er will, daß Kälte ferngehalten wird, daß durch Essen und Trinken Hunger und Durst gestillt werden. Um alles, was man sonst gern haben möchte, plagt man sich aus Lasterhaftigkeit und nicht, weil man es braucht. Nicht nötig ist es, jede Meerestiefe zu durchsuchen, auch nicht, mit abgeschlachteten Lebewesen sich den Bauch zu füllen, auch nicht, die Muscheln des fernsten Meeres an unbekannter Küste auszugraben. Die Götter und Göttinnen mögen die vernichten, die in ihrer Genußsucht die Grenzen eines so empörend großen Reiches noch überschreiten! Jenseits des Phasis soll nach ihrem Willen erjagt werden, was eine anspruchsvolle Küche bereichern kann, und es belastet sie nicht, sich bei den Parthern, von denen wir uns noch keine Buße holen konnten, Geflügel zu holen.

Von überall lassen sie alles Bemerkenswerte für ihren verwöhnten Gaumen herbeischaffen. Was ihr von Schlemmerei erschöpfter Magen kaum noch aufnehmen kann, das wird aus weiter Ferne hergebracht, vom Weltmeer. Sie speien, um zu fressen, sie fressen, um zu speien, und die Genüsse, die sie auf der ganzen Welt zusammensuchen, geruhen sie nicht einmal zu verdauen. Wenn das jemand verachtet, was schadet dem die Armut? Wenn es sich aber jemand wünscht, für den ist Armut sogar von Nutzen. Gegen seinen Willen wird er ja kuriert; selbst wenn er Heilmittel nicht einmal unter Zwang nimmt, ist er doch jedenfalls, solange er sich seine Wünsche nicht erfüllen kann, in ähnlicher Lage wie einer, der keine Wünsche hat.

C. Caesar, quem mihi videtur rerum natura edidisse, ut ostenderet, quid summa vitia in summa fortuna possent, centiens sestertio cenavit uno die et in hoc omnium adiutus ingenio vix tamen invenit, quomodo trium provinciarum tributum una cena fieret. O miserabiles, quorum palatum nisi ad pretiosos cibos non excitatur! Pretiosos autem non eximius sapor aut aliqua faucium dulcedo, sed raritas et difficultas parandi facit. Alioqui, si ad sanam illis mentem placeat reverti, quid opus est tot artibus ventri servientibus? Quid mercaturis? Quid vastatione silvarum? Quid profundi perscrutatione? Passim iacent alimenta, quae rerum natura omnibus locis disposuit, sed haec velut caeci transeunt et omnes regiones pervagantur, maria traiciunt et, cum famem exiguo possint sedare, magno irritant. Libet dicere: „Quid deducitis naves? Quid manus et adversus feras et adversus homines armatis? Quid tanto tumultu discurritis? Quid opes opibus aggeritis? Non vultis cogitare, quam parva vobis corpora sint? Nonne furor et ultimus mentium error est, cum tam exiguum capias, cupere multum? Licet itaque augeatis census, promoveatis fines, numquam tamen corpora vestra laxabitis. Cum bene cesserit negotiatio, multum militia rettulerit, cum indagati undique cibi coierint, non habebitis, ubi istos apparatus vestros collocetis. Quid tam multa conquiritis? Scilicet maiores nostri, quorum virtus etiamnunc vitia nostra sustentat, infelices erant, qui sibi manu sua parabant cibum, quibus terra cubile erat, quorum tecta nondum auro fulgebant, quo-

Kaiser Caligula, den, wie mir scheint, die Natur nur hervorbrachte, um zu zeigen, wozu höchste Lasterhaftigkeit im höchsten Glück imstande sei, hat für zehn Millionen Sesterzen gespeist, an einem einzigen Tag, und obwohl ihn dabei die Findigkeit aller unterstützte, doch nur mit Mühe herausbekommen, wie der Tribut von drei Provinzen zu einer Abendmahlzeit werden könne. O die Bedauernswerten, deren Geschmacksnerven nur bei teurer Kost gereizt werden! Teuer macht diese aber nicht ausgezeichneter Geschmack oder irgendein Gaumenkitzel, sondern ihre Seltenheit und die Schwierigkeit, sie zu beschaffen. Überhaupt, wenn jene Leute etwa wieder zur Vernunft kommen wollten, wozu braucht man soviele Gewerbe, die nur dem Bauch dienen? Wozu Fernhandel? Wozu plündert man die Wälder? Wozu durchforscht man die Tiefsee? Rings um uns liegen Nahrungsmittel bereit, die die Natur überall verteilt hat; aber daran gehen sie wie Blinde vorbei und durchwandern alle Erdteile, überqueren die Meere, und während sie ihren Hunger ganz billig stillen könnten, rufen sie ihn mit viel Aufwand erst hervor. Man möchte sagen: „Was laßt ihr Schiffe auslaufen? Was wappnet ihr euch gegen wilde Tiere und gegen Menschen? Was rennt ihr in solcher Aufregung hin und her? Was häuft ihr Schätze auf Schätze? Ihr wollt nicht daran denken, was für kleine Bäuche ihr habt! Ist's denn nicht Irrsinn und höchste geistige Verblendung, obwohl man nur so wenig zu sich nehmen kann, viel zu verlangen? Mögt ihr auch euer Vermögen mehren, euren Grundbesitz ausdehnen: eure Bäuche werdet ihr doch niemals weiter machen! Wenn ein Geschäft gut lief, wenn ein Feldzug viel einbrachte, wenn ausgesuchte Speisen von überall zusammenkommen, werdet ihr keinen Platz haben, wo ihr diese eure Herrlichkeiten unterbringt. Was sucht ihr so viel zu ergattern? Es versteht sich: unsere Ahnen, deren Leistung uns Mißratene noch über Wasser hält, waren elend dran, sie, die sich noch mit eigener Hand ihr Brot erwarben, denen der Erdboden als Bettstatt diente, deren Häuser noch nicht von Gold funkelten, deren Tempel noch nicht von Edelsteinen

rum templa nondum gemmis nitebant! Itaque tunc per fictiles deos religiose iurabatur; qui illos invocaverant, ad hostem morituri, ne fallerent, redibant. Scilicet minus beate vivebat dictator noster, qui Samnitium legatos audiit, cum vilissimum cibum in foco ipse manu sua versaret illa, qua iam saepe hostem percusserat laureamque in Capitolini Iovis gremio reposuerat, quam Apicius nostra memoria vixit, qui in ea urbe, ex qua aliquando philosophi velut corruptores iuventutis abire iussi sunt, scientiam popinae professus disciplina sua saeculum infecit!" Cuius exitum nosse operae pretium est. Cum sestertium millies in culinam coniecisset, cum tot congiaria principum et ingens Capitolii vectigal singulis comisationibus exsorpsisset, aere alieno oppressus rationes suas tunc primum coactus inspexit; superfuturum sibi sestertium centies computavit et, velut in ultima fame victurus, si in sestertio centies vixisset, veneno vitam finivit. Quanta luxuria erat, cui centies sestertium egestas fuit! I nunc et puta pecuniae modum ad rem pertinere, non animi! Sestertium centies aliquis extimuit et, quod alii voto petunt, veneno fugit! Illi vero tam pravae mentis homini ultima potio saluberrima fuit: tunc venena edebat bibebatque, cum immensis epulis non delectaretur tantum, sed gloriaretur, cum vitia sua ostentaret, cum civitatem in luxuriam suam converteret, cum iuventutem ad imitationem sui sollicitaret etiam sine malis exemplis per se docilem.

Haec accidunt divitias non ad rationem revocantibus, cuius certi fines sunt, sed ad vitiosam

prangten! Darum hat man seinerzeit bei irdenen Götterbildern ehrfurchtsvoll geschworen; wer jene Götter angerufen hatte, ist zu den Feinden, auch wenn er sterben mußte, um nicht eidbrüchig zu werden, wieder zurückgekehrt. Es versteht sich, weniger glücklich lebte unser Diktator, der die samnitischen Abgesandten anhörte, während er ein ganz billiges Essen selber, mit eigener Hand, in der Pfanne rührte, mit der gleichen Hand, mit der er schon oft einen Feind erschlagen und den Siegeskranz in den Schoß des Kapitolinischen Jupiter gelegt hatte, weniger glücklich als Apicius zu unserer Zeit gelebt hat, der in derselben Stadt, aus der man einst Philosophen als Jugendverderber fortwies, die Kochkunst als sein Fach ausgab und mit seiner Wissenschaft die Menschen dieses Jahrhunderts vergiftete!" Wie er sein Ende fand, ist aufschlußreich: Als er einhundert Millionen Sesterzen für gutes Essen ausgegeben, als er so viele Spenden der Kaiser und ungeheure Einnahmen aus dem Kapitol bei immer neuen Gelagen verfressen hatte, da warf er, schwer verschuldet, zum ersten Mal notgedrungen einen Blick in seine Rechnungsbücher. Zehn Millionen Sesterzen würden ihm bleiben, errechnete er, und als ob er im ärgsten Hunger leben würde, wenn er mit zehn Millionen Sesterzen weiterlebte, machte er mit Gift seinem Leben ein Ende. Wie groß war bei ihm die Genußsucht, wenn ihm zehn Millionen Sesterzen bittere Armut bedeuteten! Geh nur und bilde Dir ein, genug Geld sei wichtig, nicht genug Verstand! Über zehn Millionen Sesterzen war einer bestürzt, und worum andere beten, dem entzog er sich durch Gift! Doch für einen derart verrückten Menschen war sein letzter Trank der gesündeste. Damals mußte er Gift essen und trinken, als er sich an endlosen Gelagen nicht nur ergötzte, sondern damit prahlte, als er seine Laster offen zeigte, als er die Bürger mit seinem Verschwenderdasein auf sich aufmerksam machte, als er die Jugend dazu verlockte, es ihm gleichzutun, die selbst ohne schlechtes Vorbild verführbar ist.

So geht es Leuten, die ihren Reichtum nicht nach der Vernunft bemessen, die feste Maßstäbe kennt, sondern nach

consuetudinem, cuius immensum et incomprehensibile arbitrium est. Cupiditati nihil satis est; naturae satis est etiam parum. Nullum ergo paupertas exsulis incommodum habet: nullum enim tam inops exsilium est, quod non alendo homini abunde fertile sit.

11 An vestem ac domum desideraturus est exsul? Si haec quoque ad usum tantum desiderabit, neque tectum ei deerit neque velamentum: aeque enim exiguo tegitur corpus quam alitur. Nihil homini natura, quod necessarium faciebat, fecit operosum. Sed desiderat saturatam multo conchylio purpuram, intextam auro variisque et coloribus distinctam et artibus: non fortunae iste vitio, sed suo pauper est. Etiam si illi, quicquid amisit, restitueris, nihil ages: plus enim deerit ex eo, quod cupiet, quam exsuli ex eo, quod habuit. Sed desiderat aureis fulgentem vasis supellectilem et antiquis nominibus artificum argentum nobile, aes paucorum insania pretiosum et servorum turbam, quae quamvis magnam domum angustet, iumentorum corpora differta et coacta pinguescere et nationum omnium lapides.

Ista congerantur licet, numquam explebunt inexplebilem animum, non magis quam ullus sufficiet umor ad satiandum eum, cuius desiderium non ex inopia, sed ex aestu ardentium viscerum oritur: non enim sitis illa, sed morbus est. Nec hoc in pecunia tantum aut alimentis evenit. Eadem natura est in omni desiderio, quod modo non ex inopia, sed ex vitio nascitur: quicquid illi congesseris, non finis erit cupiditatis, sed gradus. Qui

ihrem lasterhaften Lebensstil, dessen Ansprüche grenzenlos und unstillbar sind. Der Gier ist nichts genug, doch der Natur genügt sogar – zu wenig! Keinen Nachteil bringt also die Armut eines Verbannten mit sich: kein Verbannungsort ist ja so unfruchtbar, daß er, um einen Menschen zu ernähren, nicht mehr als reichlich trüge.

11 Aber Kleidung und Unterkunft wird der Verbannte wohl vermissen? Wenn er auch das sich nur nach seinen Bedürfnissen wünscht, wird ihm weder ein Dach über dem Kopf fehlen noch eine Hülle. Mit gleich wenig kann man ja den Leib bedecken wie ernähren. Nichts, was die Natur für den Menschen unerläßlich machte, machte sie mühevoll. Doch er wünscht sich mit viel Schneckensaft getränkten Purpurstoff, bestickt mit Gold, mit unterschiedlichen Farben und Techniken verziert. Nicht durch die Schuld des Schicksals, sondern durch seine eigene ist er arm. Selbst wenn Du ihm alles, was er verlor, ersetzt, erreichst Du nichts: mehr wird ihm nämlich abgehen von dem, was er begehrt, als einem Verbannten von dem, was er besaß. Doch er wünscht sich eine Einrichtung, die durch goldbeschlagene Möbel ins Auge fällt, und durch die Namen alter Meister geadeltes Silbergeschirr und Bronzen, die die Verrücktheit weniger Leute wertvoll macht, und einen Sklavenschwarm, der auch im größten Haus für Raumnot sorgt, und Vieh mit vollgestopften Bäuchen, gezwungen, sich zu mästen, und Edelsteine aus aller Welt.

Mag man das auch in Fülle herbeibringen, es wird doch nie ein unstillbares Verlangen stillen, ebensowenig wie irgendein Getränk den zu befriedigen vermag, dessen Trinkbedürfnis nicht auf Wassermangel, sondern auf Fieberhitze zurückgeht, die seine Eingeweide verbrennt. Das ist nämlich nicht Durst, sondern ein krankhafter Zustand. Und solches kommt nicht nur beim Geld oder bei der Ernährung vor. Dieselbe Triebhaftigkeit zeigt sich bei jedem Begehren, soweit es nicht aus Mangel, sondern aus Lasterhaftigkeit er wächst. Wieviel auch immer man für sie aufwendet, sie kommt nicht ans Ziel ihrer Wünsche, sondern nur eine Stufe

continebit itaque se intra naturalem modum, paupertatem non sentiet; qui naturalem modum excedet, eum in summis quoque opibus paupertas sequetur. Necessariis rebus et exsilia sufficiunt, supervacuis nec regna. Animus est, qui divites facit. Hic in exsilia sequitur et in solitudinibus asperrimis, cum, quantum satis est sustinendo corpori, invenit, ipse bonis suis abundat et fruitur: pecunia ad animum nihil pertinet, non magis quam ad deos immortales. Omnia ista, quae imperita ingenia et nimis corporibus suis addicta suspiciunt, lapides, aurum, argentum et magni levatique mensarum orbes, terrena sunt pondera, quae non potest amare sincerus animus ac naturae suae memor, luis ipse expers et, quandoque emissus fuerit, ad summa emicaturus; interim, quantum per moras membrorum et hanc circumfusam gravem sarcinam licet, celeri et volucri cogitatione divina perlustrat. Ideoque nec exsulare umquam potest liber et diis cognatus et omni mundo omnique aevo par. Nam cogitatio eius circa omne caelum et in omne praeteritum futurumque tempus immittitur. Corpusculum hoc, custodia et vinculum animi, huc atque illuc iactatur; in hoc supplicia, in hoc latrocinia, in hoc morbi exercentur: animus quidem ipse sacer et aeternus est et, cui non possit inici manus.

12 Ne me putes ad elevanda incommoda paupertatis, quam nemo gravem sentit, nisi qui putat, uti tantum praeceptis sapientium, primum aspice, quanto maior pars sit pauperum, quos nihilo notabis tristiores sollicitioresque divitibus. Immo nescio, an eo laetiores sint, quo animus illorum in

weiter. Wer sich daher auf das von der Natur gesetzte Maß beschränkt, wird keine Armut empfinden. Wer das von der Natur gesetzte Maß überschreitet, dem wird auch im größten Reichtum die Armut nicht von der Seite weichen. Unserer Notdurft genügen selbst Verbannungsorte, für Überflüssiges nicht einmal Königreiche. Der Geist ist's, der reich macht. Er geht mit ins Exil, und in den unwirtlichsten Wüsteneien ist er selbst, wenn er soviel fand, wie zur Erhaltung des Leibes genügt, überreich an eigenen Gütern und freut sich daran. Geld geht den Geist nichts an, so wenig wie die unsterblichen Götter. All das, was unverständige Naturen und solche, die allzusehr am Irdischen hängen, bewundern – Edelsteine, Gold, Silber und große, blankpolierte, runde Marmortische –, bedeutet Erdenschwere, woran ein unverdorbener Geist, der um sein Wesen weiß, keinen Gefallen finden kann, da er selbst von ihrer zersetzenden Kraft unberührt bleibt und, sobald er nur entlassen ist, sich zum Höchsten erheben will. Bis dahin durcheilt er, soweit es ihm die trägen Glieder und diese ihm angehängte schwere Last erlauben, auf den raschen Flügeln der Gedanken göttliche Sphären. Deswegen kann er auch niemals heimatlos sein, da er frei und den Göttern verwandt und mit der ganzen Welt, der ganzen Ewigkeit verbunden ist. Denn seine Gedanken kreisen um den ganzen Himmel und machen sich jede Vergangenheit und Zukunft zu eigen. Der arme Leib da, das Gefängnis und die Fessel der Seele, wird dahin und dorthin gestoßen. Er muß Martern, er muß Überfälle, er muß Krankheiten erleiden. Die Seele selber freilich ist gottgeweiht und ewig und von der Art, daß man nicht Hand an sie legen kann.

12 Damit Du nicht meinst, ich hielte mich, um die Unannehmlichkeiten der Armut zu lindern (die nur als schlimm empfindet, wer sie dafür hält), ausschließlich an die Ratschläge der Weisen: Achte zuerst darauf, um wieviel größer die Zahl der Armen ist, die Du um keinen Deut betrübter und besorgter siehst als Reiche. Ganz im Gegenteil, vermutlich sind sie desto heiterer, je weniger Geschäfte sie in An-

pauciora distringitur. Transeamus a pauperibus, veniamus ad locupletes: quam multa tempora sunt, quibus pauperibus similes sint! Circumcisae sunt peregrinantium sarcinae et, quotiens festinationem necessitas itineris exegit, comitum turba dimittitur. Militantes quotam partem rerum suarum secum habent, cum omnem apparatum castrensis disciplina summoveat? Nec tantum condicio illos temporum aut locorum inopia pauperibus exaequat: sumunt quosdam dies, cum iam illos divitiarum taedium cepit, quibus humi cenent et remoto auro argentoque fictilibus utantur. Dementes! Hoc, quod aliquando concupiscunt, semper timent. O quanta illos caligo mentium, quanta ignorantia veritatis excaecat, quam voluptatis causa imitantur! Me quidem, quotiens ad antiqua exempla respexi, paupertatis uti solaciis pudet, quoniam quidem eo temporum luxuria prolapsa est, ut maius viaticum exsulum sit, quam olim patrimonium principum fuit. Unum fuisse Homero servum, tres Platoni, nullum Zenoni, a quo coepit Stoicorum rigida ac virilis sapientia, satis constat. Num ergo quisquam eos misere vixisse dicet, ut non ipse miserrimus ob hoc omnibus videatur? Menenius Agrippa, qui inter patres ac plebem publicae gratiae sequester fuit, aere collato funeratus est. Atilius Regulus, cum Poenos in Africa funderet, ad senatum scripsit mercennarium suum discessisse et ab eo desertum esse rus: quod senatui publice curari, dum abesset Regulus, placuit. Fuitne tanti servum non habere, ut colonus eius populus Romanus esset? Scipionis filiae ex aerario dotem acceperunt, quia nihil illis reliquerat pater: aequum, mehercules, erat populum Romanum tributum Scipioni semel conferre, cum a Carthagine semper exigeret. O felices viros puellarum,

spruch nehmen. Lassen wir die Armen, kommen wir zu den Reichen! Wieviel Situationen gibt es, in denen sie Armen gleich sind! Bescheiden ist in der Fremde ihr Gepäck, und sooft eine unaufschiebbare Reise Eile erfordert, wird der Schwarm des Gefolges entlassen. Wenn sie Kriegsdienst leisten, wie wenig von ihrem Reichtum haben sie da bei sich, da ja die Lagerordnung jeden Aufwand unterbindet! Und nicht nur Ungunst der Umstände oder eines Landes Armut stellt sie mit Armen auf die gleiche Stufe: Sie setzen bestimmte Tage fest, wenn sie schon ihres Reichtums überdrüssig sind, an denen sie auf der nackten Erde essen, Gold und Silber wegschaffen lassen und irdenes Geschirr benützen. Die Toren! Das, wonach es sie bisweilen gelüstet, fürchten sie stets! O, welche geistige Umnachtung, welche Unkenntnis des rechten Lebens macht sie blind, wenn sie es nur zum Spaß nachäffen! Mich freilich erfüllt nach jedem Blick auf Vorbilder aus alter Zeit Scham, daß ich Trost wegen meiner Armut nötig habe, weil ja heutzutage die Geldverschwendung so weit geht, daß das Zehrgeld von Verbannten größer ist als einstmals das Vermögen großer Männer war. Einen einzigen Sklaven besaß, wie hinlänglich bekannt, Homer, drei Platon, keinen Zenon, mit dem die strenge, mannhafte Philosophie der Stoiker begann. Kann folglich irgendwer behaupten, sie hätten elend gelebt, ohne deswegen selbst vor aller Welt ganz elend dazustehen? Für Menenius Agrippa, der zwischen den Patriziern und der Plebs die allgemeine Aussöhnung erreichte, wurde mit Spendengeldern das Leichenbegängnis ausgerichtet. Als Atilius Regulus die Punier in Afrika niederwerfen wollte, schrieb er an den Senat, sein Tagelöhner sei verschwunden und habe seinen Acker sich selber überlassen. Den ließ der Senat auf Staatskosten bebauen, solange Regulus abwesend war. War es so arg, daß er keinen Sklaven hatte, wenn ihm das römische Volk sein Feld bestellte? Scipios Töchter bekamen aus der Staatskasse ihre Mitgift, weil ihnen ihr Vater nichts hinterlassen hatte. Nur recht und billig war es, bei Gott, daß das Römervolk einmal für Scipio einen Tribut aufbrachte, da es ihn von Karthago

quibus populus Romanus loco soceri fuit! Beatioresne istos putas, quorum pantomimae decies sestertio nubunt, quam Scipionem, cuius liberi a senatu, tutore suo, in dotem aes grave acceperunt? Dedignatur aliquis paupertatem, cuius tam clarae imagines sunt? Indignatur exsul aliquid sibi deesse, cum defuerit Scipioni dos, Regulo mercennarius, Menenio funus, cum omnibus illis, quod deerat, ideo honestius suppletum sit, quia defuerat? His ergo advocatis non tantum tuta est, sed etiam gratiosa paupertas.

13 Responderi potest: „Quid artificiose ista diducis, quae singula sustineri possunt, collata non possunt? Commutatio loci tolerabilis est, si tantum locum mutes; paupertas tolerabilis est, si ignominia absit, quae vel sola opprimere animos solet." Adversus hunc, quisquis me malorum turba terrebit, his verbis utendum erit: si contra unam quamlibet partem fortunae satis tibi roboris est, idem adversus omnes erit; cum semel animum virtus induravit, undique invulnerabilem praestat. Si te avaritia dimisit, vehementissima generis humani pestis, moram tibi ambitio non faciet. Si ultimum diem non quasi poenam, sed quasi naturae legem aspicis, ex quo pectore metum mortis eieceris, in id nullius rei timor audebit intrare. Si cogitas libidinem non voluptatis causa homini datam, sed propagandi generis, quem non violaverit hoc secretum et infixum visceribus ipsis exitium, omnis alia cupiditas intactum praeteribit. Non singula vitia ratio, sed pariter omnia prosternit: in universum semel vincitur. Ignominia tu putas quem-

regelmäßig eintrieb. Wie glücklich waren die Männer der Mädchen, bei denen das römische Volk den Schwiegervater vertrat! Hältst Du die etwa für beglückter, deren Balletteusen mit einer Million Sesterzen unter die Haube gebracht werden, als Scipio, dessen Kinder vom Senat, von ihrem Vormund, zur Mitgift einen Kupferbarren kriegten? Kann jemand Armut empörend finden, wenn es dafür so herrliche Vorbilder gibt? Kann ein Verbannter es empörend finden, daß ihm etwas fehlt, obwohl dem Scipio das Heiratsgut fehlte, dem Regulus ein Taglöhner, dem Menenius die Bestattungskosten, und obwohl ihnen allen, was fehlte, deshalb um so ehrenvoller erstattet wurde, weil es gefehlt hatte? Ruft man sich also solche Leute in Erinnerung, dann ist es nicht nur gefahrlos, sondern sogar rühmlich, arm zu sein.

13 Der Einwand ist möglich: „Was trennst du trickreich Dinge voneinander, die man einzeln ertragen, alle zusammen nicht ertragen kann? Ein Ortsveränderung ist erträglich, wenn man lediglich den Wohnort wechseln müßte; Armut ist erträglich, wenn damit nicht Schande verbunden wäre, die in der Regel schon allein bedrückt." Gegenüber einem jeden, der mich mit der Vielzahl der Übel zu schrecken sucht, ist die folgende Argumentation von Nutzen: Hast du gegen eine beliebige Art von Mißgeschick genügend Widerstandskraft, hast du sie auch gegen alle. Wenn erst einmal die Tugend dich gestählt hat, bewahrt sie dich vor jeglicher Verletzung. Hat die Habgier von dir gelassen, die am ärgsten unter den Menschen Unheil stiftet, wird dich der Ehrgeiz nicht aufhalten. Wenn du deinen Tod nicht als Strafe, sondern als Naturgesetz betrachtest, wird in die Brust, aus der du die Todesangst vertrieben hast, keine Furcht vor irgend etwas einzudringen wagen. Wenn du bedenkst, daß die Sexualität dem Menschen nicht zum Vergnügen gegeben wurde, sondern zur Arterhaltung, wird dich, dem dieses versteckte, tief im Innern verwurzelte Übel nichts anhaben konnte, jede andere Leidenschaft unberührt lassen. Nicht einzelne Laster bezwingt die Vernunft, sondern gleichzeitig alle miteinander. Insgesamt braucht der Sieg nur einmal er-

quam sapientem moveri posse, qui omnia in se
reposuit, qui ab opinionibus vulgi secessit? Plus
etiam quam ignominia est mors ignominiosa: Socrates tamen eodem illo vultu, quo triginta tyrannos solus aliquando in ordinem redegerat, carcerem intravit ignominiam ipsi loco detracturus.
Neque enim poterat carcer videri, in quo Socrates
erat. Quis usque eo ad conspiciendam veritatem
excaecatus est, ut ignominiam putet Marci Catonis fuisse duplicem in petitione praeturae et consulatus repulsam? Ignominia illa praeturae et consulatus fuit, quibus ex Catone honor habebatur.
Nemo ab alio contemnitur, nisi a se ante contemptus est. Humilis et proiectus animus sit isti
contumeliae opportunus; qui vero adversus sae-
vissimos casus se extollit et ea mala, quibus alii
opprimuntur, evertit, ipsas miserias infularum loco habet, quando ita affecti sumus, ut nihil aeque
magnam apud nos admirationem occupet quam
homo fortiter miser. Ducebatur Athenis ad supplicium Aristides, cui, quisquis occurrerat, deicie-
bat oculos et ingemescebat, non tamquam in hominem iustum, sed tamquam in ipsam iustitiam
animadverteretur. Inventus est tamen, qui in faciem eius inspueret. Poterat ob hoc moleste ferre,
quod sciebat neminem id ausurum puri oris; at ille
abstersit faciem et subridens ait comitanti se
magistratui: „Admone istum, ne postea tam im-
probe oscitet." Hoc fuit contumeliam ipsi contumeliae facere. Scio quosdam dicere contemptu
nihil esse gravius, mortem ipsis potiorem videri.
His ego respondebo et exsilium saepe contemp-
tione omni carere: si magnus vir cecidit, magnus
iacuit; non magis ille contemnitur, quam aedium

rungen zu werden. Durch Schmach, meinst du, könne irgendein Weiser getroffen werden, der mit sich völlig im reinen ist, der sich von den Vorurteilen der Masse gelöst hat? Mehr als eine Schmach ist ein schmachvoller Tod. Trotzdem betrat Sokrates mit demselben unerschrockenen Blick, mit dem er einst die Dreißig Tyrannen als einziger zur Ordnung gerufen hatte, den Kerker, um selbst von diesem Ort die Schmach zu nehmen. Denn als Kerker konnte der Ort nicht mehr gelten, wo ein Sokrates sich aufhielt. Wer ist derart blind, wahren Wert zu erkennen, daß er glaubt, es sei eine Schmach für Marcus Cato gewesen, daß er zweimal, bei der Bewerbung um die Prätur und um das Konsulat, unterlag? Eine Schande für Prätur und Konsulat war das, denen von seiten Catos Ehre widerfahren wäre. Niemand wird von einem anderen verachtet, wenn er nicht zuvor sich selbst verachten mußte. Ein kleiner, verächtlicher Geist mag solcher Schmach ausgesetzt sein; wer sich aber angesichts schmerzlichster Unglücksfälle aufrichtet und das Leid, dem andere unterliegen, von sich abschüttelt, der trägt gerade seinen Jammer wie ein Ehrenzeichen, da wir ja so eingestellt sind, daß nichts gleich große Bewunderung bei uns auslöst wie ein Mensch, der heldenhaft sein Unglück trägt. Man führte in Athen zum Tod den Aristides, und jeder, der ihm begegnete, schlug die Augen nieder und seufzte, als ob nicht ein gerechter Mann, sondern als ob die Gerechtigkeit selber hingerichtet würde. Trotzdem fand sich einer, der ihm ins Gesicht spie. Er hätte sich deshalb ärgern können, weil er wußte, daß kein Mensch reinen Mundes das wagen würde. Doch er wischte sich das Gesicht ab und sagte lächelnd zu dem Amtsdiener, der ihn begleitete: „Warne den Kerl davor, künftig so schamlos sein Maul aufzureißen!" Das hieß, der Beschimpfung selber Schimpf anzutun. Ich weiß, daß manche behaupten, nichts sei schwerer zu tragen als Verachtung; nach ihrer Ansicht sei der Tod vorzuziehen. Denen will ich entgegnen, daß auch Verbannung oft keinerlei Mißachtung zur Folge hat. Wenn ein großer Mann gefallen ist, bleibt er groß, auch hingestreckt, und wird ebensowenig verachtet,

sacrarum ruinae calcantur, quas religiosi aeque ac stantes adorant.

14 Quoniam meo nomine nihil habes, mater carissima, quod te in infinitas lacrimas agat, sequitur, ut causae tuae te stimulent. Sunt autem duae: nam aut illud te movet, quod praesidium aliquod videris amisisse, aut illud, quod desiderium ipsum per se pati non potes.

Prior pars mihi leviter perstringenda est; novi enim animum tuum nihil in suis praeter ipsos amantem. Viderint illae matres, quae potentiam liberorum muliebri impotentia exercent, quae, quia feminis honores non licet gerere, per illos ambitiosae sunt, quae patrimonia filiorum et exhauriunt et captant, quae eloquentiam commodando aliis fatigant. Tu liberorum tuorum bonis plurimum gavisa es, minimum usa; tu liberalitati nostrae semper imposuisti modum, cum tuae non imponeres; tu filia familiae locupletibus filiis ultro contulisti; tu patrimonia nostra sic administrasti, ut tamquam in tuis laborares, tamquam alienis abstineres; tu gratiae nostrae, tamquam alienis rebus utereris, pepercisti, et ex honoribus nostris nihil ad te nisi voluptas et impensa pertinuit: numquam indulgentia tua ad utilitatem respexit.

Non potes itaque ea in erepto filio desiderare, quae in incolumi numquam ad te pertinere duxisti.

15 Illo omnis consolatio mihi vertenda est, unde vera vis materni doloris oritur: „Ergo complexu filii carissimi careo! Non conspectu eius, non sermone possum frui! Ubi est ille, quo viso tristem vultum relaxavi, in quo omnes sollicitudines meas

wie man die Ruinen heiliger Tempel mit Füßen tritt, die
Gläubige gleichermaßen, als stünden sie noch, ehren.

14 Da Du nun meinetwegen keinen Anlaß hast, teuerste
Mutter, der Dich zu endlosem Weinen hinreißen könnte,
ergibt sich, daß Deine eigene Lage Dich bewegt. Es gibt aber
nur zwei Möglichkeiten: Entweder bekümmert es Dich, daß
Du vermeintlich irgendeinen Beistand verloren hast, oder
daß Du die Sehnsucht an und für sich nicht ertragen kannst.

Das erstere brauche ich nur kurz zu streifen: Ich weiß ja,
daß Du an den Deinen nichts als sie selber liebst. Umschau-
en mögen sich jene Frauen, die den Einfluß ihrer Kinder mit
weiblicher Leidenschaft für sich ausnützen, die, weil Frauen
keine Staatsämter bekleiden dürfen, durch sie ihren Ehrgeiz
befriedigen, die das Erbgut ihrer Söhne durchbringen und
darauf scharf sind, die deren Redegabe, indem sie sie anderen
zugute kommen lassen, strapazieren. Du hast Dich über den
Besitz Deiner Kinder am meisten gefreut und ihn am wenigsten in Anspruch genommen; Du hast unserer Freigebigkeit
stets Schranken gesetzt, während Du der Deinen keine setz-
test; Du hast, obwohl Du über Deinen Besitz nicht ohne
weiteres verfügen konntest, bei Deinen wohlhabenden Söhnen aus freien Stücken noch zugeschossen; Du hast unser
Vermögen so verwaltet, daß Du Dich darum mühtest wie
um eigenes, aber wie bei fremdem Enthaltsamkeit übtest;
Du hast unsere Einflußmöglichkeiten nur sparsam genützt,
als ob Du fremde Hilfe beanspruchtest, und von unserer
Karriere hattest Du nichts als Genugtuung und Kosten. Nie
hast Du in Deiner Güte auf den Nutzen gesehen.

Unmöglich kannst Du deshalb nach dem Verlust Deines
Sohnes das vermissen, was Du, als er noch nicht verbannt
war, nie als für Dich wichtig betrachtet hast.

15 Dem muß sich all mein Trost zuwenden, woraus der
wahre, gewaltige Schmerz einer Mutter erwächst: „So soll
ich auf die Umarmung meines heißgeliebten Sohnes verzichten! Nicht sehen kann ich ihn, nicht mit ihm sprechen! Wo
ist er, bei dessen Anblick sich meine betrübte Stirn erheiterte, er, dem ich all meinen Kummer anvertraute? Wo ist er,

deposui? Ubi colloquia, quorum inexplebilis eram? Ubi studia, quibus libentius quam femina, familiarius quam mater intereram? Ubi ille occursus? Ubi matre visa semper puerilis hilaritas?" Adicis istis loca ipsa gratulationum et convictuum et, ut necesse est, efficacissimas ad vexandos animos recentis conversationis notas. Nam hoc quoque adversus te crudeliter fortuna molita est, quod te ante tertium demum diem, quam perculsus sum, securam nec quicquam tale metuentem digredi voluit. Bene nos longinquitas locorum diviserat, bene aliquot annorum absentia huic te malo praeparaverat. Redisti, non ut voluptatem ex filio perciperes, sed ut consuetudinem desiderii perderes. Si multo ante afuisses, fortius tulisses ipso intervallo desiderium molliente; si non recessisses, ultimum certe fructum biduo diutius videndi filium tulisses: nunc crudele fatum ita composuit, ut nec fortunae meae interesses nec absentiae assuesceres. Sed, quanto ista duriora sunt, tanto maior tibi virtus advocanda est et velut cum hoste noto ac saepe iam victo acrius congrediendum.

Non ex intacto corpore tuo sanguis hic fluxit: per ipsas cicatrices percussa es.

16   Non est, quod utaris excusatione muliebris nominis, cui paene concessum est immoderatum in lacrimas ius, non immensum tamen; et ideo maiores decem mensium spatium lugentibus viros dederunt, ut cum pertinacia muliebris maeroris publica constitutione deciderent: non prohibuerunt luctus, sed finierunt. Nam et infinito dolore, cum

mit dem ich nie genug plaudern konnte? Wo ist er, an dessen schriftstellerischer Arbeit ich lieber als sonst eine Frau, damit vertrauter als sonst eine Mutter, Anteil nahm? Wo ist er, der mir sonst entgegeneilte? Wo ist er, der sich beim Anblick seiner Mutter stets wie ein Kind freute?" Dabei denkst Du außerdem an die Orte, wo wir zusammen fröhlich feierten, und, was notwendigerweise besonders nachhaltig das Herz bedrückt, an den Inhalt unseres letzten Gesprächs. Denn auch das hat Dir das Schicksal in seiner Grausamkeit angetan, daß es Dich nur zwei Tage, bevor über mich das Unglück hereinbrach, sorglos und ohne etwas derartiges zu befürchten, abreisen ließ. Gut wäre es gewesen, wenn uns abgelegene Wohnorte einander ferngehalten, gut, wenn Dich jahrelange Abwesenheit auf diesen Schmerz vorbereitet hätte. Du bist zurückgekehrt, und zwar nicht, um Freude an Deinem Sohn zu haben, sondern um keine Möglichkeit zu finden, Dich an den Sehnsuchtsschmerz zu gewöhnen. Wärest Du schon viel früher fort gewesen, hättest Du es standhafter getragen, da schon die Entfernung den Sehnsuchtsschmerz gelindert hätte. Wärest Du nicht abgereist, hättest Du davon als letzten Gewinn gehabt, Deinen Sohn zwei Tage länger sehen zu dürfen. Nun hat das grausame Geschick es dahin gebracht, daß Du weder in meinem Unglück bei mir warst noch Dich an mein Fernsein gewöhnen konntest. Doch je schwerer das ist, um so größere Standhaftigkeit mußt Du zeigen und wie mit einem Gegner, den Du kennst und schon oft bezwungen hast, noch erbitterter kämpfen.

Es war an Deinem Leib ja nicht die erste Wunde, aus der nun das Blut floß: mitten durch Narben ging der Hieb!

16 Du brauchst Dich nicht damit zu entschuldigen, daß Du eine Frau bist, die beinahe ein Recht darauf hat, maßlos zu weinen – jedoch nicht endlos; darum gewährten ja unsere Ahnen eine Frist von zehn Monaten für die Trauer um den Ehemann, um für Frauen, die von ihrem Gram nicht lassen wollten, eine gesetzliche Regelung zu treffen. Sie haben die Klage um den Toten nicht untersagt, sondern ihr Grenzen gesetzt. Denn grenzenloser Schmerz über den Verlust eines

aliquem ex carissimis amiseris, affici stulta indulgentia est et nullo inhumana duritia: optimum inter pietatem et rationem temperamentum est et sentire desiderium et opprimere. Non est, quod ad quasdam feminas respicias, quarum tristitiam semel sumptam mors finivit. Nosti quasdam, quae amissis filiis imposita lugubria numquam exuerunt: a te plus exigit vita ab initio fortior. Non potest muliebris excusatio contingere ei, a qua omnia muliebria vitia afuerunt. Non te maximum saeculi malum, impudicitia, in numerum plurium adduxit; non gemmae te, non margaritae flexerunt; non tibi divitiae velut maximum generis humani bonum refulserunt; non te bene in antiqua et severa institutam domo periculosa etiam probis peiorum detorsit imitatio; numquam te fecunditatis tuae, quasi exprobraret aetatem, puduit; numquam more aliarum, quibus omnis commendatio ex forma petitur, tumescentem uterum abscondisti quasi indecens onus nec intra viscera tua conceptas spes liberorum elisisti; non faciem coloribus ac lenociniis polluisti; numquam tibi placuit vestis, quae nihil amplius nudaret, cum poneretur: unicum tibi ornamentum pulcherrima et nulli obnoxia aetati forma, maximum decus visa est pudicitia. Non potes itaque ad obtinendum dolorem muliebre nomen praetendere, ex quo te virtutes tuae seduxerunt; tantum debes a feminarum lacrimis abesse, quantum vitiis.

Ne feminae quidem te sinent intabescere vulneri tuo, sed levi ac necessario maerore cito defunctam

der liebsten Angehörigen zeugt von törichter Schwäche, keiner von unmenschlicher Härte. Die beste Mischung von Liebe und Vernunft besteht darin, Verlangen zu spüren und zu unterdrücken. Du brauchst Dir auch nicht an bestimmten Frauen ein Beispiel zu nehmen, deren Trübsinn, nachdem sie sich ihm einmal überlassen hatten, erst der Tod beendete. Du kennst ja manche, die nach dem Verlust ihrer Söhne die Trauerkleider anlegten, um sie nie wieder auszuziehen. Von dir fordert ein Leben mehr, das Dich von Anfang an beherzter zeigte. Unmöglich trifft die Entschuldigung, ein Weib zu sein, bei der zu, der alle weiblichen Schwächen stets fern lagen. Es ließ Dich nicht das große Übel unserer Zeit, die Sittenlosigkeit, so wie die Mehrzahl werden; es machten Dich nicht Edelsteine, nicht Perlen schwach; es lockte Dich nicht der Reichtum mit seinem Glanze, als wäre er der Menschheit höchstes Gut; es brachte Dich, da Du in einem Haus von alter, strenger Art recht unterwiesen wurdest, auch das vom Weg nicht ab, was selbst anständigen Frauen gefährlich werden kann: Nachahmung schlechterer; nie hast Du Dich Deiner Fruchtbarkeit geschämt, als sei sie bei Deinem Alter eine Schande; nie hast Du nach Art der anderen, die allein durch ihre hübsche Erscheinung auf sich aufmerksam machen wollen, den schwellenden Leib versteckt wie eine unanständige Bürde und auch nicht, wenn Du ein Kind unter dem Herzen trugst und guter Hoffnung warst, es abgetrieben. Du hast Dein Antlitz nicht mit Schminke und Schönheitsmittelchen befleckt; nie fandest Du Gefallen an einem Kleid, das nichts mehr enthüllte, wenn man es ablegte. Dein einziger Schmuck war augenscheinlich Deine wunderbare, vom Alter unberührte Erscheinung, Deine höchste Zier die Sittsamkeit. Du kannst darum nicht, um an Deinem Schmerz festhalten zu dürfen, weibliche Schwäche vorschützen; darüber bist Du dank Deinen Tugenden erhaben. Ebensofern liegen müssen Dir die Tränen der Frauen wie ihre Laster.

Nicht einmal Frauen werden es hinnehmen, daß Du an Deiner Wunde dahinsiechst, sondern Dir gebieten, Dich nur

iubebunt exsurgere, si modo illas intueri voles feminas, quas conspecta virtus inter magnos viros posuit. Corneliam ex duodecim liberis ad duos fortuna redegerat. Si numerare funera Corneliae velles, amiserat decem; si aestimare, amiserat Gracchos. Flentibus tamen circa se et fatum eius exsecrantibus interdixit, ne fortunam accusarent, quae sibi filios Gracchos dedisset. Ex hac femina debuit nasci, qui diceret in contione: „Tu matri meae male dicas, quae me peperit!" Multo mihi vox matris videtur animosior: filius magno aestimavit Gracchorum natales, mater et funera.

Rutilia Cottam filium secuta est in exsilium et usque eo fuit indulgentia constricta, ut mallet exsilium pati quam desiderium, nec ante in patriam quam cum filio rediit. Eundem iam reducem et in re publica florentem tam fortiter amisit, quam secuta est, nec quisquam lacrimas eius post elatum filium notavit. In expulso virtutem ostendit, in amisso prudentiam. Nam et nihil illam a pietate deterruit et nihil in tristitia supervacua stultaque detinuit. Cum his te numerari feminis volo. Quarum vitam semper imitata es, earum in coercenda comprimendaque aegritudine optime sequeris exemplum.

17   Scio rem non esse in nostra potestate nec ullum affectum servire, minime vero eum, qui ex dolore nascitur; ferox enim et adversus omne remedium contumax est. Volumus interim illum obruere et devorare gemitus: per ipsum tamen compositum

kurze Zeit einer sanften, unvermeidlichen Trauer hinzugeben und Dich dann wieder aufzurichten. Du brauchst dazu nur auf jene Frauen zu sehen, die ihre bemerkenswerte Standhaftigkeit großen Männern gleichgestellt hat. Der Cornelia hatte von zwölf Kindern das Schicksal alle bis auf zwei genommen. Will man zählen, wieviele Kinder Cornelia beklagen mußte, so hatte sie zehn verloren; geht man nach dem Wert, so hatte sie die beiden Gracchen verloren. Doch denen, die in ihrer Gegenwart weinten und ihr Unglück verfluchten, verbot sie, mit dem Geschick zu hadern, das ihr als Söhne die Gracchen gegeben habe. Von einer solchen Frau mußte der geboren werden, der in der Volksversammlung sagen konnte: »Du wirst Dich unterstehen, von meiner Mutter schlecht zu reden, die doch mich geboren hat!« Mir scheint der Ausspruch der Mutter noch viel stolzer: Dem Sohn galt es viel, daß sie die Gracchen geboren, der Mutter sogar, daß sie sie begraben hatte.

Rutilia folgte ihrem Sohn Cotta in die Verbannung, und so sehr hing sie in zärtlicher Liebe an ihm, daß sie lieber die Verbannung leiden wollte als den Trennungsschmerz. Sie kehrte auch erst mit ihrem Sohn in die Heimat zurück. Als er wieder daheim war und im Staat eine führende Rolle spielte, verlor sie ihn – und hielt sich dabei so tapfer wie damals, als sie ihn begleitet hatte. Niemand sah ihre Tränen, nachdem der Sohn bestattet war. Bei seiner Verbannung zeigte sie Seelenstärke, bei seinem Verlust Lebensklugheit, denn nichts brachte sie von der Liebe zu ihrem Kind ab und nichts zwang sie zu überflüssiger, törichter Trauer. Zu diesen Frauen soll man Dich zählen; das ist mein Wunsch. An ihnen, deren Lebensführung Du immer nachgeeifert hast, nimmst Du Dir, wenn Du den Kummer zu mäßigen und niederzuhalten suchst, am besten ein Beispiel.

17 Ich weiß, daß das nicht in unserer Macht liegt und daß kein Affekt sich unserem Willen fügt, am wenigsten jener, der aus dem Schmerz erwächst. Er ist unbeherrscht und trotzt jeder Behandlung. Wir wollen ihn manchmal verbergen und unsere Seufzer unterdrücken. Doch sogar über ein

fictumque vultum lacrimae profunduntur. Ludis interim aut gladiatoribus animum occupamus: at illum inter ipsa, quibus avocatur, spectacula levis aliqua desiderii nota subruit. Ideo melius est vincere illum quam fallere. Nam qui delusus et voluptatibus aut occupationibus abductus est, resurgit et ipsa quiete impetum ad saeviendum colligit; at quisquis rationi cessit, in perpetuum componitur. Non sum itaque tibi illa monstraturus, quibus usos esse multos scio, ut peregrinatione te vel longa detineas vel amoena delectes, ut rationum accipiendarum diligentia, patrimonii administratione multum occupes temporis, ut semper novo te aliquo negotio implices: omnia ista ad exiguum momentum prosunt nec remedia doloris, sed impedimenta sunt. Ego autem malo illum desinere quam decipi. Itaque illo te duco, quo omnibus, qui fortunam fugiunt, confugiendum est, ad liberalia studia: illa sanabunt vulnus tuum, illa omnem tristitiam tibi evellent. His, etiam si numquam assuesses, nunc utendum erat; sed, quantum tibi patris mei antiquus rigor permisit, omnes bonas artes non quidem comprehendisti, attigisti tamen. Utinam quidem virorum optimus, pater meus, minus maiorum consuetudini deditus voluisset te praeceptis sapientiae erudiri potius quam imbui! Non parandum tibi nunc esset auxilium contra fortunam, sed proferendum. Propter istas, quae litteris non ad sapientiam utuntur, sed ad luxuriam instruuntur, minus te indulgere studiis passus est. Beneficio tamen rapacis ingenii plus quam pro tempore hausisti: iacta sunt disciplinarum omnium fundamenta. Nunc ad illas revertere: tutam

beherrschtes, verstelltes Gesicht strömen Tränen. Wir lassen uns manchmal durch Spiele und Gladiatorenkämpfe fesseln. Doch selbst bei den Schaustellungen, die uns ablenken, raubt uns eine schwache Erinnerung an den Verlust die Ruhe. Daher ist es besser, den Schmerz zu überwinden als ihn zu überlisten. Denn wenn er überspielt und durch Unterhaltung oder Beschäftigung verdrängt wurde, flammt er wieder auf und sammelt gerade in der Zeit der Ruhe Kraft, um aufs neue zu wüten. Doch immer, wenn er vernünftiger Überlegung weichen muß, wird er auf Dauer gestillt. Deshalb will ich Dir nicht das empfehlen, was, wie ich weiß, schon viele getan haben, daß Du Dich etwa durch eine weite Reise ablenkst oder auf einer unterhaltsamen vergnügst, daß Du bei sorgfältiger Prüfung von Abrechnungen und der Verwaltung Deines Vermögens viele Stunden verbringst, daß Du Dich immer wieder einer neuen Aufgabe stellst. All das hilft lediglich für kurze Zeit und heilt den Schmerz nicht, sondern hemmt ihn nur. Mir aber ist es lieber, wenn er endet als wenn er überlistet wird. Darum führe ich Dich dorthin, wohin alle, die dem Schicksal entfliehen wollen, sich flüchten müssen, zu geistiger Tätigkeit. Sie wird Deine Wunde heilen, sie wird allen Trübsinn rasch von Dir nehmen. Auch wenn Du mit ihr nie vertraut geworden wärest, hättest Du ihr nun obliegen müssen. Du aber hast, soweit es die altrömische Strenge meines Vaters erlaubte, alle Wissensgebiete, wenn auch nicht umfassend, so doch im Umriß kennengelernt. Wenn nur mein Vater, dieser vorzügliche Mann, weniger am Brauch der Vorfahren gehangen und sich dazu entschlossen hätte, Dich in den Lehren der Weisheit lieber gründlich unterweisen als bloß in sie einführen zu lassen! Du müßtest Dir nun keinen Schutz gegen das Unglück suchen, sondern brauchtest ihn nur anzulegen. Wegen jener „Damen", die Bücher nicht für ihre Bildung nützen, sondern sich um des Sinnenkitzels willen besorgen, ließ mein Vater Dich zu wenig Deinen Interessen folgen. Doch dank Deiner raschen Auffassungsgabe hast Du Dir unverhältnismäßig viel angeeignet. Grundlagen in allen Wissensgebieten sind vorhan-

te praestabunt. Illae consolabuntur; illae delectabunt; illae si bona fide in animum tuum intraverint, numquam amplius intrabit dolor, numquam sollicitudo, numquam afflictationis irritae supervacua vexatio. Nulli horum patebit pectus tuum. Nam ceteris vitiis iam pridem clusum est.

18 Haec quidem certissima praesidia sunt et, quae sola te fortunae eripere possint. Sed quia, dum in illum portum, quem tibi studia promittunt, pervenis, adminiculis, quibus innitaris, opus est, volo interim solacia tibi tua ostendere. Respice fratres meos, quibus salvis fas tibi non est accusare fortunam! In utroque habes, quod te diversa virtute delectet: alter honores industria consecutus est, alter sapienter contempsit. Adquiesce alterius filii dignitate, alterius quiete, utriusque pietate! Novi fratrum meorum intimos affectus: alter in hoc dignitatem excolit, ut tibi ornamento sit; alter in hoc se ad tranquillam quietamque vitam recepit, ut tibi vacet. Bene liberos tuos et in auxilium et in oblectamentum fortuna disposuit: potes alterius dignitate defendi, alterius otio frui. Certabunt in te officiis, et unius desiderium duorum pietate supplebitur. Audacter possum promittere: nihil tibi deerit praeter numerum. Ab his ad nepotes quoque respice: Marcum, blandissimum puerum, ad cuius conspectum nulla potest durare tristitia. Nihil tam magnum, nihil tam recens in cuiusquam pectore saevit, quod non circumfusus ille permulceat. Cuius non lacrimas illius hilaritas supprimat? Cuius non contractum sollicitudine animum illius argutiae solvant? Quem non in iocos evoca-

den. Nun wende Dich ihnen wieder zu! Sie werden Dich unangreifbar machen, werden Dich trösten, werden Dich erfreuen, und wenn sie ernstlich Zugang zu Dir gefunden haben, wird niemals mehr der Schmerz Zugang finden, nie die Sorgen, nie vergeblicher Betrübnis unnötige Pein. Nichts von alledem kann in Dein Herz dringen. Den sonstigen Schwächen ist es ja schon längst verschlossen.

18 Solche Betätigung ist der sicherste Schutz; sie allein kann Dich aus der Abhängigkeit vom Schicksal befreien. Doch bis Du an jenen Zufluchtsort gelangst, den Dir die Studien verheißen, brauchst Du einen Stab, um Dich darauf zu stützen. Darum will ich Dir zeigen, was Dich einstweilen trösten kann. Denke an meine Brüder! Solange es ihnen wohl ergeht, darfst Du nicht mit dem Schicksal hadern! Über beide kannst Du Dich aufgrund verschiedener Vorzüge freuen: Der eine hat eifrig Karriere gemacht, der andere weise darauf verzichtet. Gib Dich zufrieden mit dem hohen Rang des einen Sohnes, mit der Zurückgezogenheit des anderen, mit der Liebe beider! Ich kenne die geheimsten Motive meiner Brüder: Der eine trachtet nur deshalb nach Anerkennung, um Dir Ehre zu machen; der andere hat sich nur darum für ein stilles und friedliches Dasein entschieden, um für Dich Zeit zu haben. Gut hat es mit Deinen Kindern, sowohl zu Deiner Unterstützung wie zu Deiner Lust, das Schicksal eingerichtet: Du kannst an der Stellung des einen Rückhalt, am ruhigen Leben des anderen Freude finden. Um die Wette werden sie Dir Liebesdienste erweisen, und die Sehnsucht nach dem einen wird durch die Anhänglichkeit von zweien ausgeglichen. Ohne Bedenken kann ich Dir versprechen: nichts wird Dir fehlen als die volle Zahl. Nach ihnen sieh auch auf die Enkel, auf Marcus, den reizenden Jungen, bei dessen Anblick niemand traurig bleiben kann. Nichts wütet so heftig, nichts so stark in irgend jemands Herzen, daß er es nicht durch seine Liebkosungen linderte. Wessen Tränen könnte sein Frohsinn nicht stillen? Wessen von Kummer bedrücktes Gemüt seine Späße nicht erheitern? Wen verführt seine Ausgelassenheit nicht zu Scherzen?

bit illa lascivia? Quem non in se convertet et abducet infixum cogitationibus illa neminem satiatura garrulitas? Deos oro, contingat hunc habere nobis superstitem! In me omnis fatorum crudelitas lassata consistat! Quicquid matri dolendum fuit, in me transierit; quicquid aviae, in me: floreat reliqua in suo statu turba! Nihil de orbitate, nihil de condicione mea querar, fuerim tantum nihil amplius doliturae domus piamentum.

Tene in gremio cito tibi daturam pronepotes Novatillam, quam sic in me transtuleram, sic mihi ascripseram, ut possit videri, quod me amisit, quamvis salvo patre pupilla. Hanc et pro me dilige! Abstulit illi nuper fortuna matrem: tua potest efficere pietas, ut perdidisse se matrem doleat tantum, non et sentiat. Nunc mores eius compone, nunc forma: altius praecepta descendunt, quae teneris imprimuntur aetatibus. Tuis assuescat sermonibus, ad tuum fingatur arbitrium; multum illi dabis, etiam si nihil dederis praeter exemplum. Hoc tibi tam sollemne officium pro remedio erit: non potest enim animum pie dolentem a sollicitudine avertere nisi aut ratio aut honesta occupatio. Numerarem inter magna solacia patrem quoque tuum, nisi abesset. Nunc tamen ex affectu tuo, qui illius in te sit, cogita: intelleges, quanto iustius sit te illi servari quam mihi impendi. Quotiens te immodica vis doloris invaserit et sequi se iubebit, patrem cogita.

Cui tu quidem tot nepotes pronepotesque dando effecisti, ne unica esses; consummatio tamen

Wen fesselt nicht, wen lenkt nicht von den Grübeleien ab, was keinem zuviel wird: sein Geplauder! Die Götter bitte ich um das Glück, daß er uns erhalten bleibe. An mir soll alle Grausamkeit des Schicksals sich erschöpfen und ein Ende nehmen! Was immer die Mutter hätte leiden müssen, mag auf mich fallen, was immer die Großmutter, auf mich! Glücklich leben sollen in ihren jetzigen Verhältnissen die anderen alle! Nicht meine Verlassenheit, nicht meine Lage will ich beklagen, wenn ich nur für ein Haus, das sonst kein Leid mehr spüren soll, Sühneopfer sein darf!

Nimm sie in Deine Arme, die Dir bald Urenkel schenken wird, Novatilla, die ich so in mein Herz geschlossen, so als mein Eigen betrachtet hatte, daß es scheinen mag, als sei sie, weil sie mich verloren hat, obschon ihr Vater noch lebt, eine Waise. Ihr schenke statt meiner Deine Liebe! Entrissen wurde ihr vor kurzem durch ein schlimmes Geschick die Mutter. Deine Liebe kann es erreichen, daß sie über den Verlust der Mutter nur betrübt ist und ihn nicht schmerzlich fühlen muß. Nun bilde ihren Charakter, nun forme ihn! Fester prägen sich gute Lehren ein, die man in zartem Alter in sich aufnimmt. Sie soll sich an Gespräche mit Dir gewöhnen und nach Deinem Ermessen Unterricht erhalten. Viel gibst Du ihr, selbst wenn Du ihr nichts gibst als ein Vorbild. Die Erfüllung dieser selbstverständlichen Pflicht wird wie eine Arznei für Dich sein; nichts kann nämlich einen Menschen, der berechtigten Schmerz empfindet, von seinem Kummer abbringen als entweder die Vernunft oder eine verdienstvolle Betätigung. Ich würde zu dem, was Dich wirksam trösten kann, auch Deinen Vater rechnen, wäre er nicht fern. Trotzdem solltest Du nun von Deiner zärtlichen Liebe auf die seine Dir gegenüber schließen. Du wirst einsehen, wieviel mehr Grund Du hast, Dich ihm zu erhalten als um meinetwillen dahinzusiechen. Sooft Dich ein übermäßig heftiger Schmerz heimsucht und will, daß Du ihm nachgibst, denke an den Vater!

Zwar hast Du, weil Du ihm so viele Enkel und Urenkel schenktest, erreicht, daß Du nicht seine einzige Stütze bist.

aetatis actae feliciter in te vertitur. Illo vivo nefas est te, quod vixeris, queri.

19 Maximum adhuc solacium tuum tacueram, sororem tuam, illud fidelissimum tibi pectus, in quod omnes curae tuae pro indiviso transferuntur, illum animum omnibus nobis maternum. Cum hac tu lacrimas tuas miscuisti, in huius primum respirasti sinu. Illa quidem affectus tuos semper sequitur; in mea tamen persona non tantum pro te dolet. Illius manibus in urbem perlatus sum; illius pio maternoque nutricio per longum tempus aeger convalui; illa pro quaestura mea gratiam suam extendit et, quae ne sermonis quidem aut clarae salutationis sustinuit audaciam, pro me vicit indulgentia verecundiam. Nihil illi seductum vitae genus, nihil modestia in tanta feminarum petulantia rustica, nihil quies, nihil secreti et ad otium repositi mores obstiterunt, quominus pro me etiam ambitiosa fieret. Hoc est, mater carissima, solacium, quo reficiaris: illi te, quantum potes, iunge, illius artissimis amplexibus alliga! Solent maerentes ea, quae maxime diligunt, fugere et libertatem dolori suo quaerere; tu ad illam te, quicquid cogitaveris, confer; sive servare istum habitum voles sive deponere, apud illam invenies vel finem doloris tui vel comitem. Sed, si prudentiam perfectissimae feminae novi, non patietur te nihil profuturo maerore consumi et exemplum tibi suum, cuius ego etiam spectator fui, narrabit. Carissimum virum amiserat, avunculum nostrum, cui virgo nupserat, in ipsa quidem navigatione. Tulit

Wie er aber sein im Glück verbrachtes Leben beschließen
wird, das steht bei Dir. Solange er lebt, hast Du kein Recht,
Dein Leben zu beklagen.

19 Vom größten Trost für Dich habe ich bisher geschwiegen, von Deiner Schwester, jener Dir treu ergebenen Seele,
mit der Du alle Deine Sorgen ganz und gar teilen kannst,
jener Frau, die für uns alle wie eine Mutter empfand. Mit ihr
gemeinsam hast Du geweint, an ihrem Busen fürs erste aufgeatmet. Sie läßt sich zwar in allen Stimmungen von Dir
beeinflussen; in meinem Fall jedoch empfindet sie nicht nur
um Deinetwillen Schmerz. In ihren Armen wurde ich nach
Rom gebracht; durch ihre aufopferungsvolle, mütterliche
Pflege bin ich nach langer Krankheit wieder genesen. Sie hat
für meine Wahl zum Quästor ihren Einfluß energisch eingesetzt und, obschon sie nicht einmal zu einem Gespräch oder
einem lauten Gruß sich ein Herz zu fassen vermochte, mir
zuliebe ihre Schüchternheit bezwungen. Nicht ihre zurückgezogene Lebensweise, nicht ihre Sittsamkeit, die sie unter
sovielen koketten Damen als Unschuld vom Lande erscheinen ließ, nicht ihr Ruhebedürfnis, nicht ihr menschenscheues, allem Trubel abholdes Wesen konnte sie daran hindern,
um meinetwillen sogar Ehrgeiz zu zeigen. Das ist, teuerste
Mutter, die Trösterin, die Dich wieder aufrichten kann; an
sie schließe Dich möglichst eng an, von ihr laß Dich ganz
fest in die Arme nehmen! Gewöhnlich meiden Trauernde
das, was sie am meisten lieben, um sich ungehemmt ihrem
Schmerz hingeben zu können. Du aber geh zu ihr, gleich,
was Du vorhast: ob Du in Deiner gegenwärtigen Gemütsverfassung verharren oder ob Du sie ablegen willst, bei ihr
findest Du entweder das Ende oder eine Gefährtin Deines
Schmerzes. Doch wenn ich diese kluge, unvergleichliche
Frau recht kenne, wird sie nicht dulden, daß Du Dich in
nutzloser Trauer verzehrst, und Dir von einem Fall aus ihrem Leben erzählen, bei dem ich sogar Augenzeuge war.
Ihren innig geliebten Mann hatte sie verloren, unseren Onkel, mit dem sie sich als Mädchen vermählt hatte, und dazu
noch auf einer Seereise. Trotzdem bezwang sie zur gleichen

tamen eodem tempore et luctum et metum evictisque tempestatibus corpus eius naufraga evexit. O quam multarum egregia opera in obscuro iacent! Si huic illa simplex admirandis virtutibus contigisset antiquitas, quanto ingeniorum certamine celebraretur uxor, quae oblita imbecillitatis oblita metuendi etiam firmissimis maris, caput suum periculis pro sepultura obiecit et, dum cogitat de viri funere, nihil de suo timuit! Nobilitatur carminibus omnium, quae se pro coniuge vicariam dedit: hoc amplius est, discrimine vitae sepulcrum viro quaerere; maior est amor, qui pari periculo minus redimit. Post hoc nemo miratur, quod per sedecim annos, quibus Aegyptum maritus eius obtinuit, numquam in publico conspecta est, neminem provincialem domum suam admisit, nihil a viro petiit, nihil a se peti passa est. Itaque loquax et in contumelias praefectorum ingeniosa provincia, in qua etiam, qui vitaverunt culpam, non effugerunt infamiam, velut unicum sanctitatis exemplum suspexit et, quod illi difficillimum est, cui etiam periculosi sales placent, omnem verborum licentiam continuit et hodie similem illi, quamvis numquam speret, semper optat. Multum erat, si per sedecim annos illam provincia probasset; plus est, quod ignoravit. Haec non ideo refero, ut laudes eius exsequar, quas circumscribere est tam parce transcurrere, sed ut intellegas magni animi esse feminam, quam non ambitio, non avaritia, comites omnis potentiae et pestes, vicerunt, non metus mortis iam exarmata nave naufragium suum spectantem deterruit, quominus exanimi viro

Zeit sowohl die Trauer als auch die Furcht, überstand alle Stürme und brachte, schiffbrüchig, die Leiche ihres Mannes an Land! Ach, wievieler Frauen außerordentliche Leistungen liegen im Dunkel! Hätte sie das Glück gehabt, in jener alten Zeit zu leben, die große Taten aufrichtig bewunderte, in welchem Wettstreit der Talente würde die Gattin gepriesen, die, ohne an ihre Schwäche, ohne an das selbst für Helden fürchterliche Meer zu denken, ihr Leben um einer Beerdigung willen aufs Spiel setzte und, während sie an das Grab ihres Mannes dachte, das eigene überhaupt nicht fürchtete! Gerühmt wird in den Werken aller Dichter sie, die sich für den Gatten opfern wollte. Das aber ist mehr, unter Lebensgefahr dem Mann zu einem Grabe zu verhelfen: größer ist die Liebe, die bei gleicher Gefahr weniger erkauft. Nach dem eben Gehörten braucht sich niemand zu wundern, daß sie in den sechzehn Jahren, in denen ihr Mann Ägypten verwaltete, sich niemals in der Öffentlichkeit zeigte, niemanden aus der Provinz in ihr Haus ließ, nichts von ihrem Mann verlangte, nichts von sich erbitten ließ. Daher mußte die klatschsüchtige und bei der Verunglimpfung ihrer Gouverneure erfinderische Provinz, in der auch, wer Fehltritte mied, der üblen Nachrede nicht entging, sie wie ein unvergleichliches Idealbild der Sittenreinheit bewundern und, was für Leute höchst schwierig ist, bei denen auch riskante Witze noch Beifall finden, auf jedes freche Wort verzichten, und heute wünscht sie sich ständig eine erste Dame wie jene, obwohl sie nie darauf hoffen kann. Es wäre schon viel gewesen, wenn sie nur ganze sechzehn Jahre lang den Beifall der Provinz gefunden hätte. Mehr aber ist es, daß diese sie gar nicht kannte. Das führe ich nicht deswegen an, um ihren Ruhm zu verkünden, den man nur schmälert, wenn man so rasch darüber hinweggeht, sondern damit Du erkennst, von welcher Seelengröße die Frau ist, die nicht Eitelkeit, nicht Habgier, die Begleiterinnen jeder Macht und ihr Ruin, bezwingen und auch die Todesfurcht, obwohl der Mast des Schiffs bereits gekappt war und sie den Untergang vor Augen hatte, nicht davon abhalten konnte, an ihren entseelten

haerens non quaereret, quemadmodum inde exiret, sed quemadmodum efferret. Huic parem virtutem exhibeas oportet et animum a luctu recipias et id agas, ne quis te putet partus tui paenitere.

20 Ceterum, quia necesse est, cum omnia feceris, cogitationes tamen tuas subinde ad me recurrere nec quemquam nunc ex liberis tuis frequentius tibi obversari, non quia illi minus cari sunt, sed quia naturale est manum saepius ad id referre, quod dolet, qualem me cogites, accipe: laetum et alacrem, velut optimis rebus. Sunt enim optimae, quoniam animus omnis occupationis expers operibus suis vacat et modo se levioribus studiis oblectat, modo ad considerandam suam universique naturam veri avidus insurgit. Terras primum situmque earum quaerit, deinde condicionem circumfusi maris cursusque eius alternos et recursus, tunc, quicquid inter caelum terrasque plenum formidinis interiacet, perspicit et hoc tonitribus, fulminibus, ventorum flatibus ac nimborum nivisque et grandinis iactu tumultuosum spatium, tum peragratis humilioribus ad summa perrumpit et pulcherrimo divinorum spectaculo fruitur; aeternitatis suae memor in omne, quod fuit futurumque est, vadit, omnibus saeculis.

Mann geklammert, sich zu fragen, nicht, wie sie sich aus dieser Lage retten, sondern wie sie ihn begraben könne. Gleiche Tapferkeit wie sie solltest Du zeigen, Dich von der Trauer lösen und darauf bedacht sein, daß niemand meint, Du bedauertest es, Kinder zu haben.

20 Da im übrigen trotz allem Deine Gedanken unweigerlich doch immer wieder zu mir zurückkehren und keiner von Deinen Söhnen Dir jetzt häufiger vor Augen steht, nicht, weil die anderen Dir weniger lieb wären, sondern weil es ganz natürlich ist, daß man die Hand öfter auf die Stelle legt, die wehtut, so vernimm, wie Du mich Dir denken sollst: Froh und heiter, als stünde alles zum besten. Es steht ja auch zum besten, denn mein Geist hat, frei von jeder Verpflichtung, endlich Zeit für seine eigentlichen Aufgaben und erheitert sich bald bei leichterer Lektüre, bald schwingt er sich auf, um über sein eigenes Wesen und das der Welt, voll Verlangen nach Wahrheit, nachzudenken. Mit dem festen Land und seiner Beschaffenheit befaßt er sich zuerst, darauf mit der Aufgabe des Meers, das es umschließt, und seinen wechselnden Gezeiten. Dann untersucht er alles, was zwischen Himmel und Erde, an Schrecken reich, sich findet, und diesen durch Donnerschläge, Blitze, Sturmgebraus und Regengüsse, Schneefall, Hagelschlag unruhevollen Raum. Hat er darauf die niedrigeren Bereiche durcheilt, dringt er zum Höchsten vor und freut sich an der wunderbaren Betrachtung des Überirdischen. Im Bewußtsein seiner Unsterblichkeit wendet er sich allem zu, was war und sein wird in aller Ewigkeit.

ANHANG

STIMMEN ZU SENECA

Absichtlich habe ich Seneca in allen Bereichen der Rhetorik ausgespart wegen der allgemein verbreiteten Unterstellung, ich lehnte ihn ab und fände ihn abscheulich. Dieser Vorwurf traf mich, während ich für die heruntergekommene und durch allerhand Verirrungen entartete Beredsamkeit strengere Maßstäbe aufzustellen suchte. Damals kannten aber die jungen Leute fast nur Seneca. Den wollte ich ihnen keineswegs ganz wegnehmen, doch konnte ich es nicht zulassen, daß man ihn besseren Rednern vorzog, die er unablässig attackierte, da er im Bewußtsein seiner Andersartigkeit nicht damit rechnen durfte, denen zu gefallen, denen jene gefielen. Zudem schwärmten die jungen Leute eher von ihm, als daß sie es ihm nachtaten, und blieben ebenso weit hinter ihm zurück, wie er gegenüber den Alten abgefallen war. Wünschenswert wäre es gewesen, wenn seine Verehrer ihm gleich- oder wenigstens nahegekommen wären. Aber er fand nur wegen seiner Fehler Beifall, und jeder legte es nur darauf an, diese nach Möglichkeit nachzuahmen. Gab er dann vor, wie Seneca zu reden, brachte er den in Verruf. Er hat im übrigen viele hervorragende Qualitäten: Geistige Beweglichkeit und Einfallsreichtum, eminenten Fleiß und umfassende Kenntnisse; allerdings wurde er manchmal von Leuten, die er mit bestimmten Untersuchungen betraut hatte, falsch informiert. Er hat ja auch fast alle Wissensgebiete behandelt. Es gibt nämlich sowohl Reden wie Dichtungen, Briefe und Dialoge von ihm.

In der Philosophie war er nicht gründlich genug; groß aber ist er, wenn er die Laster geißelt. Viele herrliche Aus-

sprüche finden sich bei ihm, auch vieles, was wegen seiner hohen Moral lesenswert ist. Seine Formulierungen aber sind meist abartig und deshalb besonders schädlich, weil sie in Menge reizvolle Verkehrtheiten enthalten. Hätte er doch nach eigenen Einfällen, aber mit dem Stilgefühl eines anderen geschrieben! Denn wenn er manches verworfen, manche Verrücktheiten nicht geradezu gesucht hätte, wenn er nicht an allem, was er schrieb, Gefallen gefunden hätte, wenn er gewichtige Gegenstände nicht in überkurzen Sätzen verhackstückt hätte, dann könnte er eher im einhelligen Beifall der Gebildeten als in der Begeisterung dummer Jungen seine Bestätigung finden. Trotzdem sollten ihn, so wie er ist, Gereifte und durch ernstere Lektüre hinreichend Gefestigte lesen, und zwar auch deshalb, weil er in zweifacher Hinsicht das Urteil zu schärfen vermag. Denn vieles bei ihm verdient, wie ich schon sagte, Beifall, vieles sogar Bewunderung. Man sollte nur die rechte Auswahl treffen (wenn er's doch selbst getan hätte!). Sein Talent hätte sich höhere Ziele stecken dürfen. Die gesteckten hat es erreicht.

(*M. Fabius Quintilianus, Institutio oratoria X 1, 123–131;*
um 95 n. Chr.)

„Doch steht manche gescheite, sogar manch eine gewichtige Aussage bei Seneca." Man findet bisweilen auch Silberstückchen in Kloaken; werden wir uns deshalb zur Kloakenreinigung verdingen?

(*M. Cornelius Fronto, De orationibus 4;* um 150 n. Chr.)

Seneca saepe noster – Seneca ist oft einer von uns (Christen).

(*Q. Septimius Florens Tertullianus, De anima 20;*
um 200 n. Chr.)

... auch sonst tat er nachweislich das genaue Gegenteil von dem, was er lehrte: Er griff die Tyrannei an und wurde Lehrer eines Tyrannen, er lief gegen Leute Sturm, die es mit

den Mächtigen hielten, und blieb doch nicht dem Kaiserpalast fern, ... er kritisierte die Reichen und erwarb sich ein Vermögen von 75 Millionen Sesterzen! ... Und dann noch sein ausschweifendes Leben: er machte eine ausgezeichnete Partie und ließ sich trotzdem mit Burschen ein, die für dergleichen schon zu alt waren, und brachte auch Nero auf den Geschmack.

(*Cassius Dio Cocceianus, Römische Geschichte 61, 10, 2;* um 230 n. Chr.)

Und Annaeus Seneca, der unter den Römern gewiß der entschiedenste Stoiker war, wie oft erweist auch er dem höchsten Gott die gebührende Ehre!

(*L. Caelius Firmianus Lactantius, Divinae institutiones I 5, 26;* um 310)

Seneca würde ich nicht in einer Reihe mit Heiligen nennen, wenn mich dazu nicht sein vielgelesener Briefwechsel mit dem heiligen Paulus veranlaßte.

(*Hieronymus, De viris illustribus 12;* um 400)

Seneca, dieser größte Freund der Bedürfnislosigkeit und Enthaltsamkeit, der erbaulichste Moralist ...

(*Petrus Abaelard, Epistula 8;* um 1120)

... der sittenreine Seneca.

(*Dante Alighieri, La Commedia; Inferno IV 141;* um 1320)

„Dein ganzes Elend erwächst aus Deiner Schwäche, um nicht zu sagen aus Deiner Eitelkeit. Auf den nichtigen Ruhm des Literaten warst Du, unglücklicher Alter, in unmännlicher Weise aus, um wiederum nicht zu sagen: in kindischer Weise."

(*Francesco Petrarca an Seneca, Epistulae ad veteres illustres 24, 5;* um 1350)

INVITATIO AD SENECAM

Annaeus iste Seneca, quem vides, lector,
ait fuisse magnus inter auctores,
seu tu Latinos sive respicis Graecos,
sapientia, inquam, et eloquentia magnus.
At scripta lustra! Iudicabis hoc mecum,
nam dictio ipsa docta, florida, arguta.
Quid sensa? Promit dogma Stoicae sectae,
sectae virilis, altae, ad alta ducentis.
Vis vana rerum et falsa regna Fortunae
despicere vel ridere? Vis decus summum
in uno honesto ponere et virtute?
Docebit asseretque, melius ut possit,
nos censione puriorem ab hac nostra
itemque clariorem ab ingenii luce
tibi damus. Aude tangere et lustrare!
Ego fallor, aut ad ipsa templa te ducet
sophiae serena, clara, ubi illa sit mentis
tranquillitas serenitasque diffusa,
unde tibi fas aspicere caelicas oras
et fas simul suspicere caelicas curas,
despicere terram et terrea ista. Quid dico?
Ingredere! Dictis scio plura reperturum.

EINLADUNG ZU SENECA

Annaeus Seneca, den Du hier siehst, Leser,
beansprucht hohen Rang unter den Schriftstellern,
magst Du die Römer oder Griechen durchmustern.
Durch Redefluß und Weisheit, meine ich, glänzt er.
Lies seine Werke, dann wirst Du mir zustimmen.
Er schreibt gewählt, abwechslungsreich und scharfsinnig.
Der Inhalt? Vorgestellt wird der Stoa Lehre,
etwas für Männer, anspruchsvoll und hochfliegend.
Willst Du die schnöde Welt, des falschen Glücks Walten
verachten und verlachen, willst Du nur schätzen
was ehrenhaft ist, sittlich voll gerechtfertigt?
Er wird Dich lehren und Dich für Dich frei machen,
und dies noch mehr, als wir ihn gründlich durchsahen.
Bereinigt, damit heller noch sein Licht strahle,
erhältst du ihn. So wag' es nur, greif zu, lies ihn!
Ich bin mir sicher, er wird dich hinaufführen
zu jenen lichten Weisheitstempeln, wo Friede
und wo sich Heiterkeit der Seele ausbreitet.
Von dort darfst Du zu Himmelshöhen aufblicken,
darfst Dich auch in Gedanken dorthin aufschwingen,
zur Erde und auf Irdisches hinabsehen.
Was rede ich? Tritt ein: Du wirst viel mehr finden!

(*Justus Lipsius, L. Annaei Senecae philosophi opera, quae exstant, omnia a Iusto Lipsio emendata et scholiis illustrata.* Antverpiae apud Ioannem Moretum 1605 – unter einem Bild des Philosophen)

O Seneca! Du bist es und du wirst es immer bleiben, zusammen mit Sokrates, mit all den berühmten Unglücklichen, mit all den großen Männern der Antike, eines der süßesten Bande zwischen meinen Freunden und mir, ja zwischen den Gebildeten aller Epochen und ihren Freunden. Du warst für uns der Gegenstand zahlreicher Gespräche und wirst es auch für diese sein.

(*Denis Diderot, Essai sur les règnes de Claude et de Néron et sur la vie et les écrits de Sénèque,* Vorrede an M. Naigeon, um 1780. In: Œuvres complètes, ed. par J. Assézat, T. III, Garnier Frères, Paris, 1875, S. 12; Diderots Aufsatz ist eine leidenschaftliche Verteidigung Senecas, die seine hohe Wertschätzung in Frankreich begründete.)

... er läßt keine Gelegenheit vorbeigehen, prächtige und, wenn man den rhetorischen Stil einmal zugeben will, wirklich köstliche Beschreibungen zu machen... Seine Gesinnungen und Meinungen sind tüchtig... Unleidlich wird er aber, ja lächerlich, wenn er oft, und gewöhnlich zur Unzeit, gegen den Luxus und die verderbten Sitten der Römer loszieht.

(*Johann Wolfgang von Goethe, Zur Farbenlehre, Historischer Teil, 2. Abteilung: Römer; Nachtrag;* um 1810. In: Goethes sämtliche Werke, Bd. 22, Georg Müller, München, 1913, S. 77f.).

Was (Seneca) den Sohn betrifft, so kann ich ihn nicht ausstehen. Sein Stil macht auf mich ungefähr denselben Eindruck wie der Gibbon's. Aber das affektierte Wesen ist bei Lucius Seneca sogar noch viel weiter getrieben als bei Gibbon. Seine Werke sind aus lauter Mottos zusammengesetzt. Es kommt kaum ein Satz vor, den man nicht zitieren könnte. Aber ihn in einem Strich weg zu lesen, ist gerade so, als wenn man nichts als Sardellensauce zu Mittag speisen wollte.

(*Thomas Babington Lord Macaulay, in einem Brief vom 30. 5. 1839.* In: Leben und Briefe Lord Macaulays, hg. v. seinem Neffen George Otto Trevelyan; autorisierte deut-

sche Ausgabe, übersetzt von Carl Böttger, Costenoble, Jena, 1876, I 452 f.)

Der Erzieher desjenigen Prinzen, dessen Genie sich zum grandios Fürchterlichen wendete, der Berater und Vertraute des Kaisers, dann eines seiner Opfer, der ernste Philosoph, dessen große Sittenpredigten in fulminanter Sprache zu uns herübertönen, hat von jeher die Augen der Menschen auf sich gezogen: Haß und Liebe, bittere und milde Beurteilung sind keinem anderen Menschen und Schriftsteller des Altertums im gleichen Maße zuteil geworden und noch heute, kann man sagen, schwankt von der Parteien Gunst und Haß verwirrt sein Charakterbild in der Geschichte ...

Gerade weil er dem Fühlen einer Zeit, in der Genie und Verbrechen, Grandioses und Fürchterliches in einander übergingen wie später am Hofe eines Cesare Borgia, durch seinen Stil in Bewunderung und Verdammung so gewaltigen Ausdruck zu leihen verstand, gehören seine Deklamationen über die Selbstgenügsamkeit der Tugend, die Glückseligkeit des wie ein Fels im Meer stehenden von Schicksalsstürmen umtosten Weisen, den siegreichsten Kampf des Geistesathleten mit den alle anderen Menschen unterjochenden Leidenschaften, die ungeheure Verderbnis in Religion und Sitte zu dem Großartigsten, was wir aus dem ganzen Altertum besitzen.

(*Eduard Norden, Antike Kunstprosa I,* Leipzig und Berlin 1909², S. 306 und 313)

Er war eine problematische Natur, von widerstrebenden Tendenzen hin- und hergerissen. Mit dem Drang zur Aktivität und dem brennenden Ehrgeiz des Provinzialen, die ihn in die politische Arena trieben, verband er den Hang zur Besinnlichkeit und zum wissenschaftlichen Studium ... Kein Satiriker hat die Schwächen und Schäden seiner Zeit schärfer gegeißelt, und doch ließ er sich willig in den Strudel des hauptstädtischen Lebens hineinziehen. Persönlich asketischen Neigungen zugänglich, machte er den unsinnigen

Tafelluxus mit, weil er ihn seiner gesellschaftlichen Stellung schuldig zu sein glaubte. Daß Reichtum nicht glücklich mache, war seine ehrliche Überzeugung; aber die Millionen, die ihm Neros Gunst in den Schoß warf, ließ er sich gern gefallen ...

Es ist leicht, über Seneca den Stab zu brechen und ihn einen Mann der Halbheiten oder einen Heuchler zu schelten. Schwerer ist es, ihm nach den widerstreitenden Tendenzen seines Innern und ihrer Verwurzelung in seiner Zeit gerecht zu werden ... Das ehrliche Wollen darf ihm niemand absprechen. Den inneren Halt gab ihm der stoische Glaube. Er hat es nicht immer verstanden, seine Lebensführung mit der Stoa in Einklang zu bringen. Aber er ist als Stoiker gestorben. Und angesichts seines Todes durfte er seinen Freunden sagen, das schönste Vermächtnis, das er ihnen hinterlassen, sei das Bild seines Lebens. Es ist auch nicht nur das Glitzern und Funkeln seines Stils, das seinen Schriften durch die Jahrtausende Leser verschafft hat.

(*Max Pohlenz, Die Stoa. Geschichte einer geistigen Bewegung.* Vandenhoeck & Ruprecht, Göttingen, 1948, S. 303 und 327)

In seinen Schriften hat Seneca zahlreiche Aussprüche hinterlassen, die als Zeugnisse reinster Humanität und als Ausdruck selbstloser Wohltätigkeit, sogar den Feinden und den Sklaven gegenüber, höchste Anerkennung verdienen. In mancher Hinsicht ist seine Gesinnung der christlichen Ethik verwandt, und nicht durch Zufall hat die spätere Zeit einen Briefwechsel zwischen Seneca und dem Apostel Paulus erfunden, den seinerzeit der Hl. Hieronymus für echt gehalten hat. Allerdings fehlen auch bei Seneca die Schattenseiten nicht ...

Sein überaus tapferes Verhalten vor seinem Tode, den er auf Neros Befehl gestorben ist, ist ein würdiger Abschluß eines reichen Lebens, dem Irrtum und Schwäche nicht fremd gewesen sind. „Das Leben ist ein Kriegsdienst" (*vivere est*

militare), dieses Wort, das Seneca geprägt hat, gilt auch für ihn selber.

(*Hermann Bengtson, Römische Geschichte. Republik und Kaiserzeit bis 284 n. Chr.*, C.H. Beck, München, 1978³, S. 254)

ZUR TEXTGESTALTUNG

Diese Edition bietet i.d.R. den von R. Waltz und A. Bourgery in der Collection Budé (Societé d'Édition ‚Les Belles Lettres', Paris 1961 ff.) konstituierten Text. Abweichungen sind im folgenden vermerkt.

De constantia sapientis
14,1: *Quid refert, quam HABEANT* ... Wir folgen dem Codex Ambrosianus (A). Die Konjektur *adeant* (Waltz) scheint uns unberechtigt.

De ira I
3,4: ... *et in quasdam voluptates intemperantiores HOMINES sunt.* Wir bevorzugen die Lesart des Codex Ambrosianus und des Parisinus.

5,2: *QUID homine aliorum amantius:* Hier dürften die „anderen Codices (deteriores)" die verständlichste Formulierung bieten.

De ira II
11,2: At contra omnia despecta foedaque et turpia EO IPSO, QUO timentur. Wir haben uns für die Lesart des Codex Laurentianus entschieden.

34,6: ... *impetus animi NOBIS graves, ...*
Indem wir *nobis* an der Stelle des unverständlichen *hiis* setzten, haben wir die verderbte Stelle zumindest etwas verstehbarer gemacht.

Ad Marciam de consolatione

3,3: *animo tuo in meliore noto parte:* Die Lesart des Ambrosianus bedarf wohl keiner Veränderung, wenn man *noto* auf *notus* zurückführt.

10,3: *animus amet ...:* Wir haben auf das von Waltz vor *amet* ergänzte *omnia* verzichtet.

11,1: *corpus, ‹non sine› causis morbis repetita:* während Waltz die Wortfolge des Ambrosianus (*causis morbos repetita*) zu *causis repleta* verändert, suchen wir *repetita* („immer wieder angegriffen / befallen") zu halten.

18,5: mit *ripis, lacu(bus), vallibus* folgen wir weitgehend dem Ambrosianus, der *ripis lacu. vallibus* bietet. Waltz konjizierte *ripis lacunalibus*.

6: *Quid lapidum gemmarumque fulgor et inter rapidorum torrentium harenas interfluens:* alle an dieser Stelle vorgenommenen Konjekturen (*nitor* statt *inter:* Schulthess; *torrentium, aurum ...* Waltz), auch die unsere (*harenas* statt *harenis*), sind möglicherweise unnötig, wenn man sich vor Augen führt, was Seneca durch „abbildende" Wortstellung vorführen wollte: Gold, mitten im Kies reißender Bergbäche ... Wir haben die Stelle grammatisch insofern geglättet, als wir, unter Annahme eines weiten Hyperbaton, *harenas* zu *inter* zogen, doch scheint es uns möglich, daß Seneca zwar diese Beziehung vorschwebte, er aber den Kasus von *harena* durch das nachfolgende *interfluens* bestimmte.

7: *terrentia* gibt einen recht guten Sinn; die Konjektur von Gronov (*terrestria*) erübrigt sich.

De vita beata

3,4: *nam voluptatibus et PRO ILLIS, quae ... FLAGITIIS:* die Wortfolge der Codices ist ohne Zweifel sperrig, doch nicht ohne Sinn: an die Stelle der *voluptates* treten statt nichtiger Empfindungen Freude etc., wir haben daher auf Konjekturen verzichtet.

7,1: *VIDEANT in illis ...:* Wir halten uns an die „anderen Codices" und tilgen *et* vor *in illis*.

9,3: ... *habitu optimae mentis, quae CUM SUUM implevit:* Auf die Einfügung von *cursum* zwischen *cum* und *suum* meinen wir verzichten zu können.

10,3: *Temperantia autem cum voluptates minuat, TIBI summi boni iniuria est.* Waltz / Bourgery stellen wohl zu Recht fest „*aliquid in sententia deesse videtur*"; wir haben uns entschlossen, nach dem vermuteten Sinn der Aussage *TIBI* zu ergänzen.

13,6: ... *quae stat, INVENERUNT vitia:* unsere Lesung richtet sich nach dem Codex Ambrosianus und dem Parisinus, die *quae statim venerunt* bieten, und nach einer Konjektur Madvigs.

18,3: *Curet aliquis, an ISTIS nimis dives videatur ...:* Hier entschied sich der Übersetzer aufgrund des vermuteten Sinns der Stelle für eine Abänderung des überlieferten Textes, der *ISTE* bietet.

25,2: ... *et CHLAMYDATUS quam nudis scapulis et SEMITECTIS:* die von Waltz mit *cruces* versehene, wohl schwer verderbte Stelle glaubten wir anhand der *codices deteriores,* die *clamydatus* bieten, und einer behutsamen Veränderung von +*sententis*+ übersetzbarer machen zu können.

De tranquillitate animi

5,1: ... *et infelix curia tyrannis ANGUSTA:* im Gegensatz zu Waltz, der *augusta* schreibt, behalten wir das überlieferte *angusta* bei.

10,7: ... *sed multo quidem citra EXEMPLA HORTENTUR consistere:* die Lesart des Ambrosianus bedarf wohl keiner Verbesserung, wenn man *sed* als „vielmehr" versteht.

11,7: ... *et iunctas sodalium manus COPULATAS interscidit:* Wir folgen einem Vorschlag von A. Pasoli, Latinitas 1 (1953), 269 f.

De brevitate vitae

12,2: ... *qui UNCTORUM suorum greges:* Der Bezug des Kontexts auf den Ringsport dürfte die Konjektur *iu-*

	mentorum (aus *uinctorum* des Codex Ambrosianus) verbieten; wir haben uns für eine behutsame Veränderung des Überlieferten entschieden.
14,5:	... *licet DICAMUS:* Wir behalten den überlieferten Text bei.
15,3:	*NOBIS vero ad NOSTRUM arbitrium nasci licet:* Auch hier scheint der überlieferte Text sinnvoll und bedarf wohl keiner Verbesserung.
18,5:	*Modo ... superesse:* Die Passage, in der Waltz *cruces* setzte, mag lückenhaft sein; u. U. fehlt ein Prädikat (*dicebatur,* aus *dicebat* des Ambrosianus erschließbar). Es kann aber auch ein AcI des Ausrufs vorliegen.

Ad Polybium de consolatione

10,4:	*fratribus suos:* in den Ausdruck mit Waltz *fratres* einzufügen, scheint uns unnötig.
12,5:	*aspiciat:* Die Lesart von B ist verständlich, wenn man davon ausgeht, daß ein unter die Götter erhobener Claudius seinen Nachfolger durchaus „sehen" kann.
17,4:	*personatus:* die Lesarten *pervocatis/personatis* geben ohne Zweifel keinen Sinn; *personatus* dagegen wird verständlich, wenn man sich an den Hang des Caligula zu Theaterspiel und Maskerade erinnert, von dem Seneca selbst öfter spricht.

Ad Helviam matrem de consolatione

11,1:	*si haec quoque ...:* wir folgen den *codices deteriores*.

ERLÄUTERUNGEN

Die folgenden Hinweise beschränken sich auf die Erläuterungen von Textstellen, zu deren Verständnis das Register (vgl. S. 795 ff.) nicht oder nur bedingt beitragen kann, sowie auf den Nachweis der von Seneca in die Dialoge eingestreuten Zitate. Mit → wird auf Stichworte des Registers verwiesen.

DIE VORSEHUNG

2,12 *Darum, so meine ich ...:* Cato hatte sich bei seinem ersten Selbstmordversuch keine sofort tödliche Wunde beigebracht und wurde von seinem Arzt versorgt. Er aber riß die Verbände ab und verblutete.

3,7 *„dein Glück":* Mit dem „Glück", das über Rom kommen soll, spielt Rutilius auf → Sullas Beinamen Felix, der Glückliche, an.

4,5 *von der Erde aufnahmst:* Neugeborene legte man in Rom dem Vater zu Füßen. Durch die Aufnahme vom Boden erkannte er die Kinder als seine eigenen an.

5,3 *Die edelsten Jungfrauen:* Bestimmte Gottheiten wurden mit nächtlichen Opfern geehrt, die nur unbescholtene Mädchen darbringen durften.

5,10 *„Steil ist ...":* Die Zitate stammen aus den Metamorphosen des Ovid (II 63–69; 79–81), und zwar aus der Phaethonsage: seinem Sohn Phaethon hatte der Sonnengott einen Wunsch freigegeben. Phaethon will für einen Tag den Sonnenwagen lenken, wovor ihn der Vater vergeblich warnt. Der junge Mann fährt los, meistert aber die Pferde nicht, löst einen Weltbrand aus und wird von Jupiter mit dem Blitz erschlagen.

DIE UNERSCHÜTTERLICHKEIT DES WEISEN

2,3 *Teilung der Welt unter Drei:* Hier wird auf den ersten Dreibund („Triumvirat") zwischen → Caesar, Pompeius und Crassus angespielt.

12,2 *Rutenbündel:* wurden den → Konsuln vorangetragen.

18,4 *den Tragödenstiefel:* Anspielung auf Caligulas Vorliebe für Theaterspiel und Verkleidungen (vgl. Sueton, Caligula 19 und 52).

19,1 *von Komödiendichtern:* Es ist vor allem an → Aristophanes zu denken.

DER ZORN I

2,3 *Völker ...:* In der Lücke stand nach Ausweis von Lactantius, De ira dei (Gottes Zorn) 17, Senecas eigene Definition des Zorns.

3,3 *Des Aristoteles:* Über die Seele 403 a 30.

3,5 *Nicht denkt der Eber ...:* Ovid, Metamorphosen VII 545 f. im Zusammenhang mit der Beschreibung einer verheerenden Seuche.

6,5 *Platons Schlußverfahren:* Politeia (Über den Staat) 335 d: „Es ist also nicht Sache des Gerechten, zu schaden ..."

12,3 *Wenn du so argumentierst, Theophrast:* Hier wird auf den Anfang des Kapitels zurückgegriffen (Wird ein guter Mensch ...).

16,5 *in den Ledersack:* Für Vatermörder gab es in Rom eine ungewöhnliche Strafe, die Cicero in seiner Rede für Roscius aus Ameria zu erklären sucht: Man steckte sie in einen Ledersack und warf den in einen Fluß – warum ertränkte man sie nicht einfach? Damit sie nicht den Fluß befleckten. Warum warf man sie nicht den wilden Tieren vor? Damit diese nicht noch wilder würden.

19,7 *nach den Worten Platons:* Nomoi (Gesetze) 934 a.

20,4 *Sie sollen mich hassen ...:* Worte von Agamemnons Vater Atreus in der gleichnamigen Tragödie des altrömischen Dichters Accius (170–um 85 v. Chr.); nach Sueton, Caligula 29, von Caligula häufig zitiert.

ZU DER ZORN

20,6 *Titus Livius:* Zitat aus einem nicht erhaltenen Teil des Werks.

20,8 *Jenen Homervers:* Ilias XXIII 724 (Ausruf des → Ajax im Ringkampf mit Odysseus).

DER ZORN II

2,3 *... den kindlichen König:* Ptolemaios XIII., der → Pompeius ermorden ließ.

9,2 *Nicht ist der Freund ...:* Ovid, Metamorphosen I 144–148, aus der Schilderung des Eisernen Zeitalters.

11,3 *Unweigerlich ...:* aus einem Mimus des → Laberius.

15,4 *seinem Himmel ...:* Zitat unbekannter Herkunft.

20,2 *Platon meint:* Nomoi (Gesetze) 666 a: Wer jünger als achtzehn ist, darf überhaupt keinen Wein trinken.

28,8 *Fremde Fehler ...:* Vielleicht wird hier auf die äsopische Fabel von den beiden Ranzen angespielt, die auch Phaedrus (Fabulae IV 10) erzählt: Zwei Ranzen hat Jupiter uns Menschen aufgelegt: einen mit unseren Fehlern haben wir auf dem Rücken, einen anderen, von fremden Lastern schweren, vor der Brust. So sehen wir unsere eigenen Verfehlungen nicht, sind aber gleich als strenge Richter zur Stelle, wenn andere etwas falsch machen.

35,6 *Blutig schwingt ...:* Frei zitiert nach Vergil, Aeneis VIII 702 f. „Jauchzend schreitet einer mit zerrissenem Mantel die Zwietracht, ihr aber folgt Bellona sogleich mit blutiger Geißel" (übersetzt von Johannes Götte). Bellona ist eine Kriegsgöttin (*bellum:* Krieg).

DER ZORN III

3,6 *der Widerhaken ...:* die Leichen hingerichteter Verbrecher wurden in Rom vom Henker an einem Haken aus dem Gefängnis geschleift und auf einer nahen Treppe, den Gemonien, zur Schau gestellt.

23,1 *Dessen Neffe ...:* Alexander war nicht mit Antigonos verwandt.

TROSTSCHRIFT FÜR MARCIA

1,3 *Umschwung der Verhältnisse:* Kaiser Caligula suchte sich zu Beginn seiner Regierung u. a. dadurch Sympathien zu erwerben, daß er die Veröffentlichung von Büchern gestattete, die unter seinem Vorgänger Tiberius verboten und verbrannt worden waren (vgl. Sueton, Caligula 16, 1).

1,5 *altes Leid:* Gemeint ist der Tod des Cremutius Cordus; mit der „neuen Wunde" spielt Seneca darauf an, daß Marcia einen ihrer beiden Söhne verlor.

3,2 *ihr zweiter Sohn:* der spätere Kaiser Tiberius

4,3 *Julia:* Diesen Namen erhielt Livia allerdings erst nach dem Tod des Augustus, als sie durch testamentarische Verfügung in die Familie der Julier aufgenommen wurde.

9,5 *Jedwedem kann geschehen ...:* von Seneca häufiger zitierter Spruch des → Publilius Syrus (mim. fr. 119)

11,3 *Was ist der Mensch? Bei jedem Stoß ...:* Die Übersetzung versucht die „abbildende Wortstellung" des Originals nachzugestalten; → Einführung, Seite 408.

13,1 *Daß Griechenland nicht allzusehr jenen Vater bewundere:* Gemeint ist der griechische Schriftsteller Xenophon (um 427–um 257 v. Chr.), dessen Sohn Gryllos 362 in einem Reitergefecht kurz vor der Schlacht bei Mantinea fiel (Pausanias I 3, 4). – *Türpfosten:* Ihre Berührung durch den Priester war ein Teil des Einweihungsrituals.

14,3 *Tod seiner Tochter:* Caesars Tochter Julia war 59 v. Chr. mit → Pompeius verheiratet worden, um das ein Jahr vorher geschlossene Bündnis der beiden Politiker zu bekräftigen. Sie starb im Jahr 54. Daraufhin nahmen die bereits vorhandenen Spannungen zwischen den ehrgeizigen Männern noch zu. – *daß irgend ein anderer im Staate groß sei:* vermutlich Anspielung auf die Beinamen des Pompeius: MAGNUS, der Große. – *und besiegte ... so schnell:* Hier mag auf Caesars „Blitzsiege" und seinen berühmten Ausspruch

VENI, VIDI, VICI – ich kam, sah und siegte – Bezug genommen sein.

15,3 *daß der Priester den Toten erblickte:* Das durfte aus religiösen Gründen während der Leichenfeier nicht geschehen.

17,2 *riß die hesperische Seite:* Vergil, Aeneis III 418

17,4 *unermeßlich tiefe Steinbrüche:* durch Abbau des Kalkgesteins entstandene riesige Schluchten und Höhlen im Stadtgebiet von Syrakus; dort fanden viele Athener, die 415 v. Chr. gegen die Stadt gezogen waren, als Gefangene ein klägliches Ende (vgl. Thukydides, Historien VII 87).

18,1 *eine große Stadt:* Nach stoischer Lehre stellt die ganze Welt eine den gleichen Gesetzen gehorchende Gemeinschaft dar, in der die Menschen ebenso Bürgerrecht haben wie die Götter.

18,3 *fünf Gestirne:* die Planeten, die sich scheinbar dem Umlauf des Fixsternhimmels entgegenbewegen.

18,6 *drei Meerbusen:* Seneca betrachtet das Mittelmeer, das Rote Meer und den Persischen Golf als Buchten des ungeheuren Weltmeers.

18,7 *... wenn andere sie führen:* Es ist wohl an Lotsenfische (Naucrates ductor) gedacht, die vor allem Riesenmantas begleiten. Daß sie diese zu Fischschwärmen führten, ist wahrscheinlich Seemannsgarn. – ... *ziehen Meerwasser ein:* Wenn Wale „blasen", entsteht der Eindruck, eine bis zu vier Meter hohe Wassersäule steige empor; in Wirklichkeit wird durch das Spritzloch im Körper erwärmte, feuchte Atemluft unter hohem Druck ausgestoßen. Durch Abkühlung kondensiert der Wasserdampf und erscheint als weißer Nebel.

19,2 *... bringt Kinderlosigkeit mehr Wertschätzung:* Seneca spielt darauf an, daß kinderlose Reiche von Erbschleichern in schamloser Weise umworben wurden.

19,4 *... flammende Feuerströme; Wasser des Vergessens:* der Fluß Pyriphlegethon und die Lethequelle; wer aus ihr trinkt, verliert die Erinnerung an sein Erdenleben.

19,5 ... *der Tod ist kein ... Übel:* Senecas Argumentation berührt sich mit der ausführlichen Behandlung des Problems in Ciceros Tusculanen I 9 ff.

20,6 *Verteilung königlichen Erbes:* Die Insel Zypern war seit 296 v. Chr. im Besitz der Ptolemäerkönige von Ägypten; zeitweilig regierte dort eine Nebenlinie des Herrscherhauses; nach deren Aussterben machte Rom Ansprüche geltend. 58 v. Chr. wurde der jüngere → Cato damit betraut, diese Ansprüche durchzusetzen.

21,5 *ist bis ans Ende ... gelangt:* Vergil, Aeneis X 472

22,3 *Knochen von Lebenden sammeln:* Seneca spielt darauf an, daß Ärzte bei einer Operation z. B. Knochensplitter entfernen, gebraucht aber um der Drastik willen einen Ausdruck, der speziell das Sammeln der Gebeine nach Brandbestattungen bezeichnet *(ossa legere)*. – *das größte Glück, nicht geboren zu werden:* eine von griechischen Dichtern und Denkern mehrfach geäußerte, zutiefst daseinspessimistische Ansicht, z. B. von Theognis (425 ff.): „Von allem ist nicht geboren zu werden für die Erdbewohner am besten ..., geboren aber möglichst schnell die Pforten des Hades zu erreichen."

22,4 *seinem Klienten ... preisgab:* In Senecas Augen war dies ein besonderer Gnadenerweis *(congiarium)* des Sejan gegenüber seinem Günstling: er durfte einen Menschen zur Strecke bringen!

23,2 *die Seele des Weisen:* In Platons Phaidon (64a) ist von der Zuversicht des wahren Philosophen dem Tod gegenüber die Rede: er könne darauf hoffen, daß ihn danach nur das Allerbeste erwarte; darum strebten Philosophen (67a) auch danach, die Seele vom Leib zu lösen.

24,5 *ein dunkler Kerker unserer Seele:* Nach Auffassung des vorsokratischen Denkers Empedokles ist die Seele als unser wahres Ich aufgrund einer Schuld in den Körper gebannt, der für ihn „den Menschen einschließender Erdstoff" (fr. 148) ist.

DAS GLÜCKLICHE LEBEN

11. 1 *über jenen weisen Mann:* → Epikur.
    4 *der Länder ...:* Zitat aus unbekannter Quelle.
14. 4 *das Wild ...:* Vergil, Georgica (Vom Landbau) I 139 f.
19. 1 *Ich habe gelebt ...:* Vergil, Aeneis IV 653; die Worte spricht Dido, die Königin von Karathago, als sie, von Aeneas verlassen, sich das Leben nehmen will.
20. 5 *fiel er doch ...:* Ovid, Metamorphosen II 308, aus der Grabschrift für Phaethon (→ Anm. zu „Die Vorsehung", 5, 10).

DIE ZURÜCKGEZOGENHEIT

1. 3 *nach der Zahl der Fußspuren:* Seneca denkt vielleicht an die Fabel vom kranken Löwen, der alle Tiere, die ihn in seiner Höhle aufsuchten, verschlang. Der Fuchs freilich blieb draußen: ihn schreckten die Spuren, von denen keine herausführte (sprichwörtlich: *vestigia terrent* nach Horaz, Epistulae I 1,74).
   4 *aufs Grauhaar:* Vergil, Aeneis IX 612; dort spricht Numanus, der Schwager des Turnus, der sein hartes, unermüdliches Volk rühmt.

DIE RUHE DER SEELE

2. 14 *So sucht jeder ...:* Lukrez, De rerum natura (Vom Wesen der Dinge) III 1068.
11. 4 *wie Cicero sagt:* in der Rede für Milo 92.
    8 *Jedwedem ...:* Publilius Syrus, Fragment 119.
17. 10 *manchmal ein Vergnügen:* vielleicht spielt Seneca auf Horaz, Oden IV 12,28 an: Das Gedicht, eine Einladung an Vergil, endet mit den Worten *dulce est desipere in loco*, „süß ist's, sich auszutoben am rechten Ort." – *dem Platon:* Phaidros 245 a – *dem Aristoteles:* Problemata 954 a 34.

DIE KÜRZE DES LEBENS

1. 1 *Das Leben ist kurz:* Hippokrates, Aphorismen I, 1.
   2 *von Aristoteles:* eine derartige Aussage des Aristoteles ist nicht nachweisbar; vielleicht denkt Seneca an Worte seines Schülers → Theophrast, der nach Cicero, Tusculanen III 69, auf dem Sterbebett die Natur kritisiert haben soll, weil sie Hirschen und Raben, denen doch nicht damit gedient sei, ein so langes Leben gegeben habe, Menschen aber, die daran das größte Interesse hätten, nur ein kurzes. Die Annahme einer Verwechslung liegt um so näher, als zu Beginn des Kapitels ein Aristoteles-Zitat steht.
2. 2 *Ein kleiner Teil ...:* Zitat unbekannter Herkunft.
4. 5 *gegen seine Amtskollegen:* Gedacht ist wohl an die Männer, die mit Octavian den zweiten Dreibund schlossen, vor allem an Marcus → Antonius.
5. 2 *Brief an Atticus:* Nicht erhalten.
9. 2 *Stets die schönsten ...:* Vergil, Georgica (Vom Landbau) III 66 f.
12. 2 *in der Ringschule:* Gemeint ist die griechische Palaistra, die – mit ihren Begleiterscheinungen, v. a. der Knabenliebe – auch in Rom Nachahmung fand.
16. 5 *Jupiter habe ...:* Als der Gott sich in Gestalt ihres Mannes Amphitryon an die schöne Alkmene heranmachte, soll er die Nacht absichtlich verlängert haben.
17. 2 *der übermütige Perserkönig:* Herodot VII 45 f.: als Xerxes den ganzen Hellespont von Schiffen und die Küsten von Menschen übersät sah, pries er sich zuerst glücklich und vergoß dann Tränen ...

TROSTSCHRIFT FÜR POLYBIUS

1. 1 *... vergleicht man:* Der Anfang der Trostschrift ist verloren; vermutlich äußerte sich Seneca zuerst dazu, daß der Bruder des Polybius früh verstorben war, und schloß dann allgemeine Reflexionen über die Kürze des Menschenlebens und die Vergänglichkeit alles

Menschenwerks an. – *Jene Sieben Weltwunder:* die Pyramiden von Gizeh, die Mauern von Babylon, die „Hängenden Gärten" der Semiramis (ebenfalls in Babylon), der olympische Zeus des Pheidias, das Mausoleum von Halikarnaß, der Artemis-Tempel von Ephesos, der Koloß von Rhodos und, anstelle der schon in der Antike verfallenen Mauern von Babylon, der Leuchtturm von Pharos bei Alexandria.

2. 1 *bei eigenem Jammer:* Seneca schrieb aus der Verbannung auf Korsika; vgl. die Einführung S. 378 f.

   2 *der Kaiser:* Clausius

   6 *herrliche Werke der Dichtkunst:* Polybius hatte Paraphrasen zu Homer und Vergil verfaßt.

3. 4 *bei aller Macht ...:* Wir fassen *potentia summa* als Ablativ auf, doch ist es denkbar, daß in der Passage *potentia conservata* Subjekt, *summa abstinentia* aber kausaler Ablativ ist; das würde den Sinn ergeben, daß Polybius seine hohe Stellung absoluter Integrität verdankt. Die Doppeldeutigkeit ist unter Umständen von Seneca intendiert; vgl. dazu W. Neuhauser: Ambiguitas als Wesenszug der lateinischen Sprache, in: R. Muth (Hg.): Serta Philologica Aenipontana II (Innsbrucker Beiträge zur Kulturwissenschaft 17, 1972), S. 237–258

4. 3 *... nach deren Willen die Menschen gleich, wenn sie geboren werden, weinen:* Daß ein Neugeborenes diese Welt mit Geschrei begrüßt, deutete der vorsokratische Philosoph Empedokles als Zeichen des Erschreckens der Seele, die sich angesichts eines Jammertals noch einer besseren Heimat erinnert (fr. 118; 121): „Ich weinte und jammerte, als ich den ungewohnten Ort erblickte ..., den freudlosen Ort, wo Mord und Groll und Scharen anderer Unheilsdämonen, verzehrende Krankheiten und Fäulnis und Verwesung auf der Wiese des Unglücks im Dunkel umherschweifen."

6. 3 *... abschreiben lassen:* Es ist daran gedacht, daß Liebhaber Kopien dieser Werke in Auftrag gaben.

   5 *Bittschriften:* Polybius war im Dienst des Kaisers für deren Erledigung zuständig.

750 ERLÄUTERUNGEN

- 8. 2 *... sowohl den Stoff als auch das Vorbild:* Kaiser Claudius hatte, bevor er auf den Thron kam, historische Studien betrieben.
  - 3 *äsopische Fabeln, eine Materie, an der sich römische Talente noch nicht versuchten:* In dieser Absolutheit stimmt die Aussage nicht: Der Freigelassene Phaedrus war zur Zeit des Augustus und Tiberius erfolgreich als Fabeldichter hervorgetreten.
- 9. 3 *aus langer Kerkerhaft entlassen:* Daß der Leib das Gefängnis oder gar das Grab der Seele sei, ist ein der griechischen Philosophie vertrauter Gedanke, den z. B. Platon im Kratylos 400 c als die Ansicht „bestimmter Leute" referiert.
- 10. 6 *und sieh die Zeit, in der er Dein war ...:* Seneca benützt hier einen juristischen Begriff, *ususfructus,* der als „Nießbrauch" ins Deutsche gelangt ist; wörtlich wäre die Passage so wiederzugeben: „Halte den Nießbrauch an ihm für Gewinn".
- 11. 2 *„Als ich ihn zeugte ...":* Wie in der Trostschrift für Marcia (13) spricht Seneca hier von der Reaktion des Xenophon auf die Nachricht vom Tod seines Sohnes Gryllos. In der Formulierung folgt er wohl einem bei Cicero, Tusculanae Disputationes III 28 überlieferten Fragment aus der Tragödie Telamon des Ennius (fr. 312):
  Ego cum genui, tum morituros scivi et ei rei sustuli ...
  (Als ich sie zeugte, wußte ich, daß sie sterben würden, und habe sie dafür aufgezogen ...)
- 12. 3 *beim Anblick seiner gewaltigen und erhabenen Majestät:* Wenn man bedenkt, wie Seneca später in seiner Apocolocyntosis den armen, stotternden und hinkenden Clausius bitterböse verspottet hat, kann man das dem Kaiser hier überreich gespendete Lob nicht so recht ernst nehmen.
- 13. 1 *des früheren Führers Rasen:* Caligula ist gemeint.
- 15. 1 *... seine Schwester, durch deren Tod die Klammern eines zum Glück für Rom geschlossenen Friedens sich lösten:* Hier liegt womöglich eine Verwechslung vor: Cn. Pompeius Magnus hatte die Tochter des C. Iulius

Caesar geheiratet, nicht aber dieser, wie der Wortlaut der Stelle vermuten läßt, die Tochter des Pompeius.

- 3 *der Sohn seiner Schwester:* Gemeint ist Marcellus, der 23 v. Chr. starb; ihm zu Ehren wurde das Marcellus-Theater in Rom errichtet.
- 4 *Führer der jungen Ritter (princeps iuventutis):* wurde unter Augustus zum Ehrentitel der jungen Männer, die als seine Nachfolger vorgesehen waren, und entsprach damit etwa unserem Wort „Prinz".

16. 1 *als einer der Großen Drei:* d. h. als Mitglied des zweiten Dreibunds (Triumvirats), den Octavian (der spätere Kaiser Augustus), Marcus Antonius und Lepidus 43 v. Chr. „zur Erhaltung des Staats" schlossen.
- 2 *Bruder Mark Antons:* Gaius Antonius wurde 43 v. Chr. gegen den Willen des Senats als Prokonsul nach Makedonien entsandt, fiel dem Caesarmörder Brutus in die Hände und wurde 42 v. Chr. hingerichtet. – *von zwanzig Legionen das Blut:* Anspielung auf die Doppelschlacht bei Philippi in Makedonien, in der 42 v. Chr. Mark Anton und Octavian über Brutus und Cassius siegten.
- 4 *aus dem es sich Götter holen wollte:* Wie schon Augustus, wurde auch Claudius nach seinem Tod zum Gott erhoben.

17. 2 *Die Tugend kann jedermann erreichen:* Eine wichtige Maxime der Stoiker, nach deren Ansicht prinzipiell alle Menschen, gleich welchen Standes, die Möglichkeit in sich tragen, die sittliche Vollkommenheit zu erreichen – wenn nur ihr Wille stark genug ist.
- 3 *den man ... entfernen mußte:* Kaiser Caligula verfiel der *damnatio memoriae.*

TROSTSCHRIFT FÜR MUTTER HELVIA

1. 1 *Deshalb versuchte ich ...:* Seneca versetzt sich in Gedanken auf ein Schlachtfeld, auf dem er, verwundet, einem Leidensgenossen, nämlich seiner Mutter, beizustehen sucht.

2. 2 *alles, was ... auf Medikamente nicht mehr anspricht:* Seneca folgt hier den Prinzipien der antiken Ärzte, erst nach dem Versagen von Medikamenten das Messer und als äußerstes Mittel das Brandeisen einzusetzen.
   4 *Deinen heißgeliebten Mann:* L. Annaeus Seneca, den Vater des Philosophen.
5. 3 *die geboten mir, mich unermüdlich in acht zu nehmen:* Die Stoiker suchten Schicksalsschläge dadurch abzuschwächen, daß sie sie in Gedanken vorwegnahmen *(praemeditatio).*
   6 *Volksbeschlüsse ...:* Die Ansicht, daß die Menschen in ihrer großen Mehrheit das Verkehrte dächten und täten, findet sich bei vielen antiken Philosophen. Bias, einer der Sieben Weisen, brachte sie auf die kurze Formel: „Die meisten sind schlecht."
6. 5 *diese Felseninsel:* Korsika, Senecas Verbannungsort.
   8 *aus den gleichen Samenkörnern:* Die Stoiker nahmen an, daß der göttliche Geist samengleich über die ganze Schöpfung ausgestreut sei *(logos spermatikos).*
7. 7 *Das römische Reich betrachtet ... einen Vertriebenen:* den Trojaner Aeneas, der nach langer Irrfahrt in Latium landete.
8. 6 *manche plötzlich erscheinen ...:* Seneca denkt an Sternschnuppen und Kometen.
9. 3 *die Hütte des Romulus:* Auf dem Palatium, dem Hügel, auf dem Romulus die Stadt Rom gründete, zeigte man sein angebliches Wohnhaus, dessen bescheidener Zustand bewußt unverändert erhalten wurde.
   8 *... holt ihn sich Afrika ...:* Im Bürgerkrieg mit Caesar leisteten die Anhänger des Pompeius in Afrika und Spanien am längsten Widerstand.
10. 3 *... bei den Parthern, von denen wir uns noch keine Buße holen konnten:* Seneca denkt an die schwere Niederlage, die 53 v. Chr. der Triumvir Crassus bei Carrhae erlitt. Zwar gelang es Augustus, auf diplomatischem Weg die Rückgabe der damals erbeuteten römischen Feldzeichen zu erreichen, doch zu einer Revanche war es noch nicht gekommen.

ZU TROSTSCHRIFT FÜR MUTTER HELVIA

7 ... *ist zu den Feinden ... wieder zurückgekehrt:* Anspielung auf Marcus Atilius → Regulus.

8 ... *unser Diktator:* → Curius Dentatus.

11 *Der Gier ist nichts genug, doch der Natur genügt sogar – zu wenig:* ein typisch Senecaisches Paradox, aufgebaut auf dem Gegensatz von *genug – zu wenig* und an der von Stoikern und Epikureern gleichermaßen vertretenen Maxime orientiert, daß das Existenzminimum, mit dem ein Mensch noch leben könne, viel kleiner sei als man im allgemeinen glaube.

11. 3 *Bronzen:* Seneca denkt wohl an altes Geschirr aus Korinth, wofür, da das Geheimnis der Legierung in Vergessenheit geraten war, Liebhaber Spitzenpreise zahlten.

12. 6 *Kupferbarren:* Sie dienten noch im 3. Jh. v. Chr. als Zahlungsmittel.

14. 3 *obwohl Du über Deinen Besitz ...:* umschreibende Wiedergabe des Begriffs *filia familiae* („Tochter der Familie"): nach dem Tod ihres Mannes war Helvia in die Abhängigkeit von ihrem Vater, die *patria potestas*, zurückgekehrt.

18. 1 *Denke an meine Brüder:* an Marcus Annaeus → Novatus und Marcus Annaeus → Mela

19. 4 *von einem Fall aus ihrem Leben:* Im Jahr 31 n. Chr. verließ Seneca nach einem längeren Erholungsaufenthalt Ägypten; er begleitete seinen Onkel, der dort sechzehn Jahre lang Statthalter gewesen war, und seine Tante; so wurde er Augenzeuge der mitgeteilten Ereignisse.

5 ... *sie, die sich für den Gatten opfern wollte:* Gemeint ist Alkestis, die Gattin des thebanischen Königs Admetos, den aufgrund einer besonderen Gnade des Apollon der Tod verschonen sollte, wenn sich jemand fände, der an seiner Stelle sterben würde. Die Geschichte, die ein glückliches Ende nimmt (Herakles ringt dem Tod sein Opfer ab), hat Euripides auf die Bühne gebracht.

EINFÜHRUNG

DAS IDEAL

„...er kämpfte gegen Korruption, ein vielgestaltiges Übel, und gegen maßloses Machtstreben, das auch die Teilung der Welt unter Drei nicht stillen konnte; gegen die Laster eines entartenden Volks, das gerade wegen seiner Größe immer tiefer sank, stellte sich er allein, und den zusammenbrechenden Staat hielt er fest, soweit er sich von einer Hand noch halten ließ, bis er, dahingerissen, sich mit ihm in den Abgrund stürzte, vor dem er ihn so lange bewahrt hatte. Da erlosch zugleich, was zu trennen sündhaft gewesen wäre: Denn Cato hat die Freiheit nicht überlebt, und nicht die Freiheit Cato."

Der von Seneca zu Anfang seiner Schrift über ‚Die Unerschütterlichkeit des Weisen' gerühmte Cato war ein Urenkel jenes Marcus Porcius Cato, den wir als unversöhnlichen Feind Karthagos kennen; noch ist sein CETERUM CENSEO lebendig, und vielen gilt er als das Musterbild eines „wahren Römers": erdverbunden, hart gegen sich und andere, unbestechlich, in seinen vielen politischen Ämtern ebenso korrekt wie rigoros, eine Kämpfernatur, die schonungslos gegen alles antrat, was sie für verkehrt hielt.

Viel von solcher Unbedingtheit scheint der späte Träger des großen Namens geerbt zu haben, dem Cicero größtes moralisches Gewicht und absolute Integrität bescheinigte, dazu, daß er sein Leben an unumstößlichen, von der Vernunft bestimmten Normen orientierte: *M. Catoni vitam ad certam rationis normam dirigenti..., gravissimo atque integerrimo viro* (pro Murena 3).

In einer aus den Fugen geratenen, vom Bürgerkrieg zerrissenen Welt gab dieser Mann durch sein leidenschaftliches Eintreten für die sterbende Republik und die bedrohte Bürgerfreiheit, durch Sittenstrenge und Aufrichtigkeit und schließlich durch sein Sterben ein leuchtendes Vorbild, an dem sich Zeitgenossen und Spätere begeisterten. Vergeblich setzte der von ihm bis zuletzt erbittert bekämpfte Gaius Julius Caesar den Lobschriften, die Cicero und der spätere Caesarmörder Brutus zu Ehren Catos verfaßt hatten, zwei Bücher Anti-Cato entgegen: Der Mann, der sich nach Caesars Sieg in Utica bei Karthago das Leben genommen hatte, war als Toter, als Märtyrer der besseren Sache, weit gefährlicher als im Leben; sein Schatten lag auch über jenem 15. März 44 v. Chr., als der Diktator unter den Dolchen der Verschwörer verblutete.

Victrix causa diis placuit, sed victa Catoni –
die siegreiche Sache gefiel den Göttern, doch die besiegte dem Cato – das schrieb Marcus Annaeus Lucanus, ein Neffe des Philosophen Seneca, in seinem unvollendeten Epos über den Bürgerkrieg (I 128), dessentwegen ihm, nach anfänglicher Freundschaft und Förderung, von Nero die Veröffentlichung weiterer Werke verboten wurde. Erstaunlich ist das nicht, wenn man berücksichtigt, daß Lucan in Cato den Verteidiger der Freiheit pries, ihn weit über Menschenmaß erhob und nicht nur neben die Götter, sondern schon fast über sie stellte, während er den von seinen eigenen Anhängern vergöttlichten Caesar als machtbesessenen Despoten verurteilte.

Er scheint damit vielen Intellektuellen der frühen Kaiserzeit aus dem Herzen gesprochen zu haben, Menschen, von denen einzelne sogar die Mörder Caesars, Brutus und Cassius, zu verherrlichen wagten und darum, wie der Historiker Cremutius Cordus unter Tiberius, wegen Majestätsbeleidigung vor Gericht gestellt wurden.

Cato freilich war mehr als nur eine politische Symbolfigur.

Er hatte sein Leben nach den Grundsätzen der stoischen Philosophie zu führen gesucht und die Ernsthaftigkeit seines Bemühens durch den Freitod besiegelt, der nach stoischer Lehre in ausweglosen Situation erlaubt, ja, wenn anders die Würde nicht gewahrt werden kann, sogar geboten ist. Dadurch wurde er gewissermaßen zum Heiligen dieser in Rom sehr populären Lehre und zum Beweis dafür, daß das von den Stoikern in unerreichbare Höhen projizierte Ideal des von allen Stürmen unerschütterten Weisen zumindest dann und wann erreichbar sei:

„... in Cato haben uns die Unsterblichen ein glaubwürdigeres Muster eines weisen Mannes gegeben als in Odysseus und Herkules den früheren Jahrhunderten."

Der Vergleich mit Odysseus und Herkules, den Seneca in seiner bereits zitierten Schrift über ‚Die Unerschütterlichkeit des Weisen' zieht, ist sehr aufschlußreich: Zum Wesen des Weisen gehört nicht nur eine besondere Geistigkeit, die wir uns unter „Weisheit" zuerst vorstellen, sondern auch die Fähigkeit, das Schwerste zu ertragen, wie sie der Dulder Odysseus, und Mut und Kraft, wie sie Herkules besaß.

Alles zusammen, Vernunft und Festigkeit und Stärke, ergibt die spezifische *virtus* des Weisen, die weder durch „Tugend" noch durch „sittliche Vollkommenheit" treffend wiederzugeben ist; der Weise ist ein ganzer Mann *(vir)*, ein Mensch in Bestform, dessen Ruhe unerschütterlich, dessen Glück unzerstörbar ist, der hoch über dem Schicksal steht und unberührt bleibt von allem, woran gewöhnliche Menschen leiden.

Deren Leiden sind im übrigen nicht nur solche des hinfälligen Leibes: schlimmer noch sind ihre seelischen Schwächen, die wir Leidenschaften nennen, während die griechischen Denker der Stoa sie mit demselben Wort belegen konnten, das auch „Krankheit" bedeutet: *pathos*.

Diese Bedeutungskonvergenz prägte das Menschenbild der Stoiker nicht unwesentlich: da kaum ein Mensch von Leidenschaften frei ist, sind wir allzumal Leidende, ist die

Welt ein großes Krankenhaus, und wer sich mit Hilfe der Philosophie aus seinem kläglichen Zustand befreien will, wird nicht auf einen Schlag gesund, sondern durchläuft einen langen Prozeß der Genesung, an dessen Ende den, der nicht wieder schwach wird, das glückliche Leben erwartet.

Als Leitstern auf dem steilen Weg dahin strahlt das Bild des Weisen, das bei Seneca immer wieder beschworen wird, wenn es um einen absoluten Maßstab geht.

Dabei ist sich Seneca sehr wohl bewußt, daß die meisten Menschen so hohen Forderungen nicht genügen können, auch er selbst noch nicht. Dementsprechend stellt er sich nicht als den großen Meister dar, der sich im sicheren Besitz der Vollkommenheit befindet, sondern als einen, der um sie schon seit langem ringt und nun seine Erfahrungen, seine Hoffnungen und Enttäuschungen anderen mitteilt, weil er vielleicht auf dem steilen Weg nach oben doch schon etwas weiter vorangekommen ist:

„Ich bin nicht weise", stellt er in seiner Schrift über ‚Das glückliche Leben' fest, „und werde es nie sein. Verlange also nicht von mir, daß ich den Besten gleich, sondern daß ich im Vergleich zu den Schlechten besser sei. Das genügt mir, täglich ein wenig von meinen Fehlern abzulegen und mir meine Mißgriffe vorzuhalten. Ich hab' es nicht geschafft, von Schwächen frei zu sein, und werde es auch nie schaffen. Eher lindern als heilen will ich meine Gicht und bin's zufrieden, wenn sie mich seltener anfällt und weniger zwackt. Doch wenn ich zum Vergleich auf eure Beine schaue, dann bin ich kranker Mann noch ein Wettläufer. Das sage ich nicht zu meiner eigenen Rechtfertigung – ich stecke ja noch tief in allen möglichen Lastern –, sondern mit Blick auf einen anderen, der etwas weitergekommen ist."

Diese und ähnliche Entgegnungen auf den Vorwurf, Lehre und Leben stünden bei ihm im Widerspruch, verbieten es, den Menschen Seneca an seinem Idealbild zu

messen und zu beklagen, daß er ihm nicht glich. Man sollte es ihm vielmehr hoch anrechnen, daß er seinen Lesern, zumeist wohl Angehörigen der römischen Oberschicht, dieses Bild vor Augen hielt und zugleich ihre zahlreichen Fehler anprangerte: hektische Geschäftigkeit, Geldgier, Konsumwut, verzehrenden Ehrgeiz, Liebedienerei, Neid und Gehässigkeit und vieles mehr.

DIE LEHRE

Seneca, der in seiner Jugend Hörer verschiedener Philosophen gewesen war, folgt zwar in seinen Schriften in erster Linie stoischen Maximen, doch ist er, ähnlich wie sein Landsmann Cicero, für andere Denksysteme offen und blickt gelegentlich sogar über den Zaun zu dem von vielen mißverstandenen und grundlos geschmähten Epikur. Er selbst weist mehrfach in seinen Schriften darauf hin, daß er sich die Freiheit der Wahl, die Freiheit des eigenen Urteils nehme. Und da er auswählt, darf man von ihm nicht eine systematische Darstellung der stoischen Lehre erwarten. Gewisse Grundvorstellungen, die er bei seinen Lesern voraussetzt, seien darum hier vorausgeschickt:

Die um 300 v. Chr. von Zenon aus Kition in Athen begründete Schule hat ihren Namen von dem Ort, wo ihre Mitglieder zusammenkamen, der Stoa poikile, einer mit Gemälden geschmückten öffentlichen Halle am Marktplatz der Stadt. Von den älteren Philosophen nahm Zenon sich vor allem Sokrates und den Kyniker Diogenes, den Mann in der Tonne, als Vorbilder. Beide hatten sich vorzugsweise mit ethischen Fragen befaßt und dabei, jeder für sich, radikale Positionen vertreten: Im Denken des Sokrates spielte der Begriff des „Guten" eine entscheidende Rolle, für Diogenes war alles, was natürlich war, eben deshalb „gut", auch das, was man herkömmlicherweise als unanständig ansah.

Zenons ziemlich enge Anlehnung an Diogenes wurde von späteren Stoikern mißbilligt, wie überhaupt seine Schriften für das sich entwickelnde Lehrsystem eine weit geringere Bedeutung hatten als z. B. diejenigen Platons für dessen Schule, die Akademie. Als „zweiter Gründer" der Stoa gilt Chrysipp (um 280–205 v. Chr.), der in einer Unmasse von Schriften, die wegen ihres spröden Stils bald verlorengingen, ein in sich geschlossenes Gedankengebäude errichtete, in dem die Lehre von der Welt und vom Menschen sich eng durchdrangen.

Den Kosmos lenkt die gleich Samenkörnern über alle seine Teile verstreute göttliche Vernunft, die mit dem feinsten der Elemente, dem Feuer, identisch ist. Da alle Menschen an dieser Vernunft Anteil haben, sind sie mit Gott verwandt, ja Bürger eines die ganze Welt umfassenden, von Göttern und Menschen bewohnten Staatswesens, in dem sie dann das Rechte tun, wenn sie ihrer Vernunft folgen und gemäß der Natur leben. Das einzige wahre Gut ist das sittliche Gute, das einzige Übel das moralisch Verwerfliche. Was man herkömmlicherweise als Güter ansieht, Besitz, Ehre, Gesundheit und dergleichen, das betrachten die Stoiker als Dinge, bei denen es keinen Unterschied macht, ob man sie hat oder nicht. Freilich wird man, vor die Wahl gestellt, ob man lieber gesund oder krank ist, sich für die Gesundheit entscheiden, jedoch in dem Bewußtsein, daß Krankheit unter keinen Umständen ein Übel ist. Wer dieses Bewußtsein noch nicht hat, wer sein Herz an das Geld hängt oder an Liebschaften, ist wahrhaftig ein Leidender und sollte versuchen, die in ihm brennenden Leidenschaften niederzuzwingen, wie es dem Weisen dank seiner Weisheit gelungen ist. Im Gegensatz zu Aristoteles, der leidenschaftlichen Regungen einen gewissen Wert zuerkennt (Seneca polemisiert in der Schrift über den Zorn mehrfach dagegen), bekämpft sie die Stoa ebenso erbittert wie die falschen Meinungen, die Vorurteile, die Narrheiten der Menschen. Jeder Unverständige ist verrückt, ist ein ge-

meingefährlicher Irrer, der zu seinem eigenen Schaden das Verkehrte tut und im äußersten Fall durch den Tod vor sich selbst gerettet werden muß.

Wer dagegen vernünftig ist, ergibt sich in den göttlichen Willen und erfüllt die Pflichten, die ihm dieser auferlegt. Für die älteren Stoiker und auch für Cicero bestanden diese vorzugsweise im Engagement für die Gemeinschaft, im politischen Handeln.

Bei Seneca ist eine durch die veränderten politischen Verhältnisse erklärbare und in seinen späten Werken recht ausgeprägte Tendenz zum Rückzug auf sich selbst anzutreffen, besonders in der Schrift über die Zurückgezogenheit, in der er sich ausdrücklich gegen den Vorwurf verwahrt, Verrat an der reinen Lehre zu üben:

„Was machst du, Seneca?" läßt er sich von seinem gedachten Gesprächspartner vorhalten, „du wirst deiner Lehre untreu! Jedenfalls erklären eure Leute von der Stoa: ‚Bis zum letzten Atemzug werden wir aktiv sein, wir werden unaufhörlich dem Gemeinwohl dienen, jedem einzelnen helfen, sogar unseren Feinden Beistand leisten und kräftig zupacken. Wir sind es, die keinen seiner Jahre wegen von der Dienstpflicht entbinden und, wie jener wortgewaltige Mann sagte, sogar ‚aufs Grauhaar den Helm drücken'. Wir sind es, bei denen es vor dem Tod so wenig Ruhepausen gibt, daß sogar der Tod, sofern das angeht, keine Ruhepause ist.' Was bringst du uns also Epikurs Empfehlungen gerade angesichts solcher Maximen Zenons nahe? Warum wechselst du nicht lieber offen die Partei, wenn dir die Richtung nicht mehr paßt, statt insgeheim zum Verräter zu werden?"

Die Annahme liegt nahe, daß Seneca die Schrift über das zurückgezogene Leben zur Zeit seines schrittweisen Rückzugs aus der politischen Verantwortung schrieb, wozu er sich gezwungen sah, weil sein einstiger Zögling, der Kaiser Nero, sich immer weniger von ihm beeinflussen ließ und immer hemmungsloser seinen niedrigsten Instinkten nachgab.

„Unsere Leute von der Stoa erklären", schreibt Seneca, „der Weise werde nicht in den Dienst eines jeden Staates treten. Was macht es aber aus, weshalb der Weise sich zurückzieht – weil es ihm an einem Staat fehlt, oder weil er sich dem Staat versagt, da der Staat sich allen versagt? Wer kritische Fragen stellt, dem wird es immer an einem geeigneten Staat fehlen. Ich möchte gern wissen, für welchen Staat sich ein Weiser einsetzen wird. Für den der Athener, in dem man Sokrates verurteilt, in dem Aristoteles, um nicht verurteilt zu werden, in die Verbannung gehen muß, in dem Neid über die Tüchtigkeit triumphiert? (...)

Wenn ich einen Staat nach dem anderen kritisch betrachte, so finde ich keinen, der mit einem Weisen oder mit dem ein Weiser auskommen könnte."

Das sind ebenso deutliche wie bittere Worte – und sie schließen ein vernichtendes Urteil über den Staat ein, in dem Seneca jahrelang eine führende Rolle gespielt hatte.

Warum erkannte er nicht früher, welche Entwicklung es mit Nero nehmen würde? Warum versagte er sich dem Kaiser nicht, als dieser seine nächsten Verwandten umbringen ließ?

Seneca gibt uns selbst die Antwort: „Ich bin kein Weiser..."

Es war ihm ja auch nicht an der Wiege gesungen worden, daß er einmal zu den bedeutenden Philosophen Roms gerechnet werden würde, und vielleicht wäre aus einem charmanten Plauderer und gefragten Rechtsberater nie der Moralist Seneca geworden, hätten nicht unerwartete Ereignisse tief in sein Leben eingegriffen.

EINFÜHRUNG

AUFSTIEG UND FALL

Lucius Annaeus Seneca wurde um das Jahr 1 n. Chr.[1] im heutigen Cordoba geboren. Er entstammte einem wohlhabenden spanischen Adelsgeschlecht, das sich früh mit den römischen Eroberern arrangiert hatte und in den Ritterstand aufgenommen worden war.

Sein Vater, der gleichfalls Lucius Annaeus Seneca hieß, hatte als junger Mann in Rom Rhetorik studiert und sich in Spanien als Anwalt und Staatsbeamter bewährt. Während seines Ruhestands schrieb er zur Instruktion seiner drei Söhne aus dem Gedächtnis die Eindrücke, die er während seiner Lernjahre bei verschiedenen Rednern empfangen hatte, und insbesondere deren Techniken nieder, einen fingierten, meist kunstvoll bis künstlich konstruierten Streitfall von verschiedenen Seiten anzugehen. Daß sein zweiter Sohn, der spätere Philosoph, durch die altrömisch-strenge Schule des Vaters in seiner Denkweise und seinem Stil nachhaltig geprägt wurde, ist angesichts des Gewichts dieser großen Persönlichkeit verständlich.

Auch der jüngere Seneca ging, wie seine beiden Brüder, früh nach Rom, wo er sowohl Rhetoriklehrer wie Philosophen hörte, darunter einen Stoiker namens Attalos. Danach trat er als Anwalt auf und erlangte gegen Ende der Regierung des Tiberius sein erstes Staatsamt, die Quästur. Unter dem nächsten Kaiser, Caligula, war er dank seiner besonderen Eloquenz und seines eigenwilligen Stils bereits eine bekannte Persönlichkeit, die die Eifersucht und das Mißfallen des jungen Monarchen erregte.

Dieser befaßte sich selbst angelegentlich mit Rhetorik und war ein gewandter, schlagfertiger und aggressiver Redner, der alles Gefällige und Gekünstelte verachtete.

---

[1] zu den Mutmaßungen über Senecas Geburtsjahr vgl. Gregor Maurach, Seneca. Leben und Werk, Darmstadt (WBG) 1991, S. 15 f.

An Seneca vermißte er offensichtlich den scharfen Biß: Nach dem Bericht des Kaiserbiographen Sueton (Caligula 53,2) erinnerte ihn Senecas Stil an Sand ohne Kalk, also an schlechten Mörtel, der nicht lange hält.

Die Erfolge dieses Menschen erbitterten ihn so, daß er mit dem Gedanken gespielt haben soll, ihn umbringen zu lassen. Nur der Hinweis auf die schwache Gesundheit des Verhaßten, der wohl bald an der Schwindsucht sterben werde, brachte ihn von diesem Vorhaben ab.

Nach der Ermordung Caligulas, der trotz vielversprechender Anfänge als erstes Opfer des „Caesarenwahnsinns" zum mörderischen und verrückten Despoten geworden war, bemühte sich Kaiser Claudius recht erfolgreich darum, den zerrütteten Staat wieder zu konsolidieren. Dabei unterstützten ihn tüchtige Freigelassene als „Minister". Allerdings hörte er nicht nur auf deren Rat, sondern auch auf den seiner Frau, der berüchtigten Messalina, und machte sich bisweilen ungewollt zum Handlanger ihrer Intrigen. So mag es auch zu erklären sein, daß dem jungen und ehrgeizigen Seneca ein Ehebruch mit der eben aus der Verbannung heimgekehrten Schwester des Caligula, Julia Livilla, vorgeworfen und er 41 n. Chr. nach Korsika verbannt wurde. Livilla, deren Einfluß bei Hofe die Kaiserin Messalina anscheinend fürchtete, wurde ihrerseits erneut verbannt und wenig später umgebracht.

Jenes Äußerste blieb Seneca zwar erspart, doch muß er, der die Großstadt und sein Publikum brauchte wie der Fisch das frische Wasser, die acht Jahre auf dem in seinen Augen öden und barbarischen Korsika, auf diesem „wasserlosen, dornenreichen Felsblock" (Trostschrift an die Mutter Helvia 7, 9), als eine ganz entsetzliche Zeit empfunden haben, vor allem, wenn die gegen ihn erhobenen Vorwürfe grundlos waren.

Der Versuch, über den einflußreichen Freigelassenen Polybius eine Begnadigung durch den Kaiser zu erwirken, blieb zunächst erfolglos, wiewohl Seneca in der

Trostschrift an eben diesen Polybius seine ganze Beredsamkeit einsetzte, um die Milde des göttlichen Claudius zu rühmen und seine eigene trostlose Lage auszumalen. Nachsichtig war er tatsächlich, der alte Kaiser, vor allem gegenüber Messalina und ihren Eskapaden. Erst als diese so weit in ihrer Tollheit ging, daß sie sich mit einem ihrer Liebhaber ganz offiziell vermählte, ließ Claudius sie widerstrebend hinrichten. Bald danach heiratete er seine Nichte Julia Agrippina, eine Schwester der Livilla. Agrippina hatte aus ihrer ersten Ehe mit Domitius Ahenobarbus bereits einen Sohn, für den sie sich Hoffnungen auf den Thron machte, wiewohl es auch aus der Ehe des Claudius mit Messalina einen Prätendenten gab. Als Erzieher für ihren damals elfjährigen Domitius wünschte sich Agrippina den verbannten Seneca und setzte 48. n. Chr. seine Rückberufung durch. Sie versprach sich davon, wie Tacitus vermutet (Annalen XII 8), eine positive Resonanz der öffentlichen Meinung – Seneca genoß als Schriftsteller schon beträchtliches Ansehen – und erhoffte zugleich seinen Rat und seine Hilfe bei der Verwirklichung ihrer ehrgeizigen Pläne.

JAHRE DES GLÜCKS

Zunächst sah es so aus, als wolle das Schicksal Seneca für die Leiden der Verbannung überreich entschädigen: Er wurde nicht nur Hofmeister, sondern erhielt mit dem Rang des Prätors auch politischen Einfluß, den er in der Folgezeit wohl zu nutzen wußte. Agrippina setzte es durch, daß Claudius ihren Sohn adoptierte – bei dieser Gelegenheit erhielt der junge Domitius den in der Familie der Claudier üblichen Beinamen Nero –, daß er ihn mit seiner Tochter verlobte und ihn bald seinem eigenen Sohn vorzog. Im Jahre 51 wurde Nero offiziell zum Thronfolger bestimmt: Seneca war nunmehr der Lehrer des künftigen Kaisers!

Allerdings mußte Agrippina befürchten, daß Claudius, wenn man ihm erst die Augen darüber öffnete, mit welch fragwürdigen Mitteln sie ihre Ziele erreicht hatte, sie wegen ihrer Umtriebe verstoßen und auch Nero seine Gunst entziehen würde. Sie entschloß sich daher, ihren Mann aus dem Weg zu räumen, was mit Hilfe einer stadtbekannten Giftmischerin auch gelang.

Am 13. Oktober des Jahres 54 jubelten die Garden dem kaum siebzehnjährigen neuen Kaiser Nero zu, der Senat huldigte ihm, und auch in den Provinzen wurde der Machtwechsel mit Zustimmung begrüßt.

Seneca nennt diesen Tag den „Beginn des glücklichsten Zeitalters" (Apocolocyntosis 1,1), den Tag, an dem nach seiner mit viel poetischem Schmuck herausgeputzten Darstellung (ebd. 4,1) im Himmel die Schicksalsgöttinnen goldene Fäden zu spinnen begannen, während Apoll dabeistand, die Leier schlug und sang und die drei Parzen ermunterte, dem ihm ähnlichen, wunderschönen jungen Herrscher, der auf der Welt für Recht und Frieden sorgen werde, über das den Menschen gesetzte Maß hinaus herrliche Jahre zu schenken. Man sollte nicht glauben, Seneca allein habe seinen Zögling mit so hohen Erwartungen bedacht, weil er ihm besonders nahe stand und alles an ihm, Vorzüge und Schwächen, mit den Augen der Liebe sah: Nero tat viel dafür, sich die Sympathien seiner Untertanen zu sichern: Er versprach, nach den politischen Maximen des Augustus zu regieren, bewies Milde und Freigebigkeit, schaffte manche Steuern ganz ab und ermäßigte andere – und als er sein erstes Todesurteil unterschreiben mußte, rief er aus: „Hätte ich doch nicht schreiben gelernt!" (Sueton, Nero 10; Seneca, De clementia II praef.)

So ist es nicht verwunderlich, daß man in Rom nach der bürokratisch-trockenen, mehrfach von Skandalen erschütterten Regierung des alten, etwas schrulligen Claudius dem jugendlichen Nachfolger gleichermaßen größte Sympathie entgegenbrachte und höchste Erwartungen auf ihn setzte.

Seinem Adoptivvater, der auf Senatsbeschluß unter die Götter versetzt wurde, hielt er eine schöne Leichenrede, die, wie Tacitus (Annalen XIII 3) schreibt, Seneca mit viel rhetorischem Prunk *(multum cultus)* für ihn verfaßt hatte, verfügte er doch über ein „gefälliges Talent, das dem damaligen Zeitgeschmack entsprach *(ingenium amoenum et temporis eius auribus accomodatum)*".

Man hörte denn auch mit Aufmerksamkeit zu, solange vom Alter der claudischen Familie und den Ahnen des Kaisers die Rede war, doch als Nero auf die Voraussicht und Weisheit des Verstorbenen zu sprechen kam, da konnte niemand mehr das Lachen verbeißen – die Trauerfeier geriet zur Farce. Tacitus nennt sie *tristitiae imitamenta*, Nachäffen einer ernsten Angelegenheit.

Es ist nicht wahrscheinlich, daß zu diesem Zeitpunkt Senecas bitterböse Satire auf den Tod des Claudius, die Apocolocyntosis, bereits bekannt war: Sie hätte einen wahrhaft grotesken Hintergrund zu der überzogenen Lobrede abgegeben. Doch das war gar nicht nötig, denn der oft berechtigte, öfter unberechtigte Spott über Claudius hatte seine Regierung jahrelang treulich begleitet und ihn längst zum Narren auf dem Thron gestempelt. Allerdings dauerte es wohl nicht mehr lange, bis sich zeigte, daß Neros Lehrer neben einem „gefälligen Talent" auch die Fähigkeit zu ätzendem, vernichtendem Spott besaß.

Er hatte Claudius die Jahre der Verbannung nicht verziehen und rechnete nun in einem kunstvollen Pamphlet mit dem Toten ab, aber nicht wie mit einem Menschen, sondern wie mit einer Mißgeburt, einem Monster, einem Massenmörder, vor dem sich im Himmel sogar ein Herkules entsetzt. Ja, eine versuchte Himmel- und schließliche Höllenfahrt des toten Claudius ist diese „Verkürbissung" – „Veräppelung" möchten wir sagen, doch ist sie mehr, nämlich eine postume Vernichtung, aus der wir nur das „letzte Wort" zitieren wollen, das Seneca dem sterbenden Kaiser in den Mund legt, als dieser seine Seele

ausfurzt: *„Vae me, puto concacavi me!"* – „Pfui Teufel, ich glaub', ich hab' mich beschissen."

Mit einem Feind, der sich nicht mehr wehren kann, so umzugehen, ist menschlich wohl verständlich, doch für einen Stoiker wenig rühmlich. Der sucht ja leidenschaftliche Regungen zurückzudrängen, und darunter vor allem den Zorn als die verächtlichste und gefährlichste von allen.

Wenn Seneca die drei Bücher über den Zorn, wie man vermutet, in der Zeit seiner Verbannung verfaßt hat, dann setzte er sich „zu Anfang des glücklichsten Jahrhunderts" über all die schönen Grundsätze hinweg und dachte nur noch an eins: an seine Rache.

TRAGÖDIE EINES LEHRERS

Vielleicht war die Veröffentlichung der Apocolocyntosis ein folgenschwerer Fehler, weil Seneca damit die Verbindlichkeit seiner moralischen Maximen selbst erschütterte und den Einfluß, den er als Erzieher auf Nero ausüben konnte, durch Verlust seiner Glaubwürdigkeit verringerte.

Tatsächlich scheint, sofern Tacitus den Sachverhalt richtig beurteilt und wir seine Aussage nicht mißverstehen, die „Lenkung" des jungen Herrschers durch den Gardepräfekten Afranius Burrus und Seneca in vielem auf ein Gewährenlassen und Ablenken hinausgelaufen zu sein:

Sie „halfen sich gegenseitig, um leichter den Kaiser in seinem gefährdeten Alter, wenn er schon ein sittenstrenges Leben ablehnte, durch das Zugeständnis von Ausschweifungen in der Hand zu behalten" (*iuvantes invicem, quo facilius lubricam principis aetatem, si virtutem aspernaretur, voluptatibus concessis retinerent:* Tacitus, Annalen XIII 2).

Es sei nicht verschwiegen, daß manche Kommentato-

ren und Übersetzer diese Stelle in ihrem Kern anders deuten und davon sprechen, Seneca und Burrus hätten Nero „wenigstens bei *harmlosen Genüssen* festhalten" wollen – doch selbst bei dieser Wiedergabe wird der latente Vorwurf nicht aus der Welt geschafft, daß der Erzieher Seneca die Abneigung seines Zöglings gegen die *virtus* und gegen den harten, entbehrungsreichen Weg, der zur sittlichen Vollkommenheit führt, offensichtlich nicht überwinden konnte.[2]

Auch in der Folgezeit sahen sich die beiden Ratgeber nach dem Bericht des Tacitus noch öfter mit dem Problem konfrontiert, daß der junge Kaiser Dinge tun wollte, die sie nicht billigen konnten, zum Beispiel, daß er sich in der Öffentlichkeit als Wagenlenker oder Sänger produzierte.

„Er ließ sich bereits nicht mehr bremsen, und so schien es Seneca und Burrus geraten, ihm, damit er nicht in beidem seinen Kopf durchsetzte, wenigstens das eine zu gestatten" (*Nec iam sisti poterat, cum Senecae et Burro visum, ne utraque pervinceret, alterum concedere:* Tacitus, Annalen XIV 14): Er durfte auf einer speziellen Rennbahn die Rosse lenken. Später tat er dann doch beides, und zwar vor großem Publikum.

Auch sein Verhältnis zu einer Freigelassenen namens Akte war alles andere als standesgemäß und wurde von der Kaiserin Agrippina auf das schärfste mißbilligt. In seiner Verliebtheit, schreibt Tacitus (Annalen XIII 13), versagte Nero seiner Mutter den Gehorsam und vertraute sich ganz Seneca an. Der bestimmte daraufhin einen Verwandten, Annaeus Serenus (denselben Mann, dem die Schriften über die Seelenruhe und über die Unerschütterlichkeit des Weisen gewidmet sind), sich als Liebhaber der Akte auszugeben und die Liaison zu decken.

---

[2] ausführlich dargestellt ist die Problematik der Passage bei Gerhard Fink, Ein Hauch von Laissez-faire? Neros Erziehung als Gegenstand textgrammatischer Reflexion, in: AU XXIII, 1980, S. 72–76

Dies schien Neros „älteren Freunden" (Tacitus, Annalen XIII 12) um so geratener, als zu befürchten war, daß er, wenn man ihm dieses Vergnügen nahm, Frauen aus dem Adel verführte.

Ein anderes Mal soll sich Seneca der Hilfe Aktes bedient haben, um Nero am Inzest mit der eigenen Mutter zu hindern (Tacitus, Annalen XIV 2).

Wozu sich der mit soviel Hoffnungen bedachte apollinische Jüngling inzwischen entwickelt hatte, berichten sein Biograph Sueton (Nero 26) und Tacitus (Annalen XIII 25) ziemlich übereinstimmend: In Sklavenkleidung trieb sich der junge Kaiser auf den Straßen, in Bordellen und Kneipen herum, begleitet von einer Horde Rowdies, die Läden plünderten und Passanten verprügelten. Da das üble Beispiel Nachahmer fand, sobald bekannt geworden war, daß Nero selbst an den Ausschreitungen teilnahm, ging es nachts in Rom zu wie in einer eroberten Stadt.

Es würde zu weit führen, im einzelnen die Metamorphose des Hoffnungsträgers Nero zum Scheusal zu dokumentieren; beschränken wir uns also auf die wichtigsten Stationen: Noch kein halbes Jahr war seit seiner Thronbesteigung vergangen, als er seinen Bruder Britannicus vergiften ließ, den er, wenn man Tacitus glauben will (Annalen XIII 16), vorher oft gedemütigt und sogar sexuell mißbraucht hatte.

Vier Jahre später beseitigte er seine Mutter, dann ließ er sich von seiner Frau Octavia, der Tochter des Claudius, scheiden, verbannte sie bald darauf, wiewohl man ihr nach dem Bericht unserer Quellen nichts Übles anhängen konnte, und befahl schließlich ihre Ermordung.

Bei einer Abendeinladung des Gardepräfekten Tigellinus stellte Nero Rekorde auf, was Verschwendung und Perversion anging; dann brannte die Stadt Rom, und das Gerücht wollte nicht verstummen, daß der Kaiser selbst der Brandstifter sei. Darum schob er Sündenböcke vor, löste die erste große Christenverfolgung aus, bestrafte die

angeblich Schuldigen mit ausgesuchter Grausamkeit – und noch lebte Seneca und mußte mit ansehen, wozu sein Zögling fähig war.

Ehe man den Lehrer für seinen Schüler verantwortlich macht und ihm Versagen auf der ganzen Linie vorwirft, sollte man sich gerechterweise fragen, wie groß die Erfolgsaussichten auch des besten Pädagogen mit einem offenkundig triebhaften und durch sein hohes Amt mit unvorstellbarer Machtfülle ausgestatteten jungen Mann überhaupt sein konnten.

Caligula schreibt man den Ausspruch zu: „Bedenke, daß mir alles erlaubt ist, und gegen alle" (Sueton, Caligula 29); Nero handelte entsprechend; Seneca und Burrus suchten offenkundig durch Duldung des jeweils kleineren Übels das größere zu verhindern, ohne dieses Ziel in jedem Fall zu erreichen, und sahen in dem Maße, in dem Nero in seine Doppelrolle als Tyrann und Künstler hineinwuchs, ihren Einfluß schwinden.

Einen Muttermord, so will es uns scheinen, hätten sie nie und nimmer zulassen dürfen – doch war ihnen wohl klar, daß nach seinem ersten mißglückten Attentat entweder Nero oder Agrippina fallen mußte. Seneca soll damals mit einem Blick auf Burrus die Frage aufgeworfen haben, ob man Soldaten als Tötungskommando aufstellen könne. Tacitus (Annalen XIV 7), teilt das kommentarlos mit; er hat offensichtlich Verständnis für die Zwangslage, in der sich die Berater des Kaisers befanden. Natürlich mag man auch die Beseitigung des armen Britannicus mit der Staatsraison rechtfertigen: Von einem Prätendenten mit unanfechtbaren Rechten ging ohne Zweifel eine Gefahr aus. Hier freilich vermerkt Tacitus, es habe nicht an Kritikern der „Männer, die mit Nachdruck ihre strengen Grundsätze betonten," (*viros gravitatem adseverantes:* Annalen XIII 17) gefehlt, weil sie Paläste und Landgüter damals gleichsam als Beute unter sich verteilt hätten.

Man geht wohl nicht fehl in der Annahme, daß der

böse Satz auch auf Seneca abzielt, der es im Verlauf seiner Beratertätigkeit zu einem immensen Vermögen brachte:

„Durch welches Wissen, durch welche Weisheitslehren hat er sich während der vierjährigen Freundschaft mit dem Monarchen 300 Millionen Sesterzen verschafft? In Rom fischt er letztwillige Verfügungen Kinderloser wie mit einem Netz; Italien und die Provinzen werden durch seine Wucherzinsen ausgebeutet..."

Diese Worte legt Tacitus (Annalen XIII 42) einem gewiß fragwürdigen Subjekt in den Mund, einem unter Claudius gefürchteten Ankläger namens Publius Suillius, der nun seinerseits als Angeklagter vor seinen Richtern steht und, furchtlos wegen seines hohen Alters, vor allem gegen Seneca vom Leder zieht.

Später (Annalen XIV 53) muß Seneca sich selbst die Frage stellen: „Wo ist der Mann geblieben, dem Weniges genügt? Legt er solche Gärten an, ergeht er sich in derartigen Gütern vor der Stadt und hat er im Überfluß so ausgedehnten Grundbesitz, so weitgestreute Kapitalanlagen? Nur eine Entschuldigung fällt mir ein: Ich durfte deine Gaben nicht zurückweisen."

Die Passage gehört in eine ausgefeilte Rede, in der Seneca um Entlassung aus seinen Ämtern bittet und zugleich den Kaiser darum ersucht, ihm den drückenden Reichtum abzunehmen, dessen Glanz ihn blende und dessen Verwaltung ihn nicht zu sich selbst kommen lasse.

Wiewohl Nero sich dem Einfluß seines Erziehers längst entzogen hat und auf die Einflüsterungen und Anschuldigungen übler Elemente hört, verbirgt er seine Abneigung hinter falscher Freundlichkeit und beginnt seine Erwiderung so:

„Daß ich auf deine wohlüberlegten Worte sogleich antworten kann, das habe ich in erster Linie dir zu danken, der du mich lehrtest, nicht nur vorbereitet, sondern auch aus dem Stegreif zu sprechen..."

Unter der glatten Oberfläche dieses Satzes verbirgt sich der Triumph des Schülers über seinen Lehrer: Ich habe

meine Lektion gelernt, ich kann nun aus dem Stand deine Argumente zerpflücken, denn ich kenne alle deine Tricks!

Es gehört zu Senecas Tragik, daß er für einen nunmehr völlig verkommenen Menschen die scharfen Waffen der Beredsamkeit geschliffen hat. „Was ist ein Redner?" fragte einmal der alte Cato, und definierte: „Ein anständiger Mann, der reden kann."

Hier aber spricht ein lasterhafter, ein verbrecherischer Mensch und zieht alle Register verhüllender Rhetorik und scheinheiliger Verstellung, „von Natur dazu geschaffen und durch Schulung darin geübt", wie Tacitus sagt.

Im Vergleich zu Senecas Verdiensten um ihn, so versichert Nero, seien seine Gaben eher bescheiden, und er habe ihm noch längst nicht genug geschenkt. „Warum", fährt er dann fort, „rufst du mich nicht zurück, wenn ich bisweilen in jugendlicher Verführbarkeit vom rechten Weg abkomme?"

Die Worte klingen ironisch – Nero tut ja längst, was er will, – und zugleich vorwurfsvoll. Irgendwie scheint der Gedanke mitzuschwingen, daß der angeblich so verdienstvolle Erzieher auf etwas ganz Wichtiges nicht energisch genug gesehen habe, auf die moralische Entwicklung seines Zöglings.

An guten Worten hatte es Seneca auf diesem Gebiet freilich nicht fehlen lassen: Der nur teilweise erhaltene, vielleicht auch nie zu Ende geschriebene Traktat ‚Über die Milde' *(De Clementia)*, mit dessen Abfassung er wohl kurz nach Neros Thronbesteigung begann, wendet sich als eine Art Fürstenspiegel an den jungen Kaiser und hält ihm die vornehmsten Tugenden eines verantwortungsbewußten Herrschers eindringlich vor Augen; vermutlich ahnte der Erzieher die in seinem Zögling schlummernde Neigung zu Willkür und Grausamkeit, deren Ausbruch er nicht verhindert, aber vielleicht aufgehalten hat. Denn wenn auch die Schatten des Bruder- und des Muttermords über den Anfängen Neros liegen: Für Rom waren

die fünf Jahre, in denen Seneca und Burrus die wesentlichen Regierungsentscheidungen trafen, eine ausgesprochen glückliche Zeit. Seneca mag es auch genossen haben, daß der Herrscher über ein Weltreich, wenn er schon nicht immer in seinem Sinne handelte, doch in seinem Sinne, ja mit seinen Worten sprach – „in den zahlreichen Reden, worin er sich durch den Mund des Prinzeps an die Öffentlichkeit wandte, um darzutun, wie gut er ihn unterwies, oder um sein Talent ins rechte Licht zu rücken." (Tacitus, Annalen XIII 11).

Daß er freilich Nero sogar nach dem Mord an Agrippina seine gewandte Feder lieh, um in einem Schreiben an den Senat die Tat als reine Notwehr des Sohnes hinzustellen, das findet Tacitus (Annalen XIV 11) verdammenswert: „Folglich entrüstete man sich nicht mehr über Nero, der sich entmenschter zeigte, als daß man noch hätte darüber klagen können, sondern über Seneca, da er mit solcher Beredsamkeit ein Schuldbekenntnis verfaßt habe."

Natürlich sollte der Brief alles andere sein als ein Geständnis, doch war der tatsächliche Hergang der Ereignisse zu bekannt, als daß er sich mit auch noch so großer Eloquenz hätte umfärben lassen. Hier stieß der Rhetor an seine Grenzen, an die der Erzieher schon längst gestoßen war: Die schönen Worte konnten seine Schuld nicht verbergen, sie machten sie offenbar. Sein Schreiben, dem eine Generation später der Redelehrer Quintilian Stilbeispiele entnahm, war, als ganzes betrachtet, „eine ebenso schamlose wie plumpe Fälschung"[3]

Daß sich Seneca dazu hergeben mußte, zeigt, wie tief ihn Nero bereits in den Sumpf gezogen hatte, aus dem er sich erst drei Jahre nach der scheußlichen Mordtat, im Jahr 63 n. Chr., unter Verzicht auf sein riesiges Vermögen zu retten suchte.

---

[3] Ludwig Friedländer, Der Philosoph Seneca, in: Historische Zeitschrift, Neue Folge Bd. 49 (1900), 193 ff., nachgedruckt in: Seneca als Philosoph (WdF 414, Darmstadt 1975) S. 115

EINFÜHRUNG

DER LETZTE AKT

Die Bitte um Entlassung in den Ruhestand wurde freilich nicht erfüllt, auch nicht, als Seneca sie im nächsten Jahr erneut vorbrachte. Noch schien es Nero opportun, ihn an der politischen Verantwortung zu beteiligen.

Seneca seinerseits mied nach Möglichkeit öffentliche Auftritte, hielt sich viel auf seinen Landgütern auf und widmete sich seinen literarisch-philosophischen Neigungen. In seinen letzten drei Lebensjahren vollendete er die sieben Bücher ‚Von den Wohltaten' *(De beneficiis),* trug reiches naturwissenschaftliches Material in den *Naturales quaestiones* zusammen und schrieb weit über hundert „Moralische Briefe" *(Epistulae morales),* in denen er vorgeblich einem jüngeren Freund, Lucilius, den Weg zum rechten Leben wies, sich aber in Wirklichkeit an das gebildete römische Publikum wandte.

Während Nero als Sänger und Wagenlenker gekaufte Triumphe feierte, die Staatsfinanzen ruinierte und sich allen denkbaren Perversionen ergab, erhob Seneca inmitten einer Welt des Bösen seine Stimme für das Gute.

Es mag sein, daß Nero ihn als lästigen Mahner empfand und, wie Tacitus schreibt, durch Gift beseitigen wollte. Als dieser Versuch an Senecas Vorsicht scheiterte, gab die Aufdeckung der Verschwörung des C. Calpurnius Piso gegen den Kaiser Gelegenheit, seinen ehemaligen Lehrer unter fadenscheinigen Anklagen aus dem Weg zu räumen.

Eben aus Kampanien zurückgekehrt, nahm Seneca auf einem Gut vor der Stadt mit seiner jungen zweiten Frau und zwei Freunden das Abendessen ein. Da wurde das Haus von Soldaten in Scharen umstellt, und ein Tribun verhörte Seneca zu angeblichen Kontakten mit Piso. Seneca wies jeden Verdacht weit von sich, und der Tribun entfernte sich zur Berichterstattung. Dabei erhielt er den Befehl, Seneca den Tod anzukundigen. Diesen Auftrag gab er an einen seiner Hauptleute weiter, und der gehorchte.

„Ohne Anzeichen der Furcht verlangte Seneca sein Testament, und als der Hauptmann das verweigerte, wandte er sich seinen Freunden zu und erklärte: Da man ihn hindere, sich bei ihnen für ihre Gefälligkeiten erkenntlich zu zeigen, hinterlasse er ihnen das einzige, was er jetzt noch habe, doch auch das Schönste: das Bild seines Lebens. Wenn sie daran dächten, würden sie den Ruhm rechten Handelns als Lohn für so beständige Freundschaft davontragen". (Tacitus, Annalen XV 62)

„Seneca richtete nun Worte des Trostes an seine Gattin, seine Freunde und seine Untergebenen. Wo seien, fragte er mit einem nachsichtigen Lächeln, alle philosophischen und verständigen Worte geblieben, die er ihnen im Laufe der Jahre habe zukommen lassen? Sie sollten doch über dieses Urteil nicht erstaunt sein, ebensowenig wie er, denn sie alle kennten doch Neros Grausamkeit. Nero habe seinen Onkel, seinen Bruder, seine Mutter und seine Gattin aus dem Weg geräumt; nun fehle doch wirklich nicht viel, sich eines Mannes zu entledigen, der sein Lehrer, Beschützer und Freund in einer Person gewesen sei. (...)

In dieser Art sprach er in seinem beruhigenden, gleichmäßigen, lehrhaften Ton weiter. Es lag eine gewisse Theatralik in seinen Worten, aber selbst das Unheilvolle und Schwere trug ein Leuchten, typisch für Senecas Theatralik, weil ihr Lauterkeit innewohnte. Er war so durch und durch er selbst."

Das war nun – unsere Leser werden es wohl bemerkt haben – kein Tacitus-Zitat, wiewohl der Autor, dem wir die Stelle entnehmen, seinerseits ausgiebig Tacitus zitiert. Es handelt sich um einen modernen Erzähler, den Pulitzer-Preisträger John Hersey, der in einem Roman[4], sozusagen als dramatischen Höhepunkt, Senecas Ende darstellt und mit feinem Gespür für die Zwischentöne bei

---

[4] Die Verschwörung der Dichter. Geheimberichte aus dem alten Rom (Zsolnay, Wien/Hamburg 1974) S. 276f.

Tacitus den „lehrhaften Ton" Senecas und die über der Szene liegende „gewisse Theatralik" vermerkt, aber zugleich versichert, Seneca sei in seiner letzten Stunde „durch und durch er selbst" gewesen. Der scheinbare Widerspruch paßt sehr gut zu dieser widersprüchlichen Persönlichkeit, deren Leben wir, gestützt auf den Bericht des Tacitus, nachzuzeichnen versuchten, zum einen, weil dieser Historiker noch beinahe als Zeitzeuge gelten kann – seine Kindheit fällt in die Regierungsjahre Neros –, zum andern, weil er ungewöhnlich oft auf Seneca zu sprechen kommt, und schließlich, weil er sich zumindest um Objektivität bemüht, wenn er auch sein Vorhaben *sine ira et studio*, ohne Abneigung und Sympathie, zu schreiben, nicht immer und überall zu verwirklichen vermag.

Im Falle Senecas ist seine Kritik auf jeden Fall deutlich verhaltener als die des Cassius Dio, der aus größerer Distanz sein Urteil fällt, und gerade das Sterben Senecas scheint er mit warmer Anteilnahme zu schildern: Hier zeigt der Philosoph, daß – wenn schon bei ihm Leben und Lehre nicht zur Übereinstimmung gebracht werden können –, er getreu seinen Maximen diese Welt verläßt, heiter und gelassen, genau wie Sokrates, und unbeugsam, wie der jüngere Cato. Dieses Bild, das über die Zeiten hinweg vielen, die in ähnlicher Lage ihr Leben lassen mußten, als Trost vor Augen stand, verliert zwar bei näherer Betrachtung ein wenig von seinem Glanz, doch treten dabei typische Persönlichkeitsmerkmale eines durchaus ungewöhnlichen Menschen klar hervor. Dazu gehört einmal das Lehrhafte, das Hersey in Senecas Abschiedsworten spürte. Tacitus sagt, er habe die Tränen seiner Freunde *modo sermone, modo intentior in modum coercentis* (Annalen XV 62) zu stillen versucht, also „bald durch gelehrte Argumentation, bald nachdrücklicher im Ton eines Zuchtmeisters", und überhaupt mehr gesprochen, als der Berichterstatter für aufzeichnenswert hält: „Und da ihm noch im letzten Augenblick seine Bered-

samkeit zu Gebote stand, rief er Schreiber herbei und diktierte ihnen sehr vieles, dessen Mitteilung ich mir erspare, nachdem es in seinen eigenen Worten unters Volk gelangt ist". (Annalen XV 63)

Es sieht so aus, als habe es Seneca schmerzlich empfunden, daß er seine letzten Worte nur an einen ganz kleinen Kreis von Freunden richten konnte. Tacitus jedenfalls meint, er habe sich wie vor großem Publikum geäußert *(velut in commune disseruit)*.

Zweifellos liegt auch in dieser Situation ein tragisches Element: Das Finale des Lebensdramas unseres Philosophen, der so lange im Rampenlicht stand, findet sozusagen in den Kammerspielen, nicht auf der großen Bühne statt.

Sein letztes Wort soll nach Tacitus gefallen sein, als man ihn ins heiße Bad brachte, da weder das Aufschneiden der Pulsadern noch Gift den Tod rasch herbeigeführt hatten. Als Seneca ins Becken trat, bespritzte er die nächststehenden Sklaven mit Wasser und sagte, dies sei eine Spende für Jupiter, den Befreier. Dann erstickte er im heißen Dampf. Sein Leichnam wurde ohne jede Feierlichkeit verbrannt.

Zweifellos kann Senecas Sterben manchen Schatten aufhellen, der auf sein Leben fällt, zumal da es „kein sanfter Tod" war, „sondern ein catonisch grausames Schlachten"[5]. So nennt es auch Tacitus in seinen Annalen (XV 60): *caedes*.

Die Haltung, die der Philosoph dabei bewies, verlieh seinen Worten erst das rechte Gewicht:

„Vor allem hat Senecas Tod die Mitwelt wie die Nachwelt geneigt gemacht, sein Leben nachsichtig zu beurteilen; nicht minder der Ernst seiner sittlichen Überzeugungen und seines Strebens nach Selbsterkenntnis, nach Läuterung und Veredelung, der sich namentlich in den während seiner letzten Lebensjahre verfaßten Briefen kund-

---

[5] Gregor Maurach a.a.O. S. 47

gibt. Mehr oder weniger ist das Urteil über seinen Charakter stets und überall durch den Eindruck seiner Schriften beeinflußt worden. In Frankreich, wo sie zu allen Zeiten am höchsten geschätzt worden sind, wo Männer der verschiedensten Richtungen, wie Montaigne und de Maistre, sich in ihrem Preise vereinigt haben, hat er auch den beredtesten Anwalt in keinem Geringeren als Diderot gefunden, der einst über ihn abfällig geurteilt hatte, in seinem sechzigsten Jahre aber ein eigenes Buch zu seiner Verteidigung und Verherrlichung schrieb: Er nennt Senecas Schriften das Brevier der Rechtschaffenen; hätte er sich selbst seine Grundsätze früh aneignen können, so würde ihm viel Kummer erspart worden sein. Nur wenn man sich in Senecas Zeit zu versetzen vermöge, könne man ihn gerecht beurteilen."[6]

DER WEG ZUM GLÜCK

Wenn Seneca in seiner letzten Stunde davon spricht, das Schönste, was er zu vererben habe, sei das Bild seines Lebens, dann scheint er all das Schlimme, das er miterlebt und mitverantwortet hat, verdrängt zu haben und nur noch daran zu denken, daß er nach Jahren stürmischer Fahrt dabei ist, in den Hafen einzulaufen.

Vom Ziel aus betrachtet, ist er den rechten Weg gegangen, wenn auch nicht ohne Um- und Irrwege. Aber er blieb nicht auf der Strecke, gab nicht auf, auch wenn die Bahn steil war und tiefe Abgründe sich auftaten.

Das Bild des Weges spielt eine große Rolle in der Philosophie Senecas; mit ihm eröffnet er auch die Schrift über die Unerschütterlichkeit des Weisen:

„Die Stoiker begeben sich auf einen Weg für rechte Männer und legen nicht darauf Wert, daß er denen, die ihn gehen, reizvoll erscheint, sondern daß er sie mög-

---

[6] Ludwig Friedländer a.a.O. S. 214

lichst schnell in die Freiheit und auf jenen Gipfel führt, der so weit über die Reichweite jedes Geschosses emporragt, daß er sogar über das Schicksal erhaben ist." Diesen Weg, der an Hesiods rauhen und steilen Pfad zur Tugend erinnert, weist Seneca in vielen seiner Briefe ebenso wie in den sogenannten „kleinen Dialogen", die in der vorliegenden Ausgabe zusammengefaßt sind.

Echte Zwiegespräche sind das freilich nicht, sondern Lehrvorträge in der Art des Aristoteles, die von gelegentlichen Einwürfen eines gedachten Zuhörers nur sehr selten unterbrochen werden. Die einzelnen Themen wurden von Seneca zu ganz verschiedenen Zeiten behandelt, manches schon vor, manches während, einiges auch erst lange nach seiner Verbannung. Ob er das Material später selbst zu einer Art Lebenshilfe zusammengefaßt und durch die drei Trostschriften ergänzt hat, läßt sich nicht mit Sicherheit sagen, doch spricht vieles dafür, daß die überlieferte Abfolge wohlüberlegt ist.

In seiner Abhandlung über DIE VORSEHUNG setzt sich Seneca, selbst Opfer mancher Schicksalsschläge, mit dem Problem auseinander, warum guten Menschen so viel Widriges zustoße, wenn doch göttliche Voraussicht das Weltgeschehen bestimme. Daß eine solche existiere, schließt er en passant aus erkennbaren Gesetzmäßigkeiten in der sichtbaren Natur, setzt aber gleich hinzu, daß die von seinem Freund Lucilius, dem Adressaten dieses Dialogs und der Moralischen Briefe, aufgeworfene Frage besser im Rahmen eines größeren Werks zu behandeln wäre. Im übrigen vertritt er, in immer neuer Variation, die These, daß dem Guten nie etwas Böses zustoßen könne, da Gegensätze sich ausschließen. Was Uneinsichtigen schlimm zu sein scheint, dient in Wirklichkeit dem Betroffenen zum Besten: Wen Gott lieb hat, den züchtigt er; er handelt wie ein strenger Vater an seinen Söhnen und sieht nichts lieber, als wenn ein Mensch sich kampfbereit dem Schicksal stellt. Als leuchtende Beispiele solchen Heldentums dienen unter anderem Sokrates und der

jüngere Cato, die zugleich durch ihre Todesverachtung vorbildlich sind – denn einen Ausweg hat der Mensch aus dieser Welt, ein Tor öffnet sich ihm jederzeit: der Freitod!

Die Schrift von der UNERSCHÜTTERLICHKEIT DES WEISEN befaßt sich mit dem, was wir „stoische Ruhe" zu nennen pflegen; dabei greift sie die These des vorangegangenen Dialogs wieder auf, daß dem Guten, d. h. dem Weisen, kein Unrecht widerfahren könne, weder durch Tätlichkeiten noch durch Beleidigung. In dem Bewußtsein, daß auch der Tod kein Übel – und demzufolge kein Unrecht – ist, wird man alles andere leichter tragen, Schmerzen, Verbannung, Verlust der Kinder und sonstiges mehr. Bei bösen Worten, die nur kränken, nicht verletzen, sollte man sich fragen, wer sie äußert. Wir erregen uns ja auch nicht über den Spott frecher Kinder oder das Gerede von Verrückten. Auf keinen Fall wird also der Weise in Zorn geraten...

Diesen Gedanken führt die Schrift über den ZORN aus, der als eine Art von Verrücktheit beschrieben wird, die den Zornigen scheußlich entstellt, ja in eine mordgierige Bestie verwandelt. Unendliches Unglück hat der Zorn schon über die Menschen gebracht. Darum sollte man unter allen Umständen verhindern, daß sich die Seele ihm überläßt. Tut sie das nämlich, dann reißt er sie mit sich fort – ins Verderben. Für hemmungslosen Jähzorn und kluge Selbstbeherrschung gibt Seneca eine Fülle von Beispielen, die vor allem das dritte Buch zu einer unterhaltsamen Lektüre machen.

In der TROSTSCHRIFT FÜR MARCIA versucht Seneca, eine vom Schicksal schwer geprüfte und vom Schmerz überwältigte Frau wieder aufzurichten. Es handelt sich um die Tochter des Historikers Cremutius Cordus, der unter der Regierung des Tiberius wegen seiner anerkennenden Worte für die Caesarmörder angeklagt wurde und den Freitod wählte. Diesen Schlag hatte Marcia gefaßt ertragen und großen Mut bewiesen, als sie die Schriften ihres

Vaters vor der Vernichtung bewahrte. Beim Tod ihrer beiden Söhne freilich war sie zusammengebrochen. Seneca hält ihr nun das Beispiel der Livia vor Augen, die ihren geliebten Sohn Drusus verlor und, von dem Philosophen Areios Didymos getröstet, damit fertig wurde, während Octavia, die Schwester des Augustus, ohne Ende ihren früh verstorbenen Marcellus beklagte. Derart hemmungslose Trauer, meint Seneca, sei unnatürlich, zumal angesichts der Sterblichkeit des Menschen und der Kürze seines Lebens. Immer wenn eine unsterbliche Seele in einen so hinfälligen Leib trete, unterwerfe sie sich dem unabänderlichen Weltgesetz. Wie jemand, der auf eine Reise geht, sich ihrer Risiken bewußt sein muß, so muß der Mensch auf seinem Erdenweg mit allem, auch mit dem Schlimmsten rechnen – doch ist der Tod etwas Schlimmes? Ein früher Tod kann denjenigen, den er trifft, vor viel Bösem bewahren; und wenn man bedenkt, daß er die Seele wieder zu sich selbst kommen läßt, dann ist er tatsächlich ihr Befreier. Am Ende der Schrift läßt Seneca Marcias Vater Cremutius Cordus selbst zu ihr sprechen: Ihre Söhne seien nun in höhere Sphären aufgestiegen und blickten, ebenso wie er, von dort auf sie herab. Daher solle sie den Schmerz vergessen und sich am Glück der Ihren freuen.

Auf weite Strecken der Selbstrechtfertigung dient der Dialog über DAS GLÜCKLICHE LEBEN: Seneca verwahrt sich gegen den Vorwurf, bei ihm stünden Leben und Lehre im Widerspruch. Das könne man auch Platon, Epikur oder Zenon anhängen, doch sie alle hätten nicht davon gesprochen, wie sie selbst lebten, sondern wie sie selbst leben sollten. „Ich rede von der Tugend, nicht von mir, und wenn ich gegen die Laster vom Leder ziehe, ziehe ich vor allem gegen meine eigenen los." Im übrigen habe der Reichtum, dessen er nach dem Willen seiner Kritiker entsagen müßte, bei ihm einen ganz anderen Stellenwert als bei den übrigen Menschen: Er könne jederzeit auf ihn verzichten, andere nicht – und außerdem

sei Geld nirgends besser aufgehoben als bei einem verständigen Menschen, der es recht gebrauche. Was uns als sehr persönliche Abschweifung erscheinen mag, gehört durchaus zum Thema, wenn man bedenkt, daß es für ein glückliches Leben nur eine Voraussetzung gibt: den Besitz der sittlichen Vollkommenheit, des *honestum*. Ebenso gibt es nur ein wirkliches Übel: die Schändlichkeit. Alles andere, was Menschen für „Güter" oder für „Übel" halten, ist weder gut noch schlecht und nur insofern unterscheidbar, als man, sofern man wählen kann, das eine, z.B. den Reichtum, dem anderen, z.B. der Armut, vernünftigerweise vorzieht. Kern des Traktats ist somit die stoische Güterlehre und die Polemik gegen Epikur, für den die Lust das höchste Gut, der Schmerz aber das höchste Übel war.

Daß DIE ZURÜCKGEZOGENHEIT nicht typisch für einen rechten Stoiker ist, wurde in dieser Einführung bereits gesagt. In der nur teilweise erhaltenen Erörterung über das *otium* verwahrt sich Seneca gegen den Vorwurf der Fahnenflucht und rechtfertigt den Rückzug aus der Politik mit der allen politischen Systemen gemeinsamen Unmoral.

Wohl etwas früher als De otio entstand die Abhandlung über DIE RUHE DER SEELE, in der Seneca seinem Vetter Serenus gleichsam als Arzt Ratschläge gibt, wie man mit wechselnden Stimmungen, mit Lebensgier und Lebensüberdruß fertig wird. Da ist einmal der Dienst am Mitmenschen, sei es in der Politik oder im kleinen Freundeskreis, in dem sich die ihrem Wesen nach aktive Seele betätigen kann. Damit Schicksalsschläge nicht unvermutet und dementsprechend schwer treffen, sollte man auf alles, selbst auf das Schlimmste, gefaßt sein. Die hier empfohlene *praemeditatio* spielt auch in den Briefen Senecas eine sehr wichtige Rolle, vor allem als Vorbereitung auf Leid und Tod. Sympathisch berührt, daß Seneca keine unrealistischen Forderungen stellt und seinem Verwandten nicht völlige Triebunterdrückung predigt, son-

dern maßvollen Lebensgenuß als hilfreich und entspannend billigt.

Die Reflexionen über DIE KÜRZE DES LEBENS fußen auf der These, daß unsere Lebenszeit keineswegs zu kurz bemessen sei; wir gingen nur zu verschwenderisch damit um, weil wir den verschiedensten Leidenschaften frönten oder uns mit Unwichtigem abgäben.

In diesem Zusammenhang läßt Seneca nicht nur die diversen Laster Revue passieren, sondern übt auch an den „Vielbeschäftigten" Kritik, die vor lauter Verpflichtungen nicht zu sich selbst kommen, und an denen, die sich um „nutzlose Gelehrsamkeit" bemühen. Die rechte Beschäftigung für einen Menschen sei allein die Philosophie; darum solle sich Paulinus, der Adressat der Schrift, von seinem gewiß verantwortungsvollen Amt – er war für die Getreideversorgung der Hauptstadt zuständig – bald zu einer ruhigeren, sichereren, wichtigeren Tätigkeit zurückziehen. Dann werde er Vollkommenheit erstreben und erfahren, die Leidenschaften vergessen, zu leben und zu sterben wissen und in allem tiefe Ruhe finden.

Genuin stoisch ist dieser Rat nicht, auch nicht genuin römisch und nicht einmal typisch für Seneca, der zu anderer Zeit dem Einsatz für die Allgemeinheit einen höheren Rang beimaß als in diesem ziemlich früh, vermutlich während seiner Verbannung, verfaßten Dialog. Wir sollten ihn deswegen aber nicht der Inkonsequenz bezichtigen, sondern die Schrift als Zeugnis einer bestimmten Haltung in einer bestimmten Situation betrachten.

Die TROSTSCHRIFT FÜR POLYBIUS, deren Anfang verloren ist, wurde von Seneca in der Zeit seiner Verbannung geschrieben. Den Anlaß dazu bot der Umstand, daß einer der Brüder des bei Hofe ungemein einflußreichen Freigelassenen Polybius verstorben war. Angesichts dieses Verlusts will Seneca, wenn Trauer überhaupt etwas zu bewirken vermag, „alle Tränen, die mir mein eigenes Unglück übrig ließ, bei Deinem ... vergießen." Dies ist der

erste von zahlreichen Hinweisen auf seine eigene mißliche Lage, aus der ihn, so der Verbannte, die Milde des Kaisers gewiß dereinst erretten werde. So vermischen sich mit den klassischen Themen einer Trostschrift, dem Hinweis auf die Nutzlosigkeit endloser Klagen, auf die Vergänglichkeit des Menschen und der ganzen Welt, auf die Unerbittlichkeit des Schicksals und dergleichen, vollmundige Lobeshymnen auf den Kaiser, der dem Polybius als großes Vorbild vor Augen gehalten wird. Daß er der beste Tröster für ihn sei, wird bald bewiesen: Seneca legt dem Kaiser selbst eine umfangreiche Rede in den Mund, in der dieser eine Reihe von historischen Beispielen für Standhaftigkeit im Unglück gibt.

Wenn der sprachgewaltige Autor in den Schlußworten der Schrift darüber klagt, „wie schwer sich lateinische Worte bei einem Menschen einstellen, um den herum der Barbaren wirres und selbst zivilisierteren Barbaren widerwärtiges Gebrumm erschallt", dann endet, genau besehen, nicht eine Trostschrift, sondern ein Gnadengesuch, das „auch der Kaiser lesen oder doch zumindest zur Kenntnis nehmen sollte"[7]. Daß der überschwengliche Lobpreis des später von Seneca so zynisch verspotteten Kaisers und speziell die Versicherung, Claudius werde, wenn er sich seiner erbarme, des Begnadigten nicht schämen müssen, „nicht frei von Selbsterniedrigung ist", vermerkt Gregor Maurach[8] mit Recht, stellt aber dann die gewiß ebenso berechtigte Frage: „Wer wollte einen solchen Satz dem verargen, der da auf einer wüsten Insel schon drei Jahre litt und nicht wußte, wie lange er noch würde leiden müssen?"

Auch die TROSTSCHRIFT FÜR MUTTER HELVIA ist auf Korsika entstanden, vermutlich einige Zeit nach dem Vollzug des Verbannungsurteils. Seneca jedenfalls schreibt, er habe sich zunächst selbst von dem schweren

---

[7] Gregor Maurach a.a.O. S. 78
[8] ibid.

Schlag erholen müssen und auch abwarten wollen, bis seine Mutter den ersten Trennungsschmerz – genau wie zahlreiche frühere Schicksalsschläge – überwunden habe. Nun könne er ihr versichern, daß ihn die Verbannung nicht unglücklich gemacht habe – was sei sie schon anderes als ein Ortswechsel, wie ihn einzelne Menschen und ganze Völker immer wieder vollzögen? Auch die Begleitumstände, Armut und Ehrverlust, träfen ihn nicht, da ihn die Philosophie gelehrt habe, nichts auf Äußerliches zu geben. Seine menschlichen Qualitäten könne ihm keiner nehmen, und auch die Betrachtung der Natur und ihrer Schönheit stehe ihm frei. So brauche ihn niemand zu bedauern. Freilich, die Mutter vermisse ihn, doch blieben ihr seine beiden Brüder und weitere Angehörige, die sie trösten könnten. Sie solle sich an großen Frauen aus der römischen Geschichte, etwa an Cornelia, der Mutter der Gracchen, ein Beispiel nehmen und sich durch geistige Tätigkeit ablenken, wozu sie von Jugend auf eine Neigung gehabt habe. Das werde sie am sichersten vor Kummer bewahren – und außerdem solle sie immer daran denken, daß er selber froh und heiter sei.

All diese Aussagen sind mit großer Meisterschaft formuliert – man spürt, daß hier nicht nur ein Sohn an seine Mutter, sondern auch ein Autor für sein Publikum schreibt. Für uns, denen Senecas Jugendwerke, insbesondere seine Reden, unwiederbringlich verloren sind, ist die Trostschrift an Mutter Helvia ein durch Gedankenreichtum, feine Psychologie und stilistische Brillanz faszinierender „Erstling", der seinen jetzigen Platz als letzter der zwölf „kleinen Dialoge" gewiß verdient, da er zahlreiche, da und dort bereits behandelte Aspekte der stoischen Lehre, dem Anlaß der Schrift entsprechend, neu beleuchtet. Wir werden daran erinnert, daß Senecas philosophische Schriften, speziell die kleinen Dialoge und die Briefe, nicht in strenger Systematik ein bestimmtes Lehrgebäude vermitteln, sondern bald lehrhaft, bald im Plauderton, bald pathetisch, bald ironisch an Fragen heran-

führen, die auch Menschen des 20. Jahrhunderts noch bewegen. Dies ist der eine Grund, diese Texte zu lesen; der andere aber ist, daß die Antworten kein unfehlbarer, der Welt entrückter Heiliger gibt, sondern „ein Mensch mit seinem Widerspruch".

SAND OHNE KALK

Es gibt noch einen weiteren Grund, Seneca zu lesen – das ist sein höchst eigenwilliger Stil, der freilich zu verschiedenen Zeiten verschieden beurteilt wurde. Gellius, ein fleißiger Sammler des zweiten nachchristlichen Jahrhunderts, der in seinen „Attischen Nächten" viele Zeugnisse aus der frühen römischen Literatur bewahrt hat, faßt die Meinung der Kritiker so zusammen:

„Annaeus Seneca hält man teilweise für einen ganz unnützen Schriftsteller, dessen Bücher man nicht anzurühren brauche. Es lohne sich nicht, weil seine Ausdrucksweise gemein und abgedroschen sei, Stoffwahl und Gedankenführung entweder eine törichte und grundlose Begeisterung verrieten oder eine hohle, geradezu geschwätzige Geistreichelei, und weil er bei seiner hausbackenen, plebeischen Art von Bildung nichts aus der alten Literatur angenommen habe, weder Anmut noch Würde.

Andere bestreiten zwar nicht, daß er sich nicht gewählt genug ausdrückt, meinen aber, er zeige bei seinen Gegenständen soliden Sachverstand, und, wenn er gegen die Verwahrlosung der Sitten wettere, seien sein Ernst und seine Würde nicht ohne Reiz."

(Noctes Atticae XII 2, 1)

Gellius selbst verkneift sich zunächst ein Urteil, doch schließlich rückt er mit seiner Meinung heraus: Seneca ist für ihn albern und langweilig (*ineptus et insubidus*: ebd. 11).

Das ist ein hartes und sicher ungerechtes Verdikt, aber

verständlich in einer Epoche, die das Alte, Einfache, Lapidare neu entdeckte, sich für die kernigen Reden des alten Cato begeisterte und für die kantigen Verse des Nationalepikers Ennius, an denen Seneca herbe Kritik geübt hatte. Daß er nicht einmal „Klassiker" wie Cicero und Vergil ungeschoren ließ, verargten ihm spätere Jahrhunderte und straften ihn darum mit Verachtung.

Daß er zu seinen Lebzeiten Maßstäbe setzte, wissen wir, und auch der große Tacitus, der etwas herablassend meint, sein Stil habe eben dem Zeitgeschmack entsprochen, verdankt ihm viel.

Ohne Zweifel, das Publikum, für das Seneca redete und schrieb, war des Üblichen überdrüssig, war blasiert, gelangweilt, dekadent, abgestumpft; es hatte die Grausamkeit des alternden Tiberius und den Caesarenwahn des Caligula erlebt, Verfolgung und Mord, dazu grausige Schaustellungen – so bedurfte es starker Mittel, um es zu beeindrucken und zu erschüttern. Seneca konnte nicht einfach ältere Vorbilder kopieren; er mußte modern, mußte erregend, mußte theatralisch sein. Dazu halfen ihm seine rhetorische Ausbildung, sein Sinn für Dramatik und sein wendiger Intellekt. Leider sind die Reden, mit denen er seine ersten Erfolge erzielte, nicht erhalten; sie könnten wichtige Aufschlüsse über die Entwicklung seines Stils geben.

Auf rhetorische Wirkung, auf Erregung heftiger Affekte zielen auch seine zunächst wohl als Lesedramen konzipierten Tragödien ab, in denen – anders als in ihren griechischen Vorbildern – Morde auf offener Bühne vorkommen und alles Grausige in grellen Farben gemalt wird.

Seine Freude am Drastischen verleugnet Seneca auch in den philosophischen Schriften nicht – man lese nur das dritte Buch über den Zorn mit seinen abstoßenden Bildern unmenschlicher Wut und den zahlreichen Schauergeschichten, die ihre unheilvolle Wirkung unterstreichen. Seneca knüpft hier an die Tradition der Diatribe an, einer Art Kapuzinerpredigt auf offenem Markt, gehalten von

kynischen Bettelphilosophen in der Nachfolge des Diogenes. Solche Leute waren, wenn es darum ging, ihr Publikum bei der Stange zu halten, in der Wahl der Mittel nicht pingelig und gaben sich aggressiv, vulgär, beleidigend, „zynisch".

Doch hätte Seneca den Vorwurf des Gellius, er langweile, verdient, wenn er allein auf die kynische Provokationstechnik setzte und keine andere Lautstärke zu wählen wüßte als das Fortissimo. In Wirklichkeit wechselt er überlegt zwischen lauten und leisen Tönen, rüttelt bald energisch auf, regt bald zum Nachdenken an, läßt hochpathetische und saloppe Partien einander folgen und verfügt insgesamt über die Wandlungsfähigkeit eines talentierten Predigers, bei dem niemand einschläft, auch wenn er mehr als eine Stunde über die Todsünde der Habsucht spricht. „Sand ohne Kalk" war sein Stil nur für Caligula, der ihn wohl heimlich beneidete. Seneca versteht es, Widersprüche schrill oder spitzfindig in Szene zu setzen, durch Paradoxien zu verblüffen und seine Beweisführungen mit einer wirkungsvollen, sentenzhaften Pointe zu beschließen. Oft bewegt er sich schrittweise auf den Kern eines Gedankens zu und faßt diesen mit dem letzten von meist drei Sätzen schlagwortartig zusammen.

Er ist auch ein Meister in der Kunst, mit immer neuen Worten dasselbe zu sagen; dementsprechend oft werden dieselben Themen angesprochen. Unsere Übersicht über die Inhalte der „kleinen Dialoge" macht dieses Faktum bewußt, jedoch nicht in der Absicht zu zeigen, daß „die Aussage" Senecas sich auf ein paar Zeilen, seine „Lehre" auf eine Druckseite komprimieren lasse.

Eindringlichkeit, Wiederholung, neue Blickpunkte gehören zum Wesen der belehrenden Rede, und wenn der Redner mit solcher Könnerschaft wie Seneca dem an sich hörenswerten Gegenstand immer neue Glanzlichter aufsetzt, wird er jeden fesseln, der nicht die Augen verschließt vor dem intellektuellen Feuerwerk, das vor ihm abbrennt.

Seneca stellt seinen Lesern „im Reichtum Mittellose" vor (ep. 74, 4: *in divitiis inopes*), er faßt den zuerst ausführlicher gegebenen Rat zu ständiger Selbstprüfung in die Formel „nimm manchmal Anstoß an dir (ep. 28, 9: *aliquando te offende*), er versichert, daß wahre Freude eine ernste Angelegenheit sei (ep. 23) – und das in einer sprachlichen Form, die das Deutsche nicht nachbilden kann:

Res severa est verum gaudium.

Wie ein Gleichheitszeichen besetzt *est* die Mitte des Satzes, zwischen je zwei übers Kreuz einander zugeordneten Gliedern:

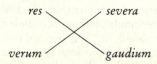

Dazu stehen „ernst" und „Freude" in einer spannungsreichen Antithese – wieso soll Freude etwas Ernstes sein? – und schließlich mag der partielle Gleichklang von *severus* und *verus* signalisieren, daß alles Wahre von tiefem Ernst erfüllt ist.

Der Satz ist ein gutes Beispiel dafür, daß bei Seneca Form und Inhalt nicht auseinanderdriften, sondern sich im Idealfall großartig ergänzen und den geschulten Blick des Lesers zugleich mit seinen Gedanken festhalten, bis ihm die Wahrheit der zuerst widersinnig wirkenden Aussage aufgeht:

Freude, das ist etwas ganz anderes als lautes Gelächter, als überschäumende Ausgelassenheit; wahre Freude empfindet nur, wer sich keinen Illusionen hingibt und keinen flüchtigen Genüssen nachjagt, sondern sich von irdischen Dingen freimacht für Höheres.

Der eben vorgestellte Satz ist – leider – auch ein Beispiel für die partielle Unübersetzbarkeit Senecas. Die Freiheit der Wortstellung macht Latein zu einem beson-

ders geschmeidigen Werkstoff in den Händen eines großen Stilisten. Wollten wir das Deutsche ebenso kneten wie Seneca seine eigene Sprache, dann käme oft genug nur Merkwürdiges und kaum Verständliches heraus.

Darum versucht die vorliegende Übersetzung einen Mittelweg: Wann immer es möglich ist, werden die Stilkunststücke und Wortspiele Senecas nachgebaut. Ist eine deckungsgleiche Wiedergabe nicht möglich, streben wir zumindest nach größtmöglicher Ähnlichkeit:

Niemanden, so sagt Seneca, läßt das Schicksal auf Dauer ungeprüft: *Quisquis videtur dimissus, dilatus est* (Die Vorsehung 4, 7) Die Wörter *dimittere*, entlassen, und *differre*, Aufschub gewähren, stammen nach Ausweis des Kontexts aus der Sprache des Militärs. Wir suchen also nach Entsprechendem mit einer dem *di(s)-* vergleichbaren Vorsilbe, finden jedoch nichts Passendes. Dafür stoßen wir auf zwei Wörter gleichen Stamms:

Wer scheinbar freigestellt ist, ist nur zurückgestellt.

Auf diese Weise ist das Wortspiel durch Substitution gerettet, dazu sind die Sprachebene und vor allem die Kürze des Originals gewahrt. Das ist viel, denn die größte Gefahr beim Übersetzen von Senecatexten ist die, daß man für ein paar lateinische Wörter mehr als doppelt soviele deutsche benötigt.

Wir sind dieser Gefahr nicht immer entgangen, denn wir wollen unseren Lesern nicht nur den Stilisten Seneca nahebringen, sondern auch den Lehrer, den Moralisten. Das bedeutet, daß wir größtmögliche Verständlichkeit anstrebten. Manches mag dadurch glatter und eingängiger geraten sein als es das Original bringt: gerade das Stakkato vieler kurzer Sätze, das für manche Passagen der Dialoge und Briefe typisch ist, ist in unserer Sprache mit ihren Artikeln, ihren Pronomina, ihren zusammengesetzten Verbformen nicht in jedem Falle nachgestaltbar:

Peccavit. Hoc enim primum? Hoc enim extremum?
(Der Zorn 3, 27, 3)

Er hat gefehlt. Jetzt zum erstenmal? Jetzt zum letztenmal?

Es ist klar, daß das eine Wort *peccavit* viel schärfer, viel unbedingter klingt als unser „er hat gefehlt".

Der Anfang des berühmten Briefs über die brutalen Vorgänge im Circus (ep. 7, 1) lautet:

Quid tibi vitandum praecipue existimem, quaeris? Turbam.

Was du meines Erachtens besonders meiden sollst, fragst du? ... Bis auf das letzte Wort war das ganz glatt zu übersetzen: neun deutsche Wörter für sechs lateinische – ein gutes Verhältnis. Doch nun kommt das Problem: Setzt man an die Stelle der Ein-Wort-Antwort *turbam* kurzerhand „Masse", dann ist die Vieldeutigkeit dieser Antwort, die sich dem Leser des Briefs allmählich erschließt, unwiederbringlich dahin, desgleichen, wenn man sich für „Getümmel", „Unruhe" und dergleichen entscheidet. Das alles steckt in dem Wort *turba*, und alles ist auch von Seneca gemeint: Der Kontakt mit vielen Menschen bringt ihn durcheinander, zerstört etwas, was er bereits beruhigt, geordnet zu haben glaubte. Ja, die Mehrdeutigkeit zahlreicher lateinischer Wörter ist eine ideale Voraussetzung für Senecas schillernde, vielschichtige Ausdrucksweise, und man sollte nicht glauben, daß die scheinbare Wortarmut des Lateinischen sich da als Hindernis erweise.

Bisweilen fehlt es dem so viel wortreicheren Deutsch an einem speziellen, treffenden Ausdruck, während das Lateinische mit einem allgemeineren im jeweiligen Kontext exakt das Gemeinte erfaßt.

Im zweiten Buch vom Zorn (25, 4) tadelt Seneca Übernervöse, die bereits der *stridor tracti subsellii* stört. Gemeint ist das Geräusch, das beim Rücken eines Möbelstücks entsteht – nur: *stridor* ist spezieller als unser „Geräusch", es bezeichnet Unangenehmes wie Klirren, Krachen, Scharren, Wetzen, Pfeifen bis hin zum Trompeten der Elefanten. Man weiß denn auch sofort, was für ein

Ton an der zitierten Stelle gemeint ist – doch nur die Mundart hat da und dort im Deutschen ein passendes Wort dafür.

Die Beispiele, die sich beliebig vermehren ließen, mögen deutlich gemacht haben, daß wir beim Übersetzen nicht planlos verfahren; ein „Höchstmaß an Seneca", dazu ein Höchstmaß an Verständlichkeit war unser Ziel. Wenn trotzdem dann und wann der Leser stutzt und einen Satz zwei- oder dreimal lesen muß, bis er ihn versteht, kann das seinen Grund auch darin haben, daß Seneca ihn selbst zuerst auf einen Holzweg locken möchte und erst danach das Gemeinte erfassen läßt.

So wirft er einmal (ep. 44, 7) die Frage auf, warum so viele Menschen unglücklich sind, obwohl doch alle sich ein glückliches Leben wünschen. Seine Antwort ist:

Quod instrumenta eius pro ipsa habent et illam, dum petunt, fugiunt.

Das versteht man zuerst so, als verwechselten die Menschen die „Mittel zum glücklichen Leben" mit diesem selbst und entfernten sich deshalb von ihm, während sie nach ihm suchten. Bei einigem Nachdenken kommt man freilich dahinter, daß die Mittel dazu doch auf jeden Fall näher ans Glück heranführen müßten. Also liest man weiter und erfährt, was die *summa beatae vitae* sei: *solida securitas,* die unerschütterliche, von außen nicht beeinflußbare Sicherheit des autarken Philosophen, die aus der festen Gewißheit erwächst, daß er am Ziel ist. Er hat das glückliche Leben erreicht und ist demzufolge „sicher".

Der Irrtum der Menschen besteht darin, daß sie glauben, über Sicherheit im landläufigen Sinne zum Glück gelangen zu können – darum „ver-sichern" sie sich hemmungslos und bauen Mauern und Tresore –, während doch wahre Sicherheit sich erst einstellt, wenn man das Ziel, die Vollendung, erreicht hat.

Würden wir jetzt allerdings die *instrumenta* mit „Auswirkungen" übersetzen, schüfen wir eine bei Seneca nicht vorhandene und wohl absichtlich vermiedene Eindeutig-

keit. Der Denkfehler zu Anfang ist sozusagen eingeplant, damit der Aha-Effekt folgen kann.

Eine deutsche Lösung, die dasselbe mit freilich anderen sprachlichen Mitteln zuwege bringt, könnte so aussehen:

„Weil sie das, was glückliches Leben bewirkt, mit diesem selbst verwechseln ..."

Leichte Verständnisprobleme können auch daraus erwachsen, daß wir ziemlich oft, wenn auch mit Maßen und ohne offensichtliche Gewaltakte am Deutschen, die Gedankenfolge und mit ihr die Wortstellung des Originals zu wahren suchten, vor allem dann, wenn sie „abbildende" Funktion hatte.

In der Trostschrift für Marcia (11, 3) fragte Seneca, was der Mensch sei, und antwortet dann:

Quid est homo? Quolibet quassu vas et quolibet fragile iactatu. Das wirkt, wenn man nach Schülerbrauch zusammensucht, was zusammengehört, selbst für lateinische Verhältnisse recht verwirrend und durcheinandergeschüttelt – aber was will Seneca damit ausdrücken? Doch nur, wie leicht dieses Tongeschirr, Mensch genannt, in Scherben geht:

Was ist der Mensch? Bei jedem Stoß – ein tönerner Topf – geht er, bei jedem Schlag, zu Bruch.

Dies ist zugleich wohl das Äußerste, was man sich im Deutschen an Satzzertrümmerung leisten darf; Seneca hat und nimmt sich mehr Freiheit; seine Sprachkunst setzt dem Übersetzer oft genug unüberschreitbare Schranken.

Daher mag, was an dem vorliegenden Versuch einer zeitgemäßen und dem Autor angemessenen Seneca-Übersetzung noch kritikwürdig ist, durch die Schwierigkeit der Aufgabe wenigstens teilweise entschuldigt sein.

NAMEN- UND SACHREGISTER

Dieses Register enthält alle in den Dialogen vorkommenden Namen sowie einige Sachbezeichnungen, die zum besseren Verständnis der Texte einer Erklärung bedürfen, z. B. Toga: symbolisch „Tracht des Friedens".

Achillas: Offizier im Dienst des ägyptischen Königs Ptolemaios XIII., einer der Mörder des → Pompeius.
Aemilius, Lucius A. Paullus Macedonicus, römischer Heerführer und Politiker des 2. Jh. v. Chr., Sieger über König → Perseus bei Pydna (168), Vater von vier Söhnen, von denen er zwei durch kinderlose Adlige adoptieren ließ; der eine kam so in die Familie der Fabier, der andere – der spätere Sieger über → Karthago und → Numantia – in die der Cornelier. Als tragisches Verhängnis wurde es empfunden, daß die beiden Söhne, die sich Paullus zurückbehalten hatten, kurz vor bzw. nach seinem prachtvollen Triumph starben. Da Paullus ungemein korrekt war und sich bei seinen Feldzügen nicht bereicherte, blieb sein Vermögen bescheiden, so daß seine Töchter vom Staat ausgesteuert wurden.
Äthiopier: afrikanisches Volk im heutigen Nubien.
Agrippa: → Menenius
Ajax, gr. Aias: Sohn des Telamon, neben Achilleus der tapferste griechische Held im trojanischen Krieg. Trotzdem wurden ihm nach Achills Tod dessen Waffen nicht zugesprochen. Das krankte Ajax so schwer, daß er in Raserei verfiel und – im Glauben, das seien die Fürsten der Griechen – eine Schafherde niedermetzelte. Als er wieder

zur Besinnung kam und sah, was er getan hatte, tötete er sich selbst.

Albanerberge: 940 m hoher Bergrücken südöstlich von Rom, wo in der Kaiserzeit reiche Römer ihre Landgüter hatten.

Alexander der Große: König der →Makedonen (336–323), Sohn →Philipps II., Zögling des Philosophen →Aristoteles, Eroberer des Perserreichs.

Alexandria: von →Alexander gegründete Stadt in Ägypten (Nildelta), später Residenz der Ptolemäer-Könige, die dort unter anderem eine „Universität", das Museion, und eine weltberühmte Bibliothek errichteten.

Alkibiades: Politiker und Playboy aus Athen, mit →Sokrates befreundet. Er veranlaßte seine Mitbürger während des Kriegs mit Sparta (415) zu dem Versuch, Sizilien zu erobern, wurde in einen Skandal verwickelt und schlug sich auf die Seite der Gegner Athens, kehrte nach einem Frontenwechsel im Triumph heim, wurde aber bald wieder verbannt und schließlich ermordet.

Annaeus: Familienname des Rhetors Lucius A. Seneca aus Cordoba, seiner drei Söhne, des Philosophen Lucius A. Seneca, des nach seiner Adoption Lucius Iunius →Gallio genannten Novatus und des Marcus A. →Mela. Dessen Sohn, Marcus A. Lucanus, verfaßte ein erhaltenes Epos über den römischen Bürgerkrieg, die Pharsalia. Ob und wie Annaeus →Serenus mit dem Philosophen verwandt war, ist nicht zu ermitteln.

Antenor: in Homers Ilias ein trojanischer Adliger, der sich für die Rückgabe der entführten Helena an die Griechen einsetzte; nach späterer Überlieferung ein Verräter, der sich nach dem Fall Trojas den Siegern anschloß und nach langer Irrfahrt Patavium, das heutige Padua, gründete.

Antigonos: Heerführer →Alexanders, der nach dessen Tod die Einheit des Reichs zu erhalten suchte, aber 301 in der Schlacht bei Ipsos gegen →Lysimachos und Seleukos unterlag. Sein gleichnamiger Enkel war 276–239 König von Makedonien.

Antiochos III., der Große: herrschte 223–187 über das asiatische Seleukidenreich, das er bis an die Grenzen Indiens ausdehnte. Sein Vordringen nach Westen brachte ihn in Konflikt mit den Römern, die ihn 191/190 in zwei Schlachten besiegten.

Antisthenes: Schüler des →Sokrates, Sohn eines Atheners und einer thrakischen Sklavin, sah in der Bedürfnislosigkeit die Voraussetzung eines glücklichen, tugendhaften Lebens.

Antonius (Iullus): →Jullus.

Antonius, Marcus: röm. General des 1. Jh. v. Chr., Anhänger Caesars und dessen selbsternannter Testamentsvollstrecker, kämpfte im Bund mit Octavian und Lepidus gegen →Brutus und Cassius, sicherte sich die Herrschaft über den Osten des Reichs und heiratete die ägyptische Königin Kleopatra. Im Krieg mit Octavian, dem späteren →Augustus, unterlag er bei Actium und endete 30 v. Chr. durch Selbstmord.

Apicius: reicher Feinschmecker des 1. Jh. n. Chr., angeblicher Verfasser eines Kochbuchs (*De re coquinaria libri X*).

Apollodor(os): seit 279 v. Chr. Alleinherrscher in Kassandreia, dem früheren Poteidaia, auf der Halbinsel Chalkidike; er galt als ein Muster von Grausamkeit.

Apollon: gr.-röm. Gott des Lichts, der Weissagung und der Künste; als treffsicherer Schütze erlegte er den Drachen Python (daher sein Beiname Pythios) und stiftete die Pythischen Spiele bei seinem Heiligtum Delphi.

Appius Claudius Caecus: bedeutender römischer Politiker um 300 v. Chr., trat für soziale Reformen ein, legte die nach ihm benannte *via Appia* von Rom nach Capua sowie die erste große Wasserleitung an und sprach sich, bereits erblindet, 280 v. Chr. energisch gegen einen Frieden mit König →Pyrrhos aus.

Areopag: alter Gerichtshof Athens, ursprünglich ein Adelsrat, in den die ehemaligen Archonten („Herrscher") aufgenommen wurden, im Lauf der Zeit aber entmachtet und auf die Blutsgerichtsbarkeit beschränkt.

Arethusa: starke Quelle in Syrakus, an der Nordküste der Halbinsel Ortygia; das Bild der Quellnymphe, die nach der Sage auf der Flucht vor dem Flußgott Alpheios von der Peloponnes unter dem Meer hindurch nach Sizilien gelangt sein soll, findet sich auf vielen syrakusanischen Münzen.

Areus: Areios Didymos aus Alexandria, Lehrer des → Augustus in Philosophie, für stoisches Gedankengut aufgeschlossener Eklektiker; aus seiner Trostschrift an Livia zitiert Seneca ad Marciam 4,2 ff.

Aristides (gr. Aristeides): athenischer Politiker des 5. Jh. v. Chr., wahrscheinlich wegen seiner Opposition gegen die Flottenpolitik des Themistokles 482 durch das Scherbengericht verbannt, nach seiner Rückkehr vor allem als Organisator des Attischen Seebunds erfolgreich. Seine Unbestechlichkeit trug ihm den Beinamen „der Gerechte" ein. Daß er hingerichtet worden sei, ist ein Irrtum Senecas (An Mutter Helvia 13,7), der ihn wohl mit Phokion dem Rechtschaffenen (402–318) verwechselt.

Aristophanes: der bedeutendste gr. Komödiendichter des 5. Jh. v. Chr.; in den ‚Wolken' (423 aufgeführt) machte er → Sokrates – zu Unrecht – zum typischen Wortverdreher und ärgsten der Sophisten.

Aristoteles: bedeutender Philosoph (384–322), Schüler → Platons, Begründer der wissenschaftlichen Logik und ungemein fruchtbarer Universalgelehrter. Er übernahm 342 die Erziehung → Alexanders, kehrte 335 nach Athen zurück und gründete eine eigene Philosophenschule, den Peripatos. 322 wurde er der Gottlosigkeit angeklagt und mußte in die Verbannung gehen.

Arkesilaos: gr. Philosoph des 3. Jh. v. Chr., Gründer der „mittleren Akademie", für die eine Rückbesinnung auf die Dialektik des → Sokrates kennzeichnend ist.

Armenien: Königreich im Nordosten Kleinasiens, am Oberlauf von → Euphrat und Tigris.

Asinius Pollio: Schriftsteller und Politiker des 1. Jh. v. Chr., Parteigänger → Caesars und des Marcus → Antonius, wid-

mete sich seit 31 v. Chr. ausschließlich seinen literarischen Neigungen.

Athen: bedeutendste Stadt auf der griechischen Halbinsel Attika, Heimat bedeutender Dichter und Philosophen.

Athenodoros: Stoiker des 1. Jh. v. Chr., Leiter der Bibliothek von Pergamon, danach Hausphilosoph des jüngeren →Cato.

Atilius: →Regulus

Atrium: zentraler Raum des römischen Hauses, meist mit einer Dachöffnung, dem Compluvium, und einem Auffangbecken für das Regenwasser (Impluvium).

Attalos: Name verschiedener Könige von Pergamon an der kleinasiatischen Westküste: Attalos I. besiegte um 240 v. Chr. die keltischen Galater und errichtete als Siegesdenkmal den berühmten Pergamonaltar. Attalos II. unterstützte Rom gegen König →Antiochos, Attalos III., dessen Reichtum sprichwörtlich war, vererbte 133 v. Chr. sein Reich den Römern.

Atticus, Titus Pomponius: gebildeter, reicher römischer Ritter, verließ während der Gewaltherrschaft →Sullas Rom und verbrachte gut 20 Jahre in Athen, das er großzügig förderte. Nach seiner Rückkehr 65 v. Chr. schloß er Freundschaft mit →Cicero, die sich bewährte, als dieser in die Verbannung gehen mußte. Ihm ist auch die Verbreitung von Ciceros Schriften und dessen Aussöhnung mit →Caesar nach Beendigung des Bürgerkriegs zu danken. Die erhaltenen Briefe Ciceros an ihn schildern ihn als feinsinnigen Literaten, eifrigen Kunstsammler und klugen Diplomaten.

Augustus: Gaius Iulius Caesar Octavianus Augustus (63 v. Chr. – 14 n. Chr.), der Adoptivsohn und Erbe →Caesars, griff als Neunzehnjähriger in die Auseinandersetzungen nach dem Tod des Diktators ein, verband sich mit dem zuerst bekämpften Marcus →Antonius und besiegte die Mörder seines Adoptivvaters. Ein neuer Konflikt mit Antonius führte zum Bürgerkrieg und – nach dem Seesieg bei Actium – zur Alleinherrschaft des Octavian, der nur

scheinbar die alte Verfassung wiederherstellte und sich *princeps*, der Erste, nennen ließ. Der Senat ehrte ihn mit dem Beinamen Augustus, der Erhabene; aus einem skrupellosen, gegenüber seinen Feinden brutalen jungen Mann wurde der Herrscher, der Rom nach einem Jahrhundert der Bürgerkriege den Frieden gab.

Aurelius: →Cotta

Aventin: einer der sieben Hügel Roms.

Babylon: Hauptstadt des babylonischen Reichs in Mesopotamien, am →Euphrat gelegen und von mächtigen Mauern umgeben, die es aber weder gegen die Perser noch gegen →Alexander schützen konnten.

Bacchus: gr. Dionysos, der Gott des Weins, der nach der Sage seinen Kult selbst in der Welt verbreitete und dabei bis nach Indien kam.

Baktrianer: Volk im heutigen Afghanistan.

Betilienus Bassus: Verschwörer gegen →Caligula.

Bibulus, Marcus (nicht Lucius, wie ihn Seneca ad Marciam 14, 2 nennt) Calpurnius B.: Kollege und erbitterter Gegner Caesars als Konsul im Jahr 59 v. Chr., Schwiegersohn des jüngeren →Cato, Exponent der Konservativen im Senat, stellte sich erfolglos, gegen Caesars Ackergesetz, das altgedienten Soldaten des →Pompeius und kinderreichen Familien Siedlungsland verschaffte, verlegte sich danach auf passiven Widerstand, erreichte damit aber nur, daß man im Spott vom Konsulat des Gaius und des Julius, also von einer Alleinregierung Caesars, sprach.

Bion (vom Borysthenes): gr. Philosoph in der Nachfolge des →Diogenes, erfolgreicher „Wanderprediger" des 3. Jh. v. Chr., der ethische Fragen packend, farbig und drastisch darzustellen verstand.

Bocchus: König von →Mauretanien, der seinen Schwiegersohn →Jugurtha zunächst schützte, aber schließlich an →Sulla auslieferte.

Britannicus: Sohn des Kaisers →Claudius von Messalina,

gegenüber dem Adoptivsohn →Nero zurückgesetzt und bald nach dem Tod des Kaisers vergiftet.

Britannien: das heutige England, dessen Süden unter Kaiser →Claudius erobert und zur römischen Provinz gemacht wurde. Spätere Kaiser dehnten diese bis zur schottischen Grenze aus.

Bruttium: Landschaft in Süditalien.

Brutus: 1. Lucius Iunius B.: sagenhafter Begründer der römischen Republik, der 509 v. Chr. den letzten König, Tarquinius Superbus, stürzte; den Anstoß dazu soll nach Livius I 57, 6ff. die Vergewaltigung der tugendhaften →Lucretia durch den Königssohn Sextus Tarquinius gegeben haben.

2. Marcus Iunius B.: Neffe des Marcus Porcius →Cato Uticensis, der ihm nach dem Tod des Vaters eine solide Ausbildung ermöglichte. Im Bürgerkrieg kämpfte er auf Seiten des →Pompeius, was ihm Caesar ebenso verzieh wie dem Schwager des Brutus, Gaius Cassius. Trotzdem stellten sich beide an die Spitze der Verschwörer, die Caesar am 15. März 44 v. Chr. töteten. Für Brutus, der sich den Idealen der stoischen Philosophie verpflichtet fühlte und auch als Schriftsteller hervortrat, war diese Tat legitim, da der Ermordete nach der Alleinherrschaft, ja nach der Königskrone, gestrebt habe. Im Kampf mit Octavian, dem Erben Caesars, und Marcus →Antonius wurde er 42 v. Chr. bei Philippi geschlagen und endete einen Tag nach der Niederlage durch Selbstmord.

Caelius, Marcus C. Rufus: röm. Redner und Politiker, von →Cicero ausgebildet und, als ihn seine Freundschaft mit der berüchtigten Clodia, der Schwester des →Clodius, in Bedrängnis brachte, erfolgreich verteidigt. Später schloß er sich →Caesar an und fand im Bürgerkrieg den Tod.

Caepio, Fannius: bei Sueton, Augustus 19, genannter Verschwörer.

Caesar, Gaius Iulius: röm. Politiker, Heerführer und Schriftsteller (100–44), wäre als Neffe des Gaius →Marius

beinahe ein Opfer →Sullas geworden; er diente als Offizier in Kleinasien, wurde 62 Prätor und konnte als Gouverneur in Spanien seine ungeheuren Schulden abtragen. Das politische Bündnis mit →Pompeius und →Crassus (1. Triumvirat, 60) ebnete ihm den Weg zum Konsulat. Danach bekam er den römischen Besitz im Keltenland diesseits und jenseits der Alpen als Provinz zugewiesen und eroberte von da aus das ganze heutige Frankreich. Zunehmende Entfremdung von Pompeius und wachsender Widerstand in Rom bestimmten Caesar, den Schritt in den Bürgerkrieg zu tun. Als Sieger bewies er ungewöhnliche Milde, doch sein Streben nach der Königskrone wurde ihm zum Verhängnis: Verschwörer unter Führung von Brutus und Cassius töteten ihn am 15. März 44.

Caesaren: die römischen Kaiser seit Augustus

Caligula („Stiefelchen"): Beiname des Kaisers Gaius Iulius Caesar Germanicus, der schon als Kind bei den Feldzügen seines Vaters dabeigewesen war. Nach dem Tod des Tiberius 37 n.Chr. trat er dessen Nachfolge an und regierte zuerst milde; bald aber verwandelte er sich in ein despotisches, wahnsinniges, mörderisches Scheusal, das 41 einer Verschwörung zum Opfer fiel.

Cannae: Ort in Apulien, wo 216 v.Chr. →Hannibal die Römer vernichtend schlug.

Canus Iulius: vornehmer Römer z.Zt. des →Caligula; von seiner Unerschütterlichkeit berichtet Seneca in Die Ruhe der Seele 14,4.

Catilina, Lucius Sergius: römischer Adliger, Helfershelfer →Sullas, durch ein ausschweifendes Leben schwer verschuldet. Als seine Bewerbungen um das Konsulat scheiterten, plante er einen Staatsstreich, der von →Cicero 63 v.Chr. vereitelt wurde. Catilina fiel an der Spitze seines Rebellenheers.

Cato: 1. Marcus Porcius Cato Censorius, der „alte" Cato (234–149), ein politischer self-made-man *(homo novus)* aus Tusculum, der trotz zahlreicher Anfeindungen alle wichtigen Staatsämter errang und als →Zensor rigoros

gegen Unsitten, die eingerissen waren, vorging. Von seinem unversöhnlichen Haß gegen →Karthago zeugt der Satz „Im übrigen bin ich dafür, daß Karthago zerstört werden muß."

2. Cato, Marcus Porcius d.J.: nach der Stadt Utica in Nordafrika, wo er sich den Tod gab, Uticensis genannt, Urenkel des vorigen, 95–46, erbitterter Gegner Caesars, ausführlich charakterisiert in der Einführung.

Catulus, Quintus Lutatius: Kampfgenosse des Gaius →Marius, mit dem zusammen er die →Kimbern besiegte. Weil er sich später gegen Marius' Parteigänger Cinna stellte, wurde er geächtet und nahm sich 87 v.Chr. das Leben.

Chaerea, Cassius: einer der Mörder →Caligulas.

Charybdis: sagenhaftes Unwesen, das in regelmäßigen Abständen das Meerwasser einsog und dabei ganze Schiffe verschlang, später mit einem gefährlichen Strudel in der Straße von Messina gleichgesetzt.

Chiron: weiser →Zentaur, Erzieher des Achilleus und anderer Helden.

Chrysipp(os): stoischer Philosoph des 3.Jh. v.Chr., brachte die Lehre in ein geschlossenes System.

Cicero, Marcus Tullius: römischer Redner, Politiker und Schriftsteller (106–43), bewährte sich als Anwalt, Ankläger und Verwaltungsbeamter, errang, obwohl er nur aus dem Ritterstand und aus der Provinzstadt Arpinum stammte, im Jahre 63 das Konsulat und deckte die Verschwörung des →Catilina auf. Die eigenmächtige Hinrichtung mehrerer Verschwörer lieferte später dem Tribunen →Clodius den Vorwand, Ciceros Verbannung zu beantragen, aus der er freilich schon nach einem Jahr zurückgerufen wurde. Im Bürgerkrieg schloß er sich →Pompeius an, was ihm →Caesar als milder Sieger verzieh. Dessen Alleinherrschaft nahm Cicero nach eigenem Urteil die Möglichkeit politischer Betätigung; er verfaßte in dieser Zeit wichtige Schriften zur Rhetorik und Staatsphilosophie; nach Caesars Ermordung griff er mit seinen ‚Philippischen Reden' gegen Marcus →Antonius noch

einmal in die Politik ein und bezahlte sein Engagement, von Antonius geächtet, mit dem Leben.

Cincinnatus, Lucius Quinctius: Diktator 458 v. Chr., vom Pflug weg in sein Amt berufen, das er – nach erfolgreichem Kampf gegen ein feindliches Heer – schon 16 Tage später wieder niederlegte. Cincinnatus gehört zu den Sagenhelden der römischen Frühzeit, in denen sich Tapferkeit, Uneigennützigkeit und Schlichtheit vereinen.

Claudius: 1. Appius C. Caudex: Konsul 264 v. Chr., veranlaßte den Bau von Schiffen für den Seekrieg mit → Karthago. 2. Tiberius Claudius Nero Germanicus, römischer Kaiser 41–54, kränkelte bereits als Kind, hinkte und stotterte, weshalb ihn sogar seine Mutter mit Verachtung behandelte. Die Regierungszeit des → Caligula überlebte er wohl nur deshalb, weil ihn der mißtrauische Despot für einen harmlosen Narren hielt. Von der Leibgarde nach Caligulas Ermordung zum Kaiser ausgerufen, zeigte der gebildete, vor allem an Geschichte und Rechtswesen interessierte Claudius durchaus Talent für sein Amt und betraute fähige Freigelassene mit wichtigen Aufgaben, doch war er Wachs in den Händen seiner Frauen, der ausschweifenden Messalina und, nach ihrer Hinrichtung, der jüngeren Agrippina, die es durchsetzte, daß er ihren Sohn → Nero adoptierte. Als dieses Ziel erreicht war, räumte ihn Agrippina durch Gift aus dem Weg.

Clodius, Publius C. Pulcher: Volkstribun, Anhänger → Caesars, setzte 58 v. Chr. → Ciceros Verbannung durch, terrorisierte Rom mit einer bewaffneten Bande und fand bei innenpolitischen Unruhen den Tod.

Cloelia: junge Römerin, die der Sage nach 508 v. Chr. dem Etruskerkönig Porsenna als Geisel ausgeliefert wurde, aber entkam und auf ihrer Flucht den Tiber durchschwamm. Die Römer brachten sie zu Porsenna zurück, der ihr wegen des bewiesenen Mutes die Freiheit schenkte und auch noch weitere Geiseln freiließ. Ein Reiterstandbild an der → Heiligen Straße wurde später mit ihr in Verbindung gebracht.

Corbulo: Beiname in der Familie der Domitier.

Cordus: →Cremutius

Cornelia: 1. Tochter des älteren →Cornelius Scipio, Mutter des Tiberius und Gaius Gracchus sowie der Sempronia, der Frau des jüngeren Scipio; den Verlust von neun weiteren Kindern trug sie ebenso gefaßt wie das tragische Ende der beiden →Gracchen. Späteren Generationen galt diese hochgebildete, kraftvolle Frau als Muster einer Römerin. 2. Frau des →Livius Drusus (1.)

Cornelierinnen: Frauen aus der Familie der Cornelier, vor allem die berühmte →Cornelia (1.)

Cornelius Fidus: Schwiegersohn des Dichters →Ovid.

Cornelius Scipio: 1. Publius C. S. Africanus: der Sieger über →Hannibal bei Zama (202 v.Chr.) und – zusammen mit seinem Bruder Lucius Cornelius Scipio Asiaticus – über →Antiochos. Ungeachtet seiner großen Leistungen für Rom sah er sich wegen seines ausgeprägten Selbstbewußtseins und einer gewissen Selbstherrlichkeit im Alter schweren Anfeindungen ausgesetzt, vor allem seitens des alten →Cato; er starb in freiwilliger Verbannung. Über die Hintergründe des Konflikts, in dem er seinem Bruder beistand, unterrichtet ausführlich Gellius, Noctes Atticae VI 19: Dem Asiaticus war von einem Volkstribunen – vielleicht im Zusammenhang mit dem Vorwurf, Kriegsbeute unterschlagen zu haben, – eine Geldbuße auferlegt und befohlen worden, dafür Bürgen zu stellen; andernfalls werde er ins Gefängnis geworfen. Daraufhin appellierte Africanus an die übrigen Tribunen, einen Mann, der Konsul gewesen sei und einen Triumph gefeiert habe, vor willkürlichen Maßnahmen ihres Kollegen zu schützen, und konnte, von dem Tribunen Tiberius Sempronius Gracchus unterstützt, seinen Bruder vor der Verhaftung bewahren. Daß er diesem schon vorher zu Hilfe gekommen sei, als ihn ein Vollzugsbeamter abführen wollte, davon weiß Gellius nichts mehr.

2. Publius C. S. Aemilianus Africanus Numantinus, einer der vier Söhne des →Aemilius Paullus, durch Adoption in

die Familie der Cornelier aufgenommen, genoß eine sorgfältige Erziehung und kam schon früh in Kontakt mit griechischen Philosophen. Als energischer General führte er den dritten Krieg gegen →Karthago, der mit der völligen Zerstörung der Stadt endete, und den Feldzug gegen →Numantia. Innenpolitisch war er ein erklärter Gegner der →Gracchen, deren Anhang man seinen plötzlichen Tod 129 v. Chr. anlastete. →Cicero hat den jüngeren Scipio in verschiedenen Schriften zum idealen Staatsmann verklärt.

Coruncanius, Titus: röm. Oberpriester und Rechtsgelehrter des 3. Jh. v. Chr.

Cossura: kleine Insel südlich von Sizilien

Cotta, Gaius Aurelius: Freund des Volkstribunen →Livius Drusus, nach dessen Tod angeklagt, von seiner Mutter Rutilia in die Verbannung begleitet. Cotta machte nach seiner Rückkehr Karriere, wurde 75 v. Chr. Konsul und starb im folgenden Jahr als Prokonsul der Provinz Gallia Cisalpina.

Crassus, Marcus Licinius: römischer Politiker, der im Zusammenhang mit →Sullas Proskriptionen ein Riesenvermögen erwerben konnte; im Bunde mit →Caesar und →Pompeius suchte er seine eigene Machtstellung auszubauen. Er fiel 53 v. Chr. im Kampf gegen die →Parther.

Cremutius, Aulus C. Cordus: römischer Historiker des 1. Jh. n. Chr., wurde unter →Tiberius auf Betreiben →Sejans angeklagt, weil er in seinen Schriften „den Marcus →Brutus gelobt und Gaius Cassius den letzten Römer genannt habe" (Tacitus, Annalen IV 34); noch ehe ein Urteil gefällt war, starb Cordus eines freiwilligen Hungertodes. Seine Werke wurden auf Senatsbeschluß verbrannt.

Curius, Marcus C. Dentatus: römischer Konsul und General des 3. Jh. v. Chr., sprichwörtlich wegen seiner Unbestechlichkeit. In seinem Triumph über die Karthager 250 v. Chr. soll er erstmals erbeutete Elefanten mitgeführt haben.

Dareios: Name verschiedener persischer Großkönige; Dareios I. (522–486) stürzte den Usurpator Gaumata, den „Magier", und schuf das von den Griechen zu Recht bewunderte Verwaltungssystem seines Reichs. Ein Aufstand der Griechenstädte in Kleinasien gab Anlaß zu einer Expedition gegen Griechenland, doch verlor Dareios in einem schweren Sturm den Großteil seiner Flotte. Beim Versuch, in der Nähe von Marathon zu landen, unterlag sein Heer 490 den von Miltiades geführten Athenern.

Demetrios: 1. kynischer Philosoph des 1. Jh. n. Chr., der in Rom lehrte und von Seneca wegen seiner Offenheit gerühmt wird.

2\. ein reicher Freigelassener des →Pompeius.

3\. Demetrios Poliorketes, der „Städtestürmer", Sohn des →Antigonos, eroberte zweimal Athen, gewann 293 die Herrschaft über →Makedonien, wurde aber durch eine große Koalition seiner Feinde vertrieben und starb in Gefangenschaft.

Demochares: Diplomat aus Athen, der →Philipp beleidigte (Der Zorn III 23,2).

Demokrit: Philosoph des 5. Jh. v. Chr., aus Abdera, mit Leukippos Begründer der Atomlehre; zum „lachenden Philosophen" hat ihn erst spätere, romanhafte Überlieferung gemacht.

Denar: röm. Silbermünze (ca. 4 g) im Wert von 10 (später 16) As.

Diodoros: sonst unbekannter epikureischer Philosoph.

Diogenes: 1. Diogenes von Sinope: origineller Philosoph des 4. Jh. v. Chr., der das Ideal absoluter Bedürfnislosigkeit zu verwirklichen suchte; zahlreiche, freilich zumeist erst lange nach seinem Tod entstandene Anekdoten handeln davon: Diogenes habe in einem ausgedienten Faß gehaust, seinen Trinkbecher weggeworfen, als er einen Jungen aus der hohlen Hand trinken sah, und an König →Alexander nur die eine Bitte gerichtet: „Geh mir ein wenig aus der Sonne!" Den Zeitgenossen mißfiel das Provokante an seinem Auftreten; sie nannten ihn *kyon*, Hund – doch Dio-

genes nahm den Spottnamen als Ehrentitel an; darum hießen seine Anhänger, die gern auf offenem Markt ihre grimmigen Brandreden gegen menschliche Verkehrtheiten hielten, Kyniker.

2. Diogenes von Babylon: stoischer Philosoph, Schüler des →Chrysippos, Mitglied der berühmten Philosophengesandtschaft, die 156/55 in Rom für Aufsehen sorgte.

Diomedes: einer der tapfersten Griechen, die gegen Troja zogen. Sogar Götter, Ares und Aphrodite, soll er verwundet haben. Letztere rächte sich dadurch an ihm, daß sie seine Frau zum Ehebruch verführte, weswegen er, heil aus dem Krieg zurückgekehrt, nicht in seiner Heimat blieb, sondern nach Italien auswanderte, wo er beim König Apuliens Aufnahme fand.

Dionysios: 1. Dionysios I., Alleinherrscher von →Syrakus (um 430–367 v.Chr.), regierte die Stadt, gestützt auf Söldner und freigelassene Sklaven 42 Jahre lang und baute sie zu einer mächtigen Festung aus. Er drängte die →Karthager in den Westen Siziliens zurück und erweiterte seinen Machtbereich bis nach Unteritalien. Wegen seiner Rücksichtslosigkeit, seiner Härte und seines Mißtrauens galt Dionysios in der Antike als Musterbeispiel eines Tyrannen.

2. Dionysios II., ältester Sohn und schwacher, verschwenderischer Nachfolger von (1.), mit dem Philosophen →Platon befreundet, der seinen Idealstaat in Syrakus zu verwirklichen suchte. Nach einem Putsch konnte D. seine verlorene Hauptstadt für kurze Zeit zurückgewinnen; 344 v.Chr. wurde er endgültig gestürzt und ging ins Exil nach Korinth.

Dreißig Tyrannen: Mitglieder einer Junta von Adligen, die Athen nach seinem Zusammenbruch im Peloponnesischen Krieg (404 v.Chr.) mit Billigung der →Spartaner regierten und sich durch Terror und politischen Mord verhaßt machten. Einer der wenigen, die sich offen gegen sie stellten, war →Sokrates.

Drusilla: Lieblingsschwester des →Caligula, der sie bereits

als junges Mädchen verführt haben soll und bei ihrem Tod vor Trauer außer sich war.

Drusus: 1. Nero Claudius Drusus, Sohn der →Livia und Stiefsohn des →Augustus, in dessen Haus er erzogen wurde; jüngerer Bruder des Tiberius. Er kämpfte als fähiger General gegen die Alpenvölker und die Germanen. Bei einem Vorstoß über den Rhein stürzte er so unglücklich vom Pferd, daß er nach einigen Tagen starb. Seine Söhne waren →Germanicus und der spätere Kaiser →Claudius, sein Bruder →Tiberius.

2. Drusus Iulius Caesar, Sohn des →Tiberius aus erster Ehe, leitete im Auftrag seines Vaters seit 14 n.Chr. verschiedene militärische Unternehmungen auf dem Balkan und in Germanien und fiel, als möglicher Thronerbe, 23 n.Chr. einem von →Sejan angestifteten Komplott zum Opfer.

3. →Livius

Duilius, Gaius: errang 260 v.Chr. in der Seeschlacht von Mylae (an der Nordküste Siziliens) dank dem Einsatz von Enterbrücken den ersten Seesieg Roms über die Karthager.

Egnatius, Marcus: Rädelsführer einer Verschwörung gegen →Augustus (Sueton, Augustus 19).

Elius: Bordellbesitzer.

Ennius: vielseitiger römischer Dichter (239–169), aus Süditalien, von →Cato nach Rom gebracht, von →Cornelius Scipio d.Ä. und anderen Adligen gefördert. Neben Dramen, Satiren, einem Feinschmecker-Handbuch und anderen Bearbeitungen griechischer Vorlagen schuf er mit den Annales ein nationales Epos, das Sage und Geschichte Roms von der Flucht des Aeneas aus Troja bis in die Zeit der Kriege mit →Karthago schilderte. Ennius, der den Hexameter in Rom heimisch machte, beeindruckt durch urtümliche Sprachgewalt und kühne Wortschöpfungen, woran Spätere Anstoß nahmen.

Ephoros: gr. Historiker des 4.Jh. v.Chr., Verfasser einer bis auf Fragmente verlorenen Universalgeschichte.

Epikur (342–271): gründete 306 in Athen die „epikureische" Philosophenschule, nach deren Lehre die Lust das höchste Gut, der Schmerz aber das höchste Übel ist. Um Beunruhigungen zu meiden, hält sich ein rechter Epikureer von der Politik und von Konflikten mit der Masse fern, er „lebt im Verborgenen" und ergibt sich auch keineswegs schrankenlosem Genuß, sondern sucht sein Glück in der Bedürfnislosigkeit. Allerdings gab es viele, die ein ausschweifendes Leben durch Epikur legitimiert sahen und so seine materialistische, an die Atomtheorie →Demokrits anknüpfende Lehre in Verruf brachten, die auch das Eingreifen der Götter ins Menschenleben leugnet.

Etrusker: nicht-indoeuropäisches Volk, das in Süd- und Mittelitalien Stadtstaaten errichtete, nach Herodot I 94 infolge einer Hungersnot aus dem kleinasiatischen Lydien eingewandert, nach Dionys von Halikarnaß I 28, 2 seit je in Italien ansässig.

Euander: nach →Varro ein Arkadier, der 60 Jahre vor dem Trojanischen Krieg seine Heimat auf der Peloponnes verließ, nach Italien auswanderte und die erste Siedlung im Bereich des späteren Rom gründete.

Euphrat: Strom in Mesopotamien, dem heutigen Irak.

Fabianus, Papirius: röm. Philosoph, Schüler des →Sextius, mit Seneca bekannt.

Fabius, Quintus F. Maximus: römischer Heerführer und Diktator im Krieg mit →Hannibal, vermied große Schlachten und suchte den Gegner durch Guerilla zu schwächen, was ihm den Spottnamen „Zauderer" (*Cunctator*) einbrachte, aber auch das Lob durch →Ennius: „*Ein* Mann hat durch Zögern die Lage gerettet."

Fabiusbogen: Bogen über der Einmündung der Heiligen Straße ins Forum Romanum, 121 v. Chr. von einem Fabier errichtet.

Fabricius: römischer Heerführer des 3. Jh. v. Chr., kämpfte u. a. gegen König →Pyrrhos. Sein Mut, seine Unbestech-

lichkeit und Anspruchslosigkeit wurden in vielen Anekdoten gerühmt.

Fortuna: römische Glücks- und Schicksalsgöttin.

Gaius: 1. röm. Vorname; da man nur ganz vertraute Freunde mit dem Vornamen ansprach, ist es verständlich, daß →Caligula eine solche Anrede übelnahm.
2. Gaius (Iulius) Caesar war ein für die Thronfolge vorgesehener Enkel des Augustus, der Sohn seiner Tochter Iulia und seines alten Kampfgefährten Marcus Vipsanius Agrippa. Er wurde vom Kaiser 17 v. Chr. adoptiert, schon im jugendlichen Alter mit vielfachen Ehrungen ausgezeichnet und 1 v. Chr. mit der Führung eines Feldzugs nach Armenien betraut. In dessen Verlauf wurde Gaius bei einem Attentat verwundet und erlag der Verletzung auf der Heimreise 4 n. Chr.

Gallien: im allg. das Siedlungsgebiet der keltischen Gallier, d. h. das heutige Frankreich; „diesseitiges Gallien" nannten die Römer die von gallischen Einwanderern seit 400 v. Chr. in Besitz genommene Poebene.

Gallier: im engeren Sinn Bezeichnung der Bewohner Galliens, im weiteren auch der keltischen Völkerschaften, die auf ausgedehnten Wanderzügen nach Italien, Griechenland und Kleinasien gelangten. 386 v. Chr. hielten sie Rom – mit Ausnahme des →Kapitols – besetzt, 279 v. Chr. plünderten sie das Heiligtum von Delphi in Griechenland, ein Jahr später kamen Gallier als Söldner nach Kleinasien und begründeten dort den kurzlebigen Staat der „Galater".

Gallio: Marcus Annaeus Novatus, ein Bruder Senecas, von dem Redelehrer Iunius Gallio adoptiert.

Germanen: Sammelbezeichnung für sprachverwandte indoeuropäische Völkerschaften, die von Norden und Osten in das heutige Deutschland einwanderten und dabei die bisher dort ansässigen Kelten zurückdrängten. Als Bedrohung für Rom erwiesen sich die Kimbern und Teutonen, die auf der Suche nach Land bis nach Spanien kamen und

nach mehreren Siegen über römische Heere erst von
→ Marius bezwungen werden konnten.

Germanien: das Siedlungsgebiet der → Germanen links und
rechts des Rheins und nördlich der Donau.

Germanicus, Gaius Iulius Caesar G.: Enkel der → Livia,
Bruder des späteren Kaisers → Claudius, Neffe des → Tiberius, der ihn auf Geheiß des → Augustus adoptierte, ein
fähiger, sympathischer junger Mann, der sich auf verschiedenen Feldzügen in Germanien auszeichnete und nach
dem Tod des Augustus von Tiberius mit Verwaltungsaufgaben im Osten des Reichs betraut wurde. Dort starb er
19 n. Chr. im Alter von 34 Jahren.

Göttermutter: die kleinasiatische Göttin Kybele.

Gracchen: die Brüder Tiberius und Gaius Cornelius Gracchus, die zwischen 133 und 121 v. Chr. den Versuch unternahmen, durch Sozialreformen, v. a. durch Verteilung
von Ackerland, der Verelendung der Unterschicht infolge
langdauernder Kriege entgegenzuwirken. Beide scheiterten am Widerstand der Konservativen und fanden ein gewaltsames Ende.

Großgriechenland (Magna Graecia): Bezeichnung der von
griechischen Kolonisten besiedelten Teile Unteritaliens
(Kalabrien und Apulien)

Gyaros: kleine Kykladeninsel, in der römischen Kaiserzeit
berüchtigter Verbannungsort

Gyndes: Nebenfluß des Tigris, von → Kyros II. 539 v. Chr.
angeblich in 360 Rinnsale aufgeteilt.

Hannibal: Karthagischer General (247–183), führte zu Beginn des 2. Punischen Kriegs sein Heer über die Alpen
nach Italien und fügte Rom mehrere schwere Niederlagen
zu (→ Trasumenersee, → Cannae), bis er zum Schutz seiner Heimat abberufen wurde und → Cornelius Scipio dem
Ä. unterlag. Auf Drängen Roms aus → Karthago verbannt, suchte er bei verschiedenen Herrschern des Ostens
Zuflucht und verübte schließlich Selbstmord, um nicht
den Römern ausgeliefert zu werden.

Harpagos: nach Herodot I 18ff. ein Adliger, dem der Mederkönig Astyages aufgrund eines Traums auftrug, sein Enkelkind Kyros zu töten. Er rettete das Kind, wofür sich Astyages mit der von Seneca in ‚Der Zorn' III 15,1 beschriebenen grausigen Mahlzeit rächte. Astyages wurde später von H. im Bunde mit Kyros gestürzt.

Heilige Straße: Straße in Rom, die von der Velia, einer Anhöhe nordöstlich des Palatins, zum Forum führte. An ihr lagen mehrere für den Kult bedeutsame Gebäude wie z. B. der Tempel der Vesta und der der Laren.

Helvia: Senecas Mutter, die um Christi Geburt, noch sehr jung, den wesentlich älteren Rhetor Lucius Annaeus Seneca heiratete. Ob sie aus Italien oder Spanien stammte, ist nicht zu ermitteln; von ihren literarischen Interessen und ihrem Bildungsgang spricht Seneca in seiner Consolatio, der einzigen Quelle zur Biographie einer gewiß bemerkenswerten Frau.

Heraklit: eigenwilliger Philosoph des 6. Jh. v. Chr., aus Ephesos, ein Verächter der Masse und scharfer Kritiker seiner Vorgänger. Das Weltgetriebe ist für ihn bestimmt vom ständigen Wechsel („der Krieg ist der Vater aller Dinge"); doch im scheinbaren Chaos der Gegensätze erkennt er das Wirken des Logos, eines ewigen vernünftigen Prinzips.

Herennius Macer: Freund →Caligulas.

Herkulaneum: Stadt in der Nähe des Vesuvs.

Herkules: bärenstarker Halbgott, Sohn des Zeus und der Alkmene, der im Dienst seines Bruders Eurystheus zwölf „Arbeiten" verrichtete und sogar den Höllenhund aus der Unterwelt holte.

hesperisch: soviel wie italisch, abgeleitet von der griechischen Bezeichnung Italiens als Hesperia, Westland.

Hieronymos: gr. Philosoph aus Rhodos, lehrte im 3. Jh. v. Chr.

Hippias: Sohn des →Peisistratos, Tyrann von Athen, der nach der Ermordung seines Bruders Hipparchos aus Angst vor weiteren Attentaten die Zügel straffer anzog und deshalb 510 v. Chr. vertrieben wurde.

Hispanier: die keltischen Bewohner des heutigen Spanien

Hölzerne Brücke: der *pons sublicius*, eine Pfahlbrücke über den Tiber, war ein beliebter Standplatz von Bettlern.

Homer: nach der Überlieferung der erste Dichter der Griechen, dem neben den beiden großen Epen, der Ilias und der Odyssee, noch weitere epische Dichtungen und Götterhymnen zugeschrieben, aber bereits im Hellenismus auch abgesprochen wurden. Heute steht ziemlich fest, daß die Odyssee eine Generation nach der Ilias entstanden ist und daß in beiden Werken eine reiche mündliche Tradition ihren Niederschlag fand. Die wohlüberlegte Komposition verbietet es jedoch, Ilias und Odyssee als bloße Kompilationen älteren „Liedguts" zu betrachten. Wer immer sie geschaffen hat, verdient die Bezeichnung Genie.

Hortensius, Quintus H. Hortalus: bedeutender römischer Redner, älterer Zeitgenosse →Ciceros, trat mehrfach (z.B. im Verresprozeß) gegen diesen auf, bis er dessen Befähigung erkannte und zu seinem Partner wurde.

Ida: Gebirge im nordwestlichen Kleinasien.

Ilias: „Homer" zugeschriebenes Epos vom Kampf um Troja.

Isokrates: bedeutender griechischer Redelehrer und Erzieher (436–338), gilt als Vater des allgemeinbildenden Unterrichts.

Joch: wer besiegte Soldaten „unters Joch schickte", tat ihnen schwere Schmach an: sie mußten gebückt einen aus drei Speeren gebildeten niedrigen Durchgang passieren und galten dann als ehrlos.

Juba: König von →Mauretanien, stand im Bürgerkrieg auf der Seite des →Pompeius und suchte nach dessen Niederlage im Zweikampf mit →Petreius den Tod.

Jugurtha: Herrscher von Numidien in Nordafrika, geriet, weil er den einen Sohn seines Adoptivvaters Micipsa tötete und den anderen vertrieb, mit den Römern in Konflikt, vereitelte aber gegen ihn gerichtete Maßnahmen durch Bestechung und kam zu der Ansicht, alles in Rom sei käuf-

lich. Erst als Gaius →Marius die Kriegführung übernahm, kam er in Bedrängnis und floh zu seinem Schwiegervater →Bocchus, der ihn an →Sulla, den Quästor des Marius, auslieferte. Jugurtha wurde 104 v. Chr. in Rom hingerichtet.

Julia: 1. Tochter des Augustus, in zweiter Ehe mit seinem alten Kampfgefährten Agrippa, in dritter mit seinem Adoptivsohn Tiberius verheiratet, der sie vernachlässigte und sich nach Rhodos zurückzog. Julia konnte nun einen ganzen Kreis von Liebhabern um sich sammeln, mit denen sie die Ermordung des Tiberius und vielleicht auch des Augustus geplant haben mag. 2 v. Chr. veranlaßte der Kaiser die Scheidung ihrer Ehe und verbannte die lebenshungrige Frau auf eine einsame Insel.

2. Ehrentitel der →Livia nach ihrer Aufnahme in die Familie der Iulier.

Jullus: Antonius Iullus, ein Sohn des Marcus →Antonius, verfolgte, als er sich mit →Julia (1.) einließ, vielleicht auch hochverräterische Ziele und wurde deshalb 2 v. Chr. getötet. Auf diese vermutete Verschwörung spielt Seneca in seiner Schrift über ‚Die Kürze des Lebens' 4,6 an; die „Frau, die man im Bund mit einem Antonius fürchten mußte", ist demnach Julia.

Jupiter: höchster römischer Gott, gr. Zeus; sein Haupttempel stand auf dem →Kapitol, daher die Bezeichnung „kapitolinischer Jupiter".

Kambyses: Perserkönig (529–522), Eroberer Ägyptens, scheiterte bei dem Versuch, Nubien zu unterwerfen, weil das Heer nicht verpflegt werden konnte.

Kampanien: fruchtbare, früh kolonisierte Landschaft in Mittelitalien, um Neapel, Puteoli, Pompeji.

Kantabrer: ligurisch-keltische Stammesgemeinschaft an der nordspanischen Atlantikküste und in der Sierra de Cantabria.

Kapitol: Burghügel von Rom mit dem Haupttempel der Stadt.

Karneades: gr. Philosoph der mittleren Akademie, hielt als Mitglied der berühmten Philosophengesandtschaft von 156/55 in Rom zwei gegensätzliche Reden über die Gerechtigkeit. K. vertrat in der Nachfolge des →Arkesilaos als entschiedener Skeptiker die Ansicht, angesichts der Unzuverlässigkeit der menschlichen Sinne gebe es keine Möglichkeit, das Wahre zu erkennen; man müsse sich daher eines Urteils enthalten.

Karthager: die Einwohner von →Karthago, die ihre Herrschaft über große Teile Nordafrikas und Siziliens, ja sogar bis Sardinien ausdehnten und, nach dem ersten verlorenen Krieg mit den Römern, sich in Spanien festzusetzen suchten.

Karthago: phönizische Kolonie in Afrika, beim heutigen Tunis, reich durch Landwirtschaft und Fernhandel, unterlag Rom im Kampf um die Vorherrschaft im Mittelmeerraum in drei Kriegen und wurde 146 v. Chr. gründlich zerstört.

Kastortempel: auf dem Forum von Rom, an der Quelle Juthurna.

Keryx: Herold, Ausrufer, Verkünder des Beginns religiöser Feste.

Kimbern: germanisches Volk, das nach mehreren Siegen über römische Heere von Marius 101 v. Chr. vernichtend geschlagen wurde.

Kleanthes: stoischer Philosoph des 3. Jh. v. Chr., pries die Weltvernunft in einem berühmten Hymnos an Zeus.

Kleitos: Freund →Alexanders, von diesem beim Gelage mit einem Speer durchbohrt, als er sich kritisch über den König äußerte.

Klient: Gefolgsmann eines Mächtigen, der ihm für seine Dienste und seine Ergebenheit Schutz, Rechtsbeistand und auch Unterhalt gewährt. Das Klientelwesen spielte in der römischen Gesellschaft und Politik eine bestimmende Rolle.

Konsul: jahrweise gewählter römischer Staatsbeamter, im Wechsel mit seinem Amtskollegen Inhaber der höchsten

Staatsmacht (Heeresführung, Gerichtsbarkeit, Einberufung des Senats und der Volksversammlung, Einbringen von Gesetzesanträgen, Abhalten von Wahlen), bei öffentlichen Auftritten von zwölf Amtsdienern (Liktoren) mit Rutenbündeln *(fasces)* und Beilen begleitet. Nach den amtierenden Konsuln benannte man in Rom die Jahre (z. B. „unter dem Konsulat des Mesalla und des Piso").

Korinth: griechische Stadt auf der Landenge zwischen Mittelgriechenland und der Peloponnes, in der Antike ein wichtiges Handelszentrum, das den Römern energischen Widerstand leistete und darum 146 v. Chr. zerstört, 44 v. Chr. aber neu gegründet wurde.

Krösus, gr. Kroisos: König von Lydien (um 550 v. Chr.), sprichwörtlich wegen seines Reichtums, aber auch wegen seines jähen Sturzes: Von →Kyros besiegt, sollte er verbrannt werden, wurde aber auf wunderbare Weise gerettet.

Kyniker: Bettelphilosophen und Wanderprediger in der Nachfolge des →Diogenes (1.).

Kyros d. Gr. (II.): Perserkönig (559–529), der die Großmachtstellung seines Reichs begründete; Sieger über →Kroisos und →Babylon; von seinem Krieg mit dem Fluß →Gyndes berichtet Herodot I 189.

Laberius: römischer Ritter, Verfasser von „Mimen", d. h. von derben Possen, wurde von →Caesar dazu veranlaßt, sich in einem Wettstreit mit →Publilius Syrus auf der Bühne zu messen. Den mit einem solchen Auftritt verbundenen Verlust der Ritterehre hob Caesar unmittelbar danach wieder auf.

Lentulus, Publius Cornelius: Teilnehmer an der Verschwörung →Catilinas; 63 v. Chr. hingerichtet.

Lepidus d. J.: Rädelsführer einer Verschwörung gegen Augustus (Sueton, Augustus 19).

Liber: Beiname des →Bacchus; ursprünglich war Liber wohl eine selbständige, altitalische Gottheit.

Ligurer: Sammelbezeichnung für die Völkerschaften, die

zwischen Rhonedelta und Appenin an der Mittelmeerküste sowie auf Korsika und Elba ansässig waren.

Liktor: Amtsdiener der →Konsuln.

Livia: dritte Frau des →Augustus, der sie ihrem Ehemann Tiberius Claudius Nero entführte, wiewohl sie von ihm bereits einen Sohn, den späteren Kaiser →Tiberius, hatte und mit einem zweiten – später Nero Claudius →Drusus genannt – schwanger ging. Ihr gegenüber bewies Augustus „bis an sein Lebensende die größte Hochachtung und Treue" (Sueton, Augustus 62), so daß die Ehe nach außen hin geradezu ideal erschien. Tatsächlich trachtete Livia, gegen den Widerstand ihres Mannes, hartnäckig danach, ihrem Sohn Tiberius den Thron zu sichern. Die Annahme, daß sie am Tod der anderen Prätendenten nicht unschuldig sei, hat einiges für sich.

Livius Drusus, Marcus: Volkstribun, der 91 v.Chr. die von den Konservativen gestoppten Reformen der →Gracchen wieder aufnahm und den römischen Bundesgenossen das Bürgerrecht verschaffen wollte, aber einem Mordanschlag zum Opfer fiel.

Lucilius: aus bescheidenen Verhältnissen in den Ritterstand aufgestiegener Freund Senecas, dem die Schrift über die Vorsehung und die *naturales quaestiones* gewidmet und an den die *epistulae morales* gerichtet sind.

Lucius (Iulius) Caesar: Enkel des Augustus, jüngerer Bruder des →Gaius Caesar, 2 n.Chr. in →Massilia verstorben.

Lucretia: nach der Sage eine besonders tugendhafte Römerin, die Sextus, der Sohn des letzten römischen Königs Tarquinius, vergewaltigte, während ihr Mann im Feld stand. Als sie diesem und →Brutus (1.) von ihrer Schande berichtet und beide zu einem Racheschwur veranlaßt hatte, tötete sie sich selbst.

Lucullus, Lucius und Marcus Licinius Lucullus, zwei befähigte Politiker und Militärs des 1.Jh. v.Chr.; Lucius tat sich vor allem im Krieg gegen den König Mithridates und durch besonders korrekte Provinzialverwaltung hervor; daß gerade ihn Bert Brecht in der Unterwelt verurteilen

läßt, hat Lucullus wohl nicht verdient, obschon er nach Crassus der reichste Mann seiner Zeit war und prächtige Villen, Parks und Gärten besaß, in denen er unter anderem den von ihm aus Kleinasien eingeführten Kirschbaum kultivierte. Er förderte Dichter, betätigte sich selbst als Schriftsteller und liebte einen gehobenen Lebensstil; ein reiches Mahl nennt man noch heute „lukullisch". Weniger bekannt ist, daß Lucius seine letzten Lebensjahre in geistiger Umnachtung hinbrachte und daß sein Bruder Marcus die Pflegschaft für ihn übernahm.

Lukanien: Landschaft in Süditalien.

Lysimachos: Leibwächter und Kapitän → Alexanders d. Gr., nach dessen Tod Herrscher in Thrakien.

Maecenas, Gaius Cilnius: langjähriger Vertrauter des → Augustus, literarisch interessierter Förderer des Horaz, Vergil und zahlreicher anderer Dichter; seine Heirat mit → Terentia belastete die Freundschaft mit dem Kaiser, der selbst an der kapriziösen Frau Gefallen fand.

Magier, der: ein persischer Priester namens Gaumata, der sich als ein (in Wirklichkeit ermordeter) Bruder des → Kambyses ausgab und gegen diesen erhob. Er wurde erst von → Dareios gestürzt.

Makedonen: Volk im Norden Griechenlands.

Makrobier, gr. makro-bioi: „die Langlebigen".

Manes: Sklave des → Diogenes; die Anekdote von seiner Flucht findet sich in Senecas Schrift ‚Die Seelenruhe' 8,7.

Marcellus, Marcus Claudius: 1. Freund des jüngeren → Cato (2.) und entschiedener Gegner → Caesars, von dem der nach → Mytilene Verbannte 46 v.Chr. begnadigt wurde. Auf der Rückreise nach Rom wurde Marcellus ein Jahr später im Piräus ermordet.
2. Neffe des → Augustus, Sohn seiner Schwester → Octavia, 25 v.Chr. mit der Kaisertochter Julia vermählt und für die Nachfolge vorgesehen, aber schon zwei Jahre später verstorben. An ihn erinnert noch heute das zu seinen Ehren errichtete Marcellustheater in Rom.

Marcia: Tochter des →Cremutius Cordus, dessen gerettete Werke sie zu Beginn der Regierung →Caligulas mit dem Einverständnis des jungen Kaisers herausgab.

Marcus: Enkel der →Helvia, Sohn des Marcus Annaeus →Mela, der spätere Dichter M. Annaeus Lucanus.

Marius, Gaius: (156–86), bedeutender römischer General, Sieger über →Kimbern und →Teutonen, siebenmal →Konsul, innenpolitisch weniger erfolgreich. Seine letzten Lebensjahre waren überschattet von dem erbitterten Konflikt mit →Sulla.

Marius, Marcus: ein Neffe des →Gaius Marius, von →Sulla geächtet, von →Catilina grausam ermordet.

Marsfeld: Exerzier- und Versammlungsplatz Roms im Bereich der heutigen Altstadt.

Massilia: gr. Massalia, das heutige Marseille, das griechische Auswanderer aus Phokaia um 600 v. Chr. gründeten.

Mauretanien: Königreich im Nordwesten Afrikas, am Atlasgebirge.

Meder: Volk im heutigen Iran, von den Griechen oft mit den Persern gleichgesetzt.

Megara: Stadt auf dem Isthmos von Korinth.

Mela, Marcus Annaeus M.: jüngster Bruder Senecas, hatte „in verkehrtem Ehrgeiz" (Tacitus, Annalen XVI 17) nicht die Ämterlaufbahn eingeschlagen, sondern sich als Rhetor und kaiserlicher →Prokurator betätigt. Als er nach dem Tod seines Sohnes, des Dichters Lucan, hart gegen dessen Schuldner vorging, wurde er durch einen gefälschten Brief der Teilnahme an der Verschwörung gegen Nero bezichtigt, die Lucan das Leben gekostet hatte. Mela öffnete sich daraufhin die Pulsadern.

Menenius Agrippa: römischer Patrizier und beredter Vermittler, der nach Livius II 32, 8 ff. im Jahr 494 v. Chr. im Auftrag des Senat zu den aus der Stadt Rom auf den Heiligen Berg ausgezogenen Plebejern gegangen sein soll, um sie zur Rückkehr zu bewegen. Das gelang ihm mit einer Fabel: Einmal hätten sich die anderen Teile des Körpers darüber empört, daß der Magen sich immerzu nur von

ihnen füttern lasse und offensichtlich nichts Sinnvolles tue. Sie verweigerten ihm darum den Dienst, merkten aber bald, daß sie selbst immer schwächer wurden, als der Bestreikte nichts mehr zu verdauen hatte. So stellten sie rasch die alte Eintracht wieder her. Bereits ein Jahr nach seinem großen Erfolg soll Menenius gestorben sein, und zwar in solcher Armut, daß der Staat die Begräbniskosten tragen mußte (Livius II 33, 10ff.).

Messalla, Marcus Valerius: Konsul 263 v. Chr., Eroberer von Messina/Messana, woran der – angeblich entstellte – Beiname erinnern soll.

Messina: Stadt im Nordosten Siziliens, in der Antike Messana.

Metellus, Lucius Caecilius: besiegte um 250 v. Chr. die Karthager auf Sizilien und führte die erbeuteten Elefanten im Triumph vor. Später wurde er Oberpriester; als er bei einem Brand ein besonders heiliges Bild, das Palladium, aus dem Vestatempel rettete, soll er erblindet sein.

Milet: Großstadt an der Westküste Kleinasiens, die Heimat der ältesten griechischen Philosophen und des Historikers Hekataios, ein Zentrum der Kultur, des Handels und der Kolonisation.

Mindyrides: ein →Sybarit.

Mithridates von Armenien: asiatischer Kleinkönig, von →Caligula gefangengehalten, von Kaiser Claudius wieder in sein Reich entlassen.

Murena, Varro: bei Sueton, Augustus 19, genannter Verschwörer.

Mytilene: bedeutende Stadt auf der griechischen Insel Lesbos

Neptun: Gott der Meere, gr. Poseidon.

Nomenklator: Sklave, der seinem Herrn die Namen der Entgegenkommenden nennen mußte.

Nomentanus: von Horaz in seinen Satiren mehrfach erwähnter Genießer und Verschwender.

Novatus: →Gallio.

Novatilla: Tochter des Novatus → Gallio

Numantia: Stadt in Nordspanien, 133 v. Chr. nach erbittertem Widerstand von → Cornelius Scipio d. J. erobert.

Octavia: ältere Schwester des → Augustus, in erster Ehe mit Gaius Claudius Marcellus, in zweiter mit Marcus → Antonius verheiratet, der sie verstieß. Danach widmete sie sich in Rom der Erziehung ihrer Kinder, vor allem des → Marcellus (2.), dessen frühen Tod sie nie verschmerzen konnte.

Odysseus: Held der ‚Homer‘ zugeschriebenen ‚Odyssee‘, dem Epos von der langen Irrfahrt des listenreichen Dulders, der das Hölzerne Pferd erbaute, den Kyklopen blendete und erst nach zwanzig Jahren in die Heimat zurückkehrte.

Oiobazos: nach Herodot IV 84 ein vornehmer Perser, dessen drei Söhne mit → Dareios ins Feld ziehen sollten; als er darum bat, ihm *einen* daheimzulassen, versprach der König, er werde ihm als seinem Freund die Bitte erfüllen, – und ließ alle drei töten.

Ovid (Publius Ovidius Naso): römischer Dichter (43 v. Chr. – 18 n. Chr.), Verfasser der ‚Metamorphosen‘, der ‚Liebeskunst‘ und – nach seiner Verbannung ans Schwarze Meer – der Tristien sowie der Epistulae ex Ponto.

Papinius, Sextus: Verschwörer gegen → Caligula, der ihn 40 n. Chr. zu Tode peitschen ließ.

Parther: iranisches Volk, gefährliche Gegner Roms, die 53 v. Chr. ein römisches Heer unter → Crassus bei Carrhae in Syrien vernichtend schlugen.

Pastor, Gaius: röm. Ritter, der → Caligulas Zynismus zu spüren bekam (Der Zorn II 33).

Paulinus: der Adressat der Schrift ‚Die Kürze des Lebens‘, nach den Hinweisen im Text in verantwortlicher Stellung als *curator annonae* („Ernährungsminister“) tätig.

Paulus (Paullus); → Aemilius

Peisistratos: Alleinherrscher („Tyrann“) von Athen (561–527), trat für die Kleinbauern und Handwerker gegen die

Großgrundbesitzer ein, schmückte die Stadt durch großartige Bauten (Zeustempel), ließ eine Wasserleitung anlegen und veranlaßte die Aufzeichnung der bisher mündlich überlieferten Dichtungen ‚Homers'.

Perseus: der letzte König von → Makedonien, von → Aemilius Paullus 168 v. Chr. bei Pydna geschlagen und beim folgenden Triumph in Rom mitgeführt.

Petreius: röm. Militär, Sieger über den Empörer → Catilina in der Schlacht bei Pistoria (62 v. Chr.), kämpfte im Bürgerkrieg auf der Seite des → Pompeius erst in Spanien, dann in Afrika gegen → Caesar und ging nach der verlorenen Schlacht bei Thapsus zusammen mit König → Juba in den Tod.

Phaidros: Freund und Schüler des → Sokrates.

Phalaris: Tyrann von Agrigent auf Sizilien (570–554), in der Überlieferung als besonders grausam geschildert.

Phasis: Fluß im südwestlichen Kaukasus.

Philipp II.: König von → Makedonien (356–336), Vater → Alexanders d. Gr., Sieger über eine von Athen angeführte Koalition der griechischen Stadtstaaten bei Chaironeia (338), von den Griechen als Bundesfeldherr für einen Rachezug gegen das Perserreich bestimmt, aber vor Beginn des Kriegs ermordet.

Philippos: Arzt → Alexanders d. Gr., der diesem mit einem starken Heilmittel das Leben rettete, als er beim Bad in einem kalten Fluß einen Kreislaufkollaps erlitten hatte. Alexander nahm damals die Arznei, obwohl Ph. bezichtigt worden war, ihn töten zu wollen.

Phokis: Stadt auf der Insel Euböa vor der Ostküste Griechenlands; vielleicht Mutterstadt des an der kleinasiatischen Westküste, nahe dem heutigen Izmir/Smyrna, gelegenen Phokaia, dessen Bewohner nach langer Irrfahrt Massalia/Marseille gründeten; ad Helviam 7,8 meint Seneca sicherlich Phokaia.

Piso, Gnaeus Calpurnius P.: Gouverneur von Syrien unter Tiberius, auch von Tacitus (Annalen II 43, 2) als gewalttätig (*violentus*) und rabiat (*ferox*) geschildert.

Platon: bedeutender griechischer Philosoph (427–347), Schüler des →Sokrates, den er in seinen Dialogen regelmäßig als Gesprächspartner auftreten läßt, Gründer der „Akademie" in Athen (386). Platon betrachtete die sichtbare Welt nur als Abbild einer höheren, wahren – der Welt der Ideen –, jedoch nicht als bloßen Schein. Der Unvollkommenheit vorhandener politischer Ordnungen setzte er seinen Staatsentwurf entgegen, der, entsprechend den von ihm angenommenen Teilen der menschlichen Seele, sich in drei Stände gliedern sollte, einen leitenden – die Philosophen –, einen mutvollen Krieger- und einen seine Triebe beherrschenden Handwerker- und Bauernstand. Platons Versuche, seinen Staat in Syrakus zu realisieren, scheiterten allerdings.

Plebs: die nichtadlige, aber freie Unterschicht in Rom.

Polybius: Freigelassener des →Caligula, literarisch gebildet und Verfasser von Paraphrasen zu Homer und Vergil, am Hof des →Claudius zunächst für den wissenschaftlichen Bereich (*a studiis*), später für die Bearbeitung von Eingaben und Bittschriften (*a libellis*) zuständig. So konnte Seneca, der ihm beim Tod eines seiner Brüder aus der Verbannung die *consolatio* sandte, darauf hoffen, daß der einflußreiche Mann die zahlreichen Hinweise auf das schlimme Geschick des Absenders nicht übersehen und sich womöglich für seine Begnadigung einsetzen werde. Ob das geschah, ist ungewiß; Polybius wurde noch vor Senecas Rückberufung auf Betreiben der Kaiserin Messalina umgebracht.

Pompeius: 1. Gnaeus P. Magnus: römischer Heerführer und Politiker (106–48), Sieger über Mithridates von Pontos und die Seeräuber, Partner →Caesars und des reichen →Crassus im sogenannten ersten Triumvirat, ergriff später die Partei des römischen Senats gegen Caesar, unterlag diesem im Bürgerkrieg und wurde auf der Flucht bei Alexandria ermordet.

2\. Gnaeus und Sextus Pompeius: →Pompeiussöhne

3\. ein Verwandter des →Caligula

Pompeiussöhne: die Söhne des →Pompeius (1.), Gnaeus und Sextus. Gnaeus fiel 45 v. Chr. im Kampf gegen →Caesar bei Munda, Sextus stritt für seinen Vater im Bürgerkrieg und leistete nach dessen Tod in Afrika und Spanien Caesar Widerstand. Der Tod des Diktators ermöglichte ihm die Rückkehr nach Rom, wo er sich mit Marcus →Antonius arrangierte und das Kommando über die römische Flotte erhielt. Die Annäherung des Antonius an Octavian, den späteren →Augustus, hatte die Ächtung des Sextus zur Folge. Dieser gab trotzdem sein Kommando nicht aus der Hand und brachte Rom durch Blockade der Getreidezufuhr in beträchtliche Schwierigkeiten, was Octavian zu Konzessionen zwang. Nach neuen Zerwürfnissen mit dem Herrn des Westens und einer vernichtenden Niederlage vor Sizilien floh Sextus in den Osten, verhandelte mit Antonius und rüstete zugleich gegen ihn. Auf der Flucht vor dessen überlegener Flotte wurde er gefangen und 35 v. Chr. in →Milet hingerichtet.

Pompeiustheater: von →Pompeius (1.) 55 v. Chr. errichteter Großbau auf dem Marsfeld; die Anlage ist im Straßenbild der römischen Altstadt heute noch erkennbar.

Prätor: hoher römischer Staatsbeamter, vor allem mit der Rechtsprechung befaßt.

Prätur: das Amt des Prätors

Priamos: König von Troja, der es über sich brachte, den furchtbaren Achilleus um die Herausgabe der Leiche des von jenem erschlagenen Hektor zu bitten (Homer, Ilias XXIV).

Priapus: kleinasiatischer Fruchtbarkeitsgott, mit riesigem Penis dargestellt.

Prokonsul: römischer Heerführer oder Gouverneur mit den Befugnissen eines →Konsuls.

Prokurator: Vermögensverwalter eines reichen Römers, oft ein Sklave oder Freigelassener; seit →Augustus übernahmen vom Kaiser bestellte Prokuratoren – nunmehr meist aus dem Ritterstand – auch öffentliche Aufgaben. Die Prokuratoren bezogen ein festes Gehalt und führten einen

Amtstitel, z. B. *procurator aquarum*, Direktor des Wasserleitungswesens.

Prytane: leitender Beamter in bestimmten griechischen Stadtstaaten.

Ptolemaios von Mauretanien: Sohn König →Jubas; vgl. Sueton, Caligula 26.

Publilius Syrus: römischer Mimendichter, Konkurrent des →Laberius; aus seinen Stücken sind zahlreiche sprichwortartige Zitate erhalten.

Pulvillus: Marcus Horatius P. trat nach dem Bericht des Livius (II 8, 4) 509 v. Chr. an die Stelle eines der durch Tod oder Verbannung ausgeschiedenen ersten Konsuln Roms und weihte den Jupitertempel auf dem Kapitol ein. Inwieweit er dabei priesterliche Funktionen übernahm, bleibt ungewiß.

Punier: röm. Bezeichnung der Bewohner →Karthagos wegen ihrer phönizischen („punischen") Herkunft.

Purpur: kostbare Farbe, aus dem Saft von Purpurschnecken vor allem an der Küste Phöniziens gewonnen; oft ist mit „Purpur" der Purpurstreif gemeint, mit dem die *toga praetexta* römischer Beamter gesäumt war.

Pyrrhus, gr. Pyrrhos: 1. König von Epirus im Nordwesten Griechenlands, kam 280 v. Chr. der Griechenstadt →Tarent gegen Rom zu Hilfe und errang in zwei verlustreichen Schlachten „Pyrrhussiege". Da die Römer zu keinem Frieden bereit waren, sah sich Pyrrhus schließlich zum Rückzug aus Italien gezwungen.

2. ein erfolgreicher Ausbilder von Boxern.

Pythagoras: Philosoph des 6. Jh. v. Chr., wanderte von der Insel Samos nach Unteritalien aus und gründete in Kroton eine elitäre Gemeinschaft, deren Mitglieder sich durch ein „reines", asketisches Leben (Fleischverzicht) die Voraussetzungen für eine höhere Existenz nach ihrer Wiedergeburt zu sichern trachteten. Das Weltgesetz, die „Harmonie", entdeckten die Pythagoreer in geometrischen und mathematischen Regeln (Satz des Pythagoras), aber auch in der Beziehung zwischen Saitenlänge und Tonhöhe, die

P. an einem einsaitigen Instrument, dem Monochord, untersucht haben soll. Da die Pythagoreer in den Städten, in denen sie wirkten, das öffentliche und private Leben nach ihren Vorstellungen gestalten wollten, waren sie bald schweren Verfolgungen ausgesetzt.

Pythios: nach Herodot VII 38 ff. ein Lyder, der →Xerxes vor dessen Zug nach Griechenland bat, ihm von seinen fünf Söhnen einen einzigen zu lassen. Xerxes ergrimmte deswegen, schalt Pythios einen „schlechten Menschen", der ihm, als sein Sklave, mit seinem ganzen Hausstand hätte in den Krieg folgen müssen, und ließ seinen ältesten Sohn auf der Stelle zweiteilen.

Quaestor: Ursprünglich mit der Untersuchung von Mordfällen betrauter römischer Beamter, später – als Helfer der →Konsuln und Provinzgouverneure – vor allem in der Finanzverwaltung tätig.

Quaestur: das Amt des Quaestors

Regulus, Marcus Atilius: röm. General, landete im 1. Punischen Krieg um 255 v. Chr. mit einem Heer in Afrika, wurde nach Anfangserfolgen geschlagen und geriet in Gefangenschaft; 250 wurde er nach Rom geschickt, um über den Austausch von Gefangenen und vielleicht auch den Frieden zu sprechen. Wiewohl er den Karthagern seine Rückkehr zugesagt hatte, falls die Verhandlungen ergebnislos blieben, riet er dem Senat, in keinem Punkte nachzugeben. Darauf begab er sich wieder nach Afrika und wurde angeblich von den Karthagern unter grausamen Martern getötet.

Remus: Bruder des sagenhaften Gründers von Rom, Romulus, der ihn tötete, als Remus die eben gezogene heilige Stadtgrenze übersprang.

Rhinokolura: Ort in Syrien, in dessen Namen Griechen das Wort Nase (rhis, rhinos) zu erkennen glaubten.

Rhodier: Einwohner der Insel Rhodos vor der kleinasiatischen Küste.

Rostra: die Rednertribühne auf dem Forum von Rom, benannt nach den Rammspornen *(rostra)* feidlicher Schiffe, die man als Schmuck an ihrer Front angebracht hatte.
Rutilia: die Mutter des →Cotta
Rutilius, Publius R. Rufus: stoisch gebildeter, im Krieg und in der Verwaltung besonders umsichtiger Römer, dem 92 v.Chr. die korrekte Behandlung der Bevölkerung in Kleinasien und Maßnahmen gegen die üblen Praktiken der Steuereintreiber eine von diesen lancierte Anklage wegen Erpressung eintrugen. Vor Gericht verzichtete er im Bewußtsein seiner Unschuld auf eine Verteidigung, wurde verurteilt und ging ins Exil.

Satrius Secundus: Günstling des →Sejan
Scaevola („Linkshänder"), Gaius Mucius Cordus: junger Römer, der sich nach sagenhafter Überlieferung in das Lager des Etruskerkönigs Porsenna schlich, als dieser 507 v.Chr. Rom belagerte. Statt des Königs tötete S. dessen prunktvoll gekleideten Sekretär, wurde festgenommen und bewies beim Verhör seine Unerschrockenheit, indem er seine rechte Hand in die Glut eines Kohlebeckens hielt. Dadurch beeindruckte er Porsenna angeblich so sehr, daß ihm dieser die Freiheit schenkte und mit den Römern Frieden schloß.
Scipio: →Cornelius Scipio
Sejan: Lucius Aelius Seianus, Leibgardenkommandant und Vertrauter des Tiberius, löschte nach dem Rückzug des Kaisers auf die Insel Capri als fast unumschränkter Herrscher Roms aus persönlichen Gründen die Familie des Germanicus aus und plante den Sturz des Kaisers. Das Komplott wurde aber verraten, Sejan verhaftet und mit seiner Familie 31 n.Chr. hingerichtet.
Senat: in der römischen Königszeit ein Ältestenrat, in dem nur Adlige vertreten waren, später, durch Aufnahme vornehmer Plebejer, Repräsentant der großen Familien Roms und ein Faktor der politischen Stabilität, da seine Mitglieder auf Lebenszeit gewählt waren, während die Amtsträ-

ger der Republik in der Regel jährlich wechselten. Der Senat wurde von den → Konsuln oder → Prätoren einberufen und konnte sich zu allen wichtigen Fragen äußern. Er kontrollierte die Staatsfinanzen, die Gesetzgebung, die Beamten und konnte in Krisenzeiten einen Diktator bestimmen oder den beiden Konsuln Sondervollmachten gewähren. In der Kaiserzeit war das Ansehen des Senats noch groß, sein Einfluß aber stark eingeschränkt.

Serenus, Annaeus: Verwandter Senecas, dem drei der kleinen Dialoge gewidmet sind; im Machtkampf zwischen Seneca und Neros Mutter Agrippina spielte S. insofern eine Rolle, als er Neros Geliebte, die Freigelassene Akte, als die seine ausgab.

Seriphos: unfruchtbare Kykladeninsel, in der römischen Kaiserzeit Verbannungsort.

Servilius, Bassin des: der *lacus Servilius* war ein großes Brunnenbecken auf dem römischen Forum.

Sesterz: römische Münze im Wert von zweieinhalb As, zunächst in Silber (ca. 1,4 g), dann – mit höherem Gewicht – in Kupfer oder Messing geprägt. Wiewohl der Wert eines Sesterzes recht gering war, gab man Preise bevorzugt in Sesterzen an.

Sextius: röm. Philosoph zur Zeit des Augustus.

Silen: der alte, dickbäuchige, meist betrunkene Erzieher und Begleiter des → Bacchus.

Skiathos: Insel vor der Küste von Magnesia.

Skythen: Volk im heutigen Südrußland, angeblich von besonderer Wildheit.

Sokrates: Philosoph aus Athen, um 470–399, Gegner der Aufklärungsbewegung der Sophisten, die an allem Überkommenen Kritik übte, und ihr doch insofern wesensverwandt, als er seinerseits den Menschen mit bohrenden Fragen zusetzte und Scheinwissen als solches entlarvte. Weil er angeblich die Staatsreligion in Frage stellte und die jungen Menschen, mit denen er debattierte, „verdarb", wurde er vor Gericht gezogen. In seiner Verteidigung betonte er, wie wichtig er in seiner Prüferrolle für die Stadt

sei und daß er eher Lohn als Strafe verdiene. Damit brachte er die Richter gegen sich auf und wurde zum Tod verurteilt. Eine Flucht aus dem Kerker, die seine Freunde ihm ermöglichen wollten, lehnte S. ab und trank, den Gesetzen der Stadt gehorsam, den Giftbecher.

Solon: bedeutender Politiker, Gesetzgeber, Sozialreformer und Dichter aus Athen (um 640–560), suchte als mit besonderen Vollmachten ausgestatteter „Versöhner" eine durch Verelendung und Schuldknechtschaft der Kleinbauern ausgelöste schwere Staatskrise durch einen allgemeinen Schuldenerlaß zu lösen und schuf eine neue Gesellschaftsordnung, in der die politischen Rechte und Pflichten der Bürger von ihrer finanziellen Leistungskraft abhängig gemacht wurden, sowie eine neue Verfassung mit einem „Rat der Vierhundert", der Kompetenzen des →Areopags übernahm. Diese Reformen hoben zwar die Konflikte nicht auf, ebneten aber den Weg Athens zur Demokratie.

Spartaner: dorische Einwanderer auf der Peloponnes, die als kleine Herrenschicht die unterworfene Bevölkerung in drückender Sklaverei hielten und, in ständiger Angst vor Revolten, größten Wert auf Disziplin und militärische Tüchtigkeit legten. Diesem Ziel diente eine ungemein strenge Gemeinschaftserziehung der Kinder, wozu auch das Auspeitschen im Tempel der Artemis gehörte. Ein rechter Spartaner sollte Schmerzen ertragen, wenig reden und energisch handeln. Gegen das Ausland schlossen sich die S. ab.

Speusippos: Neffe, Schüler und Nachfolger →Platons in der Leitung der Akademie.

Stadtprätor: der *praetor urbanus* war in Rom für die Gerichtsbarkeit zuständig, er leitete Prozesse, gab Rechtsauskunft und konnte auch Recht schaffen. 242 v.Chr. wurde das Amt des *praetor peregrinus* eingerichtet, um Streitsachen zwischen Fremden bzw. zwischen Römern und Fremden zu entscheiden.

Stilpon: Philosoph des 4. Jh. v. Chr., wirkte in →Megara.

Stoa: eig. „Halle", dann – nach ihrem Versammlungsort – Bezeichnung für die Philosophenschule der Stoiker, deren Lehre in der Einführung zu diesem Buch kurz dargestellt ist.

Stoiker: → Einführung S. 349 ff.

Suffet: phönizisch „schofet", Titel der beiden höchsten Staatsbeamten → Karthagos.

Sulla, Lucius Cornelius: römischer General und Politiker (138–78), bewährte sich im Krieg gegen →Jugurtha, im → Kimbern- und Bundesgenossenkrieg. Als → Marius ihm den Oberbefehl im Osten streitig machte, marschierte S. gegen Rom und richtete ein Massaker unter seinen Feinden an. Dann kämpfte er in Griechenland erfolgreich gegen König Mithridates, einen besonders gefährlichen Gegner Roms, und kehrte erst nach dem Friedensschluß wieder nach Italien zurück, wo ihm die Anhänger des inzwischen verstorbenen Marius und der rebellische Stamm der Samniten erbitterten Widerstand leisteten. Sulla setzte auf Terror, ließ morden und plündern und ächtete fast fünftausend römische Bürger. Diese „Proskribierten" waren vogelfrei; wer sie tötete, erhielt einen Teil ihres Besitzes, den anderen zog der Staat ein. Nach seinem Sieg wurde Sulla, der „Glückliche" (diesen Beinamen trug er nun offiziell), Diktator auf unbestimmte Zeit, ordnete den Staat nach seinen Vorstellungen, zog sich nach zwei Jahren aus der Politik zurück und starb wenig später.

Sybariten: Einwohner der unteritalischen Griechenstadt Sybaris; angeblich Erfinder einer besonders luxuriösen Form des Lebensgenusses, wegen ihrer „Schlechtigkeit" zuerst in zahlreichen Witzen verspottet („Sybariten bekommen schon Seitenstechen, wenn sie jemandem bei der Arbeit zusehen") und dann von ihren Nachbarn aus Kroton überfallen, die das angeblich lasterhafte Sybaris gründlich zerstörten und die Bewohner versklavten.

Syrakus: große Griechenstadt an der Südostküste Siziliens

Syrtenmeer: vor der Küste Nordafrikas (heute die Golfe von Bengasi und Gades), wegen seiner Untiefen und unberechenbaren Strömungen gefürchtet.

Tarent: von griechischen Kolonisten gegründete Stadt am nach ihr benannten Meerbusen in Süditalien.

Tarpeischer Felsen: am →Kapitol von Rom; von dort wurden Verräter herabgestürzt.

Telesphoros: ein Vertrauter des →Lysimachos, der ihn verstümmelte und in einen Käfig sperrte.

Terentia: Frau des →Maecenas.

Teutonen: germanisches Volk, das zusammen mit den →Kimbern seine Heimat verlassen hatte und nach mehreren Siegen über die Römer dem →Marius 102 v. Chr. unterlag.

Theben: Stadt in Mittelgriechenland (Böotien), nach der Sage Heimat des →Bacchus, des Ödipus und des Herkules.

Theodoros von Kyrene: Philosoph, Zeitgenosse des →Sokrates; der „Tyrann", der ihn nach Seneca (Die Ruhe der Seele 14) bedrohte, war →Lysimachos.

Theodotos: einer der Mörder des →Pompeius.

Theophrast: Philosoph des 4. Jh. v. Chr., Schüler und Nachfolger des →Aristoteles, Lehrer von rund 2000 jungen Leuten, ein ungemein fleißiger und vielseitiger Forscher und Schriftsteller, der sich mit Fragen der Ethik, Logik, Metaphysik, Medizin, Psychologie, Zoologie, Botanik, Astronomie und Religionsphilosophie gleich intensiv befaßte.

Thraker: Balkanvolk, das den Griechen als wild und leidenschaftlich galt.

Tiberius Iulius Caesar Augustus: Sohn der →Livia und Stiefsohn des Augustus, vor der Adoption durch diesen Tiberius Claudius Nero, wurde erst spät und widerwillig von dem alternden Kaiser zum Nachfolger bestimmt, wiewohl er sich als Feldherr vor allem in Germanien bewährt hatte. Seit 14 n. Chr. Kaiser, setzte Tiberius die Politik des Augustus fort, legte Wert auf Sparsamkeit und Gerechtigkeit und gab sich dem →Senat gegenüber betont korrekt. Im Lauf der Zeit ließ er jedoch seinem Vertrauten →Sejan in solchem Maß freie Hand, daß dieser daran denken konnte, den Kaiser zu stürzen. Der Plan wurde verraten,

Sejan samt seiner Familie und vielen anderen umgebracht. Der enttäuschte, menschenscheue Herrscher blieb von da an meist auf der Insel Capri. 37 n. Chr. starb er oder wurde, wie Sueton (Tiberius 73) wissen will, von →Caligula ermordet.

Tillius Cimber: einer der Caesarmörder, dem das Los zugefallen war, mit dem Attentat zu beginnen.

Timagenes: Historiker zur Zeit des →Augustus (Der Zorn III 23,4ff.).

Toga: römisches Festgewand, symbolisch „Tracht des Friedens".

Trasumenersee: See in Mittelitalien, wo 217 v. Chr. →Hannibal die Römer besiegte.

Tuba: ca. 120 cm langes, gerades Blasinstrument mit lautem, tiefem Ton, v. a. für militärische Signale verwendet.

Tusculum: Kleinstadt in den Albanerbergen bei Rom; in T. wurde der ältere →Cato geboren; →Cicero hatte dort ein Landgut, sein Tusculanum.

Tyrier: die Einwohner der Stadt Tyrus in Phönizien, der Mutterstadt →Karthagos.

Valerius Asiaticus: Vertrauter →Caligulas.

Varro, Marcus Terentius V.: römischer Politiker, Militär und ungemein vielseitiger Gelehrter des 1. Jh. v. Chr., von dessen historischen, philologisch-literarischen, fachwissenschaftlichen, poetischen und satirischen Schriften nur wenig erhalten ist, darunter drei Bücher über die Landwirtschaft.

Vatinius, Publius: Anhänger →Caesars, nach →Ciceros Darstellung eine ganz verächtliche Erscheinung.

Vedius Pollio: reicher Bekannter des →Augustus, ein sprichwörtlicher Verschwender und Genießer, von dem es hieß, er füttere seine Muränen mit Sklaven.

Venus, gr. Aphrodite: die Göttin der Liebe.

Vergil (Publius Vergilius Maro): großer römischer Dichter zur Zeit des Augustus, Schöpfer des Nationalepos Aeneis, eines Lehrgedichts über den Landbau (Georgica) und der

Bucolica oder Eklogen genannten Hirtendichtungen, die Idylle und Zeitgeschichtliches eigenwillig verbinden.

Vestalinnen: jungfräuliche Priesterinnen der Göttin Vesta in Rom, lebten in einer Art Kloster auf dem Forum und hüteten dort das heilige Feuer.

Volesus: Prokonsul der Provinz Asia (Kleinasien) unter →Augustus.

Xanthippe: Frau des →Sokrates, wohl zu Unrecht als zänkisch verrufen.

Xenophantes: Sänger am Hof →Alexanders d. Gr.

Xenophon: vielseitiger griechischer Schriftsteller des 4. Jh., aus Athen, Schüler des →Sokrates, dessen er in seinen Memorabilien gedenkt, Teilnehmer an einem Zug griechischer Söldner ins Perserreich und, auf dem gefährlichen Rückmarsch, der „Anabasis", ihr Führer, Verfasser einer griechischen Geschichte im Anschluß an das Werk des Thukydides.

Xerxes: Perserkönig (486–465), führte 481 ein gewaltiges Heer gegen Griechenland, wobei er eine Schiffsbrücke über den Hellespont schlug, vernichtete bei den Thermopylen das Aufgebot der →Spartaner (wo deren Führer Leonidas auf die Drohung, die persischen Pfeile würden die Sonne verdunkeln, geantwortet haben soll: „Um so besser, dann kämpfen wir im Schatten!"), nahm Athen und zerstörte die Tempel auf der Akropolis, ging aber in der Seeschlacht bei Salamis in eine Falle des Themistokles, was ihm fast seine ganze Flotte kostete, und zog sich in sein Reich zurück. Das in Griechenland gebliebene Heer wurde im folgenden Jahr geschlagen. Xerxes galt den Griechen als Muster menschlicher Überheblichkeit, er befahl nach Herodot VII 34 angeblich, als ein Sturm den bereits erwähnten Brückenschlag zunächst vereitelte, das Meer mit 300 Geißelhieben zu züchtigen, zur weiteren Schmach ein Paar Fußfesseln in ihm zu versenken und es wie einen unbotmäßigen Sklaven mit glühenden Eisen zu brandmarken.

Zenon: griechischer Philosoph an der Wende vom 4. zum 3. Jh. v. Chr., Begründer der →Stoa.

Zensor: hoher römischer Staatsbeamter, alle fünf Jahre gewählt, um die Bürger, vor allem die Wehrpflichtigen, in einer Art Volkszählung zu erfassen und Stimmbezirken sowie Steuerklassen zuzuweisen. Damit war auch eine Prüfung des Lebenswandels verbunden: eine *nota* (Rüge) des Zensors beschränkte die politischen Ehrenrechte des betroffenen Bürgers. Senatoren konnte der Z. aus dem Senat stoßen, Rittern ihren Rang aberkennen.

Zentaur: sagenhaftes Mischwesen, halb Mensch, halb Pferd.

Zenturio: römischer Offizier, Führer einer Hundertschaft (Zenturie).

LITERATURHINWEISE

Ausgaben

L. Annaei Senecae Opera quae supersunt I 1: Dialogorum libri XII, hrsg. von E. Hermes, Leipzig 1905.

L. Annaei Senecae Dialogi libri XII, hrsg. von L. D. Reynolds, Oxford 1977; überarb. Nachdr. ebd. 1991.

Sénèque, Dialogues I: De ira, hrsg. von A. Bourgery, Paris 1951 (mit französischer Übersetzung).

Sénèque, Dialogues II: De la vie heureuse etc., hrsg. von A. Bourgery, Paris ^{5}1962 (mit französischer Übersetzung).

Sénèque, Dialogues IV: De la providence etc., hrsg. von R. Waltz, Paris ^{6}1970 (mit französischer Übersetzung).

L. Annaeus Seneca, De vita beata, lat.-dt., übers. und hrsg. von F.-H. Mutschler, Stuttgart 2000.

L. Annaeus Seneca, Philosophische Schriften: Dialoge; Briefe an Lucilius, übers. und hrsg. von O. Apelt, Wiesbaden 2004.

Zu Senecas Leben und Werk insgesamt

K. Abel, Seneca – Leben und Leistung, in: Aufstieg und Niedergang der römischen Welt II 32,3, Berlin / New York 1985, 653–775.

M. Fuhrmann, Seneca, in: Die Großen der Weltgeschichte, hrsg. von Kurt Fassmann, Bd. 2, Zürich 1972, 294–309.

M. Fuhrmann, Seneca und Kaiser Nero: eine Biographie, Frankfurt a. M. 1999.

M. Giebel, Seneca, Reinbek bei Hamburg ^{4}2003 (rororo monographien).

M. T. Griffin, Seneca – A Philosopher in Politics, Oxford 1976.
P. Grimal, Seneca – Macht und Ohnmacht des Geistes, Darmstadt 1978.
I. Lana, Lucio Anneo Seneca, Turin 1955.
G. Maurach, Seneca – Leben und Werk, Darmstadt ⁴2005.
M. Rozelaar, Seneca – Eine Gesamtdarstellung, Amsterdam 1976.
V. Sørensen, Seneca – Ein Humanist an Neros Hof, München ²1985.
R. Waltz, Vie de Sénèque, Paris 1909.

Zur Philosophie Senecas

K. Abel, Bauformen in Senecas Dialogen, Heidelberg 1967.
Ä. Bäumer, Die Bestie Mensch – Senecas Aggressionstheorie, ihre philosophischen Vorstufen und ihre literarischen Auswirkungen, Frankfurt a. M. / Bern 1982.
J. Fillion-Lahille, Le De ira de Sénèque et la philosophie stoïcienne des passions, Paris 1984.
R. M. Gummere, Seneca the Philosopher and his Modern Message, Boston 1922.
I. Hadot, Seneca und die griechisch-römische Tradition der Seelenleitung, Berlin 1969.
H. Krefeld, Seneca und wir. Zugänge zur Aktualität seiner Lehre, Bamberg 1992.
G. Misch, Geschichte der Autobiographie, Bd. 1, 2, Frankfurt a. M. ³1950, 408–441.
M. Pohlenz, Die Stoa, 2 Bde., Göttingen 1978–⁵1980.
O. Regenbogen, Seneca als Denker römischer Willenshaltung, in: Kleine Schriften, München 1961, 387–408.
Seneca als Philosoph, hrsg. von G. Maurach (Wege der Forschung 414), Darmstadt ²1987.
W. Trillitzsch, Senecas Beweisführung, Berlin 1962.
W. Trillitzsch, Seneca im literarischen Urteil der Antike, Bd. 1 und 2, Amsterdam 1971.

Seneca im Roman

M. Fuhrmann, Seneca und Kaiser Nero, Darmstadt 1997.
B. Schönegg, Der Tod des Seneca, Ditzingen 2001.